JN494052

| 개정판 |

사회과학:

형성·발전·현대이론

| 김승현 윤홍근 정이환 공저 |

박영사

머리말

첫 판이 출간된 지 17년 만에 개정판이 나오게 되었다. 일부 시사적인 부분도 포함하는 이런 유형의 저술이 개정 없이 이렇게 오랫동안 스테디셀러로 연명해 왔다는 것은 저자 모두에게 항상 놀라운 일이었다. 이런 수요에 부응하기 위한 개정의 필요성은 모두 공감하였지만 작업이 쉽지 않아서 이렇게 오랜 세월이 지나고 말았다. 지난 20여 년간 사회와 이론의 변화도 상당한 것이어서 책의 구조와 내용의 측면에서 상당부분을 첨삭하게 되었다.

1, 2부는 기존 내용의 극히 일부를 변경하거나 첨가하였고 문장을 다듬었다. 이 부분에서 새롭게 첨부된 장은 사회과학 분석방법의 발전과정을 설명한 것이다. 사회현상의 변화에 따라서 이에 대한 설명도 변하지만 이를 분석하여 이해하는 방법도 꾸준히 발전하고 있다. 20세기 이래로 우리는 숫자의 세계에서 살고 있고 이를 반영하듯 계량적 방법은 사회과학 연구방법의 주류를 이루고 있다. 그래서 가장 자세히 설명하고 있지만 이는 하나의 분석도구에 불과하다. 단지 연구기법이나 절차를 의미하지만 개념, 이론, 기본적 사유의 논리 등을 전제하고 있다. 이런 이유에서 방법의 차이는 사회현상이나 세상을 이해하는 중요한 차이를 드러낸다. 이러한 차이점이 책의 맨 마지막 부분에 위치한 사회과학의 방법과 철학의 부분과 연계하여 이해되기를 바란다.

첫 판에 비해 가장 큰 변화는 '사회문제' 부분을 모두 삭제하고 대신 현대사회의 흐름을 자세하게 다룬 것이다. 사회문제 진단은 시의성이 중요한데 초판에서 다루어진 내용이 대부분 지난 얘기가 되었기 때문에 삭제하기로 했다. 현대사회의 흐름은 초판에서도 다루어졌으나 불충분했고 초판이 나온 후 세상이 많이 변했기 때문에 새로운 내용들을 대폭 확충하여 5부로 묶었다.

4부의 1장에서는 글로벌화를 다루었다. 글로벌화가 현대를 규정하는 거시적 변동이라는 점에는 이론이 없을 것이다. 2장에서는 지난 30여 년간 정치, 경제의 변화를 신자유주의의 부침이라는 관점에서 정리했다. 시장의 변화가 정치 사회의 제도나 정부 정책의 변화와 어떻게 연계되어 있는지를 정리하고자 했다. 3장에서는 정보화를 다루었다. 현대 정보사회의 기본 성격을 설명하는 한편 정보화가 사회구조에 미치는 영향을 다각도로 살펴보았다. 4장에서는 현대문화를 다루었다. 대중문화, 위험사회와 성찰적 근대성, 소비문화, 노마디즘, 그리고 과잉합리화를 살펴보았다. 이 정도면 4부가 현대사회의 주요 양상과 이에 대한 사회과학적 이론을 어느 정도 포괄했다고 생각된다. 그 외에 3부와 5부도 내용과 표현을 가다듬었다.

개정판 출간을 계기로 책의 제목도 바꾸었다. '현대의 사회과학'이라는 예전 제목보다 지금 제목이 책의 내용을 더 잘 표현한다고 생각된다.

어려운 출판 환경에서도 오랫동안 이 책이 독자를 만날 수 있게 해 주었고 개정판 작업도 추진해 준 박영사, 어지러운 원고를 깔끔하게 정리해 준 편집진에게 감사한다. 그리고 원고정리 작업을 크게 도와준 IT정책전문대학원의 정소영 조교에게도 감사의 말을 전하고자 한다. 이 책이 앞으로도 오랫동안 독자들과 만나게 되기를 기대해 본다.

2011년 2월 초

저자 일동

차　　례

제Ⅰ부 서　　론

제Ⅱ부 사회과학의 역사

제 1 장 정치철학과 정치학

제 2 장 중농주의와 고전 정치경제학

제 3 장 마르크스이론

제 4 장 실증주의와 사회학의 발전

제Ⅲ부 근현대사회의 사회과학적 해명

제 1 장 자본주의와 시장경제의 이해

제 2 장 사회의 기본구조 : 사회집단, 계층, 계급

제 3 장 사회, 정치, 국가

제 4 장 사회변동과 사회발전

제Ⅳ부 현대사회의 새로운 흐름과 사회과학

제 1 장 글로벌 시대의 경제와 정치, 문화

제 3 장 정보사회로서의 현대사회

제 4 장 현대의 문화와 일상

제Ⅴ부 사회과학의 방법과 철학

제 1 장 과학의 의미

제 2 장 자연과학과 사회과학

제 3 장 사회과학 연구방법의 논리와 절차

I
서 론

제 I 부 서 론

서 론

사회과학이 구체적으로 어떠한 학문영역을 지칭하는가에 대해서는 논란의 여지가 있지만 일반적으로 사회 또는 인간의 사회적 행위에 대한 과학적 연구라고 규정할 수 있다.[1] 즉 연구대상과 연구방법의 측면에서 그 영역과 특징을 규정할 수 있다. 연구대상은 인간의 사회적 상호작용, 보다 구체적으로는 혼자서 이루기 힘든 목표를 집단적으로 성취하기 위한 협동행위에 대한 것인데, 이러한 과정에서 흔히 나타나는 역기능적 갈등에 일차적 관심이 있다. 아울러 이러한 대상을 무엇이 옳고 그른가라는 도덕적 · 종교적인 가치판단과는 별개로 사실을 기반으로 경험적 · 과학적 방법에 의해 연구한다는 점이 중요하다.

따라서 사회과학을 근본적으로 이해하기 위해서는 대상과 방법의 양 측면에 대한 이해가 필요하고 더 나아가 이들의 변화과정에 대한 이해가 선행되어야 한다. 즉 대상의 역사적 변화과정과 더불어 진행되어 온 연구방법의 변화과정에 대한 이해를 기반으로 오늘날의 사회과학을 이해하려 한다.

---

1 사회과학은 오늘날 학문적 분과 중 경제학, 정치학, 사회학, 인류학, 심리학, 지리학 및 교육학 등을 포함한다. 역사학의 경우 사회과학으로 분류되기도 하지만 주로 인문과학으로 간주되는데 통찰력과 방법의 측면에서 두 영역에 공히 연관을 갖는 것으로 생각한다.

과학혁명과 과학적 태도의 형성

사회과학이 다른 자연과학이나 인문과학과 구별되는 독립된 분야로 모습을 갖추게 된 것은 19세기에 들어서의 일이다. 그러나 그 근원은 고대 희랍의 합리적 탐구정신에서 찾을 수 있을 것이며 이러한 정신은 중세로 분류되는 긴 기간 동안 일시적으로 상실되었다. 그 후 르네상스와 이성의 시대의 요체는 바로 이러한 합리적 정신의 복원이라고 할 수 있다. 주로 자연과학의 영역에서 이야기되는 16, 17세기 과학혁명의 영향이 방법의 측면에서 사회에 대한 연구에까지 미치게 되었다. 소위 사회에 대한 과학이 시작될 수 있었던 것은 자연과학의 업적에 크게 고무되었기 때문이며 자연현상에 대한 연구에서 성공적으로 사용된 새로운 인식의 방법이 차용되었던 것이다.

흔히 중세로 구분되는 5세기 로마제국의 멸망에서부터 15세기까지를 암흑시대로 부르지만 이 기간이 단순한 정체의 시대는 아니었다. 11세기 십자군 전쟁 이후 기독교문명이 이슬람문명을 접하기 시작하면서 아랍어로 된 희랍의 과학서적이 번역되기 시작하였고, 13세기에는 신학부와 문학부로 구분되는 대학이 설립되었으며, 이 기간 중에 건축술, 시계, 천문학, 금속술 등이 크게 발달하였다. 무엇보다도 지식탐구에 있어서 관찰과 실험에 의한 경험적 자료와 수학의 중요성을 강조하는 로저 베이컨(Roger Bacon, 1215~1292) 같은 학자도 나타나게 되었다. 그러나 이러한 과학적 인식의 태동은 1334년부터 20여 년간 유럽 인구를 반으로 감소시킨 흑사병과 14세기의 지속적 전쟁에 의해 묻혀 버리고, 대신 마술, 점성술, 신비주의 등이 성행하게 되었다.

이러한 비과학적 세태가 15세기를 지나면서 차츰 새로운 세계관으로 대체되기 시작하였다. 이러한 새로운 경향을 대표한 사람 중의 하나가 레오나르도 다 빈치(Leonardo da Vinci, 1452~1519)이다. 우리에게는 주로 화가로 알려져 있지만 발명가이며 해부학자이기도 하였다. 무엇보다도 근대과학의 예견자로서 경험과 이론의 균형을 중요시하였다. 그는 자연현상을 연구할 때는 실험이 중요하며, 경험에 의해 일반법칙, 즉 이론이 도출되는 것임을 갈파했다. 이런 맥락에서 과학을 모르고 실제로만 무장되어 있는 사람은 방향타와 나침반이 없이 배에 오른 선원과 같아서 어디로 갈 것인지 알지 못한다고 하였다. 레오나르도부터 시작된 해부학의 발달은 베살리우스(Andreas Vesalius, 1514~1564)에 의해 계승되었다. 객관적 관찰을 중요시하고 육신에서 영혼의 위치를 찾는 것은 비과학적이라는 그의 주장은 의학계에서 큰 반박과 논쟁의 대상이 되었으나,

그의 해부학 저서는 희랍의 의사였던 갈레노스(Aelius Galenos, 129~199?)의 의학서를 대체할 수 있었다.

무엇보다도 가장 큰 인식의 변화는 천문학에서 나타났는데, 이는 1400여 년간 내려온 프톨레마이오스(Klaudios Ptolemaios, 90~168)의 지구중심 우주체계에 대한 설명을 대신할 코페르니쿠스(Nicolaus Copernicus, 1473~1543)의 지동설이다. 이러한 설명하에서 인간은 우주의 중심인 지구 위의 존엄한 존재가 아니라 여러 개의 둥근 혹성 중 하나에 불안스럽게 매달린 존재에 불과하였다. 이런 설명이 처음에는 가톨릭에 의해서 비교적 자유스럽게 읽혀졌으나 16세기 말 종교개혁에 대한 반작용으로 이를 이단시하기에 이르렀다.

이러한 분위기에서 지동설의 타당성을 주장하는 갈릴레이(Galileo Galilei, 1564~1642)와 교회의 충돌은 과학의 영역을 신학으로부터 구별짓는 데 큰 역할을 하였다. 그는 객관적 관찰과 합리적 이론적 분석을 중시하여 실험과 수학의 중요성을 역설하였는데, 그보다 더 중요한 그의 업적은 과학을 종교로부터 구분하고 세속화하는 데 기여했다는 사실이다. 갈릴레이에 의하면 두 개의 상반된 진리는 불가능하고 하나의 이론이 이단적이라면 이는 경험적 관찰에 의해 허위임을 밝혀야 한다. 아울러 성서는 천문학에 대한 서술이 아닌 인간적 사유를 초월하는 것이며 피조물의 판단으로 사물의 진위를 결정할 수 없고 단지 자연과 사실에 의하여 결정된다. 따라서 과학은 종교와는 독립적이며, 하나님이 주신 이성과 관찰의 힘에 의존한다.

16, 17세기 과학혁명은 위의 대표적인 과학자들에게서 보듯, 실질적 발명과 발견으로 과학의 발전에 분기점이 되었던 것이 사실이지만 그보다도 중요한 것은 새로운 인식의 방법 또는 과학적 태도를 견지하게 되었다는 점이다. 첫째로 경험적 자료의 중요성과 해석에 대한 인식이다. 갈릴레이의 주장처럼 자연현상에 대한 이견은 위계질서에 의해 권위적으로 해결될 수 없고 관찰과 실험에 의해서만 해소될 수 있다고 생각하게 되었다. 나아가 누가 경험적 자료를 해석할 것인가에 대해서, 처음으로 지극히 소수의 과학자들이 사회적 지위나 배경에 의해 결정되는 것이 아니라 방법의 문제로 인식하게 되었다. 이런 인식, 즉 생래적 차이가 아닌 교육훈련에 의해 누구나 해석할 수 있다는 생각이 차츰 널리 퍼지게 된다. 이러한 견해가 지적 자유의 원칙을 정립하게 하였고 궁극적으로는 사회생활의 영역과 그 연구에까지 확대되었다.

둘째로는 과학의 영역이 분명하게 구분되었다는 점이다. 중세의 종교적 질서 하에서는 사실과 도덕의 근본적 구분이 없었고, 이를 분명히 한 것은 토마스 아퀴나스(St. Thomas Aquinas, 1225~1274)의 자연법 이론이다. 이 이론에 의하면 하느님이 사실과 도덕을 지배하는 자연법을 규정하였으나, 자연법이 무엇인지 분명하지 않기 때문에 이를 해석하는 것이 종교적 권위의 책임이다. 따라서 교회는 자연법의 해석자로서 도덕, 정치규율을 정할 뿐 아니라 자연현상에 대한 해석도 포기하지 않았다. 그러나 갈릴레이의 반박에서 보는 것처럼 과학과 종교는 구분되어야 했고 과학은 관찰과 실험에 의해 검증 가능한 대상에 대한 것으로 인식하게 되었다. 뿐만 아니라 17세기의 청교도들은 성직자가 하나님의 영광을 드러내듯이 자연의 진리를 표출하는 연구도 성직자의 행위에 상응한다고 믿었다. 이러한 과학적 태도로 말미암아 적어도 자연과학은 오랫동안 유럽의 지적전통에서 강한 영향력을 갖던 플라톤적 이상주의와 아리스토텔레스의 본질주의에서도 벗어나게 되었다. 플라톤에 의하면 지식은 사물의 순수형태를 파악하기 위하여 감각적 경험의 세계와는 다른 수학과 같은 순수한 추상적 방법으로 합리적 사고를 이용함으로써 가능하다. 아리스토텔레스 역시 돌이 낙하하는 것은 돌의 본질적 속성이 낙하하여 적합한 곳에 머무르려 하기 때문이라는 식으로 현상을 사물의 본질적 속성으로 설명하려 한다.

이상에서 살펴본 사물의 본질에 대한 합리적 탐구의 충동이 결국은 국가, 경제, 종교와 같은 제도를, 더 나아가서는 인간 자체에 대한 것들을 연구하게 하였다. 이러한 과정에서 극복되어야 할 난관 역시 바로 16세기까지 사상적 영역에서 큰 영향을 미치던 중세적 세계관과 철학이었다. 토마스 아퀴나스의 신학에서 보이듯이 중세의 신학은 인간과 사회에 대한 생각들을 종합하는 것이었다. 중세신학은 사회과학의 영역에서도 하나의 설명을 제공하고 있었고, 이러한 이유에서 사회과학은 자연과학보다 더디게 과학적 탐구가 시작되었던 것이다. 자연과학에 관한 한 적어도 13세기 로저 베이컨 이래로 원시적이긴 하지만 중세적 신학이나 철학과는 별개로 실험이 행해지고 지속적인 실용적 기술의 발전이 이루어졌다. 즉 과학혁명 이전에, 상당히 실용성 위주이기는 하나 어느 정도 이론적 내용을 포함하면서 자연과학의 영역들이 광범위하게 모습을 갖추어 가고 있었다. 그러나 중세뿐 아니라 르네상스 시대까지도 교회는 사회에서 인간의 심리와 행태에 대해 논의하는 학자들에 대해 훨씬 더 엄격했었고, 이러한 사회과학의 근본 주제들은 중세신학에 의해 억눌려 있었다.

중세신학의 영향력이 약화되어가는 시기에는 다시 두 가지 장애요인의 출현으로 인간과 사회의 과학적 탐구는 더욱 더뎌진다. 첫째로는 르네상스 시대에 희랍고전, 특히 플라톤과 아리스토텔레스의 저술에 많은 사람들이 크게 전도되었다는 점이다. 둘째로는 17세기에 등장한 데카르트 철학의 영향이다. 그에 의하면 사람이 태어나면서 누구나 갖게 되는 상식에 기초한 단순명료한 명제로부터, 연역적 추론에 의하여 복잡한 현상의 종합적 설명이 가능하다는 것이다. 이러한 방법론은 경험적 자료의 이용을 어렵게 한다. 따라서 15세기 이래로 형성되기 시작한 민족국가의 발전과 탐험에 의한 새로운 세계의 발견 등 상당한 자료와 정보의 축적에도 불구하고, 당시 자연과학의 영역에서 이루어지고 있던 경험적 연구의 진전에 비견할 만한 관심은 자리잡지 못하고 있었다. 그럼에도 불구하고 자연과학의 급속한 발전에 자극되어 그 방법을 모방하려는 시도는 연구대상인 사회 자체의 급속한 변화와 더불어 차츰 확대되기 시작하였다.

16세기 이후의 정치경제적 변화

토지를 기반으로 하는 봉건체제가 급속하게 붕괴되면서 근대국가를 기반으로 하는 자본주의 생산방식으로 바뀌기 시작하였고, 그러는 과정에서 새로운 사회적 문제도 경험하기 시작하였다. 이 변화과정에서 과학기술의 발달이 큰 역할을 하였다. 예를 들어 15세기 중 항해술의 발달로 세기말에는 소위 위대한 발견의 시대가 열리고 16세기에 남미로부터 대량의 금과 은이 스페인을 중심으로 하는 유럽지역에 유입되었다. 그 결과 유럽은 심각한 인플레를 겪게 되는데 가격은 네 배 정도 상승하고 실질임금은 반으로 하락하게 되어 여러 지역에서 빈민 폭동이 일어나게 되었다. 당시의 많은 학자들이 이러한 사회문제의 원인을 규명하려고 노력하였고, 보당(Jean Bodin, 1530~1596)은 가격상승이 재화의 생산증대보다 급속한 귀금속 증가 때문임을 갈파함으로써 오늘날의 화폐수량이론에 상당히 가까운 설명을 제공하고 있다. 이러한 과정에서 각국은 귀금속 방출을 금하고 원자재의 수출과 외국재화의 수입을 금하며 완성재 수출로 군주의 부를 증대시키려고 노력하였다. 소위 부국강병을 목표로 철저한 보호무역주의를 통하여 자기 나라의 부의 축적을 이루려는 중상주의 정책이 시작된 것이다. 처음에는 단순히 귀금속의 방출을 막는 데서 시작된 것이 차츰 국가의 지지 하에서 대외 무역을 통해 많이 팔고 적게 사는 무역정책을 중시하여 상업자본주의가 태동하기 시작하였다.

이러한 변화는 강력한 군주를 중심으로 하는 민족국가를 배경으로 하는 것인데 유럽의 나라들이 이런 외형적 모습을 갖춘 것은 그리 오래되지 않았다. 1500년경의 유럽에는 약 500여 개의 독립된 정치체가 여러 모습으로 존재하였다. 16세기를 거치면서 차츰 민족국가가 등장하기 시작하는데 이러한 과정을 이끈 가장 큰 힘은 토지를 중심으로 한 봉건체제의 붕괴와 상품경제의 발전으로 확대되기 시작한 시장경제체제의 성립, 발전을 들고 있다. 구체적인 양자의 역동적 관계는 간단하게 설명될 수 있는 것은 아니지만, 대체적으로 토지 중심의 자족적 생산체제가 분업을 근간으로 하는 상품생산으로 전환됨으로써 인구의 유동화가 촉진되고 교역을 위한 시장이 확대되었다. 이러한 시대적 요구가 정치적 통합에 큰 역할을 하였다.

근대국가가 성립하는 과정에서 또 하나의 중요한 역사적 사건은 종교적 갈등이었다. 종교개혁에 의해 생성된 종교적 다양성과 이를 억누르려는 모든 시도들이 실패하면서 서로 다른 점을 인정하게 된다. 유럽의 오랜 종교전쟁을 통해서 다원적인 권력이 획일적인 정치적 · 종교적 통합을 시도하는 힘을 누르게 되었고, 결국은 어느 누구도 승자가 될 수 없었다. 이런 과정에서 다양성을 인정하고 관용하는 시대정신이 출현한 것이다. 1555년의 아우스부르그 조약(Peace of Augsburg)에서 합의된 통치사의 종교에 따라 지역별 종교가 결정되는(cuius regio, euis religio) 원칙에 의해, 적어도 국가 간의 다양성과 차이가 받아들여지는 계기가 되었다. 물론 이후 30년 전쟁이 있고 난 뒤 1648년의 베스트팔리아 조약(Peace of Westphalia)에 의해 정치에서 종교가 배제되었지만 16세기의 종교적 갈등은 근대국가의 성립에 결정적인 역할을 하였다. 그리고 이런 승자 없는 갈등을 통해서 습득된 다양성의 인정, 관용의 정신은 훗날 자본주의가 뿌리를 내리는 데 중요한 역할을 하였다는 몽테스키외의 주장은 결코 과장된 것이 아니다.

서구적 정치사상에 있어서 국가는 주로 특정 영토를 통제할 능력을 갖춘 공적, 헌법적 질서를 의미하고 이러한 의미의 부여는 대략 로마시대까지 거슬러 갈 수 있지만 사회과학적 분석의 초점이 된 것은 16세기 이후의 현상이다. 이는 정치상황의 변화와 깊은 연관이 있다. 대략 16세기 중 국가(state)라는 어휘가 사용되기 시작하였고 이는 주로 통치자 주변의 제도적 장치나 공통의 군주와 군 조직 및 관료조직을 공유하는 인간집단을 일컬었다.

그러나 국가라는 말은 예전의 대규모 조직과는 세 가지 점에서 구별된다. 첫째, 새로운 국가들은 조직적인 측면에서의 기능적 분화와 이의 조정이 효율적인 정부가 구성원을 훨씬 잘 통제할 수 있다는 점이다. 둘째, 정부가 대외적으로는 타 국가에 대해 그리고 대내적으로는 자신의 영토 내의 조직들에 대해 자율성을 유지하였다는 점인데 이는 대내적으로 정당한 강제력을 독점하였다는 것을 의미한다. 마지막으로 정부의 개념이 발달하고 국가와 시민사회가 분리되면서 정당성의 문제가 나타나고 여기서 주권의 개념이 등장하였다. 즉 사회의 구성원들은 중세적 정치관에서는 군주의 충실한 신민으로서만 간주되던 것이 이제는 개인과 국민으로서 새로운 공적질서 내에서 사적인 이익을 추구하는 능동적 시민으로 존재하게 되었다. 자연히 주권은 치자와 피치자와는 별개의 정치적 권위로 인식되면서 국가의 본질, 국가와 사회의 관계, 국가 간의 관계에 대한 여러 질문들에 답하려는 시도가 다양한 모습으로 전개되었다.

비록 초기의 국가 형성이 절대왕권을 중심으로 한 것이었지만 시장경제의 급속한 진전은 새로운 부르주아 계층을 만들어 냈고, 이들이 각성과 필요—사유재산권, 계약의 자유 등—에 의해 시민적 자유를 추구함에 따라 절대왕권과 충돌하게 되었다. 17세기 말의 영국을 필두로 이러한 투쟁이 시민계급의 승리로 귀결되면서 사람들은 권력의 자의적 행사로부터 시민의 자유를 보장할 수 있는 여러 제도적 장치에 대해 생각하기 시작했다. 즉 통치자의 자질과 덕성을 강조하는 플라톤적 사고로부터 제도적 변화에 의한 통치과정의 통제, 즉 오늘날 이야기되는 소위 견제와 균형의 논리로 변화하게 된 것이다.

그러나 이러한 제도적 장치는 단지 필요조건일 뿐, 시민적 자유를 보장하는 충분한 요건이 되지 못함이 이미 18세기에 몽테스큐(Baron de Montesquieu, 1689~1755)에 의해 지적되었는데, 그는 영국정치의 분석에서 민주주의의 충분한 문화적 사회적 조건으로서 통치과정을 견제하고 감시할 수 있는 정치 외적 조직이 잘 발달되어야 한다는 점을 강조하고 있다. 비록 이러한 압력집단의 유형으로 귀족과 교회를 들고 있지만, 오늘날의 맥락에서 보면 강력한 언론, 다양하고 잘 조직된 이익집단으로 이해될 수 있어 소위 다원적 민주주의의 요체를 적절히 지적하고 있는 것이다.

다시 말하면 민주주의를 위한 사상적 변화와 이에 상응하는 제도적 장치의 마련은 시장경제의 확대와 불가분의 관계에 있다. 그러나 그 시대를 살던 학자들에게 시장의 힘은 이보다 훨씬 강력한 것으로 비추어졌다. 몽테스큐를 비롯한 대부분의 18세기 사상가들은 교역은 폭력과 혼란을 추방하고 인간성을 부드럽게 하는 메커니즘이라고 주장하였다. 그들은 상거래에 있어서 이익을 추구하는 태도와 성공하기 위해서 요구되는 신중하고 성실한 태도가 인간 내부에 존재하는 물리적 정열을 억누르게 되어 새로운 시민적 덕성이 함양되고, 따라서 바람직한 사회의 도래를 촉진하는 매체가 될 것이라는 생각을 가지고 있었다. 이런 경향은 개인들에게만 국한된 것이 아니고 국가 간의 관계도 훨씬 평화로워질 것을 예측하고 있다. 즉 상거래 위주의 사회는 분업과 기술적 진전에 의한 부의 창조와 더불어, 신뢰할 수 있고 부드러운 새로운 인간형을 만들어서 사회적 국제적 갈등을 해소할 수 있을 것이라는 낙관과 기대를 제시하였다.[2] 따라서 시장경제체제는 부의 제공자요, 민주사회에서 요구되는 시민적 덕성을 함양하는 토양으로 간주되었다.

이러한 17, 18세기의 사회적 변화와 이에 대한 인식의 변화에서, 사회과학의 발전의 측면에서 중요한 몇 가지를 지적할 수 있다.

첫째, 사람들은 처음으로 사회적 제도를 인간의 행복을 위해 바꿀 수 있다고 생각하게 되었다는 것이다. 예전부터 어떠한 제도적 틀 안에서 살아가는가가 인간의 행복과 불행을 결정하는 데 중요하다고 생각해 왔고 이러한 제도는 종교적 해석을 기반으로, 바꿀 수 없는 운명적인 것으로 받아들였다. 그러나 이성에 의한 중세적 잔재를 청산하고 생활수준과 문자해독률이 높아가면서 사회개혁의 관점이 널리 수용되기 시작하였다. 이런 개혁의 의지나 전망의 배경에는 당시에 등장하였던 새로운 역사관이 자리 잡고 있는데, 이는 역사의 진행을 발전적 관점에서 파악한다. 현재는 과거로부터 성장하였고 또 미래는 현재를 기반으로 발전하여 더 나아질 것이라는 견해로서 자연과학의 획기적 진전에 크게 영향을 받았고, 인간의 지식도 누적적으로 진전한다는 낙관론인 셈이다. 이런 인식 하에서 보다 나은 사회를 위한 사회문제도 해결할 수 있다고 생각하였고, 바로 이런 점에서 사회과학은 사회개혁과 동일시되었다. 특히 18세기에 이르러서는 사회과학은 사회개혁과 완전히 동일시되었고, 이러한 경향은 19세기에도 다분히 남아 있었기 때문에 사회과학의 발전에는 상당히 방해가 된 것도 사실이다.

둘째, 자연과학의 발달에 자극되어 사회에 대한 과학을 이상으로 삼고

2 이런 사상적 경향과 발전과정에 대해서는 Albert O. Hirschman, *The Passions and the Interests: Political Arguments for Capitalism before its Triumph* (Princeton: Princeton University Press, 1977), 김승현 역, 「열정과 이해관계」(서울: 나남).

추구하게 되었다. 물론 연구대상으로서 자연과 사회의 본질적 차이점을 이해하지 못했기 때문에 많은 시행착오를 겪게 되지만, 연구방법의 모방은 고무적인 일이었다.

셋째, 교역과 식민지 개척의 결과 자기 민족 중심적이고 국지적인 사고방식이 무너지고 비서구적 인종에 관한 지식과 정보가 확대되어, 인간경험의 다양성에 대한 인식도 높아졌다. 따라서 인간행위를 생물학적 관점이 아닌 사회적 · 문화적 · 역사적 관점에서 이해하게 되었고, 사회에 대한 과학이 생물학의 부속물이 아닌 별개의 주제를 가진 독립된 학문분야로 인식하게 되었다.

이러한 인식 변화를 배경으로 18세기의 사회적 변화는 가속적으로 진행되어 미국이 정치적으로 독립하고, 프랑스에서는 귀족계급에 대항하는 부르주아 세력에 의한 정치질서의 재편이 가능하였다. 이런 혁명적인 정치적 변화 못지않게 중요한 경제적 변화가 영국을 중심으로 이루어지고 있었다. 17세기 이래 제조업 위주의 자본주의는 독립적 기술공과 농민들의 가내수공업에 의존하고 있었고, 상인들의 역할은 이들에게 원료를 공급하고 완제품을 수거하는 것이었다. 그러던 것이 세계적인 시장의 확보와 에너지원을 포함하는 급속한 기술혁신에 힘입어 집단적 · 기계적 생산체제로서 공장이 설립되기 시작하였다. 따라서 전통적으로 독립적이었던 노동자들은 철저한 규제 하에서 작업하는 공장종업원으로 변하였다. 이러한 생산체제를 기반으로 대량생산이 가능하게 된 것을 산업혁명이라고 부른다.

19세기의 사회적 변화와 사회과학

19세기 사회과학의 주제와 문제들은 이러한 정치, 경제의 변화에 의해 구질서가 와해되고 새롭게 등장한 질서에 대한 것이다. 즉 친족관계, 신분계급, 토지의 중요성, 지역공동체, 군주 등에 기반을 둔 구질서가 붕괴됨으로써 새로운 권위와 신념체계가 필요하게 되었다. 민주주의와 산업자본주의로 요약되는 18세기 말 이후의 이러한 변화의 크기는 이념, 계급, 산업, 자본주의, 민주주의, 대중, 관료, 자유주의, 보수적, 프롤레타리아 등 오늘날 쓰이는 많은 용어들이 당시에 새롭게 등장했던 사실을 보아도 알 수 있다.

사회과학의 주제라는 관점에서 유럽사회의 혁명적 변화를 좀 더 구체적으로 살펴보면 다음과 같다.

첫째, 급격한 인구 증가와 산업화에 따른 도시화를 들 수 있다. 맬서스(Thomas Robert Malthus, 1766~1834)를 위시한 대부분의 사회과학자들은 기술적 진전에 따라 사망률이 감소함으로써 인구가 급격히 증가하는 것을 우려의 시각에서 파악하였다. 더구나 이러한 인구 증가의 문제는, 산업화와 더불어 생산과 소비의 중심지로서 도시가 발달하고 인구가 집중되면서 더욱 심각해졌다. 중세의 도시가 문화의 중심지였던 반면에, 산업화에 의한 도시의 개인들은 핵가족을 기반으로 하는 소외되고 익명적인 존재였던 만큼, 현대 사회학의 연구대상인 여러 사회문제가 이 시기에 생겨났던 것이다.

둘째, 재산소유 형태의 변화를 들 수 있다. 전통적으로 재산의 형태는 토지이거나 현금이었으나 주식과 채권을 포함하는 재정적 무형재산의 소유가 나타나면서 소수에 의한 부의 집중을 더 쉽게 하여, 빈부의 격차는 심각한 사회문제로 등장하게 되었다.

셋째, 기술의 진전에 따른 기계화의 문제인데, 당시의 사회과학자들은 이러한 기계화의 진전이 분업을 촉진시킴으로써 노동자의 비인간화를 재촉하는 것으로 간주하였다. 당시의 노동자들은 그러한 우려처럼 기계화된 공장에서 장시간 일했지만 많은 인구의 도시 유입과 더불어 풍부한 노동력의 공급으로 인해 빈민가에서 비인간적 생활을 영위할 수밖에 없었다. 이런 산업화의 제반 문제점을 배경으로 노동자들은 정치적으로 자각하기 시작하였고, 선거권에 대한 재산소유의 제한이 차츰 약화되면서 소위 정치적 대중화가 진전되었다.

이러한 변화에 대한 해석과 반응도 여러 가지였으나 이념적 관점에서 세 가지로 구분할 수 있다. 소위 자유주의자들은 변화를 인류가 경험해 보지 못한 자유와 복리를 성취할 수 있는 기회로 보았다. 그러나 보수주의자들은 이러한 변화에 의해 상실된 전통과 권위를 그리워하였고, 개인들의 공동체적 유대감을 상실하게 하는 위기로 파악하였다. 이에 비해 급진주의자들은 국민으로부터 부여된 권위 이외에는 인정되는 권위가 없어진다는 점에서 민주주의를 수용하였으나, 자본주의적 생산과 분배방식에는 반대하였다. 이러한 이념적 흐름이 19세기 사회과학에 지대한 영향을 끼쳤고 당시의 사회과학자들은 이념적으로 어느 한 입장을 취하게 마련이었다.

서로 다른 이념적 성향에도 불구하고 당시의 사회과학은 공통적으로 보다 나은 사회의 건설을 지향하고 있었으므로 연구의 궁극적 목적은 도덕적 · 사회적 조건의 개선에 있었다. 이러한 경향은 18세기에 나타난 사회진화론적 입장의 연장으로 이해할 수 있으나 이런 생각은 19세기에 이르러 훨씬 커졌고 다윈(Charles Robert Darwin, 1809~1882)의 진화론 발표 이후에는 사회현상을 이런 시각으로 보려는 경향은 더욱 커졌다. 따라서 흔히 알려진 것과는 다르게, 다윈의 진화론 훨씬 이전에 사회과학에서 진화적 시각으로 사회현상을 이해하고 있었던 것이다.

또 하나의 공통된 점은 자연과학을 방법적인 측면에서 모방하려는 소위 실증주의적인 경향이다. 주로 물리학과 생물학의 방법으로 도덕적 가치와 제도를 포함하는 모든 사회현상을 연구하려 하였고, 이런 분위기에서 과학이라는 용어가 철학이라는 용어와는 구별되어 쓰이기 시작하였다.[3] 과학적 연구의 대상을 사회적 사실들로만 국한하는 오늘날의 사회과학과는 차이가 있지만, 차츰 인간의 사회적 행위도 자연현상에 대한 자료처럼 과학적 탐구의 대상이 될 수 있다고 생각하게 되었다.

사회과학의 전문화

이러한 일반적 경향을 배경으로 해서 19세기의 사회과학은 급속하게 발달하였고 오늘날과 유사한 모습을 띠기 시작했다. 처음에는 모든 사회현상을 통합해서 하나의 학문으로 연구하던 행태가 차츰 독일의 대학을 중심으로 사회과학이 주제별로 분화되었고, 세기말부터는 독일의 학문적 전통을 받아들인 미국에서 전문화가 더욱 가속화되면서 소위 사회과학의 미국화가 시작되었다.

독립된 분과로서 인정된 최초의 학문은 경제학이었다. 그러나 경제학은 합의된 단일 이론으로 구성된 것은 아니었고, 양립하기 힘든 여러 주장이 병존하고 있었는데, 주로 세 가지로 구분할 수 있다.

첫째, 자연현상을 통제하는 일반법칙이 존재하듯 경제과정도 일반적 법칙에 의해 지배된다는 중농주의의 인식과, 분업을 근간으로 하는 자율적인 시장기구의 가격기능을 통해 국가적인 부가 축적되고 경제적 발전이 가능하다는 애덤 스미스

3 19세기 이전에는 과학과 철학이라는 두 용어의 구분이 없었고, 오히려 현상으로부터 원리와 이론을 도출하는 작업을 흔히 철학이라 지칭하였다. 수학이나 천문학 등을 자연철학이라 부르고, 뉴턴(Issac Newton, 1642~1727) 역시 현상으로부터의 추론을 실험철학이라 불렀다.

(Adam Smith, 1723~1790)의 지적 유산에 기초한, 리카도(David Ricardo, 1772~1823)를 중심으로 하는 고전경제학이 있다. 리카도는 노동가치설과 지대이론 및 맬서스적인 인구론에 기초하여 국가의 경제성장모형을 설명하였고 그의 이론은 여러 경제학자에 의해 수용되고 또 경제현상의 설명에 적용되었다. 그러나 그 이론의 근본적 결함은 바로 경쟁적 시장에서 상품의 가격결정이 투입된 노동량에 의한다는 노동가치설에 있었다. 왜냐하면 이 가치이론은 공급의 측면만을 고려하고 수요의 측면을 무시함으로써 날이 하나만 있는 가위에 비유되곤 하였다. 따라서 1870년대부터 수요와 공급의 측면에서 시장 생산과 소비를 설명하는 소위 신고전경제학이 나타나서, 거시적인 국가적 경제의 움직임이 아닌 미시적인 개인적 생산과 소비의 양태에 초점을 맞추었다.

둘째, 독일의 역사학파로서, 애덤 스미스적 전통에서 경제행위는 보편적 법칙에 의해 설명된다는 고전 정치경제학을 부정하고 자본주의를 발전적 진화과정으로 파악한다. 따라서 연구방법 역시 이론적 개념이나 전제에 기초한 모형적 설명을 지양하고, 역사적 사실을 서술적으로 기술하는 데 의존한다.

끝으로 사회주의 경제학이 있는데, 이들 역시 자본주의의 보편성을 부인하고 사유재산, 경쟁, 이윤 등의 요소도 부정한다. 자본주의 체제는 역사발전의 한 단계에 불과하며, 궁극적으로 경쟁과 갈등을 일소하고 협동에 기반을 두고 생산수단을 공동 소유하는 인간적 경제체제로 변화한다는 주장이다.

이상과 같은 독립된 분야로서의 경제학에 버금가는 영역은 바로 정치학이었다. 정치학 역시 이전의 국가에 관한 관심이 정치적 변화와 더불어 심화되었고, 안정된 사회의 구축을 크게 위협하는 산업화에 대한 해답이 정치적 민주주의에 있는 것처럼 간주되었다. 특히 민주적 혁명을 통해, 시민사회에 책임을 질 뿐 아니라 책임을 수행할 권력을 갖는 정부를 창출할 수 있다고 생각했는데, 이러한 권력, 즉 주권이 정치학의 주제였다. 따라서 주권의 여러 속성을 분석하였고, 국가와 국가의 주권을 보편적 현상으로 인식하였다. 그러나 상당수의 정치학자들은 국가의 주권이 보편적이라거나 로크나 루소(John Locke; Jean-Jacques Rousseau)의 주장처럼 사회적 계약의 산물이라는 견해에도 반대한다. 대신 역사적 과정을 통해 발전적으로 형성된 구조로 간주하여 정치적 제도의 기원과 단계적 발전단계에 대한 연구를 행하였다. 즉 정치학에 있어서도 분석적 접근방법과 진화적 관점이 대립하고 있었던 것이다.

인류학도 인간에 대한 과학으로서 분명하게 독립된 분과를 형성하였다.

애초에는 주로 원시인에 대한 관심을 기반으로 인류의 생물학적 진화를 연구하였으나, 차츰 인간행위의 문화적 기초를 강조하였는데[4] 바로 이 점이 사회과학적 의의를 갖는다. 그래서 비록 관심의 대상이 현대인은 아니지만 정치, 경제, 공동체 등 과거의 여러 사회제도를 연구하고, 다분히 진화론적 입장에서 서구의 발전단계를 연구하였다. 상당히 유럽 중심적인 안목에서 비서구 사회가 유럽이 이미 지나온 과거의 단계에 있는 것으로 간주하였다.

이상의 학문분야와 상이한 분과과정을 거친 것이 사회학이다. 원래 사회학이라는 용어는 사회에 대한 총괄적이며 통합된 학문을 지칭하였고 문명과 제도의 기원과 발전, 사회질서와 진화과정에 대한 총체적 연구를 의미하였다. 이런 전통에서 벗어나서 사회적 변화의 결과로 야기된 사회문제를 분석하는 경향이 생겨났고 이것이 사회학적 주제로 취급되기 시작하였다. 예를 들어 퇴니스(Ferdinand Tönnies, 1855~1936)는 서구사회가 신분질서를 근간으로 하는 중세적 공동체로부터 대규모적이고 개인적인 민주 산업사회로 이행됨으로써 야기되는 여러 사회문제를 설명한다.

다른 사회과학보다 고유영역이 불분명하지만 독립된 분과로 인식된 또 하나의 분야가 사회심리학이다. 사회질서와 관계가 있을 뿐 아니라 교육과 사회화에 의해 결정되는 인간심리에 대한 인식은 18세기에도 있었지만 인간심리의 사회적 · 문화적 뿌리에 대한 체계적 연구가 이루어졌고 세기말부터는 소집단이나 군중에 대한 고도의 경험적 연구가 행해졌다. 유명한 르 봉(Gustave Le Bon, 1841~1931)의 군중심리에 대한 연구도 이때 이루어졌는데, 그에 의하면 군중의 구성원은 평소에 생활을 제약하던 관습이나 이성의 제약을 벗어나서 특출한 자질을 가진 것으로 인정되는 지도자를 맹목적으로 따르려 한다. 이러한 현상은 의회나 위원회 같은 질서 있는 집단에서도 나타난다고 주장한다.

이 밖에 대학에서 독립된 학과가 되지는 못했지만 다른 사회과학에 지대한 영향을 미친 분야가 사회통계학과 지리학이다.

---

4 인류의 생물학적 진화를 연구하는 분야를 자연인류학, 제도적 측면에 관한 연구를 문화인류학이라 한다.

현대 사회과학

19세기 사회의 변화와 이에 대한 연구는 20세기에 들어서도 계승, 발전되어 더욱 심화되었다. 산업화와 민주화의 물결은 비서구사회에까지 확대되었으며 과학과 기술에 대한 신뢰는 더욱 더 높아졌다. 그러면서 사람들의 기대 또한 끊임없이 상승하였다. 그러나 그와 동시에 비이성적이며 비인간적인 전체주의가 등장하였고 두 차례의 세계대전을 경험하였다. 그러면서 생산과 대규모 조직의 문제를 해결하면 여타의 사회적 · 도덕적 · 심리적 문제들을 해결할 수 있을 것이라는 오랜 믿음이 부분적으로 깨지기 시작하였고, 물질적 풍요가 어느 정도 성취된 이후의 새로운 문제들에 봉착하게 되었다. 즉 생활수준의 향상으로 생존에 필요한 물질적 욕구를 어느 정도 충족시켰으나 더 높은 가치로서 삶의 의미와 목적에 관한 문제들이 대두되었다. 수세기 동안 신뢰해 왔던 이성의 역할에 대해 의문을 갖기 시작하였고 개인의 소외와 정체감의 위기 등이 사회과학의 주요한 주제로 등장하였다. 따라서 18세기 이후의 진화론적 역사관 못지않게, 순환론적 역사관과 사회의 퇴보를 주장하는 사상이 확산되었다.

경제적으로도 새로운 문제점들을 경험하게 되었다. 1930년대에 서구 자본주의 경제를 강타한 공황을 겪게 되면서, 자율적 조정기능을 가진 시장에 대한 신뢰를 바탕으로 하는 신고전주의적 경제이론보다 정부에 의한 경제적 조율의 필요성을 강조하는 케인스(John Maynard Keynes, 1883~1946)의 이론이 선호되었다. 이 이론 역시 수요와 공급의 측면에서 경제 현상을 설명하고 있지만, 여기서 수요란 유효수요의 전체적 수준을, 공급은 국가경제의 생산능력을 의미하고 유효수요가 생산능력에 못 미칠 때는 실업을 수반하는 불경기가 닥치고 반대의 경우에는 인플레가 생긴다는 것이다. 따라서 유효수요를 결정하는 요인을 분석하여 이를 기반으로 정부의 역할, 특히 재정적 역할을 강조한다. 그러나 1970년대 이후의 서구경제의 새로운 경제문제—인플레와 높은 실업률 그리고 저성장—로 인해 다시 신고전주의적 경제이론이 각광을 받게 되었고, 정부에 의한 문제해결보다는 시장에 의한 자율적 문제해결에 대한 기대가 훨씬 커지게 되었다. 그러나 21세기 들어서 경제적 상황, 특히 금융경제의 문제는 다시 정부의 규제적 역할을 강조하게 한다.

그 어느 시대보다 급변하는 금세기의 사회경제적 상황만큼이나 다양한 이론적 설명과 주장이 존재하지만 19세기의 사회과학처럼 사회 전반을 포괄적으로 설명하는 이론적 시도는 훨씬 줄어들었다. 그럼에도 체계적인 보편적 이론은 끊임없이 추구되어 왔다. 예를 들어 발전론(developmentalism), 사회체제론(social-systems approach), 구조기능주의(structural functionalism), 상호작용론(interactionism), 갈등론(conflict theory) 등이 그것이다. 19세기의 사회진화론적 관점이 20세기에는 인류학을 위시한 사회과학의 영역에서 크게 비판되었으나, 제2차 세계대전 이후의 신생국 연구에서 유사한 발전론적 관점이 지배적이었던 적이 있었다. 그리고 사회체제에 대한 관심을 지적할 수 있는데, 이런 관점에서는 개인과 집단의 행위를 다양한 상호의존적 관계에서 파악하고, 이러한 맥락에서 반복적 행태를 구조로, 구조의 동적 측면인 행위의 의미를 기능적 관점에서 파악하는 것이다. 예를 들어 이런 관점에서 범죄를 연구한다면 전반적인 경제적 조건이 범죄율에 미치는 영향이나, 현대적 사회생활의 복잡성으로 인해 사람들이 무엇이 옳고 그른가를 판단하는 것이 어렵게 되지는 않았는지, 또는 사회적 통제의 실패나 법과 질서의 붕괴 원인 등을 찾으려 할 것이다.

아울러 둘 이상의 집단이나 개인의 관계는 상호작용적인 측면에서 인식하고 한쪽을 정의함에 있어 다른 한쪽을 외적인 측면뿐 아니라 내적인 측면에서도 중요하게 여김으로써 개인의 사회화 과정이나 역할과 행태의 수정과정을 연구대상으로 삼는다. 만약 이런 관점에서 청소년 범죄를 연구한다면, 동료집단 내에서 청소년들의 상호관계에 초점을 맞추어, 친구들에 의해 인정받는 방법, 부모들이 자녀들에게 보여준 모범의 양태를 분석할 것이다. 끝으로 사회생활을 서로 경쟁관계에 있는 개인이나 집단 간의 투쟁으로 파악하는 시각이 있다. 예를 들면 마르크스의 계급투쟁 이론처럼 가진 자와 못 가진 자 간의 경쟁이 중요하며, 청소년 범죄도 사회의 지배계급의 억압에 대한 노동계층의 반응일 수 있고 사회적 지위를 위한 경쟁의 방법일 수 있다.

방법론적인 면에서 공통적으로 지적할 수 있는 것은 수학적 · 통계적 방법을 사회과학에 응용하게 된 것과, 컴퓨터의 발달로 방대한 사실적 자료를 체계적으로 분류, 처리할 수 있게 된 것이다. 물론 경험적 자료에 의존하는 실증주의적인 경향에 반대하고 내적인 인상에 대한 고찰을 통해 현상의 본질을 파악하려 하고 지식의 주관성을 강조하는 현상학적 방법을 주장하는 학자도 있지만, 실증적 경향은 19세기 이래로 사회과학 방법의 주류가 되어 왔다.[5] 이러한 경험주의는 사회구조와 과정을 설

5 과학적 지식과 이에 이르는 방법에 대한 논의는 과학철학의 분야에서 이루어지며, 주로 경험적 현상의 합리적 설명에 이르는 방법, 정신적 구성체인 이론적 가설과 경험적 자료 간의 관계, 순수과학과 실제적 응용 간의 관계, 과학적 명제와 신념의 차이 등을 주요 주제로 한다.

명하는 데 귀중하고 없어서는 안 될 것이지만 지나치게 사실만을 중시함으로써 일시적으로 부작용을 낳은 적도 있었다. 즉 현실적 · 이론적 중요성보다는 사실의 수집에만 열중하였던 적이 있었다.

사회과학과 자연과학의 차이점

이렇듯 사회과학의 과거와 현재는 일견 혼란스럽고 이데올로기적인 면을 탈피하지 못한 듯한 인상을 갖게 한다. 더욱이 사회과학은 자연과학과 같은 과학적 학문으로서의 위치를 갖는 것이 요원하게 느껴지는 것도 사실이다. 더구나 일부 사회과학자들 역시 자연과학의 방법이 사회과학이 따라야 할 기준이 된다는 점에 대해 여러 이견을 제시하고 있다. 막스 베버(Max Weber, 1864~1920) 같은 학자는 사회 현상은 의도적 개인행위로 형성되었으므로 사회과학자는 개인들의 의식을 이해함으로써 보다 본질적인 현상의 이해가 가능하기 때문에, 사회과학의 방법은 외적 관찰에만 의존하는 자연과학과는 다르다고 한다. 피터 윈치(Peter Guy Winch, 1926~1997)는 사회현상의 연구는 경험적 연구보다는 개념적 분석에 의해 이해되므로 과학적이라기보다는 철학적이라고 주장하였다. 이러한 문제점들을 보다 정확히 이해하기 위해 사회과학과 자연과학의 본질적 차이를 알아볼 필요가 있다.

첫째, 자연현상의 경우에는 대개가 반복적이고 획일적이기 때문에 일반적 법칙의 도출이 가능하지만 많은 사회현상들은 다양한 원인과 전개과정을 보임으로써 법칙적 설명을 어렵게 한다. 전쟁에 대한 많은 역사적 연구를 보아도 그렇고, 설령 경제학의 수요의 법칙처럼 가격이 상승하면 상품에 대한 전반적 수요가 줄어든다는 설명이 어느 정도 획일성을 갖는다 해도 자연의 법칙보다는 예외의 상황이 훨씬 더 많아서 정확성이 많이 떨어진다. 더구나 사회과학은 통제된 실험으로 가설을 검증하기가 어렵다. 이미 언급한 것처럼 20세기 들어서 경험적 자료가 풍부해지고 통계기법과 컴퓨터의 발달로 이의 체계적 분석이 가능해졌으나, 현상에 개입된 변수의 통제라는 측면에서 잘 고안된 실험보다는 훨씬 못하다. 따라서 법칙의 도출에는 실험에 비교될 수 없다. 설령 실험이 가능한 경우에도 연구 대상이 되는 개인들의 반응이 의도적일 수 있으므로 사물에 대한 실험과는 다르다. 이러한 실험의 제약 때문에 단순한 호기심에 의한 연구는 거의 불가능하다. 만약 자연과학이 필요에 의해서라기보다는 과학자들의 단순한 호기심에 의해 크게 발달되었다는 사실을 이해한다면 사회과학의 더딘 진전을 이해할 수 있을 것이다.[6]

또 사회과학이 문제지향적이고 현실적이기 때문에 가치판단으로부터 자유롭지 못하다. 누구나 우주이론이나 물리이론이 도덕적 가치판단과는 별개의 것임을 알고 있지만 사회과학의 경우에는 문제의 선택에서 자료의 분석과 통계적 자료의 해석에 이르기까지 가치판단의 개입을 전적으로 부정하기 힘들다. 더구나 사회과학은 의식 없는 사물이 아닌 의식을 가진 인간행위를 대상으로 한다. 따라서 행위 뒤에는 관찰될 수 없는 의식이라는 정신적 요소가 자리 잡고 있다는 점인데, 이것이 인과적 설명의 한 요소로 사용된다면 과학적 객관성이 의문시된다. 그래서 행태주의적 심리학에서는 정신적 요소를 인과적 설명에서 제거하려는 시도까지 있었으나 이러한 설명은 적합하지 않은 것으로 간주되었다. 그러나 정신적 요소가 자연과학에 상응하는 객관적 설명을 어렵게 하는 요인이 됨을 부정할 수 없다.

마지막으로 전체와 부분의 관계에서 양자는 차이가 난다. 자연현상과 사회현상의 공통점은 요소들이 모여서 무엇을 합성하면 본래 요소들의 속성의 합과는 다른 특성을 갖는 혼합물이 생성된다는 사실이다. 마치 두 개의 수소원자와 하나의 산소가 결합하면 전혀 다른 속성을 갖는 물이 만들어지듯, 개인들의 집합으로 이루어진 집단이나 사회는 단순한 개인의 합과는 다른 속성을 갖게 된다. 그리고 사물의 경우 전체를 이루는 부분은 그것이 합성해서 만들어 낸 혼합물이 무엇이든 그 본질이 변하지 않는다. 예를 들어 수소분자의 경우 물의 구성요소이든 단백질의 구성요소이든 수소의 속성은 변하지 않는다. 그러나 사회를 구성하는 개인은 사회를 구성할 뿐 아니라 지속적으로 사회에 의해 길들여지고 변화하는 사회화 과정을 겪게 된다. 따라서 만약 과학적 설명이 전체의 부분에 대한 환원적 설명을 필요로 하면 이러한 상호작용의 관계로 인하여 자연과학보다 훨씬 복잡해진다.

확실히 사회과학은 자연과학보다 더디게 그리고 복잡한 양상을 띠면서 조금씩 발전해 가고 있다. 이러한 사회과학에 대한 이해를 위해서, 본서는 세 부분으로 나뉘어 쓰였다. 먼저 사회의 변화에 따른 사회과학의 발전을 방법의 변화와 더불어

---

6 적어도 19세기까지 자연과학과 기술은 별 연계 없이 발달되었고 과학은 다분히 현실과는 동떨어진 진리의 탐구로 이해되었다. 흔히 알려진 바와는 다르게, 영국의 산업혁명 역시 자연과학의 진전과는 별다른 연계 없이 전개되었다. 19세기 말에 이르러서야 독일의 대학을 중심으로 과학과 기술이 체계적으로 연계되기 시작하였다.

고찰한다. 그리고 이러한 이해를 바탕으로 현대 사회과학을 개인, 집단, 사회, 문화, 국가, 경제 등의 분석단위와, 사회문제를 근간으로 연구 방향을 개관한다. 끝으로 사회과학의 현대적 방법과 철학을 살펴본다.

Ⅱ
사회과학의 역사

제 1 장

정치철학과 정치학

오늘날 정치학은 통치기구의 기능과 구조를 설명하고 정치체제의 여러 형태를 추상적으로 모형화할 뿐 아니라, 경험적 자료와 규범적 판단기준에 의거하여 상이한 체제를 평가하는 사회과학 분야로 이해된다. 현대 사회과학의 관점에서 봤을 때 이러한 해석에는 두 가지 상이한 연구대상과 방법을 포함하고 있다. 하나는 정치철학(Political Philosophy)으로 불리는 것으로, 주로 가치의 문제, 권위의 문제를 중심으로 하는 정치적 의무, 권리, 정의, 자유 등의 의미를 분석한다. 이에 비해 정치학(Political Science)은 될 수 있는 한 규범적 판단을 피하면서, 정치적 제도와 행위를 관찰함으로써 경험적 자료로부터 획일성을 발견, 추론하려는 것이다. 이렇게 구분하여 이해하면 정치학의 발전과정은 다분히 정치철학적 정향으로부터 시작되었고, 오랫동안 실제 통치기구를 평가할 규범적 원칙을 찾는 것이 주요 관심사였다. 이런 맥락에서 정치학 연구의 시작은 고대 희랍의 플라톤과 아리스토텔레스의 저술까지 소급할 수 있다.

1.1. 정치철학의 연원과 발전

플라톤(Plato)의 주요한 정치적 저술인 「리퍼블릭」(Republic)은 아테네 정부에 대한 기술이나 분석이 아니고 이상적 정부는 어떻게 구성되어야 하는가를 다루고 있다. 그에 의하면 통치계급은 천부적으로 철학자적인 자질을 갖추고 오랫동안 훈련을 받음으로써 이러한 잠재력이 발현되는 소수의 사람들이다. 아울러 이들의 개인적 야망을 제거하기 위해 개인적 소유나 가정을 가져서는 안 되고, 다수의 복종을 기반으로 하는 정치적 안정을 도모하기 위해서는 지배자에 대한 정치적 신화도 중요하다. 지배자는 철학자적 자질을 갖추고 있으므로 이들에 대한 어떠한 제약도 필요치 않으며, 사회의 요구도 가장 잘 파악하므로 무한한 권력을 행사해야 한다. 이렇게 함으로써 피지배자의 복리가 보장된다고 한다. 이런 주장에는 치자의 자질, 권위의 정당화, 정치적 신화와 선전 등 정치이론의 중요한 주제들이 내포되어 있다.

그러나 그의 제자인 아리스토텔레스(Aristotle)는 플라톤의 주장과 이를 뒷받침하는 추상적인 방법을 비판하였다. 그의 저술인 「정치학」(Politics)에서 정치의 연구는 실제 정부형태의 경험적 고찰을 기초로 하여야 한다고 주장하였다. 비록 현실 국가에 대한 구체적 기술은 하지 않았지만 정치적 경험으로부터 여러 가지 주장을 도출하고 있다. 오늘날에도 중요하게 생각되는 그의 연구는 정부를 세 가지 형태로 분류한 것이다. 정치권력이 한 사람, 소수, 또는 다수에 있는가에 따라 군주정, 귀족정 및 민주정으로 구분하였는데, 어느 정부 형태도 완벽하지 않고 각각 장점과 문제점이 있어 셋 중 어느 정부형태가 제일 좋다고 할 수 없다는 것이다. 즉 특정 사회의 환경적 요소에 따라 좋을 수도 나쁠 수도 있다는 다소 막연한 주장이다. 단지 모든 시민이 최선을 다해 노력할 수 있고 행복하게 살 수 있는 정부형태가 좋으며, 플라톤의 주장처럼 통치기능을 수행하는 사람들은 다른 생산기능을 수행하는 사람과는 근본적으로 다른 자질을 가져야 한다. 비록 인간이 본질적으로 정치적인 동물이며, 좋은 정치체제에서는 모든 시민이 정책결정에 참여해야 하지만, 농부나 상인이 행정가나 입법가가 된다는 의미는 아니다. 각 시민은 확립된 헌법적 질서 안에서 자기의 본분을 지켜야 하며 권력의 행사자는 자의적으로 시민을 지배해서는 안 된다.

아리스토텔레스는 오늘날 우리가 알고 있는, 자의적 권력행사를 막기 위한 법적 제도에 대한 생각을 구체화하지는 못했음을 알 수 있다. 소위 권력분립과 견제와 균형에 대한 생각은 기원전 2세기경의 역사가인 폴리비오스(Polybius)에게서 시작되었다. 그는 정치적 안정과 시민적 자유가 스파르타와 로마에서 상당히 오랫동안 유지될 수 있었던 원인을 분석하였다. 그는 아리스토텔레스의 세 가지 정부형태에 관하여 언급하고 스파르타와 로마의 안정과 성장은 세 가지 정부형태가 혼합되어 있었기 때문이라고 하였다. 세 가지 정부의 장점을 혼합하였기 때문에 가장 좋다는 설명은 군주, 귀족, 시민의 권력이 서로 견제하면서 어느 하나의 권력이 지나치게 비대해지는 것을 방지하고 시민의 자유를 보장할 수 있었다는 의미이다. 이렇게 현실 정치의 분석을 통해 견제와 균형의 개념을 보여 주고 있는 것이다.

1.2. 근대국가의 등장

이상의 정치연구에 공통적인 점은 정치에 대한 규범적 평가의 기준이 항상 통치기구가 공동체 구성원의 복리를 목적으로 한다는 점이다. 이러한 세속적 기준은 로마제국의 해체기를 정점으로 점점 기독교적인 내세적 기준으로 대체되었고 거의 천 년여에 걸쳐 정치연구는 다분히 신학적 정향에서 벗어나지 못하였다. 16세기 국가의 등장과 더불어 비로소 세속적 기준에 의해 새로운 정치현상인 국가와 권력을 분석하려는 시도가 시작되었다. 그러나 아리스토텔레스적인 정치이론이 구성원의 복리를 우선시하는 씨족공동체를 대상으로 한 반면에, 새로운 통치기구로서의 국가는 육체적 안전과 물질적 교류를 위한 영토를 기반으로 하는 것이었다. 이러한 국가의 형성은 주로 강력한 군주를 중심으로 이루어졌고 사회과학적 관심 역시 군주를 중심으로 대내외적으로 강력한 국가를 이루려는 것이었다. 당시 마키아벨리나 보댕(Niccolo Machiavelli, 1469~1527; Jean Bodin)의 주장은 이러한 필요성에 관한 것이다. 이런 시대적 배경에서 대외무역이 중시되면서 대외시장을 겨냥한 상업자본주의가 시작되었고, 이를 주도하는 새로운 부르주아 계층이 사회적으로 중요한 세력으로 등장하였다. 이들은 국가의 부를 창출하는 역할을 하고 있으면서 국가 간의 갈등이나 전쟁에 소요되는 경비의 부담자이기도 했다. 따라서 보다 나은 사회적 지위와 시민적 자유를 추구하게 되었고 기존의 질서에 대항하기 시작하였다. 시민의 국가권력에 대한 복종의 이유와 한계 및 국가와 사적 이익의 관계 등에 대해 의문을 갖게 된 것이다.

이러한 역사적 상황은 16~17세기의 영국에서 가장 극적으로 전개되었다. 16세기 중에 영국은 대외적으로 강력한 국가로 등장하였으나 17세기에는, 1688년의 혁명으로 군주의 권력이 시민적 저항에 굴복할 때까지 계층 간의 내부적 갈등으로 무척 혼란스러웠다. 당시의 새로운 정치적 상황을 배경으로, 국가와 시민사회의 구분에서 비롯되는 제반 문제에 대한 체계적 분석은 홉스(Thomas Hobbes, 1588~1679)에서 처음 시작되었다고 할 수 있다. 그의 사상은 절대국가에서 권력의 자의적 행사에 대한 자유주의적 저항이 시작되는 시기에 나타났다. 여기서 자유주의의 의미는 논쟁의 여지가 많고 역사적으로 그 의미가 바뀌어 왔지만, 주로 국가의 영역과는 독립적인 사적 영역을 규정하려는 시도이며 그런 맥락에서 시민사회를 정치적 간섭으로부터 벗어나게 하고 국가권위를 제한하려는 시도를 의미한다.

시장경제의 확대와 더불어 국가와 시민사회가 더욱 더 구분되면서 자유와 권리의 범위를 둘러싼 투쟁도 더욱 가열되었다. 이 과정에서 자유주의는 일상생활에 영향을 주는 모든 문제에 있어서 선택의 자유를 의미하게 되었고, 전통과 절대주의가 아닌 이성과 관용의 가치를 지지하는 것이었다. 세계는 자연권을 가진 자유롭고 평등한 개인들로 구성되어 있고 정치는 개인들의 이러한 권익을 보호해야 한다. 개인들의 이익추구를 규제하는 기구는 입헌 국가, 사유재산권, 경쟁적 시장경제 및 가부장적 가정일 뿐이다. 그러나 이 전통에서 옹호되는 개인은 재산을 소유한 남성만을 지칭하고 있으며, 이러한 개념의 자유는 결국 신흥 부르주아나 중산계층을 위한 것이었다. 이후 서구사회가 광범위한 정치 사회적 갈등을 거치고 나서야 자유민주주의, 즉 지배자의 통치능력에 대해 모든 성인남녀들이 그들의 판단을 제시할 수 있는 기회를 갖게 되는 소위 일반적 참정권이 부여된다. 그러나 아직도 자유주의나 민주주의의 정확한 의미는 논쟁의 여지가 있다.

1.3. 홉스와 로크 : 주권, 시민권 및 자유주의의 발달

1.3.1. 토머스 홉스(Thomas Hobbes, 1588~1679)

홉스는 공권력의 본질을 이해하려고 노력한 최초의 사상가들 중의 하나이며 무엇보다도 당시의 주요 관심사이던 질서의 문제에 깊이 열중하였다. 그의 방법론은 당시의 자연과학에 의해 영향받아서 경험적 사실과 이들의 인과적 연계를 중시하였다. 특히 갈릴레오가 탄환의 궤도분석에 사용한 결합과 분해의 원리를 차용하여 사회현상의 분석에 원용하였다. 즉 사회현상은 개인행위의 합으로 파악함으로써[1] 그의 저서 「리바이어던」(Leviathan, 1651)은 인간의 본성에 대한 연구를 기반으로 시민사회의 기원과 특성을 분석한다.

그는 인간 본성, 주권, 정치적 의무에 관한 이론을 통해서, 최악의 해악인 내란을 피하기 위해서는 국가가 궁극적으로 절대적이며 정당한 존재로 간주되어야 한다는 것을 입증해 보이려고 노력하였다. 그렇기 때문에 자유주의적인 동시에 반자유주의적인 정치철학적 이론을 전개하였다. 사회와 국가를 사회생활의 구성요소인 자유롭고 평등한 개인들을 기반으로 설명하고, 이기적이고 자기중심적인 존재로 이해되는 인간본성이 가장 극명하게 드러날 환경을 찾는 데 관심을 가졌다. 뿐만 아니라 인간의 일상을 규제하고 독립성과 선택의 수단을 확보하며 이러한 규제를 정당화하는 계약을 맺는 데 있어서 동의의 중요성을 강조한다. 그러나 이러한 자유주의적 논리전개에도 불구하고 그의 결론은 지극히 반자유주의적이다. 즉 법을 만들고 사회생활의 조건을 확보할 수 있는 전능한 국가의 필요성을 역설하고 있다.

이상의 주장을 지극히 연역적 체계로 전개시킴으로써 소위 사회물리학적 접근을 시도하고 있다. 먼저 인간의 본성에 대한 일단의 전제와 관찰로부터 시작된다. 그에 의하면 인간은 지속적인 불안상태를 야기하는 욕망에 의해 움직이며, 더 강렬한 쾌락을 찾으면서 지극히 이기적이므로 개인 간의 협동은 이루어질 수 없다. 자기를 보존하고 욕망을 충족하기 위하여 권력을 추구하게 되는데, 일인의 권력획득은 타인의 권력

---

1 사회현상을 개인행위의 합으로 보는 시각을 방법론적 개인주의, 개인행위의 합 이상의 새로운 속성을 갖는 것으로 보아 개인 수준의 설명을 부적합하다고 이해하는 것을 방법론적 전체주의라고 한다.

상실을 의미하게 되므로 이해관계의 충돌이 불가피하며 지속적 권력투쟁이 나타나게 된다.

그러나 홉스는 단순히 이기적 성향 때문에 권력투쟁이 일어난다는 것을 보여 주고자 하지 않았다. 네 가지 개념—자연상태, 자연권, 자연법 및 사회계약—을 이용한 정신적 실험을 통해 국가와 시민사회의 본질적 문제에 답하려 하였던 것이다. 모든 개인들의 행동을 규제하거나 규칙을 강요할 제삼자가 존재하지 않고, 취할 수 있는 것은 무엇이나 소유하며 원하는 대로 행동하고 스스로를 보호하기 위하여 모든 수단을 동원하는 자연권을 향유하는 상태를 자연상태라 한다. 그리고 자연상태의 결과는 만인에 대한 만인의 투쟁으로 규정되는 생존을 위한 끊임없는 투쟁일 것이다. 이러한 위험을 극복하고 좀 더 안락한 조건을 확보하기 위하여 어떤 자연법이나 규칙을 준수할 필요가 있으나 개인 간의 협상은 신뢰성의 문제 등으로 거의 불가능하다.

그러나 만약에 개인들이 자신들의 서약을 지키도록 강요할 수 있는 강력한 권위체에게 자신들의 권리를 양도한다면, 효과적이고 정당한 사영역과 공공의 영역이 형성될 수 있다. 이러한 계약은 특수한 지배-피지배의 관계를 형성한다. 계약의 결과 피지배자는 지배자에게 복종해야 할 의무가 있지만, 주권은 지배자에게 주어진 것이라기보다는 그 위치에 주어진 것이다. 나아가 계약은 법의 본질과 한계를 결정할 권위를 창출하는 단지 한 번만의 행위이며 권위에는 아무런 제약을 가할 수 없다. 만약 제한이 가해진다면 권위의 존재이유 자체가 위협받기 때문이다. 즉 지배자는 계약을 강요하기 위해서 충분한 권력을 가져야 하고, 그럼으로써 국가에 의해 통제되는 영토 내에서 사회적 질서가 유지될 수 있다.

비록 주권이 영구적이며 절대적이지만 홉스의 견해로는 이것이 인민에 의해 부여된 권위, 동의에 의한 결과라는 점이 중요하다. 따라서 홉스의 주장에는 오늘날 우리가 이야기하는 대표성을 갖는 국가의 개념은 희박하지만, 인민이 지배자를 통해 지배하고 있다는, 혹은 지배자가 그들의 대표라는 개념이 배어 있다. 다양한 목소리와 이해관계가 주권국가를 통해서 하나의 의지로 변하는 것이다. 그러므로 그의 주장은 합의에 의한 정부의 중요성을 주장하고 군주의 신성한 권리나 전통적 권위를 거부하는 견해와는 일치하지만 대의 민주정부의 필요성을 역설하는 주장과는 거리가 멀다.

이렇게 강력한 세속적 국가의 기본적 목적은 인민의 안전을 도모하는 데 있다. 그러나 안전의 의미는 소극적으로 최소한의 육체적 보존만을 의미하지는 않는다. 지배자는 사적 소유로 규정된 모든 것을 보호해야 하고 개인들이 사적 소유권을 존중하도록 교육함으로써, 각자의 일을 수행하여 공동체가 번성하도록 하여야 한다. 뿐만 아니라 지배자는 결코 개인을 해할 수 없으며, 피지배자의 안전이 보장되는 한에서만 권위가 유지될 수 있다.

이상의 논의에서 우리는 홉스의 국가관의 특징을 다음과 같이 요약할 수 있다. 첫째, 국가는 어떠한 존재보다도 우선한다. 비록 개인들이 시민사회나 국가보다도 먼저 존재하였지만 국가가 시민사회의 존재조건을 제공한다. 즉, 지배자의 지배력과 법 강제력을 통해서 국가가 사회경제적 현실을 구체적으로 형성하였다. 둘째, 개인들의 이기적 행태와 상호작용 때문에 국가의 절대적 권력이 필요하며 무정부적 위험에 단호히 대처할 수 있어야 한다. 셋째, 국가와 국가의 모든 행위는 정당한 것으로 간주되어야 하는데, 그 이유는 절대적 국가는 개인적 이익의 합으로서의 일반이익 또는 공익을 표출하고 보호할 수 있기 때문이다. 이렇게 함으로써 국가는 모든 개인들이 평화롭게 경쟁적 일상 업무에 종사하게 할 수 있다.

1.3.2. 존 로크(John Locke, 1632~1704)

홉스의 주장에 근본적인 반대의견을 제시한 사람은 바로 로크였다. 그는 서로 믿지 않는 사람들이 절대적인 지배자에게 자기들의 사적 이익을 돌봐 달라고 신뢰를 보낸다는 점이 의심스럽다는 것을 지적하고 있다. 이 절대적 지배자에 의한 잠재적 폭력과 강압에 대한 제어장치, 즉 지배체제를 신뢰할 만한 것으로 만드는 장치에 대한 것이 로크의 주된 관심이다. 역사적 맥락에서 보면, 모든 사회적 영역에서 강력한 영향력을 행사하는 절대적 국가의 존재를 부정하고, 1688년의 명예혁명으로 시작된 군주의 권위에 대한 입헌적 제한을 인정하고 있는 것이다.

로크에게 있어서 국가는 시민의 생명, 자유, 재산을 보호하기 위한 도구에 불과하다. 국가 이전에 개인들의 합으로서 사회가 존재하였고 국가는 사회를 이끌어가기 위해 개인들의 동의에 의해 생겨난 것이다. 따라서 시민들의 신뢰를 저버리는 경우 국가 또는 정부는 해체될 수 있다. 그의 이러한 주장은 홉스의 주장과 근본적으로 다르지만 양자는 자연상태와 사회계약의 동일한 연역적 설명에 기초하고 있으며 정당한 정부의 형태와 안전, 평화, 자유의 조건에 관심을 기울인다. 로크에 의하면 개인들은 자연상태에서 완벽한 자유를 향유하고 있으며, 단지 신에 대한 의무와 인간의 이성에 의해 파악이 가능한 자연법이 규정하는 기본적 도덕률에 의해 규제된다. 이성에 의해 합리적 자연법에 따름으로써 인간은 자유롭고 평등하게 자연권을 향유한다. 자연법이 존재하고 지켜지기 때문에 자연상태는 결코 전쟁상태가 아니다.

그러나 자연상태에서 개인들의 자연권이 확실히 보장되는 것은 아니다. 모든 개인들이 타인의 권리를 존중하는 것도 아니고 자연법의 적용을 각 개인에게 맡겨놨을 때 법의 의미에 대한 해석의 차이가 있을 수 있으며, 느슨하게 조직된 개인들은 외부로부터 침해받을 소지도 크다. 이러한 불편을 해소하기 위하여 먼저 독립된 사회를 결성하고 그 기반 위에서 정치사회 또는 정부를 결성하기로 계약을 맺는다. 두 가지 계약 사이의 구분이 중요한데, 그 이유는 피지배자의 이익을 추구할 목적으로 사회의 구성원들이 정부에 권위를 부여하였다는 점을 분명히 하기 위한 것이다. 따라서 이러한 목표가 잘 수행되지 못할 때에는 심판관으로서의 시민들은 대표자들을 축출하거나 기존의 정부형태까지 없앨 수 있다.

나아가 국가권력은 분리 불가한 절대권력이 아니다. 오히려 법의 제정권과 집행권이 한군데 집중되어 있을 경우에는, 이 책임을 맡은 사람들이 자신들의 특수이익을 위하여 법을 악용할 소지가 너무 크다. 따라서 자연법에 따라 규칙을 제정할 입법부와 이를 집행할 행정부 간의 권력분립이 필요하다고 주장하였다. 즉 로크는 집행권을 소유한 입헌군주와 법제정권을 가진 의회가 양립하는 제도가 바람직하다고 생각하였다.

이러한 주장의 요체는 바로 개인들의 동의인데, 복종의 의무를 확보하기 위해서는 지속적이며 적극적인 동의를 필요로 한다고 볼 수 있겠지만 로크는 적극적인 동의가 국가의 출범기에만 필요하다고 본 것 같다. 그 이후에는 시민 대표의 과반수 의결과 법제도에 대한 복종에서 암묵적으로 표현된다고 보았다. 따라서 국가는 원래 계약대로 자연법에 의해 규제되며 시민의 생명과 재산과 자유를 보호해야 한다. 개인들은 그 대가로 국가에 대한 의무에 충실해야 한다. 즉 공동체의 구성원의 자격인 시민권은 개인들에게 책임과 권리, 의무와 권리, 제한과 자유의 양면적 의미를 내포함으로써 홉스의 사상과는 크게 대비된다. 이러한 로크의 사상은 서구 자유주의사상의 중심이 되었을 뿐만 아니라 대의 정치의 전통을 확립하게 하였다.

이처럼 로크의 저술은 개인의 권리, 시민주권, 입헌군주, 의회의 대의제도, 과반수 의결, 국가의 권력분립 등 18세기 이후 영국정치의 근간이 되고 있는 개념들을 설파하고 있다.[2] 그러나 이러한 사상은 지극히 초보적인 단계에 머물러 있고 대의 민주정치의 가장 핵심적인 요소들을 간과하고 있다. 예를 들어 경쟁적 정당체제, 계급과 성별에 관계없는 정치적 자유 등을 고려하지 못하고 있다. 나아가 보통선거권은 말할 것도 없고 입법체의 구성원에 대한 주기적 선거 또한 생각지 못하고 있으며, 개인 생활에 대한 국가개입의 조건이나 시민저항이 정당화되는 조건도 구체적이지 못하다. 확실히 로크는 자유주의의 선봉 역할을 하였지만 민주주의자로 불리기는 어렵다. 하지만 그의 저술이 후일 민주주의 정부의 발달을 크게 고무시킨 점만은 부정할 수 없다.

1.4. 공리주의와 자유민주주의

1.4.1. 벤담(Jeremy Bentham, 1748~1832)과 제임스 밀(James Mill, 1773~1836)

홉스나 로크는 개인들의 원만한 생활을 위해서 지도력이 필요하다고 보았고, 로크는 이에 덧붙여 지도력을 전적으로 신뢰할 수 없다는 것을 지적하면서 정치적 권력에는 제한이 있어야 한다고 주장하였다. 이러한 주장이 자유민주주의의 옹호자들인 벤담과 제임스 밀에 의해 더욱 발전되었다. 이들이 생각하기에 자유민주주의는 지배자의 피지배자에 대한 의무를 확실하게 확보하는 정치적 제도와 연관되어 있다. 민주적인 정부를 통해서만 공공의 이익과 일치하는 정치적 결정을 선택할 수 있다. 부연하면 비밀투표, 정치 지도자들 간의 경쟁, 선거, 권력분립, 언론과 결사의 자유 등을 통해서만이 공동체의 일반적 이익이 추구될 수 있다는 주장이다.

벤담과 밀은 특히 자연과학의 방법과 발전에 크게 영향받았고 그들의 학

2 유럽의 많은 학자들은 1688년 명예혁명 이후의 영국의 정치적 상황을 이상적인 정부형태의 표본으로 간주하였다. 그러나 정치참여의 수준은 지극히 제한적이어서 다른 대륙 국가들과 크게 다르지 않았다. 다만 영국국민이 그 어느 나라에서보다 자의적인 국가권력의 행사로부터 안전했고 이는 헌법적 통제에 의해 가능했다. 몽테스키외(Baron de Montesquieu)의 영국 정치체제의 분석에 의하면, 군주의 존재에도 불구하고 입법과 행정의 이권분립을 기반으로 하는 공화정으로 보았다. 특히 권력행사를 견제하는 데 비정부적 제도인 강력한 교회, 귀족 및 사회적 관행 등의 역할을 중시함으로써 견제와 균형의 원리를 확대시킨 오늘날의 다원적 민주주의의 일면을 영국정치에서 찾고 있다.

문적 정향도 지극히 세속적이었다. 따라서 사회계약, 자연권, 자연법 등의 개념은 국가와 시민 간의 현실적 관계를 설명하는 데 부적합한 철학적 허구로 간주하였다. 설명은 인간 행태의 근본요인을 규명하는 데서부터 시작되어야 하는데, 인간과 통치기구에 대한 이해의 첩경은 바로 인간이 만족을 추구하고 고통은 회피한다는 사실에 있다. 즉 인간의 동기구조의 중심은 욕구를 충족시키고 만족을 극대화하며 고통을 회피하는데, 사회는 바로 이런 개인들로 구성되어 있고 이 때문에 개인 간의 이해관계는 상충된다. 더구나 각 개인 간의 만족이나 효용을 비교하는 것이 불가능하므로 정치적 제도는 참여를 기반으로 전체적 복리를 증진시켜야 한다.

또 제임스 밀이 지적하듯 정부조직은 소수에 의한 지배를 불가피하게 하고 이 소수가 다수를 위해 봉사한다고 기대할 수 없으며, 단지 최대다수의 최대행복을 증진시키는 것이 소수의 치자들의 이익에 부합하도록 정치조직을 설계해야 한다. 지배자 역시 피지배자와 똑같은 동기에 의해 움직이므로 피지배자들로 하여금 그들의 요구가 충족되었는지 여부를 묻는 절차가 자주 필요하고, 이런 장치에 의해 정부의 책임을 확보할 수 있다. 따라서 광범위한 참정권을 기반으로 하는 선거가 자주 실시되어야 한다.

이런 맥락에서 정부의 목표 역시 효용의 원칙에 의해 결정되는데, 공공의 이익에 관한 한 유일하게 과학적으로 옹호될 수 있는 최대다수의 최대행복이라는 목표를 추구해야 한다. 이러한 목표 하에 부수적인 네 가지 구체적인 목표로 생계수단의 제공, 풍요의 창출, 평등의 선호 및 안전 유지 등을 들고 있다. 이 중 가장 중요한 것이 안전인데 재산과 생명의 안전이 보장되지 않는 한 개인들은 일해서 경제적 부를 창출할 아무런 유인도 갖지 못한다.

벤담과 밀을 포함하는 공리주의자들은 자의적인 정치적 간섭이 없는 개인들의 자유로운 경제활동을 보장하는 자유민주주의의 분명한 타당성의 기반을 제공하였다. 이러한 사상은 19세기 영국 자유주의의 기초가 되었고, 이 이념 하에서 국가는 경제적 경쟁과 자유교환의 규칙에 의해 사적 이익을 추구하는 개인들에 대한 심판관 역할만을 한다. 주기적 선거, 군주권력의 폐지, 권력분립 및 자유시장이 모든 시민들에게 최대한의 이익을 보장한다. 즉 최소한의 정부간섭 하에서 경제적 교환을 바탕으로 한 시장경제체제 하에서 각자의 만족을 추구하면 집단적 이익도 향상된다는 주장이므로 자유투표와 자유시장이 필수 불가결의 요건이다.

비록 최소한의 정부개입만 인정하고 있지만 다양한 유형의 정부개입이 필요하다고 인정한다. 개인이든 집단이든 간에 시장사회와 사적 소유권의 안전을 위협하는 불복종적인 행위에 대해서는 지극히 엄격한 입장을 취한다. 나아가 자유방임(laissez-faire)이 가장 효과적인 결과를 보장할 수 없을 때에도 국가개입에 의한 사회관계의 재정립이 정당화된다. 즉 국가 강제력에 의한 법의 제정, 집행과 새로운 국가기관의 창립은 그것이 효용의 일반적 원리에 기초하고 있는 한 정당하다는 것이다.

벤담과 밀은 결코 진정한 민주주의자는 아니었다. 전 노동자계급과 여성들에게는 참정권을 인정하지 않기 때문인데, 그럼에도 불구하고 그들의 많은 주장은 보통선거제도를 지향하고 있는 듯이 간주되어 현대 산업사회의 민주주의 기본모형으로 간주된다. 이는 그들의 민주주의에 대한 설명이, 끝없는 욕망을 가진 개인들이 개인적 이익을 극대화하려는 사회는 어떤 방식으로 절대권력과 전통으로부터 해방된 사회여야 하는가를 논리적으로 보여 주고 있기 때문이다. 따라서 민주주의는 이러한 목표를 위한 수단이 되는 것이며, 이런 이유에서 이들의 설명은 민주이론의 부분적 형태에 불과하다.

1.4.2. 존 스튜어트 밀(John Stuart Mill, 1806~1873)

민주적 제도를 옹호하는 주장을 진일보시킨 사람은 제임스 밀의 아들인 존 스튜어트 밀이었다. 그는 모든 영역에서의 개인적 자유에 대한 관심을 기초로 민주주의를 옹호한 사람이다. 그는 천부적 권리로서 사상과 표현의 자유를 옹호한 것이 아니라 진리를 밝히기 위한 방편으로 간주하였다. 과학적 진리이든 도덕적 진리이든, 진리는 알려져 있는 것이 아니라 합리적 논쟁을 통해서 점진적으로 그 실체가 밝혀지며, 논쟁을 거치지 않으면 독단에 흐른다. 이는 새로운 사상과 기존의 믿음에 대한 비판적 평가를 보호함으로써 가능한데, 이를 위해 민주적이고 대의적인 정부가 필요하다. 아울러 민주정부는 개인적 만족추구의 환경을 조성하고 개인성을 자유스럽게 발전시키는 기반이 된다는 점에서 중요하다는 주장이다. 정치적 생활에 참여함으로써 정부에 대한 직접적 관심이 생겨나고 참여적이며 발전적인 시민으로 성장할 수 있다. 즉 밀은 민주적 정치과정을 도덕적 자기실현의 중추적 기관으로 인식하였고, 주기적 투표는 단순한 개인적 이익에 대한 관심이 아니라 공적인 사업에 대한 능동적 사고과정의 결과로 간주하였다.

밀의 개인과 소수집단의 자율성에 대한 관심은 그의 저서 「자유론」(On Liberty, 1859)에 극명하게 표현되어 있다. 그에 의하면, 개인생활에 대해 어느 정도의 간섭과 규제가 필요한데, 개인의 자유에 대한 이러한 개입은 하나의 행위가 타인들에게 해를 끼치는 경우에만 정당화된다. 개인들은 자신의 육체와 정신에 관한 한 절대적 권리를 향유하며 이에 대한 간섭의 유일한 목적은 시민의 보호일 뿐이다. 단순해 보이는 이러한 논리로부터 자유민주주의와 연관된 여러 가지 주요한 자유들을 옹호한다. 보호되어야 할 인간적 자유의 영역은 사고, 감정, 논쟁 및 출판의 자유, 이익추구의 자유, 결사의 자유 등이다. 스스로의 방식으로 자신의 이익을 추구하는 자유는 타인의 이익이나 이익추구의 노력에 방해가 되지 않는 한 보장되어야 한다. 밀은 당시의 지배자와 시민의 행태가 이러한 원리로부터 벗어나 있음을 지적하고, 잘못된 관행이 도덕적 신념에 의해 수정되지 않으면, 사회의 제반 문제를 해결하려고 중앙집권적 관료국가가 확대되면서 시민자유의 침해는 더욱 심해지리라고 주장한다.

사고, 논의와 행위의 자유는 정신적 독립과 자율적 판단 및 인간 이성의 발달에 필수적이다. 이성의 함양으로 인간의 자유는 다시 확대, 유지된다. 자유와 이성의 보호 발전에 필수적인 것이 바로 대의민주정부이다. 마치 시장에서 상품의 자유교환이 경제적 자유와 재화생산의 극대화에 적합하듯, 대의 정부는 자유원리와 일치하는 법률을 제정할 수 있는 정부형태이다. 대의 정부체제에서는 정부가 시민들에게 책임을 지고 시민들은 공익을 추구하게 되며 개인들에게는 정체성, 개성, 사회적 차이를 발전시키는 수단이 될 뿐 아니라 민주질서 그 자체는 목적이 된다.

1.4.3. 정치적 평등

존 스튜어트 밀은 개인들의 능력이 각각 다르고 능력을 최대한으로 발전시키는 사람은 소수에 불과하다면 이러한 소수의 정부에 대한 영향력이 상대적으로 커야 한다고 생각하였다. 그래서 밀은 모든 성인이 투표권을 갖지만 능력이 나은 사람이 못한 사람보다 더 많은 투표권을 갖는 복수투표제를 추천하여, 대략 직업적 지위에 따라 투표권이 배분되어야 한다고 주장하였다. 즉 많은 지식과 기술을 가진 사람과 열등한 계층이 똑같이 취급되어서는 안 된다. 비록 소득, 부, 권력의 불평등에 지극히 비판적이었고 이것 때문에 노동자 계층의 인간적 발전이 저해된다는 사실은 인정하였지만, 정치적 · 사회적 평등에 대해서는 적극적이지 않았던 것이다. 모든 시민이 정치체제 내에서 동등하다는 생각은 아직 그의 실질적 신조가 되지 못하고 있다. 더구나 선거권자와 선출된 자들을 믿지 못해서, 의회는 선출직이 아닌 전문가 집단에 의해 만들어진 법안에 대해 거부권만을 가져야 한다고 생각하였다.

정치적 평등에 대한 정당화는 시지윅(Henry Sidgwick, 1838~1900)에 의하여 이루어졌다. 물론 모든 사람이 정치적으로 동등한 능력을 소유하고 있지 않지만 능력의 상대적 비교는 불가능하다. 이런 경우 가장 안전한 방법은 모든 사람을 동등하게 취급하는 것이다. 그는 이러한 주장을 의사결정이론의 미니맥스(minimax) 원칙에 의해 설명한다. 가령 확률이론에서 자주 예시되듯, 상자 안에 검은 공과 흰 공이 각각 10개와 5개가 들어 있다면 검은 공을 고를 확률은 2/3이다. 그러나 두 가지 공이 몇 개씩 들어 있는 줄 모를 때 가장 안전한, 가능한 최대의 오류(maximum error)를 최소화(minimize)할 합리적 가정은 바로 두 가지 공이 동일하게 들어 있다고 가정하는 것이다. 이런 논리적 근거에서 시지윅은 모든 사람의 동등한 정치참여를 주장하였다.

오늘날의 보통선거제도가 확립된 것은 19, 20세기 중 노동자 계급과 여성 운동가들의 광범위한, 때로는 폭력적인 투쟁에 의해서였다. 물론 이러한 투쟁과정에서 자유민주주의자들의 주장이 동등한 정치참여가 인간발전의 기반이 된다는 것을 밝히는 데 사용되었으나, 오랜 역사적 과정을[3] 거치고 나서야 자유민주주의가 현대적 모습을[4] 갖게 된 것이다.

이상의 논의에서 보듯이 자유민주주의로의 발달은 다양하고 이질적인 생각들이 반영된 결과이다. 그러나 이러한 자유민주주의 전통은 소위 직접적인 참여민주주의의 견해와는 지극히 다르다. 이러한 견해는 주로 루소로부터 시작된 것으로 간주되

---

3 영국의 경험을 보면 이러한 과정을 잘 이해할 수 있다. 19세기 이후의 변화만을 살펴보면, 1832년에 선거법 개정(The Great Reform Act)으로 중산계층에게 보다 넓은 선거권을 부여하였으나 성인인구의 4%만이 선거권을 행사할 수 있었고, 1867년 재산소유의 하한선을 낮춤으로써 하위 중산층, 지방의 농부, 도시노동자의 일부에 선거권이 확대되어 인구의 8%가 선거권을 갖게 되었다. 1872년에 비밀투표를 보장하였고 1918년에는 21세 이상의 남자와 30세 이상의 여자에게 선거권을 부여하였으며, 1928년에야 21세 이상의 남자와 여자에게 선거권이 부여되었다. 이런 과정에서도 상위계층은 최고 3표까지 행사하였는데 일인 일표제도가 받아들여진 것은 1948년의 일이다.

4 오늘날의 자유민주주의는 정치적 결정에 시민의 대다수가 광범위하게 참여하도록 허용하는 다음과 같은 원칙들을 내포하고 있다.

1) 인종, 경제적 지위, 성별 등에 관계없이 특정 연령에 이른 모든 시민들이 투표를 통해 의사를 표명할 수 있는 정치적 권리를 향유한다.
2) 모든 시민의 투표권은 동등하다.
3) 정치적 권리를 갖는 모든 시민들은 자유의사에 따라 자유투표를 한다.
4) 여러 대안들 중에서 선택할 여지가 있다는 의미에서 자유스럽다.
5) 특정 환경 하에서 미리 결정한다면 약간 다른 형태의 결정원리도 가능하지만 주로 다수결의 원리로 의사결정이 이루어진다.
6) 다수에 의한 결정으로 소수의 권리를 제한해서는 안 된다.

는데 그의 사상이 중요할 뿐 아니라 자유민주주의와는 상반된 마르크스적 전통의 발달에 직접적 영향을 미친 것으로 간주되기 때문에 이를 이해할 필요가 있다.

1.4.4. 루소(Jean-Jacques Rousseau, 1712~1778)의 참여민주주의

개인들의 동의가 국가를 정당화시킨다는 견해가 17, 18세기의 자유주의자들이나 19, 20세기의 자유민주주의자들의 사상의 중심을 이룬다. 다만 자유주의자에게는 개인적 동의가 사회계약으로 표현되고, 자유민주주의자에게는 사회 경제생활을 규제하고 법을 제정하는 권위를 주기적으로 국가에게 부여하는 선거에 중심을 두었다. 루소는 비록 홉스나 로크처럼 자연상태와 사회계약의 논리로 정당한 국가의 원리를 찾으려고 노력하였으나 그들의 주장에는 동의하지 않았다.

그에 의하면 인간은 자연상태에서 행복하지만 그들의 생활을 영위하는 데 인간적 약점이나 자연적 재앙 등 여러 가지 난관을 경험하게 된다. 그래서 그들은 개성과 이성을 발달시키고 완전한 자유를 향유하기 위해 법제정과 집행을 통한 협동체를 만들 계약을 맺는다는 것이다. 그러한 계약은 스스로 규제하고 스스로를 다스리는 가능성을 창조하는 계약이지 홉스나 로크에서처럼 국가에 주권을 양도하는 계약이 아니다. 즉 주권은 시민으로부터 나오고 또 시민에게 머무른다. 그래서 그는 홉스나 로크의 설명이나 자유민주주의적 원리에도 동의할 수 없었다. 개인들은 그들의 생활을 규제하는 법을 직접적으로 만들어 내야 한다고 믿었다. 그는 존 스튜어트 밀처럼 시민은 국가의 여러 과정에 적극적으로 참여해야 한다고 믿었을 뿐 아니라 한 걸음 더 나아가 공동체의 모든 의사결정에는 모든 시민이 직접 참여해야 한다고 생각하였다. 그래서 자치적 정치질서를 통해 단순한 국가라기보다는 국가의 업무가 일반 시민의 업무가 되는 그런 사회를 만들고자 하였다.

시민의 권력행사만이 유일하게 시민의 자유가 보장되는 정당한 방법이었고 시민들은 공동으로 인식된 공동선, 즉 일반의지에 의해 규제될 뿐이다. 이 일반의지는 모든 시민의 의지와는 구별되는데, 그 차이는 공동선에 대한 판단의 합과 개별적 욕망의 합의 차이와 같다. 따라서 시민들은 공동선을 염두에 두고 스스로 작성한 법률에 종속적이다. 이런 맥락에서 자유는 개인이 원하는 대로 행동하는 데 있다기보다는 타인의 의지에 종속적이지 않다는 점에서 찾아야 한다. 뿐만 아니라 자유는 모든 시민들이 동등한 권리를 향유해야 한다는 점에서 평등을 전제로 한다.

아울러 입법권과 행정권이 분명히 구분된 정치체제를 옹호하고 입법권은 시민들에게 행정권은 정부에 귀속되어야 한다. 이러한 체제하에서 시민들은 의회의 구성원으로서 국가의 권위를 대표하고, 정부는 행정가로 구성되어 시민의 법을 집행한다. 시민들은 정부로 하여금 공중집회를 조정하고 원활한 의사소통을 위해 힘쓰며 법을 집행하도록 만든다. 정부는 시민들의 합의의 결과로 만들어지며 일반의지의 지시에 충실할 때에만 정당하다.

루소의 사상은 프랑스혁명에도 중요한 영향을 미쳤지만 그 후 마르크스주의나 무정부주의에 이르기까지 혁명적 사상들에 큰 영향을 미쳤다. 그의 자치에 대한 인식은 자유민주주의의 중심개념 중, 특히 민주주의가 주기적으로만 시민에 대한 책임을 지는 국가 형태라는 개념에 비판적인 것이다. 그러나 루소 스스로도 대규모적이며 인구밀도가 높은 사회에서 직접적 정치참여로 인해 생겨날 문제를 잘 인식하고 있었지만 상세히 다루지 못하였다. 그 역시 여자와 빈곤층을 시민으로부터 제외시켰다. 그의 이러한 이상적 민주주의는 다분히 농업사회에서의 미래정치에 관한 것이고 산업자본주의 사회의 정치생활에 대한 설명은 아니었다. 이러한 작업은 마르크스, 엥겔스, 레닌 등이 맡게 된다.

1.5. 마르크스와 베버의 정치이론

1.5.1. 마르크스(Karl Marx, 1818~1883)와 정치적 평등

국가가 무엇을 할 수 있고 또 무엇을 해야 하는지에 대해, 또 이에 상응하는 시민의 정치적 역할에 대해 대부분의 사상가들은 입장을 달리하고 있다. 그러나 이론적 발달과정에서 두 가지 관점이 획기적인 것으로 간주된다. 이는 국가가 사사롭지 않으며 익명적인 권력구조로 개념화된 것과 시민의 권리와 의무라는 전혀 새로운 관점에서 권위와 자유를 조화시킨 것이다. 로크 이래로 자유주의 정치이론은 국가를 비사인적이며 법적으로 제한된 구조로 간주하며 이러한 이해를 입법권과 행정권의 구분과 같은 정치권력의 제도적 이론에 접목했다. 자유주의 이론이나 자유민주주의 이론의 가장 큰 관심은 주권을 가진 독립적 권위체로서의 국가와 국가권위의 한계를 결정할 권리를 갖는 개인 간의 관계에 대한 것이었다. 즉 국가주권을 원칙적으로 국가권력의 원천이 되는 시민주권에 연계하는 것이 문제였다.

그래서 자유주의 이론과 자유민주주의 이론은 국가주권의 한계를 정당화시키는 한편, 국가주권 자체를 정당화하려고 시도해 왔다. 홉스 이래로 이러한 이론들은 권력과 법, 의무와 권리를 조화하려고 하였다. 국가는 교역과 가정이 번영할 안전한 기초를 제공하기 위하여 강제력을 독점해야 하지만, 그렇기 때문에 국가는 시민의 정치적 · 사회적 자유를 빼앗을 수 있다. 이러한 딜레마를 극복할 수 있는 혁신적인 제도적 장치로서 대의민주주의를 설파한 것이 바로 자유민주주의자들이었다. 이성, 법, 선택의 자유는 시민의 정치적 평등을 인정함으로써 가능한 것으로 생각되었다. 뿐만 아니라 평등은 시민이 자유롭게 자신의 사적 이익을 추구하고 국가관료가 공공의 이익을 위해 활동하는 사회적 환경을 조성한다. 그러므로 자유시장에 기초한 민주적 입헌국가가 권위와 자유를 동시에 보장한다는 주장이다.

정치적 정향을 전혀 달리하는 마르크스와 엥겔스(Friedrich Engels, 1820~1895)도 폭정에 대한 자유주의적 투쟁과 자유민주주의자들의 정치적 평등을 위한 투쟁이 인간해방의 역사에 큰 진전을 가져온 것을 부정하지 않는다. 그러나 자유, 평등, 정의라는 위대한 보편적 이상이 정치적으로 자유스러운 투표와 시장경제하에서 자유로운 사적 이익의 추구만으로 실현될 수 없다고 주장한다. 마찬가지로 민주국가와 자유시장의 옹호론자들은 이 체제하에서 자유가 보장되고 불평등도 최소화할 수 있다고 주장하는 데 반해, 마르크스주의자에게 자본주의 경제는 체계적 불평등을 야기하고 그런 이유에서 진정한 자유에 큰 장애가 된다. 즉 공식적인 정치적 평등으로의 진전은 인정되지만 계급적 불평등 때문에 그 의미가 크게 제약된다는 것이다.

아울러 계급사회에서의 국가는 공동의 이익을 추구하지 못하고, 객관적인 심판관의 역할도 하지 못하며 시민사회의 투쟁에 휘말리게 된다. 마르크스주의자들은 국가를 시민사회의 연장으로 인식하여 특수이익을 옹호하기 위해 사회질서를 유지하는 것으로 생각한다. 이는 곧 자본가계급의 장기적 이익을 보호한다는 것을 의미한다. 마르크스는 자유와 평등이 소망스럽다고 생각하지만 정치적 해방은 진정한 인간해방, 즉 국가와 사회의 완전한 민주화의 첫 단계에 불과하다는 것이다. 그래서 진정한 민주주의는 사회계급의 파괴와 국가의 소멸에 의해서만 가능하다.

마르크스 이래로 마르크스주의의 역사는 정치적 목표의 정의와 마르크스 자신이 예상한 것과는 다른 역사적 조건하에서의 정치적 전략에 대한 갈등이 주조를 이룬다. 실제로 권력을 장악하는 데 치중한 나머지, 당의 역할과 구조 및 사회주의로의 전이과정에만 관심을 기울임으로써 국가권력의 문제는 부수적인 관심사가 되어 버렸다.

1.5.2. 베버(Max Weber, 1864~1920)와 다원적 민주주의

베버는 마르크스주의자의 정치적 야망이 국가와 정치에 대한 잘못된 이해에 기초하고 있음을 지적하고 있다. 국가와 정치적 투쟁의 역사는 결코 계급관계로 단순화할 수 없으며 경제적 기초 위에 위치한 상부구조만도 아니라는 것이다. 설령 계급관계가 변화한다고 해도 직접민주주의가 국가를 대체할 수 없는데 이는 관료제도에 의해서만 해결 가능한 조정과 규제의 문제 때문이다. 그러므로 권력과 법 또는 자유와 권위를 조화시키는 자유주의적 문제인식은 불가피하다는 주장이다.

베버 역시 역사과정에서 맹렬한 계급투쟁이 있어 왔고 자본과 노동의 관계가 산업자본주의의 여러 특징을 설명하는 데 중요하다는 것을 부정하지는 않는다. 다만 권력의 분석은 계급의 분석과 동일시하는 것은 반대한다. 계급은 결코 경제관계로만 단순화할 수 없고, 계급 그 자체가 권력의 배분과 투쟁의 일면에 불과하며 계급 이외에 지위집단, 정당, 민족국가도 마찬가지로 중요하다. 집단적 유대감, 민족적 공동체, 또는 권력, 위신, 민족주의에 의한 충동적 열정도 정치권력의 창출과 발달에 중요한 부분이 된다. 이 중 가장 중요한 것이 민족국가 간의 투쟁이다.

그러나 베버는 합리적 행정관료가 정치의 영역을 장악하게 될 것을 우려하였고 이를 견제할 수 있는 것이 바로 사적 자본, 경쟁적 정당제도 및 강력한 정치적 지도력이라고 생각하였다. 이러한 그의 주장에 나타나는 문제점은 바로 마르크스주의자와 자유주의자들이 주장한 사실들을 간과하였다는 것이다. 보다 구체적으로 계급권력의 정치적 불평등을 문제시하지 않았고, 권위와 자유의 균형의 문제를 단순히 국가관료와 경제관료 간의 경쟁과 카리스마적 지도자의 판단에 맡겨 놓았다는 것이다.

베버의 저술은 후일 정치학의 발달에 큰 영향을 미쳤다. 특히 다원주의 이론과 국가의 국내외적 성격을 강조하는 관점의 발달에 영향을 미쳤다. 소위 고전적 다원주의 이론은 주로 라스웰(Lasswell), 트루먼(Truman), 달(Dahl) 등에 의해 개진되었으며 1950년대와 1960년대에 영향력이 컸었다. 이들은 국가와 정치적 결과의 구조적 결정요인으로 계급을 드는 마르크스적 설명에 반하여 베버적 이론을 차용하였다. 국가, 관료조직 및 계급 간의 관계를 조명함에 있어, 정치적 지지를 얻기 위한 경쟁이나 정부에 대한 사회집단의 활동 등 정치적 반응을 확보하기 위한 제도적 장치에 관심을 기울인다.

다원주의 이론에 의하면 권력의 배분을 결정하는 것은 계급 이외에도 여러 가지가 있으므로 다수의 권력의 중심들이 존재한다. 권력은 비계서적, 경쟁적으로 결정되며 다양한 이해관계를 대표하는 다양한 집단들 간의 지속적인 협상과정의 결과이다. 비록 사회에는 여러 가지 불평등이 존재하고 자원에 대한 접근의 면에 있어서도 여러 집단들이 평등하지도 않지만 거의 모든 이익집단들이 민주적 과정에서 이용할 어떤 이점들을 가지고 있다. 그래서 정치적 결과는 정부가 여러 상반된 요구들을 중재하고 협상하는 과정의 결과이다. 각 정부의 부처는 때론 또 다른 이익집단으로 인식되기도 한다. 그렇다고 이러한 상황이 결코 나쁜 것은 아니다. 왜냐하면 사회집단들 간의 공개적 경쟁이 그 경쟁의 정당성을 보장하고 그렇기 때문에 민주적 특성이 보장된다. 달은 이것을 다두정치(polyarchy)라고 불렀고 이러한 정치가 바람직하다고 생각하였다.

이러한 설명은 여러 가지 면에서 비판받는데, 권력의 중심이 여러 곳에 존재한다고 해서 정부가 이들을 동등하게 대하지도 않고 강력한 위치에 있는 집단에 의해 훨씬 영향 받기 쉬우며, 논의되는 문제에 어떤 조치를 취한다는 보장도 없다는 것이다. 예를 들어 다국적 기업과 같은 정치적 자원을 가진 집단은 지극히 소수이고 많은 사람들이 정치적으로 동원할 수 있는 자원을 거의 갖고 있지 못하다. 더욱이 국가가 이익집단이 원하는 대로 행동하는 데는 많은 제약이 있다. 경제적 성장과 안정된 발달이 유지되려면 사적 투자와 사유재산이 보호되어야 하며 이러한 근간이 흔들린다면 정부의 정당성도 흔들리게 된다. 그러므로 국가는 적어도 기업의 성장에 도움이 되는 정치적 결정을 하여야 한다. 이러한 비판을 수용한 이론을 신다원주의 이론이라고 하는데 여전히 자유민주주의가 다양한 집단을 만들어내고 일원적이며 둔감한 정부가 되지 않도록 견제한다고 설명한다.

국가와 정치의 본질에 대한 이해는 만약 국가를 국제정치적 질서와 세계경제적 질서와의 관계하에서 고려하게 되면 더욱 더 복잡해진다. 국가의 본질과 국가 간의 관계가 역사적 · 지리적으로 변화한 사실이 정치이론의 확립을 어렵게 하지만, 여러 세대의 생활을 형성하고 규제한 것이 바로 권위와 자유의 교묘한 혼합이었다는 사실은 부정하기 어렵다. 따라서 자유와 평등, 계급권력과 지배, 폭력과 국가의 제반 문제에 대한 진지한 분석은 항상 요구된다.

제 2 장

중농주의와 고전 정치경제학

근대국가의 형성과 더불어 등장하여, 산업혁명에 이르기까지 지배적인 경제적 논리는 중상주의(mercantilism)였다. 절대왕권의 주도로 형성되기 시작한 국가체제에서는 국내적으로 정치적 · 경제적 할거주의를 극복하기 위하여 민족적 통합이 요구되었고, 이러한 요구가 중상주의 경제정책에 반영되었다. 그러나 중상주의 정책은 경제과정에 대한 체계적 설명을 기반으로 한 것이 아니었고, 시대의 변화에 따라 논리적 주장도 변했다. 중상주의 정책이 맨 먼저 실시된 스페인과 포르투갈의 경우 15세기 말 이후에 남미로부터 유입된 귀금속을 중시하고 중개무역에만 치중하여, 오래지 않아 영국과 프랑스에게 상업자본주의의 주도권을 빼앗기게 된다.

영국의 경우 헨리 7세와 엘리자베스 1세의 치하에서 상인계층의 대내외적인 활동을 보호하고 모직물 중심의 국내 산업을 육성하면서 공업원료의 수출금지, 외국제품의 수입금지를 실시하는 한편, 세계 여러 곳에 무역회사를 설립하였다. 프랑스에서도 루이 14세 치하에서 콜베르(Jean Baptist Colbert, 1661~1683까지 재직)를 재상으로 등용하여 중상주의 정책을 실시하였다. 제조업에 보조금을 지급하고 외국제품에 무거운 세금을 물리는 한편, 해외 식민지를 개척하여 시장을 확보하려고 노력하였다. 그러나 국가주도에 의한 상공업의 발달은 프랑스 경제에서 큰 비중을 차지하고 있던 농업의 희생 위에 이루어졌으므로, 농업부문은 급격히 피폐해 갔다. 더욱이 프랑스의 산업은 사치품과 군수품 위주로 대중적 수요와는 거리가 멀었다.

이러한 중상주의는 특권상인의 독점적 지위를 보장함으로써 가능하였고, 보호무역에 의한 수출입의 차액을 국부 증대의 근원으로 생각하였다. 근본적으로 세계에 존재하는 부가 일정하다고 믿었기 때문에 구하려는 이윤은 지역 간의 가격차를 이용하는 데 있었다. 따라서 가용 생산 자원을 이용하여, 사람들이 소비하기 위한 재화의 생산과 소비에 관한 연구로 규정되는 오늘날의 경제학과는 거리가 멀었다. 이러한 질문을 포함하는 경제과정에 대한 체계적이며 포괄적인 논리적 설명은 중농주의 이론에서 비롯되었다고 간주된다.

2.1. 중농주의(Physiocracy)

중농주의 이론은 18세기 프랑스의 경제적 현실을 배경으로 나타났다. 중상주의 정책의 결과, 사정에 맞지 않은 경제행위를 고무하고 수많은 규제를 남발하여 농업을 위시한 경제전반이 피폐해졌다. 그러나 루이 14세와는 달리, 루이 15세는 지적인 자유와 비판에 관대하였고, 이러한 사회적 · 경제적 배경에서 퀘네(François Quesnay, 1694~1774)를 중심으로 중농주의 이론이 등장한 것이다. 중농주의자들은 자연법칙처럼 경제현상을 지배하는 법칙이 존재하므로, 이를 발견하여 정부정책이 합당하게 만들어지게 하는 것이 경제학자의 임무라고 생각하였다. 퀘네의 주요저서이며 중농주의 이론의 지주가 되는 「경제표」(Tableau Economique, 1758)는 경제과정을 기술함으로써 잠재적 경제법칙을 찾으려 한다.

이 이론의 근본적인 인식은 재화의 생산이 생산자의 소비를 위한 것이 아니라 판매를 목적으로 하므로, 경제체제는 생산활동과 시장교환으로 이루어진다. 그래서 경제과정은 소득과 지출의 순환적 흐름으로 파악된다. 퀘네는 이 과정을 단순화하기 위해서 일차적 생산에 참여하는 사람, 제조업자 및 지주의 세 종류로 경제 참여자를 구분하였다. 아래 그림에서 보듯이, 이 세 가지 경제주체를 기반으로 지출의 흐름을 모형화하였다. 농업계층과 제조업자는 그들의 생산물을 판매함으로써 소득을 얻고, 지주는 땅의 대여에 대한 반대급부로 소득을 얻는데, 이것이 농업부문의 잉여생산이며 오직 이 부문에서만 잉여생산이 가능하다는 주장이다. 제조업은 원자재와 노동력 유지를 위한 식량 등과의 동등가치만을 생산하는 데 비해, 농업은 노동과 토지라는 생산요소가 필요한데 이 중 토지는 소요 비용 없이 생산하므로 잉여생산이 가능하다. 따라서 경제발전은 농업부문의 잉여생산에 의해 이루어진다.

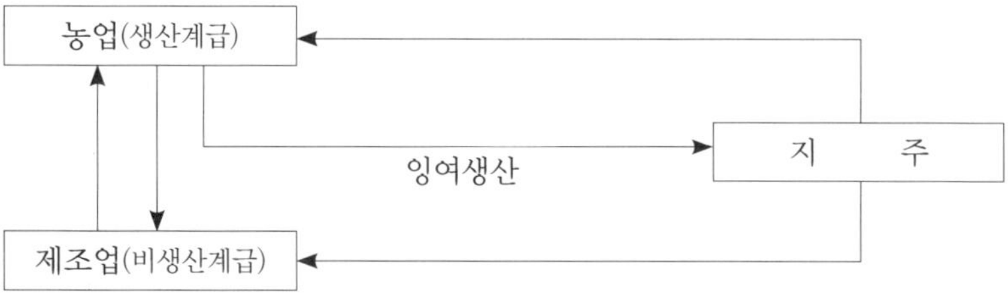

이러한 이론을 기반으로 국가의 중상주의 정책을 비판하였다. 첫째, 독점적 특권으로 운영되는 사치품 제조업을 비난하고, 지나친 정부개입과 규제가 경제를 왜곡시키므로 자유방임(laissez-faire)을 옹호하였다. 둘째로 당시의 농업정책은 공업도시에 싼 식량을 제공하려는 것이 주목적으로 곡물의 외국무역은 물론 지방 간의 거래도 제한 또는 금지되어 있었다. 이에 대해 대단위 영농을 촉진시키고, 곡물거래를 자유롭게 하여 국제가격 수준까지 상승시켜야 한다고 주장하였다. 아울러 정부규제와 더불어 확대된 복잡한 과세제도 역시 단일 세제로 바뀌어야 하며, 잉여생산이 가능한 농업부문에만 과세되어야 한다.

이런 중농주의의 이론과 주장은 실제 정책에 반영되지 않았고 퀘네 이후에는 이론적 발전도 없었으나 경제전반의 모형화를 시도함으로써 과학적 경제학의 발전에 중요한 공헌을 하였다. 비록 이 이론에는 특정 상품생산이나 소득의 배분을 정하는 시장가치가 어떻게 결정되는가에 대한 과정분석이 결여되었고 지극히 거시경제적 분석에 그쳤으나, 여러 가지 측면에서 사회과학의 발달에 중요한 의미를 갖는다. 당시에, 경제는 항상 국가에 의해서 통제, 규제, 운영되어야 한다는 생각이 팽배해 있었으나, 중농주의 이론은 경제과정을 자연법칙에 의해 지배되는 자발적 질서로 간주하고 국가개입이 불필요하다고 보았다. 셋째로는 귀족이나 성직자 등으로 구분하는 전통적 지위의 범주 대신에 경제적 계급의 개념을 도입하였다.

또 지출의 순환적 흐름으로 경제를 이해하는 것이 후일 경제학에서의 경제현상의 모형화 작업, 특히 케인스이론에 영향을 미쳤다. 아울러 잉여의 개념은 고전경제학, 마르크스이론, 신고전주의 이론의 효율적 자원이용 모형에서 중요한 개념이 되었다. 지대 잉여에 대한 단일세의 개념 역시 후일 사회민주주의를 위시한 사회개혁운동에 중요한 역할을 하였다. 끝으로, 퀘네를 중심으로 한 중농주의자들은 자신들의 이론에 확신을 갖고 이를 정책결정자에게 전달하여 실제 정책에 반영시키려고 노력하였다. 이런 점에서 그들은 이념적 분파를 형성하였고 오늘날 이야기되는 소위 하나의 학파를 이루었던 것이다.

퀘네의 이론은 후에 튀르고(Anne-Robert-Jacques Turgot, 1727~1781)에 의해 진일보하였다. 그는 지대만이 유일한 잉여생산물이 아니라 이자와 이윤도 잉여생산물임을 주장하여 중농주의의 봉건적 색채를 어느 정도 탈피하였다. 그러나 이론적 제약을 근본적으로 뛰어 넘기 위해서는 농업뿐 아니라 공업의 생산성을 인정하는 새로운 경제이론이 필요했고 이는 애덤 스미스를 중심으로 이루어졌다.

2.2. 흄과 애덤 스미스

2.2.1. 데이비드 흄(David Hume, 1711~1776)

애덤 스미스는 동시대의 같은 스코틀랜드 학자인 흄에게서 많은 영향을 받았다. 흄은 경제이론보다는 사회과학의 방법론으로 더 큰 족적을 남겼다. 그의 저술인 「인간본성에 관한 연구」(A Treatise of Human Nature: Being an Attempt to Introduce the Experimental Method of Reasoning into Moral Subjects, 1739~1740)의 부제에서 강조하듯이 실험적 방법을 강조하였는데, 이는 자연과학에서처럼 실험실의 실험을 의미하는 것이 아니라 사회과학은 경험적 자료를 역사로부터 얻어야 한다는 것이다. 오늘날까지도 논쟁의 대상이 되는 또 하나의 주장은 그의 사실(is)과 당위성 또는 도덕적 문제(ought)의 구별이다. 즉 경험적으로 진위를 가릴 수 있는 것은 사실의 영역이며 도덕적 선과 악에 대한 옳고 그름은 경험적 사실이나 선험적(先驗的, a priori) 사유에 의해 추론할 수 없다고 말한다. 도덕적 문제는 선과 악의 행위의 관찰에 따른 기쁨과 고통을 느끼는 도덕적 감각과 연관될 뿐이다.

이런 입장에서 로크의 사회계약설은 지나치게 허구적이며 작위적이었고 국가는 자연스럽게 발달된 사회의 필요한 요소이다. 보다 구체적으로, 인간은 원하는 것은 끝이 없으나 육체적으로 나약하고 제한된 수단만을 가진 존재인 데도 지배적 위치에 설 수 있는 이유는 그들의 분업을 기초로 한 사회적 결합에 있다. 분업체계는 교역을 가능케 하는 시장을 필요로 하며 시장의 기능에 필요한 규칙과 이의 집행자로서 국가가 필요하다.

그의 경제이론 중에서 특기할 만한 것은 국제교역에 대한 설명이다. 확실한 이론체계 없이 규제 위주로 진전되어 온 중상주의적 무역정책을 논리적으로 반박하는 것으로, 귀금속의 축적이 바람직한가에 대한 논쟁이 아니라 그 축적이 가져올 효과가 무엇인가를 설명하여 이의 성취가 힘들다는 것을 보여 주고 있다. 예를 들어 한 국가(A)가 급작스런 귀금속의 증가로 통화가 증대되면 자연히 국내 상품가격이 상승한다. 그렇게 되면 A국의 국민들은 상대적으로 싼 외국상품을 선호하게 되어 수입이 증가하고 수출은 감소하게 된다. 그래서 귀금속이 해외로 방출될 수밖에 없다는 것이다. 이런 과정이 A국 상품가격이 충분히 하락할 때까지 지속되어 이전의 상태로 되돌아간다는 주장이다.

그의 이러한 분석은 한 국가가 수입을 제한한다고 해도 수출증대로 인해 귀금속이 유입되어 가격이 오르게 되고, 결국은 관세에 의한 보호무역은 도움이 되지 않는다는 것을 보여 주고자 하였다. 이러한 설명도 중요하지만 그보다 더 큰 이론적 의의는 설명 방법이 오늘날의 경제학에서 이용되는 균형의 모형을 처음 사용하였다는 데 있다. 즉 처음의 균형 상태가 어떠한가를 가정하고 이러한 균형을 깨는 교란이 있은 뒤, 다시 새로운 균형이 생겨날 때까지를 추적하고, 예전의 균형과 나중의 균형 상태를 비교하여 교란의 효과가 무엇인지를 파악하는 것이다.

2.2.2. 애덤 스미스(Adam Smith, 1723~1790)

보다 본격적인 일반적 시장 과정의 분석은 애덤 스미스에 의하여 이루어졌다. 그 역시 흄처럼 역사적인 경험적 증거들을 중시하였고 이를 기반으로 이론적 모형화가 이루어져야 한다고 생각하였다. 아울러 문화적 · 사회적 차이에도 불구하고 인간의 본성은 유사하므로 행위에 대한 논리적 설명이 가능하고, 이에 대한 관찰을 기반으로 사회현상을 연구하여야 한다. 이러한 인식론을 배경으로, 저서인 「국부론」(An Inquiry into the Nature and Causes of the Wealth of Nations, 1776)에서 개인들의 생산과 교환에서의 역할이라는 관점에서 경제 과정을 설명하고 있다. 「국부론」은 제목이 시사하듯 경제발전과 이를 방해하거나 증진시키는 국가정책에 관한 것이며, 중상주의적 보호정책을 비판하고 자유무역을 옹호하는 주장을 담고 있다. 즉 기존의 잘못된 경제원리를 비판하기 위하여 자유시장체제의 과정을 분석한 것이다. 전부 다섯 편으로 나뉘어졌고, 국부증진의 주요 원인으로서 노동 생산력을 개선하는 분업, 생산적 노동의 비율을 높이는 자본 축적론, 자본주의의 역사적 발달과정, 중상주의와 중농주의의 비판 및 조세와 경비를 중심으로 하는 재정문제를 다룬다.

스미스에 의하면 한 나라의 국부는 본래 가진 자원이 아니라 생산물이며, 국부는 노동의 생산력과 노동인구 중 생산노동자의 비율에 의해 결정된다. 국부의 두 가지 요인에 관한 설명은 인간본성의 원리로부터 시작된다. 이 중 두 가지 원리가 중요한데 하나는 이기심이고 또 하나는 한 물건으로 다른 물건을 바꾸려는 교환성향이다. 우리가 필요한 것을 구할 수 있는 이유는 그 물건을 만드는 사람의 호의에서가 아니라 이기심 때문이며, 이것이 경쟁적 시장에서 작동함으로써 물건이 공급된다. 또 교환성향은 분업을 가능하게 하고 분업체계에 의하여 초기 원시사회가 상업사회로 발전한다. 분업은 생산력을 향상시킨다. 분업에 의해 숙련도가 높아지고, 한 작업에서 다른 작업으로 옮아갈 때 발생하는 시간을 줄일 수 있으며, 기계의 발명도 용이해짐으로 가능하다. 즉 기능적 전문화는 교환이 가능하기 때문이고, 이를 가능하게 하는 것이 교환의 본능이며 이 때문에 자연히 시장도 발달하는 것이다.

노동의 생산력과 아울러 인구 중에서 생산적 노동자가 차지하는 비율이 중요한데, 이 비율을 결정하는 것은 노동을 생산적으로 고용하는 자본의 축적이다. 자본의 축적이 많을수록 생산적 노동의 고용이 많아지고, 기계의 역할 같은 생산수단을 통해서 직접적으로, 그리고 분업을 매개로 하여 간접적으로 노동의 생산력을 높이는 것이다. 이러한 자본축적은 본래 인간의 본성인 이기심에 기인하는 것이기 때문에 자연적으로 달성된다고 한다. 따라서 같은 자본축적이라도 그 용도에 따라 생산력이 다르지만 인간의 이기심에 맡겨 놓으면 가장 적합하게 이용될 수 있다고 주장한다.

이러한 경제현상의 설명 못지않게 중요한 것은 새로운 인간해석이다. 플라톤 이래로 많은 사상가들은 분업이 이루어지는 이유가 인간들의 생래적 차이 때문이라고 하였으나, 스미스는 그렇지 않다고 생각하였다. 인간의 생래적 재능은 그리 큰 차이가 나지 않으며, 재능의 차이는 분업의 원인이라기보다는 분업의 결과이고, 가장 다른 직종에 종사하는 사람 사이의 차이 역시 본성이라기보다는 습관과 교육으로부터 비롯된다. 아울러 분업의 발달이 가져올 폐해도 지적하고 있다. 분업이 진전될수록 자신의 노동력에 의존해서 살아가는 대다수의 사람들은 단순한 작업의 반복 속에서 창조력, 합리성, 판단력을 잃어버리고 무지한 존재로 변한다고 경고하였다. 뿐만 아니라 당시에는 노동계급이 시민으로 간주되지 못함에도 불구하고 이들의 국부 형성에서의 역할을 강조하고 이들이 빈곤하면 국가가 부강하다고 할 수 없다는 점을 명백히 하였다.

경제현상의 설명의 배후에 또 하나의 중요한 개념은 '보이지 않는 손'에 대한 것이다. 이 개념은 단순히 자연현상을 지배하는 법칙이 있듯이 경제과정을 통제하는 지배법칙이 있다는 의미였다. 즉 시장경제에서 사고파는 과정에서 각각의 참여자는 자신의 이익만을 위해서 행동함에도 불구하고 보이지 않는 손에 의해 각자의 의도와는 관계없는 목적을 이루어 간다. 이기심에 의해 움직이는 개인들은 원만하게 작동하며 잘 조정된 경제체제의 일부분으로서 움직일 뿐 아니라, 분업체계 역시 의도하지 않은 경제발전을 성취하는 것이다.

그렇다고 해서 시장의 여러 생산자의 분화된 기능과 수요의 조정이 막연하게 이루어진다는 의미는 아니고, 중추적인 조정기능을 수행하는 것이 바로 교환가치 또는 가격이다. 애덤 스미스는 시장의 조정이 어떻게 이루어지는가를 알기 위해서는 가치의 결정을 분석해야 한다는 것을 알았다. 또 오늘날의 경제학에서와 마찬가지로 수요와 공급이 재화의 상대적 가치를 결정한다는 사실도 이해하고 있었다. 그러나 이런 방식으로 설명되는 것은 날마다 변하는 피상적 가격일 뿐이고, 잠재적이지만 불변인 기본가격 또는 자연가격을 이해하고자 하였다. 그의 설명에 의하면 재화의 자연가격은 그것의 생산에 투입된 노동을 포함한 생산요소의 가격의 합인데, 그것도 각 요소의 자연가격의 합이라는 것이다. 예를 들어 노동의 가격은 자연임금률이라 할 수 있고 이것은 생계수준에 의해 결정된다. 그러나 이러한 설명은 경제학적 설명이라고 볼 수 없다. 이런 식으로 가치의 결정요인에 대한 설명을 공급의 측면에만 국한하였고 수요는 항상 변하는 가격에만 연관되어 있는 것으로 간주하였다. 수요의 측면을 고려하지 않아도 된다는 그의 주장은 소위 가치의 모순을 지적함으로써 합리화되었다. 가치의 모순이란 사용가치와 시장가격이 별 상관이 없다는 사실을 지적하는 것이다. 예를 들어 물은 아주 긴요한 것임에도 시장가치가 거의 없고 다이아몬드는 별로 긴요한 물건이 아님에도 불구하고 시장가치는 매우 높다. 가치의 탐구에 있어 공급의 측면만을 고려하는 스미스의 시각은 그 후 백여 년간 경제학자들에게 영향을 미쳤고, 19세기 말에 이르러서야 수요와 공급에 의해 시장가격의 형성을 설명하고 한계효용의 개념으로 가치의 모순을 설명하게 된다.[1]

이러한 시장기구의 설명이 시장이 완벽하게 작동하므로 정부의 기능이나 역할이 대내외적 질서유지에 국한된다는 의미는 아니다. 스미스의 의도는 이런 자신의 과학적 설명에 의해 중상주의적 논리와 규제 위주의 정책이 얼마나 잘못된 것인가를 보여 주고자 했던 것이다. 그리하여 자유방임적 정책이 실시되면 국민은 훨씬 더 풍족해질 수 있다는 것이지만 이때의 자유방임은 절대적인 것이 아니라 정부가 국방, 사법 및 공공시설의 건설과 유지 등을 담당하여야 한다.

마지막으로 들 수 있는 스미스의 지적 유산은 경제적인 관점에서 역사의 발전단계를 파악하였다는 것이다. 그의 저서는 방대한 역사적 자료를 인용하고 있으며 사회가 분명히 구분되는 단계를 거쳐 발전한다는 사실을 암시하고 있다. 그러한 단계들은 사냥, 농경, 상업 등의 지배적인 경제행위로 특징지어진다. 아울러 특정 사회의 정치적 · 문화적 특성은 각 단계의 경제적 특성의 부산물로 인식하였다. 이렇게 경제적 요인을 역사결정의 근본 요인으로 보는 시각은 19세기에 리스트(Friedrich List, 1789~1846)와 마르크스의 저술에 다시 나타난다.

경험적 · 역사적 증거를 기반으로 하는 시장과정의 분석에 대한 공헌으로, 스미스는 사회과학의 한 분야로서 경제학을 확립한 학자로 간주된다. 그의 업적을 기반으로 19세기에도 다양한 경제이론이 등장한다. 특히 그의 오류에 대한 재해석이 중요한 경제이론의 초석이 되곤 하였고, 이의 한 예가 바로 리카도(David Ricardo, 1772~1823)의 저술인 「정치경제학 원리」(Principles of Political Economy and Taxation, 1817)이다. 리카도의 이론은 19세기 전반의 유럽에서 가장 널리 수용되었다.

1 만약 총공급량이 많다면, 재화 전체의 효용은 매우 크겠지만 그 양 이상으로 늘어난 부분의 효용은 매우 작을 것이다. 예를 들어 물의 경우, 전혀 공급이 없다면 큰 대가를 지불하고 얻으려고 하겠지만, 현재 충분한데 더 많이 얻기 위해 돈을 지불하지는 않을 것이다. 이렇듯 시장의 거래는 전체양을 기준으로 거래되는 것이 아니라 조금 늘어난 부분을 어떻게 평가하느냐에 의해 이루어진다. 이런 시각에서 보면 물이 왜 싸고 다이아몬드는 왜 비싼지 설명할 수 있다. 이것이 한계효용의 개념으로 가치의 모순을 설명하는 방식이다.

2.3. 고전 정치경제학 : 리카도와 맬서스

2.3.1. 경제성장모형

19세기 초의 대표적 경제학자는 리카도와 맬서스(Thomas Robert Malthus, 1776~1834)이다. 이 두 사람은 인구론을 제외한 거의 모든 경제 해석에서 의견을 달리하였는데, 리카도는 신흥 자본가 계급의 이익을, 맬서스는 구 지주계급의 이익을 대변하고 있었다. 그러나 인구론을 제외한 모든 경제적 설명에서 리카도의 견해가 광범위하게 수용되었다. 따라서 19세기의 경제학은 적어도 19세기 후반에 신고전주의 경제학(Economics)이 등장하기까지 리카도의 정치경제학(Political Economy)이 경제적 설명을 주도하였다. 17세기부터 유럽에서 쓰이기 시작한 정치경제학이란 용어는 18세기에 이르러서는 광범위하게 쓰였고, 민족의식과 민족국가에서의 권력집중 현상과 더불어 국가의 부를 주요 연구대상으로 하는 학문적 정향을 의미하게 되었다. 따라서 경제성장의 과정과 역사적 발전을 주로 분석하였다. 그러나 관심이 시장기능과 제한된 자원의 효율적 이용을 분석하는 것으로 변하면서, 정치경제학이 아닌 경제학으로 불리게 되었다.

리카도에게도 저술의 주목적은 경제성장과정을 설명하는 것이었고, 이의 이론적 설명을 위해서 노동가치론, 지대론 및 맬서스의 인구론 등이 사용되었다. 따라서 전체 이론체계를 이해하기 위해서는 이들을 먼저 이해해야 한다. 이런 과정에서 차츰 사회과학적 설명이 국가정책결정의 논리적 근거로 이용되기 시작하였음도 알 수 있다.

애덤 스미스적인 가치론이 리카도의 가치론에도 계속되어 수요의 측면은 피상적 가격변동에만 관련이 있는 것으로 간주하였으나, 공급의 측면만을 고려하는 이유가 스미스처럼 단순히 가치의 모순 때문이 아니었다. 리카도는 어떤 상품이든 생산량에 따라 변하지 않는 확정된 생산가격이 있다고 주장하였다.[2] 뿐만 아니라 스미스가 토지의 사유나 자본이 존재하지 않는 원시사회에서만 투입된 노동량이 가치를 결정하고

2 이러한 주장은 경험적으로 타당하지 않을 뿐만 아니라, 생산량에 따라 단위 생산비가 변한다는 수확체감의 법칙에도 어긋난다. 수확체감의 법칙이란, 여러 생산요소 중 하나의 생산요소가 고정되어 있는데 다른 생산요소를 증가시킨다면 이에 따른 생산량의 증가폭은 점점 줄어든다는 것이다. 예를 들어, 땅 한 마지기에 다섯 사람의 노동으로 쌀 다섯 가마가 생산되었다면 열 사람이 투입된다고 해도 생산량이 두 배로 늘지는 않고 일곱 가마나 여덟 가마가 생산된다고 할 수 있다. 리카도는 수확체감의 법칙은 농업부문에서만 작용하고 제조업에서는 작용하지 않는 것으로 간주하였다.

발전된 사회에서는 자본과 지대를 생산요소로 포함시킨 데 반해서, 리카도는 어느 사회를 막론하고 재화의 상대적 가치는 생산에 투입된 노동량에 비례한다고 주장한다. 이러한 주장은 노동의 양에 의해 가치가 결정될 뿐 아니라 더 많은 노동을 투입하면 더 많은 가치가 창출된다는 설명이 되는데, 다른 생산요소를 고려하지 않았다는 점에서 경험적으로 타당하지 않다. 리카도 역시 자본의 중요성을 어느 정도 인식하고 있었으나 노동의 투입이 자본소요보다는 훨씬 크기 때문에 노동가치설이 타당하다고 주장하였다.[3]

리카도의 노동가치설은 많은 비판에도 불구하고 한계효용이론이 등장하기까지 주요한 가치이론이었으며 스미스 이후의 경제계급론과 결합하여 19세기 초의 새로운 사회운동의 시발이 되었다. 만약 노동 계급이 모든 가치를 창출하는데 그 가치의 대가를 전부 받지 못한다면, 이는 다른 계급에 의한 착취라는 주장이다. 마르크스이론으로 무장한 사회주의 운동이 등장하기 훨씬 전에 소위 리카도파 사회주의자들이 나타났다.

오늘날까지 이론적으로 중요한 것은 가치론보다 지대론이다. 토지소유로부터 발생하는 소득에 대한 관심은 다른 생산요소와는 달리 영구히 고정되어 있다는 이유로 오래 전부터 있었으나, 리카도에 이르러서야 이론적 설명이 정립되었다. 중상주의자들은 토지가 비용이 안 드는 자연의 선물이기 때문에 잉여가치로서 지대가 발생한다

3 리카도의 노동가치설의 문제점은 간단한 수식에 의해 살펴볼 수 있다. 만약 가치를 V, 노동량을 L, 기준상품을 s, 비교되는 상품을 t라고 하면, 그의 노동가치설은

$$\frac{Vt}{Vs}=\frac{Lt}{Ls}$$

으로 표현되며, 다시 자본 비용을 고려하면,

$$\frac{Vt}{Vs}=\frac{LtW+CtP}{LsW+CsP}$$

이 된다. 여기서 Ct는 특정상품의 단위당 자본비용이고 Cs는 기준상품의 단위당 자본비용이며, W는 임금률, P는 이윤율인데 완전경쟁을 가정하면 모든 산업에서의 W와 P는 동일하다. 어떤 조건하에서 첫 번째 식과 두 번째 식이 같아지는지를 알기 위해 두 번째 식을 다음과 같이 표현할 수 있다.

$$\frac{Vt\cdot Lt\,(W+\frac{Ct}{Lt}P)}{Vs\cdot Ls\,(W+\frac{Cs}{Ls}P)}$$

이 식이 첫 번째 식과 같아지기 위해서는 Ct/Lt = Cs/Ls(이는 모든 산업에 있어서 자본 구성비, 즉 자본과 노동의 투입 비율이 같다는 비현실적 가정)이어야 하고, 그렇다면

$$\frac{Vt}{Vs}=\frac{Lt}{Ls}=\frac{Ct}{Cs}$$

가 되어 노동가치설은 자본가치설과 다를 바 없게 된다.

고 본 반면, 리카도는 비옥한 토지가 제한되어 있기 때문에 지대가 발생한다고 설명하였다. 예를 들어 두 개의 토지가 있고 그곳에서 쌀 한 가마의 생산비가 각각 5만 원과 7만 원이 들며, 쌀 한 가마의 시장가격은 7만 원이라면 5만 원의 비용이 드는 토지만 경작될 것이다. 뿐만 아니라 그 토지에는 더 많은 비용이 투입되어 더 많은 양의 쌀을 생산할 수 있을 것이다. 그러나 한정된 토지에서 생산량을 늘리려면 투입되어야 할 비용은 비례적으로 늘어나는 것이 아니라 더 많은 비용이 들 것이다. 즉 두 번째 가마의 생산에는 6만 원, 세 번째 가마는 7만 원 등으로 생산단위가 늘어나면 단위 생산비가 늘어나는 수확체감의 법칙이 작용한다(주2 참조). 이 예의 경우 하나의 토지만 경작되어 3가마가 생산되며 총 3만 원의 지대가 발생하게 된다.

따라서 스미스의 이론에서는 가치 결정요인이던 지대가 리카도의 이론에서는 시장가격의 수준에 의해서 결정되는 잉여가치이고, 근본적으로는 수확체감의 법칙이 지대 발생의 원인이다. 비록 이 법칙을 농업부문에만 한정하고 제조업에는 적용되지 않는다고 주장하는 오류를 범했지만, 리카도는 이 법칙을 기반으로 중요한 이론을 전개하였다. 그리고 이러한 지대론에 의해 신흥 자본가들을 옹호하고 지주계급을 공격하였다. 그에 의하면 한정된 토지를 소유하는 소수의 지주와 다수의 경작자가 존재하여 자연적 토지 독점이 이루어지므로, 지주는 지대를 탈취한다는 것이다. 이러한 주장이 19세기 초 곡물무역을 둘러싼 논쟁[4]에서 중요한 역할을 하였고, 그의 가치론과 더불어 사회주의를 포함하는 급진적 사회개혁운동의 근간이 되었다.

경제성장을 설명하기 위한 또 하나의 이론은 맬서스의 인구론이다. 인구 증가와 감소에 관한 주제는 맬서스의 시대 훨씬 이전부터 정치경제학과는 별개로 많은 사회 사상가들의 관심사였다. 그러나 이의 체계적 설명으로 뒷날까지 큰 영향을 미친 것은 맬서스의 이론이었다. 그의 설명은 인간 본성에 관한 두 가지 기본 법칙에서부터 시작되는데 이것은 생존을 위해서는 식량이 필요하고, 또 성욕이 필요하다는 것이다. 인구는 기하급수적으로 증가하는 반면에 식량은 산술급수적으로 증가한다. 그러나 인

---

4 18세기 말의 산업혁명과 인구증가로 영국은 항상 식량난을 겪었고, 19세기 들어서는 나폴레옹의 대륙봉쇄령으로 급등했던 식량가격이 전쟁의 종결로 급락하기 시작하자 지주계급의 노력으로 곡물법(Corn Laws)이 제정되어 국내가격이 일정수준 이상일 때만 수입을 허락하였다. 이를 둘러싸고 지주계급과 자본가계급이 첨예하게 대립하였고 논리적으로는 맬서스와 리카도가 이들을 대변하였다. 맬서스는 농산물의 국내 수요의 증가로 높은 곡물가격을 유지해야 지대 수입이 높아져서 농업이 발전하고 사회 전체가 번영한다고 하였다. 이에 반해 리카도는 자유무역으로 곡물가가 하락해야 임금도 하락하고 이윤이 증대되어 자본축적이 이루어져야 고용기회의 창출로 경제적 번영을 가져온다고 주장했다. 즉 곡물가가 하락하면 비옥하지 않은 토지의 경작을 막아 지대를 감소시키고 이윤을 증대시켜 공업이 발전한다는 것이다.

구가 과도하게 증가하는 것은 불가능하고 식량의 가용성에 의해 인구가 통제된다. 즉 식량 생산의 증감이 인구의 증감을 결정하여, 번식능력과 식량생산능력의 균형점에서 적정 인구가 결정된다. 여기서 생기는 의문은 불어난 인구가 왜 식량을 더 많이 생산할 수 없는 것인가인데, 이는 고정된 경작지에 노동만 늘어나는 것을 의미하므로 소위 수확체감의 법칙으로 인하여 인구증가에 상응하는 식량증산이 어렵다는 것이다.[5]

이러한 생물학적 요인 외에도 인간의 고난에 대한 공포와 예견이 인구 증가를 억제하고 도덕적 자제도 큰 역할을 하는 것으로 생각한다. 아울러 당시의 경제학자들의 생각도 그러하지만, 생활수준이 향상되면 이를 유지하기 위하여 자손의 번식을 억제할 것으로 이해하였다. 즉 동물과는 달리 도덕적 · 사회적 요인도 인구 억제에 중요한 역할을 한다고 주장하였다.

맬서스 인구론의 또 하나의 의의는 국가의 사회정책에 대한 찬반의 논쟁에 중요한 이론적 배경을 제공하고, 곡물법 논쟁과 더불어 사회과학적 지식이 정책에 응용된 최초의 사례가 된 것이다. 맬서스는 엘리자베스 1세 이후로 시행되어 온 구빈법이 가난한 사람들의 생계를 보조함으로써 인구를 증가시키고, 많은 사람을 보조금에 의존하게 한다고 비판하였다. 그리하여 1834년의 보다 엄격한 구빈법 개정에 주요한 논리적 배경을 제공하였다.

리카도는 이상의 가치론, 지대론, 및 인구론에 기초하여 경제성장모형을 설정하였다. 국가의 경제적 성장은 자본의 양에 의해 결정되는데, 노동자는 생계를 위해, 지주는 사치를 위해 전 소득을 소비하고 오직 자본가만이 이윤을 새로운 생산시설에 투자한다. 따라서 경제성장은 이윤의 폭에 의해 결정된다. 이러한 이해를 배경으로 흄(David Hume)이 사용했던 균형의 모형으로 경제의 변화과정을 포괄적으로 설명한다.

먼저 자본가의 이윤율에 의해 경제성장이 이루어지면 단기적으로 노동의 수요를 증가시킴으로써 임금을 생계비 이상으로 상승시킬 것이다. 이렇게 되면 인구론의 설명에서 보여지듯, 인구가 증가하고 식량의 수요도 증가한다. 그런데 식량의 증산은 수확체감의 법칙 때문에 높은 생산비의 증가에 의해서 가능하고, 이러한 가격 상승 때문에 노동자의 개별적 식량소비는 늘지 않았지만 생계비 지출은 많아지고, 임금 상승으로 자본가의 이윤은 줄어든다. 이윤이 줄어드니 저축과 투자 역시 줄어들어 자본축적도 낮

5 맬서스는 식량생산의 기술이 발전하는 것을 고려하지 않았고 미래에 대한 관심도 적었는데, 이는 자연법칙처럼 불변의 사회법칙이 존재한다고 믿었기 때문이다. 수확체감의 법칙은 기술수준이 변하지 않는다는 가정하에서만 타당하다.

아지고 성장도 둔화된다. 결국은 이윤의 폭이 기존의 자본을 유지하고 대체하는 수준으로까지 떨어지면 성장은 멈추게 되어 새로운 균형상태를 이루게 된다. 이런 상태에서도 유일한 수혜계층은 한정된 생산요소인 토지를 소유하여 수확체감의 법칙에 의해 덕을 보는 지주들이다.

2.3.2. 국제교역이론 : 비교우위론

리카도의 경제성장에 대한 전망은 이처럼 어두운 것이었으나, 이런 비관적인 미래가 불가피하다고 생각하지 않았다. 경제성장이 둔화되는 근본적 원인이 한정된 토지 때문에 식량생산의 비용이 증가하는 데 있으므로 잘 경작되지 않은 토지를 많이 가진 외국으로부터 식량을 수입하면 된다는 생각을 하였다. 이렇게 하면 인구증가가 임금과 이윤에 즉각적 영향을 미치지 않을 것이고 성장도 상당히 오랫동안 지속될 것이라는 주장이다. 이런 관점에서 중요한 것은 국내 곡물가격의 하락을 막는 곡물법을 폐지하여 자유무역을 성취하는 것이었다. 이러한 맥락에서 중요한 것이 리카도의 국제교역이론이며 이것이 경제학에 대한 그의 가장 큰 공헌으로 간주된다.

위에서 언급하였듯이 리카도 이전에도 흄이나 스미스에 의해 자유무역은 옹호되었다. 특히 스미스는 자유무역이 분업에 의한 생산성의 향상을 뒷받침할 시장을 확대시킨다는 관점에서 이를 옹호하였다. 즉 시장을 확대함으로써 전문화를 촉진시키고 생산성을 높인다고 생각함으로써 국제교역이 국내의 거래와 별 차이가 없는 것으로 간주하였다. 그러나 리카도는 중요한 차이를 인식하였는데, 이는 국가 간에는 자본과 노동이 자유롭게 이동할 수 없다는 점이다. 이러한 이해 위에서 기술이나 생산성 향상이 없이도, 설령 스스로 생산하는 것이 더 효율적인 경우에도 타 국가와의 교역은 이익이 된다는 지극히 상식에 어긋나는 결론을 도출하였다.

이를 이해하기 위하여 먼저 절대우위론을 예를 들어 설명할 필요가 있다. 가령 영국과 프랑스가 한 사람의 노동으로 직물과 식량을 다음과 같이 생산한다고 하자.

	직물의 단위 생산량	식량의 단위 생산량
영 국	5	4
프랑스	3	6

따라서 영국은 직물의 생산에서, 프랑스는 식량의 생산에서 우월하다. 이 조건 하에서 영국은 직물만을, 프랑스는 식량만을 생산해서 교환한다면 양국에 이익이 될 것이라는 점은 쉽게 이해할 수 있다. 만약 양국에서 노동력을 이동시켜 이런 식으로 전문화한다면, 즉 영국의 경우 식량을 생산하던 노동력이 직물을 만들면 식량 네 단위를 잃는 대신에 직물 다섯 단위를 더 생산할 수 있다. 대신 더 생산된 직물을 프랑스의 식량과 교환한다면 식량 여섯 단위를 얻어 두 단위 더 이익이 생기고 프랑스의 경우에도 직물 두 단위의 이익이 생긴다.

이렇게 한 국가가 하나의 상품 생산에 절대적인 우위에 있고, 또 다른 국가는 다른 상품의 생산에 절대적인 우위에 있다면, 양국 간의 교역에 의한 이익은 놀라운 사실이 아니다. 리카도는 한 국가가 모든 상품의 생산에 우월한 경우에도 교역에 의한 이익이 가능하다고 한다. 이러한 주장을 이해하기 위해 앞의 예와 유사한 경우를 가정해보자.

	직물의 단위 생산량	식량의 단위 생산량
영 국	6	5
프랑스	3	4

즉 영국과 프랑스가 한 사람의 노동력으로 만들 수 있는 재화의 양인데, 이전의 경우와는 달리 영국이 직물과 식량생산에 있어서 모두 우월하다. 그렇지만 영국은 프랑스에 비해, 양 재화 중 직물생산이 식량생산보다 비교적 우위에 있고, 프랑스는 식량생산이 직물생산보다 비교적 덜 불리하다. 이럴 경우에 영국은 직물을 전문적으로 만들고 프랑스는 식량만을 생산해서 교환하면 양국에 이익이라는 것이다.

보다 구체적으로 설명하려면 양 재화의 각국의 국내가격부터 살펴볼 필요가 있다. 영국에서는 직물의 단위가격이 식량의 단위가격의 5/6인데, 프랑스에서 직물가격은 식량가격의 4/3이다. 따라서 영국은 직물을 식량가격의 5/6 이상으로 수출하고, 프랑스는 직물을 식량가격의 4/3 이하로 수입하면 이익이 된다. 만약 양 국가의 희망 가격의 중간치로 국제가격이 형성되어 직물과 식량의 국제가격이 같다면, 영국은 직물 여섯 단위를 수출하여 식량 여섯 단위를 얻게 됨으로 식량 한 단위의 이익이 생기고 프랑스도 직물 한 단위의 이익이 생긴다는 것이다.

이렇게 상식적 이해와는 동떨어진 설명인 비교우위론은 오늘날에도 중요한 경제이론이다. 이 이론은 1840년대 자유무역과 보호무역에 대한 논쟁이 치열할 때 큰 힘을 발휘했고, 1846년에 곡물법이 철폐되고 자유무역이 받아들여지는 데 결정적 역할을 하였다.

리카도는 경제이론에 대한 공헌도 크지만 경제학 방법론에 대한 공헌도 지대하다. 스미스는 흄의 영향을 받아서 역사적 · 사실적 요인들에서 귀납적으로 경제이론을 도출하려고 하였다. 그러나 리카도는 데카르트적인 연역적 방법에 의해 경제현상을 설명하였고, 이런 전통이 후일 신고전주의 경제학을 포함한 경제학의 방법론으로 자리 잡게 되었다. 뿐만 아니라 간단한 몇 가지 요소들의 관계로 구성된 추상적 모형을 설정하여 때로 전혀 상식적인 이해가 곤란한 결론을 도출함으로써, 의도와는 다른 결과가 일어날 수 있으므로 경제현상의 세심한 인과적 분석이 필요하다는 것을 보여 주었다.

제 3 장

마르크스이론

18세기 말 이후 산업혁명이 진전되면서 대다수의 농민과 소시민들은 임금노동자로 전락하였다. 자본을 소유한 소수의 계층에게 부는 급속하게 편중되는 데 반해, 노동자계층의 대부분인 비숙련 노동자들의 생활은 늘어나는 노동시간에 비해 지극히 비참하였다. 당시 지식인들은 이러한 자본주의 사회의 비인간성에 대해 다양한 비판과 공격을 가하였다. 찰스 디킨스(Charles Dickens)나 제인 오스틴(Jane Austen) 같은 당시의 소설가나 문인들은 비참한 노동자의 생활상이나 자본가들의 탐욕을 그렸다. 이런 사회문제에 대한 문학적 해결책으로 지배계급이 사회지도의 책임을 맡거나, 봉건적인 가부장적 책임을 수용하도록 촉구하는 것이었다.

또 하나의 중요한 사상은 18세기 이후의 정치적 자유주의, 개인주의, 시장경제 등의 지배적 사상에 대항하는 사회주의였다. 개인적 이익 추구를 기반으로 하는 사회는 사회적 · 도덕적 유대를 와해시킬 뿐 아니라 이러한 체제에서는 노동자가 자신의 노동의 결실을 향유하지 못하므로 비도덕이다. 그러므로 도덕적 비판과 인간성 개선을 기반으로 새로운 사회를 건설함으로써 문제의 해결이 가능하다는 주장이며, 이를 위하여 사회조직의 원리로서 경쟁이 아닌 협동이 필요하고 교육이 중요함을 강조하였다. 인간 본성의 변화에 의한 사회주의의 성취에 관한 이러한 주장을 유토피아적 사회주의라고 한다. 이는 역사의 법칙적 과정에 의해 자본주의 생산이 야기한 내부적 갈등에 의해 필연적으로 성취되는 사회주의에 관한 주장과 구별된다. 유토피아적 사회주의와 비교하여 과학적 사회주의라 불리는 이러한 마르크스의 주장[1]은, 사회계급 간의 투쟁에 입각한 역사변동의 이론을 기반으로 정치체제 내의 변화가 도덕적 행위가 아닌 경제제도에 달렸다고 말한다. 따라서 과학적 사회주의는 그 주장의 근거로 역사, 정치, 경제, 사회, 사회심리 등 폭넓은 사회과학적 관심을 포함하고 있다.[2]

3.1. 역사이론 : 유물사관과 자본주의

3.1.1. 유물사관

마르크스 이전에도 역사적 진화가 일반적 법칙에 따라서 단계적 과정을 거친다는 주장은 많았다. 그러한 주장들은 인간의 사고방식, 세계관, 지식과 신념 등의 정신적 변화를 중심으로 한 것이었다. 그러나 마르크스에게 역사의 단계적 변화는 생산의 특성과 그에 상응하는 사회조직이라는 사회생활의 물질적 요소에 의한다. 마르크스의 이런 물적 역사관의 의의는 이것이 사회과학적 사상체계의 철학적 기초가 되었다는 데 있다.

역사적 법칙에 관한 마르크스의 주장은 인간은 사회적 생산을 통해 그들의 의지와는 독립된 생산관계를 맺는데, 이 생산관계는 물질적 생산력의 일정한 발전단계에 상응하는 것(경제학 비판, A Contribution to the Critique of Political Economy의 서문, 1959)으로 요약할 수 있다. 생산력이란 기계를 포함하는 생산요소, 기술적 능력, 노동 생산성 등의 생산체계의 기술적 요소를 의미하고, 생산관계는 재산소유제도, 생산결정방법, 생산물의 배분기구 등을 내포하는 경제의 조직적 구조를 의미한다. 따라서 공업과 농업에서의 기계화에 의해 재래의 수공업자와 가난한 농민들이 임금 노동자로 전환된 것처럼,

1 과학적 사회주의 이론에 대한 엥겔스(Friedrich Engels, 1820~1895)의 공헌은 지극히 과소평가되어 있으나 이론의 상당한 부분이 엥겔스의 견해이다. 「자본론」이 출판되기 전, 마르크스는 엥겔스에게 공동저술로 할 것을 제안하였으나 엥겔스는 이를 거절하였고, 후일 마르크스이론을 확산시키는 데도 큰 역할을 하였다. 그러나 두 사람의 업적을 정확하게 구분하는 것은 어렵다.

2 마르크스이론을 오늘날의 학문적 분과로 구분하면, 역사, 철학, 정치학, 경제학, 사회학, 사회심리학, 인류학, 군사학 및 자연과학에 이르기까지 실로 방대한 이론체계를 이룬다.

일정한 생산력의 수준에 따라 새로운 생산관계를 갖게 된다는 것이다. 보다 구체적으로, 물질적 생산력은 기존의 생산관계하에서 발전하다가 일정한 수준에 이르게 되면 기존의 생산관계 또는 그 법적 표현에 불과한 소유관계와 모순된다.

이 과정을 사회생활의 구조적인 측면에서 살펴보면, 물질적 생산력의 발전에 대응하는 생산관계의 총체가 사회의 경제구조를 형성하는데, 이것이 하부구조로서 사회의 실제적인 토대이다. 이에 대응하여 법적 · 정치적 제도와 사회의식 등의 상부구조가 구축된다. 말하자면 하부구조인 경제구조는 기초적으로 존재하는 것이고 상부구조는 하부의 물질적 구조에 의해 규정되어 그것에 대응하여 형성되며, 그것과 함께 변동한다. 즉 생산력이 발달하다보면 기존의 생산관계와 갈등을 일으키게 되어 사회적 혁명이 이루어지고, 경제적 구조의 변화에 따라 이를 정당화하기 위해 법, 정치기구 등 상부구조의 변화가 나타난다. 이런 의미에서 마르크스는 인간의 의식이 그들의 존재를 결정하는 것이 아니라 그들의 사회적 존재가 의식을 결정한다고 하였다.

3.1.2. 역사발전단계와 자본주의의 속성

생산요소의 사용방법과 이의 소유형태를 중시하는 관점에서 인류의 역사과정은 네 개의 단계로 구분된다. 첫 번째 단계인 원시공산사회에서는 자연자원을 공동으로 이용하고 있었으므로 생산수단의 배타적 소유도, 생산수단의 소유에 의한 계급구분도 없었다. 두 번째 단계인 노예사회에서는 생산능력이 증대된 반면 사유재산제도와 이에 따른 계급구분이 생겨나고 한 계급이 다른 계급을 착취하기 시작하였다. 봉건사회에 이르러서는 생산기술이 더욱 발전한 만큼 사회적 · 경제적 조직도 더욱 복잡해졌으나, 계급과 재산관계는 본질적으로 크게 변하지 않았다. 네 번째 단계인 자본주의 사회에서는 생산수단을 소유하지 못한 노동자들이 자유시장에서 노동력을 판다는 점이 일견 이전의 단계와 달라 보이지만 계급착취의 면에서는 노예나 농노와 별로 다를 게 없다. 그리고 이러한 착취는 사유재산제도가 없으므로 계급구분도 없어지는 공산사회가 도래할 때에 사라질 것이라는 주장이다.

이런 유물론적 역사이론의 근본적 관심은 물론 자본주의 사회의 역사적 의미를 분석하는 데 있다. 마르크스에 의하면, 자본주의 사회는 고전경제학이 주장하는 것처럼 자본의 사용이나 시장기구가 중요한 것이 아니라, 생산수단을 소유한 자본가와 소유치 못한 노동자의 양 계급으로 구성된 사회이다.[3] 비시장기구의 존재가 생산수단 소유의 중요성을 호도하여 착취는 더욱 애매하고 불분명하지만 훨씬 철저해지고, 이전의 단계가 그러하듯 자본주의의 모순도 심화된다. 그리고 이러한 모순에 의해 새로운 단계가 출현한다. 이런 자본주의는 그 어느 단계보다 내부적 변화 속도가 빠르므로 단명한 단계이나 여기서 축적된 생산력이 공산주의 단계의 물질적 기반이 된다고 한다.

그러나 마르크스 유물사관의 결정론적 시각은 이를 해석하는 데 하나의 문제점이 있다. 만약 역사가 법칙에 의해 진전한다면 인간의 의지와 행위는 전혀 의미가 없는가 하는 의문이다. 즉 역사발전 과정에서 사상이나 정치적 · 사회적 제도 등 비물질적 요소의 역할이 무엇인가에 대한 질문이다. 이에 대한 엥겔스의 대답은 역사의 궁극적 결정요인은 생산과 재생산이나 그 밖의 정치적 요소 등도 중요한 역할을 한다는 애매한 것으로, 여전히 논란의 여지가 많았다. 러시아 혁명 후 소련 내에서도 교조와 수정의 양 입장에서 논쟁이 지속되었다. 레닌과 스탈린은 경제적 결정론을 고수한 반면, 트로츠키(Leon Trotsky)는 역사의 발전 법칙이 수정 가능하고 때론 역사과정이 거꾸로 진행될 수도 있다고 하였다.

3.2. 사회이론 : 소외와 계급

3.2.1. 인간해석

마르크스는 인간의 사회적 본능을 강조하고 성숙한 개인을 사회화 과정의 산물로 간주한다. 즉 인간의식은 사회적 요인들이 작용한 결과 생성된 것이다. 따라서 고전 정치경제학의 시장경제 모형에서, 사회는 자율적 개인 행위의 합으로 간주되었던 것과는 전혀 다르다. 뿐만 아니라 시장에서 이루어지는 교환이 상품 간의 가치관계를 나타낸다는 고전경제학의 주장도 피상적인 관찰이고, 본질적으로는 사회 구성원 간의 사회관계를 대표한다.

3 자본주의 사회에서는 토지 소유의 중요성이 감소하므로 지주와 자본가는 단일계급으로 간주한다.

이렇게 마르크스의 인간과 사회에 대한 인식은 고전경제학의 인식과는 근본적으로 달랐다. 특히 마르크스는 부르주아 정치경제학의 세 가지 오류를 지적하고 있는데, 가장 중요한 잘못이 인간을 이기적인 존재로 파악한 것이다. 그에 의하면 인간은 사회적 동물이며 오직 사회 내에서만 개인으로 성숙할 수 있는 존재이므로, 사회조직의 기초적 구성체인 생산체계를 이해해야 한다. 다시 말하면, 사회진화의 역사적 단계로서 자본주의를 이해하기 위해서는 자본주의적 생산방식과 사유재산제가 개인의 심리상태에 미친 영향을 알아야 한다. 두 번째의 오류는 경쟁적 경제구조의 결점과 한시적 성격을 알지 못하고, 역사적으로 궁극적이며 완전하다고 믿게 한 것이다. 세 번째는 자유를 소극적 · 부정적 개념으로 이해하여 경제행위에 대해 외적 제약이 없는 상태로만 상정하였다는 것이다. 마르크스에게 자유란 물질적 풍요를 기반으로 해서 개인의 창조적 욕구나 잠재력을 실현하는 것을 의미한다. 따라서 자유시장 경제하에서 노동자에게 자유는 없는 것이며, 오직 계급 없는 사회에서만 자유가 가능하다. 이렇게 자유의 개념을 전혀 달리 하기 때문에, 주류의 경제학이 노동을 여가와 대비하여 고통으로 인식하는 데 비해서, 노동은 창조적 욕구를 충족시키는 중요한 대상으로 간주된다.

3.2.2. 소외와 계급

노동과 자유에 대한 이러한 인식을 기초로 자본주의 사회의 문제점으로 지적되고, 마르크스의 초기 저술의 주요한 주제가 되었던 것은 소외의 문제이다. 마르크스에게 소외는 다양한 의미로 사용되었으나, 가장 빈번한 해석은 자본주의하에서 노동자가 생산수단과 격리됨으로써 노동의 결과를 향유하지 못하는 것을 의미한다. 자본가가 생산수단을 소유하고 원료를 구입하듯 노동력을 사들이기 때문에, 노동에 대한 대가로 급료를 받음으로써 노동의 산출물과는 결별하게 된다. 따라서 노동은 자기 구현의 기회가 아니라 생계의 수단으로 전락하여 가장 처절한 소외를 맛보게 된다. 중세에는 모든 것이 하느님의 의지라고 하여 인간의 창조적 의지를 인정하지 않았던 것처럼, 자본주의에서는 생산수단의 사유에 의해 창조적 가능성을 발휘할 수 없게 되었다.

이러한 해석 이외에도 다양한 소외의 해석이 존재한다. 첫째, 단순히 사회적 집단에의 소속감이 없거나 다른 사회 구성원에 의해 받아들여지지 않는 경우를 의미한다. 둘째, 자유의 적극적 의미와 관련하여 인간이 자신의 욕구를 실현할 능력이 크게 제한되는 것을 의미한다. 또는 자본주의 사회가 모든 인간행위를 상업적 행위로 전락시키고 현금관계로 이해하면서 생기는 윤리적 규범의 상실을 의미하기도 한다. 그러나 보다 정확한 해석의 하나는 자본주의 체제의 노동자는 생산수단으로부터 철저히 격리되어 있다는 것이다. 자본주의 이전의 사회에서 노동자는 생산수단의 소유자는 아니었지만 관습이나 제도적으로 어떤 형태의 사용권을 가지고 있었다. 예를 들어 농노들은 봉건적 규범에 의해 장원의 토지에 묶여 있었으나 자본주의하의 노동자들은 자신의 노동력만을 매매할 뿐, 생산수단과는 어떠한 연계도 갖지 못한다.

사회학적으로 중요하고 마르크스이론의 근간이 되는 또 하나의 개념은 계급 개념이다. 비록 계급과 계급투쟁을 체계적으로 설명하지도 않았고, 계급이라는 용어와 개념도 마르크스의 독창적인 것은 아니지만, 그는 가치를 창조하는 계급과 그렇지 않은 계급으로 구분하여 착취와 계급투쟁의 이론을 정립하였던 것이다. 그리하여 마르크스 자신의 주장처럼, 계급의 존재가 생산 발달의 특정한 역사적 단계와 연계되어 있고 계급투쟁은 궁극적으로 프롤레타리아의 독재로 이어져서 결국은 계급이 소멸되어 계급 없는 사회로 옮아간다는 것을 논리적으로 주장한 것이다. 따라서 자본주의 사회의 정치와 경제의 분석에도 계급의 개념이 기초가 된다.

3.3. 정치이론 : 계급과 국가의 역할

3.3.1. 개인과 국가

자유민주주의 전통에서는 경쟁관계에 있는 개인들과 이들의 선택의 자유 및 개인의 이익과 자유를 보호하는 장치, 공익을 표출하는 제도로서의 민주국가 등이 중요하다. 마르크스도 시민들이 각각 독특한 관심과 능력을 가지고 있다는 사실을 부정하지는 않지만 정치와 국가에 대한 분석이 개인들과 개인의 국가에 대한 관계에서 시작되어야 한다는 점은 철저히 부정하고 있다. 역사적 · 정치적 과정에서 활동적인 것은 개별적이고 고립된 개인이 아니라 타인과의 관계로 엮어져 있고 이러한 관계에서 본질이 규명되는 인간인 것이다. 즉 개인과 제도는 다른 사회현상과의 상호작용에 있어서 역사적 진화과정에 있다는 관점에서 설명되어야 한다.

자유주의와 자유민주주의 전통에서 국가는 개인의 사적관심에 반하는 공동체적 이익을 대변한다. 그러나 마르크스는 공공의 이익과 사적인 이익의 구분은 다분히 허구적이라고 생각한다. 국가는 마치 착취적 계급관계가 존재하지 않고 계급 간의 이해관계가 정치적 · 경제적 생활을 규정하지 않는다는 것을 전제로 공익을 옹호하는 것처럼 보인다. 개인의 자유와 재산권을 보호하는 원리하에서 모든 사람을 동등하게 취급함으로써 중립적으로 움직이는 것이 아니라, 실은 재산을 소유한 자들의 특권을 보호하고 있는 것이다.

공사의 구분, 즉 정치와 시민사회의 구분이 있다는 주장도 의심스럽다. 생산수단의 사적 소유가 중요한 권력의 원천임에도 불구하고 정치의 주제가 아닌 것처럼 간주되고 있다. 생산수단을 소유 통제하는 계급과 임금노동으로 사는 계급 간의 엄격한 구분을 자유스러운 사적 계약의 결과로 간주함으로써 경제의 영역은 전혀 비정치적인 것으로 생각하는 것이다. 이런 논리하에서 국가는 공공을 위한 공공의 권력으로서 독립된 구조처럼 간주되지만 실은 사회경제관계에 깊이 연관되어 있고 특정이익에 연계되어 있다.

3.3.2. 국가에 대한 두 가지 해석

계급과 국가의 관계에 대한 마르크스의 설명은 그 자신이 분명히 구분짓지 않았지만 두 가지로 나누어 볼 수 있다. 첫째, 다양한 형태의 국가와 그 관료제도는 단기적으로는 지배계급의 통제를 받거나 그 이익에만 구애될 필요가 없는 권력의 원천이 될 수 있다. 즉 국가의 제도적 형태와 운영이 계급관계에서만 도출되는 것이 아니고 어느 정도 독립된 힘을 가짐으로써 상대적으로 자율적인 존재라는 것이다. 그러나 마르크스의 저술에서는 국가가 지배계급의 이익을 보호하기 위하여 사회를 조정하는 계급적 도구라는 견해가 훨씬 지배적이다. 두 견해를 비교해 보면 첫 번째 견해가 훨씬 복잡하고 미묘한 것이고 주로 그의 초기 저술에서 비교적 분명하게 나타난다.

마르크스의 국가권력에 대한 관심은 독일 이상주의철학의 중심인물이며 마르크스에게 지대한 영향력을 끼친 헤겔(Georg Wilhelm Friedrich Hegel, 1770~1831)에 대한 비판에서 비롯되었다. 헤겔은 프러시아국가는 입법, 행정, 왕권으로 삼분된 것으로 묘사하고 이들이 보편적 의지를 표현한다고 주장하였다. 국가 중 가장 중요한 제도는 전문화된 업무를 조정하는 능력이 있으며 불편부당한 조직인 관료제도인데, 이 조직을 통해 특수이익들이 보편의지에 종속된다.

그러나 마르크스는 이런 해석이 국가나 관료조직의 실체를 파악하지 못한 탓이라고 한다. 마르크스에게 관료조직이란 국가 내의 의식 있는 존재로 간주되었다. 국가 내의 특수폐쇄사회로서 일단의 공무원들의 집합인 관료는 비밀주의와 신비주의에 의해 그들의 권력을 확대시킨다. 각각의 관료들은 시험제도와 정치적으로 지배적인 집단의 기호에 의해서 폐쇄적으로 충원될 뿐 아니라, 그들의 경력은 높은 지위에 있는 자에게 수동적으로 복종함으로써 향상된다. 또 상세한 것은 낮은 직위의 관료들이 수행하는 반면 보편적 이익에 관한 이해를 높은 직위의 관료에게 떠맡기는 방식으로 국가의 이해관계가 그들의 특수목표가 된다고 하지만 이는 환상에 불과하다. 즉 헤겔이 말하는 국가의 보편적 이익이라는 것은 관료주의의 해결되지 않은 갈등을 지칭할 뿐이다. 이런 맥락에서 관료제도의 구조와 집합적 성격이 중요하다. 이런 이유에서 이러한 조직의 상대적 자율성이 분명해지고 나중에 나폴레옹의 집권과정에 대한 분석(The Eighteenth Brumaire of Louis Bonaparte, 1852)에서 이 점은 더욱 분명해진다.

나폴레옹이 권력을 잡게 되는 과정에서 시민사회와 부르주아의 정치적 대표로부터 행정부로 권력이 이양되는 과정을 보면, 국가기구가 시민사회에 기생적인 존재인 동시에 자율적 정치행동의 원천이 되기도 한다. 즉 보편적 의지의 수단이나 윤리적 공동체와는 거리가 멀다는 것을 보여준다. 국가는 시민사회를 형성하고 부르주아의 국가 통제력을 제한하기까지 하는 거대한 제도의 집합으로 표현된다. 국가가 사회로부터 어느 정도 자율성을 갖기 때문에 복잡한 연합과 헌법적 구조 간의 관계에 의해 정치적 결과가 나타난다. 특히 사회세력 간에 어느 정도 힘의 균형이 있을 때와 같은 특수 상황하에서 국가는 변화를 증진시키거나 조정할 자율성이 커진다.

이러한 생각에도 불구하고 마르크스의 생각은 국가가 본질적으로 보수적이라고 간주한다. 국가의 자율성이 현상유지를 위협하는 사회운동을 저지할 수 있는 능력과 직결될 뿐 아니라 감시 장치로서의 정보망이 중요하다. 더욱이 국가의 강제력은 현재의 질서가 신성하다는 것을 믿게 하는 능력에 의해 좌우된다. 따라서 국가는 보편적 이익을 표출하기보다는 일반적 목표를 다른 형태의 사적 이익으로 전환시킨다.

그러나 국가의 입법부나 행정부에도 제한이 있듯이 나폴레옹이 사회전반을 위기에 몰아넣지 않고서 취할 수 있었던 주도권에도 한계가 있었다. 즉 자본주의 사회의 국가는 결국 생산과정을 소유, 통제하는 자들에게 의존적일 수밖에 없다고 주장한다. 경제적 위기가 닥칠 때마다 이러한 의존성이 극명하게 드러나는데, 이는 모든 경제 조직이 국가의 생존이 달린 물질적 원천을 만들어 내기 때문이다. 장기적으로 보아서 국가의 전반적 정책은 상공업자의 목적에 일치해야 하고 그렇지 않으면 시민사회와 국가의 안정이 위협받게 된다. 그래서 비록 나폴레옹이 부르주아대표의 정치권력을 빼앗았지만 국가수입의 원천인 그들의 물질적 힘은 보호하였다. 부르주아의 경제적 이익이 보호될 수밖에 없었기 때문에 장차 그들의 정치권력이 재생될 기초가 생길 수밖에 없었다.

마르크스는 재산의 분포가 정치권력의 구성과는 무관하다는 주장에 비판적이다. 이러한 비판이 마르크스적 전통의 중심이며 두 번째 해석, 즉 국가가 지배계급의 도구라는 설명의 중심이 된다. 모든 그의 정치적 논문과 논평에서 국가가 지배계급의 경제적 · 사회적 · 정치적 권력에 직접적으로 의존한다고 주장하였다. 국가란 경제와 사회관계의 기초위에서 발달된 상부구조이므로 경제적으로 지배적 계급의 이해관계에 충실하다는 주장이다. 그래서 정치적으로 자율적인 국가의 개념이 계급권력에 대한 관점으로 바뀌었다. 구체적으로 「공산당 선언」(Communist Manifesto, 1848)에서 국가의 집행부는 전 부르주아 계급의 공동 관심사를 다루는 위원회에 불과하다고 주장하였다. 그렇다고 해서 국가가 전체 부르주아에 의해 지배된다는 의미는 아니며 부르주아 계급의 제반 영역과는 독립적일 수 있음도 의미한다. 즉, 국가는 경제를 지배하는 계급에 의존하고 있지만 자본영역 간의 갈등이나 국내 자본주의와 국제자본시장의 압력 사이에 갈등이 조정되어야 할 때는 어느 정도 독립성을 갖는다. 요컨대 국가는 일반이익이라는 이름하에서 부르주아의 보편적 이익을 유지한다.

결론적으로 마르크스의 계급과 국가의 관계에 대한 견해는 두 가지로 구분이 된다. 하나는 국가가 계급의 세력에 어느 정도 독립적인 권력을 갖는다는 견해이고 두 번째는 국가가 지배계급의 이익에 충실한 상부구조에 지나지 않는다는 견해이다. 첫 번째 설명에 의존하면 국가는 사회주의적 변화를 쟁취하기 위한 투쟁의 장소가 될 수 있다. 베른슈타인(Eduard Bernstein) 같은 사람들이 발달시킨 사회민주주의적 전통이 이러한 개념을 발달시킴으로써, 선거를 통해서 특권층에 도전하고 차츰 국가의 기관들을 장악해 감으로써 자본의 이익에 맞서려고 한다. 이와는 판이하게 혁명적 사회주의 전통은 두 번째 견해를 발전시켰는데 대표적 인물이 바로 레닌(Lenin)이다. 그에 의하면 자본주

의 생산관계가 소멸되면 자본주의 국가기구도 파괴되고 대신 직접 민주주의가 확립되어야 한다.[4]

그러나 두 가지 견해 모두 충분한 설명이 되지 못한다. 첫 번째 견해의 경우 국가권력의 기반이 무엇인지, 국가관료의 기능이 무엇인지 분명하지 않다. 두 번째 견해의 경우에도 해석상의 난점이 있다. 계급지배가 곧 정치적 생활의 변화와 직결되는 것으로 간주하지만 마르크스의 여러 저술은 국가가 계급으로 분할된 사회를 통합하고 통제하는 중심적 존재로 간주하고 있다. 아울러 자본주의 사회에서 국가개입이라는 것도 제한적일 수밖에 없다고 주장한다. 만약에 국가개입으로 자본축적이 어려워진다면 그 자체가 국가의 물질적 기반을 위협하기 때문에 국가정책은 자본주의 생산관계와 일치해야 한다. 따라서 지배적 경제계급은 직접적으로 지배하지 않으면서도, 즉 정부 내에 대표자가 없으면서도 결정적인 정치적 영향력을 행사할 수 있다. 이상과 같은 해석이 오늘날 마르크스주의자들과 자유민주주의자들 사이에 중요한 논쟁의 대상이 되어 있으며, 근래에는 국가와 사회 간의 관계가 재검토되기 시작하였다.[5]

4 레닌에 의하면 지배계급은 정부와의 연합을 통해 국가를 통제하는데, 이러한 연합은 정부가 물질적 기반에 의존할 뿐 아니라 관료들이 부패함으로써 가능하다. 국가의 주요업무는 대표자로 구성된 의회에서가 아니라 대중의 시야에서 벗어나서 연합이 이루어지는 국가관료에 의해 수행된다. 더욱이 집회, 결사, 언론의 자유와 같은 민주적 권리도 지배계급을 위한 것일 뿐이다. 이러한 것들이 누구에게나 개방된 권리라고 주장하지만, 언론의 소유, 집회장소나 경제력의 통제를 통해 그러한 권리의 행사가 억압된다. 따라서 성공적 혁명의 선결요건은 계급지배의 수단이던 관료와 군대 같은 낡은 국가기관을 파괴시켜야 한다. 군대는 무장된 노동자로 대치되고 관료는 해임 가능한 선출된 대표로 대치된다. 모든 인민에 의한 통제와 감독이 이루어짐으로써 관료화하지 않고 인민 위에서 지배하는 특권계층은 나타나지 않는다. 그래서 새로운 사회주의 질서는 사람으로 구성된 정부를 기계적 행정으로 대체시킨다. 그는 혁명 이후에도 관료조직이 없어지지 않고 있는 사실을 자본주의와 구체제의 영향력이 잔존하기 때문이라고 생각하였다. 국가조직의 형태와 계급 간에는 직접적 인과관계가 있다고 보았기 때문에 당과 국가의 집권화와 관료화를 항상 우려하였다.

5 예를 들어 밀리반드(Ralph Miliband)는 현 서구사회에는 생산수단을 소유 통제하는 지배적 계급이 존재하고 이 계급은 강력한 여러 제도(정당, 군대, 언론, 대학 등)와 긴밀하게 유착되어 있으며 국가기구의 상위조직에 과다한 대표를 진출시키고 있다. 더욱이 자본가 계급은 응집성이 높고 정부와 국가기구가 계급지배의 도구로 잔존하도록 영향력을 행사한다. 그러나 국가가 정치적으로 효과적이기 위해서는 지배계급으로부터 어느 정도 독립성을 확보해야 하고 때론 자본가 계급의 단기적 이익에 배치되는 결정도 무릅써야 한다. 국가적 위기나 전쟁 같은 예외적인 경우에 국가는 상당히 큰 독립성을 확보할 수 있다. 폴란차스(Nicos Poulantzas)는 이런 견해에 반대한다. 중요한 것은, 비록 자본가 계급의 특정 계층과의 갈등이 수반된다 하더라도 장기적인 자본주의적 생산구조를 보호하려는 자본주의 국가의 구조적 요인이다. 즉 자본주의 사회를 결속하는 힘으로서 국가는 목전의 이해관계 때문에 분할되기 쉬운 지배계급을 정치적으로 통합해야 하고, 생산의 집중 때문에 지배계급의 주도권을 위협하기 쉬운 노동자계급을 정치적으로 무력화해야 한다. 국가의 이러한 기능은 다양한 이해관계로부터 상대적 자율성을 유지할 때에 가능하다. 더욱이 국가는 일사불란한 조직체라기보다는 여러 계급세력이 결합된 갈등의 장이며 국가의 자율성의 정도는 계급과 계급분열 및 사회적 갈등의 강도에 달렸다. 따라서 집권화된 현대국가는 시민사회의 무정부적 투쟁의 당연한 결과이다. 이런 폴란차스의 견해에 모든 마르크스주의자들이 동의하는 것은 아니다. 이 견해를 거부하는 대표적인 사람들은 상당히 다른 마르크스 전통에 속하는 오페와 하버마스(Claus Offe, Jurgen Habermas)이다. 그들에 의하면 폴란차스와 밀리반드는 자본주의 국가를 경제의 안정과 잠재적인 혁명적 영향의 방지라는 부정적인 관점에서만 파악하였다고 비난한다. 그런 시각에서는 국가행정에 영향력을 행사할 수 있는 노동자계급의 능력이 고려되지 못한다. 나아가 폴란차스처럼 국가를 계급세력의 결합으로 간주하게 되면 국가

3.4. 마르크스 경제학 : 잉여가치론과 자본주의 변동원리

마르크스의 역사, 사회, 정치 이론을 이해하는 데 있어서, 그의 경제이론은 매우 중요한데, 자본주의에 대한 경제적 분석은 거의 전적으로 「자본론」(Das Kapital)에서 이루어졌다. 「자본론」은 사회혁명의 관점에서 시민사회를 해부하고, 역사적 유물론과 결부되어 있을 뿐 아니라, 자본주의하에서 인간소외의 여러 형태를 추적한 저서로 알려져 있다.

노동가치설에 입각하여 자본주의 경제의 변동원리를 분석한 「자본론」의 이론적 틀은 몇 가지 특징을 가지고 있다. 첫째, 마르크스의 경제모형은 완전경쟁을 전제로 경제현상을 분석하고 있다. 물론 자주 자본의 집중현상에 대해 언급하고 있지만, 강력한 소수의 행위로 사회현상을 설명한다는 것이, 자연과학적인 일반 법칙을 추구하는 마르크스로서는 과학적으로 취약한 설명으로 생각되었을 것이다. 불완전 경쟁의 이론이 만들어지기 시작한 것은 1930년대에 이르러서이다. 둘째, 정치적 설명에서 계급적 착취의 도구로 간주되기도 하던 국가가 경제 분석에서는 고전 정치경제학에서처럼, 단순히 재산과 계약의 규제자일 뿐이다. 셋째, 마르크스의 경제모형은 폐쇄 경제체제이다. 독립된 국가 간의 경제적 관계는 중요하게 취급되지 않았다. 충분한 수요를 확보하기 위한 해외시장의 개척이라는 현상의 분석인 제국주의론은 마르크스의 이론이 아니고, 후일 로사 룩셈부르크(Rosa Luxemburg)와 레닌의 이론이다. 마지막으로 「자본론」은 철저히 자본주의 경제의 분석일 뿐, 앞으로 도래할 사회주의나 공산주의 경제에 관한 분석은 없다. 마르크스는 미래 사회에 대한 논의를 유토피아적 사회주의에서 행해지는 순전히 사변적인 시도로 간주한다. 과학적 사회주의는 단지 자본주의가 사회주의에 이르는 과도기적 단계라는 것을 보일 뿐이다.

3.4.1. 노동가치설

이러한 이론적 틀 안에서 가치론을 근간으로 자본주의의 특성이 분석된

내부나 제도적 문화에 대해 고려할 수 없다. 즉 제도의 운영과 엘리트, 정부관료, 의회 간 관계의 변화가 무시된다. 따라서 오페와 하버마스는 국가에 의해, 자본주의기구가 주요한 위치를 점하는 제도적 질서가 유지되고 계급적 갈등이 중재되는 방식을 분석한다.

다. 마르크스의 가치론도 스미스나 리카도처럼 단지 공급의 측면만을 고려하고, 리카도와 마찬가지로 오직 노동만을 가치결정의 요인으로 간주한다. 왜냐하면 생산요소가 노동의 산물이 아니면, 산출물에 가치를 덧붙이지 못한다고 보기 때문이다. 예를 들어 토지나 자연자원 같은 것들은 자연에 의해 제공되어 교환가치의 형성에는 도움이 되지 못한다. 이러한 주장은 일견 리카도의 노동가치설을 연상케 하지만, 마르크스는 몇 가지 점에서 차별화를 강조한다. 리카도는 노동 생산성이 능력, 훈련, 집중도에 따라 다르다는 사실을 간과하고 노동을 동질적인 것으로 취급하여 투입된 노동시간을 중시하였다. 이에 비해 마르크스에게 노동이란 추상적으로 측정되며, 수련공의 한 시간의 노동이 비숙련 노동 한 시간보다 더 가치 있게 취급된다. 이는 특정한 경제 발전의 단계에서 이용 가능한 가장 효율적인 생산방법을 사용할 때 소모되는 노동시간을 의미한다.

또 모든 인간의 노력을 노동으로 간주하지 않고 오직 다른 사람에게 유용한 재화를 생산하는 활동만을 지칭하여 사회적으로 필요한 노동이라고 한다. 따라서 가치 창조 과정에 직접 관련이 없는 포장, 분류, 저장, 도소매 등 많은 상행위가 제외된다. 마르크스에 의하면, 자본주의는 자본가가 현금(M)으로 노동력, 원자재 등을 구입하여 상품(C)을 생산하고, 이것을 팔아 현금화(M′)한다는 의미에서 M－C－M′로 표현한다. 이 과정에서 상품에 내재된 가치를 실현하게 하는 활동들을 모두 가치창조적 활동이 아닌 것으로 간주하는 것이다. 마찬가지로 자본가의 활동을 포함하여 법률가, 군인, 공무원 등의 활동도 가치 창조와는 무관한, 불필요한 노동이다. 자본가의 소득은 노동자들에 의해 창조된 가치를 착취한 것이며, 이것이 소위 잉여가치인데, 착취과정에서 중요한 역할을 하는 법률가 등과 이를 공유한다.

3.4.2. 잉여가치론과 임금

마르크스의 잉여가치론은 보다 체계적인 설명을 기반으로 전개된다. 마르크스는 스미스가 생산의 한 요소로 간주한 자본의 개념을 다른 의미로 사용하여, 생산과정에서 사용하는 자본가의 재산으로 간주한다. M－C－M′ 과정의 관점에서 볼 때, 자본가가 현금자본으로 다른 구체적인 자본인 노동력, 원자재, 기계 등을 구입하여 상품자본으로 변환시킨다는 의미에서 노동과 다른 생산요소와는 차이가 없어 보인다. 그러나 양자의 본질적 차이는 불변자본과 가변자본의 구분에서 드러난다. 불변자본이란 기계나 공장설비처럼 생산과정에서 가치의 양적 변화가 일어나지 않는 부분을 지칭하고, 가변자본은 가치를 변화시키는 부분의 자본을 의미한다. 즉 자본가가 구입한 불변자본은 상품생산에서 그가 지불한 대가만큼의 가치만을 이전시키고, 이런 의미에서 불변자본에 투입된 노동은 죽은 노동이라고 한다. 반면에 가변자본이란 사회적으로 필요한 노동력의 대가로 지불된 것이고, 임금으로 표현된 대가보다 더 많은 가치를 창조한다는 의미에서 살아 있는 노동인 것이다. 이 더 많은 가치의 부분을 잉여가치라고 한다.

노동자에 의해 창출된 잉여가치는 자본가의 재산이 된다. 노동자는 임금의 대가로 일정 기간 동안 가능한 노동력의 전부를 제공하고, 생산된 상품은 노동에 의해 결정된 가치수준에서 팔려서 잉여가치가 발생한다. 자본가는 생산수단의 소유자이기 때문에 잉여가치를 차지하며, 이것이 착취라는 것이다. 따라서 착취의 정도 또는 잉여가치율은 임금과 잉여가치의 비율을 의미한다.[6] 이렇게 착취와 잉여가치를 동일시하는 배경에는 한 사람이 생산한 것은 모두 생산자에게 귀속되어야 한다는 윤리적 판단이 깔려 있다. 이는 지극히 가치판단적(ought)이며 실증적(is) 명제와는 구분된다.[7] 따라서 잉여가치를 근간으로 하는 착취이론은 실증적 명제인 노동가치론과 생산과정의 모든 경제적 가치는 가치를 만들어 낸 사람에게만 귀속되어야 한다는 규범적 명제가 혼재되어 있다.[8]

이상과 같은 잉여가치론은 자본가와 노동자의 소득배분에 대한 설명으로 이어진다. 마르크스는 임금이 먼저 결정되면 잉여가치는 잔여적으로 결정된다고 보았으

---

6 마르크스의 가치론, 잉여가치론 등을 도식적으로 설명하면,

$W = L$ (W = 가치, L = 노동)

$= Ll + Ld$ (Ll = 살아 있는 노동, Ld = 죽은 노동)

$= C + V + S$ (C = 불변자본, V = 가변자본, S = 잉여가치, $Ll = V + S$, $Ld = C$)

여기서 잉여가치율은 S/V이다.

7 실증적(positive) 명제는 경험적 사실에 관한 서술로서 객관적 · 경험적 관찰로 연구자의 가치판단에 영향을 받지 않는 데 반해, 규범적(normative) 명제는 도둑질은 나쁘다와 같이 가치판단을 내포하는 서술이다.

8 마르크스의 노동가치설도 리카도의 이론과 같은 문제점을 갖는다(2장의 주 3 참조). 완전경쟁의 가정하에서 모든 산업의 이윤율과 잉여가치율은 같다. 만약 이것들이 다르다면 자본가는 그들의 투자를 더 많은 곳으로 옮겨서 결국은 같아질 것이다. 도식적으로 표현하면,

$$\frac{S}{C+V} = \text{이윤율}, \quad \frac{S}{V} = \text{잉여}$$

이고, 모든 산업에서 이윤율이 같다는 것은 수학적으로 상수라는 의미이다. 두 번째 식 역시 상수이다. 그런데 두 번째 식을 첫 번째 식으로 나누면 (C/V + 1) 역시 상수가 되므로, C/V가 상수이다. 여기서 C/V는 자본의 구성비를 나타내며, 이는 모든 산업에 있어서 노동과 자본의 비율이 같다는 주장이 되어 리카도이론의 오류를 다시 범하게 되는 것이다. 마르크스는 이 문제를 가치가 시장가격으로 전환되면서 생기는 것일 뿐 가치론의 오류는 아니라고 한다. 예를 들면,

므로 임금이 무엇에 의해 결정되는가에 대한 설명이 중요하나, 「자본론」에서 실질임금은 생계수준에 의해 결정된다는 것뿐으로 이에 관한 설명은 지극히 피상적이다. 단지 다른 저술에서 자본가와 노동자의 상대적인 힘에 의해 결정된다고 하여 노동조합이 소득분배에 중요한 역할을 할 수 있다고 주장한다. 아울러 생산시설에의 가속적 투자에 의한 기술적 진보와 경제활동의 주기적 변화로 인해 많은 노동자들이 실업 예비군에 편입됨으로써, 노동의 공급이 많아짐에 따라 최저 생계수준의 임금이 된다는 점도 지적한다. 그러나 이 설명은 그의 가치이론과 잘 부합하지 않는다. 왜 잉여가치를 창출하지 못하는 기계나 공장시설 같은 불변자본의 축적에만 집착하는가에 대한 의문이다. 마르크스는 이 불변자본이 시장에서 지불된 대가만큼 가치를 부가시키는데, 노동은 잉여가치를 창출한다고 하였다.

3.4.3. 자본주의 변동원리와 공산주의

마르크스의 유물사관에서 가장 근본적인 명제는 생산체계(생산력)와 경제조직(생산관계) 간의 모순이 내부적으로 진전되어 가는 과정에 있다. 자본주의하에서 이런 모순의 축적을 설명하는 것이 「자본론」 저술의 궁극적 목적이었다. 그의 설명은 다음과 같은 네 가지 내재적 측면을 지적하고 있다.

첫째, 자본가의 이윤은 지속적으로 하락한다. 이윤율은 자본가가 불변자본과 가변자본의 구입에 지불한 대가에 비해 잉여가치의 폭이 어느 정도인가로 결정되는데, 불변자본을 가속적으로 늘리게 되면 이윤율은 하락하게 된다.[9] 즉 자본가 계급의 재산 증식욕구가 그 축적의 근본을 잠식한다. 이윤율이 하락하므로 자본가는 임금

산 업	C	V	S	가 치	가 격
I	80	20	20	120	130
II	70	30	30	130	130
III	60	40	40	140	130
합계	210	90	90	390	390

여기서 가치는 C, V, S의 합이고, 가격은 C + V + 이윤율(C + V)이며, 이윤율은 공히 30%이다. 즉 자본구성비가 같아 보이는 것은 가격으로 판단한 것이고, 가치의 관점에서 보면 각기 다르다는 설명이다.

9 도식적으로 설명하면 이해가 쉽다. 앞의 주에서와 마찬가지로, 이윤율은 S/(C + V) 이고, 이 식의 분모와 분자를 V로 나누면, (S/V)/ (C/V + 1)이 된다. 여기서 S/V는 잉여가치율, C/V는 자본 구성비를 나타낸다. 따라서 잉여가치율이 일정할 때, 불변자본을 확대시키면 이윤율은 하락한다.
그러나 만약 기계의 사용으로 노동 생산성이 증가한다면(실제로 그렇다) 잉여가치율과 자본 구성비가 함께 증가하게 되어 이윤율의 증감을 정확하게 예측할 수 없다.

을 적게 주려 하는 대신에 더욱 더 많은 노동을 요구함으로써 노동자들의 생활은 갈수록 비참해진다.[10] 둘째, 기술이 진전하여 생산이 대규모화할수록 유리해지고(규모의 경제, economies of scale), 이 때문에 자본은 집중되고 소규모의 기업들은 살아남지 못하여, 이들 기업의 소유주는 노동자의 대열에 끼게 된다. 결과적으로 대기업 간의 경쟁은 치열해지고 규모의 경제에도 불구하고 자원을 비효율적으로 이용하게 되며, 노동자들의 집단적 유대를 강화시킨다. 셋째, 자본주의 경제는 주기적 불경기를 경험한다는 사실이다. 이는 이윤율이 하락하고 잉여가치를 실현시킬 수 없기 때문이다. 단기적으로 자본을 급격하게 축적하게 되면 노동의 수요가 증가하여 임금이 상승하기 때문에, 이윤율이 하락하여 호경기가 끝나고 불경기가 시작된다. 끝으로 잉여가치가 실현될 수 없는 이유는 소득의 불평등 때문으로, 노동계급의 소득이 생산된 재화의 충분한 수요를 형성할 수 없다. 즉 낮은 임금으로 겨우 생계를 유지하는 노동자들은 재화를 소비할 수 있는 능력이 없고, 이는 M – C – M′의 과정에서 상품자본이 다시 현금자본화할 수 없다는 것을 의미한다. 이렇게 자본주의의 모순은 하락하는 가격과 이윤율 및 불경기의 현상으로 나타나며, 갈수록 경기의 주기적 변화의 폭은 극심해진다. 이러한 경기변화에 대한 설명은 케인스(Keynes)의 일반이론이 등장할 때까지 불경기와 공황을 설명하는 거의 유일한 이론이었다.

이런 여러 가지 모순의 축적으로 인하여 자본주의는 붕괴하고 결국 공산주의 사회가 도래한다. 이 사회는 기술적으로 발전된 생산체계로 인하여 높은 물질적 생활수준을 영위할 뿐 아니라 노동시간도 짧아진다. 자본주의 체제에서는 분업이 높은 생산력의 근간이 되어 노동자를 노예화하고 창조적 활동을 무의미하게 하였으나, 새로운 사회에서는 분업체계가 사라지고 노동은 인간의 창조적 욕구를 충족시키는 수단이 된다. 비록 프롤레타리아 혁명 직후에는 노동자들이 공동으로 생산하고 제공된 노동에 따라 생산물을 소비하지만, 공산주의하에서는 능력에 따라 일하고 필요에 따라 소비하게 된다(From each according to his ability, to each according to his need). 그러면 이러한 새로운 경제는 어떻게 운영되고 조정되는가? 이에 대한 구체적 논의는 거의 찾아볼 수 없지만 엥겔스는 새로운 경제체제는 계획경제체제가 될 것이라고 한다. 그러나 계획의 주체가 누구인가는 분명하지 않다. 엥겔스는 혁명 후에 국가가 차츰 사라지게 될 것이라고 주장

10 19세기 말에 이르러서야 노동자들의 생활이 꾸준히 향상되었다는 통계자료가 나타났고 이를 둘러싸고 마르크스주의자 간의 논쟁은 더욱 가열되었다. 베른슈타인은 마르크스이론의 수정을 주장한 반면 카우츠키(Karl Kautsky)는 상대적 빈곤의 관점에서 해석하여 이론의 타당성을 옹호하였다.

하므로, 경제계획의 주체가 국가가 될 수도 없다.

3.5. 철학 : 변증법적 유물론[11]과 윤리학

마르크스와 엥겔스는 사회주의의 유토피아적 성향을 과학적 사회이론으로 대체하려고 하였다. 그리고 과학적 분석의 방향을 정(thesis), 반(antithesis), 합(synthesis)의 3단계 과정으로 표현되는 헤겔의 변증법 개념에서 찾았다. 헤겔도 그러했지만 마르크스 역시 이러한 논리체계를 명시적으로 사용하지는 않았다. 단지 부정과 부정의 부정이라는 용어를 사용할 때, 변증법과 동질적인 개념을 이용하고 있음을 알 수 있으나 그것이 무엇을 의미하는지는 분명하지 않다. 가장 설득력 있는 해석은 변증법의 개념이 지속적으로 변하는 현실의 동적인 성격을 강조하는 것으로 이해한다. 피상적으로 정태적인 현실은 반대의 경향을 발생시키고 양자의 갈등을 통해 새로운 현실이 나타나는데, 합의 단계로서의 나중의 상태가 더 높은 발전단계를 이룬다. 즉 모든 사회체제는 생산력과 생산관계 간의 갈등을 경험하고 이를 통해서 새로운 사회가 등장한다는 관점이 변증법적 과정과 일치한다는 것이다.

현실이 발전적 변화과정이라는 헤겔의 변증법적 인식에 동의하지만 변화의 원인이 물질적 요인에 의한다고 함으로써 헤겔과는 전혀 다른 세계관을 보였다. 세계는 신에 의해 지배되는 것이 아니고 법칙에 의해 설명할 수 있는데, 그 세계의 발전과정은 물질적 요인이 지배한다. 따라서 인간의식의 역할은 부정되고, 사상이나 이론 같은 정신적 현상은 사회의 조직구조나 경제와 같은 물질적 요인으로부터 도출된다. 그러나 만약 마르크스 자신의 사상을 포함한 모든 정신적 요소가 자본주의 사회의 부수적 현상에 불과하다면 인생의 대부분이 무의미해질 것이다. 이러한 문제에 대한 마르크스와 엥겔스의 답변은 프롤레타리아 계급은 이데올로기적 사슬로부터 자유롭다든지 사회주의 혁명 이후에는 물질적 요인의 지배가 끝난다고 하지만, 이러한 해답은 결코 충분한 것은 아니다.

유물론의 보다 근본적인 문제점은, 사회적 현상의 기초로서 간주되는 경

11 이 용어는 마르크스나 엥겔스 자신은 사용하지 않았고 1890년대에 러시아의 마르크스주의자인 플레하노프(G.V. Plekhanov)에 의해 사용되었고, 후일 레닌이 마르크스이론을 다른 물질주의 이론과 구분하기 위하여 사용하였다.

제적 요소들이 철학적 의미에서 물질이 아니라는 사실이다. 왜냐하면 이들이 독립적으로 규명 가능한 물질이나 화학적 요소를 지칭하는 것이 아니라 관계의 개념을 내포하고 있기 때문이다. 물질주의란 세계가 물체로 구성되어 있음을 주장하는 것인데 마르크스 이론에서 세계는 사물이 규정되는 관계로 구성되어 있다. 즉 개인이나 사회계급은 독립적으로 규정할 수 없고 다른 존재와의 관계를 구성하고 있다.

마르크스와 엥겔스가 헤겔철학으로부터 영향받은 또 하나의 측면은 사실과 가치를 구분하지 않았다는 것이다. 과학적 사회주의를 표방하는 이들은, 도덕적 측면에서 기존사회를 가상의 사회와 비교하는 유토피아적 전통을 거부하고, 도덕적 호소가 과학적 분석에는 전혀 도움이 안 된다는 사실을 인정하였다. 그러나 과학적 사실이 윤리의 기초가 된다는 소위 윤리적 자연주의의 입장에 서 있었다. 그리하여 역사발전의 인식에 따라, 최종단계를 빠르고 쉽게 성취하는 데 도움이 되는 행위는 윤리적으로 합당하고 이에 반하는 행위는 사악한 것으로 간주하였다. 그러나 이러한 윤리체계로는 어떤 행위든지 자의적으로 평가할 수 있다. 예를 들어 자본가는 노동자로부터 잉여가치를 착취하기 때문에 비난받을 수도 있지만, 자본축적을 통해서 자본주의 사회의 모순을 심화시켜 새로운 사회의 도래를 촉진하므로 좋은 평가를 내릴 수도 있다.

제 4 장

실증주의와 사회학의 발전

인간과 집단의 상호작용으로 인하여 관습과 사회 제도가 생겨날 뿐 아니라, 이런 정형화된 틀 안에서 인간 행위는 다시 규제되고 길들여진다. 이런 사회적 구조와 인간 행위 간의 관계와 변화에 대한 연구를 사회학이라고 하는데, 특히 산업화, 도시화된 사회와 그 구성원에 관한 연구를 지칭한다. 이런 의미에서의 사회학은 18세기 말 이후의 급격한 사회 변화의 소산이라고 볼 수 있다. 농업과 수공업 중심의 지역 공동체를 기반으로 하는 세습적인 소수에 의한 정치체제로부터, 대규모 기계공업에 의한 산업화가 이루어지고 정치권력을 공유하는 민족주의적 정치체제가 등장하는 혁명적 변화였다. 이런 변화를 배경으로 산업 사회와 그 구성원 간의 새로운 관계에 대한 연구가 나타나기 시작하였다. 초기의 사회학적 관심은 자연과학의 업적을 모방하려는 노력에도 불구하고, 인간의 사회성과 그 진화과정에 대한 포괄적인 것으로 지극히 사변적(思辨的)이고 형이상학적이었다. 그러나 이런 거대이론(grand theory)에 대한 관심은, 차츰 보다 구체적인 문제에 대한 경험적 연구로 바뀌게 되어 사회학자 머튼(R.K. Merton)이 말하는, 경험적 증거에 의해 뒷받침될 뿐 아니라 일반성을 갖는 이론인 중간영역의 이론(theories of the middle range)에 대한 관심으로 바뀐다.

4.1. 프랑스 실증주의

4.1.1. 생시몽(Saint Simon, 1760~1825)과 콩트(Auguste Comte, 1798~1857)

새로운 방법론을 토대로 봉건 사회에 대비되는 산업 사회에 대한 연구는 생시몽으로부터 시작되었다고 평가된다. 그는 사회현상을 과학적으로 연구하기 위해서는 자연과학의 방법을 사용해야 한다고 주장한다. 뿐만 아니라 모든 현상은, 자연현상이든 사회현상이든 간에, 하나의 원리에 의해서 움직이고 있다는 생각에서 사회생리학 또는 사회물리학이라는 용어를 사용하였다.

이러한 인식을 배경으로 사회를 기계적 조직이 아닌 살아 있는 유기체로 간주하고, 그렇기 때문에 사회과학은 생물학을 비롯한 생명과학을 모방해야 한다고 주장한다. 유기체로서의 사회는 그 구성요소인 개인의 의식을 초월하는 독립적 의식을 가지고 있다.[1] 이러한 유기체적 사회인식에 기초하여 모든 사회의 역사와 미래가 일원적 법칙에 의하여 진화한다고 주장함으로써 다윈의 진화론이 등장하기 이전에 진화론적 시각을 보여 주고 있다. 뿐만 아니라 사회진화의 근본적인 힘은 경제계급 간의 갈등이라고 지적함으로써 마르크스이론이 등장하기 전에 변증법적 유물론을 시사한 것이다. 이러한 사회의 진화는 완전한 사회적 질서를 성취하기 위해서 진행되고 있지만, 인간의 힘에 의해 과정과 속도 및 세부사항이 영향을 받는다고 함으로써 결정론적 시각을 탈피하였다.

생시몽은 갈등적인 이해관계가 시장에 의해 조화되어 사회적 · 도덕적 질서를 이룬다는 정치경제학의 견해를 거부한다. 산업사회에서 사회적 유대를 이루기 위해서는 강력한 도덕적 지도력이 요구된다고 한다. 그러기 위해서는 사회의 과학적 조직이 필요한데, 이는 과학자와 기업인의 계획과 행정적 지도에 기반을 둔 권위주의적 지배를 의미한다. 인간의 능력은 근본적으로 불평등하므로 불평등 사회가 자연스럽고 지배층은 재능에 따라 모든 계층으로부터 충원되며, 무지한 노동자들을 사회적으로 통제하기 위하여 새로운 종교의 필요성을 역설하였다. 정치적 엘리트 지배론은 과학의 영역에

1 사회를 유기체로 보는가 혹은 기계론적 관점에서 파악하는가는 사회과학의 역사에서 중요한 의미를 갖는다. 방법론적 개인주의와 전체주의 간의 갈등(1장 주 1 참조)도 이러한 형이상학적 인식의 차이에서 비롯되었고, 접근방법에 있어서 경제학과 사회학의 특징적 차이의 원인이기도 하다.

까지 확대되어, 과학적 지식은 누적되기보다 천재적 자질을 가진 사람의 통찰력에 의해 가능하다고 주장하였다.

생시몽의 사회학적인 인식을 발전시켜서 포괄적인 사회학 체계를 세운 사람은 콩트였다. 그 역시 경험적 자료를 수집하거나 이론을 검증하기 위한 실험적 방법을 거부하고, 직관과 선험적 방법에 의존하였다. 이런 방법을 사회문제에 적용하면 자연과학에서와 같은 확실한 결과를 얻을 수 있고, 이에 의해 정치 사회적 갈등의 원인인 의견의 차이를 불식시킬 수 있다고 생각하였다. 나아가 과학적 기초 위에 철학을 정립할 수 있다. 이런 실증철학에 의하면 자연현상과 사회현상을 포함하는 모든 현상은 불변의 자연법칙에 의해서 움직이며, 인간과 사회에 대한 연구의 목적은 인류 문명의 진화법칙을 찾는 데 있다. 이것은 정치나 경제의 역사탐구가 아니라 인간의 지적 역사, 즉 자신과 세계에 대한 인식의 변화에 관한 기본 법칙을 의미한다.

그의 논의에 의하면 인간의 사상은 신학적 단계, 형이상학적 단계 및 실증적 단계의 세 가지 단계를 거친다. 신학적 단계에서 인간 정신은 모든 현상의 본질적 기원과 목적에 대한 절대적 지식을 추구하는데, 모든 현상이 초자연적 힘에 의해 결정된다고 가정한다. 이 신학적 단계는 다시 물신주의 시대, 다신론 시대 및 일신론 시대의 단계로 나뉘며, 각 단계와 상위 단계는 그 이전의 단계에서 발전되어 나온다. 유럽에서는 신학적 단계가 14세기까지 지속되었다고 간주한다. 일신론의 단계에서 인간 정신의 추상적 개념, 즉 본질과 이성적 형식에 의해 지배되는 형이상학적 단계를 준비한다. 아리스토텔레스적인 본질론이 이 단계의 특징이며 14세기에서 프랑스 혁명까지 유럽 사상을 지배하였다. 마지막 실증적 단계에서는 본질을 포기하고 관찰과 실험의 방법을 통해 상이한 여러 사실들을 함께 연결하는 법칙을 찾는다. 프랑스 혁명의 진정한 의의는 정치적인 데 있는 것이 아니다. 성숙한 과학의 시대를 열었고 새로운 사회질서가 시작되었다는 데 있다.

모든 과학은 이런 단계를 거쳐서 발전하지만 그 속도는 모두 다르다. 지식이 실증적 단계에 도달하는 것은 단순성, 보편성 및 다른 분야로부터의 독립성에 따라 다르다. 자연과학 중에서 가장 보편적이고 단순한 과학인 천문학이 최초로 발전하였고, 그 다음에 물리학, 화학, 생물학 순으로 실증적 단계에 이르렀다. 이를 기초로 하여 사회학이 발전하였는데, 위계상 선행과학인 생물학을 토대로 발전한다. 생물학은 기본적으로 화학이나 물리학처럼 고립된 요소로부터 시작하는 것이 아니라 유기적 전체에서 출발한다. 사회학 역시 전체로서의 사회를 주제로 하여, 사회를 사회체제로 규정한다. 따라서 개인들은 사회에 대한 관련 하에서만 분석되며, 사회는 생물학적 유기체처럼 개인으로 환원될 수 없는 복합적 통일체를 이룬다. 사회가 조직된 구조로서 움직이는 것을 이해하기 위해서는 사회적 유대감을 형성하고 개인의 행위를 공동체로 결속시키는 문화적 요소를 연구해야 한다.

여러 과학분야와 마찬가지로 사회의 요소인 개인들도 위계적 질서를 형성하여야 한다. 사회 진화에 따라 증가하는 기능적 전문화 때문에 사회의 계층성은 불가피하므로, 이에 기초한 사회질서가 바람직하고 평화롭다. 그렇기 때문에 콩트는 영국과 같은 다원적 자유주의를 혐오하였다. 따라서 실증적 철학자가 지배층, 노동계급이 피지배층이 되며 새로운 종교에 의해 이들이 복종하고 자신들의 역할에 충실한 사회를 이상적이라고 생각하였다.

4.1.2. 실증주의적 방법의 의미

생시몽과 콩트는 사회학 연구의 과학적 방법으로서 실증주의를 내세우고 있으나 그 내용은 상당히 애매하다. 보다 정확한 이해를 위해서는 베이컨 이후의 경험주의와 대비시켜 볼 필요가 있다. 경험주의는 인간 지식의 토대를 경험에 두고 과학의 기초를 실험, 귀납, 관찰에 두어, 경험에 비추어 검증할 수 있는 지식만이 진정하게 과학적이라고 주장한다. 그러나 경험자료를 지식으로 변형시키는 것은 판단, 측정, 비교와 같은 인간 정신의 기능이다. 생시몽에 의하면 유럽은 뉴턴과 로크의 영향으로 인하여 오랫동안 경험주의의 단계에 머물러 있었기 때문에 그 건설적 잠재력을 소진하였으므로 선험적 이론에 의존하는 보다 합리적인 방법이 필요하다고 한다.

콩트 역시 사회 진화가 일정한 불변의 법칙에 의한다는 의미에서 경험론에 반대한다. 사회학은 단편적 사실들만을 축적하는 과학이 아니라 이론을 사용해서 그 사실들을 해석하고 서로 연결하려는 것이다. 즉 사실은 관찰에 의존하는 것이 아니라 이론에 의해 구성된다고 보았다. 콩트는 모든 실질적 관찰은 먼저 일정한 이론에 의해 인도되고, 끝으로 그 이론에 의해 해석되는 한계 내에서 가능하다고 하였다. 그리고 이론은 사회현상을 설명하는 불변적 법칙에 관한 것이다. 즉 관찰된 사실을 중시한 경험주의에 비해, 실증주의의 주장은 모든 사회 현상이 보편적인 일반 법칙에 의해 지배되고,

사회학자의 임무는 이를 발견하는 것이다.

그렇지만 생시몽이나 콩트가 내세웠던 이론은 본질적으로 사변적인 역사 변화 이론이어서, 특수한 역사적 사건과 제도의 역사적 성격이 실증주의의 틀 안에서 이해되지 못하였다. 발전 단계들은 추상적으로 파악되었으며 단지 개념적이고 이상적이었다.

콩트 이후의 사회학적 실증주의는 새로운 방향으로 발전해 갔다. 첫째, 사회과학의 방법이 법칙을 세우고 관찰과 실험을 사용하며 사회적 분석에서 주관적 요소를 배제한다는 점에서 자연과학의 방법과 다르지 않다고 생각하게 되었다. 둘째, 가설 형성과 검증 방식에 있어 점차로 경험적 방법이 인식되고 통계의 가치가 인정되었다. 즉 선험적 이론과 경험적 사실을 보완적 관계로 이해하게 되었다. 이런 인식적 틀 안에서 연구한 대표적 인물이 스펜서이다.

4.2. 허버트 스펜서(Herbert Spencer, 1820~1903)

4.2.1. 사회의 과학적 연구

스펜서는 콩트의 실증적 방법을 비판하고 보다 진전된 사회과학 방법론을 주장하였다. 그에 의하면 사회현상은 자연현상과 마찬가지로 인과적 법칙에 의해 지배되므로 모형화가 가능하고, 과학의 요체는 경험적 증거에 의해 뒷받침되는 이론적 모형을 만드는 데 있다. 이 때문에 스펜서는 포괄적이고 체계적인 경험적 자료의 수집에 열중한 최초의 학자였다.

그러나 자연과학과는 달리 사회현상을 과학적으로 연구하는 데는 특수한 문제점이 있다. 이는 사회현상의 복잡성이나 양적 측정의 어려움이 아니라 연구자와 대상 간의 관계에서 야기되는 것이다. 사회학자는 연구 대상인 사회의 일부이고 그 안에서 성숙했다는 사실이다. 따라서 자신의 문화로부터 자유로울 수 없고, 그의 경험적 자료와 이를 기반으로 하는 추론은 자신이 가지고 있는 선입관과 가치판단에 의해 영향받기 쉽다. 아울러 종교, 애국심, 공적인 교육이나 무지, 당파심, 계급성향 등에 의해 야기되는 편견에 의해 왜곡되기도 한다. 그러나 이러한 편견의 소지를 알게 되면 편견에 의한 영향을 극복할 수 있다고 주장한다.

또 사회를 과학적으로 연구하려는 사람은 자연과학을 먼저 공부할 필요성이 있다고 주장한다. 사회학자는 구체적 사고와 추상적 사고 및 분석과 종합에 익숙해야 하는데, 자연과학적 훈련으로부터 이러한 사고의 방법이 획득된다. 사회조직과 생물조직이 유사하고 양자 모두 진화 중이기 때문에 특히 생물학적 훈련이 필요하다.

4.2.2. 사회조직의 형태와 본질

스펜서의 사회학을 이해하는 데 있어 가장 중요한 점은 사회를 공리적 관점에서 파악했다는 것이다. 인간의 협동은 본능적 사회성이나 이타심 때문이 아니라 개별적으로는 성취할 수 없는 목적을 협동에 의해 이룰 수 있기 때문이고, 이런 이유에서 사회가 생겨났다. 그러나 목적과 시대적 배경에 따라 그 구조적 형태, 즉 협동의 조정 형태가 다르다. 이런 관점에서 두 가지 형태의 사회로 구분할 수 있다.

첫째, 군사(militant) 사회는 물리력의 행사, 전쟁수행, 외부 침략으로부터의 방어의 측면에서 행위의 효율적 조정이 이루어지는 사회이다. 이런 사회에서는 강제력, 권력의 위계적 구조, 지배와 복종을 명확히 하는 지위체계에 의해 협동이 이루어진다. 둘째, 산업(industrial) 사회는 분업을 기반으로 생산성을 향상시키는 것이 목적이어서 주요 조직형태도 정치적이거나 강제적이지 않다. 시장에서 재화를 교환함으로써 자발적 협동이 이루어지고, 개인 간의 관계는 자유계약을 기초로 한다. 이러한 구분은 배타적인 것이 아니고 어느 시대에나 두 가지 형태가 병존하지만 사회진화에 따라 그 상대적 중요성이 크게 달라진다. 즉 군사사회에서 산업사회로 진화한다.

자발적 개인행위에 의한 사회질서와 강제력에 의한 사회질서를 구분한 점과 분업의 물질적 이득에 기초한 사회의 개념은 사회학의 발달과정에서 스펜서의 주요한 업적이라고 할 수 있다. 이에 못지않게 중요한 공헌은 사회를 하나의 독립된 존재로 인식하면서도 개인을 판단과 결정의 주체로 인정함으로써 전체주의적 경향에 빠지지 않았다는 점이다. 스펜서에게 사회는 유기체인 개인들로 구성되어 있는 개인들을 초월하는 존재이지만, 개인보다 우월하다는 의미는 아니다. 화학적 요소들의 결합으로 원래 요소의 속성과는 다른 속성을 갖는 새로운 물질이 생겨나듯 개인들이 사회를 구성하게 되면 전혀 새로운 속성이 드러난다는 것이다.

개인과 사회의 관계에 대한 그의 견해는 생물학과 사회현상의 비유를 보면 더 명확해진다. 복잡한 유기체가 전문적 생리 기능을 수행하는 분화된 신체구조를 갖고 있는 것처럼 인간 사회도 기능적으로 전문업을 수행하는 개인들로 구성되어 있다. 그러나 이들 간에는 주요한 차이점이 존재한다. 사회는 유기체처럼 물리적 형태가 없고, 사회를 구성하는 개인은 유기체의 조직처럼 구체적 위치와 형태가 없다. 아울러 유기체의 기관은 장소나 기능을 변화시킬 수 없으나 개인은 이것이 가능하고, 유기체에서 의식의 위치는 국지적이지만 사회의 모든 구성요소가 의식을 가지고 있다. 즉 사회는 구성요소인 개인들의 상호 의존성 때문에 하나의 살아 있는 존재로 간주되지만 자신의 감각이나 요구를 갖지 않는다. 그렇기 때문에 국가의 이익을 위해서 시민의 복리를 희생시킬 수 없다. 이러한 본질적 속성을 갖는 사회는 지속적으로 진화한다.

4.2.3. 사회진화론

스펜서의 사회이론은 생물학에 의해 많은 영향을 받았고, 그중에서도 진화론은 그의 사회철학으로 자리 잡고 있다. 다윈의 자연선택적 진화론이 나타나기 훨씬 전에 라마르크(Lamarck)의 획득형질의 유전에 의한 진화론이 있었다. 스펜서는 전적으로 라마르크적 진화론에 의해 사회변화 과정을 설명한다. 라마르크는 개인의 형질은 평생의 경험에 의해 변형될 뿐 아니라, 이것이 후손에게 유전된다고 한다. 예를 들어 기린의 목이 긴 이유는 여러 세대에 걸쳐 나뭇잎을 먹기 위해 목을 늘어뜨린 결과이다. 이에 비해 다윈(Charles Darwin)은 동일한 조상으로부터 번식된 개체들의 특성이 각기 다를 뿐 아니라 그중에서 소수만이 살아남는다는 사실에 착안하여, 환경에 잘 적응하는 개체의 특성만이 후손에게 유전된다고 주장한다. 따라서 기린의 목이 긴 것은 목이 긴 기린의 생존율이 훨씬 높았고, 이의 누적적 결과로 야기된 것이다. 따라서 사회의 적응과정으로서 문화적 진화를 이해하고, 특히 군사사회로부터 산업사회로의 전이 과정을 설명하는 데는 라마르크적 설명이 훨씬 합당한 것이었다.

또 생물이 진화함에 따라 점증적으로 이질적 기능이 전문화되고 분화하듯이, 인간 사회도 차츰 이질성이 높아져서 제도와 개인의 기능적 분화가 나타나게 된다. 사회 내에서 이질성이나 분화의 정도가 높아지는 이유를 보편적 인과관계를 통해 설명한다. 즉 모든 현상은 여러 가지 원인에 의하여 야기되는데, 하나의 원인은 하나 이상의 결과를 낳고 각각의 결과는 다시 다른 현상의 원인으로 작용한다. 그러므로 이로부터 야기되는 결과는 기하급수적으로 늘어난다는 것이다.

뿐만 아니라 이러한 진화과정은 아주 유익하다. 이미 살펴본 대로 사회진화를 통해 강제력을 기반으로 하는 군사사회로부터 자발적 행위를 기반으로 하는 산업사회로 옮아간다. 이 과정이 완성되면 개인에 대한, 정부규제를 포함하는 다양한 제한이 사라지고 각자의 개성이 발전할 수 있는 자유가 최대한 신장된다는 사실이다. 스펜서는 이런 주장을 통해서 자유주의적 개인주의와 발전적 역사관을 결합시켰다.

그러나 이런 주장은 자유방임(laissez-faire)을 옹호하는 주장과는 거리가 멀었다. 스펜서는 정부가 범하는 오류를 지적하고 정부가 군사적 사회조직으로 시작되었다는 이유로 미덥지 못한 제도로 간주하였지만, 자신의 주장이 자유방임을 옹호하는 것이 아님을 분명히 하고 있다. 그는 정부개입이 필요한 곳에서 경제적 · 사회적 원리에 합당하게 이루어질 경우에는 매우 유익할 수 있다는 점을 지적한다. 사회학의 목적은 이러한 원리를 규명하여 정부개입이 적절하게 이루어지도록 하는 것이고, 개입의 장기적 비용이 단기적 이익을 초과하는 경우 손을 떼도록 설득하는 것이다.

사회학의 발전과정에서 다양한 스펜서의 공헌을 부정할 수 없다. 그러나 20세기에 들어서면서 그의 업적은 지극히 과소평가되었는데, 여기에는 여러 가지 원인이 있다. 스펜서의 이론체계에 가장 큰 타격은 유전학의 발달로 획득형질의 유전을 주장하는 라마르크의 진화론이 잘못된 것임을 알게 되었다는 점이다. 아울러 민주주의를 기반으로 하는 견제와 균형의 원리에 의한 정부 제도가 사회문제를 해결하는 존재로서 각광을 받게 되었고, 20세기의 신자유주의는 19세기 자유주의와는 달리 더 많은 국가의 역할을 요구하게 되었다. 따라서 최소한의 국가 역할을 주장하는 자유주의자로서의 스펜서에 대한 관심도 퇴조하였다. 무엇보다도 중요한 이유는 사회과학의 주제와 과학자의 임무에 대한 인식이 변하였다. 사회과학자가 사회변동의 근본 원리를 발견하고 문명의 기원과 미래를 설명해야 한다는 생각이 차츰 퇴조하게 된 것이다.

4.3. 에밀 뒤르켐(Emile Durkheim, 1858~1917)

4.3.1. 사회학의 연구대상

뒤르켐도 개인들이 사회를 구성하게 되면 개인 속성의 단순한 합과는 다른 새로운 속성이 나타난다는 사실을 강조하고 있다. 그러나 그보다 중요한 것은 개인들이 다시 사회에 의해 조정되고 길들여진다는 점이다. 따라서 사회 현상은 개인들로부터 단순하게 유추할 수 없는 객관적 실체이고, 사회는 자율적 존재로 인식된다. 사회가 자율적 존재이므로 이에 관한 인과적 설명은 사회적 사실 간의 관계로 구성되어야 하고, 사회의 구성요소인 개인들의 특성으로 설명할 수 없다. 이런 이유로, 사회와는 독립적인 인간의 본성에 관한 명제에 의존하는 경제학과 방법론적 개인주의는 잘못된 것이다. 즉 사회는 사회적 사실을 창출하는 독립된 존재이다. 그러므로 사회학은 사회적 사실 간의 인과적 관계를 연구해야 한다.

아울러 사회적 사실은 사회의 구성원에게 교육과정을 포함하는 사회화 과정에서 강제력을 행사하여 성숙한 개인의 사고, 행위, 감정 등을 통제한다. 이런 관점에서 사회는 협동이 요구되는 목표를 성취하기 위한 인위적인 구성물이 아닌, 개인보다 우선하는 초월적인 존재이다. 예를 들어 자살은 개인적인 행위이지만 자살률은 개별적인 자살행위들의 합계 이상의 것으로 규정된다. 자살률은 사회적 사실로서 객관적 자료이며 개인이나 개인적 심리 또는 인간의 상호작용과는 독립적으로 존재한다. 진정한 사회학적 질문은 누가 자살하는가가 아니라, 외적인 사실로서의 자살률과 교육, 종교, 가정 등의 다른 사회적 사실과의 관계에 관한 것이다.

사회학은 집합체인 사회가 개인에게 행사하는 강제력에 관한 연구이며 특히 이 강제력이 수행하는 기능에 초점을 맞춘다. 만약 사회를 유지하고 성장시키는 데 필요한 것이 무엇인가를 안다면, 이들이 수행하는 기능의 관점에서 사회제도를 과학적으로 연구할 수 있을 뿐 아니라 사회생활에서의 정상적인 측면과 병리적인 측면을 규정할 수 있다. 병리적 사회조건을 파악하는 데 추상적인 이상적 상태를 기준으로 삼는 것이 아니라, 정상적 상태에 대한 경험적 증거가 기준이 된다. 예를 들어 범죄는 정상적인 상태에서도 존재하므로 그 자체가 병리적인 것이 아니고, 단지 정상인 범죄율을 상회하는 경우가 문제되며, 이것은 다른 사회적 요소에 의해 설명되어야 한다. 개인적 행위로서 자살의 경우에도 정상보다 높은 자살률은 어떤 사회적 요인이 작용하고 있다는 증거이다.

그런데 건강한 사회의 특성은 사회적 유대성에 있고 사회학은 유대감 형성의 조건을 과학적으로 분석한다. 즉 개인들이 기능적으로 사회전체에 통합되는 방식을 다룬다. 뒤르켐의 「분업론」(The Division of Labour in Society, 1893)은 사회를 결속시키는 힘에 관한 연구이고, 여기서 사회는 기계적 유대성과 유기적 유대성을 갖는 두 가지 형태로 분류된다. 기계적인 유대는 경제적 전문화나 지위 분화가 잘 되지 않은 비교적 원시적인 공동체에서 나타나는 것으로 구성원의 상호 유사성에 기초한 것이다. 집합적 감정과 신념이 지배적이며 개인적 의식은 거의 찾아볼 수 없다. 사회적인 것과 종교적인 것은 통합되어 종교적 관념이 전체 사회에 침투되어 있다. 이와는 대조적으로 유기적 유대성의 토대는 분업과 사회분화이다. 이 사회구조는 고도의 상호의존성, 산업발전, 고도의 인구밀도와 도덕적 · 물질적 밀도 등의 특징을 갖는다. 이를 유기적이라고 부른 이유는 생물적 유기체의 부분들이 각각의 생명력을 가지면서, 전체의 생명을 유지하기 위해 필요한 기능을 제공하는 방식과 유사하기 때문이다. 즉 개인은 사회 구성부분으로서 사회에 의존하게 된다.

사회의 진화는 기계적 유대의 사회로부터 유기적 유대의 사회로 진행되며, 점차 이질적인 사회가 된다. 사회학의 주제는 이러한 이질적 사회에서 사회적 유대성이 유지되는 방식을 밝히는 것이다. 그러나 스펜서처럼 시장기구가 저절로 통일된 질서를 생성시킨다고 생각하지 않았고, 분업에 의한 기능적 전문화가 유대성을 증진시킬 수 있다고 말한다. 즉 유기적 유대성은 분업에 의하여 형성된다.[2] 그러나 이러한 유대성은 개인이 스스로의 이익을 판단하고 다른 사람들과 공유할 수 있다는 합리적 계산 때문이라는 의미가 아니다. 이런 설명은 사회적 유대성이라는 사회적 사실을 개인의 의식으로 설명하는 오류를 범하는 것이 된다. 뒤르켐의 설명은 관습이나 도덕 같은 문화적 규범이 집단정신(conscience collective)으로서 개인들을 결속시킨다. 이런 집단정신의 대표적인 것

2 사회과학의 역사에서 분업의 의미는 다양하게 평가되었다. 플라톤은 공동체의 구성원이 각각의 재능에 따라 맡은 바 직분을 수용함으로써 유기체 같이 단합된 도시국가를 형성한다고 하였다. 아리스토텔레스는 모든 것을 잘하는 시민보다는 하나의 일에 능숙한 시민이 훨씬 귀중하다고 하였고, 이러한 분업을 통해서 효율성이 증대되고 욕구충족에 있어 상호의존적이 된다는 사실을 지적하고 있다. 애덤 스미스는 이 중에서 효율성의 측면을, 뒤르켐은 상호의존성의 측면을 강조하고 있다. 이후 경제학에서는 분업에 의한 생산성 향상을 강조하는 데 비해 사회학과 생물학에서는 상호의존성이 증대된다는 점이 주관심이 되었다.

이 종교이며, 이런 의미에서 종교는 특정 사회가 포용하는 도덕적 기준을 반영할 뿐이다.

즉 분업론은 한 사회질서에서 다른 사회질서로의 이행에 따라서 개인들을 결합시키고 개인을 사회 전체와 결합시키는 사회적 유대의 성격에 관한 것이다. 아울러 이행과정에서 생기는 사회문제가 연구의 초점이 된다. 유기적 유대성의 근간이 되는 분업이 도덕적 신념의 합의에 의해 통제되지 않은 채로 기계적 형태에서 유기적 형태로 진화하면, 조화로운 사회분화가 이루어지지 않고 극도의 도덕적 무질서와 이기주의가 나타난다. 뒤르켐이 보기에 보편적 힘을 가진 도덕규범이 없는 상태에서 과학과 산업이 진보하게 되면 아노미(anomie), 즉 도덕적 공백상태가 나타나는 것이다. 정상적 분업은 사회적 유대성, 상호의존성, 도덕적 가치의 공유라는 결과로 이어져서 산업과 사회생활의 다양한 부문들을 일반적으로 통제하지만, 아노미적 분업은 자연적 능력과 사회적 지위를 일치시킬 수 없어서 사회질서를 위협한다.

뒤르켐은 19세기 산업사회를 획득을 규제하는 규범이 약하게 제도화되었거나 부재하는 사회로 간주한다. 개인의 욕구는 해방되어 탐욕이 넘쳐흐르며 아무도 분수를 인정하지 않는다. 산업화가 진전함에 따라 욕망은 배가되고 전통적 가치가 권위를 잃으며 이 욕구는 더욱 강박적이고 무절제해진다. 그러므로 아노미는 열망이 규제될 필요가 커지는 바로 그때에 규제되지 않음으로 해서 더욱 심화된다. 만약 산업사회가 정상적 분업을 성취하게 되면, 개인의 욕망이 적절히 통제되고 자연적 불평등과 사회적 불평등 간의 정상적 관계를 확립한다.

4.3.2. 사회학적 연구로서의 자살론

뒤르켐이 주장하는 사회학적 연구의 원리와 인식이 가장 잘 나타나 있는 연구가 「자살론」(Suicide, 1897)이다. 가장 사적이고 개인적인 행동인 자살을 연구했던 까닭은 이 현상이 외견상으로는 사회학적 설명보다는 심리학적 설명에 더 적합한 것으로 보일지라도 그 행동 자체는 사회를 유지하는 사회적 유대성의 문제에 관련되어 있기 때문이었다. 뿐만 아니라 이 연구는 사회학적 틀 안에서 경험적 자료를 기반으로 여러 가지 자살률에 대해 체계적이고 일관된 사회학 이론을 전개시켰다.

자살에 대한 연구는 통계자료의 분석에서 시작된다. 그리고 그러한 분석을 통해 여러 가지 전형적인 차이점을 알게 되었다. 먼저 자살률은 각 국가에서 매년 비슷하게 나타나 비교적 안정적인 추세를 보였는데, 더운 여름에 가장 많이 발생하여 자살과 기온과의 관계를 가설화하였다. 만약 이 가설이 옳다면 남부 유럽국가들이 다른 나라보다 자살률이 높을 것이나, 실제에 있어서는 중부 유럽국가들의 자살률이 가장 높아서 기온이 결정 요인이 아니라고 단정하였다. 이런 식으로 정신질환, 유전, 인종, 기후 등의 비사회적 요인이 자살의 요인이 될 수 없음을 보여 준다.

그러나 자료의 분석을 통해서 서로 다른 유형의 자살을 구분하고 있다. 이 중 가장 흔한 것이 이기적 자살과 아노미적 자살이다. 이기적 자살은 개인을 집합체에 통합되게 하는 유대감이 약화되는 데 이유가 있다. 공동체 구성원으로써 개인이 지나치게 공동체로부터 격리되는 지나친 개인화의 결과 야기되는 자살이다. 사회적 집단에 충분한 소속감이 없고 사회적 지지나 지도가 없는 경우 자살할 가능성이 높아진다. 대표적인 분석은 종교의 역할에 대한 것이다. 가톨릭국가에서는 자살률이 낮고 프로테스탄트국가에서는 자살률이 높았다. 이는 훨씬 조직적이고 통합된 종교체계로서의 가톨릭이 느슨하게 조직된 프로테스탄트보다 안정과 일치감을 제공할 수 있기 때문이다. 비록 1870년경부터 증가추세에 있었지만 유대인들의 자살률은 더 낮았다. 대부분의 유대인이 도시에 거주하고 화이트 칼라이지만(일반적으로 이 두 가지 특징이 있으면 자살률이 높은 편임) 자살률이 낮은 이유도 종교에 있다고 말할 수 있다. 특정 지역에서 특정종교가 소수의 위치에 있으면 자살률은 항상 낮았다. 결론적으로 조직의 유대성이 중요한 이유라고 볼 수 있다. 마찬가지로 25세 이상의 기혼자들의 자살률이 미혼자들의 자살률보다 낮다. 또 아이가 있는 가정이 아이가 없는 가정의 자살률보다 낮다. 이런 점에 비추어 결혼보다는 원만한 가정이 자살을 설명하는 중요 요인이라고 볼 수 있다. 뿐만 아니라 혁명이나 전쟁과 같은 사회적 위기에는 자살률이 낮아진다. 이런 점들로부터 사회적 유대감이나 통합의 정도가 자살률에 영향을 미친다고 말할 수 있다.

이에 비해 아노미적 자살은 도덕적 기준이 해체되고, 어떤 것이 정당한 욕구인지 가르치는 사회적 윤리가 무너지는 경우 야기되는 자살이다. 개인의 욕구와 이의 충족은 집합의식을 통해서 사회가 규제한다. 이러한 도덕적 기준과 사회적 윤리는 개인의 양심에 의미와 질서를 부여하는 것인데, 뒤르켐이 주장한 유기체적 유대감을 만들어내는 경제발전이나 분업이 제대로 이루지지 않기 때문이다. 이런 상태에서는 욕망의 제한이 없고 실망과 좌절도 끝이 없는 도덕적 무질서의 상태이다. 그러므로 빈곤 그 자체가 자살률과 상관성이 높은 것이 아니며, 경제불황과 급격한 경제성장기에는 자살률이 높아진다. 이러한 급격한 사회적 변화의 시기에 도덕적 규범이 약화되고 사회적 유대성이 낮아지면서 자살률이 높아진다. 이혼과 자살률의 관계에서도 이혼자는 가정을 유지하는 사람들보다 자살률이 세 배나 높다.

다른 관점에서 보면 개인으로 하여금 일관된 전체 사회의 일부분이라는 느낌을 갖게 하는 사회적 유대성이 우울과 자살에 대한 방패 역할을 한다. 결론적으로 자살은 개인 내부에 사회가 어느 정도 들어와 있는가와 밀접히 연관되어 있다. 이런 배경에서 자살론은 근대사회의 혼란과 사회적 유대의 붕괴가 인간 공동체에 대해 가지는 의미를 모범적으로 연구한 것이다.

4.3.3. 사회학과 정치

분업, 자살, 종교에 대한 뒤르켐의 연구에서 핵심적 논지는 사회제도를 적절히 통제하여 사회적 유대성을 촉진시키는 도덕적 질서의 필요성이고, 근대사회가 당면한 가장 큰 문제는 사회를 도덕적으로 재구성하는 것이다. 이런 맥락에서 아노미를 통제하는 가장 효과적인 수단은 시민사회 내에 결집된 직업적 결사체이다. 여러 분야의 산업을 기반으로 하는 직업집단들은 노동관계, 임금조정, 작업조건, 승진 등 중세의 길드가 하던 기능과 대체적으로 유사한 기능을 하는 선출된 위원회에 의해 지배되고, 이 집단은 도덕적 유대성을 발전시키고 고무시킨다. 이러한 형태의 정치적 조직을 조합주의(syndicalism 또는 corporatism)라고 한다.

이러한 주장은 당시 정치적 민주화의 방향이 잘못되고 있다는 인식을 배경으로 한다. 19세기의 가장 큰 정치적 문제는, 민족국가라는 정치단위 내에서 수많은 구성원들이 어떤 제도적 장치로 정치권력을 공유할 수 있을 것인가이었다. 도시국가를 기반으로 했던 참여민주주의는 불가능했으므로 자연히 어떤 형태의 대의 민주주의가 불가피하였고, 귀족들이 지역적 권위를 대표했던 중세적 제도를 확대시킨 지역 대표 체제가 확립되어 가고 있었다. 뒤르켐은 이러한 추세를 비판하고, 지역적 집단보다는 같은 직종에 종사하는 사람들의 조직이었던 길드가 모형이 되는 경제적 집단이나 결사체가 구성되어야 한다고 주장하였다. 이러한 결사체들이 국가의 감독하에서 그들의 산업을 규제하여야 한다. 이런 정치적 재조직의 이유는 개인들은 단지 산업단위와 같은 소집단하고만 정체감을 가질 수 있고, 이 안에서 그들의 이해관계도 일치하므로 유대성의 성취에 적합하다는 것이다.

그리하여 국가제도가 아닌 직업적 결사체와 이들의 봉사윤리가 통제하는 사회질서가 나타남으로써 유기적 유대성이 강제력을 대신하게 된다. 이 결사체들은 국가가 개인을 억압하지 않도록 하기 위해 필수적이며, 궁극적으로 국가는 시민사회에 종속되어야 한다. 뒤르켐의 근본적 주장은 국가가 복잡한 근대사회를 위한 도덕적 유대성의 원천이 결코 될 수 없다는 것이다.

정치적 구조와 과정을 사회학적 시각에서 파악한 뒤르켐의 관점은 정치학 연구에 상당한 영향을 끼쳤으나, 그의 본래의 사회학적 관점과는 두 가지 점에서 상충된다. 사회의 조합주의적인 재구성에 관한 주장은 사회적 사실보다는 개인적 심리의 수준에서 설명되고, 유기적 유대성의 본질에 대한 주장에 어긋난다. 즉 조합주의의 주장에서는 유대성의 원천을 개인적 이해관계에 두었을 뿐 아니라, 기능적 전문화가 새로운 형태의 상호의존성을 야기하기보다는 사회적 갈등과 해체를 유발하는 것으로 파악하였다.

4.4. 막스 베버(Max Weber, 1864~1920)

막스 베버의 학문세계를 규명하는 데 근간이 되는 몇 가지 점을 다음과 같이 지적할 수 있다. 첫째, 베버에게 유럽 역사에서 가장 획기적인 진전은 합리적 태도의 확산에 있고, 이는 서구의 문명을 다른 문명과 구별하는 기준이 된다. 합리적 태도는 서구의 사상뿐 아니라 정치, 경제, 사회 조직들을 합리화하였다. 위계적 질서와 강제력에 의존하던 사회가 능동적 개인행위의 자발적 조정이 이루어지는 사회로 변모했다는 것도 중요하지만, 보다 더 근본적인 변화는 합리적 조직의 출현에 있다. 둘째, 그는 사회에 대한 일반이론을 제창하지 않았다. 근대경제발달사, 세계종교 및 사회조직 등에 관한 베버의 연구는 사회의 본질에 대한 인식을 전제로 하지 않는다. 뿐만 아니라 집합체로서의 사회는 행위의 주체가 될 수 없고 오직 개인의 합리적 행위만이 사회적 행위이다. 이러한 사회적 행위에 관한 인식 때문에 사회학의 영역을 사회적 제도 안에서 이루어지는 개인의 합리적이고 목표지향적인 행위의 연구로 한정하였다. 셋째, 베버의 학문적 과제는 주로 마르크스적인 주장과 방법을 극복하는 차원에서 이루어졌다. 마르크스가 제시한 유물사관에 입각한 사회와 문화의 총체적 구조의 이해방법을 비판, 극복하는 것이 베버의 일관된 목표였다.

4.4.1. 사회과학 방법론

베버는 사회과학이 이론적 개념과 경험적 증거들을 이용한다는 점에서는 자연과학과 같지만 양자 사이에는 중요한 차이가 있음을 명백히 하고 있다. 이는 과학자와 연구 대상과의 관계에 있다. 자연과학자는 대상의 외부적 관찰자인 반면에, 사회과학자는 사회체제 내의 참여자이기 때문에 감정이입에 의한 깊은 이해(Verstehen)가 가능하다는 점이다. 그리하여 사회현상에 대한 설명이 개별적 결정과 선택과 같은 의식적 수준에서 이루어질 수 있다. 그러나 의식 세계의 저변에 있는 생물학적 요인을 들어 설명하거나 뒤르켐의 주장처럼 사회현상을 다른 사회현상으로 설명하는 것은 잘못되었다. 즉 과학적 방법은 현상을 그 구성요소에 의해 설명해야 하지만, 구성요소란 개인의 의식수준까지를 의미한다. 따라서 사회학의 명제는 개인의 합리적 행위를 위주로 구성된다.

사회현상을 설명하기 위해 이를 유발한 행위자의 동기와 이유를 주관적으로 이해하는 것이 방법론의 요체이지만, 사회학이 과학이기 위해서는 철저히 객관성을 유지해야 한다. 그리고 객관성의 확보를 위해서 사실과 가치의 영역을 엄격히 구분하고, 가치중립적(Wertfreiheit)일 것을 역설하였다. 즉 존재(Sein, is)와 당위(Sollen, ought)를 엄밀히 구별하여 과학의 세계는 존재의 영역에 한정되어야 하며 당위성에 의한 가치판단이 과학의 영역에 침투하는 것은 철저히 배격되어야 한다. 그리하여 과학자는 현상의 인과관계의 분석 및 목적과 수단의 적합성을 추구하는 데 그쳐야 한다. 그러나 사회과학자도 주제의 선택, 분석 결과의 사회적 의의에 대한 해석과 정책조언 등에서 가치판단을 한다는 사실을 간과하지는 않았다. 다만 자신의 가치판단과 사실의 분석을 분명히 구분해야 하고 가치판단은 비판적으로 토의되어야 하고 사실 명제는 경험적으로 증명되어야 한다고 주장한다. 따라서 베버는 과학적 객관성이 도덕적 무관심을 의미하지 않는다는 것을 명백히 하였다.

이런 인식을 배경으로 서로 다른 세 차원에서 사회현상의 의미를 이해하려 한다. 이는 역사적 설명에서처럼 실제적 개인의 구체적 행위, 사회학적 대중현상에서처럼 평균적인 행위, 공통적인 현상에 대해 과학적으로 구성된 순수한 의미 등으로 구분한다. 첫째의 경우는 과거의 실제 사건에 관한 설명이고, 두 번째는 만약 가격이 떨어지면 상품을 더 많이 구입한다는 설명과 같이 모든 사람이 그럴 것이라는 의미보다는 대부분 또는 평균적으로 그런 현상이 나타나는 것을 설명한다. 세 번째의 경우는 사회현상에 대한 추상화의 정도가 가장 높은 경우인데, 가설적인 개인의 합리적 결정이나 행위를 지칭하며, 이를 이념형(ideal type)이라 한다. 이념형은 현실적 기술이 아니라 개별 현상의 본질적 성질을 포함하는 정신적 구성물이다. 이는 사회현상의 이해와 설명을 촉진하는 방법론적인 개념이다.[3] 이념형은 외부의 객관적 실재와 대응하는 것이 아니며 순수 형식일 뿐이다. 이를 통해서 비합리적 동기에 의해 영향받는 행위의 이해를 돕고 이념형으로부터 벗어난 행위를 고찰함으로써 진정한 동기를 이해하게 된다.

따라서 베버의 방법은 현실적인 역사적 관계를 분석하기 위해 비현실적인 개념을 도입하는 것이다. 그는 세 가지 이념형을 들었다. 근대자본주의나 프로테스탄트 윤리 같은 역사적 구성물, 상이한 역사적 시기와 문화적 시기를 특징짓는 관료제나 봉건제 같은 추상적 이념형 및 목적과 수단이 합리적으로 선택되는 행위와 같은 행위유형 등이다.

4.4.2. 자본주의 정신

개인의 사회적 행위가 사회학의 주제가 되지만 개인의 가치정향은 문화에 의해 좌우되며, 문화는 다시 시대적 사상에 의해 결정된다. 이런 인식 때문에 베버에게 가장 큰 관심과 연구 주제는 17세기 이후 유럽의 급속한 산업화를 가능하게 했던 정신의 규명에 있었다. 고대 로마제국의 멸망 이후에는 다른 문명들이 서구 문명보다 뛰어났다. 중국이나 인도 등이 유럽보다 훨씬 중요한 지역이었고, 특히 중국은 기술과 경제적 발전의 측면에서 유럽을 훨씬 앞서 있었다. 그럼에도 불구하고 근대 유럽경제의 가속적 발전과 동양권의 퇴락은 무엇으로 설명할 것인가가 중요한 의문이었다.

이러한 의문에 대해 시장, 분업, 화폐경제, 통상항로 같은 하부구조의 출현으로 답하는 것은 합당치 않았다. 왜냐하면 중국에서도 이런 물질적 하부구조는 존

---

3 베버는 이념형적 분석의 예로 그레샴의 법칙(Gresham's Law)을 자주 인용하였다. 이 법칙은 금과 은의 복본위제를 채택할 경우 야기되는 문제점을 이념형으로서의 경제적 인간이 취할 행위로 설명하고 있다. 이 법칙은 복본위제를 실시할 경우, 통화당국의 금과 은의 교환율이 시장 교환율과 다를 수 있기 때문에 생기는 문제를 설명한다. 예를 들어 중앙은행이 유통되는 지폐를 금 한 돈이나 은 16돈으로 태환하여 주는데, 시장의 교환비율은 15:1로 더 낮다면, 중앙은행으로부터는 은을 사고 금을 팔며, 시장에서는 반대로 교환한다면 이익이 될 것이다. 그리하여 금은 거의 유통되지 않게 되어, 악화가 양화를 구축하는 현상에 대한 설명이다.

재했었기 때문이다. 마찬가지로 당시의 사회과학자들의 생각처럼 영리추구나 이윤추구로 규정하면 중국, 인도를 포함한 모든 문명사회의 특성이 되어 버린다. 베버는 영리추구, 가능한 많은 돈의 추구는 모든 시대, 모든 조건의 인간에게 공통적인 것으로 그 자체는 자본주의와 아무 관계도 없다고 생각한다.

베버는 서구 근대사회와 전근대적인 동양사회와 중세까지의 서구사회를 구분하여 비교한다. 전근대사회에서의 자본주의란 하등 자기 특유의 생산체계를 갖지 못했고 주어진 생산양식 위에서 생산조직의 외부로부터 비합리적, 투기적, 강권적으로 진행되는 이윤추구의 기구에 지나지 않는다. 이에 반해 서구 근대 자본주의는 자유로운 노동, 즉 인간의 인격적 자립을 전제로 하는 노동을 기반으로 하는 합리적인 자본재 생산의 조직이며, 모험적 상인의 투기행위에 의거하는 것이 아니다. 상품시장에서의 교환을 전제로 하는 합리적인 경영 내지는 생산체계이다.

자본주의의 특성인 합리적 조직과 경영은 역사상 다른 곳에서 존재하지 않았던 상인과 산업가들의 새로운 태도 —신념과 가치의 집합— 때문이었고, 이 태도를 베버가 자본주의 정신이라고 부른다. 이들은 이전 시대나 다른 문화에서의 부자들과는 달리 사치스러운 생활을 위해서 부를 사용하려고 하지 않았고 자신들이 거느리는 기업을 확장시키기 위하여 부를 재투자하였다. 베버는 이런 태도가 종교로부터 추출되었다고 생각하였다. 그는 유태교, 힌두교, 이슬람교, 불교, 가톨릭, 프로테스탄트 등 주요 종교들의 교리를 비교 연구하였고, 「프로테스탄트 윤리와 자본주의 정신」(The Protestant Ethic and the Spirit of Capitalism, 1905)에서 자신의 해답을 제시하고 있다.

베버는 자본주의 정신의 가장 중요한 원천은 프로테스탄티즘, 특히 금욕적 청교도주의 그리고 그중에서도 캘비니즘(Calvinism)에 있다고 주장한다. 캘비니즘의 주요한 교리는 우주가 창조된 것은 하느님의 영광을 드높이기 위한 것이다. 인간은 이 세상에서 하느님의 도구로서 그의 영광을 위하여 한 가지 소명(召命, calling), 즉 직업에 종사한다. 즉 인간은 하느님의 목적을 위해 존재하며 그 목적에 관련된 한에서만 의미를 갖는다. 두 번째 중요한 교리는 예정설이다. 이에 의하면 선택받은 소수의 인간만이 영원한 은총을 입어 내세에 천국에 들어가도록 되어 있다. 이것은 태어나는 순간부터 주어진 운명이며, 현세의 선행에 의해서 달라질 수도 없다. 인간이 자신의 행위로 운명을 바꿀 수 있다면, 그것은 인간행위가 신의 판단에 영향을 줄 수 있다고 생각하는 셈이 되기 때문이다. 하지만 이런 믿음은 사람들에게 숙명론적 태도를 취하게 할 수 있으므로 특정한 선택의 표시를 인식할 수 있도록 수정되었다. 물질적 부를 수반하는 직업에서의 성공이 진정으로 선택된 사람이라는 현세적 표시가 되었다. 중요한 것은 가톨릭의 경우처럼 선행을 쌓는 것이 아니라 물질적 쾌락의 억제와 건설적인 시간 사용에 관련된 체계적인 자기 통제였다. 이를 통해서 자신의 행위 안에서 은총의 상태를 확인하고 삶 전체를 하느님의 의지에 따라 합리적으로 계획해야 한다.

이러한 신앙이 자본주의 생활양식에 미친 영향은, 쾌락의 향유에 반대하고 절제를 우선시한 점, 시민적 가정을 이상시한 점, 직업을 신앙의 확증을 얻는 금욕적 수단으로 간주하여 사명감을 갖게 한 점, 합법적 재산획득을 정당하게 여긴 점 등이다. 즉 엄격하고 소박한 생활양식과 결합한 부를 축적하려는 충동은 사회의 획기적인 변화의 원동력이 되었다.

베버의 이론은 여러 가지 측면에서 비판을 받았다. 가톨릭에도 소명으로서의 직업에 대한 관념이 존재한다는 것, 스코틀랜드의 발전은 캘빈적인 장로교가 붕괴된 이후였다는 점, 부르주아의 종교적 무관심은 어떻게 설명될 것인가, 성공적인 캘빈주의자인 자본가가 자신의 직업적 성공을 정당화한 것이 더 타당한 설명이라는 것 등으로 다양하게 비판되었다. 그러나 베버의 설명은 여전히 많은 사람들에게 받아들여지고 있고 그의 명제는 자본주의의 합리적 측면을 강조한다는 점에서 계몽적이다. 무엇보다도 문명의 발전이 기본적으로 경제적 하부구조라는 단일요인에 의하여 이루어진다는 마르크스적 유물사관과 정면으로 대립한다. 베버는 전통적 경제에서 합리적 경제로의 급격한 변화에는 도덕적 · 종교적 요인도 중요한 역할을 한다는 가설을 제안하고 있다.

4.4.3. 권위와 관료제

베버는 역사적 관점에서 영토와 폭력을 근대국가의 두 가지 고유한 특징으로 파악하고 있다. 근대국가는 끊임없이 내부적 분란에 시달려 온 이전의 정치체제와는 달리 특정 영토 내에서 폭력의 정당한 사용을 독점하고 있으며 내부적 폭력보다는 다른 민족국가에 의한 외부적 폭력이 훨씬 더 문제된다. 물론 국가에 의한 폭력의 행사가 정상적인 수단은 아니지만 이것이 국가의 고유한 수단이라는 의미이다. 국가는 특정 영토 내에서 질서를 유지하는데, 자본주의 사회에서 질서란 재산권의 보호와 대외적으로 국민경제적 이익의 옹호를 의미한다. 국가의 제반 제도들은 궁극적으로 강제력의 독점에 기초하며 이 독점적 소유가 흔들리면 정치질서 또한 위기를 맞게 된다.

베버의 국가정의에 세 번째로 중요한 개념은 정당성이고 이는 세 가지 이념형으로 구별된다. 아주 오래된 전통의 권위에 대한 믿음에 근거하는 전통적 권위, 뛰어난 자질을 가진 위대한 영웅적 지도자를 따르는 카리스마(charisma)[4]적 권위, 마지막으로 입법된 규칙의 합법성과 권위를 가진 자가 법률에 토대를 둔 명령을 내릴 권리에 입각하는 합법적 정당성 등이다. 오늘날 시민들은 관습이나 전통 또는 지도자의 개인적 탁월함에 기초한 권위에는 복종하지 않는다. 적법성, 즉 합리적으로 만들어진 규칙에 기초한 법적 장치와 기능적 능력의 유효성 때문에 복종한다. 요컨대 근대국가의 정당성은 합법적 권위에 기초하며, 강제력의 독점 역시 합법적이라는 생각에 의해 정당화된다. 그러므로 중요한 것은 비조직적 대중에게 자신의 명령을 부과하는 조직된 소수가 아니라 여러 가지 방식의 권위에 대한 피지배자의 내면적 지지이다.

합법적 권위를 기반으로 하는 근대 국가제도 중 가장 중요한 것은 임명된 관료에 의해 운영되는 행정기구이다. 이러한 조직은 전문행정, 전문관료와 시민권 개념에 기초한 법으로 구성되어 있는데, 이런 조직에 기초한 국가형태는 오직 고대 동양권에서만 존재하였다. 베버의 주장은 이러한 근대국가는 단순히 자본주의의 영향으로 생긴 것은 아니다. 오히려 국가가 먼저 존재하여 자본주의적 발달을 촉진하였다. 다만 자본주의의 발달로 인하여 합리적 귀위에 기초한 관료형태인 합리적 행징이 확내되게 되었다. 마르크스와 레닌에게 있어서 관료란 항상 국가의 관료를 의미하였으나 베버는 모든 대규모 조직에 적용되는 개념으로 확대시켰다. 그는 현대사회에서는 공, 사행정 모두가 점점 더 관료화하였다고 생각했다. 이는 구체적으로 위계질서의 발달, 문서에 기초한 행정, 전문가 훈련, 자격기준에 의한 관료임명, 능력에 기초한 공식적 책임, 관료와 행정수단 소유와의 분리 등을 의미한다.

실제로 모든 상황하에서 관료제도는 불가피한 것이며 이는 관료조직이 그 정확성, 속도, 분명성, 지식, 계속성, 통일성, 갈등과 경비의 감소라는 여러 측면에서 어느 조직형태보다 기능적으로 우월하기 때문이다. 특히 경제생활이 분화되고 복잡해질수록 관료행정이 필수적이 된다.

관료적 지배가 불가피한 반면 그 전문성 및 정보와 비밀에 대한 접근 가능성 때문에 관료의 권력이 커지는 것이 새로운 문제로 등장한다. 그래서 관료권력의 견

4 카리스마는 은총의 선물을 의미하는 희랍어에서 따온 것으로 초기 기독교의 용어이다.

제가 중심적인 관심사가 되며, 만약 잘 견제되지 않는다면 공공조직은 강력한 자본가와 지주계급의 사적인 이해관계의 제물이 될 것이다. 특히 관료조직은 정치적 기준에 대한 고려를 할 줄 모르므로 국가가 위기에 처했을 때 효율적인 리더십을 기대할 수 없다. 베버는 거의 무한한 관료화에 대한 해결책으로 강력한 리더십이 경쟁적으로 훈련될 수 있는 강력한 의회의 필요성을 역설하였다.

사회구조, 관료제도 및 국가 간의 관계에 대한 베버의 입장은 그의 사회주의에 대한 평가를 살펴보면 더욱 분명해진다. 만약 사적인 자본주의가 소멸되면 국가에 대한 견제세력이 없어지므로 공, 사조직이 단일 위계질서로 통합되어 자원을 통제하는 세력에 크게 의존하게 된다. 즉, 자본주의 발달에 의해 관료제적 국가로 성장하지만 의회와 정당제도 및 자본주의 발달 그 자체가 관료에 의한 국가권력의 독점을 견제하는 것으로 믿었다.

마르크스주의자는 국가, 특히 관료조직은 기생적 존재이며 계급적 활동의 직접적 산물이므로 혁명적 변화과정에서 파괴된다고 한다. 베버는 이러한 견해를 근거 없는 주장으로 간주한다. 그는 무엇보다도 공적인 조직과 사적인 조직이 조직이나 운영면에서 매우 비슷하다는 점을 강조한다. 일정 규모 이상의 집단 내에서는 개인적 관계에 의해 업무를 처리할 수 없고 훈련된 자에 의해 행정적 업무처리가 불가피해진다. 이런 관점에서 볼 때 국가의 계급적 성격에 관한 문제는 집권적 관료조직이 정치적 · 사회적 조직에 필수적인가의 문제와 별개의 것이다. 본질적으로 행정의 본질에 관한 문제와 국가 기구의 통제에 관한 문제를 혼동하는 것이다.

베버 역시 역사과정에서 계급투쟁이 있어 왔고 자본과 노동의 관계가 산업자본주의의 여러 특징을 설명하는 데 있어 중요한 요소임을 부정하지는 않는다. 다만 권력의 분석을 계급의 분석과 동일시하는 것은 반대한다. 계급은 결코 경제관계로만 단순화할 수 없고 계급 그 자체가 권력의 배분과 투쟁의 일면에 불과하며 계급 이외에 지위집단, 정당, 민족국가도 마찬가지로 중요하다. 집단적 유대감, 민족적 공동체, 또는 권력, 위신, 민족주의에 의한 충동적 열정도 정치권력의 창출과 발달에 중요한 부분이 된다. 이 중 가장 중요한 것이 민족국가 간의 투쟁이다.

이러한 베버의 설명 중 국가에 대한 이해에 가장 중요한 공헌은 공공조직의 내부운영과 관료화 추세에 대한 분석이다. 이러한 설명이 마르크스주의자의 국가활동, 조직형태와 계급관계 간에 긴밀한 연관이 있다는 주장에 중요한 반론이 된다. 즉 공,

사조직이 계급권력에 의해 결정되는 것이 아니라 유사한 구조를 가지고 있다는 주장이 중요하다.

그렇지만 베버의 분석은 여러 문제점을 내포하고 있다. 관료제도가 발달하면 행정의 최고위층에 있는 자들의 권력이 증대된다고 주장함으로써 하위직에 있는 자들의 권력이 커질 수 있는 가능성을 간과하였다. 그들 역시 집권적 의사결정에 중요한 정보를 봉쇄, 왜곡함으로써 조직업무에 통제력을 가질 여지가 충분하다. 나아가 조직 내부의 과정을 잘 규명하지 못했고 국가의 관료제적 집권화와 자본주의 간의 관계, 관료제도의 확대로 예상되는 문화적 · 기술적 효과 등을 잘 설명하지 못했다. 궁극적으로 국가, 관료화 및 자본주의 간의 관계가 분명하지 않다.

제 5 장

경제이론의 발전

중농주의 모형의 가장 큰 결점은 경제 조직이 어떻게 조정되는가에 대한 분석이 결여되었다는 점이다. 애덤 스미스에 이르러서야 가격에 의해 조정되는 시장기구의 분석이 이루어졌다. 즉 국민소득과 계급 간의 소득배분을 가격에 의해 설명하고, 가치이론에 의해 경제의 각 부문이 조정되는 현상을 설명하였다. 고전경제학은 이렇게 미시적 분석과 거시적 분석이 혼재되어 있다. 이런 전통은 리카도에게 이어져서 경제학의 주류를 형성하였다. 그러나 1870년대에 이르러서는 기존의 가치이론, 즉 재화가 교환되는 가격에 관한 이론이 재검토되기 시작하였다. 새로운 관심은 생산요소들이 생산과정에서 결합되는 방식과 파는 사람과 사는 사람 간의 거래가 어떻게 결정되는가를 분석하는 것이었다. 따라서 가계나 기업과 같은 개인적 경제행위가 분석의 초점이 되었고 이런 새로운 미시적 분석을 고전경제학에 대비하여 신고전주의 경제학이라고 한다. 이 시각에서 경제는 생산물 시장과 생산요소 시장이라는 두 가지 시장에서 거래하는 가계와 기업으로 구성된 것이다. 여기서 가계는 생산물의 구매자이고 생산요소의 제공자인 데 비해, 기업은 생산요소를 구입하고 생산물을 판매하여, 각 시장에서의 가격은 수요와 공급에 의해 결정된다.

경제학의 발전과정에서 또 하나의 획기적인 변화는 1930년대에 나타났다. 1920년대의 지속적 불경기와 공황에 당면하여, 이러한 상황을 새롭게 해석하고 새로운 정책적 대안을 제시하는 이론이었다. 여기서는 개인적 경제행위가 아닌 경제 전체의 총계가 분석의 대상이 되어, 전체경제의 소득수준, 총고용량, 총투자의 흐름 등을 분석한다. 무엇보다도 완전고용이 성취되기 힘든 이유와 높은 고용률과 경제적 안정을 유지하기 위해 실시하여야 할 정책에 관심을 갖는다. 이러한 거시적 분석의 전통은 주로 케인스(John Maynard Keynes, 1883~1946)의 업적으로 평가된다.[1]

5.1. 신고전주의 이론

5.1.1. 신고전주의 이론의 형성과정

19세기 중반까지 가치, 소득배분 및 경제성장 등에 관한 가장 권위 있는 해석은 리카도의 이론이었다. 그러나 1870년대에 이르러서는 리카도적인 경제 인식에 대한 반론이 나타나기 시작하였다. 고전경제학에서는 시장이 기능적으로 분화된 요소들을 결합하고, 이러한 조정은 상품과 생산요소의 가격을 통해서 이루어진다는 사실을 간과하고 있었다. 당시의 가치설은 시장가격이 생산조건에 의해서만 결정된다고 간주함으로써 수요의 측면을 무시하여, 소비자의 선호가 시장기구를 통하여 생산자에게 전달되는 과정을 설명하지 못했다. 1870년대의 새로운 변화는 경제 분석의 틀 안에 이런 수요의 측면을 고려한다는 점에서 고전경제학과 달랐고, 복잡한 경제 현실을 설명하는 능력에 있어서도 훨씬 뛰어난 것이었다.

때로 혁명적이라고 간주되기도 하는 이러한 변화는 주로 영국인 제본스(Wiiliam Stanley Jevons, 1835~1882), 오스트리아인 멩거(Anton Menger, 1841~1906), 프랑스인 왈라스(Marie-Esprit-Léon Walras, 1834~1910) 등 세 사람의 경제학자의 업적으로 평가된다. 그들은 당시의 노동가치설을 한계효용이론으로 대체시켰는데, 이는 소비자가 재화의 증가분을 어떻게 평가하는가를 중심으로 가격을 설명한다. 효용의 개념보다 더 중요한 변

1 오늘날의 경제학의 주요 분야로서 미시경제학(microeconomics)과 거시경제학(macroeconomics) 외에, 경제발전과정과 경제행위를 뒷받침하는 제도를 분석하는 발전경제학(development economics)이 있다. 여기서는 주로 지속적 경제성장의 요인을 밝혀내고 이 요인들의 조작 가능성을 분석한다. 이런 세 분야에 공통적인 관심 영역으로 재정, 통화, 노동경제학, 농업경제학 등을 들 수 있다.

화는 한계 단위 또는 마지막 단위를 강조하는 데 있었고, 이 점이 고전경제학과 구별되는 중심 개념이다. 고전경제학에서는 주된 경제문제를 자본과 노동의 변화가 경제성장에 미칠 영향으로 간주하였던 반면에, 신고전경제학에서는 여러 생산요소가 어떻게 소비자의 만족을 극대화하도록 배분할 수 있을 것인가에 관심을 가졌다.

세 학자에 의해 1870년대에 시작된 이런 변화는 거의 30여 년간 서로 학문적 교류 없이 독립적으로 진행되었다. 오스트리아 학파는 가치의 결정요인으로서 소비자가 느끼는 효용의 중요성을 역설하였고, 효용의 개념을 이자율의 설명에 적용하였다. 영국 학파는 한계효용이론으로 수요의 측면을 설명하고, 가격은 수요와 공급에 의해 결정된다는 점을 분명히 하였다. 프랑스 학파의 대표자인 왈라스는 수학적 용어로 경제체제를 설명하기 시작하였다. 각각의 상품은 그 가격, 다른 관련 상품의 가격, 소비자의 소득 등에 따라 소비자의 수요량이 달라지는 수요함수가 있고, 생산비나 기술수준에 따라 생산자의 공급량이 달라지는 공급함수가 존재한다. 시장에서는 생산자와 소비자를 만족시킬 하나의 가격이 형성되어 소위 균형점을 이룬다. 이런 식으로 수많은 재화의 부분적 균형들이 모여서 거대한 시장의 일반 균형을 이루는 것이다.

이런 세 학파는 마샬(Alfred Marshall, 1842~1924)의 「경제학 원리」(Principles of Economics, 1890)의 출판을 기점으로 하나의 학문적 주류를 형성하기 시작하였다. 효용이론은 소득이나 가격의 변화에 따른 소비자 행태의 변화를 분석하는 공리체계가 되었다. 나아가 소비에 있어서 효용의 개념은 생산의 영역까지 확대 적용되었으며, 각 생산요소의 가격은 요소의 한계생산에 달렸다고 설명되었다. 즉 신고전경제학은 단순히 고전경제학의 공급에 대한 설명에 한계효용의 개념에 기초한 수요의 이론을 가미했던 것이 아니라, 생산의 측면도 한계의 개념에 의해 일관되게 설명한 것이다. 그러나 1930년대에 이르러서는 경제에 대한 이런 통일된 설명들에 대한 반론이 나타나기 시작하였다.

5.1.2. 한계효용체감의 법칙과 한계생산체감(수확체감)의 법칙

고전경제학의 가치론이 공급의 측면만을 고려하면서 이를 정당화한 근거의 하나가 소위 가치의 모순이었다. 그러나 이 모순—물의 높은 유용성과 낮은 가치, 다이아몬드의 낮은 유용성과 높은 가치—은 신고전학파의 효용이론에 의해 간단하게 설명되었다. 만약 소비자가 이런 재화가 전혀 없는 상태에서 양자의 가치를 비교한다면 물을 다이아몬드보다 훨씬 귀중하게 여길 것이다. 그러나 이러한 비교는 경제적으로 무의미하다. 왜냐하면 시장에서의 거래는 재화의 일반적 효용에 의하지 않고 그 증감분의 중요성에 의해 이루어지기 때문이다. 만약 물이 시장에서 팔린다면 사는 사람은 물의 일반적 유용성을 고려하는 것이 아니라 한 단위의 물을 더 구입함으로써 어떤 유익함이 있는가—한 단위의 한계효용— 를 고려한다. 이것은 소비자가 이미 사용할 수 있는 양에 따라 달라질 것이다. 물이 거의 없고 매우 목이 마르다면 물 한 단위의 한계효용은 매우 높을 것이고, 풍부하게 사용하고 있다면 늘어나는 물 한 단위의 효용은 거의 없다. 즉 사용되는 물의 양이 증가할수록 물의 한계효용은 감소하는데, 이러한 현상을 한계효용체감의 법칙이라고 한다. 따라서 이미 소비되고 있는 재화의 양에 대해 고려하지 않고 그 유용성만을 논하는 것은 잘못된 것이다. 시장에서 재화의 상대적인 가격을 결정하는 것도 바로 재화의 한계효용이다.

한계효용의 개념과 한계효용체감의 법칙을 통해 수요의 측면을 고려하는 새로운 가치론이 형성되었다. 그러나 시장기구의 모형은 소비재의 가격과 더불어 생산요소의 가격결정을 설명해야 하고, 그렇게 함으로써 생산요소의 매매가 소비재 시장과 어떻게 연결되어 있는가를 설명해야 한다. 따라서 수요의 설명과 공급의 설명은 일관되고 조화롭게 이루어져야 한다. 이런 맥락에서 수요의 이론에 못지않게 중요한 새로운 점은 공급의 측면도 한계의 개념으로 파악하였다는 것이고, 그럼으로써 경제현상의 수학적 분석이 가능하게 된 것이다.[2] 즉 한계의 개념으로 임금을 비롯한 생산요소의 가격결정을 설명하였는데, 이는 사실상 리카도의 수확체감의 법칙을 모든 생산영역에 적용한 것이다.

보다 구체적으로 이를 이해하기 위해서 한계생산체감의 법칙(law of diminishing marginal product)과 한계생산성 이론(theory of marginal productivity)을 살펴볼 필요가 있다. 한계생산체감 또는 수확체감의 법칙[3]은 리카도나 맬서스가 농업부문에서 일어난다고 생각하던 현상으로서, 일부 생산요소가 고정된 상태에서 다른 생산요소를 늘린다면 일정한 생산점을 지나서부터는 늘어나는 생산량은 점점 줄어들 것이라는 설명이다. 예를 들어 논 1정보를 10사람이 경작하며 벼 100가마를 수확하였다고 가정하자. 만약 노동력을 증가하여 11명이 투입되었다면 생산량이 110가마로 느는 것이 아니라 109가마 정도에서 그칠 것이고 늘어난 1명의 노동력은 단지 쌀 9가마를 더 생산하는 데 그쳤

2 만약에 X라는 상품의 소비에서 느끼는 총효용을 A라고 한다면, 이는 A=f(X)로 표현할 수 있고 한계효용은 dA/dX, 즉 일차도함수이다. 또 한계효용체감의 법칙은 이차도함수가 0보다 작다는 의미이다.

3 이 현상을 비용의 측면에서 보면 한계비용이 체증함을 의미한다.

다. 만약 12사람이 투입되었다면 120가마나 118가마가 아닌 117가마를 생산하게 될 것이다. 즉 수확이 체감되는 것이다. 1명당 평균 생산량은 10명이 일했을 경우 10가마에서 12사람이 9가마로, 전체적으로 볼 때 3/4 정도로 줄어든 것이다.[4] 이것이 한계생산체감의 법칙이다. 여기서 중요한 사실은 전에 늘어난 1명이 생산한 것보다 또 다시 늘어난 1명의 생산량이 더 적다는 것이다.

한계생산성이론은 각 생산요소의 가격은 그 한계생산과 일치한다는 것이다. 가령 임금은 최후의 1명이 더 고용됨으로써 생산해 낸 가치와 같다. 위의 예와 같은 경우 쌀 1가마의 시장가격이 10만 원이라고 가정하자. 10명에서 11명으로 늘었을 때 증가된 생산량을 쌀 9가마로 90만 원의 가치를 창출하였다. 만약 11번째 사람의 임금이 80만 원이라면 농부는 이 사람을 고용하여 10만 원의 이득을 볼 것이나, 임금이 100만 원이라면 고용하지 않을 것이다. 즉 임금이 90만 원 이하일 때만 11번째 사람을 고용할 것이다. 그러므로 이 사람의 임금은 그가 생산해 낸 가치와 일치한다. 그러나 이 11번째 사람이 90만 원을 받는다면 다른 노동자들도 모두 90만원을 받을 것이다. 왜냐하면 완전경쟁에서 동일한 생산요소에 대해 상이한 가격이 매겨질 수 없기 때문이다.

위의 예에서 11명이 고용된 경우 모든 노동자는 11번째 사람의 생산량만큼인 90만 원을 받게 되었다. 그러나 만약 12명이 고용되었다면 12번째 사람에 의한 생산량의 가치인 80만 원을 받게 된다. 이렇게 많은 사람이 고용될수록 평균임금은 하락한다. 이러한 한계생산체감의 법칙과 한계생산성이론은 대부분의 경우에, 특히 단기적으로는 유효하다고 한다.

이런 생산이론은 고전경제학과는 근본적으로 다르다. 고전경제학에서는 임금, 지대 및 이윤이 생산요소 간의 속성상 차이를 반영할 뿐 아니라, 노동자, 지주, 자본가 등의 사회계급의 소득을 구성하는 것으로 간주하였다. 그러나 동일한 생산요소도 숙련, 비숙련 노동처럼 동질적이 아님은 간과하였다. 이에 비해 신고전주의 이론은 생산요소 간의 구별을 무의미하게 하였고 단지 요소에 관계없이 생산성이 어느 정도인가만을 중요하게 여긴 것이다. 따라서 계급적 설명도 찾아볼 수 없다.

고전경제학의 또 하나의 특징은 경제발전과정을 설명하여 성장에 도움이 되는 정부의 역할을 규명하고자 하였다. 그러나 신고전주의 이론은 동태적 · 역사적인

4 이러한 현상을 수학적으로 표현하여 총생산량을 A, 노동을 X, 자본과 토지를 각각 Y, Z라 한다면 생산함수는 A=f(X,Y,Z)로 표현되고, 노동의 한계생산은 X에 관한 A의 일차 편도함수이다. 한계생산체감의 법칙은 일정한 생산점을 지나서부터는 각 생산요소의 이차 편도함수가 음수임을 의미한다.

분석을 지양하였고, 시장의 실증적 모형을 구축하는 데 주력하였다. 따라서 이 경제모형은 인구, 소비자 기호, 자본과 자연자원, 생산기술 등이 변하지 않는다는 가정에서 행해지는 정태적인 것이다. 이렇게 제한된 의미의 경제 상황에서 중요한 경제문제는 제한된 생산자원의 배분을 어떻게 효율적으로 할 것인가이다. 그리고 경제의 목적은 소비자의 욕구를 충족시키는 데 있다고 보기 때문에, 정태적 경제에서 최적의 자원배분의 기준은 소비재로부터 소비자가 얻는 총효용이 극대화될 때이다. 소비자의 효용을 기준으로 삼는 것은 고전경제학에서도 마찬가지였지만 이러한 명제를 경제조직의 이론으로 발전시키지 못하였다.

신고전이론에서 자원의 최적 배분 역시 한계 개념을 적용시켜서 설명한다. 예를 들어 한 사람이 혼자 먹기 위하여 무엇을 채취하는 경우, 소비량이 증가함에 따라 이것의 한계효용은 감소할 것이다. 아울러 채취하는 활동이 유발하는 고통이나 비효용(한계비용)은 차츰 증가할 것이다. 이 사람은 한계효용이 한계비용보다 클 때는 채집을 계속하지만, 반대의 경우에는 얻는 만족보다 고통이 커지므로 채집을 그만두어야 한다. 따라서 이 사람의 총효용은 이 활동의 한계비용과 한계효용이 일치할 때 가장 극대화된다. 이 경우를 상품이 생산되고 소비하기 위하여 구입되는 보편적 경제 현실에서 설명할 수 있는데, 생산자나 소비자의 행위 기준이 되는 것은 시장가격이다. 따라서 모든 소비자는 각 재화의 한계효용과 가격이 일치하도록 구매를 하고, 생산자는 한계비용과 가격이 일치하도록 생산량을 결정하면 된다. 그렇게 되면 생산요소들은 가장 효율적으로 배분된다는 것이다.

5.2. 19세기 경제문제와 신고전주의 해석

5.2.1. 소득 불평등

19세기 초반의 자본주의에 대한 주된 비판은 산업화에 의한 협동적 공동체의 와해, 전통적 가치상실 등 사회학적이며 철학적인 것이었으나 19세기 후반에 들어서는 소득과 부의 분배에 대한 경제적 비판이 가장 주된 것이었다. 유럽과 미국에서 공통된 경제문제는 급격한 부의 편중현상이었다. 고전경제학을 포함하는 당시의 경제이론은 사회계급 간의 소득 배분을 설명하고 있었지만 불평등의 문제를 직접 다루지는 않았다. 경쟁적인 시장에서 각 생산요소의 가격결정을 설명하는 신고전주의 이론은 계급 간의 소득배분에 대한 설명마저 없어서 고전경제학보다 소득배분의 설명에는 훨씬 제한적이었다. 한계 생산성의 개념은 완전경쟁하에서 생산요소의 소득은 그 요소의 한계생산과 일치한다고 설명할 뿐 노동, 자본, 토지와 같이 이질적인 요소 간의 구별을 하지 않았다.

그럼에도 불구하고 많은 경제학자들은 한계생산성이론을 소득배분에 관한 평가기준으로 삼았다. 이 분석에 의하면 완전한 시장경제하에서 각 생산요소의 소득은 그 한계생산과 일치하고 이런 소득들이 모여 전체 국민소득을 형성하므로, 사회구성원은 자신의 한계생산만큼만 소유해야 한다고 주장한다. 따라서 완전경쟁이 보장되는 한 시장기구는 정의로운 것이고, 단지 일부의 사회구성원이 부당하게 소득을 올리게 하는 독점을 포함하는 경쟁의 제약만이 문제된다. 이런 관점에서는 노동계층의 임금 상승을 위해 취할 수 있는 사회적 행위는 없을 뿐 아니라, 인위적 조정이 있어서도 안 된다. 그러나 생산에 공헌한 만큼 소득을 얻어야 한다는 주장은 윤리적 주장이지 과학적 명제는 아니다. 이 주장은 가치의 창출자인 노동자가 생산물을 전적으로 소유해야 한다는 마르크스의 주장과 다를 바가 없다. 생산과 소득 간의 관계를 평가하는 데는 이 밖에도 필요성, 평등과 같은 것들을 기준으로 삼을 수 있다.

분배의 윤리적 평가기준으로서 한계생산이론은 또 하나의 중요한 결점을 갖고 있다. 이 이론은 사람이 직접 생산에 공헌하는 것과 재산의 생산적 역할 간에 구별을 하지 않는다. 즉 자본, 토지 및 노동에 의한 서비스 간의 구별이 없다. 그러나 문제는 자본과 토지의 한계생산에 대한 반대급부로서의 소득은 그 자체에 주어지는 것이 아니라 그 소유자에게 주어진다. 시장의 힘이 자본과 토지의 한계생산을 결정하지만, 재산에 관련된 법에 의해 누구에게 소득이 돌아갈 것인가가 결정되는 것이다. 만약 상속과 계약에 관한 법이 다르다면 한계생산은 변하지 않겠지만 소득의 분포는 달라진다. 따라서 완전한 시장체계가 정의로운 소득배분을 가능하게 한다고 주장하기 위해서는 사유재산의 배분도 공정하다는 것을 입증해야 한다. 이런 맥락에서 보면 신고전주의 이론은 소득의 흐름만을 분석하고 소득의 결정에 중요한 부의 분배에는 무관심하였다고 간주된다.

그러나 상당수의 경제학자들은 한계생산성 이론을 다르게 해석하기도 한다. 특히 마샬은 소득이 높을 경우 일할 의욕과 육체적 능력이 높아져서 생산성이 증가한다고 주장한다. 아울러 임금이 높을 때 노동의 생산성을 높일 기계나 도구를 만들거나 도입할 가능성이 높다. 따라서 한계생산력이 임금을 결정한다기보다는 반대의 인과관계인 임금이 한계생산을 결정할 수 있다는 생각이다. 이러한 인식을 갖는 경제학자들은 19세기 말의 노동조합운동과 임금을 올리려는 노조의 노력을 긍정적으로 평가하였다.

보다 평등한 소득배분에 대한 주장은 한계생산성 이론이 아닌 한계효용의 개념에 기초하여 전개되기도 한다. 만약 개인들이 상품소비로부터 느끼는 효용이 비슷하다고 가정하고, 일반적인 소비수준에서 한계효용체감의 법칙을 고려한다면 총효용은 모든 사람이 똑같이 소비할 때 최대가 된다. 이는 소득의 분배가 전적으로 평등하다는 것을 의미하는 것이다. 물론 신고전경제학자들이 이런 극단적 주장을 펴지는 않았지만, 불평등의 정도는 줄여야 한다고 주장했다. 이러한 분석과 인식에 의해 19세기 말에는 조세제도를 개혁하여 소득분포를 좀 더 평등하게 만드는 수단으로 삼으려는 정치적 개혁운동이 나타났다. 능력에 따라 조세를 비례적으로 부담하는 전통적 방법에서 벗어나서 누진적 조세부담을 정당화하는 것이었다.

5.2.2. 정부의 역할 : 시장실패

고전경제학에서와 마찬가지로 신고전경제학도 시장기구는 생산자원을 효율적으로 배분하는 자율적 조정기구로 간주한다. 그렇다고 시장이 결함이 없는 경제의 조직형태라는 주장은 아니다. 시장이 원활하게 작동하지 않는 경우가 있고 이때에는 정부의 개입이 필요함을 인정하지만, 근본적으로 정부의 능력을 의심하였고 국민의 자유와 물질적 안녕을 위협할 수 있다고 생각하였다. 19세기 말에 선거권이 확대되고 입헌민주주의가 확립되면서 이런 주장은 약화되었다. 하지만 애덤 스미스 이래로 경제적 자유방임을 주장하는 사람들은 정부가 경제의 영역에 개입하기 위해서는 먼저 시장기구가 잘못되었다는 것을 증명해야 하고, 나아가 정부가 이 문제의 해결능력이 있다는 것을 보여 주어야 한다고 주장하였다.

그러나 신고전경제학이 등장하기 전에는 시장의 결점을 과학적으로 규명할 수 없었다. 고전경제학은 경제조직의 평가기준이 소비자 요구의 충족에 있고 이를 위한 생산자원의 배분을 시장을 통해 조정하는 것이 중요하다는 것을 알았지만, 가치론에서 수요의 측면을 고려하지 않음으로써 시장의 움직임을 분석할 수 없었다. 그러나 시장의 효율성을 평가할 수 있는 기준이 되는 자원의 최적배분에 관한 신고전주의 이론이 등장함으로써 시장기능이 원활히 수행되지 못하는, 소위 시장실패를 규명할 수 있게 되었다. 즉 각 재화의 생산에서 그 한계효용과 한계비용이 일치하도록 생산자원의 배분이 이루어진다면 전체 효용은 극대화된다. 시장과정에서 소비자는 구입한 재화들의 한계효용이 가격과 일치하도록 지출하고, 생산자는 각 재화의 한계비용이 가격과 일치하도록 생산하는 것을 의미한다.

이런 기준에서 판단할 때 가장 명백한 시장실패의 경우는 시장이 비경쟁적일 때이다. 경쟁적 시장에서의 기업은 생산물의 한계비용이 시장가격과 일치할 때 이윤이 극대화되지만, 독점적 기업은 그보다 적게 생산할 때 이윤이 극대화된다. 그래서 경쟁적 시장에서는 이윤의 동기에 의해 자원의 최적 배분이 이루어지지만 독점적 시장에서는 그렇지 못하다. 독점은 소비자에게 부당하게 높은 가격을 부과할 뿐 아니라 비효율적인 자원배분이 이루어진다. 그러나 완전경쟁이 시장실패를 막는 안전판은 아니고, 이 상태에서도 다양한 시장실패가 존재한다. 그 중 하나로 경제외부성(externalities)을 들 수 있다. 예를 들어 특정 생산기업이 많은 오염물질을 배출한다면 인근 주민들에게 세탁, 청소 등의 비용을 더 많이 부담하게 하는 외부적 비용이 나타난다. 생산자가 이 비용을 계산하지 않는다는 의미에서 외부적이며, 그렇기 때문에 생산기업의 한계비용은 실제(또는 사회적 한계비용)보다 적다. 이런 경제외부성은 시장 가격에 반영되지 않음으로 시장을 통하여 이루어지는 자원의 배분에는 고려되지 않는다. 따라서 경제외부성이 존재하면 시장은 최적의 자원배분을 할 수 없다.

또 소비자가 재화의 한계효용을 가격과 일치시키기 위해서는 효용이 무엇인지를 알아야 하는데 많은 경우 소비자는 상품정보에 어둡고 장기적으로 효용이 높은 것을 선택할 의지가 없는 경우도 많다. 따라서 상품에 대한 정보를 적절히 제공되도록 규제를 할 필요가 있다. 아울러 많은 재화나 서비스가 개인의 선호에 따라 필요한 만큼 구매될 수 없다. 즉 도로, 국방, 치안과 같은 소위 공공재는 최적자원배분의 평가기준이 적용될 수 없다.

시장실패의 경우는 이보다 훨씬 많을 것이고, 정부의 개입 여지는 그만큼 넓다. 그러나 그런 모든 영역에서 정부가 개입해야 한다는 의미는 아니다. 왜냐하면 시장기구가 완전한 경제조직이 아니듯 마찬가지로 정부도 완전한 정치기구가 아니어서 시장실패처럼 정부실패도 존재하기 때문이다. 시장경제에서 정부의 역할에 대한 과학적 설명은 시장실패를 규명하는 것과 아울러 정부의 문제해결 능력에 대한 평가가 필요하다는 주장이다.

이상의 시장실패에 대한 분석은 신고전이론의 미시적 분석에 의한 것인데, 이러한 미시적 분석이 규명할 수 없는 중요한 시장실패가 20세기에 들어서야 인식되기 시작하였다. 이는 실업의 문제였다. 신고전경제학에서는 소비자의 욕구를 충족시키기에는 부족한 자원의 배분을 분석하기 때문에 실업의 문제는 존재하지 않거나 일시적일 뿐이라고 생각한다. 만약 노동(실업)이나 다른 생산요소가 전부 사용되지 않고 있다면 이는 제한된 자원을 낭비하고 있는 것으로 간주한다. 그렇지 않음에도 불구하고 높은 실업률이 계속된다면 한계생산성 이론에 비추어 봤을 때, 이는 임금수준이 한계생산을 상회하여 지나치게 높게 책정되어 있기 때문이다.

5.3. 경기순환과 대공황

5.3.1. 경기순환현상과 해석

19세기 이후, 자본주의 경제는 일정한 성장추세가 지속되었지만 이 성장의 특징은 호황과 불황이 반복되는 것이었다. 이러한 경기순환(trade cycle 또는 business cycle) 중 문제가 되는 것은 호황에서 불황으로 전환되는 시기이고 이를 공황이라고 한다. 경제공황의 연구에 의하면 19세기에는 1810, 1818, 1825, 1837, 1847, 1857, 1866, 1873, 1882, 1890년 등 10회, 20세기 초반까지는 1900, 1907, 1920, 1929년 등에 발생하였다. 이런 순환과정에서 가장 큰 문제는 일자리를 잃어버리는 노동인구가 급증하게 되는 것이다. 19세기 초까지만 해도 실업이라는 용어는 존재하지 않았고 주요 경제문제로 인식된 것은 농업부문의 불완전 고용(underemployment)이었다. 19세기 후반에 들어서야 경기순환과 실업의 문제에 대한 관심이 높아지기 시작하였다.

경기순환의 한 주기는 대략 8~10년 정도이다. 호황기에는 생산, 고용, 임금, 이윤, 가격 등 모든 것이 확대되어 실업률은 노동인구의 1, 2%로 떨어지는데 이러한 단계는 약 4, 5년 지속된다. 그러다가 경제적 팽창은 멈추고 1, 2년 후부터 경제는 위축되기 시작한다. 불황기는 대략 3, 4년 지속되는데 생산, 소득, 가격 등이 하락하고 실업률은 8~10%에 이르기도 한다. 그러다가 다시 이러한 경제적 위축이 멈추고 서서히 활황을 맞기 시작하는 것이다. 역사적으로 19세기의 경기변화의 주기는 계단처럼 상향적으로 진행되어 왔다. 즉 이번의 호황은 전번의 호황기보다 높은 생산과 고용을 나타내는 식으로, 불황은 전번 불황의 생산보다 낮지 않은 식으로 진행되어 왔다.

경기순환에 대해 최초의 이론적 관심을 보인 사람은 마르크스였으나 그 후 많은 경제학자들이 이론적 설명을 시도하였다. 1878년에 제번스(W.S. Jevons)는 태양흑점에 의해 경기변화가 야기된다고 설명하였다. 태양흑점의 주기는 기후에 영향을 미쳐서 곡물 작황에 영향을 미치므로 경기변화가 나타난다는 것이다. 이 이론을 뒷받침하기 위해 경기변화의 주기가 평균 10.44년, 태양흑점의 주기가 평균 10.45년이라고 주장하였다. 그러나 이 이론은 경기변화의 평균 주기의 계산에도 문제가 있었고, 급속히 산업화하는 경제가 농업부문에 의해 크게 영향 받는다는 설명은 만족스럽지 못하였다.

20세기의 초반에 이르러서는 많은 경제학자들이 경기변화에 관심을 가졌다. 늘어나는 통계자료로 자신들의 설명을 뒷받침할 수 있게 되었으며 대다수의 학자들은 한 가지 설명에 동의하게 되었다. 불황의 최저점에서 경기회복이 시작되는 이유는 자본가의 투자가 재개되기 때문이다. 투자가 다시 시작되는 이유는 이자율을 비롯한 생산요소의 가격이 하락하기 때문이다. 불경기에는 많은 생산시설이 문을 닫고 새로운 투자는 이루어지지 않으므로 자금에 대한 수요는 하락하고, 아울러 생산이 하락하고 실업이 늘어나면 사람들은 불안하기 때문에 지출을 줄이고 저축을 늘리게 된다. 이렇게 자금의 수요는 줄고 공급은 늘어나기 때문에 이자율은 급격히 하락하게 되어, 자금을 빌려서 새로운 투자를 시도하는 것이 이익이 되는 시점이 되면 투자가 재개된다. 뿐만 아니라 불경기에는 모든 생산요소의 가격과 임금이 하락하므로 투자가 더욱 용이하다.

이렇게 새로운 투자가 이루어지게 되면 노동력의 고용도 많아지고 임금도 상승한다. 고용의 확대와 임금의 상승으로 소비재의 수요도 증가하여 자본가에 의한 투자는 계속 확대된다. 그러나 이런 경제적 팽창은 오래지 않아 멈추게 되고 경제는 위축되기 시작한다. 그 이유는 호황기에 소비재 생산보다 자본재 생산이 훨씬 빠르게 이루어지기 때문이다. 이 설명을 가속도의 원리(accelerator principle)라고 한다. 보다 구체적으로 이 원리는 소비재 수요의 조그마한 변화가 생기게 되면 이것을 생산하는 데 소요되는 자본재의 수요는 훨씬 큰 폭으로 변한다는 것이다. 예를 들어 매년 1,000개의 물건을 생산하여 한 개에 2만 원을 받고 파는 기업을 가정해 보자. 그리고 1,000개의 생산에는 5,000만 원어치의 설비투자가 필요했고 매년 10%의 감가상각으로 500만 원어치의 기계를 구입하였다고 가정한다. 이 상태에서 이 기업은 2,000만 원어치를 팔고 500만 원어치의 기계를 구입하는 균형상태가 된다. 그런데 만약 이 기업이 만드는 상품에 대한 수요가 5% 증가한다면 50개를 더 팔게 되지만 1개의 생산에는 평균 5만 원의 설비투자가 필요하므로 250만 원어치 기계를 구입하여야 한다. 따라서 이 기업은 500만 원어치가 아닌 750만 원어치의 기계를 구입하게 되어, 상품의 수요는 5%가 늘었지만 이에 필요한 자본재의 수요는 50%가 늘게 된 것이다. 만약 그 다음 해에 이 상품에 대한 수요가 약 5% 정도 줄어서 다시 1,000개만 팔린다면 자본재 수요는 어떻게 될 것인가? 이 기업의 기계설비는 5,250만 원어치를 갖고 있으나 5,000만 원어치만 필요하게 된 것이다. 만약 여전히 매년 500만 원의 감가상각을 가정한다면 이 기업은 250만 원어치의 기계를 구입하면 된다. 즉 5%의 소비재 수요의 감소가 자본재 수요를 1/3로(750만 원에서 250만 원으로) 감소시킨 것이다. 소비재 수요의 증가폭이 조금만 줄어드는 경우에도 자본재 수요는 크게 감소함으로써 가속도의 원리는 작용하게 되고 차츰 경기는 후퇴하게 된다고 한다.

대체로 이러한 설명이 1920~1930년대에 대부분의 경제학자들, 특히 신고전경제학자들이 동의한 경기순환에 대한 설명이다. 그러나 이 설명은 경기변동의 설명일 뿐 이에 수반하는 실업의 문제는 주기적으로 나타나는 이상현상에 불과하고 경제체계는 근본적으로 완전고용을 성취하게 되어 있다고 믿었다. 그렇기 때문에 가속도의 원리에 의거하여 경기회복기에 자본재의 생산을 억제함으로써 불황이 닥치는 것을 막아야 한다는 정책적 주장도 없었다.

5.3.2. 1920년대 이후의 자본주의 경제

제1차 세계대전이 끝난 뒤 영국 경제는 처음 2년 동안에는 소비재 수요의 증가와 건설, 자본재 투자에 힘입어 호황을 누렸다. 그러나 그 이전의 경기순환의 주기와는 다르게 이런 호황기는 지극히 짧았고, 1920년 말부터 불황이 시작되어 생산, 고용, 임금, 가격 등이 하락하기 시작하였다. 2, 3년이 지난 뒤에는 예전과 같이 경기가 회복될 것으로 기대하였으나 몇 년이 흘러도 회복될 기미는 보이지 않고 매년 100~200만의 노동인구가 실업자로 떠돌았다. 이런 상태는 거의 10여 년간 지속되었고, 1929년을 기점으로 더 악화되어 10%이던 실업률이 1930년에는 16%, 1931년에는 21%로 급증하였다.

완전고용을 정상적인 경제 상태로 인식하고 실업은 자연적으로 해결될 일시적 비정상으로 보았던 당시의 대부분의 경제학자들은, 지속적인 높은 실업률의 이유가 주로 시장경제의 자율적 조정을 막는 요인 때문이라고 생각하였다. 불황기에 수반되는 자율적 조정이 이루어지지 않는다고 본 것이다. 경기가 후퇴하면 임금, 이자율, 자본재의 가격 등이 하락하여 결국에는 노동력을 고용하고 돈을 빌려서 자본재를 구입하는 것이 이익이 되는 상태에 도달한다. 그러나 경기회복이 이루어지지 않아서 높은 실업률이 지속되는 것은 충분히 하락하지 않은 생산요소의 가격 때문이라고 본 것이다. 또 생산성체감의 법칙과 한계생산 이론에 비추어 보아도 하나의 생산요소가 더 많이 쓰이면 그에 대한 대가는 줄어드는 것이 자명한 일이었으므로, 만약 10%의 실업률이 지속된다면 완전 고용을 위해서는 평균임금이 낮아져야 한다.

1920년대의 상황은 이러한 주장을 뒷받침할 만한 일들을 이미 경험하였다. 제1차 세계대전 이후에는 급격한 노동의 수요 증가로 임금상승이 빠르게 이루어졌다. 1913년에서 1920년 사이에 임금은 세 배가량 상승하였는데, 이전의 어떤 호황기에도 이런 정도의 임금상승은 없었다. 더구나 전쟁기간 중에 노동조합의 규모와 권한이 크게 증대되었다. 임금이 세 배 상승하는 동안 노조가입자도 세 배가량 늘었던 것이다. 따라서 임금의 하향조정만이 경기회복과 고용증대를 가져올 것으로 보았다.

1920년대의 지속적 불황은 영국만의 문제였고 다른 자본주의 국가들은 호황기를 거치고 있었다. 특히 1922년에서 1929년까지의 미국의 경기는 전무후무한 지속적 호황기였다. 그러나 1929년 10월(Black Thursday)의 월스트리트의 증권 폭락과 더불어 유례없는 공황이 모든 자본주의 경제를 강타하였다. 미국의 경우 1932년의 자본재 생산은 1929년 수준의 1/4로 줄어 가장 심각한 타격을 입었고 전체 생산은 약 반으로 줄어들었다. 이러한 공황은 곧 다른 나라로 확산되어 갔다. 이런 현상이 처음 있는 일이 아니었고 주기적으로 경험하였던 것이지만, 그 진폭과 파장은 유례를 찾을 수 없는 것이었다. 그 심각성은 가장 경기가 나쁠 때인 6~10%의 실업률에서 가장 잘 나타나는데 1929년에 3%에 불과하던 것이 1933년에는 25%에 달했다. 그보다 더 큰 문제는 경기가 바닥에서 헤어나오지 않고 회복될 기미도 전혀 보이지 않았다는 데 있다. 이렇게 극심한 공황에서는 이자율을 포함한 모든 비용과 가격이 하락하였지만 새로운 투자는 좀처럼 이루어지지 않았다. 이렇게 불경기와 실업이 지속되는 현상에 대한 새로운 설명들이 시도되기 시작하였고, 그중 가장 널리 수용된 것이 케인스의 이론인 것이다.

5.4. 케인스 이론

5.4.1. 케인스 이론의 내용

케인스의 주된 관심은 오랫동안 지속되는 높은 실업률에 있었다. 기존의 이론이 설명하지 못하는 이러한 현상을 분석한 것이 1936년에 발간된 「고용, 이자 및 화폐의 일반이론」(The General Theory of Employment, interest and Money)이다. 생산의 균형이나 자원배분이 주된 관심이 아니고 고용과 국민소득 수준을 결정하는 요인을 분석하고 있다. 이러한 수준을 결정하는 것은 여전히 수요와 공급의 문제로 파악하고 있지만 여기서 수요는 전체 경제의 유효수요를 의미하고 공급은 국가의 생산능력을 의미한다. 유효수요가 생산능력에 미치지 못할 경우 결과는 실업과 불황이고, 초과할 경우에는 물가상승이 야기된다. 그러므로 케인스 경제학의 요체는 유효수요를 결정하는 요인을 분석하는 데 있고 유효수요의 주요 구성요소는 소비와 투자이다.

케인스 이론은 10~20년 후의 고용수준에 대한 관심은 없고, 노동인구나 생산기술 등이 고용에 영향을 미치지 않는 단기적 기간의 변화에 관심을 갖는다. 단기적으로 고용수준은 생산수준에 의해 결정된다. 생산수준이 높아지면 기업은 더 많은 사람을 고용할 것이고, 낮아지면 많은 노동력이 필요 없게 될 것이다. 이 생산수준이 유효수요에 의해 결정되는데, 유효수요란 화폐지출이 수반되는 지출을 의미한다. 그런데 경제 전체의 지출은 기업의 매출과 같고, 다시 매출은 생산과 일치한다. 이런 맥락에서 유효수요, 즉 한 국가에서 개인이나 기업이 구매하는 재화와 용역의 총량이 생산을 결정한다는 것이다. 그리고 이러한 구매는 주로 개인에 의해 이루어지는 소비와 기업에 의해 이루어지는 투자로 분류할 수 있다.

소비의 수준은 개인과 가계의 모든 소비 지출이며, 이는 주로 그들의 소득에 의해 결정된다. 투자의 수준은 기업에 의한 모든 투자 지출의 합이며, 이는 기업이 투자가 가져다 줄 이윤에 대한 기대에 의해 결정된다. 따라서 생산과 고용수준은 가계가 결정하는 소비지출과 기업의 투자결정에 의해 좌우된다. 만약 가계와 기업의 결정의 결과가 전체 노동인구의 고용이 필요한 정도의 생산을 요구하지 않는다면 일자리를 얻지 못하는 사람들이 생겨날 것이다. 소비나 투자의 변화가 없는 한 이러한 실업상태는 지속된다.

케인스 이론은 다른 방식으로 설명될 수 있다. 앞에서 보았듯이 분석의 초점은 시장기구 자체가 아닌 소득과 지출의 흐름이다. 경제의 총생산은 총소득과 일치하고 소득에서 소비하고 남는 것은 저축될 것이다. 다음 그림에서 보듯이 구매력은 기업투자와 소비로 구성되어 경제의 흐름을 이루지만 개인과 기업의 저축은 이러한 흐름으로부터 유출된다. 이러한 저축에 의한 유출에 반하여 투입의 작용을 하는 것이 기업의 새로운 투자이다. 그러나 주로 수많은 가계에 의해 이루어지는 저축이 많은 기업이 하는 투자(유입량과 유출량)가 매기간 같으리라는 보장이 없다. 양자가 동일하지 않으면 국민소득은 상승하거나 하락하게 되어 양자가 같아져서 균형에 이를 때까지 변화를 하게 된다.

지출의 순환적 흐름

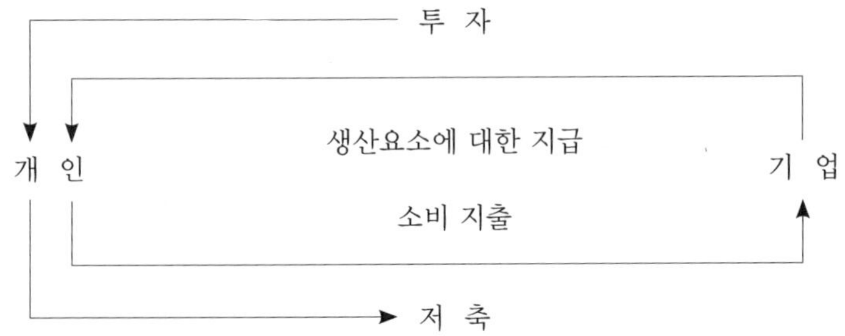

이러한 단순한 모형은 정부예산, 수출입 등을 고려하게 되면 점점 복잡한 설명이 가능하다. 만약 가계와 기업 이외에 정부부문과 해외무역이라는 경제 주체를 생각할 수 있다. 정부는 국민들로부터 조세를 거두어 필요한 지출을 하는데, 여기서 조세는 저축과 같은 유출이 되고 정부지출은 유입이 되는 것이다. 아울러 해외무역을 통해서 수출이라는 유입과 수입이라는 유출이 첨가된다. 결론적으로 사영역에서 저축이 투자를 능가하고 정부부문에서 조세수입이 정부지출보다 많으면, 그리고 수입이 수출을 능가하면, 소득과 지출의 흐름은 위축된다.

5.4.2. 케인스 이론의 의의

케인스는 애덤 스미스 이래의 저축이 미덕이라는 주장에 반대한다. 개인이 저축에 의하여 풍요롭게 되는 것은 사실이지만 사회도 그렇게 되지는 않는다. 왜냐하면 소유와 경영의 분리로 저축하는 사람과 투자를 하는 사람이 서로 다르고 저축이 즉시 투자로 이어지지 않기 때문이다. 즉 저축은 자본의 원천으로서가 아니라 자본의 기반이 되는 유효수요의 흐름으로부터 유출되는 것이고, 소비는 자본축적을 좀먹는 것이 아니라 확실한 수요로 보았다. 소득이 늘어남에 따라 상대적으로 소비가 줄어들고 저축이 늘어나는데 이것이 불황의 원인이었다. 그러므로 유효수요를 확보하려면 소비를 증대시켜서 누출을 줄이거나, 저축을 소득순환에 끌어들이는 투자가 필요하였다. 그러나 개인의 소비성향을 바꾸기는 어려운 일이고 극심한 불황에 투자를 유인하는 것도 쉽지 않은 일임을 1930년대의 오랜 공황기를 통해서 알 수 있다.

따라서 정부의 세입과 세출을 통한 조작이 중요한 정책도구로 변하게 된 것이다. 일반이론의 출간 전에도 미국과 영국의 많은 경제학자들이 공공지출을 늘리고 세금을 감면함으로써 경기를 진작시켜야 한다는 주장이 있었지만 아무도 그러한 주장을 뒷받침할 이론적 근거를 제시하지 못하였다. 그래서 정부개입이 약간의 효과가 있다해도 사영역에 부정적 효과를 미쳐서 상황을 더 나쁘게 할 것이라는 반론에 속수무책이었다. 케인스는 국민소득이 경제의 여러 부문의 결합으로 결정된다는 것을 설명함으로써 그런 반론이 근거 없다는 것을 보여 주었다. 그리고 제2차 세계대전이 끝날 즈음에는 대부분의 서구 국가들이 케인스적 재정정책을 받아들이게 된다. 이제 국가는 공공재를 공급하거나 시장실패를 교정하는 역할 이외에 실업문제를 해결하고 안정된 경제활동을 유지시켜야 하는 임무를 떠맡게 되었다.

이 밖에도 케인스 이론의 골격을 이루는 소득, 소비, 저축, 투자 등의 총계개념은 경제를 체계적으로 개관하는 데 중요한 기초를 제공하였고, 케인스의 모형을 기반으로 국민소득계정으로 경제를 설명하게 되었다. 아울러 케인스 모형으로 인하여 통계자료를 분석하는 데 수학적 기법을 이용하기 쉽게 되었다. 국민소득계정과 같은 계량경제학의 발달에 중요한 역할을 하였다.

이러한 다양한 업적에도 불구하고 1970년대 이후 자본주의 경제가 전혀 새로운 경제문제 —높은 인플레와 높은 실업률의 병존, 낮은 성장률 등— 를 경험하기 시작하면서 케인스 이론에 대한 회의도 높아졌다. 뿐만 아니라 오늘날 자본주의 국가들이 안고 있는 부채경제, 과도한 군사경제, 비능률성 등 많은 문제점이 케인스적 국가 개입에 의해 야기된 것으로 간주된다. 그러나 새로운 경제문제에 대한 지금까지의 경제학의 반응은 19세기 말 신고전학파나 20세기 초의 케인스 경제학에 비견되는 획기적인 인식의 변화는 없고, 이 두 가지 전통이 조금씩 수정되어 새로운 문제를 설명하고 있다.

제 6 장

사회과학 연구방법의 발전과정

사회에 대한 과학적 연구로서의 사회과학이라는 개념의 등장은 19세기 초로 볼 수 있다. 여기에는 새롭게 직면한 사회현상에 대한 관찰과 새로운 생각이 함께 어우러져 있다. 이 시기 학문적 특징은 초유의 속도로 변화하는 사회를 이해하려고 노력하였고 이러한 노력을 뒷받침하는 사상은 합리성이라고 말할 수 있다.

18세기의 정치적 혁명과 그 후의 산업혁명은 개인들을 전통적 예속으로부터 해방시켰다. 그렇지만 개인들의 자유와 평등은 오히려 대중사회적 특성을 보였다. 많은 인구가 도시에 유입되었고 이들은 개인적 특성을 잃어버리고 계급으로 구분되었다. 개인적 특성에 대한 관심이 결코 없어진 것은 아니지만 사회가 집단으로 구성되었다고 보는 성향이 훨씬 커졌다. 즉 정치적 · 사회적 변화는 개인성을 약화시키는 방향으로 움직였다. 뿐만 아니라 급속한 변화를 통해서 사회적 행태를 규제하던 기존의 제도와 규범은 효과적이지 못하였다. 이는 기존 지식으로는 이해하기 어려운 새로운 문제였다. 이를 이해하는 과정에서 새로운 다양한 개념이 등장하는데 공동체, 권위, 계급, 합리성, 소외, 아노미 등의 개념이 바로 그것이다.

당시의 사회과학자들은 새로운 이해와 방법으로 이들 문제에 과학적으로 접근하기 시작하였다. 다양한 개인성을 인정하기보다는 사회적 현상이 반복적으로 나타난다는 생각과 개인의 합리적 의사결정이라는 틀에서 자연과학적 방법을 적극적으로 도입하게 되었다. 급변하는 사회에 대한 합리성의 적용, 즉 사회에 대한 과학이라는 생각이 생겨나게 된 것이다. 여기서 사회과학의 다양한 방법이 등장하여 비교방법, 실험, 참여관찰, 사회조사와 계량적 분석방법 등이 적용되고 진화하는 과정을 밟는다. 이 장에서는 이들을 개괄적으로 설명하는데 오늘날 사회과학방법의 주류라고 할 수 있고 가장 큰 변화를 보인 사회조사와 계량적 분석방법의 발달과정에 많은 지면을 할애한다.

6.1. 비교방법

19세기 주류의 사회과학 방법은 비교방법이다. 이 방법론에서 가장 영향력 있는 학자는 존 스튜어트 밀(John Stuart Mill)이다. 그의 주장에 의하면 지식은 경험으로부터 오고 과학적 법칙은 현상의 배열에 의한 정규성 관찰로부터 비롯된다. 베이컨의 주장처럼 모든 지식의 원천은 귀납법이다. 모든 귀납은 자연현상이 일관적이라는 가정에 근거하지만 단순한 정규성의 관찰은 자칫 잘못된 결론이나 일반화에 이르기 쉽다고 주장한다. 그래서 실험적 귀납법을 과학적 방법으로 제시하고 오늘날 우리에게 잘 알려진 일치법, 차이법, 잔여법, 공동변화법 등의 네 가지 방법(소위 four cannons)을 제시하였다. 이 방법을 적용하는 데 한계가 있는 것은 아니지만 자연과학에 적용하는 것과 사회현상의 이해에 적용하는 것을 다르다고 생각했다. 왜냐하면 자연과학자는 실험을 할 수 있지만 사회과학자는 일어나는 현상의 정규성을 관찰할 수밖에 없기 때문이다.

비교 분석에서 중요한 방법 중의 하나는 어떤 현저한 차이점과 함께 많은 유사한 점을 지닌 사례들을 비교분석하는 방법이다. 유사한 상황에서 서로 다른 결과를 야기한 것은 무엇 때문인가? 예를 들어 왜 재앙에 직면한 마을들 중 어느 마을은 훨씬 더 강한 유대감을 보이고 다른 마을들은 그렇지 못한가? 이러한 차이를 설명할 수 있는 보편적 요인이 있는가, 아니면 단순히 우연한 결과인가? 비교분석에서 연구자는 관심을 갖는 현상이 서로 다르게 나타난 소수의 사례들을 비교하고 서로 다른 결과에 이르게 한 인과적 과정을 규명하려고 한다. 이 방법에서는 사례를 구체적으로 살펴보아야 할 뿐 아니라 사례들의 인과적 과정에 관한 잠정적 설명(가설)을 개발해야 할 필요가 있다. 따라서 비교연구는 소수사례를 구체적으로 들여다봄으로써 변화의 과정, 요인들이 존재하는지 아닌지를 규명한다. 이 비교분석에는 만약 한 사례에서는 결과가 발생하였고 다른 사례에서는 그런 결과가 없었다면 전자에는 있고 후자에는 없는 원인이 있을 것이라는 밀의 방법을 자주 사용한다.[1] 이런 방법을 차이법이라고 한다. 그리고 두 개 이상의 사례에서 공통적 결과를 야기한 동일한 요인(독립변수)을 찾으려는 방법과 설계를 일치법이라고 한다. 많이 사용되는 또 하나의 방법은 공동변화법(method of concomitant variations)인데 이는 차이법의 발전된 형태로 간주할 수 있다. 즉 주요변수가 존재하는가의 여부만을 관찰하는 것이 아니라 변수들의 양적 변화와 관계를 관찰하는 방법이며, 통계적 방법과 유사하다.

그렇지만 초기의 비교연구에서 드러나듯 여러 문제점도 노출하고 있다. 이들 연구는 역사적 법칙을 알아내기 위해 역사적으로 상이한 사회를 비교하고 추상적 결과를 도출하는 방식을 취하였다. 이런 비교방법은 콩트, 마르크스, 스펜서 등의 저술에서 볼 수 있다. 이들은 서로 다른 역사적 시기를 비교하여 역사발전의 법칙을 도출하였다. 그러나 마르크스와 스펜서의 예에서 보듯 서로 정반대의 결론에 이르는 것을 알 수 있다. 동일한 역사를 관찰하고 이런 상반된 결론을 도출하는 것은 자료보다는 관찰자의 주관이 많이 개입되었다는 비판을 피하기 어렵다.

보다 근본적인 문제점은 역사적 사건이 지극히 독특하다는 데 있다. 과학적 방법은 본질적으로 일반화의 과정이라고 볼 수 있다. 사회과학자는 한 상황에서 가능한 설명이 무엇인지를 생각해 내고 이를 다시 다른 유사한 상황에서도 맞는지 검증해 보는 과정을 밟고, 또 반복한다. 사회과학자는 이를 위해서 여러 유사 상황을 찾아내야 한다. 그러나 자연을 대상으로는 이런 과정이 용이할는지 모르지만 역사적 상황에서는 지극히 어려운 일이다. 대부분의 역사적 사건은 나름 독특한 것이고 반복적으로 발생하는 상황은 찾기 어렵다. 비교가능한 역사적 사건을 찾기 어렵다는 말이다.

이런 문제점을 처음 지적한 사람이 바로 막스 베버이다. 그렇지만 이 한계를 인식하고 비교방법을 적용하기 위해 생각해 낸 것이 바로 앞 장에서 언급한 '이상형'(ideal type)이라는 개념이다. 이상형이란 역사적 현상의 본질적인 측면을 추상화한 것으로 실제로는 존재하기 어려운 것이다. 이를 통해서 머리에서 이루어지는 실험이 가능하다. 예를 들어 서구자본주의의 이상형이 다른 경제체제와 비교되고 이들이 어떻게 다른가를 알아본다. 아울러 독특한 역사적 사건으로부터 법칙을 도출하는 것은 불가능하다고 보았고, 이 때문에 역사적 법칙을 찾기보다는 역사적 사건을 설명하는 데 주력하였

1 구체적인 비교방법은 이 책의 사회과학의 방법과 철학 중 비교방법을 참조할 것.

다. 이렇게 해서 프로테스탄트의 윤리와 이상형의 자본주의를 연구하고 이를 관련시켰다.

이런 비교방법은 1940년대 이후 계량적 방법이 발전하고 널리 사용되면서 쇠퇴하였다. 그러나 1960년대 재개된 방법론적 논쟁에 의해 계량적 연구의 내재적 문제점과 한계 또한 분명해지면서 사례연구에 대한 관심도 증대되었다. 이 논쟁이 사례연구의 방법론적 문제를 더 명확하게 하였을 뿐 아니라 체계화하는 데도 큰 역할을 하였다

6.2. 실험

다양한 사회과학 연구방법 중에서 가장 '과학적'인 방법은 실험이라고 할 수 있다. 자연과학적 방법에 가장 가까운 것이어서 바람직하다고 생각될는지 모르지만 사회과학에서 실험적 방법은 잘 사용되지 않는다. 그 이유는 이론적 · 실제적 및 윤리적 측면에서 많은 문제점을 안고 있기 때문이다.

실험방법은 앞에서 설명한 밀(John Stuart Mill)의 차이법에 근거하고 있다. 근본적인 설계는 지극히 단순하고 논리적이지만 현실 상황에서 실제로 적용하는 데는 문제가 있다. 중요한 모든 면에서 동질적인 두 집단을 구성하고 이 중 하나의 집단에만 새로운 요인을 첨가 적용한다. 두 개의 집단 중 새로운 요인이 적용된 집단을 실험집단이라고 하고 그렇지 않은 집단을 통제집단이라고 한다. 이후 두 개의 집단을 비교하여 어떤 차이점이 발견된다면 이는 새로운 요인의 결과로 볼 수 있다.

이런 비교에서 가장 큰 문제가 되는 것은 중요한 측면에서 동질적인 두 집단을 확보하는 것이다. 이는 자연과학적 실험에서도 어려운 문제이지만 사회과학에서는 더욱 어려운 문제이다. 근본적으로 어떤 변수가 중요하며 통제되어야 하는지에 관한 이론적 합의가 어렵기 때문이다. 뿐만 아니라 대상이 되는 사람들을 통제집단과 실험집단으로 구분하는 데서 생기는 윤리적 문제도 있다. 개인들에게 어느 집단에 속하는지를 알려 주면 실험결과에 영향을 미치게 되는데, 그렇다고 알려 주지 않는 경우에도 사람을 대상으로 조작하는 실험과정이 비윤리적일 경우가 허다하기 때문이다. 결과, 즉 행태의 변화를 측정하는 과정도 유사한 문제가 있다. 그뿐만이 아니라 대규모의 실험은 현실적으로 불가능한 경우가 많아서 실제로 실험방법의 사회현상에의 적용은 지극히 한정

적이다.[2] 집단이 대규모적이면 변수를 통제하기 어렵기 때문에 변수 통제가 비교적 용이한 소규모 집단을 대상으로 한 실험이 주가 된다. 그래서 소규모 실험이 가능한 심리학의 영역에서 가장 활발하게 이용되는 방법이다.

사회과학에서 실험방법의 도입과 발전과정을 극명하게 보여 주는 하나의 예는 가장 널리 알려진 연구인 호손연구(Hawthorne Studies)이다. 시카고 교외에 위치한 호손공장에서 오랜 기간 동안(1924~1932) 이루어진 일련의 연구로서 처음에는 공장의 연구진에 의해 나중에는 학술적 연구진에 의해 계속된 연구이다. 처음에는 조명이 생산의 효율성에 미치는 영향을 연구하는 것으로 시작되었다. 공장의 세 분과에서 조명을 차츰 밝게 했지만 조명과 생산 간의 관계가 별 상관성이 없어 보였다. 그래서 이 실험에 통제집단을 도입하였다. 경력이 비슷한 집단들을 구성하고 한 집단의 조명을 일정하게 유지하고 다른 집단은 조명을 변화시켰는데 두 집단에서 생산량이 비슷하게 증가하였다. 조명의 변화가 충분하지 않을는지 모른다는 가정하에 저녁에만 실험을 진행하였어도 결과는 변함이 없었다. 나중에는 두 명의 여공을 선발하여 조명을 조정하였으나 어떤 수준에 이르자 생산량의 수준도 더 이상 변하지 않게 되었다. 이 상태에서 여공들에게 조명수준을 높인다고 말하고 전기공들로 하여금 전구를 바꾸게 하였다. 그러나 새로운 전구의 조명수준은 바뀌지 않았다. 이런 저런 변화에도 불구하고 실험과정에서 생산수준의 변화는 더 이상 없었다.

이 실험과정에서 생산수준에 조명이 큰 역할을 하지 않으며, 실험 자체도 연관 변수를 적절하게 통제하지 못했다는 점도 알게 되었다. 그래서 학술적인 연구자들도 참여한 소집단의 비교연구가 시작되었다. 여전히 물리적 환경이 작업에 미치는 영향을 이해하고자 지속된 연구이며, 특히 피로와 작업단순성이 생산성에 미치는 영향을 연구하였다. 조명실험에서 피실험자들이 비협조적인 점이 문제되었던 만큼, 이번에는 아주 협조적인 자발적 지원자인 6명의 여공을 대상으로 실험을 진행하였다. 이 과정에서 여공들을 주기적으로 면담하고 이들이 처한 어려움을 해결해 주었고 변화된 실험 상황에 대한 태도도 알아보았다. 먼저 작업과 휴식의 기간에 여러 가지 변화를 주었고, 근무 일수에도 변화를 주었다. 다양한 변화에도 불구하고 2년여의 실험기간 동안 시간당 생산량은 꾸준히 향상되었다.

---

2 차이법을 사후적으로 적용하는 여러 연구방법들은 대규모 집단에 적용된 실험방법으로 간주할 수 있다. 여기에는 역사적 사건을 비교하는 비교방법, 사후적인 실험적 서베이 방법 등이 있다.

이 실험을 통해서 가능한 여러 가지 설명 —물리적 환경, 피로도, 작업단순성, 임금 인센티브, 사회적 요소— 중에서 사회적 요소만이 유일한 설명임을 확인하였다. 심리적 요소에 영향 받지 않고 실험적으로 주어진 조건에만 반응하도록 자발적으로 협조적인 대상을 고르고 환경을 통제하는 노력으로 인해 전혀 예상치 못한 변수가 개입하게 된 것이다. 즉 일상적인 작업환경과는 전혀 다른 작위적인 환경과 분위기를 조성하게 되었고, 실험적 조작보다는 연구대상이 되고 있다는 인식 때문에 자신의 행태를 수정하거나 개선하였다. 이 실험과정에서 알게 된 문제점을 보다 일반화하여 호손효과라고 부르고 사회현상을 측정하는 과정에서 생기는 보편적 문제로 인식하게 된다. 이런 사회실험의 시행착오를 통해서 보다 정교한 실험방법이 가능하게 된 것도 사실이다.

6.3. 참여관찰

참여관찰은 근본적으로 연구대상이 되는 사람이나 집단의 관점에서 세상을 보고 이해하려는 연구방법이다. 따라서 상당히 주관적이며 직관적인 방법이라고 볼 수 있고, 대상과 그 행태를 이해하기 위해 감정이입이 중요하다. 이런 이유에서 이 연구방법이 비과학적이라는 비판을 받아왔다. 이런 비판의 근거는 무엇보다도 다른 사회과학자가 이를 검증하기 위해 같은 방법으로 반복하여 검증하기가 불가능하다는 점이다. 상당히 주관적이고 직관적이기 때문에 정보의 획득과정과 통찰의 과정을 객관적으로 보여 주기가 어렵다.

이런 특성으로 인해 분석방법의 발전과정을 실험방법처럼 용이하게 설명할 수 없다. 1920년대의 저술과 이후에 같은 방법으로 쓴 저술 사이에 괄목할 만한 발전이 있었다고 보기 어렵다. 그럼에도 불구하고 이런 연구들을 통해서 이해하기 어려운 사회현상에 대한 가능한 설명을 제공할 수 있고, 다른 방법으로 이를 검증하는 과정을 거침으로써 사회과학이론의 발전에 밑거름이 될 수 있다. 사회과학에서 고전으로 불리는 다양한 저술들이 이런 방법을 차용하였음을 부정할 수 없다.

참여관찰을 처음으로 시도한 사람은 찰스 부스(Charles Booth, 1840~1916)로 볼 수 있다. 그는 도시빈민층에 관한 지적 관심과 동정 때문에 이들의 생활상을 좀 더 잘 이해하기 위해 이들의 주거지역(East End, London)에서 거주하였다. 그러나 이 연구방법이 사회과학의 연구방법으로 자리 잡은 것은 1920년대 이후 시카고대학의 사회학자들에 의한 것이다. 중산계층의 사회학자들로서는 도시빈민들의 생활방식이 지극히 이질적이었으며, 이를 이해하기 위해서는 참여관찰의 방법이 가장 합당하다고 생각하였다. 이런 전통은 인류학에서도 마찬가지로 나타난다.[3] 즉 원시사회를 이해하기 위해서는 이들의 행태를 관찰하고 이해함으로써 그들의 시각에서 이해된 세상을 알아야 한다는 점을 강조한다.

6.4. 사회조사와 계량적 분석

사회과학의 발달과정에서 빼놓을 수 없는 것은 대량자료를 수집하고 처리할 수 있는 방법의 발달과정이다. 자료의 수집과 처리도 사회현상을 이해하는 데 중요하였지만 그보다 더 중요한 것은 사회현상을 확률적으로 이해하고, 일부분의 관찰을 통해서 전체를 이해하는 소위 과학적 추론이 가능해졌다는 사실이다. 그러므로 통계학의 발달과정과 사회과학에의 도입 및 응용과정을 이해하는 것이 오늘날의 사회과학의 연구방법을 이해하는 데 꼭 필요하다.

인구와 경제에 대한 자료의 수집은 거의 모든 정치체제에서 없어서는 안 될 정보이다. 이는 정치공동체가 존립하기 위한 징병과 조세의 근간이 된다. 가장 오래된 이런 기록은 구약성경의 민수기(Numbers)에서 찾을 수 있다. 그래서 통계학을 의미하는 statistics는 라틴어 Status, 즉 국가(State)라는 말에서 유래하였다. 즉 통계학과 국가의 이 같은 관련성은 국가에 속한 토지와 인구에 관한 통계자료가 국가기관에 의해 수집되어 징병과 조세의 근간이 되는 사실에 근거한다. 근대적 기록에 의하면 르네상스기의 베니스나 피렌체와 같은 이탈리아 도시국가에서 시작되어 다른 서유럽국가들로 확산되어

---

3 인류학의 방법론적 정향을 알기 위해서는 초기의 보아스(Franz Boas)와 말리노프스키(Bronisław Kasper Malinowski)의 방법론을 이해하는 것이 중요하다. 보아스의 경우 문화의 구체적 설명과 역사의 재구성을 중시하고 이를 통해서 어떤 법칙을 알아내려는 귀납적 방법을 옹호함으로써 베이컨이나 실증주의자들의 관점과 유사하였다. 그러나 나중에는 문화적 영역에서 법칙의 발견이 가능하다는 입장을 버리고 전적으로 개체기술적(idiographic) 접근방법을 취하게 되었다. 말리노프스키는 참여관찰에 의한 현지조사방법을 적극적으로 차용하였다. 문화란 체제로서의 사회에 의해 구성된 것으로 개인의 필요를 충족시키는 기능을 한다고 생각하기 때문에 이를 규명하려고 노력한다. 그래서 개인이 어떻게 목적 달성을 위해 사회적 규범을 이용하고 또 필요에 따라 이러한 규범에서 벗어나는지를 이해하려는 것이다. 이 역시 지극히 개체기술적인 접근방법이다. 이런 발전과정을 통해서 일관되게 실증적 요소를 견지한 사회학의 방법론적 정향과는 차츰 멀어졌음을 알 수 있다.

가는 것을 알 수 있다. 예를 들어 16세기 전반에는 많은 유럽의 정치공동체에서 교구로 하여금 출생, 결혼, 사망에 관한 등록을 받게끔 하였다. 당시 공중보건이 지극히 열악해서 사망기록을 특히 중시하였다.

18세기에 이르기까지 통계학이라는 용어는 이런 식으로 국가의 인적, 물적 상태를 전체적으로 이해하는 용어로 사용되었고, 19세기에 이르면 숫자를 포함하는 어떤 것으로 이해되었다. 1800년경에 이르면 대부분의 서유럽국가와 미국에서 정부 주도하에 센서스자료와 통계표를 체계적으로 수집, 발표하였다. 1830년경에 프랑스와 영국에서는 통계학을 사회에 관한 수리과학으로 이해하기 시작하였다. 그럼에도 불구하고 19세기 내내 일부분으로 전체를 이해하기 위한 표본추출과 이를 바탕으로 하는 확률적 추론에 관한 생각은 거의 없었다고 해도 과언이 아니다. 단지 전체자료에 의해 사회전반을 이해하는 것이 전부였고 전 인구 대상의 센서스자료를 얻는 데만 노력하였다.

이런 과정에서 생물학은 사회과학의 계량적 연구방법에 지대한 영향을 미쳤다. 초기의 사회과학자들은 사회적 현상이 법칙에 의해 지배된다고 생각했다. 당시의 과학철학에서는 가장 기본적인 입장이었고, 이런 가정이 없다면 연구방법이 과학적일 수 없다고 생각하였다. 그래서 초기의 사회과학자들은 갈릴레오나 뉴턴과 같은 과학혁명의 선구자들과 자신들을 비교하였다. 같은 맥락에서 애덤 스미스마저도 천문학에 관한 수필에서 이 영역의 인식과 절차가 모든 다른 학문분과에서도 적절한 방법론적 모범이 된다고 주장하였다.

그럼에도 불구하고 사회현상의 연구에서 기계적 결정론을 수용하기 어렵게 만드는 점이 있었는데, 이는 바로 인간이 자유의지를 가진 존재라는 것이다. 즉 자율적인 행동을 하는 개인들의 합으로서 사회적 현상이 야기되는데 어떻게 일관성 있는 정규적 행태를 지칭하는 일반적 법칙을 거론할 수 있겠는가 하는 의문이다. 그러나 이런 딜레마는 사회현상을 통계적으로 이해하고 사회법칙을 확률적으로 이해함으로써 어느 정도 해소되었다. 이런 이해는 영국의 생물학자들이 우생학을 연구하면서 인간행태에서 통계적 정규성을 확인하면서 가능하였다.

이런 의미에서 사회통계학의 선구자는 벨기에 수학자 겸 천문학자인 아돌프 케틀레(Adolphe Quetelet, 1796~1874)[4]이다. 그 역시 사회현상의 연구도 물리학처럼 할 수 있다고 주장하였다. 특히 천체현상을 반복적으로 측정하면 항상 같은 값을 얻을

4 그의 대표적인 저서는 「인간론, 일명 사회물리학」(1835)이다.

수 없으며, 측정치들이 참값을 중심으로 종모양으로 분포된다는 오차의 정규분포(Karl Friedrich Gauss의 normal curve of error)를 잘 알고 있었다. 그런데 사회현상의 관찰에서 이런 분포를 적용하였다. 신장과 같은 신체특성, 지능, 도덕적 특성, 범죄 등 다양한 자료를 도수분포의 형태로 보여줌으로써 이들 자료들이 정규분포의 특성을 보인다는 사실을 알렸다.

이런 맥락에서 개인들의 평균 신장과 무게를 성별, 연령, 직업, 지리적 분포와 교차 분석함으로써 소위 평균적인 사람(average man)의 개념을 도출하였다. 즉 이 평균인을 중심으로 사회구성원이 정규분포 되어 있다는 것이다. 평균인을 통해서 범죄, 자살, 결혼과 같은 여러 형태의 사회적 행위의 규범 또는 참값이 무엇인가를 보여 주려 하였다. 여러 해의 통계를 통해서 자살, 범죄, 결혼의 수가 평균을 중심으로 변한다는 사실을 통해 평균이 반복적으로 나타나는 경향을 보여 주었다. 이러한 정규성을 사회적 법칙이라고 불렀고, 조건이 변하면 숫자의 변이가 나타나는 것을 보임으로써 특정 현상을 물리적이나 사회적 조건과 연계시킬 수 있다고 믿었다. 이런 노력을 통해서 사회연구에서도 수학적 개념과 분석이 유용하다는 사실을 보여주었고 당시 케틀레의 영향은 지대했던 것으로 보인다.

그런데 이런 분석이 가능하였던 것은 사회적 자료가 있었기에 가능했던 것이지만 적어도 19세기 초까지는 자료를 수집하는 노력이 부족하였다. 맬서스가 「인구론」 2판을 출간(1803)할 때에도 자료를 찾는 데 애를 먹었다는 사실은 널리 알려져 있다. 1830년대의 영국에서 비로소 사회통계자료를 수집하는 노력이 체계적으로 시작되었는데 주로 급격한 산업화와 도시화에 수반된 사회문제에 관해 관심이 집중되었다. 이와 같은 소위 '통계운동'은 당시 영국의 정치에서 중요한 이슈로 등장한 사회개혁을 위한 노력의 일환이다. 당시의 사회개혁론자들은 빈곤이나 실업과 같은 사회문제는 개인의 성품 탓이 아니라 주로 사회적 환경에 기인한다고 믿었고, 교육이나 환경적 조건의 변화에 의해 해결가능하다고 생각하였다. 1830년대와 1840년대에는 다양한 사실적 정보가 수집되었고 정치적 논쟁에 이용되었다. 그럼에도 불구하고 분석방법은 크게 발달하지 못했다. 단순한 표를 만들고 여기서 단순한 결론을 도출하는 정도에 머물렀다.

분석방법은 사회문제가 환경적 요인이 아닌 유전적 문제에서 기인한다고 믿는 과학자들에 의해 발달하였다. 대표적인 인물로 프랜시스 골턴(Francis Galton, 1822~1911)을 들 수 있다. 그는 모든 것을 계량화하는 사람이었는데, 사회현상에 관심을 기울이기 시작하면서 단순히 자료만 들여다보면 유용한 정보를 얻을 수 없다는 사실을 인식하였다. 수학에 능하지 않았지만 문제를 명확하게 하고 도움을 받는 방식을 통해서 서로 다른 현상 간의 관계의 정도를 측정하였다. 오늘날 경험적 연구에서 가장 기본적인 분석도구인 소위 상관관계, 회귀분석이니 하는 것들이 골턴에서 시작되었다.[5] 이후 피어슨(Karl Pearson, 1857~1936)과 피셔(R.A. Fisher, 1880~1962)가 통계적 분석의 방법이 발전하는 데 가장 큰 역할을 하였다. 이 세 사람 모두 인간행태의 유전적 원인에 관심이 있었고 사회문제 역시 유전인자의 특성을 바꿈으로써 해결가능하다고 생각하였다. 이전의 여러 수학자들의 공헌에 기초한 것이기는 하지만, 1860년대에 골턴이 인구의 특성이 정규분포를 보인다는 주장한 데서 시작하여 1920년대 피셔가 통계적 분석의 수학적 기초를 밝힌 저서를 출간하기까지를 오늘날 통계적 분석의 기반을 쌓은 기간으로 볼 수 있다.

국가적 차원의 조사가 아닌, 사회문제를 이해하기 위한 노력으로서의 사회조사는 주로 도시빈민에 대한 관심에서 시작되었다. 이들 빈민의 참상을 알고 널리 알리기 위한 노력이 본격적인 사회조사의 시발점으로 일반 시민과 정부를 설득하기 위한 시도이기도 했다. 빈곤문제의 심각성에 대한 보고는 과장되었다고 생각하고, 그 빈곤의 원인도 빈민들 스스로의 노력이 부족하기 때문이라는 당시의 보편적 생각을 바꾸기 위한 것이기도 했다. 엥겔스도 사회조사를 통해서 빈곤의 정도가 얼마나 심각한지를 보여주고자 노력했고, 이를 바탕으로 마르크스의 빈곤의 철학적 분석에 경도되었다.

그렇지만 찰스 부스(Charles Booth)는 그런 철학적 분석에 기초한 원인에 관한 설명을 받아들이지 않았고, 원인을 규명함에 있어서도 사실적 자료를 수집하고 분석하는 노력을 하였다. 부스는 사회조사가 단순히 사실적 자료의 수집에만 그치지 않고 사회적 문제의 설명에도 중요하다는 점을 보여 준 학자이며 사회활동가이다. 그의 관심은 산업도시인 런던지역에 한정되어 있었다. 이 국지적 관심을 기반으로 좀 더 정교한 조사가 가능하였고, 이를 기반으로 하는 과학적 설명이 가능하였다. 그는 사회계급과 제도 간의 관계에 관심을 갖고 있었고, 수집된 자료를 통해서 사회현상 간의 관계를 알아보고자 하였다. 무엇보다도 빈곤의 원인을 규명하고자 노력하였다.

---

5 다윈의 진화론에 의하면 키가 큰 부모들의 자식들은 더욱 키가 커질 것이고, 키가 작은 부모들의 자식들은 키가 더욱 작아질 것이므로 몇 세대가 지나면 키의 분산은 점점 더 커질 것이라는 가설을 세울 수가 있다. 그러나 골턴은 부자 간의 신장관계를 연구한 결과 키가 큰 아버지를 가진 아들의 키는 대체로 평균 신장보다는 크나 그들의 아버지의 키보다는 작고, 키가 작은 아버지를 가진 아들은 대체로 평균 신장보다는 작지만 그들의 아버지 키보다는 커서 결국은 아들들의 키는 인류전체의 평균 신장으로 되돌아가려는(회귀, 回歸) 경향이 있다는 것을 발견하였다.

빈곤을 이해하기 위해 빈곤을 계량화하여 측정하였고, 이를 소득, 직업, 주거 등의 측정치와 연계함으로써 빈곤의 원인을 규명하였다. 주로 소득과 가족수를 기준으로 설정한 빈곤선에 의해 빈곤이라는 추상적 개념을 처음으로 측정하였고, 이를 기반으로 빈곤에 관한 가설을 검증하였다. 오늘날의 사회조사와는 다르지만 다양한 측면에서 모범이 되는 조사 사례이다. 런던지역에 대한 본격적인 조사 이전에 런던 동부의 빈민가이던 소지역(East End)에 대한 예비조사를 시행하여 이를 영국학술원에 제시하고 비판을 수용하였다. 비록 본 조사에서는 자료가 너무 방대해지는 이유에서 가족단위의 조사를 포기한 것이 문제가 되기는 하였지만, 사회적 계급의 계량적 지표를 개발한 점도 중요한 공헌이었다.[6] 무엇보다도 부스와 연구원들은 빈곤지역의 생활상을 보다 깊이 이해하기 위해 그곳에서 많은 시간을 보내고 살아보기도 하였다(앞에서 언급한 참여관찰).

〈표 1〉 빈곤통계 : 빈곤의 정도와 그 원인
심각한 빈곤의 원인분석(A와 B 등급)

분 류	인원(명)	비율(%)	인원(명)	비율(%)	원인
1. 부랑자	60	4	60	4	
2. 임시 노동	697	43	878	55	고용문제
3. 저임금, 비정규적 노동	141	9			
4. 영세업	40	3			
5. 음주(남편, 또는 부부)	152	9	231	14	습관의 문제
6. 주정뱅이 또는 낭비벽 있는 주부	79	5			
7. 질병 또는 불구	170	10	441	27	여건의 문제
8. 대가족	124	8			
9. 비정규적 근로하는 질환 또는 대가족	147	9			
합 계	1,610	100	1,610	100	

6 빈곤에 대한 사회조사의 결과는 「Life and Labour of the People in London」으로 출간되었다. 1권은 1889년, 2권은 1891년에 출간되었고, 9권으로 된 제2판이 1892년에서 1897년 동안에 출간되었다. 17권으로 된 제3판은 1902~1903년에 걸쳐 출간되었다.

빈곤의 원인분석(C와 D 등급)

분 류	인원(명)	비율(%)	인원(명)	비율(%)	원인
1. 부랑자					
2. 임시 노동	503	20			
3. 저임금, 비정규적 노동	1,052	43	1,688	68	고용문제
4. 영세업	113	5			
5. 음주(남편, 또는 부부)	167	7	231	13	습관의 문제
6. 주정뱅이 또는 낭비벽 있는 주부	155	6			
7. 질병 또는 불구	123	5			
8. 대가족	223	9	476	19	여건의 문제
9. 비정규적 근로하는 질환 또는 대가족	130	5			
합 계	2,466	100	2,466	100	

출처 : Booth, Poverty Series, i. 147.

주 : A 등급 : 임시노동, 부랑자, 전과자(lowest grade)
B 등급 : 일시적 소득
C 등급 : 간헐적 소득
D 등급 : 저임금 정규소득

이런 노력의 결과물은 사회과학의 발전과정에 가장 큰 공헌으로 간주되며, 〈표 1〉로 설명될 수 있다. 이 표를 통해서 사회과학자가 어떻게 사회문제에 대한 자료를 수집하여 가설을 검증하는지를 알 수 있다. 빈곤에 관한 가장 널리 받아들여진 가설은 가난이 개인적 책임 때문이라는 설명이었다. 19세기 동안 대다수의 사람들은 가난한 사람은 게으르기 때문에 가난하다고 생각하였고 스스로 노력하면 가난을 벗어날 수 있다고 믿었다. 개인의 빈곤이 사회적 요인에 의해 비롯된다는 생각은 지극히 일부의 생각이었다고 할 수 있다. 그런데 부스가 처음으로 반박하기 어려운 증거를 제시하여 빈곤이 사회적 요인에 의한 것임을 보여 주었다고 할 수 있다. 즉 빈곤은 잘못된 습관에서 비롯되었다기보다는 대부분 개인이 처한 상황과 고용의 문제임을 보여 준 것이다.

요컨대 부스는 처음으로 실세계에서 자료를 수집하여 서로 상반된 주장을 검증할 수 있다는 것을 보여 주었다. 그러나 부스의 이런 업적은 뒤르켐의 「자살론」에 가려져 있는 것도 사실이다. 그렇지만 20세기 사회과학을 주도하는 미국의 사회과학에 가장 큰 영향을 미친 것은 뒤르켐보다는 부스의 업적이었다.

뒤르켐은 1897년에 발간한 「자살론」에서 이론을 검증하고 개선하는 방법으로서 사회과학적 분석을 보여 주고 있다. 이 방법은 오늘날 두 가지 변수 사이의 가능한 설명인 가설을 검증하는 과정이라고 볼 수 있다. 두 가지 변수의 상관성은 또 다른 변수가 개입하지 않는 상황에서 검토되었다. 즉 두 변수의 상관관계는 여러 국가, 지역 및 시대에도 변함없이 존재한다는 것을 보임으로써 허위관계가 아님을 보여 준다. 또 이런 관계에 대한 다른 여러 가지 가능한 설명을 고려하고 이들이 사실과 다르면 이들 설명이 합당하지 않다는 것도 보여 준다. 이런 방식으로 결국은 하나의 설명이 타당하다는 것을 주장한다. 전형적인 이런 검증과정은 이기적 자살을 설명하는 부분에서 볼 수 있다.

하나의 예는 이기적 자살에 관한 두 번째 장에서 찾을 수 있다. 프랑스 통계자료에 나타난 전체적인 자살자의 비율을 보면 기혼자가 미혼자의 자살률보다 높다는 것을 알 수 있다. 그런데 미혼자의 자살통계에는 16세 미만의 아동이 포함되어 숫자를 왜곡하고 있다. 이 숫자가 제외되면 기혼자와 미혼자 간의 자살률 불균형은 조금 줄어들지만 이 통계치에도 문제는 있다. 왜냐하면 미혼자는 주로 25세 미만인 반면에 기혼자의 대부분은 40세에서 45세 사이의 사람들이다. 그런데 연령만을 고려한다면 나이가 든 사람은 젊은 사람 자살률의 거의 절반인 사실을 간과해서는 안 된다. 그리고 나이가 많은 기혼자는 이보다 훨씬 자살률이 낮다. 그러므로 원자료에 의하면 미혼자가 기혼자보다 자살률이 낮지만 연령을 고려하여 그 영향력을 배제한다면 양자 간의 관계는 정반대가 된다. 이러한 결과는 이탈리아, 프러시아 및 프랑스에서 동일한 결과로 나타난다.

이들 관계는 연령대와 사회적 집단에 따른 자살률을 계산해 보면 더욱 분명하게 알 수 있다. 즉 25세에서 30세 사이의 미혼자와 같은 연령대의 기혼자나 결혼경험이 있던 사람들을 비교하는 방식으로 결혼의 효과를 분리할 수 있다. 이런 방식으로 서로 다른 집단들의 자살률을 비교하였다(〈표 2〉 참조).

뿐만 아니라 이 같은 방법으로 결혼과 자살 간의 관계에 대한 두 가지 가능한 설명을 검증한다. 기혼자의 자살률이 낮은 것은 결혼의 안정적인 효과라는 설명과 자살성향이 낮은 사람들이 결혼한다는 두 가지 가설을 검증한다. 그런데 두 번째 설명은 여러 측면에서 봤을 때 별로 신빙성이 없다. 예를 들어 20세 미만의 기혼자들은 미혼자보다 자살률이 높다. 아울러 아이를 가진 기혼자들은 아이가 없는 기혼자보다 자살률이 낮다. 이 두 번째 사실은 결혼의 안정적 효과를 뒷받침하는 것이다.

이런 분석 방법은 이미 살펴본 관계를 더 정확하게 파악하기 위해 또 다른 변수를 끌어들여 분석을 진행하는 것으로, 오늘날의 용어로 표현하면 다변량 분석이라고 할 수 있다. 앞의 예를 다시 살펴보면 자살과 결혼의 관계를 설명하려고 시도하였고 이런 관계가 국가별로 서로 다르지 않을 뿐 아니라 결혼한 사람들의 개인적 특성에 의한 것도 아니라는 것을 보여 준다. 결론적으로 결혼하는 것이 자살성향을 낮추는 것으로 이해한다. 이런 관찰과 분석을 기반으로 결혼생활의 유대성이 자살충동을 억제하는 중요한 요인이 된다는 설명으로 일반화된다.

다양한 변수에 의한 분석도 중요하지만 뒤르켐의 분석에 중요한 점은 동일한 변수에 의한 분석을 여러 상황에서 반복적으로 시도하는 점이다. 그렇게 함으로써 상호관계가 존재한다는 사실을 더욱 뒷받침하고, 분석단위가 점점 작아지면서 단위가 큰 자료를 분석하면서 생기는 문제점을 극복할 수 있다. 예를 들면 다음 〈표 2〉의 집단자료를 보면 15세에서 25세 미만의 집단과 25세에서 40세 사이의 집단으로 구분하면 25세 미만의 집단에서는 기혼자의 자살률이 높고 25세 이상의 집단에서는 그 반대가 된다. 그런데 이런 결론은 바로 아래의 더 세분된 표에서 보면 잘못된 것임을 알 수 있다. 즉 20세 미만 기혼자집단의 자살률만 크게 높다는 사실을 알 수 있다. 15세 이상 25세 미만의 집단을 한데 묶어 보임으로써 잘못된 결론을 도출할 가능성이 있다. 그러므로 분석단위를 세분화하면 이런 오류를 범할 가능성이 줄어든다.

〈표 2〉 프랑스(1889~1891)의 100만 명당 남성 자살자

연 령	미 혼	기 혼
15~25	350	597
25~40	1,021	348
15~20	113	500
20~25	237	97
25~30	394	122
30~40	627	226

출처 : Durkheim(1952), p. 178 Table XXI의 재구성.

분석단위를 세분화하는 과정을 통해서 거시적 수준에서 발견된 상관관계를 확인하는 방법으로 쓰기도 하였다. 예를 들어 삭소니(Saxony)의 자살률은 이탈리아보다 10배가량 높았고, 이와 더불어 다른 국가들의 통계를 비교함으로써 프로테스탄트 국가가 가톨릭국가보다 항상 높은 자살률을 보인다는 사실을 알았다. 그러나 국가 간의 비교에서 나타난 이런 차이로 어떤 결론을 도출하기는 어렵다. 종교가 진정한 원인이 아

니고 경제적, 문화적 요인에 의해 그러한 차이점이 나타날 가능성이 크기 때문이다. 그런데 국가 간의 비교에서 확인된 차이를 동일 국가 내에서 다른 지역으로 구분해봄으로써 직접적으로 살펴볼 수 없는 개입 가능한 다양한 변수들을 통제할 수 있다.

이해를 돕기 위해 이런 분석방법을 다시 부연하면 다음과 같다. 당시의 자료에 의하면 인구 100만 명당 평균자살자 수를 비교하면 프로테스탄트 국가들은 190명이고 가톨릭국가들은 58명이며 종교구성이 혼합적인 국가들에서는 96명이었다(Book 2 Chapter 1 : 이기적 자살). 이런 통계에 기초하여 종교가 자살의 중요 요인이라고 단언하기는 어렵다. 문명의 발달수준이 다르고 사회적 환경 역시 다양하기 때문이다. 그래서 종교의 영향을 보다 정확히 이해하기 위해 한 사회 내에서 두 종교의 다양한 혼합을 비교하였다. 다음 〈표 3〉에서 보듯 가톨릭이 대부분인 독일의 바이에른 지방과 프로테스탄트적인 프로이센 지방의 여러 주를 다시 비교하였다. 각 지방의 주들을 비교한 통계숫자를 보면 국가 간의 비교에서 나타난 종교적 원인이 여전히 작용하고 있는 것을 알 수 있다. 이런 하위수준의 구체적 비교를 보고서야 종교의 영향이 분명함을 주장할 수 있었다.

〈표 3〉 바이에른 주들(1867~1875)

가톨릭이 소수인 주(50% 미만)	인구 100만 명당 자살자 수
라인강 연안 팔츠	167
중앙 프랑켄	207
상부 프랑켄	204
평 균	192
가톨릭이 다수인 주(50~90%)	**인구 100만 명당 자살자 수**
하부프랑켄	157
슈바벤	118
평 균	135
90% 이상이 가톨릭인 주	**인구 100만 명당 자살자 수**
상부 팔츠	64
상부 바이에른	114
하부 바이에른	19
평 균	75

프로이센 주들(1883~1890)

90% 이상이 프로테스탄트인 주	인구 100만 명당 자살자 수
작센	309.4
슐레스비히	312.9
포메른	171.5
평 균	264.6
89~68%가 프로테스탄트	**인구 100만 명당 자살자 수**
하노버	212.3
헤세	200.3
브라덴부르크 베를린	296.3
동프로이센	171.3
평 균	220.0
40~50%가 프로테스탄트	**인구 100만 명당 자살자 수**
서프로이센	123.9
슐레지엔	260.2
베스트팔렌	107.5
평 균	163.6
32~28%가 프로테스탄트	**인구 100만 명당 자살자 수**
포젠	96.4
라인지역	100.3
호엔홀레른	90.1
평 균	95.6

출처 : 임희섭 역, 「자살론/사회분업론」(서울: 삼성출판사), pp. 142~143; *SUICIDE*(1951), Free Press, p. 153.

그러나 「자살론」이 발간될 당시, 이미 이런 분석방법보다 더욱 정교하게 두 변수 간의 상관관계의 크기와 방향을 숫자로 표현하는 방법이 존재하였다. 이 분석방법이 골턴과 피어슨이 개발한 상관계수이다. 이는 두 변수 간의 관계를 수리적으로 표현하는 방법으로서 양자 간에 완벽한 정의 관계는 1로 부의 관계는 −1로 표현되며 전혀 관계가 없을 경우 이는 0으로 표현된다. 이런 상관계수에 의한 변수 간의 관계는 1920년대 사회과학에서 활발하게 이용되었다.

이런 분석방법의 발전과정에서 중요한 공헌은 1929년 오그번(William Fielding Ogburn, 1886~1959)이 편상관계수(partial correlation coefficients)를 도입한 것이다.[7] 위에서 설명된 뒤르켐의 시도처럼 다른 변수들을 일정하게 묶은 상태에서 두 변수 간의 관계의 크기와 방향을 보는 수리적 방법이다. 오그번은 당시 미국의 1928년의 선거에서 민주당 대통령후보에 대한 투표 요인을 분석하는 데 다섯 가지 변수가 중요하다고 생각하였다. 각각의 변수가 투표성향을 설명하고 있지만, 무시할 수 없는 중요한 사실은 이들 다섯 가지 변수 역시 서로 관계가 있다는 것이다. 예를 들어 도시지역 거주자는 대개 금주령에 반대하고 민주당 성향이며 가톨릭일 가능성이 높다. 그래서 도시라는 변수의 편상관계수를 계산한 결과 그 값이 −0.18이었다. 그런데 본래 도시변수와 민주당 후보에 대한 투표의 상관관계는 0.33이었다. 즉 다른 변수의 영향력을 통제한 다음 도시거주라는 특성은 민주당 후보 지지에 부정적인 영향력을 미친다는 사실을 알 수 있다. 다만 도시거주자 중에 많은 사람들이 가톨릭이며 민주당을 지지하고 금주령에 반대한다는 점이 도시라는 변수의 영향력이 마치 긍정적인 관계인 것처럼 보이게 한 것이다. 바로 이런 수리적 기법들이 뒤르켐의 방법보다 세련되고 신속하게 양자 간의 진정한 관계를 알아내는 방법이 되었다.

물론 편상관계수는 분석방법이 발달하는 하나의 과정에 불과하였다. 그 뒤 더욱 복잡한 방법이 특히 방대한 수적 자료를 처리할 수 있는 컴퓨터의 발달과 맞물려서 더욱 빠른 속도로 발전하였다. 그럼에도 불구하고 이들 방법의 원리와 목적은 다양한 변수를 통제하면서 변수 간의 관계를 구분해내는 뒤르켐의 연구방법과 크게 다르지 않다.

그러나 사회과학의 설명이 얼마나 타당한가를 검증하는 것은 단순히 방대한 양적 자료를 요약하는 것만으로는 한계가 있다. 지칭하는 대상이 아주 광범위하고 다양한 설명을 검증하기 위해서는 전체를 보고 검증하는 것이 불가능한 경우가 훨씬 더 많기 때문이다. 결국은 일부(대표적인 일부분)를 보고 전체에 대한 결론을 끌어내는 방법이 아니고서는 검증이 불가능하다는 말이다. 이를 위해서 필요한 것은 소위 추리통계학적 지식인데 이에 대한 관심과 사회과학에의 도입은 상당히 더디게 진전되었다.

추리통계학은 근본적으로 확률론에 기초한다. 확률문제가 많은 사람들의 관심의 대상이 된 이면에는 도박으로 치부하려는 상인들이나 귀족들의 관심이 중요

---

7 Ogburn & Talbot, 1929, A Measurement of the Factors in the Presidential Election of 1928, Social Forces, p. 18.

한 동기가 되었다고 한다. 17세기 중엽 파스칼(Blaise Pascal, 1623~1662)과 페르마(Pierre de Fermat, 1601~1665) 사이에 오간 카드놀이의 수학적 문제로 시작된 확률론은 그 후 베르누이(Bernoulli, 동일한 가문의 여러 명의 베르누이가 있었고, 이 많은 베르누이가 확률과 수학의 발달에 큰 공헌을 하였다), 베이즈(Thomas Bayes, 1702~1761) 등의 공헌으로 크게 발달하였다. 그 성과가 라플라스(Pierre-Simon, marquis de Laplace, 1749~1827)의 「확률의 해석적 이론」(1812)에 집대성되었다.

케틀레는 이와 같은 고전확률론을 사회나 인구현상에 응용하려던 사람이다. 그는 도덕통계의 실증적 연구에 있어서도 그 업적이 크게 인정되고 있다. 예를 들어 유럽국가들의 통계자료에 의하여 매년의 범죄발생의 객관적 규칙성을 설명하면서 개인의 도덕적 능력이 개선 가능하다고 하였다. 나아가 개인의 자유의사의 존재성에 관하여 근본적인 의문을 제기하기까지 하였다. 이런 식으로 그는 사회물리학을 지향하였고, 실질적으로 통계조사기관의 설치, 새로운 조사방법을 고안하는 등 정부통계가 발달하는 데 큰 공헌을 하였다.

19세기 말에 이르러서야 수적 자료에서 어떤 결론을 추론하려는 노력이 시작되었다. 이런 노력을 시작한 사람은 골턴이라고 할 수 있다. 피어슨은 골턴의 영향을 받아 근대기술통계학을 집대성한 사람이다. 그렇지만 추리통계학, 즉 부분을 보고 전체를 가늠하는 통계학은 고셋(William Sealy Gosset, 1876~1936)의 소표본 이론의 시도에서 시작되었다고 본다. 그 후 이를 집대성한 사람은 피셔이며 가설검정론, 추정론 등을 정립하였다. 제2차 세계대전을 계기로 추리통계학은 더욱 발달하고 사회과학에 적극적으로 응용되기 시작하였다. 표본조사법, 계량경제학, 여론조사, 계량심리학 등 다양한 방면으로 채택되고 발달하였다.

Ⅲ

근현대사회의 사회과학적 해명

제 1 장

자본주의와 시장경제의 이해

사회과학의 궁극적 목표는 현실사회에서 당면하고 있는 사회문제를 체계적으로 해명하고 이를 토대로 그 사회문제를 해결할 수 있는 지적(知的) 처방전으로서 다양한 지식이나 지혜를 제공해 주는 데에 있다. 현존사회 속에서 해결하지 않으면 안 되는 많은 문제들에 대한 인식은 무엇보다도 그 사회의 기본구조나 작동원리에 대한 체계적인 이해에 바탕을 둔 것이어야 한다. 따라서 사회과학의 일차적 존재의의는 그것의 모태가 되는 현존사회의 사회구조나 작동과정을 체계적으로 설명하는 것이라고 말할 수 있다. 지금 지구상의 개별국가에서 벌어지고 있는 많은 현상들 그리고 국가와 국가의 경계선을 넘나들며 야기되고 있는 많은 문제들을 과학적으로 해명하고 체계적으로 이해하기 위해서는 이것들의 근원적 발원이라 할 수 있는 자본주의에 대한 이해가 선행되어야 한다. 마찬가지로 우리 한국사회가 당면하고 있는 많은 사회문제를 과학적으로 인식하고자 한다면 무엇보다도 우리 사회의 기본질서를 형성하고 있는 기축적(基軸的) 요소로서 자본주의에 대한 이해가 수반되어야 할 것이다.

1.1. 자본주의 사회의 생성과 발전과정

근대 자본주의는 유럽에서 중세 봉건사회의 질서가 해체과정을 거치면서 태동하였다. 유럽에서도 지역별, 국가별로 자본주의 체제로의 역사적 이행과정이 다 다르기 때문에 일률적으로 자본주의의 생성과 변화과정을 기술한다는 것은 힘든 일이다. 그렇기 때문에 자본주의의 역사적 전개에 대해서는 학자마다 상이한 관점의 다양한 주장이 있다. 무엇보다도 자본주의의 기원을 구체적으로 어디서 찾을 수 있는가 하는 문제에 대해서는 여전히 뜨거운 논쟁이 계속되고 있기도 하다. 예컨대 자본주의의 기원을 상업활동의 부활이 이루어졌던 11, 12세기 이탈리아와 네덜란드에서 찾을 수 있다는 피렌느(H. Pirenne)류의 해석이 있는가 하면, 14세기 이후 유럽의 신흥도시에서의 상업의 번창과 길드조합의 수공업 발달에서 자본주의의 기원을 찾으려는 입장도 있다. 또한 산업의 발달과 함께 임금노동자를 고용하여 공장을 운영했던 산업자본가의 본격적인 출현을 자본주의의 시발로 보아야 한다는 돕(M. Dobb)류의 해석도 있다. 돕의 해석에 따르면 자본주의는 16세기 중반부터 17세기 초반의 영국에서 그 기원을 찾을 수 있는 것이 된다.

이들 다양한 견해는 자본주의의 본질이 무엇인가에 관한 이론적 입장의 차이에서 비롯된다고 할 수 있다. 분명한 점은 자본주의의 생성원인과 역사적 발전단계를 분석하는 연구자들 사이에는 절충되기 어려운 차이점이 존재한다는 것이다. 그러나 이러한 차이에도 불구하고 한 가지 광범위하게 합의를 이루고 있는 내용이 있다. 그것은 자본주의를 어떻게 규정하든지 처음에 서구체제의 일부분으로 태동되었다가 전 유럽사회의 기본적인 질서를 형성하였고, 급기야는 전 지구적 수준으로 확산되었다는 점이다. 여기서는 이들 다양한 규정 가운데 특정의 견해를 따르기보다는 자본주의의 형성과정에서 주요한 계기가 되었던 역사적 사실들, 이를테면 부르주아 계급의 출현, 산업자본가의 등장 그리고 산업혁명과 시민혁명에 대하여 알아보기로 한다.

1.1.1. 부르주아의 출현

11, 12세기 중세의 봉건사회가 역사발전의 최고의 정점에 도달했을 때 이미 그 내부에는 기존사회의 질서를 근본적으로 변모시켜 나갈 수 있는 새로운 사회경제적 힘이 자라나고 있었다. 이때 농기구의 발달과 종자개량에 힘입어 농업생산력의 비약

적인 발전이 이루어졌고 잉여농산물의 축적은 장원경제단위의 범주를 뛰어넘는 교환경제의 발달을 가져왔다. 농업이 지배적인 산업이었던 장원경제사회는 이제 새로운 산업으로서 상업과 아직은 조잡한 수준이었지만 약간의 수공예업의 활성화를 초래하였다. 고대 이후 주춤하였던 상업의 재발달과 상인계층의 대두는 무엇보다도 시장경제의 확산을 가져왔고, 시장을 매개로 한 교환과 거래의 관행이 보다 제도화되어 가면서 폐쇄적 자급자족의 경제사회를 유지해 오던 장원의 봉건적 경제사회는 격동적인 변화를 경험하게 되었다. 14, 15세기에 오면서 상업과 제조업 중심의 새로운 산업은 이제 기존사회에 기생하는 이단적 질서의 한 부분이 아니라 기존질서를 위협하고 변화를 주도해 나갈 수 있는 사회경제적 중심으로 부상하게 된다. 요컨대 농업으로부터 상공업으로의 생산력과 부의 중심이동이 서서히 시작되면서 중세사회로부터 근대사회로의 이행이 전개되어 나갔던 것이라고 할 수 있다.

근대사회를 흔히 근대 자본주의 사회나 근대 시민사회 혹은 근대 부르주아 사회라고 부른다. 여기서 자본가나 시민, 부르주아는 근대사회의 생성과 발전을 주도해 나갔던 중심적 사회세력을 문맥에 따라 달리 지칭하는 동일한 개념적 범주를 갖는 것으로 볼 수 있다. 봉건사회의 해체와 새로운 사회의 태동을 주도해 나간 사람들은 이들, 주로 신흥 상공업에 종사하였던 사회세력들이었다. 신흥 상공업세력들은 그동안 비교적 안정된 사회체제를 이루어 오던 중세사회 질서와는 대단히 이질적인 존재들이었다. 직업적 활동과정상에 있어서나 생활양식, 그리고 가치관이나 사고방식에 이르기까지 이들은 기존사회의 지배세력들과는 판이하게 생각하고 행동하였다. 이들 신흥 상공업세력들의 지배적인 행위동기는 '자기이익'이었다. 즉 이윤추구의 동기가 이들의 사회적 활동이나 직업적 활동을 지배하였다고 말할 수 있다.

중세시대 사람들의 보편적 세계관을 지배하고 있었던 것은 기독교 사상이었다. 중세의 기독교적 세계관에 의하면 자기이익의 추구, 즉 이윤추구의 행위동기라는 것은 종교적으로나 도덕적으로 용납될 수 없는 바람직하지 못한 가치기준이었고 또한 사회적으로도 매우 위험한 것으로 금기시되었다. 핏줄에 의해 개인의 모든 것이 결정되는 엄격한 신분제 질서가 유지되는 사회에서 개인의 노력과 열망에 의해 그의 사회적 지위나 향유할 수 있는 부의 크기가 결정될 수 있다는 것은 결코 받아들일 수 없는 생각이었다.

따라서 기존의 사회체제에 전적으로 기꺼이 포용될 수 없었던 이들 신흥 사회세력은 자기네들끼리 모여 새로운 삶의 터전을 가꾸어 나갔다. 이들은 영지의 외곽이나 영지와 영지 사이의 빈 경계지역에 성곽을 쌓고 상공업의 활동에 필요한 기반시설을 갖추어 나갔다. 부르주아(Bourgeois)라는 말은 본래 이렇게 하여 형성된 '성곽도시(Bourg)에 사는 주민'들을 의미한다. 이 도시에는 직업적 필요성에 의해서 서로 긴밀한 관련을 맺으면서 활동의 산물을 상호간 활발히 거래하는 장인이나 공예업자들, 상인들, 수공업자들, 무역업자들, 그리고 고리대금업자들이 모여 살았다.

중세 말엽부터는 이들 잘 조직화된 상인과 수공업자들의 집단이 유럽의 도시생활을 지배해 왔다. 물론 중세 말 이전에도 유럽의 각지에는 도시라고 할 만한 것이 존재하기는 하였다. 예컨대 그리스나 로마 시대에도 잘 발달된 도시가 있었으며 카롤링 왕조의 시대(8세기 중반에서 9세기 중반)에도 비교적 상업이 활성화되었던 도시들이 있었다. 하지만 이들 도시는 어디까지나 정치의 중심지일 뿐 중세 말에 흥하였던 상업의 중심지로서 도시와는 성격이 다르다고 할 수 있다. 상업도시를 배경으로 활동하고 있었던 부르주아 시민계급은 자신들의 경험을 토대로 개인의 사회적 지위나 영향력이 자신의 노력에 의해 또한 그가 이룩한 업적에 의해 결정되어야 한다고 믿는 진취적인 세계관을 가지고 있었다. 하지만 이들의 세계관이 지배적인 사회적 관념으로 등장하기에는 아직은 더 많은 생산력의 증대와 더욱 큰 구질서와의 투쟁이 기다리고 있었다.

1.1.2. 시민혁명과 자본주의

중세의 후기에 들면서 상공업의 지속적인 발달에 의해 봉건사회가 절대주의로 향해 나가는데, 이때에 이르러 이른바 초기의 산업혁명, 가격혁명으로 불리는 커다란 경제적 변화를 겪으면서 유럽에서 최초로 포르투갈, 이어서 스페인에서 절대주의 국가가 성립하게 된다. 14, 15세기 유럽에서 절대주의 체제의 확립으로 이들 도시의 부르주아 계급은 그들이 한때 향유하던 행동의 자유를 빼앗기기도 하였지만 이들은 곧 자신들의 주무기인 '금력'을 재정적 궁핍에 허덕이던 절대군주에게 제공함으로써 그 대가로 '자유'를 획득할 수 있었다. 이제 절대군주의 권력으로부터 비교적 자유로울 수 있게 된 자치도시의 주민들은 자신들의 도시를 운영해 나가기 위한 제도와 행정체계를 독자적인 방식으로 조직화해 나갔다. 근대의 부르주아 계급의 시민민주주의는 이러한 과정을 통해서 형성되기 시작한 것이었다.

14세기에 이미 부르주아 시민계급은 여전히 구질서의 지배계급에 속하고 있던 귀족이나 성직자 계급과 함께 독자적인 사회계층으로 인정되었으며, 이들 지배계급과 함께 신분제 의회(assembly of estate)를 구성하기도 하였다. 부르주아 시민계급의 정치적 힘과 사회적 지위는 이들의 날로 더해가는 물질적 번영과 함께 더욱 향상되어 갔다. 부르주아 계급의 경제적 번창은 신대륙에서의 금은의 대량유입과 새로운 기계기구의 발명에 힘입어 더욱 가속적으로 전개되어 나갈 수 있었다. 그런가 하면 시장경제의 활성화는 이제 필요에 따라 주문이 있을 경우에만 그때그때 생산활동이 이루어지는 과거의 생산방식에 큰 변화를 초래하기 시작하였다. 보편화된 상시적 시장은 대량의 상품을 소화할 수 있게 되었고, 그동안 축적된 자본과 과학기술의 진보는 이러한 대량생산을 가능하도록 만들었다. 대량생산의 필요성과 가능성은 규모가 큰 공장제도의 출현을 가져왔다. 이러한 대규모 공장에 의한 대량생산체제로의 이행은 특히 영국에서 가장 앞서 나갈 수 있었다. 식민지 무역에 의한 잉여창출과 함께 17세기 영국의 시민혁명은 신흥 부르주아 계급이 국가의 지배를 받지 않고 자유롭게 경제활동에 종사할 수 있는 정치사회적 여건을 조성해 준 것이기 때문이기도 하였다.

17세기 말에 이르기까지 영국의 부르주아 계급은 유력한 그리고 자존심이 강한 사회세력으로서 그 정치적 · 사회적 기반이 확립되었으며, 그들 자신들의 중요성을 인식하고 적대적 세력에 직면해서는 자신들의 이익을 관철시키고자 하는 결의가 확고하였다. 이들은 그동안 상비군이나 관료제도를 운영하기 위한 재정적 필요성에서 시민계급에 얼마간 우호적이었던 절대군주가 그들의 이해관계와 목표에 부합되지 않음을 알자 곧바로 기존의 권력에 비판적인 세력으로 변했으며, 궁극에는 혁명적인 사회세력으로 규합되었다. 부르주아 계급은 구질서의 완강한 저항에 맞서 혁명적 방법으로 자신들의 경제력에 상응하는 정치권력과 사회적 지위를 찾고자 하였다. 이것이 바로 17, 18세기 시민혁명이었다. 시민혁명 이후 다소간의 부침 속에서도 시민계급은 의회를 거점으로 착실히 자신들의 정치적 권력기반을 확충해 나갔고, 국가의 정책을 좌우할 수 있을 만큼의 영향력을 가질 수 있었다. 이미 18세기에 들어서기도 전에 영국에서는 사적 이윤과 경제발전이 정부정책의 최고목표로 받아들여져 왔다.

1.1.3. 산업혁명과 자본주의의 성숙

자본주의 발달의 결정적 계기는 산업혁명에 의해 마련되었다고 할 수 있다. 산업혁명은 '인류역사상 최초로 인간사회의 생산력을 속박하던 모든 굴레가 벗겨질 수 있게 됨으로써 재화와 용역을 끊임없이, 신속하게 그리고 무한하게 증식시킬 수 있게 되었음'을 의미한다.[1] 산업혁명은 짧은 시간대 내에 생산력의 획기적 증대가 가능했음을 의미하는데, 이는 소규모 매뉴팩처로부터 기계제 공업으로의 비약적 발전이 있을 수 있었기 때문에 가능한 것이었다.

이러한 산업혁명은 18세기 후반 영국에서 처음 시작된 것이었다. 이 시기 영국에서의 과학기술의 새로운 발명품, 예컨대 회전식 증기기관이나 방적기 등 각종의 기계적 장치는 더 큰 규모의 대량생산을 가능케 함으로써 영국경제를 본격적인 공업경제의 단계로 끌어올릴 수 있었다. 광활한 식민지 경영과 해외무역은 당시 영국의 주력산업이던 면방업을 중심으로 한 영국공업의 대대적인 발전을 가능하게 하였고, 이로써 획득된 대규모 자본은 이제 영국의 자본주의 경제체제를 '자립적 성장으로의 도약'이 가능한 단계로까지 올려놓을 수 있었다. 한편 영국에서의 산업혁명의 경험은 곧바로 프랑스나 독일 등 다른 유럽국가들로 확산되었고, 따라서 이제 자본주의 경제질서는 전 유럽의 보편적 현상으로 발전되어 갔다.

산업혁명의 개시시기에 대해서는 학자마다 다른 견해가 있다. 영국의 경우만 살펴보더라도 토인비는 1760년경부터 산업혁명이 시작되었다고 보고 있는 반면, 모테크(Mottek)는 1760~1770년대는 산업혁명의 준비기 정도로 볼 수 있을 따름이고 1780년대에 들어와 비로소 산업혁명이 시작되었다고 보고 있다. 이와 비슷한 관점에서 로스토(Rostow)는 1780년대 이후 1800년경까지 20여 년의 기간이 영국경제의 이륙의 시기로서 이 기간을 산업혁명기로 보아야 한다고 말한다. 한편 슘페터는 영국의 산업혁명을 두 단계로 나누어 1780년대 이전의 산업혁명과 1840년대 이후의 산업혁명으로 분류하고 있다. 프랑스의 산업혁명은 대략 1815년경부터 시작되어 1850년경까지 가장 두드러진 변화를 보인 것으로, 그리고 독일의 산업혁명은 이보다 다소 늦게, 즉 1830년대 중반경에 시작된 것으로 알려져 있다.

1 E. J. Hobsbawm, *The Age of Revolution* : 1789~1849, 박현채 외 (역), 「혁명의 시대」(한길사, 1984), p. 47.

1.1.4. 19세기 이후의 자본주의

19세기 중반에 들면서 선진 자본주의 국가의 비약적인 산업발전의 경험은 이들이 경영하고 있던 식민지 국가들에게까지 부분적으로 이식됨으로써 바야흐로 자본주의 경제체제는 비서구지역까지를 포괄하는 세계적 수준으로 확대되기 시작하였다. 산업혁명을 계기로 양적으로 팽창하고 구조적으로 착근된 자본주의 체제는 오늘날에 이르기까지 통상적으로 다음과 같이 크게 세 단계로 구분될 수 있는 역사적 발전과정을 겪어 온 것으로 설명된다.

(1) 산업자본주의(industrial capitalism)의 단계

산업혁명이 결정적 계기가 되어 시작된 경쟁적 산업자본주의의 단계는 대개 19세기 말까지 지속되었다고 할 수 있다. 이 단계는 자본주의 경제질서가 전(前) 자본주의적 경제와 사회적 관계를 완전히 대체하여 경제사회의 전 부문에 걸쳐 지배적인 위치를 확고하게 차지할 수 있었던 단계이다. 이 단계에서 산업자본가들은 지방적 수준에서 이후의 단계와 비교할 때 비교적 소규모 기업들을 경영하였는데, 이들은 지역적 수준에서 상호간 치열한 경쟁을 전개하였고, 경쟁에서 이기기 위하여 자본축적을 통한 설비투자의 확장과 기술혁신을 거듭하였다. 산업자본주의 단계에서는 시장질서에 대한 정부의 간섭이 가격원리의 지배를 받는 완전경쟁시장을 왜곡시킨다는 고전주의 경제사상가들의 믿음이 지배적이었기 때문에 정부나 국가는 경제에 대하여 최소한의 제한적 역할만을 수행하도록 강제되었다. 그러나 모든 국가에서 정부가 산업화 과정에 소극적 역할을 한 것은 아니었다. 예컨대 독일이나 이태리 그리고 북유럽의 일부국가들에서와 같이 산업화 과정에서 국가가 큰 역할을 담당했던 사례를 쉽게 발견할 수 있기도 하다.[2]

(2) 독점자본주의(monopoly capitalism)의 단계

서구에서 산업자본주의를 규율하고 있던 자유방임적 자유경쟁원칙은 필연적으로 시장에서 성공한 기업과 실패한 기업으로 승패를 가름하였다. 방임적 자유경

---

2 B. Supple, "States and Industrialization : Britain and Germany in the Nineteenth Century," D. Held et al., *States and Societies* (New York University Press, 1983), pp. 170~180.

쟁의 결과는 19세기 후반에 들어오면서 극명하게 그 정체를 드러내었는데, 이는 곧 자본주의 자체의 질적인 변모를 의미하는 것이었다. 경쟁에서 패퇴한 영세자본가의 기업은 몰락하였고 계속된 경쟁에서 거듭 승리할 수 있었던 기업은 갈수록 규모를 확대하여 거대기업화되어 갔다. 그런가 하면 지배적인 위치를 점유하기 위한 목적으로 또한 불황에 따른 이윤감소에 대처하기 위한 목적으로 기업들 간에는 서로 제휴하고 연합하는 현상 —기업합병, 카르텔(kartel), 트러스트(trust)— 등을 보이기도 하였다. 기업결합을 통하여 이룩한 시장독점적 지배는 곧 자본의 집중을 의미하는 것이라 할 수 있다. 거대규모의 기업들은 군웅할거식으로 이제 경쟁의 법칙을 뛰어넘어 일국의 산업이나 경제 전체를 지배하는 단계에 이르게 되었던 것이다. 또한 이 독점자본주의 단계에서는 시장에서 지배적 위치를 차지하고 있는 거대기업들이 국내적 수준뿐만 아니라 국제적 수준에서도 시장과 자원, 투자처를 놓고 서로 각축하게 되었는데, 이러한 각축은 자국의 군사력의 지원을 받는 제국주의적 식민지 지배를 배경으로 이루어졌다. 한편 이러한 각축은 급기야 제국주의적 전쟁의 성격을 갖는 제1차 세계대전으로 귀결된다.

(3) 국가독점자본주의(state monopoly capitalism)의 단계

선진 자본주의 국가의 경제적 팽창과정에서 정부나 국가는 자국기업의 해외시장 확대에 도움을 주는 등 경제개입의 폭을 넓혔지만 이전의 독점자본주의 단계까지만 하더라도 국가는 경제에 직접적으로 개입하거나 영향력을 행사하지 않는 것을 기본으로 삼고 있었다. 그러나 1929년 미국 뉴욕 월(Wall) 가의 금융 및 증권 시장의 파국을 정점으로 폭발한 자본주의 경제권의 대공황(Great Depression)의 경험은 자본주의 시장경제에 대한 국가의 광범위한 개입을 불러일으키는 계기가 되었다. 대공황이라는 자본주의 체제의 위기상황으로부터 탈출의 돌파구가 마련된 것은 경제에 대한 국가권력의 광범위한 개입이었다. 대공황의 경험은 자본주의 시장경제가 스스로의 힘만으로는 재활할 수 없음을 보여 주는 것이었다. 미국에서만도 증권시장이 붕괴되고, 수천 개의 은행이 문을 닫았으며, 도산기업이 무수하게 속출하였다. 농민들은 저당 잡혔던 농토에 대한 소유권리를 상실하게 되었고 도시에서는 1,300만여 명의 실업자가 생겼다. 끊임없는 배급행렬은 자본주의의 미래에 절대적인 회의와 비관적 전망을 불러일으키기에 충분하였다. 유럽의 주요 자본주의 국가들에서도 마찬가지의 재앙이 초래되었다. 더욱이 유럽의 경우는 전 세기에 이미 자본주의 체제의 필연적 붕괴를 예언한 마르크스의 영향이 강력하게 남아 있었던 까닭으로 정치적 · 사회심리적 파국상황은 미국보다 심각한 것이었다. 체제의 붕괴에 직면하여 나타난 사회주의 혁명세력의 증대와 이에 따른 혁명 대두의 절박함 그리고 식민지 민족독립운동의 격화는 자본가 계층을 불안하게 하였다. 빵과 일거리를 찾아 나선 실직노동자들 그리고 토지를 잃은 농민들은 잃을 것이 더 이상 없는 상태에서 언제든지 혁명세력화할 수 있었다. 이 단계에서 공공의 질서유지를 내세우는 국가 —관료기구— 와 독점자본가들 사이의 체제유지라는 공통의 이해관계는 자본주의 체제의 또 다른 질적 변용을 초래하였다. 이렇게 해서 등장한 것이 마르크스주의자들에 의해 규정되고 있는 바, 국가자본주의 혹은 국가독점자본주의라고 할 수 있다. 마르크스주의자들의 국가독점자본주의 개념에는 자본축적의 지속과 집중화 과정, 독점화 과정에서 국가가 주요한 역할을 담당한다는 뜻이 담겨 있다.

1.2. 자본주의를 어떻게 이해할 것인가

학문의 영역에서든지 혹은 일상생활에서든지 우리는 자본주의라는 말을 곧잘 쓴다. 도산한 사업가를 위로할 때 그 실패를 자본주의의 탓으로 돌리기도 하며, 또 때로는 '돈 놓고 돈 먹기'식의 자본주의를 들먹이기도 한다. 자본주의라는 말은 경우에 따라서는 온갖 탐욕과 부도덕의 집결체인 것처럼 비난의 대상이 되기도 하고, 또 경우에 따라서는 개인의 노력과 열정이 그 사람의 모든 것을 결정해 주는 자유의 총화로 칭송되기도 한다. 아주 쉽고 당연하게 모두가 그것이 무엇을 의미하는 것인지 다 잘 알고 있다는 듯이 자본주의라는 말을 사용하기도 하고, 또 어떤 경우에는 대단히 복잡하고 난해한 것이어서 전문가들이나 아는 것이지 보통사람들은 머릿속에 기억되어 있는 고급의 어휘 정도로 간주되기도 한다.

사회과학의 영역에서도 자본주의는 부정적인 것, 긍정적인 것 모두가 포함되어 있는 양면성을 가지고 있고 또 그런 만큼 다양한 평가를 받고 있는 대표적인 개념이라 할 수 있다. 그래서 사회과학의 영역에서 자본주의는 '관례적으로 이미 가치판단을 포함하는 방식'으로 정의되고 있다.[3] 말하자면 사회의 일부 유력한 구성원들이 다른

3 Peter Berger, *Capitalist Revolution* (New York : Basic Books, Inc., 1986), 이원희 (역), 「자본주의혁명」 (지문사, 1987), p. 27.

사람들의 노동을 착취하는 하나의 경제체제, 혹은 그 반대로 재산에 대한 사람의 자연적 권리를 주장하는 하나의 경제체제라는 식이다.

사회과학의 영역에서 자본주의 개념에 대한 다양한 견해의 난립은 무엇보다도 그것이 하나의 역사적 현상이라는 데에서 그 배경을 찾을 수 있을 것이다. 자본주의가 하나의 역사적 실체라는 점을 부정하는 학자들도 있긴 하다. 자본주의의 실체성을 부인하는 사람들은 자본주의라는 말을 역사적인 사실과는 무관한 정치적 구호 정도로 취급한다. 그러나 토니(R.H. Tawney)의 말대로 자본주의는 엄연한 '역사적 범주'이며 서구의 역사 속에서 생성발전된 독특한 '인간제도'이다. 자본주의가 하나의 역사적 현상이라고 하는 것은 앞에서 살펴본 바와 같이 그것이 오랜 시간에 걸쳐 다양한 지리적 분포도 위에서 성장해 왔음을 의미한다. 자본주의는 중세시대부터 그 생성의 맹아가 자라나기 시작하였고 17, 18세기에 확고하게 자리를 잡기 시작하여 19세기부터 세계화의 길에 들어서면서 오늘에 이르고 있다.

이 과정에서 지리적으로는 처음 지중해 연안이, 다음에는 북유럽으로 그것도 처음에는 네덜란드가, 다음에는 영국이 그 중심이었으며, 20세기 초중반 이후로는 다시 미국으로 그 중심이 이동해 갔다. 따라서 모든 복잡한 역사적 현상에 대해서 그러한 것처럼 마찬가지로 자본주의라는 역사적 현상에 대해서도 해석가나 연구자에 따라 의견이 엇갈리는 것은 어떤 의미에서 낭연한 것이라 말할 수도 있다.

자본주의 형성과정에서 나타났던 역사적 사실의 다양성과 복잡성은 자본주의에 대한 배타적 타당성을 갖는 일의적 개념정의를 불가능하게 하고 있을 뿐만 아니라, 그것의 일반적 범주를 확정하는 것조차 어렵게 하고 있다. 심지어는 자본주의의 특징적 면모를 정확히 기술하는 것조차도 결코 쉬운 일이 아니다. 이는 자본주의의 연구자들이 자본주의를 연구할 때 동일한 대상을 연구하는 것이 아니라는 점을 의미하는 것이기도 하다. 연구자들 사이에는 대상선별이 다를 뿐 아니라 연구의 주안점이 다 다르고, 또 완전히 서로 다른 해석방식과 인과적 관계의 설명을 제시하고 있다.

1.2.1. 자본, 자본가, 자본주의

자본주의(capitalism)란 말의 어근은 자본(capital)이다. 자본이라는 말은 라틴어로 머리를 뜻하는 'capus'에서 유래하였다. 'capital'이란 말은 12세기에서 13세기에 걸쳐 기금, 상품의 재고, 돈의 총액, 이익을 가져오는 돈 등의 의미로 처음 등장했다. 머리라는 개념으로부터 자본이라는 개념이 유래되었던 역사적 배경이나 그 시대의 언어생활에 대해서는 잘 알 수 없지만 한 가지 짐작할 수 있는 것은 '돈이 최고, 우두머리'라는 일부 상인계층의 관념이 이미 사회적으로 널리 확산되기 시작했을 것이라는 점이다. 이후 'capital'은 차츰 그 개념적 범위를 줄이면서 회사나 상인의 화폐형태의 부를 나타내게 되었고, 18세기에 들어서면서부터는 더욱 좁은 의미의 '생산적인 자본'을 지칭하는 말로서 일반적으로 쓰이기 시작했다.[4]

'capitalist'라는 말은 가본가를 의미하는 명사적 개념으로 주로 쓰이는데, 경우에 따라서는 자본제적이라는 형용사적 의미로 사용되기도 한다. 자본을 소유한 사람을 의미하는 자본가(capitalist)라는 명사는 일반적으로 17세기 중엽에 생겨난 것으로 알려져 있다. 자본주의 경제질서에 대한 고전적인 대표 연구가이었던 애덤 스미스나 조금 후의 마르크스는 자본주의(capitalism)라는 개념을 사용하지 않았다. 애덤 스미스 시대만 하더라도 자본주의 질서는 당대의 사람들에게 아직은 낯선 것이어서 오늘날 우리가 인식하고 있는 거대한 경제적 질서체계로까지 생각하지 못했던 것으로 보인다. 애덤 스미스는 자본주의를 '자유의 자연적 체계(the natural system of liberty)'라는 관점에서 분석하였다. 애덤 스미스의 이러한 관점은 후에 자본주의 체제에 대한 자유주의적 개념규정의 바탕이 된다. 자유주의적 이론체계 내에서 자본주의는 기본적으로 특히 경제적 영역에 있어서의 '무제약의 개인적 활동체계(a system of unfettered individual enterprise)'로 인식된다. 즉 경제적 · 사회적 관계가 자유로운 계약에 의해 지배되고 그 속에서 각 개인들은 자신의 목표를 추구해 나가는 데 아무런 법적 강제나 제한을 받지 않고 '자유의 주체'가 되는 그러한 질서가 자본주의 체체와 동일시되고 있는 것이다. 이러한 맥락에서 자본주의는 자유방임 체제(a regime of laissez-faire)와 동의어로서 개인주의의 경제적 변용을 의미하는 것이 된다.

마르크스는 자본주의라는 명사적 관용어 대신 자본제적 사회(capitalist society) 혹은 자본주의적 사회라는 개념을 사용하고 있다. 마르크스의 자본주의적 사회는 자본제적 생산양식(capitalist mode of production)에 토대를 두고 있는 사회를 의미한다. '자본제적'이라는 형용사적 개념은 학자에 따라 전혀 다른 의미로 쓰이기도 한다. 오스트리아 학파는 '자본주의적'의 의미를 생산수단의 소유양식과는 무관하게 순수한 기술

4 위의 책, pp. 27~29.

적 의미에서 우회적 생산방식(roundabout or time-using methods of production)으로 이해하고 있다. 물론 마르크스주의자들은 이러한 해석에 대해 크게 못마땅해한다. 왜냐하면 오스트리아 학파류의 해석은 원시시대 이후의 모든 생산과정에 다 통용될 수 있는 개념정의이기 때문에 근대 이후의 역사적 실체로서 자본주의적 경제체제를 설명하는 데 미흡하다고 보기 때문이다. '자본주의'라는 개념은 베르너 좀바르트(W. Sommbart)의 「근대 자본주의」(Der Moderne Kapitalismui, 1902)에서 처음 사용된 것으로 알려져 있다. 따라서 우리가 흔히 쓰는 자본주의라는 개념은 20세기 이후에 들어와서 쓰이기 시작했음을 알 수 있다.

일반적으로 자본주의에 대한 개념적 이해는 그것이 어떠한 역사적 과정과 단계를 거치면서 형성, 발전되었느냐 하는 차원과 그것의 본질을 무엇으로 규정할 것인가 하는 차원에서 크게 보아 세 가지의 갈래로 나눌 수 있다.

1.2.2. 자본주의 정신 : 막스 베버의 자본주의관

베르너 좀바르트와 막스 베버는 자본주의의 요체를 그것의 물질적 기반과 과정에 대한 경제학적 분석에 의거하지 않고 자본주의의 발흥과 운용과정에서 인간의 행동을 지배했던 정신(spirit)에서 찾는다. 이들은 자본주의의 기원을 근대세계에 특징적인 경제관계나 경제형태의 조성에 유리하게 작용했던 인간의 정신적 특징 및 행동기질로부터 설명한다. 이와 관련하여 좀바르트는 '자본가 정신(the capitalist spirit)'을, 베버는 '자본주의의 정신(the spirit of capitalism)'을 말한다. 곧잘 '자본가 정신'은 부르주아적 속물근성으로서의 무제한의 탐욕을 의미하는 것으로 해석되고, 또 이러한 관점에서 마르크스주의자들은 이른바 자본가의 정신이라는 것을 호되게 비판해 왔다. 그러나 좀바르트는 자본가 정신을 탐욕의 관점에서가 아니라 '모험가적 사업정신과 합리적이고 타산적인 기질과의 결합'이라는 관점에서 규명하고 있다.

좀바르트는 전(前) 자본주의적 인간형과 자본주의의 인간형을 나누어 설명하고 있다. 좀바르트가 말하는 전자본주의적 인간형은 자신의 경제활동을 단순히 자신의 자연적 욕구를 충족시키기 위한 수단으로 인식하는 '자연적 인간(natural man)'이다. 이와는 달리 자본주의하의 자본주의의 인간형은 자본의 축적을 경제활동의 지배적 동기로 삼으며, 건전한 합리성의 태도와 정밀한 계량적 측정방식에 의해 삶의 모든 것을 이 목적에 복속시키는 그러한 인간형을 말한다.

자본주의적 인간형이나 경제적 행동유형에 대한 보다 체계적 분석은 막스 베버에 의해 제시된 바 있다. 베버는 '자본가 정신'이 부르주아의 속물근성으로 곡해되는 우려에서 이를 '자본주의의 정신'과 구분하고 있다. 베버는 자본주의의 정신을 합리적이고 체계적으로 이윤을 추구하는 태도로 기술하고 있다. 베버는 자본주의를 합리성, 체계성, 전문조직성이라는 관점에서 파악하고자 한다. 베버가 생각하는 자본주의는 탐욕의 산물이 아니라 경제행위자들이 '지속적이고 주도면밀한 합리적인 사업경영을 통해서 끊임없이 새로운 이윤을 창출해 가는 체제'로 규정한다. 여기서 우리는 베버가 자본주의를 합리적이고 체계적인 사업경영이라는 경제적 행동유형의 문제로 파악하고 있음을 알 수 있다. 베버는 자본주의적 행동유형을 '교환의 기회, 다시 말하자면 평화적인 이윤창출의 기회를 활용함으로써 얻어지는 이윤에 대한 기대감에 바탕을 둔 행동'으로 정의하고 있다.[5] 베버는 이러한 자본주의의 유형이 폭력이나 모험을 수반하는 투기적 자본주의와 다르고, 또 권력의 행사나 음모를 동원하는 정치적 자본주의와 전적으로 다른 것으로 설명하고 있다. 베버에 의하면 군사적 정복과 약탈, 착취, 투기, 정치적 농간에 의존하는 비합리적인 자본주의적 모험가나 흥행가는 동서고금을 막론하고 아주 오래전부터 매우 광범위하게 존재해 왔다. 투기적 자본주의, 정치적 자본주의, 모험적 자본주의의 요체는 비합리적일 뿐만 아니라 도덕적으로 정당화될 수 없는 방법으로 무제한의 탐욕을 충족시키고자 하는 획득충동(the impulse to acquisition)에서 찾을 수 있을 것이다.

그러나 베버는 자본주의가 무엇보다도 획득충동이나 가능한 한 최대한의 금전을 추구하려는 욕구 그 자체와는 하등의 관계가 없음을 역설한다. 이러한 획득충동이나 무한한 금전추구욕은 서구 이외의 지역에서도 또 근대 이전의 시대에도, 자본주의적 사업가 이외의 사람들에게서도 흔하게 발견되어 온 현상이므로 '근대 서구'의 자본주의와는 직접적으로 관련이 없는 것으로 보아야 한다는 것이다. 오히려 베버는 자본주의가 이러한 비합리적인 충동의 억제 혹은 최소한의 절제와 동일시될 수 있는 것으로 단정한다.

베버는 자본주의의 정신과 전 자본주의적 전통주의와의 단적인 차이는 부 및 이윤에 대한 사람들의 태도에 따라 달렸다고 본다. 경제적 전통주의는 열심히 일하려 하지 않고 안일한 삶만을 추구하는 태도를 지칭한다. 또 이러한 전통주의가 지배

5 M. Weber, *The Protestant Ethics and the Spirit of Capitalism* (London : George Allen & Unwin, 1978), 17.

적인 곳에서 사람들은 경제영역에서 주먹구구식으로 계산하고 인습적인 방식으로 행위한다. 그러나 경제적 합리주의는 —베버는 근대 자본주의의 정신을 경제적 합리주의로 부르고 있다— 적극적으로 이윤과 부를 추구하되 다만 이를 합리적인 방법으로, 또 도덕적으로 정당화될 수 있는 방법으로 추구하려는 태도를 말하는 것이다. 즉 주먹구구식의 추정이나 인습적인 셈법이 아니라 수지균형에 입각한 자본계정과 같이 정확성과 예측가능성을 지니는 경제행동 그리고 열심히 땀흘려 일함으로써 그 대가로 주어지는 이윤과 재화의 축적이 정당화될 수 있는 경제활동이 근대 자본주의의 요체라는 것이다.

1.2.3. 자본제적 생산양식 : 마르크스의 자본주의관

마르크스는 자본주의를 기업가 정신이나 이윤획득을 목표로 화폐를 이용하는 일련의 교환경제체계로 보는 대신 하나의 '특수한 생산양식(a particular mode of production)'으로 규정한다. 여기서의 생산양식이란 단순히 생산력의 수준을 결정하는 생산수단의 기술수준에 관련된 것일 뿐만 아니라 생산수단이 소유되는 방식 그리고 생산과정에서 귀결되는 사람과 사람 사이의 사회적 관계를 지칭한 개념이 된다. 마르크스는 자본주의의 본질적 특징을 막연히 시장을 목표로 하는 생산체제라는 데에서 찾을 것이 아니라 다른 상품들처럼 노동력 그 자체도 상품화되어 시장에서 교환의 대상이 되는 체제라는 데에서 찾아야 한다고 본다. 이러한 관점에서 보자면 자본주의의 출현이 가능한 역사적 선행조건은 생산수단의 소유가 그 사회의 소수에 속하는 특정한 어느 한 계급 —자본가 계급— 에 집중되어 있고, 따라서 이를 갖지 못한 다수의 사람들이 자신의 노동력을 유일한 생계의 방편으로서 시장에 내다 파는 무산계급(propertyless class)이 대두된다.

마르크스는 상업과 고리대금업의 존재, 그리고 전문적인 상업계층이나 화폐금융업자의 출현만으로 자본주의 사회의 개념정의하기에는 미흡하며, 이들 화폐자본이 생산과정에서 잉여가치 —마르크스에 의하면 자본주의 체제하에서 모든 가치의 근원은 노동력에 있으며, 피땀에 대한 정당한 대가가 제대로 주어지지 않는 잉여노동이 자본가의 이윤의 원천이 되는 잉여가치를 창출한다— 를 창출할 수 있도록 노동을 기속한다는 데에서 자본주의의 본질적 특징을 찾아야 할 것으로 보고 있다. 이 경우 자본주의 체제하에서 소유계급에 의한 노동의 속박은 법적, 신분적 강제에 의해서 이루어지는 것이 아니라 자본과 노동 사이의 자유로운 임금계약을 바탕으로 이루어진다. 즉 겉으로 나타나기에는 노동자의 자유로운 의사에 따라 생산활동에 종사하는 것이 된다. 그러나 마르크스는 이러한 계약노동을 '시장에서의 자발적 교환의 형식을 빌린 착취'라고 단정 짓는다. 요컨대 마르크스의 규정에 따르면 자본주의는 자본이 '상품화된 노동'을 형식적인 '자유계약'의 형태로 고용하여 이로부터 '잉여가치'를 창출하는 '생산양식'이다.

베버와 마르크스로 대표되는 두 자본주의관 이외에도 자본주의에 대한 독특한 또 하나의 해석으로는 독일 역사학파의 원격지 시장생산체제로서의 자본주의관을 들 수 있다. 독일 역사학파는 자본주의의 발흥과 전개과정에 대한 경제사적 분석에 의거하여 자본주의를 원격지 시장을 위한 생산의 조직체계(the organization of production for a distant market)와 동일시한다. 이들은 서구유럽에서의 자본주의 체제의 역사적 형성은 생산과 판매의 시공간적 분리가 가능했기 때문에 이루어진 것이었고, 이 과정에서 결정적 계기가 된 것은 전업상인계층의 출현이었다고 분석한다. 즉 상품을 미리 생산업자들로부터 사들여서 이윤을 붙여 나중에 시장에서 판매하는 전문적 상업계층이 출현함으로써 생산과 판매의 시공간적 분리현상이 나타날 수 있었고, 이것이 계기가 되어 자본주의의 역사적 발흥이 이루어졌다는 것이다. 따라서 독일 역사학파는 화폐경제와 시장교환경제의 체계적 조직화를 자본주의의 요체로 파악하고 있음을 알 수 있다. 독일 역사학파의 해석에 따르면 자본주의 체제는 이미 12, 13세기경에 태동한 것이 되므로, 그 기원이 가장 멀리 소급되는 것임을 알 수 있다.[6]

1.3. 시장경제의 이해 : 특징 및 작동원리

1.3.1. 자본주의와 시장경제

1980년대에 들어 일기 시작한 세계사의 거대한 변화는 그동안 사회주의자들이나 인본주의자들로부터 가해지는 경제적 혹은 도덕적 비판에 취약했던 시장경제체제에 새로운 활력을 불어넣어 주고 있다. 시장경제를 부정하여 오던 사회주의 국가의 몰

6 M. Dobb, *Studies in the Development of Capitalism* (Routledge & Kegan Paul, Ltd., 1972), pp. 6~7.

락과 일부 공산국가에서의 시장경제의 도입은 시장경제에 대한 믿음을 더해 주고 있는 듯 보이며, 선진국가들에서 전개되고 있는 정부운용체계 및 공공부문에서의 시장원리의 도입은 시장경제원리의 현실적 위력을 실감하게 한다. 그런가 하면 이론적인 영역에서도 시장경제의 작동기제나 그 효과를 보다 새로운 관점에서 체계적으로 접근해 보려는 노력들이 이루어지고 있다. 이제 시장경제의 효율성을 의심하는 논변은 찾기 어렵게 되었으며, 시장은 곧 효율성의 대명사가 되다시피 하고 있다.

고전적인 형태의 자본주의 체제는 사유재산제도, 이윤추구의 원리, 그리고 순수한 자유경쟁의 원리 등을 기축적인 요소로 삼아 작동되는 체제이다. 자본주의 체제하에서는 시장질서가 바로 이들 각 경제행위자의 경제적 활동을 촉진하고, 규제하며, 또한 조정하여 조화를 이루게 하는 기능을 담당한다. 자본주의 체제의 본질을 시장메커니즘의 작동으로 규정하는 시장론자들은 어떠한 인위적 개입이나 조작도 배제한 순수한 형태의 자유시장의 존재를 자본주의 체제의 원형으로 제시한다.

이들은 시장이 적절하게 잘 작동되도록 하기 위해서 기업가는 자유롭게 기술혁신과 투자를 할 수가 있어야 하며, 노동자들은 보다 높은 임금을 위해 자유롭게 활동할 수 있어야 하고, 투자자는 높은 이윤획득을 목표로 자유롭게 자신의 투자처를 결정할 수 있어야 한다고 역설한다. 시장에서의 가격기제는 각 경제행위자에게 판단과 선택을 위한 정보를 제공함으로써 그들로 하여금 최선의 자기이익을 도모할 수 있게 도와준다. 시장은 어떠한 형이상학적 원리나 신분제적 도그마 그리고 어느 특정의 가치관의 지배를 허용하지 않기 때문에 그 속에서 활동하는 모든 행위자들로 하여금 평등하게 자신의 재능을 활용하여 이익을 추구할 수 있게 한다. 또한 시장은 서로 다른 가치와 선호를 가진 행위자들의 경제적 활동을 특유한 방법으로 조정하여 조화를 이루게 한다. 시장에서의 수요와 공급의 법칙은 상대방의 필요나 요구에 부응함으로써 최대의 편익을 획득할 수 있도록 행위자의 경제적 노력을 조정해 준다.

자유로운 거래행위와 자유경쟁을 통해서 획득한 이윤 등의 경제적 보상은 그것이 개인의 정당한 소유로서 제도적으로 보장될 수 있기 때문에 적극적인 추구의 목표가 된다. 개인의 경제활동의 결과가 국가나 공공기관에 귀속될 뿐 개인의 소유가 인정되지 않는 사회하에서는 이윤추구의 동기가 효과적으로 발휘되지 않을 것이다. 이러한 의미에서 순수한 형태의 자본주의 체제는 사유재산에 대한 규제의 부재를 요청한다. 왜냐하면 사유재산은 개인의 경제활동을 불러일으키고 이를 더욱 자극하는 원동력이기 때문이다. 물론 자본주의 체제하에서 사유재산권의 남용은 많은 사람들을 빈털털이가 되게 하는 등 사회적 불행을 초래하기도 한다. 하지만 이 경우에도 순수한 시장론자들은 자연적인 시장질서에 맡겨 두어야 한다고 주장한다. 왜냐하면 이들은 시장이 아주 놀랄 만한 방식으로 개별 행위자의 지나친 행동에 응징을 가할 것이라고 믿기 때문이다. 설사 시장의 결함이 있다고 하더라도 그것은 인위적인 노력보다는 자연적 질서, 즉 시장 그 자체의 질서 속에서 보다 현명하게 잘 치유된다는 논리이다.

따라서 시장옹호론자들은 사유재산에 대하여 정부가 할 수 있는 일이란 사유재산과 자유계약이 제도적으로 잘 보장될 수 있도록 법과 질서를 유지하는 일로 한정되어야 하며 재산권리체계에 어떠한 인위적 변동을 초래하는 정부의 행동도 반대한다. 자본주의의 자유시장 옹호론자들은 시장의 원활한 작동과 사유재산권체계의 효과적인 보장을 위해서 국가의 역할이 필요하다고 인정하고 있지만, 이러한 국가의 역할이 필요한 최소한의 수준에 머물러야만 한다고 주장한다.

개인의 사유재산이 다른 사람들과 자유롭게 교환되는 곳은 자유시장이기 때문에 사유재산제도는 시장메커니즘의 원활하고 자유로운 작동을 요청한다. 국가의 개입이 최소화되어야 시장질서가 원활하게 작동될 수 있다고 주장하는 자본주의 시장경제론자들은 소득과 부의 불평등이 사유재산이 자유롭게 처분되는 시장과정의 정상적인 현상으로, 얼마간 바람직한 결과이기까지 하다고 본다.[7] 이들은 소득이나 부는 시장사회에서 최선으로 기여하는 사람에게 부여되는 경제적 대가이며, 빈곤은 시장 속에서 타인에게 아무것도 해 주지 못하는 사람들이 맞이하게 되는 당연한 운명으로 여긴다.

시장경제론자는 흔히 시장경제의 문제점으로 지적되는 이러한 사회적 불평등이 적극적으로 시장에 개입하는 국가권력보다도 사회적으로 보다 덜 해로운 결과를 낳는다고 주장한다. 요컨대 시장경제 옹호론자들은 시장체제가 한 사회의 사회경제적 질서를 조직화하는 가장 민주적인 방식일 뿐만 아니라 최선의 자연적 정의에 부합되는 방식으로 간주한다.

7 시장경제론자들의 분배적 정의관에 대해서는 다음을 보면 잘 나와 있다. J. Buchanan, *Liberty, Market, and State* (New York University Press, 1986); F. A. Hayek, *Law, Legislation, and Liberty* (Routledge & Kegan Paul, 1973), ch. 9.

1.3.2. 시장경제론의 기본가정

자유시장질서 옹호론자들은 시장질서가 한 사회의 사회경제적 질서를 조직화하는 최선의 효율적인 방식이라고 역설한다. 이들은 국가의 계획이나 통제에 의해 경제가 지배되는 다른 어떠한 유형의 사회질서에 비해서 시장원리에 의하여 생산과 소비, 분배 등의 문제가 해결되는 자유시장사회가 그 내재적 가치라는 측면에서나 혹은 효율성의 측면에서 절대적인 우위에 있다고 단정한다. 그런데 이들 시장경제 옹호론자들이 시장질서의 본질적 가치와 우월성을 인정하는 것은 이들이 전제하고 있는 다음 몇 가지의 기본적 가정의 당연한 귀결이기도 하다.[8]

(1) 개인주의적 사회관

시장론자들은 한 사회의 기본질서가 자유롭고 독립적인 행위의 주체인 개인들의 집합체로 구성된다고 가정한다. 각 개인은 원칙적으로 어떠한 외부의 작용도 받지 않고 자신의 의지에 의해서 자신의 사회적 행위를 결정할 수 있다. 이러한 개인주의적 사회관은 개인을 사회 속에서의 모든 권리와 의무의 궁극적인 담지자로 간주한다.

오늘날의 대표적인 시장론자인 하이에크(Hayek)는 한 사회의 사회적 제도나 질서체제를 이러한 자유로운 개별적 행위주체들의 의도하지 않은 '자발적 질서'(spontaneous order)로서 설명한다.[9] 각 개별적 행위주체들의 자연적 조화가 사회질서를 이루고 있다는 이러한 이론적 가정에는 고전적 시장경제이론가인 애덤 스미스의 '보이지 않는 손'이라는 자유방임적 신조가 그대로 계승되고 있음을 알 수 있다. 자유방임적 사회질서관이 함축하고 있는 의미는 국가 등과 같은 어떠한 외부적 중앙권위도 상대의 권리를 존중하는 자유로운 계약당사자들 사이에서 형성된 사회적 결과에 대하여 이를 판단하거나 변경할 권리가 없다는 것이다. 개인만이 모든 사회적 행위의 궁극적 발원지이며, 모든 사회적 행위의 결과를 평가할 수 있는 궁극적 기준이 된다는 생각인 것이다.

8 A. Schotter, *Free Market Economics : A Critical Appraisal* (St. Martin's Press, 1985), pp. 1~16.

9 F.A. Hayek, *op. cit.*, Rules and Order, pp. 35~54.

(2) 합리성의 가정

자유시장 속에서 활동하는 각 개별 행위자는 합리적 존재로 가정된다. 즉 각 행위자는 자신의 선호를 충분히 알고 있으며, 자신의 이익을 효과적으로 추구할 수 있는 계산능력을 가지고 있다. 합리성의 가정에는 두 가지 의미가 담겨 있다. 하나는 경제적 행위주체로서 개인은 이기적 존재라는 점이고, 다른 하나는 개별 행위자는 자신의 만족과 효용을 극대화하고자 하는 효용극대추구자(utility maximizer)라는 점이다. 이기성의 가정은 개별 경제행위자가 자신의 행동을 결정하는데, 그 행동이 다른 사람에게 어떠한 영향을 미칠 것인가 하는 문제는 원칙적으로 고려하지 않는다는 점을 의미한다. 효용극대추구자의 가정은 경제적 행위주체로서 개인은 사회적 상태를 자신에게 귀착되는 효용가치의 크기라는 관점에서 평가하며, 따라서 이를 극대화하고자 한다는 의미이다.

(3) 보이지 않는 손의 가정

시장경제론자들은 자유방임적 시장질서가 최선의 사회적 상태를 가져온다고 역설한다. 아무리 각 개인이 타인에 대한 배려의 의도 없이 자신만의 이익을 극대화하고자 하는 관점에서 행동한다고 하더라도 사회 전체의 조화가 이루어질 수 있다고 믿는다. 그리고 이러한 개별적 행위의 집합적 결과가 조화와 최대의 사회적 선으로 귀결되는 과정을 이른바 '보이지 않는 손'의 작용으로 설명하고 있다.

고전적인 시장경제 신봉자였던 애덤 스미스까지만 하더라도 '보이지 않는 손'의 시장논리는 18세기 당대의 종교적 믿음과 밀접히 결부되어 있는 신념의 문제였다. 하지만 근대 수리경제학의 업적은 '보이지 않는 손'의 작용이 더 이상 신념의 표현이 아니라 논리적으로 일관성 있는 수학적 모델로 설명될 수 있음을 보여 준 바 있다. 근대 수리경제학자들은 일련의 조건들을 충족시킬 수 있는 완전히 경쟁적인 자유시장경제가 최적의 결과—이를 파레토 최적(Pareto optimal) 이라 부른다—를 낳는 일반적 균형(general equilibricem)에 도달할 수 있음을 보여 주고 있다. 애덤 스미스 이래로 시장옹호론자들이 가정하고 있는 시장질서의 '보이지 않는 손'의 논리는 오늘날까지 시장경제론자들의 가장 핵심적인 논변이 되고 있다.

1.3.3. 시장경제의 기본원리

(1) 애덤 스미스의 시장경제론

시장의 기본적 작동원리와 그 사회적 효과가 처음으로 체계적으로 밝혀진 것은 애덤 스미스의 「국부론」(The Wealth of Nations)에서였다. 국부론에서 제시되고 있는 애덤 스미스의 가장 큰 발견은 앞에서 잠깐 소개한 바와 같이 상업에 있어서 개별적인 이익추구행위는 사회 전체에 집합적 번영을 가져온다는 것이었다. 즉 굳이 남을 위하고 사회 전체를 위한 견지에서 자기이익을 포기하거나 스스로 제약하지 않고, 순수하게 자신의 이익만을 추구하는 개별적 행동만으로도 사회 전체의 공동선이 보장될 수 있다는 것이었다. 애덤 스미스는 심지어 공익을 촉진시키기 위한 의도하에서 행동하는 것보다도 자기이익만을 추구함으로써 사회 전체의 이익이 더욱 효과적으로 성취될 수 있다고 말한다. 애덤 스미스 이전에 이러한 식의 사고가 없었던 것은 아니다. 예컨대 맨더빌(Mandeville)은 그의 저작 「꿀벌의 우화」(Fable of the Bees)에서 "꿀벌들—부지런한 일꾼을 상징하는 말—이 생산적 활동에 종사하면서 자기 자신의 경제적 이익을 추구할 때 그 결과 전체의 풍요가 이루어진다. 반면에 꿀벌들이 [자기이익이 아닌] 덕목(virtue)을 추구할 때 그 결과는 빈곤의 만연이 초래된다"라고 설파한 바가 있다.[10]

애덤 스미스는 개별적인 이익추구행위의 집합적 결과가 사회 전체의 이익과 번영으로 나타나는 것을 '보이지 않는 손'의 작용으로 설명한다. 여기서의 '보이지 않는 손'은 시장의 자연적 질서를 의미하는 것으로 볼 수 있다. 시장에서 판매자와 구매자 사이의 거래과정에서 이루어지는 자발적 교환은 쌍방에 경제적 이득을 가져다준다. 시장에서의 거래과정은 무수히 많은 당사자들 사이에서 외부 중앙적 권위체의 어떠한 지시나 계획의 일환으로 이루어지는 것이 아니다. 애덤 스미스는 중앙의 권위체, 이를테면 정부나 국가의 인위적인 개입 없이도 시장교역의 결과는 상호 호혜적으로 나타난다고 역설하고 있다. 시장의 가격메커니즘이 재화거래의 가치척도로 기능함으로써 모든 사회경제적 과정에 질서와 안정을 부여할 뿐만 아니라 재화의 생산과 자원의 분배가 신속하게 상황즉응적(상황즉흥적)으로 이루어질 수 있다고 믿었던 것이다.

10 D.S. King, *The New Right : Politics, Market, and Citizenship* (The Dorsey Press, 1987), p. 72.

일견 스미스의 이러한 시장옹호론은 자칫 자유방임적 무정부상태에서 시장이 가장 잘 작동될 수 있다고 전제하고 있는 것처럼 비춰질 수도 있다. 그러나 애덤 스미스는 정부나 국가의 권력질서가 전혀 수립되어 있지 않은 무정부주의(anarchism)를 시장질서의 작동을 위한 이상적인 질서로 말하지는 않았다. 일반적으로 시장옹호론자들은 시장경제의 자율적 교환체계는 한 사회의 도덕적 규준과 권위가 지탱되고 있어서 그것이 사회적 평화를 지켜 줄 때만이 본래의 목표를 성취할 수 있다고 본다. 그리고 한 사회의 이러한 대내외적 평화유지의 사명을 정부나 국가질서의 몫으로 돌린다.

마찬가지로 스미스도 자율적 시장체제가 사회 전체적으로 편익을 보장할 수 있도록 원활히 작동하기 위해서는 적절한 제도가 그 배경에서 뒷받침해 주어야 하고, 국가는 이러한 배경적 제도를 유지해 나가는 역할을 수행해야 한다고 역설하고 있다. 애덤 스미스는 국가나 정부는 시민들의 권리체계를 변경시키거나 특정의 계약내용을 강제할 수 없지만 시민들 사이에서 자유롭게 이루어지는 사적인 계약과 재산권체계가 잘 지켜질 수 있도록 보장자의 역할을 해야 한다고 보고 있다. 또한 정부는 시장이 생산하지 못하는 일부 공공재를 지속적으로 생산, 제공해 주어야 하는 책임을 떠맡아야 한다고 말하고 있다.

애덤 스미스의 이러한 시장논변은 이후 자유주의적 시장옹호론 및 자본주의 경제질서 우월론의 주요한 이론적 원천이 되고 있다.

(2) 신우파(New Right)의 시장경제론

애덤 스미스의 시장경제에 대한 기본적인 태도는 오늘날 신우파의 자유주의적 시장옹호논변의 이론적 바탕을 형성하고 있다. 1980년대 이후 각광을 받기 시작했던 신우파 —신보수주의라고 불리기도 한다— 의 범주에는 하이에크나 프리드먼 등과 같이 고전주의 경제학의 전통을 그대로 답습하고 있는 순수한 시장경제론자들과 정부실패를 주장하면서 공공영역에 있어서의 시장원리의 대폭적 도입을 역설하고 있는 뷰캐넌(J. Buchanan)을 태두로 하는 공공선택이론가 등을 들 수 있다. 이들 가운데에서도 애덤 스미스의 시장경제 옹호론을 현대적 관점에서 체계적으로 재해석하고 있는 논변은 하이에크에게서 발견된다.

하이에크의 카타락시 개념

우선 애덤 스미스의 '보이지 않는 손'의 현대적 형태는 하이에크의 '자발적 질서'나 카타락시(Catallaxy)의 개념에서 찾아볼 수 있다. 하이에크는 시장이 어떻게 기능하는가를 설명하는 이론을 카타락시라고 부를 것을 제안하고 있다.[11] 하이에크는 '경제'라는 개념은 그 의미함축이 너무 좁기 때문에 시장의 작동과정과 기제를 제대로 포용하지 못한다고 보고 그 대신 카타락시라는 개념을 사용한다. 카타락시는 고대 그리스어 카타라테인(Katallateig)에서 유래된 것으로 '교환하다' 혹은 '거래하다'라는 의미를 내포하고 있다. 그리스어의 카타라테인의 개념에는 이 외에도 '공동체에 받아들이다'와 '어느 한 적을 친구로 전환시키다'의 의미도 담고 있다. 하이에크는 시장거래과정을 게임이라는 관점에서 접근한다. 게임이란 규칙에 의거한 시합으로 그 시합은 탁월한 재능과 힘 혹은 행운에 의해 결정된다. 게임은 게임에 참여하는 당사자들로 하여금 자신이 생각하는 가장 합당한 몫을 공동의 풀(pool)에 내놓도록 하고 이 풀 내에서 누구나 정해진 규칙에 따라 최선의 자신의 몫을 —불확실성하에서— 얻을 수 있도록 경쟁하도록 한다. 이러한 시장게임에 의해 우리는 낯선 사람을 우리의 친구로 받아들일 수 있고 또한 이들을 우리에게 유용하게 만들 수 있다. 하이에크의 말대로 시장게임에 의해서 낯선 사람들끼리 하나의 공동질서가 형성될 수 있다는 것이다. 그리고 이러한 공동질서 속에서 사람들 사이의 행동과 상호작용을 규율하는 것은 일반적 행동규율로서 게임의 규칙이 된다. 여기서 하이에크가 말하는 게임의 규칙은 주로 소유와 계약에 관한 법률이 된다. 시장원리에 의해 작동되는 공동의 질서체제 속에서는 누구나 정해진 게임의 규칙 내에서 최선의 자기이익을 도모하기 위하여 자유롭게 자신의 재능과 힘을 사용할 수 있다.

시장경제의 우월성

애덤 스미스와 마찬가지로 하이에크의 카타락시는 개별적인 자기이익의 추구로부터 집합적 이익이 보장될 수 있다고 설명된다. 하이에크는 자유방임적 시장체계만큼 이러한 기능을 효율적이고 공정하게 수행해 줄 수 있는 사회적 메커니즘은 없다고 주장한다. 시장은 어느 누구의 특정한 목표의 우월성을 전제하지 않고 누구에게나 동등

11 F.A. Hayek, *New Studies in Philosophy, Politics, Economics, and the History of Ideas* (The University of Chicago Press, 1967), pp. 90~92.

한 절차적 기회가 보장되기 때문에 '공정하다'고 간주된다. 또 시장질서는 가격원리에 따라 상황즉응적으로 움직이기 때문에 잘못된 계획이나 오도된 통제가 초래하는 비용을 절감할 수 있어서 '효율적'인 것으로 간주된다.

하이에크는 시장경제의 중요성을 시장정보와 지식이 널리 공유될 수 있다는 데에서 찾는다. 시장질서는 그것의 가격메커니즘에 의해서 시장게임의 당사자들 모두에게 시장상황에 대한 정보가 제공됨으로써 균형지향적인 자동적 조절이 이루어질 수 있다는 것이다. 가격은 시장행위자의 자율적인 행위조정을 위한 시장신호가 된다. 물론 한정된 상황 속에서 자신의 이익만을 추구하는 개별 시장행위자는 거대한 시장체계 전반에 대한 지식과 정보를 가질 수 없다. 그러나 모든 행위자는 자신의 선택과 결정에 직면해서는 이에 결정적 영향을 미치는 시장정보를 얼마든지 획득할 수 있다. 물론 여기에는 완벽하게 이상적인 조건하에서라는 가정과 본인이 게으름을 부리지 않고 정보획득의 비용을 기꺼이 치른다는 전제가 깔려 있다. 가격이라는 시장의 조정신호는 이윤획득을 목표로 이기적 노력을 전개하는 모든 행위자에게 그가 행해야 할 바를 정확히 선택할 수 있도록 정보를 제공한다. 예컨대 생산자가 시장에서 만나게 되는 가격들은 그가 무엇을 생산해야 할 것인가 그리고 이를 위해서 어떠한 생산요소들을 어떻게 투입해야 하는가를 즉각적으로 말해 준다.

경제란 제한된 수단 —이를테면 자본이나 생산된 상품, 자원 등— 이 경쟁적인 요구들 가운데 어디에 사용되도록 할 것인가를 결정하는 문제를 둘러싸고 경제행위자들 사이의 행위가 상호조정되는 과정이라 할 수 있다. 모든 경제적 활동의 목표는 희소한 가치의 분배를 요구하고 그것이 자신에게 돌아올 수 있도록 다른 사람들과 상호조정해 가는 것이다. 어떠한 의미에서는 경제뿐만 아니라 다른 사회적 과정이나 정치과정도 마찬가지라고 말할 수 있다. 시장사회에서는 이러한 행위와 요구의 상호조정과정이 시장가격이라는 모두가 공유하고 있는 지식과 잘 알려져 있는 절차에 의해 이루어진다. 그런데 하이에크는 가격메커니즘에 의해 지배되는 시장사회에서는 경제적 영역에서뿐만 아니라 비경제적 영역에서도 상충하는 요구들 사이의 조정이 가격원리에 의해 이루어질 수 있다고 주장한다.

사회주의 경제에 대한 비판

하이에크나 미제스(von Mises) 등은 시장지식 및 정보의 국지적(local)이고 암묵적(tacit)인 성격을 강조한다. 이들은 이러한 관점에서 사회주의의 중앙계획경제를 비판한다. 시장의 작동에 관한 지식은 필연적으로 국지적이고 암묵적인 성격을 가지기 때문에 특정한 시장상황에 직면하고 있는 개별행위자의 수준에서 포착될 수 있는 것이지 사회 전체적인 맥락에서 종합적으로 포착되거나 가용될 수 있는 것이 아니다. 국가에 의해서 시장 전반에 관한 유효한 지식과 정보가 적절하게 수집될 수 없다는 것이다. 따라서 이들은 중앙계획경제는 필연적으로 계획에 필요한 지식의 궁핍과 왜곡을 경험할 수밖에 없고, 이러한 까닭으로 '예측의 혼란(calculational chaos)'을 경험하게 된다. 사회주의 계획경제는 기본적으로 시장과 가격기제의 활용을 배제하기 때문에 시장상황에 대한 지식과 정보를 얻을 수 없다. 따라서 경제에 대한 예측도, 합리적 계획도 불가능하다는 것이다. 이들은 사회주의 계획경제에서의 자원의 낭비, 투자의 비효율적 왜곡, 그리고 각 경제부문이 서로 부합되지 않는 데에서 오는 비효율성이 바로 이러한 시장지식의 결함에서 기인한다고 주장한다. 요컨대 시장지식의 국지적 · 암묵적 성격은 개별적 의사결정 단위의 자유로운 교환행위과정 속에서만 적절히 포착될 수 있기 때문에 자유롭게 자신의 소유물을 처분할 수 있는 생산수단의 진정한 자유소유가 보장되어야 한다는 것이다.

시장경제와 분배적 정의의 문제

하이에크나 밀턴 프리드먼(Milton Friedman)과 같은 자유시장론자들은 시장질서로부터 귀결되는 소득분배가 바람직하다는 입장을 취한다. 일반적으로 시장에서 획득되는 소득은 각 개인이 생산에 기여한 노력의 정도와 그 효용가치를 반영한다. 그런데 개인들 사이에서는 능력이나 태도 등의 차이가 있기 때문에 기여하는 노력의 정도와 가치는 다 다를 수밖에 없다. 시장론자들은 분배적 정의의 문제가 '절차적 정의(procedual justice)'의 기준에 따라 해결되어야 한다고 본다. 즉 절차적 공정성이 보장되는 시장체제하에서 개인의 재능이나 공적(merit)에 따른 차등적 배분이 정의의 기준에 부합된다는 것이다. 또한 시장론자들은 노력과 기여에 상응하는 차등적 보상이 '능력껏 일하되 필요에 따라 배분받는' 분배메커니즘보다, 그리고 무차별한 평등분배의 메커니즘보다도 더 문명의 진보에 기여한 것으로 주장한다. 차등적 보상이 사람들의 근로욕구와 창의적 능력을 고취시킴으로써 생산성의 증대에 바탕을 둔 문명의 향상을 가져왔다는 것이다.

이러한 관점에서 시장론자들은 불평등이 문명의 진보과정에 필요한 요소로서 사람들로 하여금 진보의 대열에 서게 하는 유인책으로 기능한다고 본다. 자유시장론자들은 시장메커니즘 그 자체는 비인격적 제도로서 특정인이나 특정세력의 선호에 편향되어 있지 않기 때문에, 이를 통해서 이루어지는 소득과 부의 분배는 원칙적으로 불공정한 것으로 여겨져서는 안 된다는 생각을 가지고 있다. 심지어 프리드먼과 같은 적극적인 시장경제 옹호론자는 시장사회 속에서의 불평등은 다른 어떤 대안적 경제체제에서 발견되는 부작용보다도 덜 심각한 문제점을 가진 것으로 평가하고 있음을 알 수 있다. 프리드먼은 사회적 평등을 성취하는 데 필요한 권력의 집중은 정치적 자유를 크게 감축시킬 뿐 아니라 종국에 가서는 평등 그 자체마저도 성취할 수 없게 한다고 말한다.

1.3.4. 시장경제에 대한 비판

이상에서 살펴본 바 있듯이 애덤 스미스 이래로 최근에 이르기까지 시장경제의 우월성을 역설하는 이론들은 순수한 시장경제체제를 완전경쟁모델로 간주하고서 전개된 것들이다. 근대 경제학은 이러한 완전경쟁적 시장모델을 이론적 기반으로 삼고 있다. 완전경쟁시장은 가격기제에 의해 자동적으로 상품의 수요와 공급 간의 균형이 이루어진다고 가정한다. 그러나 현실적으로 시장경제는 완전경쟁의 논리정연한 질서법칙대로 움직이는 것은 아니며, 항상 불완전과 불균형의 역동성이 존재한다. 고전적 시장경제론자들에 따르면 시장에서는 가격기제에 의해 시장청산(market clearing)이 가능해진다. 예컨대 노동시장에서 고용되지 않은 인력이 있으면, 임금은 노동력의 공급수준과 수요수준이 일치할 때까지 하향조정된다. 기업은 적은 임금으로 보다 많은 노동력을 고용하고자 하기 때문에 일하고자 원하는 모든 사람이 일자리를 발견할 수 있게 되는 수준까지 임금가가 하락한다. 따라서 이러한 완전시장모델에서 비자발적 실업은 임금이 지나치게 높아서 기업이 고용을 회피하기 때문에 생기는 것으로 설명된다.

그러나 완전경쟁모델의 이러한 가정과 예측은 현실경제에서 있는 그대로 전적으로 부합되지 않는다는 것이 경험적으로 밝혀진 바 있다. 노동시장에서 노동력의 수요와 공급에 의해서 임금수준이 결정되고 실업은 임금이 높아서 생기게 된다는 이론은 1930년대 주요 자본주의 국가가 한결같이 경험했던 대공황 시기의 만성적 실업사태를 설명할 수 없었다. 그런가 하면 대공황이라는 경제적 위기로부터의 탈출은 시장가격기제의 자동조절기능에 의해서 이루어진 것이 아니었다. 대공황으로부터의 탈출이 고전적 시장옹호론자들이 인정하기를 거부했던 정부의 재정정책의 작용에 의한 인위적인 유효수효의 창출에 의해 가능했음은 이제 시장경제의 완전경쟁모델의 한계를 나타내 주는 것이었다. 케인스 이후, 시장경제의 완전경쟁모델은 몇 가지 충족되기 어려운 가정에 입각하고 있다는 점이 지적되었다.

독과점의 문제

완전경쟁모델은 개별행위자가 시장 전체에 미치는 영향이 매우 미미한 것으로 가정하고 있고, 또한 모든 상품은 수요-공급관계에 나타나게 되는 재화의 희소성을 반영하고 있는 것으로 가정된다. 그러나 현실 시장경제의 운영과정에서 자연스럽게 등장한 독과점기업은 재화의 공급을 통제함으로써 가격을 인위적으로 조작할 수 있게 되었다. 그리고 이러한 독과점은 예외가 아니라 현대 시장경제의 본질적 구성부문이 되고 있다.

시장정보의 한계

완전경쟁모델에서는 경제행위자가 자신의 욕구나 필요에 대한, 그리고 시장에 대한 정확하고 완벽한 정보를 가지고 있다고 전제되지만 실제로는 그렇지 못한 것으로 드러났다. 사실 대부분의 소비자들은 소비행위를 결정하는 데 이용할 수 있는 충분한 지식과 정보를 가지고 있지 못하다. 그런가 하면 과대한 선전광고는 소비자의 판단을 흐리게 할 뿐만 아니라 불필요한, 의도하지 않은 소비행위를 유발하기도 한다.

효율적인 자원이용의 한계

시장경제의 완전경쟁모델은 시장의 가격메커니즘이 자원의 최적배분과 전폭적인 활용을 보장한다고 가정된다. 그러나 현실경제에서는 시장경제가 자유롭게 작동한다고 하더라도, 이것에 의해서 모든 가용한 경제적 재화가 전부 이용되기 어렵다는 점이 밝혀졌다. 그뿐만 아니라 시장경제는 현재의 소비와 미래의 투자 사이의 재원의 효과적인 안배를 보장해 주지 못한다는 점이 지적되기도 하였다.

필요의 우선순위의 문제

시장경제는 구매력을 갖춘 수요에 대응하는 상품만을 생산하기 때문에 잘사는 사람의 덜 절박한 요구를 못사는 사람의 더 절박한 요구보다 우선시하는 경향이 있다. 구매력이 있는 잘사는 사람의 사치욕구를 충족시킬 수 있는 상품은 과다공급되는 반면 못사는 계층의 절박한 필요는 무시되거나 과소공급된다. 따라서 시장체제는 정상적인 작동만으로는 질서 있는 조화의 결과보다는 편향과 갈등의 결과를 낳고, 사회 전체적으로는 자원배분의 왜곡을 낳을 가능성이 상존하고 있다.

이윤의 문제

보다 근원적인 문제로서 순수한 완전경쟁체제하에서는 이윤이 보장될 수 없다는 점이 제시되기도 한다. 시장경제에 참여하고 있는 개인과 기업의 가장 중요한 행위동기는 이윤이다. 그런데 시장옹호론자들은 시장경제체제가 모든 참여 당사자들에게 이익을 가져다주는 한편, 전체사회에도 성장과 번영을 가져다주는 것으로 이론화하고 있다. 그러나 일부의 논자는 이러한 순수한 완전경쟁하의 장기적인 일반균형상태와 최적할당(optimal allocation) 상태하에서는 아무런 이윤이 보장될 수 없음을 지적하고 있다. 라흐만(Lachmann)에 의하면 이윤은 경쟁모델에 있어서 '불균형의 함수'로서 가격과 비용의 격차가 있을 때 생기는 것이다.[12] 즉 시장경제에서 이윤은 경제부문간의 불균형이 지속되고, 독과점과 같은 시장의 불완전성(market imperfections)이 유지될 때 생성된다는 것이다.

시장실패와 외부효과

시장실패는 시장메커니즘의 정상적인 작동에 의해서 생산되지 않는 재화

12 L. M. Lachman, *Macro-economic Thinking and the Market Economy* (Institute of Economic Affairs, 1976), p. 32; D. King, *op. cit.*, p. 80에서 재인용.

의 존재를 의미한다. 이기적 이윤추구의 동기에 의해 움직이는 시장에서는 편익에 비해 과다한 비용이 투자되어야 하는 재화가 생산되지 않는다. 대개의 경우 이러한 재화는 개별적인 비용부담의 여부와는 별개로 사회 전체 성원이 골고루 혜택을 보는 공공재의 성격을 갖는다. 도로, 항만시설 등과 같은 사회간접자본이나 교육, 국방, 보건환경 등과 같은 재화가 이 범주에 든다. 외부효과란 어떤 경제활동과 관련하여 다른 사람에게 의도되지 않은 혜택—외부경제(external economy)나 손해 외부불경제(external diseconomy)—을 가져다 주면서도 이에 대한 대가를 받지도 지불하지도 않는 상태를 말한다. 이러한 외부효과는 비록 완전경쟁시장이라 할지라도 존재할 수 있으며 외부효과의 존재는 곧 시장실패를 의미한다. 자동차 배기가스나 오염물질의 배출 등은 외부효과 중에서도 외부비경제의 전형적인 예라고 말할 수 있다.

제 2 장

사회의 기본구조 : 사회집단, 계층, 계급

자신이 살고 있는 사회의 성격을 단적으로 어떻게 규정할 것이며, 또한 나와 남, 자신과 사회의 관계를 어떻게 이해할 것인가 하는 문제에 대해서는 사람마다 해답이 달라질 수가 있다. 어떤 사람은 사회라는 것이 평등한 권리를 가지고 있는 구성원들의 협동적 공동체로 생각하는 반면, 또 다른 사람은 사회를 잘사는 사람 못사는 사람, 잘난 사람 못난 사람 층으로 나누어진 대립적 갈등체로 생각한다.

사회과학의 영역에서도 마찬가지로 현대사회의 구조적 성격이나 사회구성의 기본원리를 둘러싸고 서로 화해하기 어려운 두 개의 커다란 관점이 대립하고 있다. 하나의 관점은 현대사회를 각양 각종의 집단들로 구성되어 있는 다원주의 사회로 보는 것이다. 이 관점에 따르면 사회는 각자의 이익을 추구하는 개인이나 집단이 서로 자유롭게 경쟁하면서도 하나의 통합된 질서를 이루어 가고 있는 것이 된다. 이와 같은 다원주의 사회관은 사회구성원들이나 다양한 집단들 사이의 상호경쟁과 견제를 강조하는 한편, 사회 전체의 안정과 균형을 전제하고 있다.

또 다른 하나의 관점은 현대사회를 수평적인 집단분화의 사회로 보기보다는 소득이나 부, 사회적 지위 등을 기준으로 수직적으로 계층화되어 있는 체제로 보는 것이다. 이러한 관점의 전형은 마르크스주의자들에게서 발견된다. 마르크스주의자들은 현대사회의 자본주의적 성격에 초점을 맞추어 오늘날의 사회를 계급적 갈등사회로 규정한다. 마르크스주의자들은 현대 자본주의 사회가 소유계급인 자본가 계급과 무산계급으로 나누어져 서로 적대적으로 대립하고 있으며, 이러한 계급대립이 현대사회의 가장 본질적인 구조적 특징이고, 그 밖의 다른 사회현상은 바로 이러한 구조적 특징으로부터 파생되어 나오는 것으로 설명한다. 이 장에서는 현대사회를 보는 이 두 가지 관점을 나누어서 각각의 이론적 내용을 비교분석한다.

2.1. 개인과 집단

2.1.1. 사회집단과 사회과학

인간의 사회적 삶은 타인과의 사회적 상호작용 속에서 이루어진다. 다른 사람과 역할을 나누어 분담하며, 다른 사람과의 협동을 통하여 공동의 목표를 실현해 간다. 또 그런가 하면 역할의 산물을 타인과 교환하기도 하며 타인과의 공동의 노력을 통하여 자신의 이익을 관철시키고자 애쓰기도 한다. 한 개인이 개별적으로 발휘할 수 있는 힘은 유한하기 때문에 사람은 비슷한 속성이나 이익을 공유하는 다른 사람들과의 협동을 도모하며, 연합된 노력을 통해서 개별적 차원에서 얻어낼 수 있는 결과보다 더욱 많은 것을 더욱 효율적인 방법으로 성취하고자 한다.

현대사회는 이렇게 협동적 노력으로써 구성원들이 공유하고 있는 관심과 이익 그리고 공동의 목표를 실현하고자 하는 다양한 집단으로 구성되어 있다고도 볼 수 있다. 통상적으로 현대 사회과학에서 말하는 집단은 공동의 이익을 실현시키기 위하여 인위적으로 결성된 '사람들의 집합체'를 의미하는 것이 된다. 20세기 초반까지만 하더라도 사회현상을 연구하는 사회과학자들의 탐구대상은 개별 행위자로서 개인 아니면 전체 체제로서 국가나 경제사회였다. 개별 행위자와 전체체제 사이에 존재할 수 있는 중간범위의 분석단위로서 사람들의 선택의지에 따라 형성된 인위적 결사체에 대하여서는 상대적으로 소홀한 관심만을 보여 왔던 것이다.

개인과 전체 사이에서 존재할 수 있는 유의미한 분석대상을 놓치고 있었던 전(前) 세기까지의 이러한 사회과학의 연구동향은 크게 두 가지 이유로 추정될 수 있다. 하나는 아직 사회적 이익과 역할의 분화가 그렇게 뚜렷하게 이루어지지 않았기 때문에 집단현상이 긴박한 연구의 필요성을 갖는 주요 문제영역으로 대두되지 않았을 것이라는 점이다. 다른 하나는 19세기까지 서구사회가 당면하고 있던 시대적 과제가 민족적·국가적 통일성에 있었던 만큼 개인과 국가사회 이외의 어떠한 집단적 활동도 바람직하지 않은 것으로 생각하였고, 따라서 이에 관한 연구도 의식적으로 회피했을 것이라는 점이다.

물론 산업혁명 이후 자본주의의 성숙과 함께 서구사회가 사회의 수직적 분화현상을 가속적으로 경험하게 됨에 따라 이를 이론적으로 설명하려는 계급이론이나 계층이론은 19세기에도 이미 체계적으로 발전한 상태에 있었다. 하지만 사회의 수평적 분화현상에 대한 체계적 인식은 이에 미치지 못하였고 다음 세기의 사회과학자의 몫으로 남겨져 있었던 것이다. 사회집단에 관한 체계적인 연구는 1930년대경에 소집단에 관한 연구를 필두로 처음으로 행해지기 시작하였고, 1950~1960년대에 들어와 구조기능주의와 행태주의의 영향 아래 정치학을 중심으로 이익집단간의 경쟁을 민주적 정치과정의 요체로 설명하고자 하는 연구가 행해지게 되었다.

2.1.2. 산업화와 사회적 분화, 다원주의 사회

19세기 이후 서구에서의 본격적인 산업화의 역사는 자본주의 체제의 발달이라는 관점과 함께 근대화의 과정이라는 관점에서 접근되기도 한다. 근대화론자들은 자본주의적 발전의 역사를 산업화 과정에 따른 사회의 기능적 분화와 전문화, 합리화 과정으로 특징짓고 있다. 즉 근대화론자들은 생산양식의 변화, 자본과 노동의 대립, 계급투쟁 등과 같은 마르크스주의자의 개념도식에 전혀 개의치 않고 경제사회적 영역에서의 지속적인 분화과정 그리고 이에 수반하는 근대의 합리적인 가치체계의 확산에서 산업화 이후의 서구사회변화의 특징을 기술한다.

분화(differentiation)란 사회적 변화과정에서 역할과 제도, 결사체 등이 발전적으로 분리되고 전문화되어 가는 과정을 의미한다. 산업화에 따른 산업의 발전은 산업체계의 세부적 분화를 의미하는 것이었다. 전통적인 농업중심의 1차 산업은 공업, 제조업 중심의 2차 산업, 3차 산업으로 발전해 갔고, 다시 2차 산업은 기계기술문명의 발달과 상품의 다품종화 경향에 따라 여러 분야의 산업으로 세분화, 발전되어 갔다. 따라서 산업자본가들도 자본의 규모에 따라 대자본가나 중소자본가로 나누어지는 경향 못지않게, 동종의 산업에 종사하는 사람들끼리 이해관계가 나누어져 공동의 이익을 추구하는 집단적 세력으로 바뀌어 나갔다.

한편 산업의 발전은 기업조직의 대규모화를 가져왔고, 다시 이러한 대규모화는 기업조직 내의 역할의 분화와 전문화를 초래하였다. 역할의 전문적 분화는 과거에 한 사람이 여러 가지의 일을 동시에 행하던 작업방식과 여러 사람이 한 가지 일에 동시에 매달리던 작업방식에 변화가 일어났음을 의미한다. 역할의 전문화는 곧 직업구조의 분화와 직종의 분화를 의미한다. 사회경제적 영역에서의 이익과 역할의 분화 가운데 가장 두드러진 변화는 노동조합과 여기에 맞서 결성된 기업가 집단의 분화를 들 수 있을 것이다. 집단의 분화과정에서 발견되는 하나의 특징은 한 집단의 출현이 이와 상치되는 이익을 가진 다른 사람들로 하여금 공동으로 힘을 합하여 이에 맞설 수 있는 다른 새로운 집단을 결성하도록 한다는 데에서 찾을 수 있다. 이를 흔히 집단형성의 파도이론(wave theory)이라고 부른다.[1] 노동자 집단의 출현과 이에 대한 자본가 집단의 등장은 이러한 이론적 관점에서 해명할 수 있다.

산업화 과정은 한 사회의 사회제도나 가치체계에도 변화를 초래하는 것이었다. 전통사회의 신분제적 질서가 붕괴됨에 따라 더 이상 핏줄이 아니라 세속적인 가치기준에 의거하여 사회적 지위나 영향력의 크기가 결정되었다. 산업화에 따른 가치의 분화와 다양화는 사회문화적 영역에서 비슷한 취향과 선호를 가진 사람들끼리 자유롭게 단체를 결성하여 활동할 수 있는 길을 터 주었고, 정치적 신조와 이데올로기의 분화는 정당 등 정치집단의 자유결성을 통하여 이들이 공동의 정치적 이익을 위하여 집단적 행동을 전개할 수 있는 제도적 기반을 확충해 나갈 수 있게 만들어 주었다.

산업화 과정에 따른 집단의 분출은 주로 2차 집단을 말하는 것이라 할 수 있다. 사회학자 쿨리(Charles Horton Cooley)는 집단을 1차 집단과 2차 집단으로 구분하고 있다. 1차 집단은 가족이나 친구집단 등 혈연이나 감정적인 유대로 묶인 사람들의 작은 연합을 지칭하는 말이다. 2차 집단이란 규칙적으로 대면하게 되지만 그 관계가 대개의 경우 공식적인 성격을 띠는 사람들의 집합체를 의미한다. 2차 집단에 속하는 사람들끼리는 1차 집단에서 처럼 친밀한 유대감을 가지고 있지 않으며, 공유되고 있는 특정의 이

1 D. Truman, *The Governmental Process* (Alfred A. Knopf, 1951) 참조.

익이나 목표를 위해서 모인 것이다. 전통사회하의 사람들에게는 1차 집단이 사람들의 실생활에 보다 중요한 의미를 가지고 있었다. 그러나 산업화 이후의 오늘날의 사회에서는 사람들의 사회생활과정에서 결사적 이익집단(associational interest groups)이 보다 중요한 의미를 갖는다.

현대의 선진 산업사회는 이익이나 관심, 목표 등을 공유하고 있는 개인들이 모여 자발적 결사체, 각종의 압력단체나 이익집단, 정당, 영리기업, 각양각색의 사회문화단체들을 구성하고 있는데, 이러한 집단체계 속에서 개인들은 소속집단이나 조직내에서 상호간, 또 집단은 다른 집단이나 환경과, 조직은 그 속의 개인이나 또 다른 조직과 상호작용하고 있다. 이러한 각양각색의 다양한 집단들로 조직화되어 상호작용하고 있는 현대사회를 다원주의 사회(pluralist society)라고 부른다.

2.2. 사회집단에 관한 초기의 연구

2.2.1. 소집단이론

사회과학에서 집단에 관한 체계적 연구는 1930년대에 이루어지기 시작하였다. 이 시기 집단에 대한 연구는 대면적 접촉이 가능한 정도의 친밀한 관계를 형성하고 있는 소집단을 주로 대상으로 하는 것이었다. 심리학자였던 레윈(Kurt Lewin)이나 사회학자 짐멜(George Simmel), 쿨리(C.H. Cooley), 제임스(W. James), 미드(G. Mead) 등이 이 시기 가족이나 아동의 놀이집단 등을 대상으로 소집단에 관한 선구적 업적을 남겼다. 특히 제임스나 미드, 쿨리 등은 개인의 성격발달과정에서 1차적 기초집단(primary group)의 중요성을 강조하고 있다. 1930년대의 이러한 소집단의 중요성에 대한 인식은 산업현장에도 응용될 수 있는 메이요(Elton Mayo)의 연구를 낳기도 하였다. 메이요는 경영학자들과 함께 산업체 내의 소규모 작업집단을 대상으로 연구를 진행하여, 조직 내 소집단의 활동을 통해서 충족될 수 있는 인간관계적 욕구의 중요성을 부각한 바 있다.

초기 집단에 관한 연구는 엄격히 말해서 사회적 행동단위로서 집단 그 자체의 행동에 관한 연구라기보다는 그 집단을 구성하고 있는 개별 구성원들 사이의 인간

관계나 사회적 상호작용을 미시적으로 연구하는 경향을 보이고 있었다. 이를테면 집단 내 구성원들 사이의 권위 및 영향력의 행사과정, 권력관계의 형성과정, 역할분담체계, 정서적 교류 등이 주요한 연구테마였다. 특히 이때 집단의 사회적 과정에 놓여 있는 인간의 행동방식을 연구하기 위해 동물을 이용한 실험적 방법이 응용되기도 하였는데, 실험실적 기법을 활용하는 행동심리학의 발전은 인간 행동의 사회적 성격을 규명하는 데 이용되기도 하였다.

실험실적 기법을 활용한 연구의 주요한 이론적 전제는 '보상이 주어지는 행동은 반복되는 경향이 있다'는 이론적 전제와 이른바 좌절-공격가설이었다. 즉 보상을 얻는 데 성공적일수록 또 그 보상의 가치가 크면 클수록 보상의 결과를 가져오는 행동을 반복하려 한다는 것 그리고 규칙적 보상이 주어지는 행동의 결과가 갑자기 중단된 경우 분노와 함께 공격적 행동을 야기한다는 것이었다. 이러한 이론적 전제나 가설은 인간행동의 사회적 성격, 즉 집단행동의 하나의 유형을 명확히 해 주는 데 응용될 수 있었다. 둘 이상의 구성된 집단성원 간의 보상-처벌이 행위의 자극이 되는 상호작용의 상황하에 놓일 때 그러한 행동은 사회적 성격을 띤 것으로 볼 수 있다는 것이다.

이러한 이론적 전제는 집단의 많은 성원이 희소성을 지닌 보상에 똑같이 높은 가치를 부여하고 있을 때 집단성원간 지위와 권력상의 차등관계가 이루어진다는 이론적 설명의 출발점이 되기도 하였다. 사회적 행동 혹은 집단행동에 대한 이러한 유형의 이론체계는 인간의 사회적 행동을 일종의 경제적 교환관계 사람들 사이에서 차등적 양과 가치를 지닌 재화의 교환관계로 보는 새로운 이론적 지평을 열어 주는 것이기도 했다. 이로써 인간의 사회적 행동이나 집단행동의 성격규명의 문제를 중심으로 심리학과 사회학, 경제학, 정치학 등의 학제적(學際的) 제휴가 가능해졌으며, 이는 또한 사회과학의 지적 통합에 기여하는 것이었다.

2.2.2. 집단형성과정(group formation)

우리가 여기서 살펴보고 있는 집단에 관한 가장 단순한 개념은 어떤 규칙적인 토대 위에서 상호작용하는 일단의 사람들이라고 정의할 수 있을 것이다. 일정한 테두리 내에서의 규칙적인 상호작용은 그 내부의 사람들을 하나의 사회적 정체성을 가진 독자적 단위로 묶어 주는 경향이 있다. 한 집단의 성원끼리는 서로 간에 그 집단의 외부의 사람들에게는 요구하지 않는 특정한 양태의 행동을 기대한다.[2] 집단은 우연히 동시에 한자리에 있게 된 사람들의 모임(aggregates)이나 단순히 공동의 속성을 지녔기 때문에 함께 분류되는 한 부류의 사람들(category 혹은 type)과 구분된다. 일반적으로는 둘 이상의 사람들 사이에 ①하나 또는 그 이상의 속성을 공유하고 있고, ②스스로 특징적 실체를 이루고 있는 집단의 성원임을 인식하고 있고, ③목표와 이익이 상호의존적 관계 속에서 구현될 수 있음을 자각하고 있고, ④상호의존적인 목표의 성취를 위해 협동적으로 상호작용할 때, 이를 집단으로 부를 수 있을 것이다.

물론 이 외에도 집단성원의 상호작용을 규제하고 유도하는 일련의 규범이 존재한다거나 상당기간 존속, 유지되고 발전해 간다는 조건 등이 집단의 개념적 요소에 들 수도 있다. 또 혹자는 집합적 조직체 내의 역할과 지위의 안정성의 정도를 집단의 요건으로 들기도 한다. 이들 가운데에서도 집단의 개념정의에 중요한 요소는 구성원 간 공동의 이익과 목표에 대한 인식의 공유 그리고 구성원 간의 심리적 유대라고 할 수 있다. 특히 초기의 소집단 연구자들은 구성원간의 심리적 · 정서적 교류 및 유대를 집단의 중요한 요소로 부각시켰다. 하지만 인식의 공유나 유대를 강조한다고 해서 모든 집단이 하나의 행위체로서 아무런 균열 없이 단일주적(monolithic)으로 움직인다는 의미는 아니다. 한 집단 내부에도 구성원들 사이를 갈라 놓는 분열요인이 존재할 수도 있다. 다만 정의상 집단은 성원들 사이를 갈라 놓는 원심적 해체력보다는 응집적 유대가 강하지 않다면 존재할 수 없는 것이다.

이와 같은 개념적 특징을 갖는 집단은 일반적으로 다음과 같은 기반과 과정을 통해서 형성되는 것으로 설명된다.

첫째, 규칙적인 상호작용을 이끌어 줄 수 있는 동기상의 기반이 형성되어야 한다. 바람직한 목표의 개별적 추구과정에서 겪게 되는 문제점이나 좌절은 동일한 목표를 추구하면서 동일한 곤경에 처해 있는 사람들과 상호작용의 계기를 만들어 준다. 여기서 말하는 목표에는 여러 차원의 범주가 포함될 수 있다. 예컨대 거기에는 물질적 획득, 사회적 지위 및 위신, 정치적 목표 등이 포함된다. 일단 목표에 대한 인식의 공유로 집단형성이 이루어지고, 집단형성이 시간을 지나면서 안전성을 획득하게 됨에 따라 그 집단의 자체의 존재상황에서 기인하는 새로운 동기나 새로운 목표가 집단의 구성원들 사이에 생성되기도 한다.

2 A. Giddens, *Sociology* (London : Polity Press, 1989), ch. 9, pp. 274~275.

둘째, 조직체계 및 구조의 형성이 수반된다. 집단형성의 계기가 되었던 공동의 문제해결을 위한 상호작용이 지속되면서 집단성원들 사이에서는 상호 간의 행동에 대한 기대가 규칙성을 띠게 되고, 이렇게 예견될 수 있거나 기대에 부응하는 행위는 차츰 구조적으로 정형화되어 간다. 집단성원들 사이의 기대되는 행위의 구조적 정형화는 다른 관점에서 집단성원들이 일정한 유형의 역할관계 및 지위체계 속에 놓이게 되었음을 의미하는 것이기도 하다.

셋째, 집단규범의 형성이 뒤따른다. 집단성원들은 상호작용이 지속적으로 이루어지는 과정에서 그들 내부에서 혹은 집단 밖과의 관계에서 해야 하는 것과 해서는 안 되는 것을 결정하는 행위의 표준을 정립해 나간다. 통상 규범은 집단 구성원들 사이에서 행위의 규칙성을 낳는 표준이 되며, 또한 바람직한 행동을 지시해 주는 기준이 된다. 규범에 따른 행위는 특정한 어느 한 유형의 행위인 것은 아니며, 대개의 경우 규범은 사회적으로 바람직하거나 수용될 수 있는—혹은 비난되거나 거부되는— 행위의 가능범역을 나타내 준다.

2.3. 다원주의 사회론

집단행동에 관한 미시적 분석은 사회적 행동단위로서 개인의 집단 내의 행동에 관한 연구이다. 따라서 초기 집단연구자들에게서는 사회적 행동단위로서 집단 그 자체의 사회적 행동이나 그것이 지닌 사회과학적 함의에 대해서는 별다른 관심을 기울이지 않았다. 그러나 1950년대에 들어오면서부터 트루먼(D. Truman)과 벤트리(A. Bentry) 등과 같은 일부 정치학자들이 미국의 민주적 정치과정을 이익집단 간의 경쟁적 게임으로 보기 시작한 것을 필두로, 서구사회의 사회적 과정을 다원적 집단의 상호작용이라는 맥락에서 분석하려는 연구의 경향이 나타나기 시작하였다. 사회과학에서 이러한 연구의 경향은 한편으로 구조기능주의와 다른 한편으로 행태주의의 물결에 힘입은 바가 크다고 평가할 수 있다. 사회나 정치과정을 여러 다양한 이익집단이나 압력세력들 사이의 경쟁적 상호작용과정이나 그 결과의 산물로서 규명하려는 다원주의 이론은 이러한 지적인 배경하에서 대두하였다.

2.3.1. 다원주의와 다원주의 사회

다원주의 세계관에 의하면 사회의 가장 기본적인 단위는 개인이고, 사회현상의 가장 본질적인 발생단위는 개인들 사이의 상호작용이 된다. 사회과학에서 이러한 접근법은 흔히 방법론적 개인주의(methodological individualism)라고 부른다. 방법론적 개인주의의 입장은 사회의 가장 실체적인 기본단위가 구체적으로 존재하고 행위하는 개인이기 때문에 사회과학적 분석의 기본단위도 마땅히 개인적인 행위자가 되어야 한다고 본다.[3] 사회과학에서 다원주의의 입장을 일반적인 관점에서 가장 체계적으로 제시한 사람은 탈코트 파슨스(Talcott Parsons)이다. 파슨스는 기본적으로 사회를 자발적으로 사회적 역할을 수행하며, 서로 상호유대감을 가지고 있는 개인들의 협동적 체계로 규정하고 있다. 파슨스가 사회를 하나의 체계로 공식화하는 데 있어서는 막스 베버의 연구뿐만 아니라 래드클리프-브라운(Radcliffe-Brown)이나 말리노프스키(Malinowski) 등과 같은 문화인류학자들의 도움을 받았다.

파슨스는 사회를 체계라는 관점에서 다루는데, 그가 말하는 사회체계란 '둘 또는 그 이상의 행위자들 사이의 상호작용의 과정에 의해 발생된 체계'이다. 여기서 행위자란 구체적인 어느 한 개인이거나 혹은 개인들로 구성되어 있는 한 단위의 집합체를 말한다. 전체로서 사회체계는 그것의 존속번영에 필요한 역할과 활동을 수행하는 하위체계로 구성되어 있다. 이러한 체계론적 관점에서 다시 사회는 상호의존적 기능을 수행하는 하위체계들이 하나의 통합적 질서를 형성하고 있는 것이 된다. 즉 사회는 '상호간 복합적인 관계 속에서 이루어지는 분화된 하위체계들 사이의 긴밀한 네트워크'로 정의할 수 있다. 여기서 말하는 하위체계의 범주로는, 예컨대 정치체계, 경제체계, 사회체계, 문화체계 등을 들 수 있을 것이다. 정치체계, 경제체계, 사회문화체계라고 말할 때 일반적으로 그것은 정치생활, 경제생활, 사회문화생활과 연관된 모든 변수를 의미한다. 이들 각 생활의 영역에서 각 개인들은 다른 사람들과 긴밀하게 상호작용하는 사회적 행동을 전개해 나간다.

하나의 사회를 이루고 살아가는 개인들의 사회적 결집의 계기는 여러 가지 동기에 의해서 이루어질 수 있다. 이 점에 관한 다원주의적 해석은 크게 두 가지로 나누어져 있다. 하나는 개인들 사이의 공유되고 있는 문화적 가치가 사회적 통합의 기반

---

3 Raymond Boudon, *Logic of Social Actiog* (1981); George Homans, *Social Behavior : Its Elementary Forms*(1961).

이 된다는 입장이고, 다른 하나는 이익의 동기를 강조하는 입장이다. 전자는 사회의 규범적 통합, 기능적 통합을 강조한다면, 이익의 동기를 강조하는 후자의 입장은 정치적 통합을 강조하는 것이라 할 수 있다. 전자의 입장이 사회과학의 오랜 전통적 관점이었다면, 후자의 입장은 비교적 최근에 들어와 확산되고 있는 것이다. 후자의 관점에서는 사회의 존속을 위해서 그 사회가 사회구성원들로 하여금 사회유지활동에 계속 참여할 수 있도록 하는 유도수단으로서 사회구성원들에게 활동의 보상을 제공해 주어야 한다고 본다.

조지 호만스의 교환론적 사회모델이나 최근의 합리적 선택이론, 공공선택이론 등이 이러한 후자와 기본적인 관점을 공유하고 있다고 말할 수 있다. 호만스는 사회적 역할단위로서 개인은 그의 행위를 결정하는 데 있어서 무엇보다도 비용-편익의 계산(cost-benefit analysis)의 기준을 채택할 것이라는 기본가정에 입각하고 있다. 합리적 선택이론이나 공공선택이론 역시 사회적 행위자로서 개인을 효용극대추구자(utility maximizer)로 전제하고 있다. 효용극대추구자로서 개인은 신념이나 열정, 문화적 가치 등과 같은 추상적 가치기준에 따르기보다는 최소의 비용으로 최대의 만족과 효용을 구하려는 경제적 동기의 지배를 받아 행동한다. 선택이론가들은 이러한 경제적 행위동기가 비단 시장 등의 경제적 활동영역뿐 아니라 그 밖의 비경제적 활동영역 이를테면 정치나 권력의 세계, 정부관료조직, 공공의 활동 등과 같은 공공사(public affairs)에도 그대로 적용할 수 있다.

이러한 관점에서 본다면 집단이나 조직, 사회는 구성원들이 활동에 대한 대가로서 이들로부터 충분한 경제적 보상을 얻어낼 수 있는 한 존속이 가능하고, 구성원들은 보상에 대한 대가로 집단이나 조직의 유지와 번영에 기여하는 것이다. 경제학자들의 관점에서 이는 명백한 사실로 인식된다.

그러나 현대사회의 주요한 집단이나 조직들을 특징짓는 목표가 소속구성원들의 이익을 증대시키는 데 있다고 보는 이러한 관점은 사실상 크게 새로운 것은 아니며 경제학자들만의 특유한 관점도 아니다.[4] 이미 그리스 시대의 아리스토텔레스는 "인간들은 어떤 특정한 이익이 있는 한 함께 길을 걸으며 생활에 필요한 것들을 서로 제공한다. 본래 정치공동체도 이처럼 그것이 가져오는 일반적 이익 때문에 결성되었으며 또한

4 M. Olson, *The Logic of Collective Action* (Harvard University Press, 1965), 윤여덕(역), 「집단행동의 논리」 (청림출판, 1987), p. 14.

그것을 위하여 존속되고 있다"고 말한 바 있다. 정치적 영역에서 개인의 태도는 시민적 의무감이나 애국심, 이데올로기 등과 같은 이익과 무관한 동기의 지배를 받을 수 있다. 그럼에도 불구하고 정치나 국가가 시민들의 공동이익을 증진시켜 줄 수 있어야 한다는 명제를 오늘날 의문시하는 사람은 거의 없을 것이다. 사회경제적 영역 내에서 활동하고 있는 조직이나 사회집단의 경우는 두말할 나위 없다. 예를 들면 선진 산업국가의 노동조합은 조합구성원들이 보다 높은 임금을 받고 보다 좋은 노동조건 아래서 일할 수 있도록 기업집단과 협상한다. 농민단체는 곡물가격이 높은 수준에서 유지되고 곡물의 수출이 원활히 이루어질 수 있도록 정부에 대해 압력을 가한다. 기업가 집단은 국가의 정책이 자신들에게 유리하게 내려질 수 있도록 의원이나 정부관료를 상대로 로비(lobby)활동을 전개한다.

다원주의 이론체계에서 사회는 다양한 선호와 가치를 지니고 있으면서 자신의 이익을 최대한도로 실현하고자 하는 개인들로 구성되어 있다. 또한 다원주의 이론체계 내에서 개인은 자신의 선호와 목표에 따라 행동을 결정하며, 비슷한 선호를 공유하는 사람들끼리 집단을 형성하거나 이에 부합되는 집단에 참여함으로써 자신의 이익과 목표를 실현하는 존재이다. 따라서 다원주의 사회는 이익의 증대를 위하여 개인들로서 구성된 무수한 이익집단과 결사적 조직체들이 복잡한 관계망 속에 얽혀 있는 질서체계라고 정의할 수 있다.

2.3.2. 다원주의 사회의 정치

앞서 말한 바와 같이 다원주의 이론체계 내에서 개인은 자발적으로 여러 다양한 결사적 집단에 참여하거나 이탈할 수 있고, 공동의 이익에 기초하여 유사한 목표를 갖는 사람들끼리 모여 집단을 형성할 수 있다고 가정된다. 이들 결사체 가운데에서도 특히 중요한 것은 산업화의 진전에 따라 이루어진 이익분화과정에서 출현한 이익집단이라 할 수 있다. 산업화 과정에서의 사회경제적인 이익의 분화는 이러한 분화된 이익을 결집하거나 표출하기 위한 집단형성을 촉진하였다. 한편 자발적으로 결성된 무수히 많은 집단은 서로의 집단적 이익을 증대시키기 위하여 상호 자유롭게 경쟁하는 체제로 출발하였다. 이익집단은 표출된 이익을 정당 등 정치적 조직이 집약할 수 있도록 노력한다.

다원주의 이론체계 내에서 정치의 요체는 자유경쟁하는 이익집단들이 정부나 국가의 정책결정과정에서 서로 자신들의 선호나 요구가 반영될 수 있도록 이익을 표출하고 집약하는 경쟁과정이 된다. 또한 정부의 결정이나 활동은 이들 경쟁관계에 있는 이익집단의 상호작용의 결과를 반영하는 것으로 설명된다. 그런데 다원주의 이론은 이들 자유경쟁관계에 있는 이익집단들 가운데 어느 하나의 집단이 지배적이 될 수 없을 만큼, 경쟁관계에서 균형을 이룰 수 있다고 전제한다. 따라서 다원주의 정치이론은 자유경쟁체제가 효율적으로 작동되고 있는 민주정치체제하에서는 정부나 국가가 어느 특정 세력집단의 볼모로 잡혀 전적으로 그들의 이익과 선호만을 대변할 수는 없을 것이라고 결론짓는다.

다원주의자들은 민주주의를 시민적 의사를 대표하는 일련의 절차와 과정으로 보는 경향이 있다. 민주주의는 시민들이 개인적 · 집단적 행동을 통해서 자신의 선호와 이익을 표출해 가는 과정이거나 혹은 여기에 수반되는 절차적 기제로 정의된다. 경우에 따라서 민주주의는 다른 관점에서 '일반시민들이 정치지도자들에 대하여 상대적으로 높은 수준의 통제력을 행사하는 과정' 혹은 '정치적 지도세력이 시민들의 투표와 지지를 얻기 위하여 서로 경쟁하는 정치적 자유경쟁체제'로 정의되기도 한다. 따라서 이들 다원론자들에게 있어서 민주주의의 지표는 주기적으로 반복되는 선거와 평화적 정권교체, 정치적 자유와 권리보장 특히 반대의 자유와 참정권의 명실상부한 보장 여부가 된다.

한편 다원주의 이론가들은 참정의 주체로서 시민의 정치적 능력이 민주주의의 주요한 요소라고 설명한다. 개인이 자기이익을 극대화하기 위해 노력하는 합리적 존재인 것처럼, 개별 시민은 자신의 정치적 선호를 반영하고 실현할 수 있는 최선의 대안을 선택결정하는 데 합리적으로 행동한다. 그런데 다원론자들은 개인과 시민의 합리성을 일반적으로 근대화 과정에서 이루어진 경제발전의 성과로 보고 있다.

다원주의적 관점에서 민주적 정치발전은 사회경제적 근대화의 산물로서 이루어진다. 다시 말하자면 민주주의에 양호한 사회경제적 조건은 근대화, 산업화에 의해서 마련될 수 있다는 것이다. 산업화에 수반되는 경제발전은 사람들의 소득수준의 향상을 가져오고, 이는 다시 교육수준의 향상을 가져온다. 즉 교육은 '사람의 시야를 넓혀 줌으로써 관용적 태도를 갖게 하고, (…) 선거에서 합리적 선택능력을 향상시켜 준다.'[5] 경제발전은 '하위계층의 사람들이 장기적 시각을 가질 수 있도록 여건을 조성해 주며, 정치에 대해 좀 더 세련되고 원만한 견해를 가질 수 있는 여건을 조성해 준다'는 것이다.

5 S.M. Lipset, *Political Man : The Social Basis of Politics* (Doubleday Anchor Books, 1960), p. 56.

또한 산업화는 도시화를 촉진하고, 도시의 세속적 분위기는 정치문화의 세속화에 기여한다고 주장한다. 정치문화의 세속화는 사람들로 하여금 종교적 · 인종적 · 이데올로기적 편향성으로부터 탈피할 수 있도록 유도함으로써 정치의 합리화 · 안정화에 기여한다는 것이다.

정치의 합리성 증대가 가져오는 극단주의적 편향성의 탈피는 해결하기 어려운 정치적 파쟁의 여지를 축소시켜 정치의 안정화에 기여하고, 사회구성원들 사이의 포괄적인 사회적 합의가 가능해짐으로써 정통성의 증대에도 도움을 준다. 거대한 사회적 합의를 이루어 낼 수 있는 민주주의 국가의 능력은 정부의 정통성 유지뿐만 아니라 사회세력이나 집단 간 화해 불가능한 갈등의 발생가능성을 크게 감소시키게 됨으로써 정치적 안정에 기여한다. 정치의 합리화는 또한 혈연, 지연, 종교, 인종 등 1차적 수준의 편협한 유대보다는 국가적 수준의 충성심에로의 전환을 의미한다. 또 정치의 합리화는 이익지향적 정치의 촉진을 의미하는 것이기 때문에 합의가능한 정치의 영역을 넓혀줌으로써 만성적 정치불안의 요인을 감소시킨다. 또한 다원주의적 관점을 가진 정치발전론자들은 사회경제적 발전—근대화—에 의해 마련될 수 있는 풍요의 증가, 교육기회의 확대, 사회적 · 지리적 이동성의 증대, 새로운 대중문화의 창출 등의 환경적 변화가 정치인들로 하여금 정치적 반대세력이나 야당에 대하여 보다 관용적이고 유연한 태도를 갖도록 유도한다는 점도 지적한다.[6]

한편 경제발전이 가져오는 풍요를 배경으로 여러 사회집단은 정치적 자원과 정치참여의 기회를 확대할 수 있게 되는데, 경제성장과정에서 불가피하게 소득과 부의 불평등이 나타난다 하더라도 이러한 정치적 자유와 권리, 정보 등의 정치적 자원이 공평하게 분배되어 있으면 민주주의는 얼마든지 가능하다.

요약한다면 근대화론자들에게 서구의 근대화 과정에서 형성된 자본주의 경제질서는 교육과 소득증대, 도시화와 세속화 등의 건강한 생산자이며, 정치의 합리화와 민주주의의 성숙은 이러한 사회경제적 환경의 변화 위에서 가능한 것으로 설명된다. 그리고 민주주의는 소득과 부의 불평등한 분배체계와는 얼마든지 양립이 가능하다는 것이다. 따라서 다원주의자들이 말하는 바람직한 사회질서는 자본주의적 민주주의 체제가 된다.

---

6 R.D. Putnam, *The Belief of Politicians : Ideology Conflict and Democracy in Britain and Italy* (Yale University Press, 1973), p. 69.

2.4. 계급이론과 계층이론

다원주의 이론의 특징은 사회를 계서적 체계의 관점에서보다는 수평적 역할분담이 이루어져 있는 집단과 조직의 복합적 결집체로 인식한다는 데에서 찾을 수 있다. 그러나 현대사회를 낳은 산업화는 횡적인 이익과 역할의 분화뿐만 아니라 수직적인 계층화 현상을 초래하기도 하였다. 사회과학의 중요한 하나의 전통은 현대 산업사회의 구조적 성격을 이러한 수직적 계층분화에서 찾고자 하는 것이다.

인류역사는 모두가 골고루 잘 살 수 있는 완전한 평등사회를 꿈꾸어 왔지만 이러한 평등사회는 어느 사회, 어느 지역에서도 단 한번도 실현된 적이 없다고 볼 수 있다. 평등사회를 구현했다고 주장했던 공산혁명 이후의 소비에트에도 사회적 불평등이 엄연히 존재하고 있었다. 사람들이 모여 사는 사회가 필연적으로 불평등할 수밖에 없다는 것은 어느 의미에서 인간사회의 숙명적 법칙이고, 지구의 필연적 법칙이라고까지 말할 수 있다.

사람은 어느 두 사람도 완전히 동일할 수가 없다. 가진 것이 다 다르고 누리는 지위나 환경이 다 다르다. 설사 소유상태 등의 여건이 같다고 하더라도 사람 사이에는 생물학적인 차이가 있을 뿐 아니라 개성이나 재능에 차이가 있고, 생각하고 행동하는 방식에 차이가 난다. 이러한 차이는 단순히 구분된다는 의미로서가 아니라 높낮이의 우열현상이 존재한다는 의미함축을 가지고 있다.

일반적으로 우열현상이 있는 곳에서는 보다 우월한 지위에 있는 사람이 그렇지 못한 열등한 지위의 사람들에 대하여 쉽게 자신의 의사를 관철시킬 수 있게 된다. 그러나 모든 사람의 욕구를 골고루 충족시켜 줄 수 있을 만큼의 무궁무진한 재화가 주어져 있는 사회만 있을 수 있다면 사정은 달라질 수 있다. 모두가 원하는 만큼의 풍부한 재화가 주어질 수 있는 사회라면 굳이 다른 사람을 시키거나 지배할 필요가 없을 테고, 또 다른 사람의 지배를 받을 필요가 없어질 것이다. 이런 사회에서는 아무리 개인 사이의 자질이나 능력, 개성의 차이가 존재하더라도 사회적 불평등문제는 그리 심각하게 대두되지 않을 것이다. 하지만 지구의 여건은 그렇지 못하다. 이 세상에는 모든 사람이 원하는 만큼의 재화가 풍부하게 주어져 있지 않다. 사람이 한결같이 갖고자 소망하는 것일수록 그 재화의 존재규모는 제한되어 있다. 사회과학에서는 이를 희소성의 법칙이라고 부른다.

희소성의 법칙 그리고 작은 몫에 만족하지 않는 인간의 무한한 욕구는 필연적으로 인간사회에 상호경쟁과 이에 수반되는 분배상의 문제를 야기할 수밖에 없다. 또 시장사회에서 경쟁은 승리자보다는 패배자를 더 많이 만들어 낸다. 따라서 사회는 승리한 소수와 그렇지 못한 다수 사이의 불평등체계로 만들어지는 것이다. 일반적으로 사회의 불평등체계는 제도화되고 구조화되는 성향이 있다. 그것은 보다 우월한 지위에 있는 사람들, 즉 상위계층의 의지와 진지한 고안의 산물일 수도 있고, 또한 불평등체계 그 자체의 내재적인 작동논리의 결과일 수도 있다. 사회과학에서는 이러한 사회적 불평등의 문제를 둘러싸고 서로 설명의 주안점이 다른 입장이 나누어져 있다.

현대사회를 다원적 산업사회라는 측면으로 이해하든지, 자본주의 사회라는 관점에서 이해하든지 간에 수직적 성층화 현상에 대한 분석 없이는 그 사회의 성격을 제대로 파악하고 있다고 말할 수 없다. 다원주의론자들이 말하는 이익과 역할의 분화라는 것도 필연적으로 소득이나 부, 사회적 지위의 우열관계로 전화되기 마련이다. 어떤 사회이든지 사회적 불평등은 뚜렷한 계층구조로 정형화되어 나타나며 지속적으로 존재한다. 또 현대사회에서 사회적 불평등체계는 사회제도와 사회조직에 기초해서 존재한다. 그런가 하면 불평등체계는 사회규범이나 문화이데올로기적으로 정당화되기도 한다. 따라서 사회의 구조적 성격을 올바르게 이해하는 것이 사회과학의 중요한 임무라 한다면 한 사회의 계층현상이나 계급구조를 정확히 이해하는 것이 반드시 필요한 일이라고 말할 수 있을 것이다.

그러나 이와 같은 식으로 루소(Rousseau)가 그랬던 것처럼 불평등의 기원을 역사적으로 추적한다거나, 그 기원을 궁극적으로는 사람과 사람의 개별적 차이에서 구하는 논변은 사실 아무런 의미가 없다. 왜냐하면 사회적 불평등은 이미 사회구조에 의해 생겨나고 유지되기 때문이다. 따라서 사회과학적으로 의미 있는 연구는, 사회적 불평등은 어떠한 구조적 요인에 의해 만들어지고 유지되느냐 하는 것이며 또한 사회의 불평등체계, 즉 계층체계가 어떠한 형태로 이루어져 있는가 하는 문제를 밝히는 것이 된다.

2.4.1. 계급과 계층의 개념

사회적 불평등체계 혹은 사회적 층화현상을 지칭하는 개념으로 계층이라는 어휘와 계급이라는 어휘를 가장 많이 쓴다. 계층은 사회의 수직적인 층화현상을 지질학적 비유에 의거하여 다단계의 위계적 성층(stratum)이라는 개념으로 표현한 것이다. 일반적으로 상층계급 그리고 위계의 높은 성층으로 올라갈수록 더 많은 제도적 특권과 혜택을 누리게 되고 하층으로 내려갈수록 특권과 혜택으로부터 거리가 멀어진다.

사회적 층화현상을 계층으로 개념화할 것인가, 아니면 계급으로 개념화할 것인가는 학자마다 다르다. 어떤 사람은 구분 없이 둘 다 사용하기도 하고 어떤 학자는 특별한 이데올로기적 의미를 부여하여 양자를 엄격히 구분하여 사용하기도 한다. 그런가 하면 계층을 가장 광범위한 개념으로 사용하고 그 밑에 특별한 의미함축이 들어 있는 계급개념이 있다고 보는 학자도 있다. 역사적으로는 프랑스 혁명 이후 '계급'이라는 용어가 그동안 사회적 층화를 이루고 있던 기본단위로서 '신분'을 대신하여 사회구조의 기본 편성단위를 지칭하는 개념으로 쓰이기 시작했다.[7]

계급과 계층을 엄격히 개념구분해야 한다고 주장하면서 특히 계급개념의 배타적 사용을 고집하는 입장은 전형적으로 마르크스주의자들에게서 나타난다. 원래 마르크스는 사회계급이라는 말을 제한된 의미로 사용하였다. 「자본론」에서 마르크스는 사회계급을 생산수단의 소유관계, 즉 생산관계에 입각하여 정의하고 있다. 생산수단—자본—을 소유하고 있는 자본가 계급과 소유하고 있지 않은 프롤레타리아 계급이 마르크스의 주요한 계급의 범주이다. 마르크스는 계급개념을 즉각적으로 착취나 억압개념과 결합시켜 사용하고 있다. 그런데 마르크스는 그 성원들이 계급이익을 의식하고 계급유대를 느낄 때만 계급이라는 이름에 완전히 부합된다고 본다. 그리고 이런 관점에서 계급의식을 갖지 않은 사회집단이나 세력들을 지칭할 때 계층이라는 말을 쓰고 있다. 이를테면 마르크스는 계급범주에 포함되지 않는 사회집단 및 세력을 계층이라고 부르고 있는 것이다.

마르크스의 이러한 기본적 입장은 그의 입장을 충실하게 대변하고자 하였던 정통마르크스주의자들에게 그대로 이어지고 있다. 정통마르크스주의자들은 포괄적으로 쓰이는 계층개념에는 생산과정에서 나타나는 착취 및 억압의 관념이 희석되어 있기 때문에 사회의 구조적 성격을 파악하는 데 부적절하다는 입장을 견지하고 있다. 계층개념은 잘해야 특정계층에 소속되어 있는 사람들의 사회적 행위나 특질을 나타내 줄 수는 있겠지만, 그 사람들을 사회구조적 맥락으로부터 분리시켜 놓고 있기 때문에 사

---

7 S. Ossowski, *Class Structure in the Social Consciousnesi* (The Free Press, 1968), 한상진 (편), 「계급이론과 계층이론」 (문학과 지성사, 1984), p. 28.

회 전체의 구조적 특성을 포착할 수는 없게 한다는 것이다.

이와는 달리 주로 서구의 사회과학자들은 계급이라는 어휘를 그와 같이 특수한 의미가 부가되어 있는 제한된 용법으로 쓸 것이 아니라 보다 넓은 개념으로 인식할 필요가 있다고 주장한다. 즉 사회의 모든 성원들이 사회의 성층구조 속에 포함될 수 있도록 계급개념을 좀 더 일반적이고 포괄적인 관점에서 정의할 필요가 있다고 본다. 이런 관점에서 서구의 학자들 사이에는 다시 두 가지 태도가 존재한다. 하나는 계급개념을 마르크스주의자적 협의의 해석으로부터 해방시켜 보다 포괄적 개념으로 확대해석하는 것이고, 다른 하나는 계급개념이 그처럼 특수한 의미함축과 이데올로기적 정향이 부가되어 있는 것이라면, 이러한 계급개념 대신에 좀 더 포괄적인 계층개념을 이용하는 것이다. 대개의 경우는 계급개념의 확대해석보다는 포괄적인 계층개념을 사용하고 그 밑의 하위개념으로서 계급개념을 두고 있다. 이 입장은 구조적으로 정형화되어 있는 모든 사회적 불평등체계를 사회계층의 개념으로 포괄하고 계급현상도 그 안에 포함되는 것으로 간주한다.

이러한 관점을 가지고 있는 사람 가운데에서도 오늘날의 대표적인 사회학자인 기든스(Anthony Giddens)는 계급개념을 좀 더 넓게 해석하여 생산수단의 소유여부뿐 아니라 부나 소득, 직업적 지위 등 주로 경제적 차이에서 기인하는 사회적 불평등현상을 계급의 범주로 개념하고 있다. 기든스는 계급을 공통된 경제적 자원을 가진 사람들의 큰 집단으로 정의하며, 이러한 경제적 자원의 소유가 그들이 향유하게 되는 삶의 방식에 커다란 영향을 미치는 것으로 보고 있다. 또한 기든스는 오늘날의 사회적 불평등현상을 지칭하는 계급개념이 전통사회의 노예제나 카스트제도, 또는 신분제도와 어떤 차이점이 있는지를 밝힘으로써 현대적 사회계급제도의 특징을 살펴보고 있다.[8]

첫째, 다른 불평등체계와는 달리 계급은 법이나 종교, 관습에 기초해서 세워진 것이 아니고, 다른 체계에 비해 훨씬 유동성이 크며 계급 간의 구분도 명확하지 않다. 서로 다른 계급에 속하는 사람들 사이의 통혼에 대해서도 아무런 공식적인 제한도 없다.

둘째, 다른 체계들과는 달리 계급체제 내에서 한 개인이 속한 계급은 태어나면서부터 핏줄에 의해서 주어진 것이 아니라 부분적으로는 성취된 것이다. 계급구조 내에서의 상하이동현상은 다른 어떤 불평등체계에서보다도 더 많이 볼 수 있다.

---

8 A. Giddens, *op. cit.*, pp. 208~209.

셋째, 계급은 집단들 간의 경제적 차이에 의해 결정된다. 계급체계의 불평등은 소유와 경제적 자원에 대한 통제력의 차이에 의해 생기지만 다른 계층체계에서는 경제 이외의 요소들이 결정을 좌우한다.

넷째, 다른 계층체계에서 불평등은 예컨대 농노와 영주, 노예와 주인, 낮은 카스트와 높은 카스트 사이에서와 같이 개인들 간의 의무관계로 나타난다. 그러나 이와는 달리 계급체계는 비개인적(impersonal)인 광범위한 연계망을 통해 움직인다.

기든스처럼 계급을 경제적 자원의 소유 및 통제력을 기준으로 해서 구분할 때, 현실적으로 계급구분의 주요한 준거가 되는 것은 부와 직업이 될 것이다. 양자를 기준으로 서구사회에 존재하는 주요 계급범주로는 상층계급과 중간계급, 노동자 계급, 농민계급 등을 들 수 있다.[9] 상층계급(upper class)은 부호들, 고용주와 기업가, 최고 행정관리층 등이 여기에 포함되고 이들은 생산자원을 소유하거나 직접적으로 통제한다. 중간계급(middle class)에는 대부분의 화이트칼라들, 사무직, 관리직, 전문기술직 등이 포함되는데, 이들은 자본을 소유하고 있는 상층계급도 아니고 육체적 노동에 종사하고 있는 노동자 계급도 아닌 중간 위치의 계급이다. 노동자 계급(working class)은 주로 육체노동력을 제공함으로써 생산에 기여하고 그 대가로 임금을 받아 생계를 유지하는 임금노동자 혹은 블루칼라 계급을 말한다. 농민계층은 전통적 형태의 농업생산에 종사하는 계층의 사람들을 지칭한다.

한 사회에서 구성원들의 필요와 욕구를 충족시켜 줄 수 있는 사회적 가치가 희소성을 띠게 되어 불평등하게 분배되고 이것이 구조적으로 정형화될 때 사회계층이라는 현상이 생긴다고 이해할 수 있다. 이러한 계층현상 가운데 자본가 계층과 노동자 계층에서와 같이 완전히 상반된 이해관계로 분할되어 서로 적대적으로 대립하고 있는 경우에 대해서는 마르크스의 개념도식에 따라 계급개념을 가지고 접근할 수도 있을 것이다. 그러나 계층현상이 이렇게 마르크스적 의미의 계급적 갈등만으로 이루어져 있는 것은 아니다. 사회에 수직적 성층화를 초래하는 요인이 반드시 생산양식과 관련하여 파악될 수 있는 생산수단의 소유 여부인 것만은 아니다. 분배과정과 시장상황과 관련해서 결정되는 소득이나 부의 크기, 사회적 지위나 위신, 명예, 정치권력 등도 사회적 계층화의 중요한 결정인자가 될 수 있다. 사회과학에서는 마르크스의 개념도식에 충실한 이론과 이를 조금 변형한 이론, 그리고 베버의 관점에서 사회적 계층화의 요인을 다양한

9 *Ibid.*, pp. 219~221.

차원에서 규명하려는 이론들이 혼재해 있다.

2.4.2. 마르크스와 베버의 이론

사회적 불평등체계를 계급개념을 이용하여 볼 것인가 아니면 계층개념을 이용하여 볼 것인가 하는 사회과학의 쟁점은 그 이론적 원천을 주요한 다른 사회과학의 쟁점이 그러한 것처럼 마르크스와 베버에까지 소급해 갈 수 있다. 마르크스주의적 계급이론과 베버주의적 계층이론 사이에는 기본적으로 사회적 불평등의 결정요인이 무엇인가에 대하여 단적인 차이가 발견되지만, 이러한 차이에는 근본적으로 양자의 이데올로기적 · 인식론적 · 방법론적 입장에 현격한 차이가 존재하고 있다.

(1) 마르크스의 계급이론

사회적 불평등이나 계층화 현상에 대한 이론이 각 이론체계 내에서 더욱 중요한 본질적 위상을 차지하고 있는 경우는 마르크스주의에서이다. 왜냐하면 마르크스주의 계급이론은 단순히 사회적 불평등현상을 기술하고 설명하기 위한 수준에 머무르지 않고, 역사해석과 사회변혁을 위한 이론적 · 실천적 준거로 제시되고 있기 때문이다.

마르크스의 대부분의 저작은 사회적 불평등체계, 즉 계급에 관한 내용으로 구성되어 있다고도 말할 수 있는데, 정작 마르크스 자신은 그의 저작 속에 계급에 관한 명확한 개념정의나 계급에 대한 일목요연한 체계적 분석을 해 놓지는 않았다. 따라서 대부분의 마르크스주의의 연구자들은 마르크스의 여러 저작을 참고하여 계급개념을 재구성하고 있다.

마르크스는 앞에서도 언급한 바 있듯이 계급은 생산과정 속에서 그 구분이 이루어지는 것으로 단정하고 있다. 마르크스의 계급개념은 '생산수단에 대하여 공통의 관계를 맺는 사람들의 집단'으로 정의할 수 있다. 생산수단이란 생산력의 원천이 되는 주요한 도구를 일컫는다. 전통사회에서는 이러한 생산수단이 노예이거나 목축, 토지 등이었기 때문에 이들을 소유하고 있던 계급 —노예 소유주나 토지귀족— 과 그렇지 못하고 이들 소유계급에 얽매어 노동력을 제공하는 하층계급 —노예, 농노— 으로 사회가 나누어져 있었다. 현대 산업사회에서는 생산력의 주요한 원천이 더 이상 노예나 토지가 아니고 공장과 건물, 기계시설 등이기 때문에 이것들을 구매할 수 있는 자본이 가장 중요한 생산수단이 되었다. 따라서 현대 자본주의 사회의 주요한 계급은 생산수단인 자본을 소유하고 있는 자본가 계급과 이를 갖지 못한 채 자신의 노동력을 팔아서 살아가는 무산계급, 즉 프롤레타리아의 두 계급이다.

마르크스는 계급의 출현과 분화현상이 기본적으로는 노동의 분화(division of labour) 과정에서 유래한다고 보고 있는데, 이러한 관점에서 보자면 계급현상과 관련된 가장 중요한 노동의 분화는 생산수단을 소유한 자들과 그렇지 못한 자들 사이의 분화가 된다고 할 수 있다. 비록 마르크스는 생산수단을 소유한 계급과 소유하지 못한 계급이 사회의 주요한 두 계급범주라고 보아 이 양대계급에 대해서만 주로 분석하고 있지만, 실제 사회현실 속에서는 이 외에도 여러 과도기적 계급이 있을 수 있음을 인정하고 있다. 또한 한 계급 내에서 일어나는 계급의 세분화 현상에 대해서도 주의를 기울였던 것으로 알려져 있다. 예컨대 자본가 계급 내에서 대자본가와 중소자본가의 이해상충과 분화가 있으며, 상층자본가 내부에서도 종종 금융자본가와 산업자본가 사이에는 대립적 관계가 형성된다. 노동자 계급 내에서도 인종적 요인에 따라, 산업이나 소속기업의 성쇠에 따라, 실업의 가능성과 지속성에 따라 이해관계의 분화가 있을 수 있다는 것이다.

한편 마르크스의 계급은 관계개념 속에서 파악되어야 한다고 흔히 강조된다. 생산관계 속에서의 계급의 분화는 단순히 계급의 수평적 분할만을 의미하는 것이 아니라는 것이다. 계급관계는 한 계급이 다른 계급과 긴밀한 상호연계성하에서 서로 적대적인 갈등상태에 놓여 있음을 말한다. 마르크스는 계급관계를 억압과 착취관계로 규정짓고 있다. 즉 자본을 소유한 자본가 계급이 노동력을 팔아 생계를 유지하는 노동자 계급으로부터 잉여노동을 착취하고, 그 착취를 영속화하기 위하여 억압체제 속에 속박해 둔다는 것이다. 거꾸로 피착취의 노동자 계급은 착취와 억압의 상태로부터 해방되기 위하여 지배계급에 대하여 투쟁을 감행한다. 마르크스는 계급관계를 이렇듯 적대적 투쟁관계로 보고 있기 때문에 계급의식을 계급개념의 주요한 요소로 생각한다. 계급적 위계체제 속에서 자신의 계급적 지위를 자각하고, 계급 간의 차이와 계급이익, 나아가 계급적 일체감 및 유대감을 깨달을 때만이 진정한 계급의 범주에 부합된다는 것이다.

그러나 마르크스의 이러한 계급개념과 범주에 대해서는 경험적 사회현실에 대한 최근의 사회과학적 분석이나 지식에 비추어 볼 때 그것이 지나치게 단순화된 것이라는 비판이 제기되고 있다. 첫째, 마르크스의 계급론은 생산과정에만 주안점을 두고 있을 뿐 직업체계 등과 같은 그 밖의 경제과정에서 이루어지는 사회적 계층분화현상이나 문화적 · 인종적 차이에 기초한 사회적 불평등체계 등을 적절하게 설명해 주고 있지 못하다는 비판이 있다.

둘째, 마르크스의 계급론은 지나치게 이데올로기적 정향성을 지니고 있다는 점도 비판의 대상이 되고 있다. 마르크스의 계급론은 과학이라는 이름으로 주장되고 있으나, 그것은 사회에 대한 도덕적 판단을 함축하고 있고 또한 세상이 근본적으로 뒤바뀌어야 한다는 혁명적 이데올로기가 담겨 있다는 것이다.

(2) 막스 베버의 계층이론

어떤 의미에서 베버의 계층이론은 마르크스의 계급이론에 기초를 두고 형성된 것이라고 말할 수 있다. 베버는 마르크스의 계급론의 업적을 인정하면서도 그것이 지나치게 단순화되어 있는 것임을 지적하면서 사회계층분화에 대한 다차원적 접근이 필요함을 주장한다. 마르크스가 사회계급의 경제적 결정요인에 집착하고 있다면, 베버는 경제적 이익은 단순히 여러 사회적 가치의 하나의 요소에 불과하다는 점을 들어 이를 반박하고 있다. 크게 보아서 마르크스와 베버의 이론 사이에는 두 가지 차이가 존재한다.[10]

첫째, 베버는 객관적인 경제적 조건에 의해 결정된다는 계급개념을 수용하면서도 그것이 단순히 생산관계 속에서만 결정되는 것은 아니고 소유관계와 직접 관련이 없는 다른 다양한 경제적 요소에 의해서도 결정된다고 보고 있다. 베버는 특별한 기술이나, 신용, 자격, 직업적 지위 같은 경제적 차이가 계층분화의 중요한 결정인자라고 주장한다.

둘째, 베버는 경제적 자원에 의해 결정되는 계급말고도 계층구조를 결정하는 다른 두 가지 요소를 아울러 고려하고 있다. 하나는 지위이고 다른 하나는 파벌이다. 베버는 계급과 더불어 지위집단(status group)과 파벌(party) 혹은 정치적 집단을 불평등구조의 주요한 구성단위로 인정하고 있음을 알 수 있다.

앞에서 알 수 있듯이 마르크스의 계급이론에 대하여 베버의 계층이론이

---

10 *Ibid.*, p. 212.

가지고 있는 단적인 특징은 베버가 사회적 불평등의 다원성을 인정하고 또한 그것이 다차원적인 요인에 의하여 결정됨을 강조하고 있다는 점에서 찾아볼 수 있다. 베버는 사회적 불평등체계를 세 차원으로 구분하는데 그것은 넓은 의미로 경제적 불평등, 사회적 불평등, 정치적 불평등을 지칭하고 있는 것으로 보이며, 각각의 불평등을 결정하는 요인으로는 경제적 자원, 사회적 지위, 정치적 영향력을 들고 있다고 할 수 있다. 이를 좀 더 자세히 살펴보면 다음과 같다.

계급

베버는 경제적 요인에 의해 결정되는 계급개념을 좀 더 확대하여 동일한 생활기회(life chances)를 공동으로 가진 사람들의 집합체로 규정한다.[11] 동일한 계급지위(class status)에 있는 사람들은 재화의 구비나 물질적 생활조건, 주관적 만족 등에 있어서 유사한 상태에 놓여 있다. 공동의 생활기회는 소득획득을 위하여 시장에서 재화나 기술을 부릴 수 있는 힘에 의해 결정된다. 따라서 막스 베버는 계급지위가 시장상황에 의해 결정된다고 본다.

베버가 말하는 계급지위는 곧 시장적 지위(market position)를 의미하는 것이다. 시장지위는 시장에서 재화를 획득할 수 있는 개인의 능력이나 자질에 의해 결정된다. 따라서 시장지위는 생산수단의 소유여부에만 의해서가 아니라 생산수단의 다양한 성격 화폐자본, 부동산, 공장시설 등에 의해서도 결정되며, 또한 교육훈련의 정도나 기술 유무에 의해서도 결정될 수 있다. 베버에 의하면, 시장지위에 의해서 계급형태가 결정되기 때문에 계급은 자본가 계급과 무산계급 이외의 다양한 형태를 띨 수 있다. 베버는 자본가 계급과 육체노동자 계급 이외에 중간계층이라 할 수 있는 전유계급(acquisition class)의 존재를 강조하고 있다. 전유계급은 시장에서 서비스를 활용할 수 있는 기회와 능력에 의해 결정되는데, 이들은 기업의 전문적 관리층에 종사하거나 국가의 경제정책에 영향력을 행사할 수 있는 경제적 지위에 있는 사람들이다. 베버는 마르크스와는 달리 현대의 신중간계급이라 할 수 있는 전문기술 및 관리계층의 중요성을 인정하고 있었던 것으로 볼 수 있다.

11 M. Weber, *Economy and Society*, vol. I ed. by Guenther Roth and Claus Wittich (Bedminster Press, 1968), pp. 302~307.

요컨대 베버의 논의는 계급의 성원이 경제적 시장에서 동일한 위치에 있고, 따라서 유사한 생활기회를 갖게 되며, 그 결과로서 비슷한 생활유형을 가진다는 것이다. 베버는 동일한 계급지위에 있는 성원들이 동일한 생활유형을 보인다고 말하고 있지만 마르크스가 말하고 있는 바와 같이 계급적 일체감이나 유대감을 의미하는 것은 아니다. 그것은 투표행태의 유사성이나 음주습관, 주거환경 등의 유사성을 지칭하고 있는 정도이다.

지위

베버에 따르면 계층화의 주요한 두 번째 인자는 지위이다. 베버에 의하면 지위는 다른 사람들과의 상호행동과정에서 타인들로부터 얻게 되는 명예 혹은 위신에 대한 평가에 의해 결정된다. 베버에게 있어서 계급이 시장에서 생활기회의 획득능력의 차이에서 결정되는 것이라면, 지위는 시장관계가 아닌 사회적 평판이나 가치관에 근거하는 생활양식의 차이에서 생겨난다. 동일한 수준의 지위에 위치하는 사람들끼리는 사회적 위계체계 내에서 동일한 신분집단에 속해 있다는 점에 대한 강한 동류의식을 느끼며, 비교적 동질적인 생활양식을 보여 준다. 특히 높은 지위에 있는 사람들은 낮은 지위집단의 사람들에게 배타적인 태도를 가지며, 자신들의 지위를 영속화시키기 위한 가치체계나 제도를 유지하려 한다. 전통적 상류의 명문가에서는 가문이나 가풍을 강조하고 아무리 큰 부자라 하더라도 졸부를 경멸하며 같은 부류로 인정해 주지 않는다.

베버가 경제적 계급을 중요하게 생각하는 것은 기본적으로 그것이 지위를 가늠해 주는 하나의 구성요소라고 인식하기 때문이다. 베버는 통상적으로 돈을 얻거나 잃는 것은 지위를 얻고 잃는 것보다도 쉽기 때문에 특권적 지위집단에 속하는 사람들은 계급을 지위와 분리하려는 경향이 있다고 본다. 즉 지위는 돈과는 직접적으로 무관하며 경제적 부보다는 획득하기 어려운 속성을 갖는 요소, 예컨대 가문이라든지 교양수준, 교육, 특수한 직업적 위신 등을 반영한다는 것이다.

베버가 지위와 계급을 구분하는 것은 양자의 부정합성이 갖는 사회학적 의미 때문이다. 사람에 따라서는 계급상의 위치가 사회적 신분지위상의 위치보다 높을 수도 있고, 사회적 신분지위가 경제적 위치보다 월등하게 높을 수도 있다. 베버는 이러한 부정합관계가 사회적 변동이나 갈등의 역동성을 이해하는 데 중요하다고 주장한다.

시장은 근대 산업사회의 역동성의 원천이 되어 왔기 때문에 시장에서의 성패가 개인이나 집단의 상대적인 사회적 지위를 변화시켜 왔다. 그런데 이러한 시장의 변화과정에서 적응하고 성공한 사람과 그렇지 못한 사람들이 나누어짐으로써 근대사회에서 경제적 지위와 사회적 신분지위의 불일치가 나타나게 되었다는 것이다. 시장에서 잘 적응한 사람들은 대규모의 부를 바탕으로 급격한 경제적 지위를 확보하였던 반면, 높은 지위와 부를 가진 사람이라 하더라도 시장에서의 혁신적 변화의 적응에 실패함으로써 경제적 지위를 상실하고 차츰 사회적 신분지위의 하락을 경험하게 되었다는 것이다.

파벌 혹은 정치집단

베버가 지칭하는 파벌(party)은 공동된 배경, 목적, 이해관계를 공유하기 때문에 함께 행동하는 사람들의 집단을 의미한다. 베버에 의하면 대개의 경우 파벌은 권력을 얻고 정치적인 영향력을 획득하기 위한 목적을 갖는다. 이런 의미에서 베버가 말하는 파벌은 정치집단 혹은 이익집단으로도 볼 수 있다. 베버는 경제적 영역에서 생활기회의 불균등한 배분이 계급분화를 가져오고 사회적 영역에서 사회적 신분과 위신의 차이가 지위집단을 출현시키는 것처럼, 정치적 영역에서의 권력접근성의 차이가 파벌을 출현시킨다고 말한다. 마르크스가 사회적 신분지위나 정치적 영향력의 크기가 계급적 지위에 의해 결정되는 것으로 보았다면, 이와는 달리 베버는 지위나 파벌이 계급으로 환원되어 설명될 수는 없으며, 거꾸로 경제적 지위, 즉 계급에 영향을 미칠 수 있다고 주장한다.

베버의 계층론은 경제적 요소 이외의 다차원적인 계층분화요인을 감안하고 있어서 현실사회 속의 계층구조를 분석하기 위한 좀 더 풍부한 이론적 기초를 제공해 주고 있다고 평가되고 있다.

2.4.3. 마르크스와 베버 이후의 계층이론과 계급이론

현대사회의 구조적 성격을 이해하는 데 도움을 줄 수 있는 계층 및 계급이론은 다양한 관점에서 제시되고 있다. 이론은 다양하지만 마르크스와 베버를 이론적 원천으로 삼고 있다는 점에서는 동일하다고 할 수 있다. 대략 말하자면 마르크스를 이론적 원천으로 삼고 있는 논의들은 마르크스 이후에 전개된 사회의 구조적 변화를 마르크스의 관점에서 어떻게 해명할 것인가에 초점이 모아지고 있고, 베버를 이론적 원천으로 삼는 논의들은 베버가 제시하고 있는 계층구조의 결정요인을 보다 현대적으로 정교하게 세련시키는 데 초점이 모아지고 있다.[12]

(1) 기능주의 계층론

근대사회가 복합적이고 고도로 분화된 역할체계라는 점은 19세기 말에 이미 뒤르켐(Durkheim)에 의해 체계적으로 제시된 바 있다. 그런데 뒤르켐은 이러한 사회적 역할체계가 잘 작동이 되도록 하기 위해서는 서로 다른 사람이 서로 다른 역할을 수행하도록 동기부여가 되어야 한다고 보았다. 모든 사람의 욕구가 다 같고 추구하는 바의 목표가 동일하다면 사회의 복합적인 역할들이 다 수행될 수 없다. 따라서 뒤르켐은 사회는 서로 다른 사람들간의 다양한 목표가 안배되어야 하며, 이를 성취할 수 있는 적법한 수단들도 적절하게 통제될 수 있어야 한다고 말한다. 뒤르켐의 이러한 생각은 오늘날 계층구조가 사회의 복합적인 역할수요의 원활한 충족을 위해 긍정적인 기능을 하고 있다고 보는 기능주의적 계층이론에 답습되고 있다.

사회적 불평등체계나 계층구조는 도덕적 비난의 대상이 되거나 혁파의 대상으로 간주되는 등 부정적 인식이 지배적이다. 그러나 기능주의적 계층론자들의 주장에 따르면 사회의 불평등체계, 즉 사회적 계층구조는 고도로 분화되어 있는 사회적 역할들이 고루 충족될 수 있도록 하는 순기능을 담당한다. 계층구조는 사회구성원들로 하여금 복합적인 사회체계가 필요로 하는 다양한 역할지위들을 성취할 수 있도록 고무시키는 기제로 작용한다는 것이다. 사회적 역할분담체계에서 충족되어야 하는 다양한 직위들은 서로 다른 정도의 기술과 교육, 지능, 수완을 요청한다.

그런데 기능적 계층론자들은 만일 평평한 무계층의 사회 —다시 말해서 모든 역할에 대하여 평등한 정도의 보상이 주어지는— 가 있다고 한다면 이러한 사회에서는 남다른 노력과 정열, 고통, 신중함, 쾌락의 유예 등을 필요로 하는 역할지위는 보다 유능한 사람들에 의해 충족되지 않을 것으로 단언한다. 기능적 계층론자들에게 계

12 오늘날의 계층 및 계급이론에 대한 간략한 체계적 정리는 다음에 잘 되어 있다. 본서도 여기에 적지 않게 의존하였음을 밝힌다. 홍두승·구해근, 「사회계층과 사회계급」(다산출판사, 1993), 특히 pp. 51~70.

층체계는 '중요하지만 보다 많은 투자와 고통이 뒤따르는' 역할로 인재를 불러들이는 유인기제(incentive mechanism)이다. 높은 계층의 사람들에게 보다 많은 보상이 주어지는 계층체계가 존재하기 때문에 사회 내의 유능한 사람들이 그 사회가 효율적으로 작동되도록 하기 위해서 요구되는 가장 중요한 일을 수행하도록 유인된다는 것이다.

한편 기능적 계층론자들은 사회적 지위를 계층의 가장 일반적이고 지속적인 형태로 간주한다. 그들의 이러한 견해는 사회적 동물로서 인간이 가장 충족시키고자 하는 욕구가 바로 타인으로부터 인정받고자 하는 욕구라고 보는 관점에서 유래한다. 기능적 계층론자들에게는 큰 부와 권세도 높은 지위의 상징적 지표일 뿐이다. 사람이 열심히 일하며 고통을 참아내고 목전의 희열을 유보하는 것은 만인이 인정해 주는 높은 지위에 올라설 수 있는 기회가 제도적으로 보장되어 있기 때문이라는 식이다.

이들이 계급보다는 지위의 관점에서 사회의 계층화 현상을 해명하고 있는 것은 어떤 의미에서 베버와 유사한 입장이라고 할 수 있다. 지위는 본래적으로 희소한 자원이기 때문에 차등적인 계서적 보상이 주어져야 한다. 기능적 계층론자들은 높은 지위에 있는 사람들에게 더 큰 보상이 주어지는 것은 높은 지위에 있는 사람들이 사회적으로 보다 중요한 기능을 수행하고 있기 때문이라는 것을 전제하고 있다.

현대의 대표적인 기능주의적 계층론자로는 파슨스(T. Parsons)와 그의 제자였던 데이비스와 무어(K. Davis, W. Moore)를 들 수 있다. 파슨스에 의하면 사회체계의 여러 기능을 충족시키는 사회적 역할은 각 역할에 대한 사람들의 사회적 가치평가가 내려지게 됨에 따라 수평적 분화체계에서 수직적인 계층체계로 전환된다. 그런데 높은 사회적 평판이 주어지는 역할은 그만큼 사회적으로 중요한 기능을 수행하는 것이기 때문이다. 따라서 차등적 평가와 보상이 주어지는 이러한 계층체계는 자연스럽고도 필요한 것이기도 하다는 입장을 갖는다.

파슨스의 이러한 기본시각은 데이비스와 무어의 기능주의적 계층이론에 그대로 옮겨진다. 데이비스와 무어는 기능적 중요성을 갖고, 수행에 큰 노력이 요구되며, 특수한 재능과 사전의 남다른 교육훈련이 필요한 사회적 직위가 적격자에 의해 수행되도록 하기 위해서는 이런 자리일수록 높은 수준의 보상이 주어지는 차등적 분배체계가 불가피하다고 역설한다. 데이비스와 무어의 기능주의적 계층론의 논지는 다음과 같이 요약할 수 있다[13]

13 김채윤, "기능론적 계층이론과 이를 둘러싼 논쟁들" 한상진(편), 앞의 책, pp. 117~138.

첫째, 한 사회 내의 어떤 지위들은 기능적으로 중요하고 그런 만큼 특별한 자질과 훈련을 요구한다. 둘째, 이러한 기능적 중요성을 갖는 자리는 희소성을 가지며, 또 여기에 요구되는 자질과 능력을 획득할 수 있는 사람은 수적으로 제한되어 있다. 셋째, 이러한 자질과 훈련을 획득하기 위해서는 남다른 인내와 희생이 뒤따른다. 넷째, 적격자로 하여금 그러한 희생을 감내하면서 필요한 자질과 능력을 얻도록 하기 위해서는 그들이 목표로 하는 자리가 그럴 만한 보상과 평판을 가지고 있어야 한다. 다섯째, 경제적 보상과 위신, 권한 등의 사회적 가치가 차등적으로 배분되는 계층 간의 사회적 불평등은 어느 사회에서나 불가피하고 또 필요한 것이기도 하다.

데이비스와 무어의 이러한 기능주의적 계층론에 대해서는 많은 비판이 제기될 수 있다. 데이비스와 무어의 계층론은 개인의 노력과 열망에 따라 자신의 모든 것이 결정되는 순수하고 완전한 자유경쟁사회에는 부합될 수도 있지만 현실세계에서 이러한 사회는 존재하지 않는다. 따라서 이들의 이론은 현실에 존재하는 사회적 불평등을 정당화하고 있는 일종의 시장이데올로기적 편향성을 가지고 있다고 비판받는다.

(2) 신마르크스주의적 중간 계급이론

마르크스가 죽은 뒤 한 세기 이상이 지나면서 선진 산업사회는 엄청난 변화를 경험하였다. 그런 변화 중 어떤 것은 마르크스가 예견하는 방향에서 이루어지기도 했지만, 미처 생각지도 못했거나 대수롭지 않게 여겼던 것들이 변화의 대세로 나타난 것들도 있었다. 그 가운데에서도 중요한 것은 노동자 숫자의 증가보다도 화이트칼라, 전문기술직, 사무관리직의 양적 확대가 더욱 빨랐다는 점이었다. 원래 마르크스는 자본주의가 발전하면 발전할수록 계급구조는 자본가 계급과 노동자 계급으로 양분되고, 중간에 위치하고 있는 소(쁘띠)부르주아는 대부분이 노동자 계급으로 전락할 것이라고 전망한 바 있었다. 1960년대 이후 이른바 신마르크스주의자들은 마르크스의 기본논지를 받아들이면서도 변화하고 있는 현실경험에 맞추어 마르크스를 새롭게 재해석하고, 새로운 마르크스주의의 이론체계를 정비하고자 했던 일군의 학자들이었다. 이들은 마르크스가 이론적 공백으로 남겨 놓은 부분을 메우는 한편 마르크스의 예견이 빗나간 현상들을 설명하고자 애썼는데, 여기에는 중간계급의 대대적인 확대와 노동자 계급의 보수화, 사회주의의 급진성 상실, 자본주의 사회인 국가의 위상문제 등이 포함된다. 이들의 문제영역 가운데에서도 특히 뜨거운 쟁점이 되었던 것은 중간계급의 등장과 확충현상이었다.

중간계급의 성격규명에 크게 기여했던 대표적인 신마르크스주의자로는 풀란차스(N. Poulantzas)와 라이트(E. Wright)를 들 수 있다.[14] 이들의 신중간계급에 대한 논의는 풀란차스의 중간계급론을 라이트가 비판적으로 검토하는 방식으로 전개되고 있다. 중간계급은 외견상 자본가 계급의 진영에도 속하지 않고 그렇다고 노동자 계급으로도 분류할 수 없는 그러한 유형의 계급을 말한다. 즉 자본을 소유하고 있는 것도 아니고 또한 프롤레타리아와 같은 육체노동에 종사하고 있지도 않은 계급들을 말하는 것이다. 마르크스의 관점을 그대로 따르자면 이들은 생산수단을 소유하고 있지 않다는 점에서는 프롤레타리아로 분류되어야겠지만 물질적 생산과정에서 직접 땀 흘려 일하지 않을 뿐더러 오히려 자본가의 편에 서서 노동자 계급을 통제하는 일을 담당하기 때문에 결코 전형적인 프롤레타리아로 볼 수도 없다. 그렇다면 이 신중간계급의 성격을 어떻게 규정할 것인가?

풀란차스는 이러한 계급을 전래의 중간계급, 즉 소규모 자영업자들로 이루어진 구쁘띠부르주아 계급과 비슷한 계급적 위상을 가진다는 점에서 신쁘띠부르주아 계급 혹은 신중간계급으로 분류하고 있다. 구중간계급과는 달리 이들 신중간계급은 법인기업이나 공식적 결사체 등 현대적 조직부문에 속해 있으면서 주로 노동과정에서 노동자들에 대한 통제적 권위를 행사하는 지위에 종사한다. 예컨대 사무직 정신노동자(예: 총무과 사무직원)나 중간관리자, 전문기술자 및 감독직 생산노동자(예: 공장장, 십장) 등이 이 범주에 든다. 풀란차스가 생산수단을 소유하고 있지 않은 이들을 노동자 계급에서 분리하여 중간계급으로 따로 범주화하고 있는 것은 세 가지 기준에서이다.

① 경제적 기준

이들은 착취관계의 기본이 되는 물질적 요소를 직접재생산하면서 잉여가치를 창출하는 생산적 노동에 종사하지 않는다는 기준에 의해서이다. 이들은 자본주의적 착취관계의 밖에 존재할 뿐만 아니라 오히려 자본가가 다른 노동자들로부터 수취한 잉여가치의 분배에 참여하고 있다는 이유에서이다.

14 N. Poulantzas, *Classes in Contemporary Capitalism* (London : NLB, 1975); E. Wright, *Class, Crisis, and the State* (London : NLB, 1979).

② 정치적 기준

주로 수행하는 관리적 노동은 생산적 노동자를 통제하는 역할을 함으로써, 노동계급에 대한 자본의 정치적 지배를 대변한다는 기준에 의해서이다. 반면에 이들은 생산과정에서 자본의 지배를 받기 때문에 자본가 계급에는 들지 못하는 특수한 정치적 위치에 놓인다.

③ 이데올로기적 기준

육체노동자에 비해 사무관리직의 정신노동자들은 여러 가지 사회적 · 과학적 지식을 쉽게 이용할 수 있는 위치에서 일하기 때문에 자본주의적 이데올로기를 유지하고 재생산하는 데 크게 공헌한다는 기준에서이다.

특히 풀란차스는 이들 전문기술직 및 사무관리직을 구중간계급과 동일한 범주로 묶고 있는 이유를 양자 사이의 이데올로기적 태도의 유사성 때문인 것으로 설명한다. 풀란차스가 양자가 공유하고 있는 이데올로기적 입장으로 들고 있는 것은 다음이다.

첫째는 현존하는 자본주의 사회질서의 문제점을 비판적으로 생각하지만 프롤레타리아 혁명에는 거부감을 가지며, 혁명적 방법이 아닌 점진적 제도개혁을 통해서 문제점을 해결해 나갈 수 있다고 믿는다.

둘째는 중간계급은 빈궁화에 두려움을 느끼고 부자가 되는 것과 지위의 상승이동을 열망한다. 집단이나 계급의 전반적인 처지개선보다는 자신의 몫의 증대를 보다 우선시한다.

풀란차스가 궁극적으로 목표로 하는 바는 마르크스의 관점에서 계급투쟁과 사회주의적 변혁의 가능성을 연계하는 것이다. 그런데 풀란차스는 이 점에 관하여 다음과 같은 입장을 취한다. 즉 중간계급에 속하는 사람들은 생산수단을 소유하고 있지 못한 채 임금생활을 하는 임금노동자이지만 그 이데올로기적 정향이 일반 노동자 계급과는 판이하기 때문에 프롤레타리아 혁명을 위한 연합세력이 되는 데는 한계를 갖는다는 것이다. 풀란차스는 자칫 잘못하면 노동자 계급이 개량주의적인 중간계급에게 계급투쟁과 사회변혁의 주도권을 빼앗기게 됨으로써 사회주의 혁명을 변질시킬 우려가 있다고 전망한다.

한편 라이트는 풀란차스의 이러한 주장에 대해 비판을 제기한다. 라이트의 견해는 풀란차스가 노동자 계급의 범주를 협의로 엄밀하게 제한하여 신중간계급을 제외한 것은 잘못이라는 것이다. 라이트는 풀란차스가 신중간계급을 노동자 계급으로부터 분리하는 근거로서 제시하고 있는 세 가지 기준에 대해 낱낱이 비판하고 있다.

우선 하나의 요지는 물질적 생산과정에 직접 종사하지 않는 노동자라 하더라도 노동력을 팔고, 생산과정에서 자본가의 지배를 받는 사람은 모두 노동자 계급으로 보아야 한다는 것이다. 잉여가치는 물질적 생산노동으로부터만 유래하는 것은 아니다. 라이트는 비생산적 용역노동도 잉여가치의 근원으로 본다. 보다 근본적으로 라이트는 생산노동과 비생산노동으로 나누어 이를 계급구분의 근거로 삼는 것은 잘못된 것이라고 주장한다. 왜냐하면 실제 생산과정에서는 이것이 엄격하게 구분되기 어려운 이중적 성격을 갖는 노동이 비일비재하기 때문이다. 그 대신 라이트는 경제적 자원에 대한 통제력을 기준으로 계급을 구분한다. 경제적 자원에 대한 통제에는 세 가지 차원이 있을 수 있다. 첫째, 투자나 화폐자본에 대한 통제, 둘째, 물리적 생산수단에 대한 통제, 셋째, 노동력에 대한 통제 등이 그것이다. 생산과정에서 이 세 가지 통제력을 모두 장악하고 있는 사람이 자본가 계급으로 분류된다. 또한 어느 하나도 가지고 있지 못한 사람들은 노동자 계급으로 분류된다. 이들 중 일부는 가지고 있지만 일부는 못 가지고 있는 애매한 지위의 사람들을 라이트는 모순적 계급위치(contradictory class locations)라고 부른다. 모순적 위치의 사람들은 생산과정의 어떤 측면에 대해서는 통제력을 행사할 수 있지만 다른 측면에 대해서는 통제할 수 없는 위치에 있다.

라이트는 이들 모순적 위치에 있는 사람들을 풀란차스처럼 신중간계급으로 묶어 동일한 계급으로 범주화할 수 없다는 입장을 갖는다. 무엇보다도 모순적 위치에 있는 사람들은 또한 자기네들끼리도 이데올로기적으로 통일되어 있지 않기 때문에 하나의 동일한 계급으로 범주화할 수 없다는 것이다. 라이트는 이들이 자본의 지배를 받는 과정에서 노동에 대해 지배권을 행사하는 양면적 모순의 위치에 있기 때문에 계급적 이익이나 행동도 가변적이고 모순적일 수밖에 없다고 내다본다.

(3) 신베버주의 계층

영국의 사회학자 파킨(Frank Parkin)은 한편으로 마르크스의 계급관을, 다른 한편으로 베버의 계층이론을 비판적으로 분석하고 있다.[15] 하지만 파킨은 스스로를

15 F. Parkin, *Class Inequality and Political Order* (Macgibbon and Kee, 1971).

베버주의자라고 자처하고 있고, 그의 사회계층에 관한 논지도 베버를 주요한 이론적 원천으로 삼고 있는 것으로 보인다. 베버가 그러했듯이 파킨은 생산수단의 소유여부가 계급구분의 기초가 된다는 점에서는 마르크스에 동의한다. 그렇지만 생산수단의 소유여부에 따른 자본과 노동의 분열 이외에 어떠한 사회적 균열도 계층적 대립의 일차적인 요인으로 설명될 수 있는 이론적 가능성을 봉쇄하고 있다는 점을 비판한다. 마르크스의 계급론은 인종적 · 종교적 · 윤리적 · 성적인 분화가 계급분화의 기반으로 작용되는 현실경험의 복잡성을 적절히 설명하지 못한다는 것이다. 한편 파킨은 베버의 계층이론에 대하여 그 분석의 초점이 분배체계에서 나타나는 현상적 형태의 사회적 불평등에만 집중되고 있을 뿐이고, 분배체계를 포함한 여타의 많은 것을 지배하는 생산체계의 은폐된 힘을 지나치고 있다고 비판한다.

그러나 파킨은 베버의 관점을 빌려 사회적 불평등의 주요한 원천이 권력의 불균등한 분배에 있다고 보고 있다. 파킨이 말하는 권력개념은 파킨의 독특한 권력관을 반영하고 있다. 베버에게 있어서 권력이라 함은 가용한 수단을 활용하여 타인에게 자신의 의사를 관철시킬 수 있는 능력으로 정의된다. 파킨은 권력개념을 베버가 언급한 '사회적 폐쇄'(social closure)라는 개념을 정교하게 다듬음으로써 추출해 내고 있다. 사회적 폐쇄란 어떤 자원이나 기회를 놓고 한 개인 및 집단이 다른 집단의 사람들을 배제하는 과정을 의미한다.

파킨은 사람들은 자기집단이 누리는 특권이나 경제적 이익을 지속시키기 위해 이로부터 다른 사람들의 접근을 막으려는 노력을 부단히 전개하는데, 이러한 배제노력이 계급갈등의 원천이 된다고 주장한다. 예컨대 자본가들은 노동자들을 기업성과의 배분과정이나 생산결정과정에서 배제하고자 한다. 권력을 장악한 특정부류의 사람들은 다른 사람들이 여기에 접근해 오는 것을 막아 내려고 한다. 전문기술자격을 갖춘 사람들은 그 수를 제한하거나 무자격자의 행위를 제한하려 한다. 사회적 폐쇄라는 배타적 독점노력은 자산의 소유관계뿐 아니라 인종, 종교, 성, 지역 등의 차원에서도 광범위하게 진행될 수 있기 때문에 이 모든 것이 사회적 불평등과 계층대립의 원인으로 제공될 수 있다는 것이다. 이러한 관점에서 파킨은 현대 자본주의 사회의 계층구조를 자본과 고급의 전문지식을 소유하고 있는 지배계급, 특별한 시장적 자원이 없는 하층계급, 그리고 교육이나 조합집단의 조직력을 배경으로 비교적 안정된 생활을 누리는 중간계급 등 세 계급으로 분류하고 있다.

베버의 관점을 보다 새롭게 재구성하려는 신베버주의자들은 대개 파킨과 유사하게 계층구조를 구분하는 경향이 있다. 오늘날 사회과학의 영역에서 큰 영향력을 가지고 있는 기든스도 앞서 살펴본 바와 같이 파킨과 유사하게 현대사회의 계급구조를 생산수단과 부를 가진 자본가 계급, 고등교육이나 전문기술 등의 시장적 자원을 가진 중간계급, 단순히 노동력만을 팔아 살아가는 노동자 계급으로 구분하고 있음을 알 수 있다.

제 3 장

사회, 정치, 국가

현대 사회과학의 주요한 또 하나의 쟁점은 한 사회를 지배하는 세력은 어떤 부류의 사람들이고 이들은 어떠한 매커니즘 절차를 통해 그 사회를 지배하느냐 하는 것이다. 공공의 권력의 영역 혹은 국가의 영역은 현대 사회과학에서 빼놓을 수 없는 중요한 문제영역이 되고 있다. 그것은 근대사회 이후 개인의 사적인 자유와 권리가 끊임없이 증대되어 오면서도, 다른 한편으로 공공의 영역이 동시에 확충되어 왔고 거기에 비례해서 국가권력 또한 꾸준히 증대되어 왔기 때문이다. 오늘날 어느 평범한 한 개인의 일상생활 영역에서도 공공성과 권력성의 흔적을 쉽사리 찾아볼 수 있다.

누구나 비인격적인 공공성을 갖는 거대한 조직의 일원으로 일한다. 이러한 대규모 조직은 위계적 권위체계로 이루어져 있다. 개인의 사적 생활에서의 공공성과 권력성은 단순히 그가 거대한 조직의 일원이라는 사실에서만 찾아볼 수 있는 것은 아니다. 국가는 개인이나 기업의 활동영역에 직접적인 형태로 적지 않은 영향을 미치고 있다. 국가의 공권력은 개인이나 기업의 활동을 도와주기도 하고 때로는 감독하고 규제하기도 한다. 개인의 사적인 선택과 결정도 자세히 들여다보면 순수하게 개인적 고려에 의해서만 이루어지는 것이 아니다. 공공질서와 국가권력은 개인적 선택의 구조적 제약으로 기능한다. 또 경우에 따라서 국가는 특정의 가치관을 국민들에게 제시하며, 사람들의 행동을 여기에 맞추도록 유도하기도 한다. 국가의 권력이 최소한의 수준에 머물면 머물수록 좋다는 정치사상사적 전통이 아직도 강력하게 남아 있는 서구의 자유민주주의 국가도 예외는 아니다. 그런가 하면 국가의 필연적 소멸을 신봉하고 있는 옛 사회주의 국가들의 경우도 마찬가지이다. 오히려 사회주의 체제하에서 국가권력은 개개인의 사생활 깊숙한 곳까지 침투하여 보다 포괄적이고 광범위한 영향을 미치고 있었다.

국가가 현대 사회과정에서 중요한 역할을 담당하고 있고, 또한 큰 비중을 차지하고 있다는 점은 어느 누구도 부인하지 못한다. 그러나 정작 국가가 무엇이며, 어떠한 구체적인 기능을 수행하는가 하는 점에 대해서는 현대 사회과학에서 매우 다양한 견해가 엇갈리고 있다. 오늘날 국가는 서로 다른 학자들에게 서로 다른 것을 의미한다. 현대 정치학은 국가를 조금씩 다른 관점에서 대략 다음과 같이 다섯 가지 형태로 개념을 정의하고 있음을 알 수 있다.[1]

첫째, 국가개념을 가장 좁은 의미로 해석하여 국가를 하나의 행동단위, 즉 하나의 결정권위의 단위(a unit of decisional authority)로 규정하는 것이다. 이 개념에 의하면 국가는 정책이나 결정을 작성하는 행위자가 된다. 이러한 국가개념은 다양한 정부제도나 관료기구 내에서 결정권위를 행사하고 있는 공직의 집합체로서 정부개념과 동의어가 된다.

둘째, 국가개념을 다소 추상적인 수준에서 여러 다양한 통치기구나 제도들에 대하여 구조적 통일성을 부여하는 조직화 원리(organization principles)로 규정하는 것이다. 이 개념정의에 따르면 국가는 잘 조직화된 일관성 있는 전체로서 국가기구의 구조화된 체계이다. 첫째의 개념정의가 국가를 하나의 행동단위로 보거나 혹은 공공적 결정권위를 갖춘 여러 공직자들이나 제도적 행위자들의 단순한 집합으로 보는 것과 달리, 이 개념은 국가를 그러한 여러 제도나 공직들이 전체로서 하나의 체계로 조직화 되어 있는 것으로 규정한다.

셋째, 국가의 개념을 사회 속에서의 세력관계나 지배관계를 구성하고 있는 구조적 원리로 보는 것이다. 구조적 원리라는 관점으로 보는 점에서는 둘째의 정의와 같지만, 두 번째 정의가 일련의 제도적 장치로 보는 것과는 달리 이 개념정의는 좀 더 추상적인 수준에서 국가를 사회적 지배관계가 응축되어 있는 구조물로 본다. 이 개념정의에 따르면 국가를 분석하는 데에는 국가기구 밖에서 국가기구를 사실상 통제하거나

1 R. Benjamin and S. L. Elkin (eds.), *The Democratic State : Studies in Government and Public Policy* (University Press of Kansas, 1985), pp. 22~29.

지배하는 사람들의 작용이 중요하다. 이 개념정의는 사회 내의 어느 특정 지배계급의 지배지속화를 위한 활동을 국가의 작용과 일치시킨다. 밀스(C.W. Mills)의 파워엘리트(power elite)나 마르크스주의자들의 지배적 사회계급(dominant social class)등의 국가지배가 그 주요한 예이다.

넷째, 국가를 사회계급간의 관계 속에서 규명하는 입장보다 좀 더 광범위한 관점에서 국가를 사회 내의 거버넌스와 지배의 지속적 구조(enduring structure of governance and rule)로 보는 개념정의가 있다. 이 개념에 따르면 국가는 제도적·법적 질서체제로서 사회가 통치되고 사회적 갈등이 다루어지는 장치와 수단들로 정의된다.

다섯째, 국가개념을 가장 넓은 의미로 해석하여 지배와 관련된 일체의 규범적 질서(the dominant normative order)로 규정하는 개념정의도 있다. 이 개념정의는 국가의 범주에 모든 제도적·법적 체계뿐만 아니라 규범, 관습, 사람들의 사고체계 등 현존하는 가치체계까지를 포함한다. 따라서 여기서 국가는 한 사회의 사회적 관계와 지배관계를 결정하고 있는 일체의 제도와 규범이 된다. 이 개념은 국가체계에 작용하는 모든 사회적 요소를 반영하고자 하는 장점이 있으나 다른 한편으로 국가와 사회가 사실상 구분되지 않는 취약점도 있다.

일반적으로 볼 때 국가와 정부는 구분되는 개념인 만큼, 국가의 개념으로서 국가를 하나의 행동단위로 보는 첫 번째의 개념정의나 지배계급이나 지배관계로 개념화하는 세 번째 정의는 지나치게 단순하고 제한적 개념이라 할 수 있다. 반면에 모든 사회적 요소를 국가개념에 포함시키려는 다섯 번째의 개념은 지나치게 포괄적인 개념이라고 할 수 있다. 따라서 국가개념을 사회 전체를 관리하고 통치해 가는 제도와 기구의 구조화된 통일체로 보는 규정이나, 한 사회의 통치와 지배에 관련된 지속적 구조로서의 제도·법질서체계로 규정하는 네 번째 정의가 이론적으로나 경험적으로 보다 타당하다고 평가할 수 있을 것이다.[2]

여기서는 현대사회를 시장경제사회라는 관점에서 접근하는 이론체계에서 지배의 문제나 국가의 존재가 어떻게 규정되고 있으며, 또한 계급구조를 이루고 있는 자본주의 사회라는 관점에서는 이런 문제가 어떻게 주장되고 있는가 하는 것을 다루기로 한다.

---

2 *Ibid.*, p. 27.

3.1. 시장경제와 국가의 역할

3.1.1. 자유주의 국가(liberal state) 이론

자유주의 이론가들은 다른 어떤 것보다도 개인의 자유에 절대적 가치를 부여하고 있다. 자유주의자들은 역사적으로 볼 때 이러한 개인의 자유에 최대의 위협적인 존재가 되어 온 것이 국가권력이라고 간주하였다. 따라서 이들은 무엇보다도 '국가권력으로부터의 자유'를 최고의 정치적 가치라고 단정한다. 자유주의자들은 정부나 국가, 정치조직 등을 지배적 질서라는 차원에서 대략 같은 기능을 수행하는 사회적 단위로 규정한다. 이는 고전적인 자유주의자들이 지녀 온 반(反) 국가편견의 일단을 암시해 주는 것이라고도 볼 수 있다.

고전적 자유주의 이론가들은 시민적 자유 가운데에서도 시장 활동의 자유, 즉 시장에서 마음대로 자신의 재화를 사고팔 수 있는 경제적 활동의 자유를 가장 중요한 요소라고 믿었다. 공권력이 부당하게 거래나 교환행위를 금지한다든가 아니면 부당하게 세금을 거두어 가지 않도록 하는 것이 자유를 지키는 데 중요한 일이라고 믿었던 것이다. 이들은 이러한 개인의 사적인 시장 활동을 감독하거나 통제하기 위하여 권한을 행사하려 드는 일체의 공공적 장치를 마찬가지의 것으로 간주하였다. 이들이 국가와 정부 개념을 세분하여 분석하려는 노력을 크게 기울이지 않았던 것도 이 때문인 것으로 보인다. 이러한 의미에서도 근대 자유주의 이론은 이론적 연구의 소산이 아니라 실제적 경험의 산물이라고 할 수 있고 또 그렇기 때문에 다른 관점에서 부르주아 시민계급의 사회적 활동을 합리화해 주는 정당화 이데올로기라고도 평가된다.

(1) 필요악(necessary evil)으로서의 국가

무정부주의자(anarchist)들은 정부나 국가를 하등의 필요가 없는 사악한 것으로 간주한다. 그들은 정부나 국가라는 것은 인간 위에서 인간을 억압하고 군림하는 힘 있는 자, 부자만의 편의로운 지배수단일 뿐 보통사람들에게는 발목에 채워져 있는 족쇄에 불과한 것으로 비유한다. 무정부주의자들의 이러한 믿음은 인간이 가지고 있는 이성에 대한 철저한 신뢰에 기반을 둔 것이었다. 즉 모두에게 주어져 있는 인간의 이성은 절대적인 것이어서 어느 누구의—그것이 타인에 의한 것이든 아니면 국가의 권위에 의한 것이든—지시나 통제를 받지 않고서도 스스로의 힘만으로 가장 올바르게 행동할 수 있기 때문이라고 생각했기 때문이었다. 무정부주의자들은 완전히 자유로운 인간들이 어떤 것에도 얽매이지 않고 자발적으로 서로 상호작용하는 무정부주의적 상태를 최선의 사회질서로 상정하였다.

이러한 무정부주의자들의 생각과는 달리 존 로크(J. Locke)나 밀(J. Mill, J. S. Mill) 등으로 대표되는 고전적인 자유주의 이론가들은 정부나 국가의 필요성을 인정하고 있다. 하지만 이들 역시 여전히 그것을 위험한 것으로 간주하는 입장이었다. 정부나 국가의 존재의의는 시민들의 생명과 재산 그리고 자유로운 활동을 보호해 주는 데 있다. 그러나 국가권력은 그것이 부당하게 본래의 존재의의를 뛰어넘어 남용되거나 오용될 가능성이 있는 만큼 시민적 자유에 지극히 위협적인 것이다. 따라서 이들 고전적인 자유주의자들은 정부나 국가의 역할범위는 본래적 사명을 충족하는 수준에서 가능한 한 최소한에 머물러야 한다고 역설하였다.

고전적 자유주의 국가론자들이 생각하는 국가의 적정한 역할범위는 다음과 같은 기능을 수행하는 것으로 한정하고 있다.

첫째, 시민들 사이의 자유로운 시장적 활동 사적 거래활동을 보장해 주는 것이다. 시장에서의 자발적인 교환과 거래활동이 강압이나 사술(邪術)에 의해 지배되지 않도록 보호하는 기능을 수행한다.

둘째, 시장에서 체결된 사적 계약의 결과가 잘 이행되도록 보장해 주는 역할을 담당한다. 개인들 사이의 자유계약은 권리와 의무관계를 낳는 것이고, 이러한 계약체계의 이행은 개별적 상호행위에 의해 이루어지는 것이긴 하지만 제대로 이행되지 않았을 경우 이를 바로잡아 줄 수 있는 최후의 보장책이 마련되어야 한다. 정부나 국가의 역할은 바로 이러한 계약체계의 이행을 담보하는 마지막 보루로서 기능한다는 것이다.

셋째, 정부나 국가는 시민들의 생명과 재산이 안전하게 소유될 수 있도록 지켜 주는 역할을 담당한다. 시민들의 재산권은 개개인들이 시장에서의 정당한 활동의 결과로서 개인에게 귀속된 몫이다. 따라서 이러한 사적인 재산권은 타인의 사취나 강압, 도둑질로부터도 안전하게 지켜져야 하는데, 정부의 주요한 또 하나의 역할은 바로 이러한 경찰기능에 있다는 것이다.

자유주의 국가이론의 주요한 기능은 시민들의 생명과 재산 그리고 자유가 평화롭고 안전하게 보장될 수 있도록 지켜 주는 것이다. 이런 의미에서 자유주의 국가관을 '야경국가'(nightwatchman state)라는 개념으로 부르기도 한다. 또한 그것의 역할범위가 최소한의 선에 머물러야 하기 때문에 '최소국가'(minimal state), 또한 최소의 역할로 정부의 운용에 별로 비용이 들지 않는 정부, 즉 '값싼 정부'(cheap government)라는 개념으로 불리기도 한다. 존 로크는 이러한 자유주의적 이론체계 내의 정부를 '제한정부'(limited government)라 칭하고 있다.

(2) 공공재 생산의 역할

고전적인 자유주의 국가이론의 또 하나의 전통은 앞에서도 살펴본 바 있는 고전파 경제이론가들에 의해서 마련되었다고 할 수 있다. 애덤 스미스로 대표되는 고전파 정치경제학자들은 자유방임적 시장체제를 주장하면서도 자유시장 그 자체가 원활히 작동되도록 하기 위해서는 국가가 나서야 할 기능이 있다고 역설하였다.[3] 고전파 정치경제학자들이 국가의 역할로 인정하고 있는 범위는 고전적 정치사상가들이 인정하고 있는 그것보다 다소 범위가 확대된 것으로 볼 수 있다.

첫째, 사법적 기능을 수행하는 임무이다. 애덤 스미스에 따르면 왕 또는 국가는 그 사회의 모든 구성원들로 하여금 다른 구성원의 불의나 억압으로부터 가능한 한 자유로울 수 있도록 보호하는 의무, 다시 말해 재판의 엄정한 시행을 확립하는 의무를 짊어지고 있다. 애덤 스미스는 엄격한 법률체계와 소송절차의 확립을 주요한 국가의 임무로 설정하고 있다. 애덤 스미스는 경제활동을 원활히 할 수 있도록 재산권 보장의 법체계를 제공해 줄 수 있어야 하고 이와 관련된 분쟁이 엄정하게 다루어져야 한다고 본다.

둘째, 외부의 폭력과 침략으로부터 그 사회를 보호하기 위하여 군사력을 유지하는 임무이다.

셋째, 공공시설과 공공사업을 건설하고 유지하는 임무이다. 여기서 애덤 스미스가 말하는 공공사업은 전체사회에 가장 큰 이익을 줌에도 불구하고 그것으로부

3 A. Smith, *An Inquiry into the Nature and Causes of the Wealth of Nations*, 김수행(역), 「국부론」(동아출판사, 1992), 하권, pp. 191~308.

터의 이윤이 어떤 개인 또는 소수의 개인들의 비용을 보상해 줄 수 없으며, 따라서 어떤 개인 또는 소수의 개인들이 그것을 건설하고 유지한다고 볼 수 없는 성질을 갖는 사업이다.

애덤 스미스는 국가가 담당해야 할 첫 번째와 두 번째의 기능들도 세 번째의 공공시설 및 공공사업의 유지라는 관점에서 파악하고 있다. 스미스가 말하는 공공시설 및 공공사업의 건설, 유지는 공공재의 생산 및 제공을 말하는 것이다. 스미스는 첫째로 사법체계의 제공, 둘째로 국방이라는 공공재, 그리고 그 외 셋째 범주의 공공재로서 도로, 교량, 항만시설 등의 '사회의 상업을 편리하게 하는' 공공재 생산을 주요 역할로 설정하고 있으며, 공공교육이라는 공공재 생산을 역시 국가의 역할범주에 포함시키고 있다.

3.1.2. 시장과 국가 : 다원주의 국가이론

자유주의 정치이론 및 고전파 경제이론체계 내에서의 반국가편향, 그리고 이에 따라 국가의 역할범위를 크게 제한적인 것으로만 다루어 오던 연구경향은 오늘날 사회과학의 지배적인 흐름에 그대로 이어지고 있음을 알 수 있다. 예컨대 현대 사회과학의 주요한 하나의 패러다임이었던 행태주의적 연구접근법은 사회와 상반된 개념으로서 통일된 중앙집권적 권위체라는 의미에서의 국가개념을 추상적인 무의미한 개념으로 생각하여 이를 사용하지 않으려는 입장을 견지하고 있다. 또한 모든 정치과정을 개인과 집단의 상호작용이라는 관점에서 설명하고자 했던 이익집단 정치이론 역시 제도체계 위에서 상호작용하는 개인과 집단의 복합적 과정만이 의미 있는 분석수준일 뿐, 국가와 같은 실체는 인정할 수 없다는 입장을 가지고 있다.[4] 대개의 경우 이들은 국가개념 대신 정치체계나 혹은 정부, 관료조직이라는 개념을 대신 사용한다. 이들은 다원주의적 입장에서 정치체계나 정부는 사회 속의 개인이나 다원적 이익집단의 상호작용을 중립적 위치에서 조정하거나 그 결과를 정책결정에 반영하는 피동적 역할기구로 간주한다.

다원주의적 관점에서 현대 정치과정을 설명하려는 정치학자들은 국가를 사회적 통합을 위하여 권위를 행사하는 역할지위를 담당하고 있는 개인들 및 제도들의 집합으로 생각한다. 또한 이들은 사회세력이나 집단들에 대하여 국가가 갖는 중립적 성

4 Patrick Dunleavey and B. O'Leary, *Theories of the State : The Politics of Liberal Democracy* (Macmillan Eduaction, Ltd., 1987), p. 42; Roger Benjamin and S. L. Elkin, *op. cit.*, p. 22.

격을 강조하거나, 아니면 적어도 규범적으로는 국가의 정책이나 제도가 엄격한 중립성을 띠어야 함을 요구하고 있다.

(1) 시장과 국가, 정치와 경제

앞서 살펴본 바와 같이 다원주의 이론에서는 사회를 이익과 역할의 분화가 이루어진 다양한 개인들과 집단들의 구성체로 다룬다. 다원주의의 이론적 입장은 자본주의 경제니 국가니 하는 것도 다양한 사회적 요소들 사이의 관계가 복합적으로 얽히면서 이루어진 '구조화된 총체'로 인식되지 않는다. 각각의 다양한 영역들이 서로 나누어져 있는 '독립된 단위'로 간주된다. 다원주의 이론체계 내에서 정치와 경제, 정치와 시장, 시장과 국가는 제도적으로 분화되어 있는 사회 단위인 것이다. 물론 이렇게 별개의 사회적 단위로 인식한다고 하여 하나가 다른 하나에 영향을 미치는 등의 양자 사이의 긴밀한 연계성을 부인하는 것은 아니다.

시장과 국가

다원주의 이론체계에서 자본주의적 경제질서는 곧 시장을 의미한다. 시장은 개인의 자유로운 선택이 이루어지는 사회적 공간이다. 고전적 자유주의의 전통을 이어받고 있는 오늘날 시장경제론자들은 개인의 자유로운 경제활동이 이루어지는 이러한 시장질서에 대하여 국가의 개입은 최대로 자제되어야 한다고 역설한다. 현대의 시장론자들은 기본적으로 시장이 국가기능보다 효율적이라는 관점을 견지하고 있다. 이들은 자유시장체계를 최선의 사회경제적 조직체계로 간주하며, 한 사회의 진정한 부는 개인적 자유가 보장하는 시장매커니즘 작동의 결과로서 얻어질 수 있다고 주장한다. 이들은 시장질서의 정상적인 작동과정에서도 나타날 수 있는 시장실패(market failure)가 곧바로 정부의 개입을 정당화할 수 있는 것은 아니라고 믿는다. 이들은 경제에 대한 국가의 개입이 대체로 비효율적인 실패로 귀결되었으며, 뿐만 아니라 시민적 자유의 감축만을 가져왔다고 역설한다. 이들은 이러한 취지에 따라 복지국가체제하에서 못사는 계층에 대한 국가의 온정주의적인 사회보장 프로그램도 좀 더 시장지향적인 형태로 바뀌어야 한다고 본다. 시장실패나 부정적 외부효과 등과 같은 시장의 불완전성도 정부가 그때 그때 직접 개입하여 해결하기보다도 이를 해결할 수 있는 법이나 제도—이것도 시장원리가 반영되

어 있어야 한다—를 제공해 주는 데 머물러야 한다고 본다.[5]

프리드먼에 의하면 국가는 다른 사람에게 자신의 소유물을 팔 수 있는 자유를 보장하기 위하여 또는 계약이 존중된다는 것을 확신시켜 주기 위하여 필연적으로 요청되는 장치이다. 애덤 스미스는 도로나 항만 건설 등과 같은 공공재의 생산을 정부의 기능으로 보았지만 하이에크나 프리드먼, 뷰캐넌 등과 같은 현대의 시장경제론자들은 이러한 공공재 생산과정에서 초래되는 정부실패(government failure)의 비효율성을 주장하기도 한다. 따라서 이들은 시장원리가 정부나 국가의 정책결정분야 등과 같은 공공적 영역에까지 광범위하게 확대적용되어야 한다고 주장한다.

제2차 세계대전 이후 선진 경제국가들에서의 케인스적 전통과 사회민주당 정권의 경험은 국가의 역할범위와 공공재 생산의 확충을 가져온 바 있다. 이러한 경험은 도로나 항만 등의 공공시설만을 공공재로 생각하는 것이 아니라 '공공적인 관점에서 안출되고 제공되는 모든 집합적 재화'를 공공재의 한 유형으로 받아들이는 경향을 낳기도 하였다.

예컨대 스타이너(P. O. Steiner)는 시장의 불완전성이나 외부효과로부터 기인하는 공공재뿐만 아니라 시장에서 결과한 소득의 분배나 상품의 질, 소비유형 등도 공공재의 범주에 포함시키고 있다.[6] 국가가 공공재의 생산을 담당하는 것이 정당화되는 것이라면 이제 소득의 불균등배분와 같은 시장작동의 바람직하지 않은 결과에 대하여 국가가 직접적으로 통제하는 것도 정당화될 수 있었던 것이다. 소득분배에 대한 관심과 시장질서의 바람직하지 않은 결과에 대한 불만은 전후 케인스적 복지국가의 팽창을 가져왔다. 그러나 1970년대 이후 선진 자본주의 국가들에 있어서의 경제적 침체는 그동안 진행시켜 온 이러한 광범위한 시장개입이 비효율적임을 나타내 주는 결과로 주장되었다.

이러한 시장개입의 정부실패를 가장 열렬하게 주장한 것은 신우파의 시장경제신봉자들이었다. 신우파(New Right) 이론가들은 선진 산업국가의 광범위한 복지프로그램이나 소득재분배 정책을 국가의 시장개입이 가져온 시장교란의 전형으로 설명하며 이의 대대적인 감축과 시장질서의 회복을 강력하게 촉구하였다. 그러나 애덤 스미스 이상으로 자유시장경제의 효율성을 역설하고 있는 오늘날 신우파 이론가들도 자유시장질

5 부정적 외부효과의 대표적인 예로서 자동차 배기가스나 공장의 오염물질 배출을 들 수 있다. 시장원리를 반영한 정부의 대책은 예컨대 배출의 정도에 따라 차등적으로 환경분담금을 책정하는 법안의 마련 등이 될 것이다.

6 P. O. Steiner, "The Public Sector and the Public Interest," Robert H. Haveman and J. Margolis (eds.), *Public Expenditures and Policy Analysis* (University of Chicago Press, 1970), pp. 25~31.

서의 효율적인 작동을 위해서 국가의 개입이나 지원이 어느 정도까지는 필요하다는 점에 대해서는 이견이 없는 듯하다. 예컨대 사유재산권과 계약체계의 보호를 위한 사법체계의 유지, 끊임없이 변화하는 사회경제적 현실에 맞추어 사회체제를 유지하고 비정상성을 최소화하는 역할, 적정한 근로조건의 유지, 기회균등을 위한 교육체계의 확립 등은 시장질서의 원활한 작동을 위해 국가의 역할에 맡겨야 한다고 본다.

정치와 경제

다원주의 이론에서 돈과 권력은 일차적으로 서로 나누어져 있는 것이다. 사회 내의 한 지배적 경제계급이 있어 그 계급이 권력 등 모든 사회적 가치를 독점하고 있다고 생각하지 않는다. 다원주의적 관점을 견지하고 있는 학자들은 이러한 의미에서 계급이라는 개념을 아예 사용하지 않는 경향을 보이기도 한다. 다원주의 정치이론 및 사회이론에서 자본주의 경제는 소유관계니 생산양식이니 하는 범주로 파악되기보다는 자유로운 경제활동의 체계, 즉 경쟁적 시장질서로 설명된다. 소비자로서 개인이든 아니면 기업 등과 같은 집단이나 조직이든 시장에서의 행위자는 어떤 구조 속에 얽매여 있는 피동적 운명체가 아니라 자유로운 선택의 주체로서 강조된다. 시장 속의 행위자는 이윤추구를 극대화하는 합리적 선택의 주체일 뿐, 그가 위치하고 있는 사회적 맥락이나 계급적 맥락은 일단 직접적인 고려의 대상이 되지 않는다. 자본가는 기업의 이윤을 극대화하기 위해 노력하는 기업가이다. 노동자는 자신이 제공하는 노동력의 대가를 최대로 보상받고자 하는 경제행위자이다. 또한 개인은 자신이 소유하고 있는 재화의 범위 내에서 최소한의 비용을 들여 최대의 만족과 효용을 얻고자 노력하는 합리적 행위자이다.

시장에서의 합리적 행위자는 유사한 이해관계를 공유하는 사람들끼리 모여 집단이나 조직을 결성함으로써 개별적 차원에서 가능하지 않은 이익의 극대화를 집합적 노력을 통하여 도모하고자 한다. 그런데 다원주의 사회의 정치는 사회주의자들이 말하는 것처럼 계급노선에 따라 조직화되는 것이 아니다. 다원주의 사회에서는 무수한 정치세력이 여러 다양한 이해관계와 노선에 의해 조직화된다. 여기에는 경제적인 것도 있고 경제적인 것으로 환원될 수 없는 비경제적 요소도 중요하게 작용한다. 그리고 이렇게 하여 조직화된 집단들은 상호 자유경쟁하면서 자신의 이익을 정치과정에 반영하고자 한다. 다원주의의 정치는 이들 개인이나 조직화된 집단들이 상호견제와 균형 속에서 서로 경쟁하는 한편, 협상하고 갈등하면서 합의를 이루어 가는 과정으로 설명된다.

고도로 복잡하고 다차원적으로 분화된 다원주의 사회에서 권력은 많은 집단과 제도적 기관, 조직들에 '분산'되어 있기 때문에 어느 단일의 엘리트나 지배집단이 독점적으로 행사하지 못한다. 다원주의 사회는 '서로 다른 권력자원'—경제력뿐 아니라 사회적 지위, 개인의 재능, 인간관계 등—에 근거한 다양한 형태의 권력을 향유할 수 있고, 각자 '제한된 영역' 내에서 그 권력을 행사하는 수많은 권력집단이 존재한다. 정치체계는 이들 무수한 집단 간의 '복합적인 견제와 균형체계'이며, 또한 많은 정치적·경제적 이익을 대표하는 대표자들 사이의 복합적이고 다원주의적인 협상체계가 된다.

다원주의 사회에서는 지배계급인 소수의 부자들에게 권력의 독점이 허용되지 않는 사회이다. 최소한 그것이 법적으로는 가능하지 않다. 다원주의 사회에서는 시민들에게 광범위한 민주적 권리가 보장되어 있다는 사실이 중요하다. 선출직 정치지도자는 주기적으로 반복되는 선거를 통해서 시민들로부터 과거의 업적을 평가받는다. 행정부의 집행권을 가진 공직자들은 시민들로부터 피선된 의회의 대표들에 의해 통제받으며, 정책형성 및 집행과정에서는 관련 이해당사자의 협조를 받든지 아니면 이들로부터 끊임없는 감시하에 놓여 있게 된다. 시민들은 정부정책에 평화적으로 반대할 권리를 가지며, 시민들의 자유와 권리의 행사과정은 사법체계의 보호를 향유할 수 있다.

조직화된 기업집단과 정치

이러한 관점에서 보자면 다양한 집단들 사이의 견제와 균형이 이루어진 다원주의 사회에서 국가는 어느 한 집단의 파당적 이익를 촉진시켜 줄 수 없다. 더더욱 국가는 강력한 어느 한 사회적 지배집단의 계급지배를 위한 도구일 수는 없다. 다원주의 국가관에 따르면 국가는 사회계급이나 여러 파당적 이익으로부터 엄정하게 중립적 입장을 고수하면서 대내적으로는 공익(public interest)을, 그리고 대외적으로는 국익(national interest)을 증진한다. 그러나 다원주의 정치이론가 중에는 정치과정이나 국가기구가 어느 한 이익집단이나 사회세력의 이익에 편향될 수도 있음을 인정하는 사람들도 있다.

찰스 린드블롬(C. Lindblom)에 의하면 오늘날 거대하고 엄청난 규모의 자원을 향유하고 있는 기업은 정부의 대부분의 개별적 단위조직에 대하여 큰 영향력을 발휘할 수 있다. 거대한 기업의 요구는 일반국민의 요구, 소비자 집단의 요구, 노동자 계층의 요구와 상치되는 경우가 많다. 이러한 관점에서 린드블롬은 거대한 기업조직의 활동 특히 국가의 공공정책이나 정부의 결정에 영향을 미치는 활동이 민주주의의 이론이나 전망과 조화를 이룰 수 있는지에 대하여 의문을 제기하고 있다.[7] 린드블롬은 정치적 권리의 관점에서 기업들을 시민 개개인과 동등하게 취급하는 것은 정치체계의 참여과정에서 근본적인 불평등을 초래하는 결과를 낳으며, 따라서 조합주의적 이익집단은 대표의 평등성에 대한 다원주의적 가정과 개인적 참여의 우위성에 대한 직접적 도전이 될 것으로 경고한다.

한편 비슷한 문제의식을 가지고도 로버트 달(R. Dahl)은 다른 전망을 내리고 있음을 알 수 있다. 로버트 달은 현대기업의 거대한 경제권력과 기업의 자원이 행사하는 정치권력을 인식하고 있으나, 선거에 참여하는 대다수의 대중은 민주주의 정치과정에서 부의 영향력을 배제할 수 있다고 믿는다. 그것은 노동자 집단을 포함한 여타의 사회세력이 연합세력을 형성하여 기업과 비슷한 수준의 자원을 확보할 수 있고 또한 정치적 능력을 발휘할 수 있다고 생각하기 때문이다.

오늘날 조직화된 조합주의적 이익집단의 자원과 능력을 인정하는 다원주의 이론가들은 국가가 공익과 국익을 목표로 완전하게 작동되지 않는 점을 인정한다. 그러나 그 이유를 사회주의자들이 말하는 것처럼 자본의 자기지배관철이라는 관점에서—자본가가 모든 정치적 악의 원천이라거나 혹은 자본가의 지배영속화 기도, 자본주의 국가의 구조필연적 속성 등으로— 설명하지는 않는다. 그 대신 대중의 비현실적인 과도한 기대가 주는 압력이나 혹은 사회의 특정부문—특정의 정파나 특정의 이익집단으로서 여기에는 자본가 집단뿐 아니라 노동자 집단이나 그 밖에 피착취 대상으로 여겨졌던 세력들도 포함된다—으로부터 가해지는 부당한 압력에 대하여 정치체계나 국가가 잘못 부응함으로써 생기는 현상으로 간주한다. 다원주의 정치학자들은 만일 국가가 특정이익의 볼모로 잡혀 공익이나 국익을 희생시켜 가며 파당적 이익에 굴복한다면 국가는 장기적으로 경제적 안정이나 사회적 통합에 필요한 조건을 확보하는 데 실패할 것으로 전망한다. 이런 의미에서도 다원주의의 입장은 국가의 엄격한 중립성을 강조한다.

(2) 중립적 국가와 풍향계모델

오늘날 사회과학의 영역에서 다원주의의 입장을 견지하고 있는 사람들이 전제하고 있는 국가관은 크게 두 가지로 대별된다. 하나는 국가의 중립적 성격을 강

7 C. Lindblom, *Politics and Markets* (Basic Books, 1977).

조하는 중립적 국가관이고, 다른 하나는 국가를 다원적 집단의 경쟁결과에 따라 움직이는 풍향계(weathervane)와 같은 것으로 간주하는 국가관이다. 양자의 이론적 차이에 내포되어 있는 의미는 다른 것이다. 전자가 주로 규범적 입장에서 다원주의 국가가 갖추어야 할 당위적 성격을 강조하는 것이라면, 후자는 경험적 입장에서 선진 산업사회의 국가체제의 운용과정을 설명하기 위한 것이라고 말할 수 있다.

중립적 국가관

사회를 다원적인 이익집단들 사이의 자유경쟁체제로 보는 다원주의적 입장은 국가가 특정계급이나 사회세력으로 중립성을 지녀야 한다고 강조한다. 이들은 현실적으로 국가가 중립성을 지키고 있느냐 하는 경험적인 차원의 문제와는 별도로 적어도 규범적으로는 국가가 중립적 입장을 고수해야 한다고 주장한다.

자본주의 시장경제는 흔히 게임에 비유된다. 게임의 규칙은 경쟁적 시장원리를 말하는 것이고, 게임 그 자체는 시장사회에서 이루어지는 거래와 경쟁과정을 의미한다. 게임에 임하고 있는 선수는 곧 시장에서 행동하는 개인이나 기업, 집단 등이 된다. '중립적 국가'는 곧잘 축구나 야구 경기에서의 심판관(refree)의 역할에 비유되기도 한다. 게임의 심판관은 게임의 룰을 집행하는 역할을 담당한다. 어느 한편의 선수가 다소 기량이 부족하다든가 혹은 운동장비가 시원찮다고 해도 동정심에서, 때로는 형평을 위한 정의감에서 그 부족한 선수의 편을 들어 줄 수 없다. 심판관의 역할은 게임의 규칙에 위배되는 선수를 발견하는 한편, 그 위반행위에 의하여 부당하게 손해를 본 상대선수에게 손실보전의 기회를 제공함으로써 경기의 형평을 바로잡는 것이다. 경기에서는 오로지 선수들의 재능과 실력만이 변수가 되며, 다른 어느 외부적인 힘의 역할이 경기결과를 좌우할 수는 없다.

마찬가지로 중립적 국가는 시장에서 활동하는 개인이나 집단, 기업들이 제대로 시장법칙을 지켜 가면서 행위하는지를 모니터링하는 역할을 담당한다. 그리고 이에 위배되는 행위 —도둑질이나 강탈, 사취, 부당한 계약파기 등— 가 발견되면 그 위반행위에 대해 제재를 가함으로써 시장질서의 평형을 회복시키는 데 있다. 중립적 국가는 시장행위자들 가운데 어느 한편의 무능력이나 자원부족을 보완해 주는 역할을 담당할 수 없다. 또 시장질서의 결과가 정의의 기준에 미흡하다고 하여 인위적으로 이를 교정하는 역할도 담당할 수 없다. 주심의 본분이 공정한 게임의 운영에 있는 것처럼, 국가의 본래적 임무도 시장질서가 공정하게 유지되도록 하는 데 있다. 중립적 국가는 사회 내의 특정집단이나 계급, 세력의 압력에 굴복하지 않고, 어느 쪽에도 편향되지 않은 중립적 자세를 견지하면서 공익과 국익의 관점에서 공공사(public affairs)를 다루고 국가의 정책을 결정하는 것이 본래의 사명인 것이다. 이러한 관점에서 보자면 중립적 국가관은 적극적인 시장경제 옹호론자들이 견지하는 전형적인 국가관임을 알 수 있다.

한편 이러한 유형의 중립적 국가관보다는 좀 더 적극적인 관점에서 중립적 역할을 요청하는 국가관도 있다. 중립성의 보장은 방관이나 심판관 이상의 역할을 요구할 수도 있다. 우리는 어떤 사람이 패배자를 적극적으로 감싸 주면서 경기는 절차뿐 아니라 애당초의 기량에 있어서도 공정성이 유지되어야 한다고 말할 때 이러한 입장을 중립적인 것으로 생각할 수도 있다. 정부나 국가는 장기적 관점에서 사회적 통합을 이루어 가기 위한 광범위한 사회적 합의를 형성해야 한다. 그러므로 정부나 국가는 정책결정 과정에서 그것이 아무리 잘 조직화되어 정치과정에서 체계적인 압력을 가한다 하더라도 어느 한 정파나 집단의 이익만이 반영되도록 해서는 안 된다. 따라서 국가는 강력하게 조직화된 조합집단 및 특정의 정파적 세력의 이익과 비조직화된 채 소외되어 있는 다중들의 이익이 결정과정에서 균형 있게 반영될 수 있도록 중재하고 조정하는 역할을 수행하는데, 이도 중립적 국가의 범주에 포함시킬 수 있다는 것이다. 사회가 제 집단이 표출하는 이익을 객관적 관점에서 계량하여 이를 조정하고 중재하는 이러한 역할을 두고 흔히 '중립적 조정자(mediator, balancer and harmonizer of interests)'로서의 국가역할이라고 칭한다.

국가의 풍향계모델

1950년대 미국의 대표적인 정치학자였던 데이비드 이스턴(D. Easton) 등 정치체계론자들은 국가—이들은 국가개념 대신 정치체계라는 개념을 사용한다—를 사회로부터의 투입요소가 반영되어 걸러지는 해독장치(coding machine)나 피동적 매개장치 정도로 간주하였다. 국가는 시민사회의 제 압력집단간의 세력균형을 반영하거나 여기에 반응한다는 것이다. 사회의 여러 다양한 이익집단은 국가의 결정에 자신의 이익이 반영될 수 있도록 국가조직에 압력을 행사한다. 정치체계론자들은 집단들 사이의 세력균형을 강조했지만 이것은 단순히 국가가 제 집단 사이의 압력을 객관적인 관점에서 조정하여, 이들 사이를 중재하고 타협을 유도한다는 관점에서의 중립적 역할을 의미하는 것은 아니다.

풍향계에 비유되는 국가모델은 경우에 따라서 국가조직이 가장 강력한 압력을 행사하는 집단의 이익에 편향될 수 있음을 의미한다. 집단들 사이의 압력행사의 경쟁결과는 어느 한 집단의 절대우위로 나타날 수 있고, 이 경우 경쟁의 결과를 반영하는 국가의 정책은 그 집단의 이익을 지배적으로 반영하기 마련이라는 것이다. 국가를 바람이 부는 방향으로 움직이는 풍향계에 비유하고 있는 이러한 국가관은 국가정책의 형성과정에 압력을 가하는 세력집단이 힘의 불균형상태에 있을 수 있다는 현실적 여건을 고려하고 있다는 장점이 있다.[8]

그러나 풍향계모델에서도 국가가 어느 한 사회집단의 이익만을 모든 정책영역에서 변함없이 지속적으로 반영할 것이라는 가능성은 배제된다. 왜냐하면 집단 간의 세력균형은 끊임없이 변화하는 유동적인 상태에 놓여 있고, 서로 다른 집단이 서로 다른 정책영역에서 시간을 달리하며 각각 우위를 차지할 것으로 생각하기 때문이다.

3.1.3. 현대국가의 사회경제적 역할과 복지국가

(1) 현대국가의 기능

현대 자본주의 국가는 사회적 과정과 시민생활의 거의 모든 영역에서 영향력을 발휘한다. 현대국가는 시장에서 실패한 사람들의 생계를 보전하고 인간다운 생활의 권리를 실현시키는 데 도움을 주는 여러 가지 사회보장정책을 펴나감으로써 이들의 생활에 절대적인 영향을 미친다. 현대국가는 기업의 이윤추구활동과 민간인의 상업활동을 규제하며, 산업부문 간의 관계를 조정하는 역할을 담당한다. 또한 현대국가는 교통과 통신, 토지개발 등의 공공시설 확충과 공공사업을 통하여 민간의 경제활동을 촉진하는 사회간접자본을 제공하며, 경우에 따라서는 재화와 서비스를 직접 생산하기도 한다. 현대국가의 이러한 다양한 기능은 대체로 다음 세 가지 범주로 분류될 수 있다.

첫째, 국가는 기업을 소유하거나 경영한다. 원래 순수한 유형의 자본주의 체제하에서는 기업은 개인과 함께 시장행위의 한 주체이고 따라서 개인이나 민간 대주주가 기업을 소유하거나 경영하는 것이다. 그러나 앞에서 이미 살펴보았듯이 시장법칙에

8 P. Dunleavey and B. O'Leary, *op. cit.*, pp. 43~44.

의해 생산되지 못하는 재화와 용역을 생산하기 위하여 국가는 기업을 소유하거나 경영할 수 있게 되었다. 국유화나 공영화는 국가의 이러한 역할을 반영한다. 시장원리는 시장 속에서의 행위자가 이윤추구동기의 지배를 받아 재화의 처분이나 투자를 결정한다는 원리이다. 이러한 시장원리의 결과는 이윤이 보장되지 않지만 사회적으로 필요한 재화를 제대로 공급하지 못하는 시장실패를 초래한다. 국가는 시장실패를 보완하기 위하여 공공재를 직접 생산하거나 제공해야 하는 역할을 떠맡는다. 국유화와 공영화의 정도는 나라에 따라 다르다. 같은 선진 자본주의 국가군을 이루고 있더라도 사회민주당 정권을 경험한 나라와 보수정당만 집권한 경험이 있는 나라는 국유화의 정도에 큰 차이가 있다. 예컨대 노동당이나 사회당이 집권했던 영국과 프랑스의 국유화 정도는 그러한 경험이 없는 미국의 경우보다 더욱 크다.

둘째, 현대 자본주의 국가는 그 나라 국민경제 전반에 대하여 필요한 경우 직접적인 혹은 간접적이고 우회적인 수단을 통하여 조정권을 행사한다. 대부분의 국가는 개인이나 기업이 시장에서 활동할 때 준수해야 하는 규칙을 만들며, 경우에 따라서는 정책수단을 동원하여 민간경제단위의 활동을 국민경제 전반에 유리한 방향에서 이루어지도록 유도한다. 현대국가는 여러 가지 경제정책적 수단, 즉 금융정책, 재정정책, 통상정책, 노동정책 등의 정책적 수단을 활용하여 경제에 개입한다. 국가에 따라서는 이자율, 물가, 임금인상률 등을 중앙에서 직접 관리하며, 국민경제 전반의 관점에서 생산과 투자를 종합적으로 계획하거나 통제하기도 한다. 이러한 관리경제적 요소 혹은 중앙통제경제적 요소가 시장질서 속에 혼합되어 있는 오늘날의 자본주의 상황을 흔히 '혼합경제(mixed economy, hybrid economy)'라고 부른다. 경제에 대한 국가의 조정권이나 통제권의 행사범위 및 그 성격은 나라마다 차이가 있다. 같은 선진 자본주의 국가군에 속해 있다고 하더라도 미국은 일본이나 독일에 비해 시장경제에 대한 국가의 정책적 통제가 뚜렷하게 나타나지 않는다. 반면에 일본은 통산성(MITI)을 중심으로 자국의 경제 전반에 대하여 교묘히 조정권을 행사하는 것으로 유명하다. 미국이 일본에 대하여 통상압력을 가하면서 흔히 '게임의 룰'을 강조하는 것은 이러한 맥락에서 이해할 수 있다.

셋째, 현대 자본주의 국가는 국민의 복지수준을 향상시키는 한편 사회보장제도를 확충하는 등 사회서비스의 증대를 위해 노력한다. 현대국가는 과거 개개인의 책임 하에 일임해 두었던 교육과 보건위생, 주택, 환경 등의 문제를 전체 국가적 견지에서 공공적으로 해결하고자 노력한다. 또한 현대국가는 시장경쟁에서 실패한 사람들에게 최소한의 인간다운 생활을 보장해 줄 수 있는 여러 가지 사회보장제도와 복지프로그램을 운영한다. 현대국가는 이러한 복지프로그램과 사회보장제도의 유지에 필요한 재원을 확보하기 위해 조세정책을 활용한다. 국가는 조세정책을 통해 부유층으로부터 주변부 계층으로의 소득이전을 추구하기도 하는데, 이 과정에서 소득재분배(income redistribution) 효과가 나타나기도 한다.

이러한 국가의 활동범위의 증대는 흔히 마르크스주의자들에 의해 국가독점자본주의 시대라고 지칭되는 20세기 초중반 이후에 이루어진 것이다. 특히 현대적 형태의 국가체제라고 불리는 복지국가는 대체로 제2차 세계대전 이후의 산물이라고 말할 수 있다. 자본주의 경제체제의 운용과정에서 대기업과 함께 국가가 중심적 역할을 수행하는 오늘날의 자본주의 단계는 소규모의 자본, 국가의 최소한의 역할로 특징지어지는 19세기 자유방임적 자본주의 단계와 여러 가지 점에서 대비된다. 물론 한 나라의 자본주의 경제의 성격이나 그 변화과정은 나라마다 다르기 때문에 일률적으로 말할 수 없으나,[9] 대체로 선진 자본주의 국가들은 20세기에 들어오면서 비슷한 변모과정을 경험하게 되었다. 즉 자본주의 시장경제체제의 운용과정에서 국가의 역할증대가 이루어짐과 동시에 현대적 형태의 복지국가체제가 형성되었던 것이다.

(2) 복지국가의 출현

1970년대에 들어오면서 영국과 미국 등 선진 자본주의 국가들에서는 국가의 역할을 축소하고 정부재정의 적자폭을 크게 줄여야 한다는 주장이 설득력 있게 대두되었다. 이러한 주장을 강력하게 개진한 학자들은 앞서 살펴본 바와 같이 주로 신우파라고 불리는 자유시장 옹호론자들이었다. 이들은 1970년대 초중반부터 나타나기 시작했던 자본주의 국가의 지속적인 경제침체현상이 국가의 과도한 시장개입이 초래한 비효율성, 과도한 복지비용의 증대에 따른 재정위기, 사회보장제도의 역기능—근로의욕의 저하, 생산성 감소 등— 등에서 기인한 것이라고 분석하였다.

그렇다면 선진 자본주의 국가들에서 그동안 국가의 시장개입과 복지제도

9 예를 들자면 이른바 후발 자본주의 국가라고 불리어지는 독일, 이탈리아, 일본, 러시아 등에 있어서는 자본주의적 생산양식을 태동시키고, 이러한 자본주의 경제를 성숙시켜 가는 데 이미 19세기 후반부터 국가가 주도적인 역할을 담당하였으며, 따라서 이들 나라의 경우는 영국에서 전형적으로 나타났던 자유방임적 자본주의 경제단계는 존재하지 않은 것으로 설명된다.

의 확충을 가져온 사회적 배경과 그 이론적 근거는 무엇인가? 20세기에 들면서 선진 자본주의 국가는 전쟁과 경제공황이라는 커다란 두 개의 난관을 헤쳐 나오지 않을 수 없었다. 두 개의 난관을 극복하는 과정에서는 국가기구의 역할과 관료엘리트들의 리더십이 결정적 힘을 발휘하였고, 특히 이 과정에서 서구 선진 산업국가들은 정부당국이 민간경제부문에 직접 개입하여 통제력을 발휘하는 새로운 경험을 쌓을 수 있게 되었다. 양차 세계대전은 절박한 현실적 필요성에 따른 국가의 경제개입을 요청하였고, 이에 따라 잠정적인 것이긴 했지만 중앙권위에 의한 경제의 계획과 통제를 시장질서와 접맥시킬 수 있는 새로운 전기를 가질 수 있었다. 그런가 하면 경제공황의 위기에서 탈출하는 데 결정적으로 기여했던 시장질서에 대한 국가의 정책적 개입의 성과는 국가의 시장개입이 효율적일 수 있음을 입증하는 역사적 사례로서 받아들여지기 시작했다. 더 나아가 일국의 경제체제를 유지하고 성장을 지속하기 위해서는 국가의 적극적 역할이 절대적으로 필요한 조건이라는 인식이 광범위하게 확산되었다. 독일과 일본, 북유럽과 일부국가들에서 목격되었던 국가주도의 산업발전의 경험은 이러한 인식을 더욱 공고화하는 데 기여하는 것이기도 했다.

물론 그렇다고 해서 전후 복지국가체제의 존재가치에 대한 회의가 전혀 없었던 것은 아니었다. 예컨대 프리드먼과 하이에크는 경제에 대한 국가의 개입과 복지프로그램의 확충이 행정부나 의회에서 이의 없이 가결되어 가는 마당에서도, 혼합경제와 복지국가체제는 '예종의 길'(the road to serfdom)이 되거나 경제적 황폐화를 초래할 것으로 경고하고 있었다.[10] 복지국가체제에 대한 이러한 비판은 1950년대 이후 얼마간 지속되었던 자본주의 경제의 활황을 배경으로 한 것이었다.

1950년대 중반 자본주의 경제는 완전고용과 경제적 성장지속의 영원한 축복 속에 놓여 있는 것처럼 보였다. 이러한 호황을 배경으로 그동안 자본주의 경제의 취약점으로 지적되어 오던 소득불평등과 실업, 대중빈곤 등의 문제는 더 이상 심각한 사회문제가 될 수 없는 것처럼 비추어졌다. 이들 문제를 국가의 힘을 빌려 해결해야 한다는 복지국가 이념은 소박한 이상으로 등장하였다. 자유시장론자들의 복지국가체제에 대한 낙관적 비판론을 제외하고 확대된 시민권 개념에 입각한 최저생활의 보장과 이를 위한 사회서비스제도의 확충이라는 복지국가이념에 대하여서는 광범위한 사회적 합의가 쉽게 이루어질 수 있었다. 자본주의 최고의 활황기라고 여겨졌던 1950년대만 해도 미국에

10 F. A. Hayek, *The Road to Serfdom* (Routledge & Kegan Paul, 1944).

는 인구 5명 중 1명이 빈곤한 생활을 하고 있다는 연구조사가 있었으며 그 이후 이러한 빈곤계층은 줄어들지 않았던 것으로 알려졌다.[11] 이러한 사회조사를 통하여 발견한 만연된 빈곤문제 및 소득불평등현상은 시장력의 불평등한 결과를 국가개입이나 사회부조의 확대를 통하여 바로잡아야 한다는 생각을 더욱 뒷받침해 주었다. 2차 대전 후 노동당 정권의 출범으로 비교적 손쉽게 이룩할 수 있었던 영국의 복지국가 경험은 1960년대 들어와 자유기업과 시장자본주의의 메카로 군림했던 미국에까지 확산되었다. 1960년대 소수민족과 노동자 등 상대적으로 빈민계층에 속한 유권자들로부터 광범위한 지지를 얻고 있던 민주당 정부는 '빈곤에 대한 전쟁과 위대한 사회의 건설'이라는 구호 아래 복지프로그램의 대대적인 확충을 도모하였다. 1960년대에 이르면 영국과 미국뿐만 아니라 서구의 대부분의 선진 경제국가들에서는 복지제도와 사회보장제도의 완비를 통하여 사회적 불균형을 바로잡아야 한다는 점이 좌우의 이데올로기적 노선을 초월하여 거의 모든 정당의 정강정책에 반영되어 있었다.

국가가 소득분배의 왜곡이나 대량실업, 빈곤 등의 사회적 문제를 책임져야 한다는 믿음은 무엇보다도 자유방임적 자본주의 시장경제의 부작용과 그 사회적 폐해에 대한 자각으로부터 연유한 것이었다. 복지국가이념은 기본적으로 시장경제의 폐해를 시장에서 실패한 개개인들이 전적으로 떠안기보다는 사회구성원 모두가 공동으로 부담해야 하며, 특히 시장에서 성공한 사람들이 함께 분담해야 한다는 인식으로부터 나온 것이다. 이 경우 시장경제의 사회적 폐해를 구성원들이 나누어 부담할 수 있도록 인위적으로 조정하는 것이 바로 복지국가의 역할이다.

(3) 복지국가의 이념

복지국가의 기본이념으로는 시민권의 확충과 실질적 평등을 들 수 있다. 자유방임적 시장경제의 기본이념은 개인의 자유였다. 자유시장론자들은 개인의 자유와 국가권력을 상반된 것으로 보아 한쪽이 최소화될 때 다른 한쪽이 최대화될 수 있는 것으로 간주하였다. 즉 국가권력이 최소화되어야만 개인의 자유가 극대로 발휘될 수 있다고 믿었던 것이다. 자유시장주의자들이 생각하는 이러한 측면에서의 자유는 구속부재의 자유를 의미한다. 국가가 시장에 개입하지 않아야 한다는 신조는 국가가 시민들에게

11 Ramesh Mishra, *The Welfare State in Crisis* (Harvester Press, 1984), p. 3.

아무런 간섭이나 구속을 가해서는 안 되며, 개개인들에게 자유로운 선택과 활동을 보장해야 한다는 관점에서 이루어진 것이었다. 그러나 개인의 자유로운 활동을 최대로 보장해 줄 수 있다고 믿었던 자본주의 시장경제의 작동결과는 새로운 문제점을 야기하는 것으로 나타났다. 국가권력 대신에 시장에서 승승장구할 수 있었던 대기업의 힘이 이제 사회 전체를 지배하는 거대한 경제권력을 휘두를 수 있게 되었던 것이다. 뿐만 아니라 시장질서 속에서 살아남는 데 실패하여 최소한의 인간다운 생활의 조건이 확보되어 있지 않은 많은 수의 사람들에게 법 악의 평등이나 구속부재와 같은 형식적인 자유는 무의미한 것이었다.

아이샤 벌린(I. Berlin)은 자유를 두 유형의 개념범주로 나눈 바 있다.[12] 하나는 소극적·형식적 자유이고, 다른 하나는 적극적·실질적 의미의 자유이다. 전자가 구속부재의 자유로서 행동에 아무런 외부의 구속이나 통제를 받지 않을 자유를 의미한다면, 후자는 자신이 원하는 것을 실현할 수 있는 자기실현의 자유를 의미한다. 자신이 원하는 것을 이루어지게 하기 위해서는 무엇보다도 자신의 의사를 실현할 수 있는 능력이나 물질적 조건이 뒷받침되어야 한다. 하루 세 끼 밥 먹고 살기 어려운 사람에게 아무런 구속 없이 호사스러운 호텔이나 백화점에 출입할 수 있는 자유는 한 끼의 식사보다 무의미한 것일 수 있다. 마찬가지로 누구나 법의 보호를 받는 평등한 인격체로 대우되며, 정치적 자유나 권리가 평등하게 보장되어 있다는 법 앞의 평등개념은 경쟁에서 패퇴하여 실직한 사람에게는 무의미한 것일 수 있다.

마샬(T.H. Marshall)은 시민권의 구성요소를 시민적 요소, 정치적 요소, 사회적 요소 등의 세 범주로 나누고, 역사적으로 이러한 시민권 개념이 어떻게 확대되어 왔는지를 밝히고 있다.[13] 시민적 요소는 개인의 기본적 자유 —신체의 자유, 양심의 자유, 소유권의 자유 등— 의 보장을 그 내용으로 하며, 정치적 요소는 선거권이나 피선거권 등의 참정권 보장을 그 내용으로 한다. 마샬이 말하고 있는 시민권의 사회적 요소란 그 사회 속에서 경제적 복지의 평균수준을 유지해 가며 문명화된 인간다운 생활을 영위할 수 있는 권리의 보장을 그 내용으로 한다. 복지국가의 이념은 마샬의 이러한 시민권 개념에 기초를 두고 있는 것이라고 말할 수 있다.

사회란 사회구성원 모두가 그 속에서 혜택을 받을 수 있고, 그럼으로써

---

12 I. Berlin, "Two Concepts of Liberty," *Four Essays on Liberty* (Oxford University Press, 1969).

13 T.H. Marshall, *Citizenship and Social Class* (Cambridge University Press, 1950).

모두가 골고루 잘 살 수 있다면 최선의 상태가 될 것이다. 그러나 자유경쟁의 자본주의적 시장사회는 필연적으로 소득과 부의 불평등한 분배를 낳고, 경쟁에서 진 많은 사람의 삶을 궁핍 속에 몰아넣는다. 시장질서의 이러한 불균등한 결과는 못사는 계층의 불만과 적대감을 조성함으로써 사회적 통합을 어렵게 만든다. 따라서 사회적 통합의 주체인 국가는 시장질서에 개입하거나 시장작동의 결과를 제도적으로 교정할 수 있는 장치를 운영함으로써, 이러한 사회적 불균형을 최소한 인내할 수 있는 수준까지 바로잡아야 한다. 자유경쟁에서 승리한 사람들에게 승리의 영광은 돌릴 수 있지만 그 승리의 과실만은 패자를 포함한 다른 사람들의 노력도 포함된 것이므로 고루 혜택이 돌아가도록 해야 한다는 논리인 것이다.

국가는 이러한 과정이 개인이나 기업의 자선에 맡겨지지 않고 사회적으로 제도화하여 안정적으로 이루어질 수 있도록 해야 한다. 또한 국가는 이러한 과정을 강제하고 매개하는 중심적 역할을 수행해야 한다. 그래서 사회구성원 모두가 최소한의 인간다운 삶의 조건을 구가할 수 있도록 해야 한다는 것이 복지국가의 이념이다. 복지국가의 옹호론자들은 현대국가가 더 이상 중립적 조정자의 역할에만 머물러서는 안 되며, 사회정의의 적극적 실현주체가 되어야 한다고 역설한다. 즉 국가는 법과 질서를 유지하는 정도의 현상유지적 역할만을 수행해서는 안 되며, 국가 전체의 사회경제적인 생활을 이끌고 향상시키는 적극적인 추진력을 발휘해야 한다고 역설하는 것이다.

3.2. 자본주의 국가론

오늘날 서구사회는 다원주의적 입장에서와 같이 시장경제사회로 특징지어지기도 하지만, 한편으로 마르크스주의자들에게서 전형적으로 나타나는 바와 같이 계급적 갈등이 내재하는 자본주의 사회로 특징지어지기도 한다. 일반적으로 마르크스는 사회를 분석하는 데 있어서 그 사회의 물적 토대에 해당하는 사회경제적 조건의 탐구에 치중했기 때문에 이른바 상부구조의 제 측면에 대해서는 이렇다 할 체계적 설명을 남겨 놓지 않은 것으로 알려지고 있다.

1960년대 이후 사회과학의 영역에서는 마르크스가 남겨 놓은 이론적 공백을 마르크스의 기본논지에 따라 좀 더 충실하게 체계화하려는 일군의 학자들이 있었다. 이들은 흔히 신마르크스주의자로 불린다. 행태주의와 구조기능주의, 체계론적 관점의 대두와 함께 그동안 사회과학의 영역에서 무시되어 오던 국가에 관한 연구는 이들 신마르크스주의자들에 의해 활발하게 부활하였다. 신마르크스주의자들의 국가연구는 마르크스가 남겨 놓은 미진한 연구분야를 보완하고 국가론을 사회과학의 영역에 재등장시켰다는 이론사적 의미를 갖는다. 뿐만 아니라 현대 자본주의 체제의 운용과정에서 국가가 수행하는 독특한 역할을 이해할 수 있는 새로운 이론적 준거를 제공해 주고 있다는 의의도 갖는다. 사회과학의 영역에서 일기 시작한 이러한 국가연구의 붐은 정치경제학에 대한 새로운 관심 그리고 국가의 엘리트나 정책결정과정에 대한 관심의 고조를 불러일으킴으로써 현대 사회과학의 양적·질적 연구의 확충에 크게 기여한 것으로 평가된다.

여기서는 1960년대 후반 이후 부활된 국가론의 이론적 원천이라 할 수 있는 마르크스의 국가관과 여기에 기초하고 있는 신마르크스주의자들의 국가론, 그리고 마르크스주의자들의 복지국가 위기론 등을 간략히 소개하기로 한다.

3.2.1. 마르크스의 국가이론

마르크스는 사적 유물론에 입각하여 법적·정치적 상부구조로서 국가는 사회경제적 하부구조를 반영하는 부수적 현상이라고 본다. 국가의 형태나 성격은 그 나라의 물적 토대 —사회경제적 구조— 의 성격에 따라 차이가 있을 수 있다는 말이다. 같은 자본주의 국가라 하더라도 자본주의의 발달단계에 따라 국가의 성격이나 역할이 조금씩 차이가 있을 수 있다고 보는 것이다.

그러나 마르크스는 작은 편차는 있을 수 있을지언정 자본주의 사회 위에서 기능하는 국가의 기본적 역할은 한결같이 부르주아의 계급지배를 위한 도구일 뿐이라고 주장한다. 자본주의 사회에 있어서의 국가의 역할에 관한 마르크스의 견해는 그가 엥겔스와 같이 쓴 「공산당 선언」 속의 "근대국가의 행정부는 전체 부르주아의 공동사를 관리하기 위한 위원회에 지나지 않는다"라는 문장 속에 집약되어 있다. 마르크스에 의하면 국가는 사회경제적 지배계급인 부르주아 계급이 자신들의 이익과 특권을 영속적으로 평화롭고 안전하게 지켜가기 위한 목적에서 만든 계급적 지배장치일 뿐이다. 따라서 마르크스는 국가가 사회세력들 사이의 이해관계로부터 초월하여 객관적 위치에서 중립적인 조정자나 엄정한 심판관 역할을 담당할 수 있다는 자유주의자들의 국가관을 정면으로 거부한다.

국가를 계급지배의 도구라고 보았을 때 그 도구 자체는 누가 이용하든지 동일한 효력을 나타내는 중립적 도구인가 하는 문제가 생길 수 있다. 마르크스는 국가를 계급지배의 도구라고 보고 있지만 이 도구가 사회 어떤 세력이나 혹은 어떤 계급에 의해서도 똑같이 유용하게 쓰일 수 있는가 하는 점에 대해서는 명확한 해답을 내리고 있지 않다. 이 문제와 관련해서는 마르크스는 두 경우를 역사적 사례를 들어가며 검토하고 있다. 하나는 사회의 경제적 지배계급이 국가기구의 핵심적 지위를 실제로 장악할 수 있을 만큼의 충분한 제 구실을 하지 못할 때, 국가기구는 누구에 의해 장악되고 또 누구의 이익에 봉사할 것인가 하는 것이다. 또한 계급 간의 갈등이 일시적인 균형을 이루고 있어서 어느 한 계급도 지배적 위치를 차지하지 못하는 경우에는 어떠할까 하는 것이다. 마르크스는 전자의 역사적 사례로 19세기 영국에서 자본의 편에 서 있던 토지귀족의 경우를 든다. 또한 후자의 예로는 루이 보나파르트하의 프랑스 제 2 제국, 비스마르크하 독일제국, 그리고 절대국가체제를 들고 있다. 마르크스는 이 두 경우에 국가는 사회의 경제적인 지배계급이나 혹은 계급 간의 갈등으로부터 상대적으로 자율성(relative autonomy)을 가질 수 있다고 보고 있다.

이상에서 알 수 있듯이 마르크스는 국가에 대하여 일견 상충할 수도 있는 두 가지 견해, 즉 계급지배의 도구성과 계급관계로부터의 독립성이라는 두 논점을 제시해 놓았다. 후에 마르크스주의자나 신마르크스주의자들 사이의 국가의 성격규정을 둘러싼 수많은 다양한 논쟁은 마르크스가 남겨 놓은 이와 같은 불명확한 언급들로부터 기인하는 것이라고 말할 수 있다.

3.2.2. 신마르크스주의의 국가이론

국가는 신마르크스주의자들 사이에 있었던 이론적 논쟁의 가장 중요한 범주라 할 수 있는데, 논쟁의 주요쟁점은 자본주의 사회하에서의 국가의 성격을 마르크스가 남겨 놓은 두 관점, 즉 도구성과 상대적 자율성 가운데 어느 쪽으로 볼 수 있느냐 하는 것이다. 이 논쟁은 밀리반트(Ralph Miliband)와 풀란차스(Nicos Poulantzas) 사이에서 시작되었는데, 양자는 각각 도구적 국가관과 구조주의 국가관을 견지하고 있다. 일반적으로 구조주의 국가관은 국가가 특정 지배계급으로부터 상대적인 자율성을 가질 수 있음을 강조한다.

(1) 도구주의 국가관

밀리반트는 마르크스주의적 관점에서 서구 선진 산업사회를 두 개의 주요 계급을 창출하는 자본주의적 생산양식이 지배하는 사회로 규정한다.[14] 밀리반트는 자본주의 사회에서의 소득과 부의 분배구조에 대한 분석을 통하여 소수의 사람들에게 부가 지속적으로 집중화되고 있음을 밝힌다. 밀리반트는 부를 집중시켜 가고 있는 경제권력이 마르크스가 말한 대로 결정적인 정치권력을 행사하느냐 하는 점을 다룬다. 특히 밀리반트는 경영과 소유를 분리하여 경영자들을 경제권력을 소유한 계급으로 보지 않는 경영자주의(managerialism)에 반대하고, 경영자들도 경제권력을 가진 지배계급으로 분류한다. 밀리반트가 경영자 계층을 지배계급으로 분류한 것은 경영자들도 이윤추구의 동기에 의해 지배된다고 보았기 때문이다.

밀리반트는 선진 산업사회의 정치과정에 대한 다원주의자들의 설명에 반대하면서 경제권력을 독점한 지배계급이 국가기구를 장악하여 정치권력을 동시에 독점적으로 행사한다고 주장한다. 밀리반트는 자본주의 사회하에서 국가는 경제권력을 장악한 경제적 지배계급의 지배도구로서 기능한다고 단정하는데 그 근거로는 대략 다음을 들고 있다.

첫째, 자본가 계급이 국가의 주요기관에 직접 공직자로 참여하는 국가엘리트가 된다. 둘째, 경제적 지배계급은 정부, 관료기구, 사법부, 군 등과 같은 국가기관의 요직을 점유하고 있는 관료엘리트들과 사회적 배경이나 세계관에 있어서 유사성을 갖기 때문에 이들과 광범위한 인적 유대를 형성할 수 있다. 셋째, 부르주아 지배계급은 개인적인 접촉이나 친밀한 유대관계를 통해서 혹은 여러 압력단체를 활용하여 국가엘리트에게 직접적인 영향력을 행사한다. 넷째, 국가관료엘리트는 국가의 주요한 정책을 결정하는 데 있어서 자본이 국가에 가하는 제약을 뛰어넘지 못한다.

밀리반트는 국가가 이러한 방식으로 전체 부르주아 계급의 장기적 이익에

---

14 R. Miliband, *The State in Capitalist Society* (Weidenfeld and Nicolson, 1968), "The Capitalist State : Reply to Poulantzas," *New Left Review*, vol.82 (1973), 53~60, "State Power and Class Interest," *Monthly Review*, vol. 138 (1983), 37~68.

봉사하는 도구로서 기능한다는 의미에서의 도구주의적 국가관을 견지하고 있다. 부르주아 지배계급은 국가기관의 구성원으로 직접 참여하든지 혹은 지배계급과 국가엘리트 사이에 영향력, 신분, 환경 등 여러 방면에서 광범위한 인적 유대가 형성되기 때문에 국가는 부르주아 계급의 이익에 봉사한다는 것이다. 밀리반트가 국가를 자본가 계급의 도구로 간주하는 것은 자본가 계급과 국가기관 구성원들 사이의 주관적인 인적 유대나 이들의 행위동기를 분석함으로써였다.

(2) 구조주의 국가관 혹은 자율적 국가관

밀리반트가 민주적 다원주의 이론을 비판하면서 자신의 도구주의 국가관을 펴나갔다면, 풀란차스는 국가독점자본주의론을 비판하면서 자신의 구조주의적 국가이론을 전개하고 있다.[15] 국가독점자본주의론에서 근대국가는 독점자본의 고분고분한 도구(pliant tool of monopoly capital)에 불과한 것으로 규정한다. 풀란차스는 이러한 관점에서 밀리반트를 포함한 모든 형태의 도구주의 국가관을 비판한다. 풀란차스에 의하면 국가는 계급지배의 단순한 도구가 아니라 복합적인 사회적 관계의 응집체(a complex social relation)이다. 국가권력은 특정국면에서 사회세력의 균형변동을 반영한다. 자본주의 사회의 국가는 시민사회로부터 분리되어 있는 것이 아니고 자본주의 사회의 모든 것을 응집해 놓은 구조적 총체(structural ensemble)이다. 구조주의적 입장에서 사회와 국가의 분리는 이론이나 관념 속에서나 가능한 것이지 현실에서는 그렇지 않은 것이다. 따라서 풀란차스는 밀리반트처럼 자본주의 사회의 국가(the state in capitalist society)가 아니라 자본주의 국가(the capitalist state)를 말한다.

국가를 복합적인 사회적 관계를 응집해 놓은 구조적 총체로 본다는 것은 몇 가지의 속뜻이 담겨 있다. 첫째, 계급은 국가 밖에서 국가와 독립해 있으면서 국가를 피동적 도구로 부리는 단순한 경제세력으로 보아서는 안 된다는 점과 둘째, 계급투쟁은 시민사회에서만 일어나는 것이 아니며, 국가기구의 심장부에서도 국가권력을 쟁취하기 위하여 이루어진다는 점, 그리고 셋째, 그렇지만 국가 그 자체는 어느 계급에게나 평등하게 활용될 수 있고 또 동등한 결과를 내어 주는 중립적 도구는 아니라는 점 등이다.

15 N. Poulantzas, *Political Power and Social Classes* (London : NLB, 1973), *Classes in Contemporary Capitalism* (London : NLB, 1975), *State, Power, and Socialism* (London : Verso, 1978).

풀란차스에 의하면 국가는 자본가들에게 전적으로 포섭되어 있고 피동적 계급지배의 도구가 아니며 경우에 따라서는 노동자 계급의 이익에도 봉사할 수도 있다. 국가는 특정계급의 이익에 지속적으로 편향되어 여기에 봉사하는 것이 아니라 계급갈등을 초월하여 객관적 기능을 수행할 수 있다고 보는 것이다. 이러한 의미에서 자본주의 국가는 상대적인 자율성을 갖는다. 국가가 갖는 상대적 자율성은 국가가 개별 자본에 일일이 봉사하지 않고 전체 자본주의 체제를 존속시키고 번창시켜 나가는 데 바람직한 기능을 수행한다는 의미를 담고 있다. 상대적으로 자율적인 국가는 개개 자본가 세력들 간의 경쟁의 결과로부터 장기적 관점에서 자본주의를 보호하기 위한 국가정책을 산출하는 데 도움을 준다.

또한 국가는 계급투쟁을 완화하기 위해 계급갈등의 심판관으로 등장하기도 한다. 국가가 자본가 계급의 이익에 공헌하는 것은 그들로부터의 직접적인 영향력에 의해서 그런 것이 아니라 자본축적이 계속될 수 있는 사회적 조건들을 보장해 나감으로써이다. 밀리반트에 대한 풀란차스의 비판의 요점도 여기에 있음을 알 수 있다. 국가가 궁극적으로 자본의 이익에 기여하는 것은 행위자의 동기나 의지에 의해서가 아니라 구조적으로 그렇게 귀결되도록 되어 있기 때문이다. 풀란차스의 구조주의적 관점에서는 인적 유대가 중요한 것이 아니라 이러한 인적 유대를 가능하게 한 객관적인 조건으로서 사회 전체의 구조가 보다 근원적으로 중요하다. 자본가들의 국가기관에의 직접적 참여나 자본가와 국가관료들 사이의 인적인 유대는 객관적 구조의 산물이지 그 원인이 될 수 없다는 것이다. 구조주의자들은 행위자의 주관적인 속성이나 동기로부터 자유롭고 상대적으로 자율성을 갖는 객관적 범주를 강조한다. 물론 그렇다고 해서 자본주의 국가가 계급적 중립성을 가지고 있다든가 혹은 국가기구가 중립적 도구라는 의미는 아니다.

자본주의 국가는 경우에 따라 지배계급으로부터 자율성을 가지고 행동할 수 있지만 장기적인 관점에서 볼 때, 그리고 구조적으로는 자본축적에 이바지함으로써 자본가의 이익에 기여한다는 것이 풀란차스 등 구조주의 국가론자들의 주장이다. 풀란차스에게 국가기관의 인적 구성이나 그 계급적 배경은 중요한 것이 아니다. 중요한 것은 위에서 밀리반트가 말하고 있는 네 번째, 즉 자본이라는 객관적 힘이 국가에 부과하는 구조적 제약이다.

구조주의 국가론자들은 그러한 인적인 유대가 없다고 하더라도 심지어는 자본가의 이익에 거슬리는 결정을 내려가면서도 국가는 종국적으로 자본축적에 기여할 수밖에 없도록 구조적으로 강제되어 있다는 점을 강조한다. 자본주의 국가는 자본주의 그 자체의 속성 때문에 자본주의는 국가에 의해 직접적으로 행사되는 정치적 억압에 기초를 둔 축적체계가 아니라 자유교환에 기초한 축적체계라는 점에서 경제로부터 분리되어 있는 듯 비칠 수 있다. 또한 그것이 갖는 대의제적 요소는 국가에 상대적 자율성과 자본가 계급에 의한 직접적인 통제를 피할 수 있는 능력을 부여하기도 한다. 따라서 자본주의 국가는 일반이익을 대표하는 것으로 보일 수도 있다. 하지만 구조주의적 관점에서 본다면 자본주의 국가는 시장의 원활한 작동이 지속해 가는 한 유지될 수 있다는 점에서 이미 구조적 제약 속에 놓여 있는 셈이 된다.

구조주의 국가론자들은 자본주의 국가의 재정능력이 자본주의적 경제성장의 결과로 획득된 조세에 의존할 수밖에 없다는 것도 중요한 구조적 제약요인으로 든다. 요컨대 자본은 직접지배를 통하지 않고서라도 국가를 '경제의 건강유지'라는 논리에 묶어 둠으로써 이에 대한 통제력을 확보하고 있는 것이 되며, 바로 이 점이 여기서의 구조적 제약이라는 것이다.

3.2.3. 복지국가 위기론

오늘날 복지국가는 두 조류의 커다란 비판에 직면해 있다. 하나는 선진 자본주의 국가들의 역할축소와 복지감축, 시장으로의 복귀 등을 내세우는 신우파의 비판이고, 다른 하나는 서구 선진국가체제를 자본주의 체제의 위기의 징후로 해석하는 마르크스주의자들의 비판이다. 신우파의 비판론은 앞에서 살펴본 바 있으므로 여기서는 마르크스주의자들의 복지국가 위기론을 살펴보기로 한다.

신우익 시장경제론자들과는 다른 관점에서이지만 마르크스주의자들도 전후의 복지자본주의 체제가 자본주의를 종국적으로 피폐하게 할 모순적 현상으로 받아들인다는 점에서는 동일한 입장을 견지하고 있다고 말할 수 있다. 마르크스주의자들은 복지국가를 자본주의 체제의 존속을 위한 기능적 필요성과 계급투쟁을 완화시키기 위한 사회적 요청에 의해서 국가의 역할이 팽창하게 된 현상으로 규정한다.

마르크스주의자들이 복지국가를 이해하는 중심개념은 자본의 필요성, 계급투쟁, 그리고 모순이라는 개념이다. 이는 경제적 기능과 계급투쟁을 반영하는 사회적 요청 사이에는 근본적으로 모순관계가 있음을 지적하는 것이다. 즉 이들은 복지국가를 자본주의 사회의 모순적 발전과정의 산물로 단정한다. 마르크스주의자들은 복지국가는 자본주의 체제의 위기를 극복하기 위한 대안으로 형성된 것이나, 이러한 대응은 자체모순을 가지고 있기 때문에 필연적으로 실패하고 말 것으로 내다본다. 마르크스주의자들의 주장에 의하면 체제의 근본변화를 수반하지 않은 채, 고식적인 위기극복의 방편으로 등장한 복지국가체제는 조만간 붕괴할 수밖에 없다. 복지국가 체계는 자본주의 체제의 위기를 잠시 지연시키는 효과가 있을 뿐이라는 것이다.

(1) 오코너의 복지국가의 재정위기

복지국가를 자본의 기능적 필요성에 의해 등장한 것으로 규정짓는 체계적 논의는 오코너(James O'Connor)에 의해 체계적으로 제시되고 있다.[16] 오코너에 의하면 자본주의 국가는 축적과 정당화라는 두 기본적 기능을 수행한다. 축적기능은 국가가 자본의 원활한 운용이 보장될 수 있도록 이윤가능성과 투자환수를 보장하는 여건을 조성하고, 경제성장을 지속적으로 추진해 가는 경제적 기능을 지칭한다. 예컨대 국가는 자본의 회수율을 증대시킬 수 있도록 도움을 주고, 더 큰 이윤이 남는 투자의 기회를 제공함으로써, 또한 모험적 사업에 뛰어들도록 세제상의 유인을 제공하거나 노동력의 유동성을 증대시킴으로써 자본의 축적기능에 이바지한다. 정당화 기능은 사회구성원 모두에게 자본주의 사회가 정의롭고 공정하며 적절한 체제임을 인식시킴으로써 사회적 조화가 보장될 수 있도록 한다는 사회정치적 기능을 지칭한다. 예컨대 국가는 계급 간의 조화를 위해 누진세제를 채택하고, 적절한 사회보장제도를 운영하거나 노동자의 이익을 위해 산업을 규제하기도 하기도 한다.

선진 자본주의의 경제적 조건 속에서 이 양자의 기능은 시민사회에 대한 국가의 좀 더 확대된 개입을 의미한다. 일반적으로 마르크스주의자들은 1930년대 대공황기에서의 산출과 고용수준을 높이기 위한 국가의 역할을 자본축적과정에 대한 국가의 직접개입, 즉 국가의 자본축적기능이라는 관점에서 다루며 이러한 경향이 전후 지속적으로 강화된 것으로 본다. 오코너도 동일한 입장을 가지고 있다.

오코너는 축적기능을 위해 소요되는 국가의 재정지출을 국가지출의 생산적 형태(productive expenditure)로 규정하고, 이를 정당화 기능을 위해 소요되는 대규모 재

16 J. O'Connor, *The Fiscal Crisis in Capitalist State* (New York : St. Martin's Press, 1973).

정지출의 비생산적 형태(unproductive expenditure)와 구분한다. 생산적 재정지출은 국가가 자본의 노동생산성을 증가시키기 위한 계획과 서비스를 제공하기 위해 소요되는 것이므로 민간자본을 위하여 간접적으로 생산적인 성격을 갖는다. 반면에 정당화 기능을 수행하는 데 소요되는 비생산적 재정지출은 사회적 조화를 유지하기 위해 쓰이는 것인 만큼 필요한 것이긴 하지만 비생산적인 성격을 갖는다. 오코너는 이러한 관점에서 전자를 사회적 자본(social capital)으로, 후자를 사회적 비용(social cost)으로 분류하기도 한다. 오코너는 특히 후자의 사회적 비용증대가 현대 복지국가체제의 위기의 근원적 원천임을 밝힌다.

자본주의 사회에서 국가개입이 어떻게 체제의 총체적 모순으로 귀결되어 지는가에 대한 오코너의 논지는 크게 셋으로 정리될 수 있다.

첫째, 현대 자본주의 국가가 수행하는 축적과 정당화의 두 기능은 서로 엇갈린 방향으로 작동되는 상충성을 갖는다. 오코너는 국가의 자본축적의 경제적 기능과 사회복지기능은 본질적으로 갈등관계에 놓인다고 본다. 왜냐하면 전자는 사적 자본에 봉사하는 측면을 갖지만 후자는 공정성이나 형평성, 정의의 이름 아래 국가가 자본의 논리에 제약을 가하거나 혹은 자본부문으로부터 부를 이전해 가기 때문이다.

둘째, 국가활동의 범위가 증대될수록, 다시 말해서 국가의 재정지출이 증대될수록 국가는 재원을 확보하기 위하여 개인이나 기업 등의 민간부문에 더욱 의존하지 않을 수 없게 된다. 이러한 경향은 국가로 하여금 재정수단의 확보보다 더 빠른 속도로 재정지출이 증대되는 결과를 가져온다. 오코너는 바로 이러한 현상을 국가의 재정위기라고 기술하고 있다.

셋째, 현대 자본주의 사회에서 기능하는 이익집단 중심의 다원적 정치는 국가의 정책결정이 정치적 시장의 작동에 의하여 결정되도록 되어 있다. 그 결과로 국가사업 및 서비스의 중첩과 엄청난 낭비현상이 초래될 뿐만 아니라 특정이익에 봉사하는 국가권력의 사적 전유(專有)가 초래된다.

오코너가 현대 복지국가체제의 재정위기를 개별적 사익을 추구하는 이익집단의 무분별한 정치적 압력에 의해 기인한다고 보는 점은 신우파에 속하는 공공선택이론가들의 주장과 일맥상통하는 점이 있다. 공공선택이론가들은 현대국가의 팽창원인을 이익집단 정치의 폐해와 이에 대한 정부의 단기적 대응 —선거에서 표를 지키기 위하여— 이 정부과부하(government overload) 현상을 가져왔고 이에 따라 재정적자의 증폭과 정부의 비효율성 증대가 초래된 것으로 진단하고 있다. 마찬가지로 오코너도 이익집단의 정치적 시장논리에 편승하는 현대국가의 재정적 무책임성이 재정위기를 부채질한 것으로 분석하고 있음을 알 수 있다. 이러한 오코너의 시각은 마르크스주의자 가운데에서도 좀 독특한 것으로 평가된다.

(2) 복지국가와 마르크스주의

오늘날 복지국가의 출현과 위기를 분석하고 있는 많은 마르크스주의자들은 현대 복지국가의 출현을 자본의 기능적 필요성이라는 관점과 함께 노동자 계급의 압력에 대한 자본의 대응이라는 관점에서도 설명한다. 마르크스주의자들은 복지국가의 발전을 계급투쟁을 완화함으로써 자본축적에 양호한 사회적 조화의 조건을 유지하기 위한 기도로 해석하는 것이다. 이런 관점에서 본다면 복지국가체제는 노동과 자본의 정치적 타협책에서 나온 것으로 풀이할 수 있다. 대표적인 예로 고프(I. Gough)는 제2차 세계대전 직후의 복지국가 출현뿐 아니라 60, 70년대의 국가의 사회적 지출의 대폭적인 증대가 기본적으로 노동계급의 압력에 의한 것임을 주장하고 있다.[17]

오코너가 재정위기에 설명의 주안점을 두고 있다면 다른 마르크스주의자들은 이른바 복지자본주의(welfare capitalism)의 경제적 위기에 초점을 맞추고 있다. 대체로 마르크스주의자들은 복지국가의 팽창이 오늘날 자본주의 경제에 새로운 난관을 안겨 주고 있다는 점에 동의한다. 그러나 어떻게 해서 이러한 난관이 생기게 되었는가 하는 점에 대해서는 해석이 좀 다르다. 전후부터 확충되기 시작한 실업수당과 사회보장제공 그리고 완전고용정책은 임금상승과 함께 노동자의 지위를 강화시켜 준 반면 국제적 경쟁체제하에서 어려움을 겪던 기업은 고가의 비용을 감당할 수 없는 지경에까지 이르게 만들었다. 그 결과 이윤율의 저하가 초래되었고 1970년대에 들어오면서 투자와 자본제적 성장조건은 급격히 위축되기 시작하였다.

특히 영국과 같이 낮은 생산성에다가 강력하고 잘 조직화된 노조세력이 건재하고 있던 나라의 상황은 한층 더 심각한 것이었다. 선진 자본주의 국가는 노동자 계급의 투쟁을 무마시키기 위해 갈수록 더 큰 사회적 비용을 필요로 하였으나 자본의 이윤율 하락은 기업들로부터 복지의 재원을 충분히 확보하는 데 어려움을 겪게 했다. 따라서 정부는 복지확충의 비용을 충당하기 위하여 통화를 남발하였고, 그 결과로

17 I. Gough, *The Political Economy of the Welfare State* (The Macmillan Press, 1979).

자본주의 경제는 인플레이션을 경험하지 않을 수 없었다는 것이다. 마르크스주의자에게 인플레이션은 복지자본주의의 경제적 위기를 알려 주는 징후로 받아들여지고 있다.

흔히 마르크스주의자들은 복지국가체제에 대하여 이중적 태도를 보이고 있다는 점이 지적된다. 1960년대 국가의 사회적 지출이 증대일로에 있고 복지국가가 계급 간 '합의정치'와 동의어로 받아들여졌을 때 마르크스주의자는 복지국가를 노동자들에 대한 통제장치나 혹은 노동계급의 투쟁의지를 약화시키기 위한 방편 등으로 규정하면서 이를 위기에 처한 자본주의의 마지막 몸부림 정도로 취급하였다. 그러나 최근에 들어와 우익진영에서 복지국가를 비판하면서 시장경제의 활성화를 들고 나오자 마르크스주의자들은 복지국가체제를 노동자 계급의 투쟁의 산물로서 혹은 집합적인 사회부조(collective social provisions)의 한 형태로 평가하면서 이를 옹호하고 나서기도 한다.

3.3. 자본주의와 민주주의

민주주의의 기본이념은 자기지배, 즉 자치(self government)에 있다. 민주정치는 왕이나 귀족 등 특권계급이 아니라 일반국민, 즉 민중에 의한 자치, 자기지배를 의미한다. 자치의 가장 완벽한 실현방안은 모든 사회구성원들이 공공의 문제를 둘러싸고 직접 한 군데 모여 토론하고 결정하는 방식이 될 것이다. 그러나 현실적으로 이러한 정치적 의사결집방식은 오늘날 가능하지 않다. 그래서 나온 것이 대표제(representation)와 '다수의 지배'(majority rule) 원리이다. 일반국민이 모두 직접적으로 정치과정에 참여할 수 없기 때문에 일반국민을 대표하는 대표자들에 의한 정치가 행해지며, 일반국민의 생각이 한결같지 않기 때문에 다수의 의사에 따른 지배원리가 현실적으로 등장하게 되었던 것이다.

오늘날 대부분의 국가는 이러한 대표제와 다수의 지배원리에 따라 정치체를 구성하며 정치과정을 운영하고 있다. 그런데 대표제의 민주적 이상을 제대로 구현하기 위해서는 몇 가지 선행요건이 갖추어져야만 한다. 우선 정치공동체의 구성원들에게 기본적 자유와 권리가 인정되어야 한다. 이러한 기본적인 권리와 자유는 구성원들에게 정치적 선택의 자유의 전제가 된다. 정치적 의사를 표현하고 이를 결집할 수 있는 언론, 출판, 집회, 결사의 자유는 민주주의 정치과정에서 필수적 요건이다. 특히 아무런 위협이나 두려움 없이 비판과 반대의 의사표시를 행할 수 있는 자유는 정치적 선택에 있어서 필수적 요건이 아닐 수 없다.

또한 구성원들에게 광범위한 참정의 자유가 보장되어야 한다. 신분이나 재산, 학식, 종교적 신조 등의 차이가 참정권을 제한하거나 투표권에 가중치를 부여하는 기준으로 삼아져서는 안 된다. 일정한 연령에 달한 성인이면 누구나 유권자가 될 수 있어야 하며, 한 사람에게 한 표의 투표권이 평등하게 보장되어야 한다. 서구 선진국가들에 있어서 민주주의 발전의 역사는 이러한 민주정치의 선행요건들이 구비되어 오고 성숙된 역사라고 말할 수 있다.

서구에서 민주적 대표체제와 보통선거권제도가 확립되기까지는 18세기 중반 영국을 필두로 20세기 중반에 이르기까지 대략 2세기의 역사적 과정이 필요했다. 인종적 이유나 문맹, 성별의 차이에 근거한 차등투표제는 20세기 중반까지 존재하였다. 보통선거권제도의 확립은 20세기 중반에 들어와서 보편화될 수 있었다. 보통선거권제도로 특징지어지는 민주적 대표제의 확립은 제1차 세계대전 직전 오스트레일리아나 뉴질랜드, 노르웨이 등에서 처음 이루어졌으며, 영국만 하더라도 1948년까지 차등투표제가 존재하였다. 이를테면 서구의 역사에서는 정치적 영역에서의 민주주의의 요소가 민주주의 발전의 요체가 되어 왔던 것이라고 할 수 있다.

고전적 시장경제론자들이나 자유주의 정치이론가들은 이러한 정치적 민주주의가 자본주의 시장경제와 동일한 역사적 발전궤적을 그려 왔음을 강조하면서 양자의 본질적 친화관계를 주장한다. 다시 말하자면 이들은 시장에서의 소비자 주권과 정치체계상의 시민적 주권이 합해져서 자유와 평등이라는 민주주의 이념이 공사(公私) 영역의 공동체생활 가운데 비로소 구현되어 올 수 있었다고 역설하고 있는 것이다.

그러나 이러한 정치적 민주주의와 자본주의와의 관계에 대해서는 전혀 다른 평가가 내려지기도 한다. 많은 좌파이론가들은 정치적 민주주의 요소를 부르주아 민주주의 혹은 형식적 민주주의(formal democracy)라고 평가하면서 자본주의와 형식적 민주주의 사이의 친화성을 부정한다. 뿐만 아니라 이들은 자본주의 사회에서의 민주주의는 마치 '직접적 착취가 시장교환에 의한 착취'로 둔갑한 것과 똑같은 이치로 '자본의 독재가 민주주의의 탈'을 쓰고 둔갑해 있을 뿐이라고 주장한다. 따라서 대개의 마르크스주의자들에게 서구형의 자유민주주의는 허위나 기만 아니면 모조품(sham)에 불과한 것으로 묘사된다.[18] 즉 마르크스주의자들은 정치와 경제가 따로 떼어질 수 없다고 보는 기본 관점의 연장선에서 정치적 민주주의와 경제적 민주주의는 별개의 것일 수 없다고 본다. 달리 말하면 경제적 민주주의가 존재하지 않은 상태에서 진정한 의미의 정치적 민주주의는 있을 수 없다는 것이다.

이들이 말하는 경제적 민주주의는 시장에서의 활동의 자유나 소유권의 보장 등을 통해 이루어지는 것이 아니라 사유재산제도가 철폐되어 소유의 평등이 이루어짐으로써 궁극적으로 가능해지는 것이다. 따라서 경제영역에서의 소유 및 부의 불평등이 존재할 수밖에 없는 자본주의 체제 위에서 정치적 민주주의는 애당초 가능하지 않은 것이 된다. 그렇기 때문에 그들은 자본주의 사회에 현상으로 존재하고 있는 듯 보이는 정치적 민주주의 실체를 '위장된 독재'일 뿐이라고 규정하며, 자기지배라는 민주주의 본래의 순수한 이념이 정치뿐 아니라 경제 등 사회 다른 영역에까지 골고루 확산되어야 한다고 주장하는 것이다.

자본주의와 민주주의 —정치적 민주주의 혹은 형식적 민주주의— 사이의 관계를 규명하려는 노력은 급진적 마르크스주의자들과 자유주의 시장경제론자 모두에게 중요한 문제영역이 되어 왔다. 여기서는 자본주의-민주주의 관계에 대한 서로 상반된 정향의 이들 두 논지를 간략하게 비교, 검토한 다음, 소유와 부의 불평등이 존재하는 자본주의 사회에서 정치적 지배문제와 민주주의의 가능성에 대한 새로운 차원의 논의들을 소개하기로 한다.

3.3.1. 자본주의와 민주주의 : 본질적 친화성

자본주의와 민주주의의 불가분적 친화관계를 체계적으로 말하고 있는 사람으로는 프리드먼이나 하이에크 등과 같은 자유시장론자들을 들 수 있다. 이들은 자본주의 역사적 발전과정에서 시민적 자유의 확대와 오늘날의 민주적 정치발전이 함께 이루어져 왔음에 주목하면서 양자 간의 필연적 결합관계를 밝히고자 한다. 또한 이들은

18 형식적 민주주의를 모조품에 불과한 것으로 단정짓는 입장은 이른바 정통마르크스주의에서 찾아볼 수 있으며, 1960년대 이후 서구의 유로코뮤니즘(Eurocommunism)이나 서구마르크스주의(West_Marxism)에서는 정치적 민주주의 요소를 긍정적으로 평가하는 경향을 보이고 있다. 특히 이들 유로코뮤니스트들이나 신 마르크스주의자들은 자본주의 사회 변혁과정에서 정치적 민주주의가 갖는 중요성을 강조하고 있기도 하다. 그런가 하면 일부 좌익논객들 가운데에는 보비오(N. Bobbio)와 같이 부르주아 민주주의 요소를 부르주아 계급의 전취물이 아니라 프롤레타리아 계급의 계급투쟁의 산물로 보는 논지를 전개하고 있음을 알 수 있다.

서구에서의 이러한 역사경험을 양자 사이의 친화성의 근거로 제시할 뿐만 아니라, 논리적으로도 양자 간에는 긴밀한 연계성을 가질 수밖에 없음을 역설하기도 한다. 자유시장론자들이 자본주의와 민주주의의 불가분적 친화성을 주장하는 것은 양자 모두 개인의 자유를 기본바탕으로 삼고 있다고 보기 때문이다.

이들의 논지에 따르면 시장에서의 자유와 정치에서의 자유는 별개의 것이 아니며 서로를 필요조건으로 한다. 그리고 이러한 자유는 민주주의의 기본바탕이 된다. 이들의 관점에서 본다면 선진 자본주의 체제를 유지하고 있는 거의 모든 대부분의 국가가 입헌적 민주주의 정치형태를 취하고 있다는 것은 우연한 일이 아니다. 또한 구공산권 국가의 변모과정에서 시장경제의 활성화와 함께 개인의 정치적 자유가 신장되고 이에 발맞추어 정치의 민주화가 병행되어 간 것도 결코 우연이나 인위적 선택에 의해서만 이루어진 것이 아닌 것으로 본다. 이들에 의하면 이러한 현상들은 양자 사이에 논리적으로 필연적 관계가 있다는 사실을 말해 주는 것이다. 프리드먼은 여기의 이 논리적 연계성의 일단을 다음과 같이 설명하고 있다. 즉 "직접적인 경제적 자유를 제공해 주는 경제조직—다시 말하자면 경쟁적 자본주의 체제—은 정치적 자유도 역시 촉진시켜 주는데, 그 까닭은 경제권력과 정치권력이 구분되어 양자 간에 상쇄관계가 존재하기 때문이다."[19]

일반적으로 자유주의 정치이론이나 시장경제론에서는 은연중에 정치와 경제의 제도적 분화를 주장한다. 정치적 영역에서의 작동과정이나 그 결과가 경제영역에서의 작동과정이나 결과와 같은 것일 수 없다는 것이다. 그러면서도 자유시장주의자들은 정치적 자유와 경제적 자유 양자 사이에는 분리하여 생각하기 어려운 불가분의 관계가 있다고 설명한다. 마르크스주의자들이 경제와 정치 사이에 동전의 양면과도 같은 불가분성의 관계가 있다고 보는 점과 어느 일면에 있어서는 동일한 시각이라고도 볼 수도 있다. 하지만 그 결론적 함의는 판이하다. 마르크스주의자들은 경제적 자유가 보장된 자본주의 사회에서는 필연적으로 소수의 경제적 지배계급이 동시에 정치권력도 장악한다고 본다. 그러나 자유시장론자들은 경제권력에 의한 독재가 정치적 자유에 의해 상쇄될 수 있다고 본다.

정치적 자유가 경제권력에 의한 독재—자본의 독재—를 방지할 수 있다는 이들의 논지는 다음과 같이 정리될 수 있다. 정치권력을 지배하는 것은 경제권력이 아니고 경쟁적 선거에서 보다 많은 득표를 획득할 수 있는 능력이다. 자유로운 선택이 보장

19 M. Friedman, *Capitalism and Freedom* (University of Chicago Press, 1962), p. 9.

되어 있는 사회는 가치의 다원화와 대안의 풍부함이 보장되어 있는 사회이다. 경제권력만이 모든 사회적 가치의 원천인 것은 아니며 또한 그것만이 정치권력을 가질 수 있는 유일한 지름길은 아니다. 사람들이 가지고 있는 정치적 자유와 선거 및 투표과정에 있어서의 실효성 있는 행사는 경제권력을 포함한 어느 한 특정 사회세력의 권력독점을 전적으로 배제할 수 있다. 사람들이 가지고 있는 정치적 선택의 자유는 경제력을 가진 후보를 선택할 수 있고, 자본가들에 의해 제시된 대안을 지지할 수도 있다. 그러나 마찬가지로 다수의 유권자가 가지고 있는 투표의 힘은 유권자의 이익을 무시하고 자신들만의 이익을 챙기려 드는 이들을 물러나게 할 수도 있다. 피선된 공직자가 다수의 뜻과 이익에 위배되는 결정을 내릴 때 유권자들은 선거를 통해 심판한다. 선거와 투표는 정치적 선택의 자유가 위력을 나타내는 제도적 장치이며, 다수의 의사가 정부에 집약되어 전달되는 과정이다. 따라서 정치적 자유의 보장은 소수 경제적 유력자의 정치적 지배를 배제하고 다수의 지배라는 민주주의의 실현을 가능하게 한다.

자본주의 시장경제가 보장하는 경제적 자유 그리고 민주주의의 정치적 자유 사이의 논리적 연계성은 두 방향에서 검토될 수 있다. 위에서 주로 정치적 자유의 보장이 어떻게 경제권력의 독재를 배제하고 민주주의를 가능케 하느냐 하는 문제를 검토했다면, 이제 살펴보아야 할 것은 시장경제가 보장하는 경제적 자유가 어떻게 정치적 자유와 민주주의를 가져오느냐 하는 것이다. 자본주의와 민주주의의 본질적 친화관계를 주장하는 논자들은 역사적 예증의 방법으로서 이 문제를 해명하고자 하는 경향을 보이고 있다. 프리드먼에 의하면 인류의 오랜 역사 동안 인간사회에 보편적으로 존재했던 정치체제는 전제정치체제나 소수 특권계층이 지배하는 독재체제였으며, 인류를 길들여 왔던 이러한 친숙한 비민주적 정치체제의 소멸은 19세기 말에 들어와 서구사회에서 가능한 것이었다. 프리드먼은 이와 같은 역사적 사실은 19세기의 성숙한 자유시장과 자본주의 제도가 정치적 자유와 이를 토대로 한 민주주의가 확립될 수 있기 위한 필요조건이었음을 함축한다고 말하고 있다. 프리드먼은 자본주의 경제가 권위주의적 정치질서와 함께 했던 국가들의 경우에도 경제활동의 자유가 전면 부정되었던 국가들에 비해서 더 큰 정치적 자유가 보장될 수 있었다는 사실에 주목하기도 한다.

한편 프리드먼 등 자유시장 경제론자들은 제2차 세계대전 이후 자본주의 국가들에서 계획경제의 요소를 도입하면서부터 이에 상응하여 개인의 정치적 자유가 감축되어 왔다고 주장한다. 정부의 시장질서에 대한 개입은 개인의 사적 자유에 대한 제한을 가져오고 또한 개인들 사이에 자유롭게 형성된 권리관계에 인위적 변동을 초래한다는 의미에서이다. 따라서 시장질서에 대한 불필요한 개입과 간섭을 줄여나가도록 하는 등 국가역할을 일정한 테두리 안에 묶어 둠으로써 리바이던화되어 가는 현대국가의 권력을 크게 제한할 수 있고, 반면에 정부나 국가에 대한 시민적 통제를 강화할 수 있게 된다고 본다. 프리드먼 등은 국가의 제한된 역할과 시민의 국가에 대한 통제력의 강화가 정치적 자유의 증진과 민주주의의 신장을 보장할 수 있다고 강조한다. 다시 말하자면 국가의 시장에 대한 개입을 감축하는 자본주의 시장질서의 회복이 민주적 정치질서의 활로를 보장한다는 것이다.

경제적 자유가 정치적 자유를 보장해 준다는 설명의 매개변수는 국가의 역할축소이다. 사부문에 대한 국가의 규제 및 통제완화가 시민의 정치적 자유의 증대를 가져올 수 있다는 점은 역사적으로 예증되기 이전에 양자의 논리적 연관성이라는 측면에서도 해명될 수 있다. 자유는 시민들로 하여금 공사의 영역에서 어떠한 외부의 권위에도 의하지 않고 스스로 선택할 수 있고 결정할 수 있는 능력을 의미한다. 따라서 자유의 증대는 이익과 가치의 다원화를 초래하고, 이들 사이의 자유경쟁을 유도한다. 민주정치는 다원화된 이익과 가치의 자유경쟁이 평화적으로 이루어지도록 하는 사회적 장치이다. 자본주의와 민주주의의 본질적 친화성을 주장하는 논자들이 시장질서의 확대에 따른 경제적 자유가 민주정치의 활성화를 가져올 수 있다고 보는 논지는 바로 이러한 것이라고 할 수 있다.

3.3.2. 자본주의와 민주주의 : 우연한 결합? 정략적 혼인?

자본주의 경제체제와 민주주의 정치의 생성 및 발전과정은 지난 2세기 이상 서구 역사적 발전과정을 특징지어 온 동시적 현상이라고 말할 수 있다. 양자 사이의 관계가 어떠한 방식으로 규정되든 자본주의와 민주주의는 적어도 산업혁명 이후 지난 2세기가량을 거의 동일한 역사적 궤적을 그리며 발전해 왔다. 자본주의와 민주주의 사이의 본질적 친화력을 강조하는 논의 이외에 양자 간의 이러한 병행된 발전관계를 다른 방식으로 규정하려는 논의들도 있다.

이러한 논의들은 민주주의라는 것이 자본주의 체제 위에서만 존재할 수 있는가? 혹은 역사적으로 그래왔는가에 대해 의문을 제기한다. 또한 자본주의가 원활히 작동되도록 하기 위해 과연 정치적 민주주의만을 요청해 왔는가에 대해서도 의문을 제기한다. 로자 룩셈부르크(Rosa Luxemburg)에 의하면 민주주의는 자본주의의 출현과 더불어 대두된 특유한 제도가 아니라 원시공산집단이나 고대노예제 국가 그리고 중세코뮌 등 아주 이질적인 다양한 사회구성체 속에서도 찾아볼 수 있다. 그런가 하면 절대주의 체제나 입헌군주제가 자본주의를 포함한 다양한 경제질서 위에서 존재해 왔음을 알 수 있다. 따라서 로자 룩셈부르크는 자본주의 발전과 민주주의 사이에는 어떠한 절대적이고 보편적인 관계도 성립할 수 없다고 단정한다.[20] 로자 룩셈부르크의 생각은 한 나라의 정치적 형태는 국내외적인 정치적 요인들의 총체가 결정하는 것이기 때문에 민주정치제도가 반드시 자본주의 사회에서만 발견될 필요는 없는 것이며 얼마든지 전(前) 자본주의 사회에서도 발견될 수 있다는 것이다.

사실 엄격히 분석한다면 서구역사만을 보더라도 자본주의가 충분히 개화한 민주주의와 공존할 수 있었던 것은 20세기에나 들어와 가능했음을 알 수 있게 된다. 20세기 이전까지의 자본주의는 권위주의 정부, 재산권에 기초한 제한선거권제도, 극도로 제한된 정치적 자유 및 권리와 오랫동안 공존해 왔던 것이 사실이다. 공식적인 정부형태의 차원에서만 보더라도 자본주의는 그 발달과정에서 민주제, 절대군주제, 입헌군주제, 민주공화제 등의 다양한 정치형태와 결부되어 있었다. 그것은 어느 한 나라의 경우에서도 확인할 수 있고, 국가 간의 비교를 통해 더욱 그러했음을 알 수 있다. 그렇다면 자본주의와 이러한 다양한 정치형태와의 결합은 어떠한 방식으로 이루어졌을까 하는 점이 문제가 된다. 자본주의가 이렇듯 다양한 정치적 의상을 걸치고 있었던 것은 순전한 역사적 우연인가 아니면 그 속에서 또 다른 차원의 논리적인 연계성이나 관계의 규칙성을 찾아볼 수 있느냐 하는 것이 중요해진다.

이 문제에 대하여 관심을 가지고 해답을 얻고자 한 사람들은 주로 마르크스주의의 이론적 정향을 가진 학자들이었다. 이들은 자본주의가 그 발달과정에서 교체한 다양한 정치형태를 자본축적의 논리에 따라 설명하고자 한다. 즉 자본주의는 발달단계에 따라 자본축적의 지속적 필요성이라는 대명제를 충족시키기 위하여 정략적으로 정치형태를 달리해 왔다고 설명하고 있는 것이다.[21] 이들의 논지는 첫째, 자본주의의 초기

20 R. Luxemburg, *Rosa Luxemburg Speaks* (New York : Pathfinder Press, 1970), pp. 72~74, D. Held (ed.), *States and Societies* (New York University Press, 1983), pp. 277~288에서 재인용.

21 J. Holloway and S. Picciotto, "*Capital, Crisis, and the State,*" *Capital and Crisis* 2. 이들의 논의는 Bob Jessop, "Capitalism and Democracy : the Best Possible Political Shell?" D. Held, *op. cit.*, pp. 272~289에 잘 정리되어 있다.

단계, 즉 자본주의가 본격적으로 발육되기 위한 사회경제적 선행조건을 조성하는 데에는 국가의 개입과 강제력이 필요하였기 때문에 중상주의 정책을 추진해 가는 절대국가체제(absolute state)가 등장하였고, 둘째, 자본축적의 조건이 일단 확보된 다음에는 개별 자본가로 하여금 최대한의 자유를 보장해 줌으로써 이를 지속해 나가도록 하는 자유방임적 자유경쟁체제가 효율적이었기 때문에 자유민주주의 국가체제(liberal democratic state)가 출현하였으며, 셋째, 자본축적의 지속이 이윤율의 저하를 초래함으로써 위기에 봉착했을 때에는 자본주의 체제를 새롭게 재건할 수 있는 국가의 개입이 요청되었기 때문에 자유주의 국가가 개입주의 국가(interventionist state)로 바뀌었다는 것이다.

이들의 이러한 설명방식에 의하면 자본주의와 민주주의의 결합은 양자 간의 본질적 친화력 때문에 이루어진 것이 아니고, 자본의 필요에 따라 자본의 주도로 이루어진 정략결혼 같은 것이 된다. 즉 자본주의 사회는 자본의 필요에 따라 민주적 정부형태를 가질 수도 있지만[22] 양자 사이에는 필연적 운명관계가 아니기 때문에 민주주의 정치가 자본주의의 생존을 위협하는 위기상황에서는 기꺼이 결별하는 일이 생긴다는 것이다. 일반적으로 마르크스주의자들이 자본주의하의 민주주의를 단순히 형식적인 모조품이나 자본의 기만적 술책 정도로 폄하하는 것도 바로 이러한 관점이라고 볼 수 있다.

3.3.3. 자본주의 사회와 엘리트 민주주의

현존하는 모든 자본주의 사회에서는 필연적으로 소득과 부의 불평등이 생길 수밖에 없다. 시장에서의 자유경쟁은 보다 우월한 능력과 자원을 가진 사람들에게 더 많은 기회를 제공하기 마련이다. 시장사회에서 보다 많이 소유한 사람은 현실적으로 경제적 부 이외의 다른 사회적 가치에 그렇지 못한 사람들에 비해서 쉽게 접근할 수 있는 것이 현실이다. 정치권력의 문제도 마찬가지이다. 역사적으로 인간사회는 소수의 유력자와 이들의 지배를 받는 대다수의 평범한 대중으로 나누어졌으며, 사회적 가치를 보

22 일반적으로 마르크스주의 관점에서 자본주의가 민주주의 정치를 발전시키는 데 기여하는 이유는 다음 두 가지로 설명된다. ① 경제적 관점 : 생산과정에서 자본주의적 착취는 노동시장에서 노동자와 사용자 간의 형식적인 자유와 평등의 거래관계가 성립된 이후에만 이루어질 수 있는 것이다. 따라서 노동자 계급이 자유시장의 불가피성과 정당성을 인정하기만 한다면 자본가 계급은 노동자 계급의 노동력을 강제하기 위해서 직접적으로 정치권력을 독점해야 하는 절박한 필요가 없기 때문이다. ② 정치적 관점 : 자본주의는 경쟁적인 경제이익들 사이의 상충과정에 직접적으로 관여되지 않고 초연한듯한 위치에서 시장력이 작동될 수 있는 여러 여건을 보장해 주는 법치국가(Rechtstate)를 요청하기 때문이다.

다 많이 가지고 있는 이들 소수의 엘리트들이 대중을 지배해 왔음을 알 수 있다.

마르크스주의적 계급이론에 입각해서 보자면 다수를 지배하는 이들 소수의 유력자는 바로 자본가 계급이다. 그러나 구조주의 국가이론가들의 관측대로 자본가 계급이 실제 국가기관의 요직에 앉아 정치적 권력을 직접 장악한 상태에서 나머지 사람들을 지배하는 것은 아니다. 경제적 유력자들뿐만이 아니라 그 사람이 걸어온 정치적 경력에 의해 대중적 신망을 얻은 사람, 남다른 도덕성과 학식을 가진 사람, 탁월한 정치적 수완을 가진 카리스마적 지도자, 국가의 경영에 대하여 빼어난 식견과 경륜을 가진 사람, 조직화된 군사적 무력을 배경으로 하는 사람 등 다양한 원천을 기반으로 사람들은 권력을 향유할 수 있다. 다양한 기반에 의해서 권력이 유래할 수 있지만 여전히 변함없는 사실은 현실적으로 권력을 가지고서 행사하는 사람들은 소수의 엘리트들이라는 것이다. 마르크스주의적 계급이론의 전통이 아니라 하더라도 소수엘리트에 의한 정치적 지배문제는 지금껏 사회과학의 친숙한 주제가 되어 오고 있다.

현대 사회과학에 있어서 소수엘리트에 의한 지배문제는 20세기 초 모스카(Mosca)나 파레토(Pareto), 미헬스(Michels) 등 일군의 정치사회학자들의 연구를 필두로 체계적으로 분석되기 시작하였다. 모스카는 사회를 소수의 통치기능을 수행하는 정치계급과 이들에 의해 지도되는 다수의 비정치계급으로 구분하고, 정치계급이 권력행사를 어떻게 정당화하고 합법화해 가는가 하는 문제를 다루었다. 유사한 관점에서 파레토는 사회구조를 통치계급과 비통치계급으로 구분하고 있다. 특히 파레토는 엘리트를 기존체제의 질서를 유지강화시켜 가는 데 큰 역량을 발휘할 수 있는 사자형과 상황변화에 능란하게 대처해 갈 수 있는 지략을 가진 여우형으로 나누고, 이들 두 유형의 엘리트가 순환하는 현상에 주목하고 있다. 미헬스는 '명확한 목적달성을 위하여 노력하는 모든 인간조직에 존재하는 과두제적인 경향'을 과두제의 철칙(The Iron Law of Oligarchy)으로 정식화해 놓고 있다. 미헬스의 과두제의 철칙은 그 당시 가장 민주주의 원칙에 충실하게 운영된다고 평가되었던 독일 사회민주당과 노동조합을 실증적으로 연구분석한 결과이어서 주목을 끈다.

초기 독일과 이태리의 정치사회학자들에 의해서 이루어졌던 소수엘리트에 의한 지배 연구는 1950년대 이후 가장 안정된 민주주의 체제를 유지해 가고 있다고 믿었던 미국사회를 대상으로 해서 좀 더 경험적이고 실증적인 연구들로 이어지게 된다.

(1) 고전적 민주주의 이론에 대한 회의와 비판

계몽주의 사상 이래 자유주의 전통과 공리주의적 사고에 토대를 두고 형성된 고전적 민주주의 이론은 공동선(common good)과 합리적 시민의 존재를 전제로 하여 성립한다. 즉 고전적 민주주의론은 사회 내에 모든 성원이 합의할 수 있는 하나의 공동선이 존재하여 이것이 국가정책의 표지등(beacon light)으로 기능할 수 있다고 본다. 또한 고전적 민주주의론은 참정의 주체로서 시민은 이성적인 존재이기 때문에 각자 합리적 추론을 통해서 이러한 공동선을 찾아낼 수 있고, 정치영역에서도 합리적 방식으로 의사를 결정하고 참여할 수 있다고 전제한다. 시민들은 시민적 권리와 의무로서 정치에 관심을 가지고 있고, 동료시민들과 공공의 문제를 합리적으로 토의하며, 정치에 대하여 유효하고 적절한 지식 및 정보를 가지고 있고, 사적으로나 공적으로 확실한 참여의 동기를 가지고 있으며, 일관성 있는 객관적인 기준에 입각하여 정치적으로 판단하고 선택한다는 것이다. 따라서 선거나 투표는 이러한 합리적 시민들이 집합적으로 문제를 해결하고 공공선을 실현해 가는 과정으로 설명된다.

그러나 이러한 고전적 민주주의에 대한 신념은 19세기 말 이래 서서히 붕괴되기 시작하는데, 그 이유는 주로 다음과 같이 설명된다.

첫째, 자본주의와 함께 등장한 대규모의 기업조직의 출현, 사회적 이익과 계층구조의 수직적 분화 등의 사회경제구조의 변화는 사람들로 하여금 현실사회가 과두제적 위계제로 구성되어 가고 있음을 깨닫도록 했으며, 자연 엘리트 지배의 필연성에 대해 인식하도록 하였다.

둘째, 이상적인 정치제도를 구비한 것으로 정평이 나 있던 독일 바이마르 공화국의 붕괴와 나치체제의 등장, 소련에서의 전체주의 체제의 등장 등은 보통선거권의 확충에 의해 형성된 거대한 참정집단, 즉 대중의 합리성과 정치적 능력에 회의를 갖게 했다. 대중민주주의의 도래는 참정의 개별 주체로서 시민의 합리성과 공동선의 존재에 회의를 갖게 했다.

셋째, 인간의 사회적 행태에 대한 실증적 조사결과의 축적은 인간이 그렇게 합리적이지 않으며, 따라서 공동선에 대한 보편적 합의도 불가능하다는 점을 알려주는 것이었다.

20세기 초, 실증적 사회과학의 발전이 사회적 행위자로서 대중의 비합리성을 밝혀냈으며, 모두가 합의할 수 있는 공동선의 존재에 의문을 품게 하였고, 현실사회의 소수엘리트지배의 불가피성을 제시하였던 것들은 고전적 민주주의론에 대한 회의와 재검토를 불러일으키는 데 결정적으로 작용하는 것이었다. 대중사회하에서의 인간의 비합리성은 르봉(G. Le Bon), 왈라스(Wallas) 등에 의해 제시된 바 있는데, 이들의 발견에 의하면 객관적으로 가장 합리적인 기준에 따라 행위할 수 있는 경제영역에서의 행동도 선전, 유행, 충동 등의 비합리적 동기에 의해 지배된다.

사람은 자발적 의지에 의해서 합리적으로 행동하는 것이 아니라 외부의 자극에 의해 동원되고 선택이 강요되기도 한다는 르봉이나 왈라스 등의 주장은 고전적 민주주의 이론의 기본전제를 뒤흔드는 것이었다. 합리성과 자치의 이상에 근거하고 있는 고전적 민주주의론은 이제 비합리성과 정치적 상징조작, 대중동원의 현실에 직면하지 않을 수 없었다. 만일 합리적 시민과 다수의 지배가 민주주의의 요체라 한다면 이제 이러한 개념정의상의 민주주의는 현실적으로 존재하지 않는 것이었다.

이러한 딜레마에 처해 슘페터(J. Schumpeter)는 경험적으로 좀 더 타당성을 갖는 새로운 개념의 민주주의론을 제시한다. 슘페터는 민주주의를 어떠한 여건에도 무관한 이상이나 목적으로서가 아니라 정치적 결정에 도달하는 하나의 제도적 장치로 봄으로써 민주주의에 대한 새로운 개념정의를 내리고자 한다. 슘페터는 민주주의를 현실적으로 작동가능한 정치영역에 한정시켜 정의하고자 하는데, 그에 의하면 민주주의는 둘 이상의 지도적인 정치조직이 있어 이들이 국민의 지지와 득표를 보다 많이 획득하기 위하여 자유경쟁하는 체제를 의미한다. 이 경우 시민의 역할은 지배하는 것이 아니라 정부를 선택하고 승인하는 것이 된다. 요컨대 슘페터는 민주주의를 '정치적 리더십을 쟁취하기 위한 자유경쟁'이라는 투표경쟁체제라는 데 초점을 맞춤으로써 정치권력의 좁은 영역에서 민주주의의 실행 여부가 확인될 수 있다고 보는 것이다. 슘페터의 이러한 새로운 차원의 민주주의론은 흔히 엘리트 민주주의론 혹은 민주적 엘리트 이론으로 불린다.

유사한 관점에서의 엘리트 민주주의론은 베렐슨(Berelson) 등에 의해 제시된 바도 있다. 베렐슨 등에 의하면 대다수 국민들은 정치적 쟁점에 대한 관심이나 지식도, 참여의 동기도 부족할 뿐만 아니라 일관된 기준이나 합리적 계산에 의해 투표하지 않는다는 점이 경험적으로 입증될 수 있다. 그러나 이들에 의하면 시민들 개개인들이 부분적으로 가지고 있는 이러한 무관심과 자질부족은 민주주의의 실현에 아무런 위협이 되지 않을 뿐 아니라 오히려 얼마간 필요한 조건이기도 하다. 왜냐하면 일부의 무관심과 자질부족이 낳는 투표기권과 유동적 투표가 민주제도 운영에 융통성과 유연성을 제공해 주는 것이기 때문이다. 엘리트 민주주의론은 소수엘리트의 지배와 다수대중의 제한된 정치적 역할만으로도 민주주의는 얼마든지 실현가능하다고 보는 공통된 관점을 가지고 있다. 그것은 일반대중들이 가지고 있는 투표의 힘이 여전히 소수의 정치엘리트들에게 상당한 정도의 통제력을 발휘할 수 있다는 믿음에 근거한 것이다.

(2) 통치엘리트 권력이론

엘리트 민주주의론은 소수엘리트 지배가 민주주의 이념과 병행할 수 있다고 본다. 그것은 엘리트들 사이에 자유경쟁이 이루어지고 그들의 경쟁관계를 일반유권자들이 심판한다는 전제하에서이다. 그러나 이들의 이러한 관점과는 달리 엘리트들 간의 경쟁관계를 부인하면서 지배적 엘리트 집단이 대중의 무관심과 무능력을 이용하여 권력을 전적으로 전횡하기 때문에 엘리트의 지배는 민주주의와 양립하기 어렵다는 이론도 있다.

1950년대 헌터(Floyd Hunter)는 미국의 한 도시 조지아 주 아틀랜타 시의 권력구조에 대한 경험적 연구를 통하여 미국사회의 권력구조의 실체를 밝히고자 하였다.[23] 헌터의 발견결과에 의하면 미국사회에도 피라미드형의 위계적 권력구조가 존재하며 그 최상층부에는 경제계 인사가 주도해 나가는 파워엘리트 그룹이 있다. 헌터에 의하면 자본주의의 발전결과 거의 필연적으로 소득과 경제력의 불평등이 발생하고 그 결과 경제적 자원에 대한 통제력을 장악한 사람이 정치적 지배권력을 장악한다. 이들 지배엘리트 집단은 공직의 전면에 드러나지 않은 채 막후에 숨어서 주요한 정책결정과정을 지배한다. 파워엘리트들은 상호 간 동일한 이해관계로 응집되어 있고, 생활패턴이나 활동공간이 유사하기 때문에 지배집단으로서 일체감을 형성하고 있다. 정책결정과정은 엘리트들이 기존질서와 패턴을 유지해 가며 자신들의 이익과 특권을 영속적으로 확대 재생산하는 데 초점이 맞추어져 있다. 따라서 일반대중이나 소수민족의 이익은 여기에서 배제된다. 정부 고위관리나 각계의 지도급 인사, 직업적 전문가, 민간지도자들도 이들 막후의 실력자들이 내린 결정을 충실히 집행하는 역할을 담당할 뿐이다. 헌터는 이러한 경직된 권력구조가 존재하는 미국사회에서 민주주의는 위험에 빠져 활력을 잃고 있다고 진단하

23 F. Hunter, *Community Power Structure* (University of North Carolina Press, 1953), *Top Leadership, U.S.A*, (University of Carolina Press, 1959).

고 있다.

헌터의 조사연구 이후 미국의 유명한 사회학자 밀스(C.W. Mills)는 미국사회의 전반에 걸쳐 헌터가 말한 바 있는 피라미드형의 권력구조와 파워엘리트 집단의 실체를 경험적으로 분석하고자 하였다.[24] 밀스의 관점에서 보자면 권력은 사회 전체의 운명을 좌우하는 중요한 정책을 결정할 수 있는 능력인데, 이는 원천적으로 사람에게 귀속되어 있는 것이 아니라 중요한 제도에의 접근을 통해 획득가능해진다. 따라서 밀스가 말하는 파워엘리트들은 미국사회 전체에 큰 영향력을 미칠 수 있는 초대규모의 조직이나 제도의 위계체계 내에서 지배적 위치를 차지하고 있는 사람들이다. 밀스의 연구대상은 미국사회의 대제도, 즉 중앙집권적 조직화가 가장 잘 되어 있는 연방정부조직, 군부조직, 주요 대기업조직 등에서 최고의 정점에 위치하고 있는 사람들로 구성된다. 이런 의미에서 파워엘리트는 소수의 연방정부 최고위관리들, 군부 최고위장성, 대기업의 총수나 대부호 등의 삼자연립구조를 가진다.

밀스는 이러한 엘리트 구조가 미국사회의 자본주의적 성격과 그간의 정치사회적 변화를 반영하고 있는 것으로 설명한다. 대공황과 세계대전 이후 국가의 역할이 증대되면서 이루어진 국가행정부문의 확대는 단순히 독자적인 관료조직으로서 정부의 확대만을 의미하는 것이 아니라, 기업계의 유력자가 정치적으로 높은 지위를 차지하고 우세한 힘을 발휘하게 되었음을 의미한다. 미국의 세계적 역할확대에 따라 국제문제와 전쟁에 초점이 맞추어지면서 군부지도자들은 정치적으로 중요한 위치를 차지하게 되었으며 국가정책결정과정에서 군의 판단과 견해가 중요한 요소로 등장하게 되었다. 세계경찰국가로서의 미국의 역할은 막강한 군사력의 유지를 필요로 하였고, 이에 따라 주요 산업이 군부로부터 발주되는 수요를 주요한 이윤의 원천으로 삼게 됨으로써 거대한 군산복합체(military-industrial complex)가 형성되었다.

밀스의 분석에 의하면 핵심적 국가정책 결정과정에 참여를 확대해 온 군부, 유명무실한 민주정치 조직, 군사적 자본주의 성격의 산업체계 등이 오늘날 미국의 파워엘리트 구조의 구성을 결정한 요인이 된다. 밀스는 정당과 의회의 기능이 약화되면서 나타난 직업정치가의 상대적 위축, 기업체의 총수와 군고위장성의 대두가 현대 미국사회의 파워엘리트 구조를 특징짓고 있다고 설명한다.

또한 밀스의 설명에 의하면 연방정부와 군부, 대기업의 정상에 위치한 파

24 C.W. Mills, *Power Elites* (Oxford University Press, 1956).

워엘리트는 상호 공통의 이해관계와 공동의 세계관 그리고 사회적·심리적 친근성을 가지고 있다. 또한 이들 엘리트들 사이에는 출신성분이나 교육, 경력, 생활유형상에서 상호유사성이 있기 때문에 상호통합과 결속감을 강화시켜 나간다. 또한 직책상으로도 긴밀한 연관성이 있고, 때로는 지위와 역할의 상호교환을 통해 각각의 특수한 이해관계를 초월할 수 있게 된다. 이를테면 밀스는 파워엘리트 그룹이 일종의 계급적 일체감(class identity) 을 가지고 있는 것으로 본다. 반면 대중은 수동적이고 무능하며 정치적으로 분열되어 있다. 밀스는 그렇기 때문에 파워엘리트 그룹은 사회 내 여러 경쟁적 이익이나 공공의 이익을 대변하기보다는 손쉽게 자신들의 이익관철에 우선순위를 부여한다고 주장한다.

(3) 다원주의 권력이론

한 사회가 피라미드형의 권력구조를 가지고 있고, 최상층부의 권력엘리트가 무능하고 분열되어 있는 대중을 통치한다는 파워엘리트 이론은 곧바로 다른 관점의 권력이론에 의해 비판되었다. 달(R. Dahl)이나 폴스비(N. Polsby), 월핑거(R. Wolfinger) 등은 헌터와 밀스 등에 의해 제기된 파워엘리트 이론을 경험적 타당성을 상실한 매우 비과학적 이론으로 단정한다.[25] 이들은 다원주의적 관점에서 권력개념의 다양성을 제시하며 또한 권력엘리트의 다원성을 경험적으로 입증하고자 하였다. 다원주의 이론가들에 의하면, 파워엘리트론자들은 권력을 하나의 덩어리로 취급함으로써 이를 소유하고 있는 엘리트와 소유하지 못한 피지배 대중으로 나누어져 있는 것으로 지나치게 단순화하고 있다. 권력다원론자들은, 권력개념에는 권력원천의 다차원성, 권력수단의 다양성, 특정의 권력이 미치는 영역의 범위 등이 다각적으로 검토되어야 하는데도 권력엘리트론자들의 권력개념은 이러한 복잡성을 간과하고 있다고 비판한다.

또한 다원주의 관점에서 엘리트 이론을 재구성하려는 이들은 주위의 평판이나 공식적 직위가 나타내 주는 잠재적 권력(potential power)과 실제 그 사람이 행사할 수 있는 실제적 권력(actual power)은 구분되어야 한다고 역설한다. 달에 의하면 어느 사회나 영향력을 보다 많이 가진 집단이 존재하며 더욱이 잠재적 영향력을 많이 가진 사람

---

25 R.A. Dahl, "The Concept of Power," *Behavior Science*, vol. 2 (1957), 205~216, *Who Governs?* (Yale University Press, 1961), *Modern Political Analysis* (Prentice-Hall, 1963); N. Polsby, *Community Power and Political Theory* (Yale University Press, 1963).

은 두말할 것도 없다. 그리고 다원적 권력이 행사되는 영향력의 대상도 다양하다. 그러나 권력엘리트 이론가들은 이 두 가지의 자명한 사실을 무시하고 단지 잠재적 권력을 보다 많이 가진 사람을 권력엘리트로 규정하며, 이들이 모든 부문에 걸쳐 무소불통의 영향력을 행사하는 것으로 단정하고 있다는 것이다. 달은 어떤 사람이 가지고 있는 실제적 권력의 여부를 확인하기 위해서는 권력이 발휘되고 있는 실제적 상황으로서 구체적 정책결정과정(decision making process)을 들여다 보아야 한다고 주장한다. 평판이나 지위가 권력을 나타내는 것이 아니라 정책결정과정에서 유력한 것이 진짜 권력이기 때문이다.

실제적 권력은 정치적 자원을 가진 사람 중에서도 실제 정책결정과정에 확실한 참여의사와 이를 관철시킬 수 있는 수완이 있는 자들에 의해서 행사된다. 한 사회에서 중요한 결정은 그 사회의 많은 사람이 영향을 받을 수 있고, 결정결과로 생기는 혜택이 크며, 그 혜택의 분배범위가 크고 또한 기존 자원분배패턴에 끼치는 변화의 폭이 큰 그러한 결정이다. 이러한 결정은 대개 정부차원에서 내려지는 것이다. 달은 미국의 한 도시 코너티컷 주의 뉴헤이븐 시(市)를 대상으로 공공교육이나 도시재개발, 정당후보지명 등과 같은 핵심적 이슈들이 누구의 실제적인 참여를 통해서 어떠한 과정을 통해서 결정되는지를 분석한다. 이러한 분석을 통해서 달은 다음과 같은 몇 가지의 발견을 이끌어내고 있다.

첫째, 실제적 권력행사는 소수가 행하는 것이 사실이지만 여기서 문제가 되는 것은 권력행사의 범위(scope of power)이다. 일반적으로 특정의 한 권력이 행사될 수 있는 범위는 제한되어 있다. 조사 결과 각 분야의 엘리트들은 주로 관심을 가지고 참여하는 협소한 특정분야(issue area)에서만 영향력을 가지고 있음이 밝혀졌다. 이러한 권력의 제한성은 엘리트 간 권력유지를 위한 경쟁을 유도하고 리더십에 책임성을 부여한다. 엘리트들은 상호 간의 경쟁에서 유리한 고지를 차지하기 위해 대중을 자기 편으로 끌어들이고자 하며 따라서 자연히 대중의 목소리에 귀를 기울이게 되고 대중이 원하는 정책을 펴나갈 수밖에 없다.

둘째, 정치적 자원은 파워엘리트 이론가들이 상정하는 것만큼 그렇게 소수에게만 누적적으로 주어져 있는 것이 아니다. 가치의 분화와 다원화가 이루어진 사회에서의 정치적 자원은 여러 가지 형태로 존재하고 있고 특정자원만이 긴요하거나 우세하지 않으며 많은 사람들에게 비집중적·비누적적인 방식으로 분산 분배되어 있다. 특정인에게 정치적 자원이 축적, 집중되지 않았으므로 특정소수가 모든 분야에서 지배적으로 유력할 수 없게 된다.

셋째, 한 사회의 구성원은 정치적 무관심층(apolitical stratum)과 정치적 계층(political stratum)으로 나누어져 있는데, 정치적 계층은 정치에 대하여 최소한의 일상적 관심과 참여동기를 가지고 있는 사람들을 말한다. 정치적 계층은 자신의 이익을 정치에 반영하기 위하여 유권자로서의 투표권력을 행사하고자 하는 사람들이며, 최소한의 시민적 의무감을 가진 사람들이다. 이들 정치적 계층은 엘리트처럼 결정과정에 직접 참여할 수 있는 기회는 주어져 있지 않지만 유권자로서의 투표권력을 충분히 활용하여 엘리트들에게 간접적이고 우회적인 압력을 가할 수 있다. 따라서 이들 정치적 계층이 광범위하게 존재하고 있는 사회에서는 정치엘리트들이 일반유권자의 이익과 선호를 정책결정에 반영하는 민주정부의 유지가 가능해진다.

요컨대 달 등의 다원주의 권력이론은 권력개념의 다의성, 다차원성, 그리고 각 분야에서 비교적 한정된 권력만을 행사하는 엘리트들 사이의 경쟁 및 협상, 일반유권자들의 유효한 투표권력(electoral power) 등을 근거로 소수엘리트가 지배하는 사회에서도 여전히 민주주의가 구현되고 있다고 보아야 한다는 이론적 입장을 견지하고 있다.

그러나 바크라크와 바라츠(Bachach, Baratz)는 다원권력이론의 이러한 이론적 입장에 대하여 통치엘리트 권력이론의 관점에서 재반론을 전개하고 있다.[26] 이들에 의하면 달 등은 명확한 기준 없이 특정분야의 소수 결정과정만을 사례연구하여 이를 지나치게 일반화시키고 있다. 우선 달은 한 엘리트가 실제결정에 참여하지 않는 다른 이슈에 대해서는 아무런 권력도 행사하지 못한다고 전제하고 있는데 이는 문제의 본질을 잘못 보고 있다는 것이다. 엘리트들은 관심과 참여의 분야가 각기 다르지만 암묵적으로 상호간의 이익을 교환할 뿐 아니라, 이익에 사활이 걸린 정작 중요한 정책결정은 온갖 수단을 동원하여 자신들에게 유리한 결정이 내려지도록 노력할 것이기 때문이다. 바크라크와 바라츠는 달이 선정하고 있는 정책결정의 이슈들이 엘리트들의 이해관계에 결정적인 영향을 미치지는 않는 안전한 이슈(safe issue)들이라고 비판하면서, 구체적 결정과정에 부치지 않기로 사전에 이미 결정됨으로써 인구에 회자되지도 않고 엘리트 간에 갈등이 표출되지도 않는 숨겨진 이슈의 중요성을 강조한다. 바크라크와 바라츠는 엘리트들이 막후에서 행동하지 않기로 결정하거나 결정과정의 도마 위에 올리지 않기로 결정하

26 P. Bachrach and M. S. Baratz, "Decisions and Nondecisions : A Analytical Framework," *American Political Science Review*, vol. 57 (1963), 632~642, "Two Faces of Power," *APSR*, vol. 56 (1962), 947~952; Bachrach, *The Theory of Democratic Eliticism* : *A Critique* (Little, Brown & Co., 1967).

는 부(負)의 결정(negative decision)을 파헤쳐야 한다고 역설한다. 그런가 하면 대중들에게 편견을 조장하고 이를 활용함으로써 공개적인 결정과정에서 배제되는 비결정영역(non-decision making areas)에도 눈을 돌려야 한다고 본다. 바크라크와 바라츠는 또한 권력관계에서 엘리트들에 대한 시민들의 간접적인 영향력만을 고려할 뿐 엘리트들이 대중에게 강요하는 정치적 상징조작를 고려하지 않는 달 등의 다원권력론은 민주주의에 대한 지나친 낙관주의를 반영하고 있는 것으로 비판하고 있다.

제 4 장

사회변동과 사회발전

어떤 사회든지 항상 그 상태로 머물러 있지 않으며 끊임없이 변동한다. 사회경제적 변화에 따라 물질적 환경이 바뀌게 됨으로써 사람들의 거주환경이나 생활유형이 변화한다. 구성원들이 세대교체되어 조직과 집단의 얼굴들이 바뀌며, 사람만이 달라질 뿐 아니라 사회제도가 변화하기도 한다. 그런가 하면 거시적이고 장기적 관점에서 볼 때 사회구조 그 자체가 변화하며, 사람들이 생각하고 행동하는 방식이 변하기도 한다. 일반적으로 오늘날의 사회과학에서는 이러한 사회변화가 그 사회의 성격에 따라 다양한 방식과 경로를 통해서 이루어진다고 설명되고 있지만 인간사회가 한 가지의 단선적인 방향으로 진보한다고 믿어지던 때도 있었다.

한 사회의 변화는 여러 가지 동기에 의해서 야기될 수 있다. 새로운 과학기술의 발견에 의해 가능해지는 물질적 생산력의 증대가 변화의 원천이 되기도 하고, 희소성을 둘러싼 사회세력 간의 갈등이 변화의 원인이 되기도 한다. 외부 다른 국가의 영향력 행사 아래 사회변동이 강요되는가 하면, 안으로부터의 진지한 고안에 의해 계획된 변동이 초래되기도 한다. 현대 사회과학자들은 사회의 변동을 초래하는 요인을 여러 다양한 관점에서 밝히고자 한다. 어떤 사람은 물질적 조건의 변화가 사회구조나 정치·사회제도, 문화규범 등에 미치는 변화의 영향을 분석한다. 또 다른 부류의 학자들은 사람들의 사고방식이나 행동양식의 변화가 어떻게 그 사회의 제도나 사회경제적 체계에 영향을 미치는지를 분석한다.

사회변동은 사회발전과는 개념상으로 구분된다. 일반적으로는 변동이 있는 그대로 진행되는 객관적 변화를 기술하거나 설명할 때 쓰는 개념이라면, 발전은 어떤 바람직한 상태를 전제로 하고 여기에 정향된 변화를 지칭할 때 쓴다. 따라서 변동에 비하여 발전은 다분히 가치평가적인 개념이라고 말할 수 있다. 발전은 변동이 지향하는 목표가 어떤 것이어야 하는지에 대한 가치판단이 전제가 된다. 사회과학에서 많은 논란이 제기되는 문제영역 가운데 하나가 바로 이러한 사회발전에 관한 이론이라고 말할 수 있다. 동일한 변화를 놓고 어떤 사람은 발전이라고 평가하는 반면에, 다른 사람은 퇴보나 파국의 길이라고 단정한다. 그런가 하면 한동안 발전의 지표나 발전의 징후군으로 여기던 것들이 얼마 지나지 않아 저발전의 심화현상으로 평가되기도 한다.

사회발전에 대한 이러한 상반된 평가문제는 서구사회의 지배적 영향 하에서 서구사회를 발전모델로 삼아 사회적 변화를 도모하였던 제3세계 국가를 대상으로 많이 제기되어 오고 있다. 서구의 근대화론자들은 서구식의 자본주의적 발전경로를 답습하는 것이 개발도상국사회의 발전을 가져오는 것으로 여기고 있던 반면, 급진주의 이론가들은 이러한 변화를 종속과 저발전 혹은 종속적 발전으로 규정한다. 여기서는 사회변동에 관한 다양한 관점과 이론을 알아본 다음, 개발도상국사회의 발전과 저발전 문제에 대한 오늘날 사회과학의 주요한 이론적 쟁점들을 살펴보기로 한다.

4.1. 사회변동과 진화론

4.1.1. 사회적 다위니즘(Darwinism)

현대 사회과학에서 사회변동을 보는 대표적인 관점의 하나는 진화론이다. 진화론은 사회를 하나의 유기체로 보고 이의 변동을 생물학적 진화의 관념을 유추하여 해명한다. 19세기 사회과학에서의 사회변동에 관한 논의는 다윈(Darwin)의 진화론으로부터 큰 영향을 받았다. 「종의 기원」(The Origin of Species, 1859)에서의 "강한 자와 가장 적합한 자는 살아남고 약한 자는 사라져 버린다"는 자연도태 및 적자생존의 법칙은 곧 종의 진보를 의미한 것이라 할 수 있다.

사회과학적 진화론은 다윈의 이러한 종의 진보에 관한 관념을 인간사회에도 그대로 적용시키고자 하는 것이다. 다윈의 법칙을 인간사회에 적용한다고 해서 그것은 단순히 인간사회도 적자생존의 치열한 생존경쟁의 장이 되고 있다는 주장을 제시하는 데 그치는 것은 아니다. 거기에는 강자의 승리와 약자의 도태를 통해서 종의 진보가 이루어지는 것처럼 인간사회도 경쟁을 통해서 보다 진보된 사회를 향해 점진적으로 나간다는 진화론적 사회변동의 논리가 함축되어 있다. 19세기 진화론적 관점을 견지하고 있던 대부분의 사회과학자들은 서구사회가 아주 단순하고 비합리적인 원시상태에서부터 점진적으로 복잡하고 합리적인 문명상태로 옮겨가고 있다고 믿었다. 콩트나 스펜서는 이러한 사회적 다위니즘의 관점을 취하고 있는 대표적 학자들이다.

콩트는 인류역사가, 첫째 신학적·군사적 단계, 둘째 형이상학적·법률적 단계, 셋째 실증과학적·산업적 단계로 점진적으로 변화되어 왔다고 주장한다. 신학적·군사적 단계는 악마나 영혼, 신 등과 같은 초자연적 힘이 인간의 정신세계와 인간사회를 지배하는 힘의 원천으로 간주되는 단계로, 이 단계에서는 주술적 능력이 있는 사제가 지배하고 군인이 통치한다. 그리고 이 단계에서는 전쟁과 정복이 찬양된다. 형이상학적·법률적 단계는 세계의 모든 현상이 추상적 이념에 의해 설명되는 단계로, 여기서는 적나라한 무력에 의해서가 아니라 비교적 합리적인 법·제도체계가 형성되어 통치의 기반이 된다. 실증적·과학적 단계는 현상들이 경험적 관찰에 토대를 둔 과학적 원칙과 법칙들에 의해 설명되는 단계인데, 이 단계에서는 과학적 사고가 진보된 산업사회의 바탕을 이루게 된다. 콩트에 의하면 이러한 역사적 단계의 변화는 인간사회의 복잡성과 합리성의 증대 그리고 인간의 지적·도덕적 능력의 발전 및 환경에 대한 통제능력의 증대가 이루어지는 과정이다.

진화론자들이 대개 그러하지만 콩트도 복잡성의 증대를 분화(diffrentiation)의 개념으로 사용하여 분석하고 있다. 콩트에게 사회적 진보는 곧 기능적 분화와 전문화를 의미하는데, 이러한 사회의 기능적 분화가 복잡성의 증대를 초래한다. 콩트는 과학기술의 진보가 환경에 대한 통제능력을 증대시킴으로써 인간사회조직의 복잡성과 합리성을 증진시키고, 관습과 예절을 개선시키며 궁극적으로는 인간의 완전성을 실현시켜 줄 수 있는 것으로 보았다. 콩트는 문명의 발전을 인간의 완성에로의 획일적 진보라는 의미에서 진화론적으로 본 것이지만, 동시에 순조롭고 지속적인 변동이라는 의미에서

진화론적인 것이라고 보았다.[1]

스펜서는 콩트와 유사한 진화론적 관점에서 하나의 유기체로서 사회는 성장과 분화, 재통합의 점진적 변화를 경험한다고 설명하고 있다. 스펜서에 의하면 사회의 진화는 우선 외형적 크기의 증대로부터 시작되는데, 크기의 증대는 분화와 복잡성의 증대를 가져온다. 분화는 한꺼번에 다양한 기능을 수행하던 단순한 구조들이 제각기 다른 독특한 기능을 수행하는 구조로 진화됨을 의미한다. 유기체적 사회관에 의거하고 있는 스펜서는 또한 이들 분화된 구조들 사이의 상호연관성(inter-relatedness)을 강조하는데, 그것은 신체의 각 부분이 제각기 떨어져 나가서는 생명을 유지할 수 없는 것과 같은 이치로 설명된다. 스펜서는 전통사회로부터 근대사회로의 이행을 군사적 사회에서 산업적 사회로의 변화라는 관점에서 특징화하고 있다. 군사적 사회가 무력을 배경으로 전쟁과 억압 그리고 신분적 지배가 이루어지는 사회라면, 산업적 사회는 계약관계, 개인의 창의성, 협동, 권리의 존중, 개방과 유동성 등의 일반적 특징이 나타내 주듯이 비강압적인 규율사회이다.[2]

4.1.2. 이분법적 사회발전 : 전통성과 근대성

진화론적 관점에서 사회변동은 곧잘 이분법적 도식에 따라 설명된다. 사회의 발달을 전통사회로부터 근대사회로의 이행으로 보고, 전통적인 전근대사회와 근대사회의 특징을 비교분석하는 논의가 이러한 이분법적 도식의 전형이라고 말할 수 있다. 메인, 퇴니스, 뒤르켐, 막스 베버 등의 이론이 대표적이다.

메인(H. S. Maine)은 사회의 진보를 신분사회에서 계약사회로의 단선적 발전으로 보았다. 메인에 의하면 전통사회에서는 개인의 사회적 지위나 부, 권력, 생활기회 등이 핏줄로 이어지는 신분에 따라 규정된다. 반면 근대사회는 한 개인이 형성하고 있는 모든 사회적 관계나 그가 향유할 수 있는 생활기회가 개개인들 사이의 자유로운 동의에 토대를 두고 있는 계약에 의해 결정된다. 메인은 전근대적인 신분사회가 근대로 이행하면서 차츰 모든 인간관계가 개인의 자유로운 동의에서 비롯되는 계약사회로 바뀌게 되

1 R. P. Appelbaum, *Theories of Social Change*, 김지화 (역), 「사회변동의 이론」 (한울, 1990), p. 23.

2 한편으로 스펜서는 산업사회가 다시 군사적으로 전환할 수도 있음을 말하기도 한다. 즉 산업사회의 일반적 특징인 자유롭고 비강제적이며 본질적으로 자발적인 제도들이 위계적이며 통제되는 비자발적 체제로 대체될 수도 있다고 말한다.

었다고 주장한다. 메인의 '신분으로부터 계약으로'라는 사회발전의 명제는 후속하는 사회과학의 연구에 많은 영향을 끼친 바 있다.

사회발전의 이분법 구분을 모색하고 있는 또 다른 대표적 견해의 하나는 퇴니스(F. Th¨nies)에 의해 제시된 바 있다. 퇴니스는 인간의 사회적 관계를 결정하는 원천을 인간의지의 두 유형에서 구하고 있는데, 그것은 합리적 선택의지(rational will)와 자연적 본성의 의지(natural will)이다. 합리적 선택의 의지는 이익을 구하고, 남과 비교함으로써 우월해지고자 하는 타산적 행동을 야기한다. 자연적 본성의 의지는 타인과 따뜻한 감정적 유대를 가지고 상호 결속하고 조화를 이루려는 행동을 야기한다. 퇴니스는 전자로부터 이익사회(Gesellschaft)가, 후자로부터 공동사회(Gemeinschaft)가 이루어지며, 일반적으로는 이익사회의 시기가 공동사회의 시기를 뒤따라온다고 설명한다. 한편 공동사회와 이익사회의 특징을 구분하기 위하여 퇴니스가 제시하고 있는 기준들, 즉 집합체지향 대 자아지향, 특수주의 대 보편주의, 기능상의 특정성 대 기능상의 확산성, 감정중립성 대 감정지향성, 성취지향 대 귀속지향 등의 개념은 오늘날까지도 사회과학에 큰 영향을 미치고 있다.

뒤르켐(E. Durkheim)은 콩트나 스펜서와 마찬가지로 분화, 즉 노동의 분업을 사회발전의 중요한 지표로 보고 있다. 뒤르켐에 따르면 전통사회는 노동의 분화가 거의 이루어지지 않아서 사람들의 역할이 서로 비슷한 매우 단순한 사회이다. 반면에 현대사회는 노동의 분화가 복잡하게 이루어져 있어서 개인의 역할과 활동영역의 세분화가 이루어진 매우 복잡한 사회이다. 뒤르켐이 사회적 분화에 관심을 갖는 것은 궁극적으로 분업이 사회적 결속의 양식에 어떠한 변화를 가져오는 것인가를 탐구하기 위함이다. 이를 위해 뒤르켐은 단순사회와 복잡한 사회에서 사람들 사이의 사회적 결속양식이 어떻게 다른가를 분석한다. 역할의 분화가 이루어지지 않은 단순한 사회 하에서는 개인들 사이의 유사성이 가치관이나 사고방식의 공유를 가능하게 하므로 이를 바탕으로 하는 기계적 결속이 이루어진다. 반면에 고도의 분화가 이루어진 사회 하에서는 개인들 사이에 공유되는 신념은 없지만 사람들은 상호 역할교류의 긴밀한 상호의존적 관계에 있기 때문에 유기적 결속이 이루어진다.

뒤르켐은 고도의 분업이 이루어진 복잡한 사회 속의 유기적 결속이 단순히 사적(私的) 계약의 결과로서만 이루어질 수 있는 것은 아니며, 계약관계를 뒷받침해 주는 공적인 법과 규범의 토대 위에서 비로소 이루어진다고 본다. 사회적 유대가 기계적 유대에서 유기적 유대로 바뀌는 사회적 변동은 긴장과 갈등없이 순조롭게 이루어질 수 있어야 한다. 이러한 순조로운 변화가 이루어질 수 있도록 뒷받침해 줄 수 있는 법·규범의 미비상태를 뒤르켐은 아노미(anomi)상태라고 부른다.

사회적 다위니즘이나 이분법적 사회발전론 등에서 제시되고 있는 분화, 전통과 근대성, 사회변동이 수반하는 긴장 및 아노미 등의 개념은 20세기 초중반 이후 오늘날의 이른바 '주류' 사회과학의 이론체계에 중심이 되고 있는 개념들이라고 말할 수 있다. 이들 개념들을 보다 정교하게 가다듬어 하나의 이론체계 속에 묶어 두고자 노력했던 대표적인 학자가 바로 파슨스(T. Parsons)였다. 파슨스는 콩트나 스펜서, 뒤르켐, 베버 등에 의해 축적되었던 유럽의 고전적 사회과학의 전통을 전후 미국에 전파시켜 주는 교량역할을 담당한 사람으로 평가된다.[3] 파슨스는 인간의 '행동에 관한 일반이론(general theory of action)'의 정립이라는 야심찬 목표를 가지고 있었다. 파슨스의 행동의 일반이론은 인간행동 그 자체의 연구에 목표를 두고 있었던 것은 아니고, 사회현상을 설명할 수 있는 하나의 거대한 설명의 틀을 제시하고자 한 것이었다.

파슨스는 체계(system)라는 개념을 중심으로 이러한 전 포괄적인 설명의 틀을 제시하고 있다.[4] 스펜서의 사회개념이 그러했던 것처럼 파슨스도 사회를 '상호의존적인 구성인자들이 높은 수준의 자기충족성과 환경의 자극에 적절히 대응할 수 있는 능력을 획득함으로써 하나의 체계를 이루고 있는 실체'로 규정하고 있다. 또한 스펜서와 마찬가지로 파슨스의 '체계'는 한정된 기능을 수행함으로써 하나의 단위로서의 존재와 유형이 유지될 수 있는 것이다. 파슨스는 체계를 둘 또는 그 이상의 행위자들 사이의 관계, 즉 사람들 사이의 상호작용(interaction)이라는 관점에서 파악함으로써 그것이 개인이나 집단, 사회와 같은 하나의 실체적 단위이면서 동시에 분석적 단위가 될 수 있도록 개념적으로 분리하고 있다.[5] 파슨스는 사회를 하위체계로 구성된 보다 큰 행위체계 안에서 기능하는 하나의 시스템으로 본다. 파슨스에게 있어서 모든 행위체계는 적응, 목표달성, 통합, 기본패턴 유지 등 네 가지 본질적 기능을 수행한다. 한 사회 안에서 적응은 하위체계로서 경제의 기능이며, 목표달성은 정치의 기능이고, 패턴유지는 문화체계에 의해 수행되는 기능이 된다.

---

3 A. C. Janos, *Politics and Paradigms: Changing Theories of Change in Social Science* (Stanford University Press, 1986), p. 45.

4 T. Parsons, *The Social System* (New York : Free Press, 1951), *Societies : Evolutionary and Comparative Perspectives* (Englewood Cliffs, N.J. : Prentice-Hall, 1966); T. Parsons and N. J. Smelser, Economy and Society (New York : Free Press, 1956).

5 A. C. Janos, *op. cit.*, p. 39.

파슨스의 사회변동개념 역시 스펜서로부터 빌려 온 통찰에 많이 의존하고 있음을 알 수 있다. 파슨스는 변동을 '희소성의 위기나 경쟁적 국제환경의 압력에의 적응'이라는 기본시각에서 접근한다. 사회가 이러한 환경의 도전에 적응할 수 있는 것은 주로 기술적 혁신에 의해 새로운 개발의 돌파구가 열림으로써 가능한 일이다. 파슨스는 이러한 환경에의 적응과정으로부터 유래되는 변동의 큰 가닥을 분화, 통합, 가치정향의 변화 등의 세 범주 속에서 살펴보고 있다. 분화는 뒤르켐이나 스펜서에서와 같이 노동의 분업, 즉 역할과 기능의 분화를 의미한다. 통합은 분화의 해체적 결과에 대응하여 여전히 하나의 통합적 질서를 유지할 수 있도록 하는 정치제도 및 문화적 규범상의 변화를 의미한다. 가치정향의 변화는 다른 사람과의 상호행위과정에서 타인에 대한 기대가 형성되고, 개인의 선택이 이루어지는 양식이 달라짐을 의미한다. 특히 파슨스는 전통사회와 근대사회의 사람들 사이에는 이러한 가치정향의 문화적 행태에 큰 차이가 있음을 주목하면서, 이러한 차이를 이분법에 따른 다섯 범주의 유형변수로 나누어 설명하고 있다.

① 확산성(diffuseness) – 특정성(specificity)

한 사람이 다른 사람과 맺는 관계가 포괄적인가 아니면 일정한 영역에만 한정되는가 하는 문제이다.

② 감정지향(affectivity) – 감정중립(affective neutrality)

사람들은 자신의 충동이나 즉각적인 만족을 극대화하려고 하는가 아니면 미래의 가능성 있는 보다 큰 이익을 위하여 자제를 선택하는가 하는 문제이다.

③ 특수주의(particularism) – 보편주의(universalism)

다른 사람들을 대할 때 그들과 맺은 사적인 관계에 의거하여 행동하는가 아니면 객관적이고 비인격적인 기준에 따라 타인과 행동하는가 하는 문제이다.

④ 귀속성(ascription) – 성취성(achievement)

사람들의 지위나 향유물이 그의 의지나 노력과는 무관하게 세습이나 혈통에 의해 결정되는가 아니면 개인의 노력에 따른 업적을 기준으로 하여 결정되는가 하는 문제이다.

⑤ 집합체지향(collectivity-orientation) – 자아지향(self-orientation)

자기가 속해 있는 집단이나 공동체의 이익을 우선시하느냐 아니면 자신의 개인적 이익을 보다 중요하게 내세우느냐 하는 문제이다.

위의 ①~④까지의 범주는 이미 뒤르켐이나 베버가 근대성의 표징으로 제시해 놓은 것들임을 알 수 있다. 파슨스는 여기에 다섯 번째의 범주, 즉 집합체지향 대 자아지향을 더해 놓고 있는데, 흔히 이 다섯 번째의 범주는 미국식의 시장사회와 그 속에서의 사회적 관계의 비인격성(impersonality)을 반영해 주고 있는 것으로 평가된다.

이상의 논의에서 파슨스는 사회의 진화, 즉 근대화를 크게 보아 두 차원의 변화로 나누어 설명하고 있음을 알 수 있다. 하나는 사람들 사이의 사회적 관계나 문화적 행동양식이 비인격적 시장관계의 보편화와 함께 특정적, 감정중립적, 보편주의적, 성취지향적, 자아지향적으로 바뀌는 것이며, 다른 하나는 사회가 장기적인 적응능력을 확충해 갈 수 있도록 제 구조와 과정이 더욱 분화되면서 동시에 하나의 통합체제로 바뀌어 나가는 것이다. 파슨스의 이러한 사회관 및 사회변동관은 이후 1970년대까지 정치학, 사회학, 경제학 등 주요 사회과학의 중심주제였던 근대화 및 발전개념의 이론적 초석이 되었다는 점에서 의의가 있다.

4.2. 근대화 이론

파슨스의 체계이론은 사회변동이나 발전문제를 논하고 있지만 그것은 어디까지나 일차적으로 서구사회의 역사적 경험에 초점을 맞추고 있었다. 즉 서구에서 전근대사회에서 근대사회로 넘어오는 역사적 이행기에 이루어진 경험들을 좀 더 일반적 맥락에서 이분법적으로 분석, 설명하고자 하는 것이었다. 이후 사회변동이나 발전이론은 차츰 서구사회뿐만 아니라 비서구지역의 경험까지를 고려의 대상에 넣게 되었는데, 이러한 분석대상의 확대는 변동에 관한 사회과학의 이론체계를 좀 더 다양한 관점에서 정교화하는 데 이바지하였다.

사회과학의 여러 분과영역에서는 1960, 1970년대에 특히 제2차 세계대전 이후 독립한 개발도상국사회의 변동과 발전문제를 중심으로 사회변동이나 정치발전에 관한 논의가 뜨겁게 달아올랐다. 이 시기 중에 콩트에서 파슨스로 이어지는 사회과학적 전통에 기초하고 있던 사회변동 및 발전론을 통상적으로 근대화론(modernization theory)이라고 부른다. 제 2 차 세계대전 이후 개발도상국에 대한 선진 자본주의 국가의 관심은 자원과 이윤, 시장의 개척이라는 차원에서뿐만 아니라 대량의 재정적·기술적 원조가 농업적인 자급자족형의 전통사회를 근대 산업사회로 변형시킬 수 있다는 차원에도 초점이 모아지고 있었다.[6] 그런데 개발도상국사회의 근대화에 초점을 맞추고 있었던 이들 근대화론자들의 사회발전에 관한 기본적 발상과 준거는 여전히 서구의 경험을 기본모델로 삼아 형성된 것이었다. 이들 근대화론의 기본골자는 서구가 이미 이룩한 근대사회로의 이행경험을 개발도상국에 그대로 이식함으로써 이들 개발도상국사회의 발전이 이루어질 수 있다는 것이었다. 즉 근대화론은 최종 종착지와 거기에 이를 수 있는 수단 등이 모두 특정화되어 있는 단선적 발전이론의 전형이라고 할 수 있다.

4.2.1. 초기 근대화 이론

초기 근대화론자들은 개발도상국사회의 발전문제에 대하여 몇 가지 공동의 전제를 가지고 있었다. 그것은 첫째로 잘 계획된 변동에 의해 높은 수준의 질서가 이룩될 수 있고, 둘째로 변동은 지속적으로 몇 단계의 연속적인 과정으로 구성되는데, 매 단계마다 서구에서 이미 경험했던 특징들을 보여 줄 것이며, 셋째로 변동의 원인과 결과는 유사한 형태를 보여 줄 것이고, 넷째로 특히 근대화 과정은 무엇보다도 산업화 과정과 불가분의 관계를 가지는데, 그것은 산업화에 의해 시작되어 산업화 과정과 병행된다는 점 등이다.

초기 근대화론자들 가운데 파슨스의 이론적 준거틀을 가지고 사회의 근대화 문제를 검토하고자 했던 대표적인 이론가는 레비(M. J. LevyyJr.)였다.[7] 레비는 과학기술의 변화에 의해서 이루어지는 노동분화, 그리고 이를 다루어 가는 구조 및 기능이라는 개념범주를 가지고 근대화 과정을 분석하고 있다. 사회변동과정에서 구조가 수행하는 기능적 요건으로 레비는 충원—역할분화 및 역할배정, 사회화, 의사소통, 문화변용(acculturation)—공유된 인지정향, 일탈행위에 대한 통제, 적절한 제도화 등을 들고 있다. 레비는 상대적으로 덜 근대화된 사회에 비하여 더 근대화된 사회는 전문화, 기능적 상호의존성, 보편주의, 중앙집권화, 합리성 그리고 기능적 한정성에서 높은 수준을 유지하고 있으며, 뿐만 아니라 관료제적 조직과 고도로 일반화된 교환수단과 발달된 시장을

6 R. H. Chilcote, *Theories of Comparative Politics : The Search for a Paradigm* (West view Press, 1981), p. 279.
7 M. J. Levy, *Modernization and the Structure of Society* (Prinston, N.J., 1966).

가지고 있다고 말한다.[8]

분화 그리고 전통성에서 근대성으로의 이행이라는 파슨스의 기본도식에 따라 개발도상국의 사회변동을 본격적으로 다루고 있는 연구는 리그스(F. Riggs)에게서 찾아볼 수 있다.[9] 리그스는 광학의 프리즘 개념을 이용하여 전통사회와 근대사회의 특징을 설명하고 있는데, 그것은 프리즘이 하나의 원천으로부터 흰 광선을 받아들여 그것을 수많은 방향과 색깔로 회절시키는 것을 비유한 것이다. 리그스는 전통사회의 특징을 융합된(fused) 사회, 근대사회의 특징을 회절된(diffracted) 사회로 묘사하고 있는데, 여기서 '회절'이 의미하는 바는 곧 기능적 분화임을 알 수 있다. 그가 과도기적 변동과정상에 있는 사회를 프리즘 사회(prismatic society)라고 부르고 있는 것은 변동 중인 사회가 완전히 융합된 동질적인 전통사회도 또 완전히 회절이 이루어져 기능적 분화의 수준이 높은 근대사회도 아닌, 마치 프리즘 속과 같이 원천에서 받아들인 빛과 회절이 이루어지기 시작한 빛의 여러 요소가 뒤섞여 있는 상태를 비유한 것이다. '프리즘 사회'로서 리그스가 나타내고자 하는 바는 변동이 이루어지는 과정이 단선적인 과정인 것만은 아니며, 뿐만 아니라 많은 난관과 갈등이 존재한다는 점에 대한 강조이다.

프리즘 사회의 경제는 당국의 인가에 의한 가격과 시장기제에 의한 가격이 혼재하고 있어서, 매매자들 사이의 끊임없는 흥정에 의해 가격이 결정되는 '가격불확정(price indeterminacy)'으로 특징지어진다. 행정은 소수의 파당적 족벌지배체제도 업적주의에 따른 전문관료체제도 아니고, 양자가 독특한 방식으로 결합되어 있는 성격을 지닌다. 권위체계는 철저히 위계적인 것도 아니고 그렇다고 해서 다원주의적인 것도 아니며, 사람들의 사회적 행위 역시 전통형이나 합리형 어디에도 딱 맞아 떨어지지 않는다. 그러나 리그스는 변동 중인 과도기적 사회를 단순히 불균형적 사회라든지 혹은 전통과 근대가 혼재되어 있는 혼합형 사회라고 보고 있는 것은 아니며, 그 자체의 독특한 논리를 가지고 있는 발전단계로 본다.[10]

한편 파슨스의 영향권 하에 있는 일군의 다른 근대화론자들은 구조분화라는 관점보다도 사회변동에 수반되는 가치정향 및 심리적 차원의 변동에 더 주안점을 두고 있음을 알 수 있다.

러너(D. Lerner)는 서구의 근대화 모델이 갖는 범세계적 적응가능성을 강조

8 R. P. Appelbaum, *op. cit.*, p. 44.
9 F. Riggs, *Administration in Developing Societies* (Boston, 1964).
10 A. C. Janos, *op. cit.*, pp. 46~47.

하면서 특히 서구의 합리적이고 실증주의적 정신의 확산을 근대화의 요체로 부각시킨 바 있다. 러너는 합리적·실증주의적 정신의 고취에 의해 근대형의 인간이 탄생한다고 보는데, 여기서의 근대형을 감정이입(empathy)과 환경의 새로운 변화에 대한 동화능력을 가진 인간형으로 특징짓고 있다. 칼 도이치(K. Deutsch)와 잉켈스(A. Inkels)도 사회변동과정에 따른 가치정향 및 인지(cognitive)상의 변화를 추적하고 있다. 이들은 특히 '습성(habit)'과 '숙고를 통한 선택(deliberate choice)'이 각각 전통과 근대성을 대표한다고 보고 있다. 잉켈스는 사회구성원들의 태도변화를 근대화의 중요한 징후로 보는데, 근대적 인간은 새로운 아이디어와 사회적 다양성에 대하여 개방과 관용의 태도를 갖는다고 말하고 있다.[11] 도이치는 근대화 과정을 사람들의 이러한 태도변화에서 기인하는 공공적인 참여의 증대라는 관점에서 파악한다.[12] 대개의 경우 이들은 사람들의 가치정향의 변화가 근대화 과정에서 이루어지는 산업화와 소득의 증대, 교육과 매체접촉기회의 증대, 시장관계의 확산 등에서 기인하는 것으로 설명한다.

알몬드(G. Almond)는 구조적 변수와 문화적 변수 모두를 포괄시킨 좀 더 포괄적인 틀을 가지고 서구사회와 비서구사회의 정치체계를 비교분석하려고 시도하고 있다. 알몬드는 산업화가 초래하는 분화와 사회적 구조변동에 따라, 그리고 문화적 세속화에 따라 근대화된 정치체제가 수행하는 다양한 기능들 규칙제정, 집행, 심판, 충원, 사회화, 커뮤니케이션, 이익표출, 이익집약 등을 검토하고 있다.[13]

알몬드는 산업화 결과로 이루어지는 이러한 사회적 구조분화와 문화적 세속화가 정치의 안정화와 민주정치의 발전에 좋은 조건으로 작용한다는 결론을 이끌어 내고 있다. 근대화 과정에서 이루어질 수 있는 경제발전과 민주주의와의 우호적인 상관성을 좀 더 체계적으로 검토하고 있는 이론가는 립세트(M. Lipset)이다.[14] 립세트는 한 나라의 정치적 안정은 경제적 형편(expediency)과 정당성(legitimacy)이라는 두 요소에 의해 결

11 A. Inkels and D. Smith, *Becoming Modern : Individual Change in Six Developing Countries* (Cambridge, Mass., 1974) 잉켈스는 근대인의 태도를 다음과 같이 요약하고 있다. ① 새로운 체험을 위한 준비와 혁신에 대한 개방성, ② 자신과 직접 연관되지 않은 공공의 것들에 대한 관심, ③ 다른 사람의 견해에 대한 보다 민주적인 태도, ④ 과거지향성보다는 미래지향성, ⑤ 자신의 삶을 준비하는 계획성, ⑥ 우리가 우리의 환경을 지배하고 설정한 목표를 달성할 수 있다는 믿음, ⑦ 세상은 계산가능하고 따라서 통제가능하다는 인식, ⑧ 타인 특히 약자의 존엄성에 대한 자각, ⑨ 과학과 과학기술의 성취에 대한 약간의 신뢰, ⑩ 분배문제에 대한 관심 등.

12 K. Deutsch, "Social Mobilization and Political Development," APST, vol. 55/3 (1961). 도이치는 여기서 사회구성원들의 근대적 가치정향과 태도변화에서 기인하는 공공적 참여의 증대를 사회적 동원이라는 개념으로 부르고 있는데, 동원의 통상적 의미가 비자발적인 강제동원을 말하는 것이기 때문에 이러한 문맥에서 적절치 않은 개념으로 보인다.

13 G. A. Almond and J. S. Coleman, *The Politics of the Developing Areas* (N.J. : Princeton, 1960).

14 S. M. Lipset, *Political Mag* (N.Y. : Garden City, 1960).

정된다고 설명한다.[15] 경제적 형편은 체제가 주민들의 물질적 열망을 충족시켜 줄 수 있는 능력을 가지고 있느냐 하는 문제이고, 정당성은 그 나라 국민들이 체제나 정권의 존립을 거부감 없이 받아들이고 더 나아가 이에 얼마만큼 자발적 순응을 보이고자 하는가 하는 문제이다. 정당성은 역사적 요인, 문화적 요인 등이 작용하는 좀 더 복잡한 문제영역이다.

그런데 립세트에 의하면 경제적 형편과 민주적 정당성은 서로 밀접한 상관성을 갖는다. 립세트는 양자의 연계성을 검토하기 위하여 한쪽은 일인당 국민소득, 산업화, 도시화, 교육수준에 관련된 변수를, 다른 한쪽에 민주주의의 안정도를 변수로 놓고 양자의 상관성을 밝힌다. 립세트의 발견은 양자 사이에는 긴밀한 우호적인 상관성을 갖는다는 것인데, 예를 들면 유럽과 영어권의 안정된 민주주의 사회가 다른 불안정한 민주주의 국가보다 국민소득이 두 배나 높다는 식의 관찰에 기초한 것이다. 물론 이러한 주장은 후에 다른 사례를 통해 역의 관계를 밝히고자 했던 논자들로부터 큰 비판에 직면하게 됨을 알 수 있다.

한편 1960년대 활발했던 근대화론자들 가운데에는 파슨스의 이론적 전통과는 무관한 관점에서 사회변동이나 근대화 과정을 설명하려는 사람도 있었음을 알 수 있다. 로스토우(W. W. Rostow)와 오간스키(A. F. K. Organski) 등이 그 대표적인 사람이다. 로스토우는 사회변동의 단계를 경제적 관점에서 구분하고 있는 마르크스와 같이 모든 사회가 반드시 통과하게 되어 있는 다섯 단계의 변동범주를 분류하고 있는데, ① 전통사회, ② 도약을 위한 선행조건 구비단계, ③ 도약의 단계, ④ 성숙화의 단계, ⑤ 고도의 대중소비단계 등이 그것이다.[16]

전통사회는 과학기술의 미발달로 생산이 한정되어 있고, 숙명론적 세계관이 지배하는 사회이다. 도약을 위한 선행조건 구비의 단계에서는 경제적 성취와 진보를 지지하는 새로운 사상이 출현하고, 체계적인 교육, 기업가 정신, 자본동원을 위한 제도들이 만들어진다. 도약의 단계는 경제성장의 장애물들이 제거되고 생산성의 제고가 이루어짐으로써 투자의 급속한 증대, 새로운 산업의 확대가 진행된다. 성숙화의 단계에서는 국민소득의 상당부분(10~20%)이 재투자되고, 일국의 경제가 해외부문과의 긴밀한 관

15 경제적 형편은 통상적으로 경제적 효율성이라는 좀 더 일반화된 개념으로 불리기도 한다. 정치적 안정이 정부의 효율성과 정당성에 의존되어 있다는 명제는 정치학의 아주 오랜 고전적 지식이라고 할 수 있다.

16 W. W. Rostow, *The Stage of Economic Growth : A Non-Communist Manifesto* (Cambridge University Press, 1960). 이후 로스토우는 *Politics and the Stage of Growth*에서 여섯 번째의 단계로 '질적인 모색단계'를 첨가시키고 있다.

련 속에서 운영됨으로써 새로운 부의 증식이 비약적으로 이루어진다. 고도의 대중소비 단계에서는 구성원들의 물질적 욕구의 충족이 어느 정도 이루어지게 됨에 따라 사회복지와 안전에 초점이 맞추어지며, 고급소비욕구의 충족을 겨냥한 내구적 소비재의 확충과 용역부분의 증대가 이루어진다.

로스토우는 근대화가 도약의 단계에서 이루어진다고 보고 있는데, 개발도상국의 경우 이러한 경제도약이 선진국의 식민정책의 일환으로도 그 계기가 마련될 수도 있다고 말함으로써 후에 많은 비판에 직면하게 된다. 무차별한 단선적 발전론과 서구의 모방발전론은 개발도상국사회의 역사적·구조적 현실을 무시한 결과이며, 이는 궁극적으로 선진 자본주의 국가의 신식민지정책을 정당화하는 이데올로기에 불과하다는 것이 그 비판의 요점이다.

4.2.2. 근대화 이론의 다양한 전개

1960년대 근대화 이론의 특징은 서구식의 단선적 발전모델을 개발도상국 사회발전의 유일한 경로로 상정하고 있는 것이었다. 또한 개발도상국사회의 근대화는 근대적 산업사회를 향해서 큰 단절 없이 연속적인 진화를 이루어 가리라는 것이었다. 그러나 여러 국가들의 근대화 경험에 대한 다차원적 비교분석의 연구가 축적되면서 초기 근대화론자들의 이러한 기본가정은 흔들리기 시작하였다. 발전의 경로가 국가별로 서로 다를 수 있고, 발전의 결과가 나라에 따라 다를 수 있다는 주장이 차츰 설득력을 더해가면서 근대화론은 다양한 양상을 띠게 되었다. 이는 특히 다양한 역사적 배경과 상이한 사회구조를 보이고 있었던 제3세계의 후발국가(late developing countries)들의 직접적인 경험을 반영하는 것이었다. 20세기 초(1915) 독일의 산업화 과정을 연구한 바 있던 베브렌(T. Veblen)은 '뒤늦은 개발(late development)'의 '상황적 이점'을 말한 바 있다.[17] 하지만 개발도상국의 개발경험은 '뒤늦은 개발'이 더 이상 이점이 아닐 뿐 아니라, 그 자체가 새로

17 T. Veblen, *Imperial Germany and the Industrial Revolution* (New York, 1954), 초판은 1915년에 나왔음, p. 38; A. C. Janos, *op. cit.*, p. 32에서 재인용. 베브렌은 후발산업화의 상황적 이점을 다음 세 가지로 정리하고 있다. 첫째, 후발국가는 선진국으로부터 저렴한 대가를 치르고서 수준 높은 과학기술을 빌려 쓸 수 있다. 둘째, 과학기술은 발견되는 것이 아니고 외부로부터 차용되어 도입되는 것이기 때문에 근대산업경제의 합리적 작동에 방해가 되는 구습과 관행을 깨뜨리는 효과를 가진다. 셋째, 후발국은 매 역사적 국면에서 가용한 가장 선진적 기술을 언제든지 들여올 수 있기 때문에 비싼 실험비용을 지불하지 않아도 되고, 신기술의 출현으로 고철덩이가 되어 가는 이전 설비의 감가상각비용을 치르지 않아도 되는 이점 등이 있다는 것이다.

운 긴장의 원천이 되는 등 발전에 더욱 열악한 조건으로 작용한다는 수정된 관점을 낳게 하였다. 다시 말한다면 후발국은 진보를 위한 더 큰 비용을 지불해야 한다는 것이다.

개발도상국사회에서 개발이 초래하는 비용과 긴장의 형태는 그 나라의 사회구조나 역사적 전통에 따라 다른 만큼 발전의 경로나 결과에 차이가 있을 수밖에 없다. 수정된 근대화론은 바로 이러한 시각을 반영하는 것이었다. 수정근대화론은 근대화 과정이 순탄하지 않다는 점을 강조하기 위하여 발전의 위기(developmental crises)를 강조한다. 발전의 위기에는 정체성의 위기, 정당성의 위기, 참여의 위기, 침투의 위기 등이 있다. 정체성(identity)의 위기는 인종적 충성심 등 국민국가의 통일성을 균열시킬 수 있는 요인에 의해 초래된다. 정당성(legitimacy)의 위기는 근대화의 결과로 이루어지는 권력의 민주적 경쟁이 권위에 대한 저평가를 초래하는 현상과 관련이 있는데, 이는 특히 오랫동안 억압적 정치질서에 길들여 왔던 개발도상국사회에서 잘 나타날 수 있다. 참여(participation)의 위기는 통치엘리트가 정치체계에 참여하고자 하는 개인이나 집단의 요구를 비합법적인 것으로 인식하는 경우에 일어나는 갈등이다. 침투(penetration)의 위기는 통치엘리트에 의해 강구된 혁신이나 제도 등이 사회에 광범위하게 확산될 수 있느냐 하는 문제와 관련이 있다. 분배(distribution)의 위기는 분배몫에 대한 요구의 증대로 나타날 수 있다. 개발도상국사회의 근대화에 대한 새로운 관점은 발전의 위기가 어떠한 형태로 해소되느냐에 따라 각국의 발전경로와 그 결과는 달라지게 된다는 것이었다.[18]

근대화의 서로 다른 역사적 결과를 설명하려는 시도는 파이(L. Pye)에 의해 시도된 바가 있다. 파이에 의하면 근대화는 근대적 행정체계의 확립, 정치참여의 제도화, 근대적 경제구조의 완비 등 수다한 역사적 과제의 수행을 요구하는데, 이러한 과제들이 다루어지는 방식 그리고 근대화 엘리트들이 이러한 과제의 해결과정에서 수반되기 마련인 발전위기를 성공적으로 다룰 수 있느냐 그렇지 못하냐에 따라 그 결과가 달라진다고 주장하고 있다. 예를 들면 참여의 위기가 나타나기 전에 분배 및 침투의 위기가 성공적으로 해소될 수 있으면 안정적 민주주의(stable democracy)로 귀결되고, 그렇지 못하면 권위주의 체제나 독재체제로 귀결된다는 것이다.

서로 다른 경로의 근대화에 의해서 서로 다른 결과에 이를 수 있다는 주장은 세계 주요국가의 근대화 경험을 비교분석했던 베링턴 무어(Barrington Moore)에 의해

18 L. Binder et al., *Crises and Sequences in Political Development* (Priceton University Press, 1971).

서 제기된 바도 있다.[19] 무어에 의하면 전근대사회에서 근대사회로의 이행경로는 서구식의 형태만이 있는 것이 아니며, 크게 세 가지의 이질적인 노선이 존재한다. 또한 근대화 경험의 결과가 반드시 서구식의 자본주의와 의회민주주의로 귀결되지는 않는다. 무어는 근대화의 노선을 영국과 미국의 경우처럼 부르주아 혁명, 일본과 독일의 경우처럼 '위로부터의' 파시스트 혁명, 그리고 러시아와 중국에서 볼 수 있듯이 '아래로부터의' 공산주의 혁명으로 나누어 설명하고 있다. 무어는 이러한 근대화 노선의 차이를 결정하는 요인을 사회구조의 성격 및 사회세력간 정치적 연립의 형태로 설명하고 있다.

무어는 특히 토지소유 상류계급(Lord)과 농민계급과의 연계에 초점을 맞춘다. 예컨대 대기업농이 도시 부르주아 계급과 연립하면 민주주의로 나아가고, 토지귀족이 산업자본가와 결탁하면 파시즘으로 나아가며, 중앙정부에 의해 수탈당하는 농민계급의 극단적 불만이 혁명적 지도세력을 만나면 농민혁명에 의한 공산주의로 나아간다는 식이다. 한편 무어는 농업경제의 상업화와 구체제 척결을 위한 격렬한 혁명이라는 역사적 변수에 의하여 이러한 사회계급 간의 정치적 연립형태가 결정된다고 설명하고 있다.[20]

근대화 사회가 반드시 자본주의일 필요도 민주주의일 필요도 없다는 무어류의 이론적 통찰은 무어처럼 세계의 주요국가들을 대상으로 하지 않고 제3세계 여러 국가들의 경험을 분석한 결과로도 충분히 설명될 수 있었다. 1960년대 이후 만연된 제3세계 대부분의 국가들의 경제개발의 실패 그리고 빈번한 쿠데타, 만성적인 정치적 불안정, 불연속적 변동 등의 경험은 이른바 '보편적 진보'의 관념에 회의를 가져왔으며, 개발도상국의 사회변동을 설명할 수 있는 새로운 이론들을 재촉하였다. 특히 일군의 정치학자들은 경제성장과 정치안정 및 민주발전이 병행한다는 초기 근대화론자들의 대명제에 크나큰 회의를 나타내었다.

헌팅턴이 이러한 입장을 대표하고 있는 논자였다. 헌팅턴(S. Huntington)은 근대화가 지속적인 사회적 발전보다는 사회적 불안정을, 안정적인 민주발전보다는 정치적 불안정과 퇴보를 초래할 가능성을 제시하고 있다.[21] 헌팅턴은 근대화 과정에서 수반되기 마련인 급격한 사회적·경제적 변동에 직면하여 사회가 안정을 이룰 수 있어야 한

19 B. Moore, *The Social Origins of Dictatorship and Democracy* (Penguin, 1967).

20 무어는 농업의 상업적 변형과 혁명의 발발이라는 두 역사적 우연성의 결합방식에 의하여 근대화로 이르는 네 가지 유형이 있다고 설명한다. 농업의 상업화와 구체제 타도를 위한 혁명이 있으면 민주주의, 혁명이 없는 상업화는 파시즘, 상업화가 없는 혁명은 공산혁명, 상업화도 혁명도 없으면 정치적 침체와 퇴보로 이끌어진다는 것이다.

21 S. Huntington, *Political Order in Changing Societies* (New Haven : Yale University Press, 1968)

다는 점을 강조하고 있다. 헌팅턴은 근대화 과정을 산업화와 경제성장, 사회적 유동성의 증대와 정치참여 확대 등으로 특징짓고 있는데, 그는 사회적 유동성과 정치참여현상이 적절히 규제되지 않는다면 정치적 불안정이 초래된다고 보고 있다. 헌팅턴에 의하면 진정한 발전은 근대화의 도전과 참여요구 확대로부터 야기되기 마련인 불안정한 변동에 대처해 나가는 능력을 향상시키는 것이며, 이러한 능력은 정치적 제도화의 수준에 의해 가늠할 수 있다. 지나친 대중의 동원화와 참여요구의 급격한 폭증은 퇴보와 불안정의 요인이 된다. 정치제도화는 경제성장으로 활성화된 이러한 대중의 요구—특히 참여욕구—를 안정적으로 수용할 수 있는 사회적 장치의 완비를 말한다. 헌팅턴의 근대화 이론은 산업화가 정치안정과 민주발전을 가져온다는 낙관적 등식을 비판하고 전혀 상반된 비관적 결과가 초래될 수도 있음을 보여 주었다는 데 의의가 있으나, 안정과 질서를 지나치게 강조하고 있는 보수적 이론으로 평가된다.

4.2.3. 근대화 이론에 대한 비판

근대화 이론과 개발도상국사회에 대한 서구의 발전론적 사고는 기본적으로 많은 결함을 가지고 있는 것으로 끊임없이 비판되어 왔다. 이에 대한 비판은 그것의 설명적·방법론적 문제점을 지적하는 것으로부터 이론에 함축된 편향성과 오류를 지적하는 논의, 그리고 그 이론이 내포되어 있는 정치적—제국주의적— 음모 등을 역설하는 논의에 이르기까지 매우 다양한 형태로 표출되었다. 근대화 이론에 대한 비판은 무엇보다도 개발도상국의 경험적 사실들에 바탕을 둔 것이기 때문에 설득력 있게 제시되었다. 개발도상국사회의 발전이 근대화 이론이 제시하는 방향으로만 이루어지고 있지 않을 뿐만 아니라, 그리고 설사 서구식의 발전전략을 채택하여 개발을 서두르고 있다고 하더라도 사회경제적 형편은 나아지지 않을 뿐만 아니라 오히려 정치적으로 더욱 불안정화되어 가는 현실경험은 근대화-발전론의 설득력을 급속히 약화시켜 갔다. 많은 비서구지역의 국가들이 서구식의 발전을 목표로 근대화의 길을 떠났지만 그 긴 여정은 아직도 끝나지 않고 계속되고 있다. 설사 여행이 끝난다 하더라도 그 종착지는 서구사회와 같은 모습이 되지 않을 것이라는 전망은 이제 거의 의심 없이 받아들여지고 있다.

근대화-발전론에 대한 비판은 무엇보다도 근대화 초기과정에서 겪었던 서구의 역사적 경험을 사회구조나 역사적 전통 그리고 대외적 환경이 전혀 판이한 개발도상국사회에 그대로 적용하고 있다는 점에서 찾을 수 있다. 근대화 이론은 근대화를 곧 서구화로 단정한다. 개발도상국사회도 유럽이나 미국사회처럼 모습이 바뀔 수 있고 또 그만큼 발전할 수 있다는 것이다. 근대화 이론은 산업화, 도시화, 세속화 등으로 특징지어지는 서구화가 개발도상국사회에까지 확산됨으로써 이 지역의 비약적인 발전이 초래될 수 있다는 낙관론적 기대에 바탕을 둔 것이었다.

자본과 기술이 선진국에서 개발도상국으로 전파될 수 있고, 자본주의의 확산이 후진사회에 만연된 빈곤과 사회적 침체 등의 문제를 해결할 수 있으리라는 전망은 그러나 시간이 흘러갈수록 경험적 사실에 의해 거부되었다. 확산론적 접근방법에 의해 후진사회의 문제를 해결할 수 없음이 차츰 명백하게 드러났던 것이다. 서구의 경험을 비서구사회에 이식할 수 있다는 확산론은 사회경제적 조건이나 문화전통이 전혀 다른 비서구사회의 특수한 현실을 정확하게 인식하지 못한 결과라는 점이 우선 비판의 대상이 되었다. 뿐만 아니라 서구의 근대화 경험이 발전을 위한 유일한 효과적인 모델이고 따라서 비서구사회에도 이러한 발전모델이 채택되어야 한다고 규정하고 있는 근대화-발전론은 서구인들의 자민족중심주의적 편견(ethnocentrism)으로 공박되기도 했다.

근대화 이론의 이분법적 접근은 서구사회의 특징을 근대성으로, 개발도상국사회의 특징을 전통성으로 특징짓고 양자를 극단적으로 대비한다. 이러한 양분법적 대비는 서구의 근대성은 합리적이어서 좋지만, 비서구사회의 전통성은 비합리적이어서 좋지 않기 때문에 과감히 청산되어야 한다는 함축을 가지고 있다. 그러나 서구의 근대적인 것은 다 좋은 것이고, 전통적인 것은 다 버려야 한다는 식의 사고는 많은 점에 문제가 있는 것으로 밝혀지고 있다. 그것은 위의 인종주의적 편견의 산물이라는 점 말고도 사실관계가 전혀 다르다는 점에서 비판받기도 하였다.

전통이 근대화에 장애가 되기 때문에 발전을 위해서는 이를 와해시키거나 크게 약화시켜야 한다는 생각은 설득력을 갖기 어렵다. 일본이나 동아시아 신흥공업국들에서와 같이 문화전통이 전혀 다른 사회가 전통적 요소의 밑바탕 위에서 성공적인 근대화 경험을 이룰 수 있었던 사실은 이러한 등식의 한계를 뚜렷이 말해 주는 것이라 할 수 있다. 전통적 요소를 와해시킬 때 근대로 나아가기보다는 혼란이 초래되며, 전통성과 근대성이 서로 배타적인 것이 아니어서 상호보완적으로 병존할 수 있다는 주장이 강력하게 제기되었다. 어떤 전통은 성취동기의 근원을 제공함으로써 근대화에 부합되는 통일된 상징을 제공해 주며, 또한 근대화를 위한 희생을 의미 있는 것으로 만들고 변화무

쌍하게 급속한 변동을 겪는 사람들에게 완충성과 심리적 안정감의 토대를 제공해 줌으로써 근대화를 충분히 뒷받침해 줄 수 있다는 점이 주장되기도 하였다.[22]

서구의 근대화 이론에 대한 가장 핵심적인 비판은 사회의 변동과 발전문제를 그 한 사회의 맥락에만 한정한 채, 외생적 변수의 작용을 거의 간과하고 있다는 점에 초점이 모아졌다.[23] 일반적으로 근대화 이론은 개발도상국의 저발전상태를 그 나라 내부의 전통적 요소의 탓으로 돌리고, 저발전이 전통사회의 고유한 단계라고 규정한다. 개발도상국사회가 경험해 온 외부로부터의 침략과 전쟁, 식민통치의 경험, 강대국 국가와의 특수한 정치군사적 관계 등은 고려되고 있지 않다. 근대화론은 발전과 저발전문제를 각 사회 안에서 작동하는 내적인 힘으로만 설명하려는 경향을 보이고 있다는 것이다.

그러나 이러한 근대화 이론에 대해서는 그것이 국제관계의 냉혹한 현실을 지나치게 순박하게만 상정하고 있는 오류를 범하고 있거나, 아니면 그것을 익히 알고도 의도적으로 은폐하고자 하는 강대국의 음모의 일환이라고 비판된다. 예컨대 "[근대화론의] 연구는 몰역사적이며 몰정치적일 뿐만 아니라 모든 분석적 기법들의 배후에서 의식적으로든 무의식적으로든 미국 외교정책의 목표를 위해 봉사하고 있다"라든지 "근대화론은 제2차 세계대전 이후 미국 사회과학자와 미국의 이익증강을 위해서 고안해 낸 사고방식의 산물일 뿐이다"는 등의 비판이 그 전형이라 할 수 있다.[24]

근대화론이 미국 등 선진 자본주의 국가의 이익확장을 위해서 진지하게 고안된 이론적 산물인지는 명확하게 밝혀질 수 없다. 실패한 결과로부터 사후적으로 시작의 동기가 왜곡되어질 수 있는 것은 아니다. 제2차 세계대전 이후의 냉전구도 하에서 미국을 중심으로 하는 서방 선진국가는 제3세계 여러 국가들이 소련진영에 가담하지 않도록 하기 위해 이들 국가의 개발과 근대화 문제에 큰 관심을 기울였다. 특히 미국은 이들 제3세계 국가들이 근대화되도록 도와주는 것이 자국의 의무이고 또한 국익에도 부합된다고 믿었기 때문에 이들 국가에 대한 광범위한 원조계획을 단행한 바 있다. 이 과정에서 근대화론자들은 대외정책 결정과정에 많은 지식과 이론적 전망을 제공해 주었던

22 J. Gusfield, "Tradition and Modernity," Etzioni and Etzioni-Halevy(eds.), *Social Change*, p. 333~341; Eva Etzioni-Halevy, *Social Change : The Advent and Maturation of Modern Society* (Routlege & Kegan Paul, 1981), 김성건 외 (역), 「사회변동론」(현상과 인식, 1987), p. 77에서 재인용.

23 A. C. Janos는 이러한 근대화론의 시각을 '구조적 국지주의'(structural parochialism)로 규정하고 있다. Janos, *op. cit.*, pp. 66~67.

24 A. R. Denon, "Political Science and Political Development," *Science and Society*, vol. 33 (1969); D. C. Tipps, "Modernization Theory and the Comparative Study of Society," *Comparative Studies of Society and History*, vol. 15 (1973). 이상은 R. H. Chilcote, *Theories of Comparative Politics*, p. 284에서 재인용.

것으로 평가된다. 그러나 이러한 미국의 움직임에 흔히 말하는 '제국주의적' 의도가 있었느냐 하는 문제와는 별도로 개발도상국사회에 대한 미국의 근대화 지원계획은 대부분 실패로 귀결되었다고 평가되는데, 바로 이러한 실패로부터 근대화론에 대한 비판론이 유래했다고 말할 수 있다.

4.3. 국제관계와 저발전이론

제2차 세계대전 이후 서구사회를 발전모델로 삼아 근대화를 서둘렀던 개발도상국사회의 좌절과 실패는 서구수준의 발전은 안 된다손 치더라도 과연 발전 그 자체가 과연 가능하겠느냐 하는 근본적인 회의로 이어졌다. 한 국가사회의 발전문제가 단지 그 한 사회만의 맥락에서만 결정되는 것이 아니고 그 국가와 긴밀한 관계를 가지고 있는 다른 국가들과의 관련성 속에서나 그 밖의 다른 국제적 맥락 속에서만 적절히 해명될 수 있다는 인식은 발전 자체에 대한 이러한 회의를 더욱 불러일으켰다.

발전좌절의 경험과 발전전망에 대한 근본적 회의는 이제 앞으로의 발전이 아니라 개발도상국사회가 숙명처럼 안고 살아가야 하는 것처럼 비쳐졌던 지금까지의 저발전문제에 대해 더 많은 연구의 초점을 모으게 했다. 이를테면 개발도상국의 사회변동문제를 다루는 기본관점이나 연구접근법상에 대전환이 있었던 것이다. 물론 이러한 변화는 동일연구자에게서 일어난 것은 아니며, 이론이 갖는 적실성이나 설득력이 발전보다는 저발전 쪽에 더 두어졌음을 의미하는 것이다. 개발도상국의 사회변동문제에 접근하는 이러한 패러다임상의 변화는 크게 두 가지 혁신적 아이디어의 개발에 힘입은 바 크다고 할 수 있다.[25]

하나는 근대화론자들의 주요한 개념이었던 분업(division of labour) 논리를 국제적 수준에 적용할 수 있다는 생각이다. 한 국가 내에 다양한 역할의 분화와 계층의 분화가 있는 것처럼 희소성과 불평등영역에서 서로 경합관계에 있는 국제적인 차원에서도 역할과 계서적 지위상의 분화가 존재한다는 것이다. 이러한 인식에는 자본주의는 일국에 한정되어 자기충족적으로 작동되는 것이 아니라 세계적 수준에서 작동되는 '세계자본주의 체제'로서 이해되어야만 그 성격이 올바르게 규명될 수 있다는 생각이 전제되

25 A. C. Janos, *op. cit.*, pp. 68~72.

어 있다. 따라서 새로운 패러다임에서는 자본주의 경제가 한 국가사회에서 그러한 것처럼 자본주의의 '세계체제'는 국가들 사이에 불평등한 계급관계를 초래한다고 상정한다. 일반적으로 자본주의적 세계체제에는 중심부(core)와 주변부(periphery), 그리고 반주변부(semi-periphery)의 불평등체계가 구조화되어 있는 것으로 설명된다.

다른 하나는 동일한 관점의 연장선상에서 국제관계를 호혜적인 상호의존관계(interdependence)로 보는 대신 중심부와 주변부 국가 간의 제로섬(zero-sum) 관계로 보아야 한다는 생각이다. 근대화 이론에서는 선진국사회의 근대화는 개발도상국이 선진국과의 호혜적 관계 속에서 그것을 답습하기 때문에 지구적 차원의 적실성을 갖는 것으로 설명된다. 그러나 새로운 패러다임에서는 중심부의 발전은 다른 지역의 희생이나 퇴보를 의미하는 것이기 때문에 전 세계적 차원으로 그 파장이 확산된다. 발전과 저발전 문제에 관하여 새로운 패러다임은 국가 간의 관계를 종속과 착취관계로 특징짓는다. 주변부 사회의 발전과 풍요는 주변부 사회로부터의 잉여가치의 이전, 다시 말하자면 착취에 토대를 둔 것이다. 이를테면 서구의 자본가들의 높은 수준의 자본축적과 노동자들의 높은 생활수준은 종속국가에 대한 착취를 통해서 획득된 이득에 근거한 것이라는 주장이다. 따라서 선진국의 발전과 개발도상국의 저발전은 떼려야 뗄 수 없는 동전의 양면과 같은 관계에 있는 것으로 설명되며, 새로운 패러다임 속에는 이 관계를 설명하기 위한 다양한 이론이 존재한다.

4.3.1. 세계체제와 저발전

자본주의 경제의 국제성을 인식하고 개발도상국의 저발전이 선진 자본주의 국가의 발전의 직접적인 결과로서 초래된 것이라는 생각은 바란(P. Baran)에 의해 이미 50년대 후반에 제기된 바 있다.[26] 바란은 지배국가로부터의 종속국가에 대한 잉여가치 추출에 주목하면서, 제3세계의 저발전은 어떠한 원조로도 은폐할 수 없는 서구 자본주의 발전의 직접적인 결과로 보아야 한다고 주장했다. 바란은 이를 이른바 시소이론(see-saw theory)으로 불렀다. 마르크스주의자로서 바란은 자본주의적 근대화 노선이 필연적으로 착취와 종속관계의 고착화로 귀결될 것으로 내다보았기 때문에, 제3세계 국가들

26 P. Baran, *The Political Economy of Growth* (New York : Monthly Review Press, 1973).

이 경제적 곤경으로부터 완전히 벗어날 수 있는 길은 세계 자본주의 체제로부터 탈피하여 사회주의 계획경제를 도입하는 것으로 처방하고 있다.

바란 이후 자본주의 체제의 세계성에 대한 인식은 프랑크나 왈러스타인, 임마뉴엘 등의 신마르크스주의자들에 의해서 보다 정교한 이론으로 가다듬어지게 되었는데, 이들의 이론적 차이는 중심부에서 주변부로 잉여가치가 이전되는 방식이 어떻게 달리 규정되느냐 하는 데에서 찾을 수 있다. 고전적 식민주의가 정치군사적 기제를 활용하는 직접적 착취방식을 취한다면 오늘날의 세계 자본주의 체제는 시장메커니즘, 즉 국가 간의 교역을 통해서 잉여가치의 이전이 행해지고 있는 것으로 설명된다. 선진 자본주의 국가와 개발도상국가 사이에는 상품의 교역이 이루어지는데, 선진 자본주의 국가는 주로 자본에의 의존도가 높은 고가품을, 개발도상국은 노동력에 의존하는 저가품을 판매한다. 이러한 세계체제론의 시각에서 보자면 잉여가치는 개발도상국의 노동자들의 제대로 보상받지 못하는 노동력, 즉 저임금이 그 원천이 된다. 세계체제의 속성으로서 전 세계적 규모의 불평등은 고임금국과 저임금국의 분화를 바탕으로 하며, 일단 이러한 불평등체계가 확립되면 선진 자본주의의 중심국가는 자국의 필요에 따라 주변 개발도상국의 경제를 왜곡시키는 방법으로 세계경제를 운용함으로써 불평등체계를 심화시키는 결과를 낳는다.

(1) 국제적 불평등과 주변부 국가의 저발전

일반적으로 급진주의적 시각에서 주변부 국가의 저발전문제를 다루는 논자들은 이들의 저발전상태가 선진 자본주의 국가와의 오랜 역사적 관계 속에서 형성된 것이라는 기본전제를 가지고 있다. 프랑크(A. G. Frank)가 이러한 기본입장을 잘 정리해 놓고 있다.[27] 프랑크는 저발전이 개발도상국의 고유한 전통이 될 수 없고, 세계적 규모로 진행된 자본주의 체제 발전과 동일한 역사적 과정의 산물이며, 중심부와 밀접하게 연결되어 있을수록 저발전이 심화되고 연계성이 약할수록 자율적 발전이 가능하다고 주장한 바 있다. 그는 산업화와 발전이 한 국가가 서구와 긴밀한 연계성을 가질 때 발생한다는 근대화-발전론자들의 주장을 오류로 보며, 오히려 경제적 식민지화를 통해 의존만

27 A. G. Frank, "The Development of Underdevelopment," *Monthly Review*, vol. 18 (1966), *Capitalism and Underdevelopment in Latin America : Historical Studies of Chile and Brazil* (Monthly Review Press), 1967.

이 강화될 뿐이라고 단정하고 있다. 프랑크는 근대 세계자본주의 체제 속에서 중심국가와 주변국가 간의 착취관계에 주목하고 있을 뿐만 아니라 세계적 대도시와 중소도시들, 중심부의 계급구조와 주변부의 계급구조가 일련의 연속선상에서 긴밀하게 연계되어 있어 잉여가치의 이전이 체계적으로 진행되고 있음을 강조한다. 프랑크는 이러한 잉여가치의 이전이 시장에서의 교역을 통해서 이루어진다고 설명하고 있다.

자본주의 세계시장에서는 일반적으로 선진국가의 고급품과 개발도상국의 저급품 사이의 교환이 이루어진다. 고급품은 그것의 생산에 노동력이 적게 들고 기계설비의 의존도가 큰 자본집약형 산업의 산물이고, 저급품은 생산과정에서 대규모의 직접적인 노동력과 노동시간이 소요되는 노동집약형 산업의 산물이다. 프랑크는 양자의 교환과정이 바로 잉여가치의 이전이 이루어지는 원천이라고 설명한다. 즉 시장에서의 부등가교환이 잉여가치의 원천이라는 것이다. 왜냐하면 개발도상국이 생산하는 한 교환단위에 보다 많은 노동력이 투입됨으로써 교환의 대가로 받게 되는 것보다 더 많은 잉여가치를 창출하는 것이고, 이것이 고스란히 선진국으로 이전되기 때문이다. 프랑크는 이렇게 하여 주변부 노동력이 중심부 자본가의 고이윤과 노동계급의 고임금의 원천이 되는 것으로 본다. 예컨대 같은 노동자 계급이지만 중심부의 노동자들이 훨씬 높은 생활수준을 유지하는 것은 주변부 노동력이 대신 땀을 흘려 주기 때문인 것으로 설명되고 있는 것이다.

프랑크는 모든 가치의 원천이 노동력이라는 마르크스의 노동가치설에 이론적 기반을 두고 있음을 알 수 있다. 또한 프랑크는 근대세계에서 지역 간 —중심과 주변— 의 소득불균등의 격차를 교역 당사자들 간의 서로 다른 노동생산력의 수준을 변수로 설명하고 있음을 알 수 있다. 프랑크의 이러한 견해는 설득력을 잃어 가던 '노동가치설'과 '노동자 계급의 상대적 궁핍화'라는 마르크스주의의 고전적인 명제를 거시적인 국제경제의 맥락에서 다시 구조해 내기 위한 노력으로 평가되기도 했다.[28] 프랑크의 이론은 특히 남미 급진주의적 사회과학이론과 정치적 실천에 많은 영향을 끼친 바 있지만, 또 그만큼 많은 비판에 직면해 있음을 알 수 있다.

(2) 세계체제이론

자본주의 세계경제질서에 대한 가장 방대하고 야심찬 연구는 왈러스타인

28 A. C. Janos, *op. cit.*, p. 75.

(I. Wallerstein)에 의해 이루어진 바 있다.[29] 왈러스타인은 방대한 역사적 자료를 토대로 근대세계체제(modern world system)의 전개과정을 체계적으로 정리함으로써 세계체제의 불평등구조를 해명하고자 한다. 왈러스타인은 근대 자본주의의 출현과정에서 형성되었던 세계체제는 전 세계를 경제적으로 통합하면서 국가간의 불평등을 증대하였고 이를 구조화시켰다고 주장한다. 근대의 세계체제는 전(前) 시대까지의 제국들처럼 모든 영토에 대하여 단일의 정치적 통합기구를 유지할 필요가 없다. 전 시대의 제국은 강압적 권력의 행사를 통하여 정복지역으로부터 잉여가치를 착취해야 했기 때문에 모든 영토를 관할하는 단일의 정치기구를 유지해야 했다. 제국을 유지하기 위한 이러한 단일의 정치기구는 막대한 비용을 필요로 하는 것이었기 때문에 오랫동안 유지될 수 없었다. 그러나 근대 세계체제는 시장메커니즘을 이용한 잉여착취의 형태를 취하기 때문에 이를 유지해 가기 위한 단일의 정치조직을 형성할 필요가 없다. 따라서 근대 세계체제는 외형적으로는 독립된 민족국가로 나누어져 있는 국제정치적 분할체제를 형성하고 있다. 형식적으로 주권은 독립되어 있지만 세계 각국은 세계자본주의의 시장경제체제 속에 통합되어 있다.

왈러스타인은 근대세계체제가 중심부와 반주변부, 주변부 등 세 구성요소로 이루어지고 있다고 보고 있다. 중심은 불균등 교환관계를 주도해 나가는 선진 자본주의의 강력한 국가군들로 구성되는데, 이들은 주변부로부터 잉여가치를 전유한다. 중심부는 자국의 이익을 위하여 주변부에서 축적된 자본을 세계체제라는 메커니즘을 통하여 흡수한다는 것이다. 주변부는 농작물과 저임금 생산품의 수출에 주력함으로써 결과적으로 자국 노동력이 창출한 잉여가치를 중심부에 유출시킨다. 왈러스타인은 중심부에서는 주변부의 생산품을 저렴한 가격으로 소비할 수 있게 됨으로써 생계비용이 낮아지는 반면 실질단위생산이 높아져서 자본축적의 가능성이 더욱 크게 되었다고 설명한다.

한편 왈러스타인은 주변부 국가는 결코 중심부에 들어갈 수 없지만 얼마간의 지위이동이 가능하다고 보고, 제한된 지위상승이 이루어진 국가군을 반주변부로 범주화하고 있다. 반주변부에서는 저임금 생산품의 수출단계로부터 부분적으로 탈피하여 내수시장을 겨냥한 생산이나 일부 고급품의 생산이 이루어지기도 하는데, 이들의 위치는 중심에 의해서 착취당하지만 주변부에 대해서는 착취를 가하는 중간적인 입장에 놓인다. 이러한 반주변부의 중간적 역할을 왈러스타인은 중심부와 주변부 간의 긴장을 조정하는 완충적 역할 혹은 양자 간의 긴장을 은폐하는 역할로 설명하고 있다. 세계체

29 I. Wallerstein, *The Modern World System I and* Ⅱ(New York : Academic Press, 1974, 1980).

제 속에서 반주변부 국가가 수행하는 이러한 역할을 왈러스타인은 한 국가의 계급체계에서 중간계급이 하는 것과 동일한 것으로 비유한다. 마치 중간계급이 상층 착취계급과 하층 피착취계급의 가운데에서 완충구실을 다함으로써 체제안정 효과를 가져오는 것과 같이, 반주변부 국가가 세계체제의 원활한 작동과 안정화에 절대적으로 기여한다는 것이다.

왈러스타인은 프랑크와 마찬가지의 관점에서 고급품과 저급품을 구분하고 이들 상품간의 교환과정에서 주변부에서 중심부로 잉여가치가 이전된다고 보고 있다. 그러나 왈러스타인은 중심과 주변의 차이를 단순히 생산하는 상품의 차이에서만 구하지 않고 각 지역의 정치사회적 구조가 다르다는 데에서도 찾고 있다. 중심부는 시장원리가 지배하는 자유경쟁과 자유임금노동이 지배적인 형태를 이루지만 주변부나 반주변부에서는 국가의 엘리트들이 자국 국민들로부터의 잉여가치의 이전을 용이하게 강제할 수 있도록 강압적 형태의 정치사회조직을 갖는다는 점에 차이가 있다는 것이다. 왈러스타인은 반주변부 국가들이 중심부나 주변부 사회들보다도 세계체제 속에서의 역할을 효과적으로 수행한다고 보는 또 하나의 이유를 반주변부 국가들이 경제적 결정에 대한 국가적 통제를 용이하게 가할 수 있는 탄력성을 갖기 때문으로 설명하고 있다.

한편 세계체제에 대한 또 다른 하나의 이론적 유형은 임마뉴엘(A. Emmanuel)에게서 발견된다.[30] 임마뉴엘은 중심과 주변 사이의 부등가교환을 통한 가치이전의 원천을 프랑크나 왈러스타인과는 다소 다른 관점에서 설명한다. 프랑크나 왈러스타인이, 교환되는 단위상품당 투입된 노동과 기계설비의 비율, 즉 자본의 유기적 구성도의 차이가 잉여가치의 원천이 된다고 보고 있는 데 반하여, 임마뉴엘은 중심과 주변부 사회 각각의 노동자에게 지불되는 임금의 차이가 양자 사이의 부등가교환의 기초가 된다고 설명하고 있다. 중심과 주변부 사회는 동일노동량에 대하여 서로 다른 비율로 임금이 지불된다. 주변부 사회에서는 노동자들이 같은 노동시간에 대하여 상대적으로 적은 보상을 받는다. 그것이 가능한 이유를 임마뉴엘은 두 가지로 설명하고 있다. 하나는 권위주의적 국가기구가 산업부문 노동력의 효과적인 조직화를 봉쇄할 수 있을 만큼 강력하기 때문이며, 다른 하나는 농업부문의 노동력에 대한 억압을 통하여 도시 노동자들에게 값싼 식료품이 제공될 수 있기 때문이다.

임마뉴엘은 주변부 노동자들의 저임금이 주변부 사회 엘리트보다는 궁극

30 A. Emmanuel, *Unequal Exchange : Study of the Imperialism of Trade* (New York : Monthly Review Press, 1972).

적으로 중심부 사회의 노동대중에게 혜택을 안겨 준다고 본다. 이러한 설명방식에 의한다면 주변부의 억압당하는 저임금 노동력이 선진산업국의 노동대중의 생활향상을 도와주고 있는 것이 된다. 이를테면 "디트로이트나 뒤셀도르프의 노동자는 브라질이나 타이완, 말레이시아의 노동자들이 최저생계비를 받고 스웨터나 코트를 생산해 주기 때문에 높은 생활수준을 향유한다"는 것이다. 물론 이러한 임마뉴엘의 이론에 대해서는 그것이 주변부의 저임금 수출이 중심부 경제에 미치는 잠재적 악영향, 즉 선진 중심부 국가의 경제성장이나 고용상태에 좋지 않은 결과를 초래한다는 점을 제대로 인식하지 못한 결과라는 비판이 있을 수 있다.[31]

이상의 간략한 소개에서 드러나고 있는 바와 같이 프랑크나 왈러스타인, 임마뉴엘 등 국가 간의 불평등과 후진사회의 저발전문제를 '국제적 분업관계와 세계자본주의 체제'라는 관점에서 해명하고자 하는 논자들은 그 불평등과 저발전의 원천을 국가 간의 부등가교환 상품생산과정에서 투입되는 노동력의 격차 혹은 임금의 격차에서 구한다는 점에서 기본적으로는 공통된 관점을 유지하고 있음을 알 수 있다. 이들의 이론적 입장은 한결같이 마르크스주의의 노동가치설에 토대를 두고 있다. 그렇기 때문에 노동가치설을 엄격한 경제이론으로서 받아들일 수 없는 한 이들의 이론은 설득력을 갖기 어려워진다. 그런데 노동가치설에 대해서는 그것이 검증가능한 이론이기보다는 상품의 가치는 "노동자의 피와 땀이 응결된 양으로 측정되어야 한다"는 식의 윤리적·규범적 진술에 불과하다는 반론이 만만치 않게 제기되어 온 지 오래이다.

앤더슨(P. Anderson)과 스카치폴(T. Skocpol)은 노동가치설의 이러한 한계를 피하기 위하여 다른 관점에서 선진 자본주의 국가와 개발도상국가의 관계를 조망하고 있다.[32] 앤더슨과 스카치폴은 선진국과 개발도상국간의 관계를 상품생산과 시장교역에 초점을 맞추기보다는 경쟁하는 민족국가 간의 국제정치적 영역에 초점을 맞추어 설명한다. 이를테면 국제적 불평등체계에 대한 정치적 관점의 설명이라고 할 수 있다. 잉여가치의 이전과 불평등체계의 확립과정에서 무력의 역할을 강조하는 논의는 오랜 역사적 경험 속에서 실제로 관찰되어 왔다는 장점을 갖는다. 저발전과 불평등의 국제정치적 해명은 설명의 주안점이 국제정치적 관계에 주어져 있다는 의미일 뿐이지 경제적 요소의 중요성을 간과하고 있다는 뜻은 아니다. 근대에 들어오면서 서구가 국제정치체계의 전면에

31 A. C. Janos, *op. cit.*, pp. 78~79.

32 P. Anderson, *Lineages of the Absolute State* (Lodon : New Left Books, 1974); T. Skocpol, *States and Social Revolution* (Cambridge University Press, 1979).

대두한 것은 대규모의 상비군을 유지할 수 있을 만큼의 성공적인 경제발전이 가능했기 때문이다.

앤더슨과 스카치폴의 문제영역은 선진국의 발전이 개발도상국에 가한 자극의 결과가 어떻게 불평등과 빈곤을 초래했느냐 하는 것이다. 그들은 이를 국제정치적 압력—특히 군사적 압력—이라는 변수를 매개로 설명한다. 앤더슨은 근대유럽의 세계체제 속에서 중·동유럽 개발도상국의 저발전의 요인을, 가중되는 선진국으로부터 가해지는 군사적 압력에 맞서 이들 개발도상국들이 과중한 군사비를 지출하지 않을 수 없었기 때문으로 풀이한다. 선진국의 대규모의 군사력 유지는 이후 경제적 후진으로 낙후한 상태의 다른 나라들에게 근대적 상비군을 창설하도록 자극을 가하는 압력요인으로 작용하였는데, 이들 개발도상국은 열악한 생산력 수준에서도 동등수준의 군사력을 유지하기 위하여 국부의 상당부분을 군사적 강화에 투입하지 않을 수 없었기 때문에 정상적인 경제성장이 어려워지게 되었다는 것이다. 또한 이들 개발도상국에서의 이러한 군사력 강화를 위한 자원동원은 강압적 수단을 통해서 이루어졌기 때문에 이 과정에서 국가가 절대적으로 중요한 역할을 한 것으로 설명할 수 있다.

앤더슨과 스카치폴은 세계체제 내의 경제적 불평등과 개발도상국의 저발전이라는 동일한 현상을 군사력을 주요변수로 하는 국제정치적 관점에서 풀이하면서도, 다른 한편으로는 한 국가의 사회구조—계급구조나 농업경제제도 등—가 이러한 대외적 압력에 맞서 나가는 방식과 그 결과를 결정한다고 보고 있다.[33]

4.3.2. 종속이론 : 저발전과 발전가능성

후진사회의 저발전문제는 거시적으로 세계체제라는 관점에서 접근되기도 하지만 다소 좁게는 한 국가와 다른 국가의 지배-종속이라는 관점에서 다루어지기도 한다. 브라질의 사회과학자 도스 산토스(Dos Santos)는 종속개념을 어떤 특정한 국가의 경제가 그것이 의존되어 있는 다른 국가의 경제발전과 팽창에 의해서 규정되는 상황으로 규정하고 있다. 발전과 저발전의 분석에 종속개념을 사용하는 사람들은 남미국가 등 제3세계의 정치 및 경제에 대한 외국세력의 침투문제에 초점을 맞추고 있다.

종속이론은 남미국가의 저발전경험을 토대로 주로 이 지역출신의 사회과

33 A. C. Janos, *op. cit.*, pp. 80~84.

학자들에 의해서 창안된 것이다. 종속이론에는 마르크스주의에 충실한 것이 있는가 하면, 비마르크스주의적 진보이론도 있고 심지어는 근대화-발전론에 가까운 것이 있을 만큼 이데올로기적 정향의 폭이 크다고 할 수 있다. 그렇기 때문에 종종 종속이론에 대해서는 많은 이론적 혼란이 존재한다는 평가가 내려지기도 한다. 경우에 따라 세계체제론을 종속이론의 한 범주로 다루는 사람이 있는가 하면, 종속이론을 세계체제적인 관점에서 접근하는 사람도 있음을 알 수 있다.

(1) ECLA와 자본주의적 발전전략

확산론적 접근방법에 의해 개발도상국을 발전시킬 수 없다는 점은 비마르크스주의적인 관점에서도 제기되었다. 그 대표적인 예는 유엔에 설치된 라틴아메리카 경제발전위원회(United Nations Economic Commission for Latin America : ECLA)와 관계를 가지고 있던 남미출신의 경제학자들에게서 찾을 수 있었다. ECLA학자들은 남미의 저발전이 외국세력의 침투에서 직접적으로 비롯되고 있다고 보았다. 따라서 그들은 어떻게 하면 외국세력의 침투에 맞서 자국의 산업을 보호하고 경제적 발전을 이룩할 수 있는가를 집중적으로 연구하였다. ECLA학자들은 세계를 산업적인 중심부와 원료를 생산하는 주변부로 구분한 후, 무제한적인 경쟁상태에서 주변부는 중심부에게 희생당할 수밖에 없다는 관점을 견지하였다. ECLA학자들은 민족주의적·반(反) 제국주의적 입장에서 선진국으로부터 가해지는 희생을 회피하고 발전을 이룩하기 위해서는 선진국 경제와 거리를 두는 자립적 발전노선을 채택해야 한다고 역설하였다.

식민지시대 이후 라틴아메리카는 원료와 농산물을 수출하는 정책을 통하여 발전을 이룩하고 있었으나, 1930년대 대공황과 함께 수출소득의 격감으로 이러한 외부지향적인 발전전략(desarrollo)은 포기할 수밖에 없었다. 따라서 ECLA에서는 외부에 의존하지 않는 자립적인 자본주의 발전, 즉 내부지향적인 발전전략을 채택하도록 권유하였다. ECLA의 내부지향적 발전전략은 해외로부터 수입되는 상품의 수요를 대체할 수 있도록 국가계획에 의해서 국내산업을 육성보호하자는 것이 골자였다. 새로운 전략은 쁘띠부르주아 지식인층과 산업부르주아의 주도하에 정치경제에 대한 국가의 계획과 통제정책을 통해서 국가의 자립적 발전을 도모할 수 있다는 기대를 반영한 것이었다. 이들은 이러한 발전정책이 농촌지역으로 확산됨에 따라 전통적 지배계급이 붕괴하고 근대적 국

가의 출현과 국가발전을 촉진할 것으로 기대하였다.[34]

이러한 수입대체산업중심의 발전전략의 채택을 주도한 이론가는 프레비쉬(Paul Prebisch)였다. 프레비쉬가 제시한 ECLA의 자립적 자본주의 발전전략은 중간계급과 좌파민주주의자 혹은 사회민주주의 정치가들의 호응을 받았고 실제 몇몇 국가에서는 현실정책으로 채택되기도 하였다. 그러나 얼마 지나지 않아 수입대체산업의 효과에는 명확한 한계가 있음이 드러나게 되었다. 수입대체산업의 육성을 위한 원료와 중간생산품의 증가는 급속한 인구증가와 농업생산의 불충분한 향상과 더불어 남미경제를 더욱 궁지에 몰아넣었고, 이 모든 것은 ECLA가 제시한 자립적인 자본주의적 발전전략의 실패로 책임지어졌던 것이다.

(2) 신종속이론

ECLA의 실패는 그것이 아무리 반제국주의적인 관점에서 제시된 것이라 하더라도 자본주의적 발전전략 그 자체에 대한 근본적인 회의로 이어졌다. 프레비쉬가 자립적 산업발전의 역군으로 기대했던 진보적 산업부르주아는 수입대체산업의 육성과정에서 외국자본에 동화되었고, 차관과 외국자본의 도입은 남미경제의 해외의존도만 심화시켰다고 비판되었다. 도스 산토스는 이러한 ECLA의 실패와 남미경제의 가중되는 예속성을 마르크스주의적 관점에서 신종속(new dependency) 현상으로 분석한 바 있다.[35]

도스 산토스는 종속의 유형을 크게 셋으로 구분하고, 남미의 종속이 그 이전의 종속유형에 비하여 어떠한 특징을 갖는지 분석하였다. 첫 번째 유형의 종속은 식민지적 종속(colonial dependency)이다. 이는 상업자본과 식민모국이 식민지 경제를 직접 지배하여 원자재와 노동력 등을 착취해 가는 종속형태이다. 둘째의 유형은 금융-산업적 종속(financial-industrial dependency)이다. 이는 선진국의 대자본에 의해서 종속국의 경제가 수출지향형으로 바뀌면서 일어나는 형태로 저임금의 초과착취에 의한 잉여이전이 초래되는 한편 수출에 의해 벌어들인 외화도 대부분 수출생산을 위한 원자재나 중간재의 구입이나 사치성 소비재의 구입에 쓰이게 되어 종속상태에서 벗어날 수 없게 된다. 셋째는 새로운 종속유형이라 할 수 있는 기술-산업적 종속(technological-industrial

---

34 R. Chilcote, *op. cit.*, pp. 299~302.

35 Dos Santos, "The Structure of Dependency," *American Economic Review*, vol. 50 (1970), 231~236.

dependency)이다. 도스 산토스에 의하면 신종속은 국제적인 상품시장 및 자본시장의 절박한 요청에 의해 이루어지는데, 그것은 한 국가 내의 낙후된 부문으로부터 선진부문으로 부의 이전이 이루어지는 과정과 주변부 국가로부터 중심부 국가로 자본이 이전되는 과정이 연속적으로 결합되는 과정이다. 도스 산토스의 설명에 의하면 신종속은 선진 자본주의 국가의 대자본이 주변부 국가의 산업을 지배하면서 이루어지는데, 이 지배의 관건은 산업기술구조의 예속화가 된다. 주변부 사회의 산업 및 기술구조는 내부적 발전의 필요보다는 다국적 기업의 이해관계에 보다 밀착되어 있다는 것이다. 도스 산토스는 이러한 종속적 산업화 과정에서 노동력은 더욱 수탈당할 수밖에 없는 위치에 놓이게 되고, 이로부터 추출된 잉여는 다국적 기업을 통해 해외로 유출됨으로써 발전이 봉쇄당한다고 본다.

(3) 종속적 발전론

카르도소(F. H. Cardoso)는 자본주의가 개발도상국사회의 저발전을 초래한다는 주장에 이의를 제기하면서 오히려 자본주의적 발전이 종속적 상황하에서 일어날 수 있다고 전망하고 있다.[36] '종속적 발전'은 발전과 종속에 관한 이분법적 접근을 거부하고 선진 자본주의의 경제적 종속상태에서도 발전이 이루어질 수 있는 가능성을 제시하고 있다는 데 의의가 있다. 종속적 발전론은 세계 자본주의 경제의 환경변화로 인하여 후진사회의 종속부문이 바로 그러한 종속 덕택에 발전의 기회를 가질 수 있다는 이론이다. 카르도소는 종속적 발전이 이루어지는 상황 하에서는 다국적 기업이나 국제자본과 연계된 모든 계급은 혜택을 보지만, 그렇지 못한 토착적 기업이나 민족자본은 약화되는 결과를 가져온다고 주장하고 있다. 카르도소는 종속적 발전가능성의 배경으로 세계경제질서의 재조직과 다국적 기업의 광범위한 확산으로 들고 있다.

제2차 세계대전 이후 브레튼 우즈(Bretton Woods)협정과 GATT 및 IMF통화체제를 중심으로 미국의 일방적 주도 하에 놓여 있던 세계경제는 유럽과 일본의 경제적 부상으로 중심의 다극화와 중심국가 간의 경쟁이라는 재조직의 계기를 맞게 되었다. 오늘날의 국제자본주의는 금융에 대한 통제보다는 다국적 기업의 왕성한 활동에 의

36 F. H. Cardos and E. Faletto, *Dependency and Development in Latin America* (Berkeley : University of California Press, 1979).

해 자본축적이 이루어지는 새로운 경향을 가지고 있다. 카르도소는 이러한 변화와 새로운 경향이 국제적 차원에서 생산활동의 상호의존성을 증대시키게 되고, 그 과정에서 주변부 국가는 선진 자본주의 국가로부터 이양된 산업을 중심으로 발전의 계기를 가질 수 있게 된다고 보고 있다. 이를테면 카르도소는 상호의존성 개념을 끌어들이고 있는 셈이 되는데, 그것은 자본주의적 중심부와 발전도상의 주변부 국가간의 상호연계관계가 자본주의적 지배와 착취의 기반을 그대로 유지하면서 실제로 다국적 기업의 이익에 봉사한다고 하더라도 상호협력에 의해 양편 모두가 이득을 볼 수 있다는 논리이다.

한편 카르도소는 주변부 사회의 종속적 발전의 계기를 이들 국가 내부의 정치적 요인, 특히 계급관계와 국가의 역할에서 찾고 있다.[37] 카르도소에 의하면 종속적 발전의 주도적 지배세력은 다국적 기업과 결탁해 있는 국제적 성향의 자본가들과 국가관료 엘리트들이다. 주변부 사회의 종속적 발전은 다국적 기업, 국가관료, 국제화된 자본가 등 삼자연합에 의해 이루어진다는 것이다. 카르도소는 특히 주변부 국가의 역할확충을 강조하고 있다. 그에 의하면 주변부 국가는 다국적 기업과의 연합적 발전이 가능할 수 있도록 자원에 대한 경제적 통제력을 강화하고 동시에 민중부분에 대한 정치적 통제를 강화하기 때문에 필수적으로 억압과 배제의 관료주의적 권위주의 체제를 유지한다. 그런가 하면 주변부 국가는 기업가로서의 역할을 증대하여 국가기업에 의한 자본축적을 도모하기도 한다. 요컨대 주변부 국가는 국제 자본주의가 주변부 산업화에 침투하는 통로로서, 또한 제한된 범위의 종속적 발전을 대가로 주변부 사회에서 추출된 잉여를 이전해 가는 통로로서 기능한다는 것이다.

4.3.3. 저발전이론의 문제점

제3세계의 저발전에 대한 여러 이론들은 기본적으로 국가 간의 불평등체계를 약자의 관점에서 분석하고 있다는 점에서 도덕적 설득력을 크게 가진다. 주변부 사회의 저발전의 책임을 외부 특히 선진 자본주의 국가의 경제적 침투에 물으려는 이들의 저발전론은 과거 식민지 시대의 쓰라린 경험의 반추와 함께 제3세계 지식인들에게 큰 공

37 F. H. Cardoso, "Associated-dependent Development : Theoretical and Practical Implications," A. Stepan (ed.), *Authoritarian Brazil : Origins, Policies, and Future* (New Haven : Yale University Press, 1973), pp. 142~176. 여기서는 임현진, 「현대한국과 종속이론」 (서울대학교 출판부, 1987), pp. 32~36에서 재인용함.

감을 불러일으켰으며, 이들의 이론적 처방에 따라 정부가 운영되거나 정치사회적 대항운동이 조직화되기도 하였다. 그러나 저발전이론은 엄격한 경험과학적 이론으로서는 결함이 있음이 한편으로 정통마르크스주의자들에 의해 다른 한편으로는 주류 사회과학에 의해 지적되고 있음을 알 수 있다. 마르크스의 입장에 충실하려는 이른바 정통마르크스주의자들은 세계체제론에 대하여 그것이 전제하고 있는 자본주의관, 즉 자본주의를 하나의 생산양식으로 보지 않고 시장에서의 이윤을 위한 생산으로 간주하고 있는 것은 전적으로 부적절하다고 비판한다. 이들은 개발도상국의 저발전문제는 근원적으로 대외적 경제관계라는 측면에서 보다는 생산영역, 계급관계 그리고 계급투쟁에 초점을 두고 분석하여야 한다고 주장한다. 또한 정통마르크스주의자들은 종속이론에 대해서도 유사한 관점의 비판을 제기하고 있다. 세계체제론이나 종속이론에 대한 주류 사회과학의 비판은 무엇보다도 그것이 전제하고 있는 이데올로기적 편향성, 방법론적 편향성에 초점이 모아지고 있음을 알 수 있다. 즉 이들 저발전 논의가 국가 간의 불균등관계의 본질을 밝히는 얼마간의 이론적 분석의 성과를 내고 있기는 하나 그것이 기본적으로 '착취'라는 배타적인 경제적 분석단위에 토대를 두고 있기 때문에 업적의 상당부분을 손상시키고 있다고 비판된다.[38]

종속이론의 이론적 분화와 발전이 이루어지면서 차츰 정치적 요인, 사회내적 요인 등이 이론체계에서 중요한 비중을 차지해 간 것은 이 문제와 관련하여 시사하는 바가 크다. 한 나라의 발전과 저발전 문제를 대외적 경제예속관계를 변수로 하여 분석한다는 것은 확실히 보지 못하고 놓치는 많은 설명변수의 희생을 요구한다. 이렇게 희생된 설명변수들 가운데에는 그 나라의 저발전을 초래한 결정적 설명변수가 있을 수 있다. 대외적 종속과 착취를 주된 설명변수로 삼았을 때에는 같은 개발도상국이라 하더라도 국가별로 사회변동을 결정하는 중요한 특수요인의 작용—역사, 문화, 정치사적 전통, 지정학적 조건 등—이 있는데도 이를 무시하고 모든 국가의 변동과 발전문제를 무차별하게 동일한 관점에서만 접근하게 되는 폐단이 초래될 우려가 있다. 이는 세계체제론이나 종속이론이 서구의 침투와 경제적 예속상태를 사회구조와 변동을 결정짓는 독립변수로 규정하면서 한 사회의 구조와 변동을 결정짓는 내생적 요인을 과소평가하고 있다는 비판과 연계되는 것임을 알 수 있다.

세계체제론이나 종속이론은 국제관계를 상호의존이라는 관점보다는 빼앗

38 Eva Etzioni-Halevy, *op. cit.*, p. 106.

고 빼앗기는 지배-종속, 착취-예속관계로 규정한다. 그리고 이러한 착취와 지배가 선진 자본주의 국가의 강요에 의하여, 이들 주변부 사회가 세계 자본주의 체제에 강제적으로 편입됨으로써 이루어지는 것으로 설명된다. 그러나 소련과 동구권의 세계시장질서의 편입을 이러한 관점에서만 볼 수 있느냐 하는 문제가 있다. 더더욱 사회주의 체제를 유지하고 있는 중국이 자본주의 세계경제체제에 편입되어 저임금수출을 통해 자본을 축적해 가는 것도 이러한 강제에 의한 것이고 중심과 주변의 지배-종속관계로 볼 수 있는가 하는 문제가 제기될 수 있다.

Ⅳ

현대사회의 새로운 흐름과 사회과학

제 1 장

글로벌 시대의 경제와 정치, 문화

오늘날 우리를 둘러싸고 있는 가장 큰 환경의 변화는 과학기술 혁명과 글로벌화로부터 기인한다. 과학기술 혁명이 우리를 에워싸고 있는 물질적 세계를 변화시키고 있는 원천이라면, 글로벌화는 우리 주변의 인문적, 사회적, 제도적 환경의 변화를 추동하는 힘의 원천이라 할 수 있다.

우리는 글로벌화라는 거대한 물결 속의 한 중심에서 살아가고 있다. 물론 글로벌화의 거센 흐름이 작은 소용돌이에 불과한 국가들도 있다. 사람에 따라서는 글로벌화 흐름의 영향을 거의 받지 않고 살아가는 사람이 있을 수도 있고, 글로벌화의 흐름에 따라가기보다는 이를 거부하고 저항하며 살아가는 사람들도 있다. 또한 많은 학자들과 연구자들이 글로벌화에 대하여 서로 다른 관점에서 서로 다른 주장을 내어놓고 있다. 글로벌화 현상을 지지하는 사람들이 있는가 하면, 이를 비판하고 배격하는 사람들도 있다. 최근의 글로벌화 현상이 과거 세계사의 흐름 속에서 유례를 찾기 어려운 근본적인 변화라고 주장하는 학자들이 있는가 하면, 세계 역사의 큰 흐름에 비추어 볼 때 주기적으로 반복되어 온 또 다른 조류의 하나일 뿐이라고 주장하는 학자들도 있다.

1.1. 글로벌화(Globalization)란 무엇을 의미하는가?

1.1.1. 글로벌화 : 논쟁적 개념

글로벌화는 세계가 한 단위의 지구촌으로 통합되어 가는 현상을 뜻한다. 한 단위의 지구촌으로의 통합은 지구 전체를 작은 단위들로 나누던 경계선이 사라지거나 차츰 무의미해지는 것을 말한다. 이 지구상에는 국가와 국가, 지역과 지역을 나누는 수많은 경계선이 있어 왔다. 그 경계선은 오랫동안 사람과 물자, 지식과 정보의 자유로운 이동과 확산을 막아 온 물리적 장벽으로 기능해 왔다. 국경선은 지구촌 전체를 한 단위의 크고 작은 국가들로 나누어 온 가장 오래된 물리적 경계선이다.

오랫동안 지구촌에는 국가와 국가를 나누는 국경선들이 있고, 국경선을 지키는 병사와 경찰에 의해 사람과 물자, 정보 등의 자유이동과 교류가 통제되어 왔다. 국경선의 존재는 사람과 물자의 자유이동을 막는 물리적-경제적 장벽으로서만 의미를 갖는 것은 아니다. 국경선은 국경선 안에서 살아가는 사람들의 마음과 의식에도 영향을 미쳐 안과 밖의 사람들을 구분하는 심리적-정치적 경계선이기도 하고, 또한 안과 밖 사람들의 사회적 교류(social interaction)와 소통을 막는 사회적-문화적 경계선이기도 하다.

국가와 국가, 지역과 지역을 나누는 국경선이나 경계선은 또한 국가 간, 지역 간 서로 다른 정치적, 경제적, 사회적 제도의 차이를 확연히 드러내 주는 구분선이기도 하며, 공공영역에서 정부의 정책이 결정되고 집행되는 방식의 차이와 그 내용 상의 차이를 나타내 주는 구분선이기도 하다. 글로벌화는 한 단위의 지구촌을 나누어 왔던 이러한 국경선이나 물리적, 심리적 경계선, 제도상의 경계선이 차츰 희미해져 감을 의미한다. 글로벌화는 국가와 국가를 구분하고, 지역과 지역을 나누던 구분선과 경계선이 본래의 제 기능을 차츰 잃어가는 현상을 뜻한다.

글로벌화로 국경선의 문턱이 낮아지면서 국가 간, 지역 간 사람과 물자의 이동이 활발하게 이루어지고 있다. 디지털 기술혁명의 산물로 형성된 정보통신 네트워크를 통해 지식과 기술, 정보의 교류가 물리적 국경선을 초월하여 매우 빠른 속도로 확산되어 가고 있다. 글로벌화를 배경으로 '보고 듣는 것'의 공유의 폭이 넓어진 사람들은 차츰 '생각하고 느끼는 것'의 공감대를 넓혀가고 있다. 국경선을 달리하여 차이를 보이던 사람들의 일처리 방식과 관행의 차이가 좁혀져 가고 있고, 각국 중앙 정부를 작동시키는 제도와 정책의 유사성이 증대되어 가고 있다.

1.1.2. 복합적 변화의 개념으로서 글로벌화

글로벌화는 국경선의 경계영역을 뛰어넘는 새로운 정치, 경제, 사회적 네트워크의 생성 및 기존 네트워크의 확충으로 사람들의 활동이 전지구적 차원으로 크게 확대되어 가고 있는 현상을 지칭한다. 사람들 사이의 상호작용과 활동, 상호의존성이 국경과 지역을 뛰어넘어 전지구적 차원으로 확대되고, 이러한 확대의 가속화가 이루어지고 있는 것이다. 사람들 사이의 상호연계와 상호의존이 심화되고 가속화되는 현상은 물질적 측면에서만 이루어지는 것이 아니다. 글로벌화는 정도와 속도의 차이가 있긴 하지만, 사람들의 생각이나 의식, 가치관 등의 측면에서 나타나는 주관적 변화를 수반하는 것이기도 하다.[1]

글로벌화는 복합적이고 다차원적인 변화를 의미한다. 글로벌화는 한 사회의 시장과 경제에 나타나는 변화를 의미할 뿐 아니라, 정치와 정부 정책에서도 그 변화의 흐름을 읽을 수 있고, 사회적 관계와 문화적 요소들에서도 그 변화를 읽어낼 수 있다. 글로벌화가 복합적이고 다차원적인 변화를 의미한다는 말은 이러한 영역들에 걸쳐서 일률적으로, 같은 정도로 이루어지는 것이 아니기 때문이다. 시장과 경제 영역에서의 글로벌화가 꼭 정치제도나 정부 정책의 글로벌화를 같은 수준으로 불러일으키는 것은 아니다. 글로벌화의 경제적, 정치적 측면의 변화가 사회문화적 영역에서 유사한 정도의 글로벌화를 수반하는 것은 아니다. 그런가 하면 글로벌화가 지구 상 대부분의 국가들에서 똑같은 정도로 이루어지고 있는 것도 아니고, 각국의 경제와 정치, 문화적 측면에서 같은 수준의 변화가 진행되고 있는 것이 아니다. 글로벌화는 어떤 의미에서 '불규칙적인 과정(uneven process)'이다. 지구상의 대부분이 글로벌화를 경험하고 있지만, 글로벌화의 수준과 정도는 국가별로 차이가 있다. 거기에는 큰 흐름의 방향만 공유되어 있을 뿐, 변화에 일정한 패턴이나 규칙성이 발견된다고는 할 수 없다. 세계 곳곳에서 살아가는 사람들이 글로벌화에 의해 서로 다르게 영향을 받고 있다.

1 Steger, Manfred B., *Globalization: A Very Short Introduction* (Oxford University Press), pp. 9~13.

글로벌화는 이처럼 복잡성을 띤 다차원적 변화를 의미하는 것이기 때문에 '글로벌화'라는 개념 자체가 논쟁적일 수밖에 없다.

1.1.3. 글로벌화 회의론자의 논변

글로벌화라는 개념이 논쟁적일 수밖에 없다는 점은 최근의 글로벌화 현상이 지리적으로 제한된 범위 내에서, 국가별로 불균등한 수준에서 이루어지고 있기 때문이다. 논쟁적인 글로벌화 개념은 한 걸음 더 나아가 '글로벌화' 현상이라는 것이 과연 존재하기는 하는 것인가에 대한 근본적인 회의론을 낳기도 한다. 근본적 회의론자들은 최근의 글로벌화 현상이라는 것이 전혀 새로울 것이 없다는 의견을 주장한다. 이들 회의론자들에 의하면 최근 각국의 국경선의 문턱이 낮아지고, 국가 간 교류협력이 확대되고 있는 것은 사실이지만, 이러한 현상은 이미 수세기 전부터 반복되어 온 역사의 한 단면일 뿐 전혀 새로울 것이 없다는 것이다. 시대에 따라 국가 간 교류와 통상의 폭이 넓을 때도 있었고, 그것이 위축되는 시기도 있었는데 최근의 변화는 이러한 역사적 부침의 또 다른 한 페이지에 불과하다는 것이다.

회의론자들은 최근의 변화를 제2차 세계대전 이후 보호무역주의 시대를 거쳐 국가 간 자유통상이 '일시적으로', '제한된 영역' 내에서 확대되고 있는 것으로 해석한다. '일시적'이라는 것은 자유무역과 교류확대가 미국 등 경제대국의 이해관계에 따라 향후 얼마든지 후퇴할 수도 있는 것이고, '제한된 영역'이라는 것은 최근의 변화가 OECD 등 선진 경제 국가들 사이에서 집중적으로 이루어지고 있을 뿐 전지구적 차원의 보편적 현상이 아니라는 판단 때문이다. 최근의 변화라는 것이 과거의 유사한 경험과는 확연히 다른 질적 차이를 갖는 '전혀 새로운 것'으로 볼 수 없다는 것이다.[2]

이들 글로벌화 회의론자(globalization sceptics)들은 글로벌화가 전지구적 차원에서 전면적으로 이루어지고 있는 돌이킬 수 없는 현상으로 설명하는 '초글로벌화론자'(hyper-globalizer)들의 관점과 주장을 배격한다. 극단적인 회의론자들은 글로벌화 개념 자체가 이들 초글로벌화론자들에 의한 '지적 호들갑'의 산물일 뿐이라는 것이다. 이들 극

2 최근의 글로벌화에 대한 극단적 회의론자는 아니지만 최근의 변화가 전혀 새로운 것은 아니라는 관점은 커헨과 나이의 다음 저작에서 찾아볼 수 있다: Keohane, Robert O. and Joseph S. Nye Jr., "Globalization: What's New? What's Not?" *Foreign Policy*, No. 18(Spring, 2000), 104~119.

단적 회의론자들이 생각하는 글로벌화 개념은 국경선을 뛰어 넘어 돈벌이에 혈안이 된 다국적 기업인들, 정치적 활동 영역의 지평을 국제화하여 권력기반의 확대를 도모하는 일부 강대국 정치인들, 그리고 항상 그럴듯한 화두와 지적 담론을 찾아나서는 일부 논객들이 서로 호혜적 상승작용을 일으키며 꾸며낸 허상일 뿐이다. 이들 회의론자들의 관점에는 일부 글로벌화 반대론자들의 생각을 포함하고 있는 것임을 알 수 있다.

1.2. 글로벌화의 경제적 측면

글로벌화 현상은 1970년대 이후 이루어진 지난 40여 년간의 지구촌의 변화를 지칭한 개념이다. 지난 1970년대 이후 40여 년 동안 대용량 컴퓨터뿐 아니라, 개인용 PC, 네트워크 산업 등 IT 및 정보통신 분야에서 이루어진 디지털 기술의 비약적 발전과 함께, 경제적 생산 활동과 마케팅 활동의 대대적 변화가 이루어졌다. 디지털 기술 혁명은 상품과 서비스를 생산하는 기계적·기술적 장치 상의 획기적 발달을 가능하게 함으로써 비용감축과 생산의 효율성 증대를 가져왔다. 디지털 기술혁명은 기계적 장치의 첨단화뿐 아니라, 생산 방식과 경제적 활동 방식에도 매우 큰 변화를 초래하였다. 디지털 기술 혁명은 기업의 경영활동과 경영전략에도 큰 변화를 가져왔다.

오늘날 대부분의 기업들은 대규모의 큰 공장을 지어 부품을 생산하고, 그 부품을 조립하여 완성품을 만들어 내는 일관생산 방식으로부터 탈피해 나가고 있다. 큰 기업일수록 세계 곳곳 여러 국가에서의 크고 작은 협력 기업들에서 생산된 부품들을 조달받고 있으며, 완제품 생산을 위한 조립생산도 본국에서보다는 양질의 저렴한 인력이 있는 아시아나 라틴아메리카 지역의 현지 공장을 이용하고 있다. 대규모 공장 설비확충과 대량생산 체제로 특징지어지던 과거의 산업 활동 방식은 이제는 아웃 소싱과 산업 활동의 네트워크화로 바뀌어 가게 되었다. 선진경제국가들에서는 생산공정 과정에서 대규모 숙련인력의 투입보다는 전산화되어 있는 정교한 기계적 장치에 더욱 의존하는 생산방식으로 바뀌어 가고 있다. 생산설비의 첨단화가 이루어지면서 컴퓨터나 자동제어 시스템을 활용하는 산업의 소프트화가 이루어지고 있다. 산업 활동의 네트워크화나 소프트화를 촉진한 것은 바로 디지털 기술혁명 덕택이다. 산업 활동의 글로벌화가 이러한 디지털 기술혁명의 산물로써 가능할 수 있었다는 점에 대해서는 이론의 여지가 없다.

(1) GATT 체제로부터 WTO 체제로 : 새로운 글로벌 경제질서의 출범

브레튼 우즈 협정과 GATT 체제 : 국가 단위의 시장경제 시대

양차 세계대전의 산물로써 제2차 세계대전 직후까지 세계 경제는 냉전구도 하에서 경제적 민족주의와 보호무역주의의 영향 아래 높은 관세 장벽으로 상징되는 국가 단위의 폐쇄적 경제운용을 특징으로 하고 있었다. 이러한 폐쇄적 보호무역주의로부터 벗어나 국가 간 교역 확대를 주도해 나간 것이 브레튼 우즈협정과 GATT체제였다. 제2차 세계대전 이후 미국과 영국 정부의 리더십 하에 주도된 이 두 가지 국제 협정으로 출범한 새로운 국제경제 질서는 국가 간 새로운 금융거래질서를 확립하는 한편, 국가 간 관세장벽의 제거를 통해서 국가 간 경제적 교류와 협력을 확대해 나가는 것이 목표였다.

IMF와 World Bank

세계 대공황과 함께 작동이 중단된 금본위의 국제 환율거래 제도는 1944년 브레튼 우즈 협정으로 대체되었는데, 브레튼 우즈 협정을 근간으로 새로운 국제금융거래질서가 확립된 것이었다. 영국의 작은 도시였던 브레튼 우즈에 44개의 회원국들이 모여 다자간 합의를 통해 출범시킨 브레튼 우즈 협정은 미국 중심의 새로운 국제환율 조정제도를 뜻하는 것이었다. 즉, 미국의 달러화를 기축통화로 하여 금과의 일정 교환비율을 유지하도록 하고, 각국의 통화는 미국 달러와의 일정한 거래 환율을 설정하여, 이를 일정한 기간 동안 유지해 나감으로써 국가 간 금융거래의 안정화를 도모해 나간다는 것이었다.

브레튼 우즈 체제를 이끌어 간 국제경제 기구는 IMF와 World Bank였다. IMF는 브레튼 우즈 협정과 함께 출범한 새로운 국제금융 체제를 관리해 나가기 위한 집행기구로서의 성격을 가지고 있다. IMF는 1947년 3월 설립되었는데, 회원국의 공동 출자로 기금을 만들어 일시적인 외환거래 장애로 어려움을 겪고 있는 국가에 긴급히 자금을 대출해줌으로써 국가 간 경제교류를 확대하는 것을 목표로 출범하였다. World Bank는 원래 제2차 세계대전 이후 유럽 국가들의 전후 복구 작업에 필요한 재원을 대출해 주기 위한 목표 하에서 설립된 것이었다. 출범 당시 World Bank의 공식명칭은 '국제 재건 및 개발은행(International Bank for Reconstruction and Development)'이었다. 그러나 이후 명칭 변경과 함께, 1950년대 이후에는 세계 곳곳의 개발도상국들이 경제개발을 추진해 나가기

위해서 필요했던 외화, 즉 달러를 빌려 주는 대표적인 국제금융기관으로 그 역할이 확대되었다. IMF와 World Bank는 국제 금융거래의 활성화를 뒷받침해 줌으로써, 상품 교역 등 국가 간 경제 교류와 경제개발 활동을 촉진시켜 주는 역할을 맡고 있는 대표적인 국제경제기구로 출발하였던 것임을 알 수 있다.

GATT 체제

제네바 관세협정이라고도 불리는 '관세 및 무역에 관한 일반협정(GATT)'은 1947년 제네바에서 23개의 서방 선진 경제국들이 모여 관세장벽 제거를 통해 무역자유화를 추진해 나가는 데 합의함으로써 출범한 새로운 국제경제 질서를 의미한다. GATT는 관세장벽이나 수출입규제 등 무역장벽 제거를 추진함으로써 국가 간 자유로운 통상 확대를 추구해 왔다. GATT는 제2차 세계대전 후의 세계 통화질서 안정의 기초가 된 IMF 체제와 아울러 국제 자유통상 질서의 기본 골격이 되어 왔는데, 국가 간 '차별 없는 자유무역 원칙'을 실현하기 위해 두 당사국 간의 양자 협상이나 서명국 모두가 참여하는 다자협상을 통해서 각국이 연도 별로 시간표를 정하여 관세장벽 철폐를 향해 나아간다는 것이었다.[3] GATT는 각국의 국경선 위에 기능하는 통상 관련 법규의 조화에 초점이 맞추어져 있다. GATT는 각국 정부가 무역장벽을 낮추거나 철폐하여 해외로부터 유입되는 상품과 자본, 외국 기업 등의 '시장접근성(market access)'을 보장해 주는 것이 가장 주요한 활동 목표였다.

1962년까지 GATT는 5회에 걸친 관세인하를 통해서 국가 간 자유무역 확대를 추진하는 다자간 교섭을 진행했으며, 1964년부터 1967년에 걸쳐서는 케네디라운드(Kennedy Round)를 실시, 관세 일괄인하라는 새로운 방식을 채택하여 평균 관세인하율 35%라는 성과를 거두었다. 그 후 1973년부터 1979년에 걸친 도쿄 라운드(Tokyo round)에서는 추가적으로 평균 33%의 관세인하라는 성과를 올리기도 하였다. 1986년 9월 우루과이의 푼타 델 에스테에서 열린 GATT 각료 회의에서는 통상확대를 위한 뉴라운드 개시 의제에 합의함에 따라 우루과이라운드(Uruguay Round)를 출범시켰다. 1987년 초에 공식 출범한 우루과이라운드는 관세인하와 함께 금융, 정보통신, 건설 등 서비스 무역을

3 GATT 체제는 회원국 간 협상과 합의를 통해 각국 정부가 이행해야 할 의무사항을 규범화 해 놓고 있다. GATT의 '일반협정(General Agreement)'은 회원국 간의 전원 합의를 반영하고 있다는 의미이며, 회원국 사이에서 도달한 일반적 합의를 규약으로 성립시키고, 이를 각 회원국 정부가 국내법 체계에 반영하는 등의 방법으로 그 준수와 이행을 사실상 강제하고 있다. 모든 회원국이 전원 합의 한 구속력 있는 법규라는 의미에서 '다자규범'이라고도 부른다.

주요대상으로 교역 폭의 확대를 위한 7년간의 양자 및 다자간 협상 끝에 1993년 12월 15일 완전히 타결되었다. GATT는 1995년 세계무역기구(WTO)로 대체되기 전까지 전 세계에서 120여 국가들이 회원국으로 서명하였으며, 한국은 1967년 4월 1일부터 정회원국이 된 바 있다.

GATT 체제 하의 경제주권

브레튼 우즈 협정과 GATT 체제 하에서 각국 정부는 국민들이 원하고 정치적으로 결정되는 방향으로 시장과 경제에 대해 얼마간의 통제력을 발휘할 수 있었다. 각국 중앙정부는 그 나라 대표기관인 의회가 국민의 뜻을 물어 시장과 경제에 영향을 미치는 법과 정책을 만들어 통과시키면 이를 집행해 나갈 수 있었다. 각국의 시장과 경제는 여전히 그 나라 국민의 주권적 결정권 하에 있었다. 어떤 국제기구도 회원국 내의 국가경제운용에 개입하거나 간섭할 수가 없었다. 브레튼 우즈 협정도, GATT 협정도, IMF나 World Bank도 각국 정부가 자국의 시장을 규율하는 고유의 정책과 제도를 만들어 집행하는 것에 대해서 이를 막거나 억제하기 위한 별다른 방침을 가지고 있지는 않았다. 근로자들의 임금 수준 결정이나 복지혜택의 제공, 기업들에 대한 조세혜택이나 국가보조금 제공 등이 정치적 결단이나 의회의 결정으로 자유롭게 시행될 수 있었다.

브레튼 우즈 협정은 환율 결정과정에서 각국의 중앙 정부가 얼마간의 재량권을 행사할 수 있는 고정 환율 제도를 채택하였다. 각국 정부는 완전고용이나 복지국가이념 구현을 목표로 금융자본이 국경선을 넘나드는 것을 실효성 있게 통제할 수 있었다. 자본의 국제적 유동성에 대해서 각국 정부가 제어할 수 있는 메커니즘이 잘 작동할 수 있었던 것이었다. GATT 협정은 국경선 위를 통과하는 상품거래에 대하여 영향을 미칠 뿐, 국경선 안에서(beyond the boarder) 이루어지는 각국의 시장 활동에 대해서까지 관여하는 것은 아니었다. 각국에서는 의회의 결정이나 정파 간의 정치적 합의를 기반으로 시장력의 발현을 제어하는 법규를 만들어 집행할 수 있었다. 브레튼 우즈와 GATT 체제 하에서 각국 정부는 자국의 시장과 경제에 대하여 정책 재량권을 폭넓게 행사할 수 있었던 것이다.

1.2.1. WTO 출범과 국경선을 뛰어 넘는 통합세계시장

1970년대 이후 새로운 세계경제질서가 대두되기 시작한 것은 고정환율제도와 금태환 제도를 근간으로 하는 브레튼 우즈 체제가 급격히 몰락하게 되면서부터였다. 1970년대 초 오일쇼크 이후 극심한 경제적 위축과 달러 가치하락을 경험하던 미국 정부는 미국 달러가 기축통화가 되는 브래튼 우즈 체제를 포기하였다. 당시 미국 대통령이었던 닉슨은 달러화의 폭락으로 금과의 교환비율이 늘어나게 되어 금이 부족하게 되는 현상이 벌어지자 금태환 중지를 명령하고, 1971년 금본위 고정환율제도의 포기를 선언하였다. 1970년대 미국과 영국 등 서구 주요 국가들에서는 높은 인플레이션과 낮은 경제성장률, 실업률의 증대, 만성적인 공공재정 적자 등이 심화되어 갔다. 만성적인 경제침체 현상은 이들 국가에서의 지금까지의 경제운용 방식에 대한 근본적인 회의와 경제정책 기조의 대전환이 필요하다는 것에 대한 공감대를 넓혀 나갔다.

지금까지 주류를 이루어 왔던 케인스 주의 경제정책은 중앙정부가 나서서 시장과 경제를 적절하게 관리해 나가는 것이 필요하다는 것이었다. 정부가 시장경제에 대한 얼마간의 개입을 통해 사람들에게 일자리와 일정 수준의 소득을 보장해 줄 수 있는 경제정책을 통해 시장경제의 원활한 작동과 국민경제의 건전한 발전이 이루어질 수 있다는 것이었다. 완전고용과 경제성장, 소득증대를 목표로 시장과 경제에 대한 정부의 개입과 간섭을 정당화할 수 있다는 케인스 주의 이념은 70년대 들어와 만성적인 경기위축 상황을 배경으로 차츰 설득력을 잃게 되었다.

이제는 정부의 개입과 간섭보다는 시장과 경제 문제에 대해서는 정부가 '손을 떼어야 한다'는 논리가 더욱 공감대를 형성할 수 있었다. 일부 경제전문가와 지식인, 사회여론 형성층에 의해 주도된 이러한 '신자유주의적 경제정책 접근법(neoliberal approach to economic policy)'은 이를 정강정책화한 보수주의 정당에 의해 드디어 선거캠페인의 핵심 전략으로 등장하였다. 이러한 신자유주의적 경제정책을 내세운 영국 보수당의 대처, 그리고 미국 공화당의 레이건의 집권 성공은 이들의 접근법에 대한 양국 국민들의 정치적 선택을 의미하는 것이었다고 평가할 수 있다.

1.2.2. 중국, 소련 및 동구권 국가, 인도 등 개도국의 개혁개방 과 세계 시장의 팽창

1980년대 이전까지만 하더라도 통상교역의 확대를 배경으로 하는 글로벌화 현상은 미국과 유럽, 일본 등 이른바 서방 국가들에 한정된 것이었다. 1980년대 초반 세계 인구는 약 42억여 명 가운데, 활발한 대외 교역을 통해 시장경제를 유지해 나갔던 미국과 서유럽, 일본의 인구는 각각 2억 5천여, 4억 5천여, 1억 2천여 명 정도였다. 여기에다 대외 개방의 시장경제체제를 유지했던 한국이나 대만, 홍콩 등 아시아 국가들, 호주와 뉴질랜드, 일부 남미 국가들을 다 포함해도 세계 시장 경제권은 10억 내지 11억 정도의 규모에 불과한 것이었음을 알 수 있다.

그러나 1970년대 후반 이후 1980년대와 1990년대 지속된 중국의 개혁 개방정책과 동구권 및 아시아의 개발 도상국가들, 그리고 심지어는 아프리카 국가들에 이르기까지 시장자유화 및 자유무역에 힘입어 세계 시장에 편입된 경제권 하에서 살아가고 있는 전체 인구 규모는 급격하고 대폭적으로 증대되어 갔다. 그 결과로 2010년 현재 세계 전체 69억 인구 가운데, 90% 이상이 시장경제 체제 하에서 자유롭게 경제적 활동을 영위하고 있고, 또한 그 가운데에서 대다수 인구는 통합을 지향하고 있는 세계 시장 경제의 영향권 아래 살아가고 있다.

1979년 중국의 개방 개혁 조치 이후 현재 13억 3천여의 중국 인구가 세계 시장에 편입되었고, 인도네시아의 11억 7천여 명을 포함한 아시아의 40억여 인구, 라틴아메리카의 5억여, 러시아와 구 동구권 국가들의 2억 5천여, 아프리카의 10억여 인구 규모가 글로벌화된 세계 시장의 직접적인 영향권 하에 놓여 있음을 알 수 있다.

(1) 중국의 개혁 개방과 글로벌화

중국은 글로벌 세계시장의 급격한 확대에 처음으로 가장 크게 기여한 대표적인 국가이다. 중국의 등소평이 개혁·개방조치를 선언한 것은 1978년의 일이다. 그러나 이 시기만 하더라도 중국의 대외교역은 중앙정부의 한 부처가 독점하고 있었기 때문에 개인이나 기업에 의한 자유교역은 생각할 수도 없었다. 중국에서 개인이나 기업의 외국과의 자유교역이 허용되고, 그동안 공산당 정부 하에서 자유무역을 가로막던 여러 형태의 비관세 장벽이 철폐되기 시작한 것은 1979년부터의 일이었다. 1980년대 초반부터 중국 정부는 관세율을 대폭 낮추는 조치를 단행함으로써 대외 교역량을 크게 확대해 나갔으며, 외국 자본을 유치하기 위한 여러 형태의 제도적 개선을 추진해 나갔다. 세계시장에의 편입을 선택한 중국 정부는 해외자본과 외국 기업을 유치하기 위하여 시장에 대한 개입과 간섭의 폭을 대폭적으로 줄여 나갔다. 중국 공산당 중앙 정부와 각 지방 정부들은 외자와 외국 기업 유치에 걸림돌이 되었던 각종 규제제도를 크게 완화하거나 폐지하는 대신, 중국 진출을 원하는 기업들에 대해서는 공장부지 제공이나 세금 감면 등의 혜택을 크게 늘려 나갔다.

이러한 개혁 개방 조치들과 함께 중국의 풍부한 노동력과 저임금에 매력을 느낀 세계 곳곳의 기업들이 대거 중국으로 몰려들었다. 미국과 유럽, 일본 등지에 근거를 두고 있던 대부분의 다국적 기업들이 중국에 현지법인이나 공장을 설립하였고, 해외 금융기관이나 자산가들은 펀드를 만들어 상하이나 홍콩 등의 금융시장에서 큰 규모의 재원을 운용하였다.

13억 이상의 인구 집단을 가진 중국 경제의 시장 자유화와 대외 개방조치는 세계 시장경제의 통합과 글로벌화의 확산에 결정적인 촉매제 역할을 담당하는 것이었다. 단일의 국가 경제권에 살아가고 있는 13억 이상의 인구 집단이 세계 시장을 향한 생산 근로자이며, 해외 기업들에게는 가장 큰 규모의 잠재적인 소비자 집단이기도 하다. 중국은 세계 시장에서 '생산 공장'으로서 기능하여, 전 세계에서 유통되고 있는 주요 공산품의 가장 큰 원산지가 되었다. 중국에서 생산된 저가의 공산품이 세계의 시장에 확산되어 지구 곳곳에 사는 소비자들의 소비 욕구를 충족시킴으로써 시장경제의 글로벌화에 크게 기여하고 있다.

(2) 구 소련의 붕괴와 동구권 국가의 시장경제화

1980년대 후반, 냉전 체제가 종식되기 전까지 세계 경제는 미국과 서구 유럽, 일본을 축으로 하는 자본주의 시장 경제권과 구 소련과 중국, 동구권 국가를 축으로 하는 공산주의 통제 경제권으로 나뉘어 있었다. 앞서 설명한 바와 같이, 자본주의 시장 경제권은 10억 정도의 인구규모를 가지고 있었고, 공산주의 통제권은 중국을 포함하면(1980년대 중국 인구를 11억 정도로 추산) 전체 15억에서 16억 정도의 규모를 유지하고 있었다. 중국을 제외하면, 구 소련의 인구는 2억 8천 정도이고, 폴란드와 유고, 루마니아,

체코, 헝가리 등 동구권 국가 전체의 인구 규모는 모두 다 합해도 1억 5천여 명에 불과했다. 인구 규모만을 따진다면 소련과 동구권 국가의 세계 시장경제 편입은 중국의 세계 시장 편입에 비해 그리 큰 사건은 아니다. 하지만 소련과 동구권 국가들의 세계 시장 편입은 상징적으로 매우 중요한 의미를 갖는다. 국가 경제의 운용 방식 문제를 둘러싼 이데올로기 대결에서 시장경제와 자유주의의 완승을 의미하는 것이었기 때문이다.

소련은 1980년대까지만 하더라도 미국과 앞을 다투는 군사력과 중공업 기술을 바탕으로 세계 최고 수준의 경제를 유지해 나가고 있는 것처럼 보였다. 하지만 소련 경제의 실상은 그것이 아니었다. 사람들의 일상생활에 필요한 물자를 생산·공급해 줄 수 있는 능력이 이미 한계에 달한 상태에 있었으며, 냉전 상황 하에서 동구의 다른 공산 국가들을 한데 묶는 종주국으로 위상을 지키기 위해서 엄청난 재원을 쏟아 붓지 않을 수 없었다. 1980년대 중반 소비에트 경제의 실패가 극명하게 드러나는 상황에서 소련 공산당의 총서기장에 오른 고르바초프는 소비에트 경제체제의 점진적 개선을 위한 개혁·개방정책을 펴나가기 시작하였다. 하지만 고르바초프의 개혁·개방정책은 소비에트 경제체제가 점진적 개선만으로 문제를 해결할 수 없다는 점을 분명히 해 줄 뿐이었다. 그동안 공산경제 체제의 강압적 유지 속에 감추어진 여러 가지 모순과 요구가 상대적으로 느슨해져 가는 정치사회적 분위기를 틈타며 폭발적으로 분출하였던 것이다.

사람들의 먹고사는 문제를 해결해 주지 못하였던 소비에트 경제체제의 실패에 대한 불만은 차츰 점진적인 개혁·개방정책을 넘어 더 급격하고 근본적인 변화를 요구하는 소련 국민들의 분노로 바뀌었다. 소련 군부는 국민들의 이러한 폭발적 분노와 대중 시위를 강압적으로 억압하면서 유혈 쿠데타를 일으켰다. 하지만 군부 쿠데타는 오히려 옐친이 이끄는 민중 혁명에 의해 뒤덮임으로써 소련 역사의 흐름을 근본적으로 뒤바꾸는 계기가 되었다. 1992년 민중 혁명 이후, 대통령이 된 옐친은 정치적 민주화와 함께, 시장자유화와 경제의 대외 개방정책을 과감하게 펴나갔다. 뿐만 아니라, 동구권 국가들이 속속들이 독립을 표방하면서 자국 경제를 점차 시장경제체제로 바꾸어 나가고, 경제의 대외 개방을 서둘러 나갔다.

(3) 인도, 인도네시아 등 개도국가의 시장 경제화와 세계시장 편입

제2차 세계대전 이후 줄곧 서구 선진경제 국가들은 GATT 체제를 중심으로 관세장벽을 낮추는 등의 통상자유화 시책을 통해 시장경제의 글로벌화를 추진해 나갔다. 하지만 1980년대 초반까지만 하더라도 아시아 아프리카, 라틴아메리카에 위치한 대부분의 개발도상국은 이러한 통상자유화 흐름에 동참하지 않고, 높은 관세와 무역장벽을 유지함으로써 자국 산업의 보호와 경제 성장을 견인해 나가려고 노력하였다. 수입상품에 대해 고율의 세금을 부과하는 높은 관세장벽을 유지했을 뿐 아니라, 외환거래 규제, 수입 면허제도, 수출입 쿼터제도 등의 비관세 장벽을 첩첩이 쌓아 두기도 하였다. 또한 해외 유수 기업들에 비해 크게 경쟁력이 떨어지는 자국 기업들의 보호를 위해 다국적 기업들의 내수 시장 진출을 막고, 해외자본의 국내 유입을 제한하는 조치를 취하기도 하였다. 이들 개도국들은 경제적 국경선의 문턱을 높여, 해외 자본과 수입품, 인력 등의 유입을 스스로 차단함으로써 자국 시장이 세계시장 속에 편입되어 가는 것을 막아내고자 하였던 것이다.

하지만 1970년대 두 차례 오일쇼크와 그에 이은 지속적인 경제위기를 겪은 이후 이들 개도국의 경제성장 전략은 크게 달라졌다. 중국이 시장자유화 조치를 취하고, 스스로 세계경제에 편입된 이후 초고속 경제성장률을 기록한 것도 이들 개도국들에게는 자극이 되었다. 인도와 인도네시아, 태국, 방글라데시 등 광활한 아시아 대륙의 국가들뿐 아니라, 멕시코와 브라질 등 아메리카 대륙, 심지어는 사하라 사막 이남 지역의 아프리카 국가들에 이르기까지 대다수 개발도상국가들이 그들의 상장전략을 내부지향적 전략에서 보다 외부지향적 전략으로 변경하였다.[4] 이들 개도국들은 스스로 관세장벽을 크게 낮추어 갔으며, 해외 자본과 기술을 적극 유치하여 국내 산업을 발전시켜 나가고자 하였다. 그 결과 외부지향적 성장 전략을 채택한 대부분의 개도국에 서구의 많은 다국적 기업들이 진출할 수 있게 되었고, 이들 다국적 기업들에 의해 설립된 현지 법인과 공장들에서 내수용과 수출용의 각종 제조업품목들을 대량으로 생산할 수 있는 체제가 갖추어졌다. 다국적 기업의 진출은 이들 국가들에서 상대적으로 근로조건이 좋고 소득수준이 높은 일자리를 창출하는 데 기여하였고, 또한 산업용 생산 기술의 이전을 촉진함으로써 이들 국가의 생산 역량을 확충하는 데 기여하였다. 1980년대 이전에는 개발도상국 수출상품의 80% 이상이 광물이나 농산물 등 제1차 산업 생산물이었지만, 1990년대 말에 들어오면 개발도상국의 주요 수출상품이 제조업 제품으로 바뀌어 수

4 Peter M. Haas, John A. Hird, Beth McBratney, *Controversies in Globalization: Contending Approaches to International Relations*, 김계동 외 옮김, 「글로벌화의 논쟁」(명인문화사, 2010), p. 59.

출상품의 80%가 제조업 품목으로 바뀌는 큰 변화를 보이게 되었다. 이러한 변화는 1980년대 이후 개도국의 경제성장률이 서구 선진경제 국가들의 경제성장률을 크게 앞지르는 결과를 가져 왔다. 1990년대 중반에 들어 개도국의 1인당 GDP 성장률은 약 3.5%로, 선진국의 두 배에 달하는 것으로 나타났으며, 2000년 이후 개발도상국들은 더욱 빠르게 성장하고 있다.[5] 중국의 13억여 인구 집단을 제외한다고 하더라도, 인도의 11억 7천억, 인도네시아 2억 4천, 파키스탄 1억 8천, 방글라데시 1억 6천 등 아시아 대륙에 집중되어 있는 대부분의 개발도상국들은 매우 빠른 속도로 경제를 발전시켜 가고 있다. 또한 이들 대규모 인구 집단을 가진 개발도상 국가들이 세계시장에 편입됨으로써 중국과 함께 세계 시장에 공급되는 공산품의 주요 원산지로서 기능하고 있다.

아시아의 많은 개도국들은 대표적인 저소득 국가였다. 하지만 하루 1인 1달러 이하를 생계비로 쓸 수밖에 없는 절대빈곤층의 숫자는 1980년에서 2000년에 이르는 20년 동안 크게 감소하였다. 절대빈곤층에 속하던 인구의 규모가 1981년에는 개도국 인구의 40.3%에 이르렀고 이 인구 집단은 아시아 지역에 집중되었지만, 이 지역에서의 절대빈곤층은 2001년에는 21.3%까지 감소한다. 그 결과로 아시아 대륙은 가장 빠르게 빈곤을 퇴치한 지역이 되었다.

1.2.3. 글로벌화와 금융시장 자유화, 디지털 기술혁명

경제적 측면에서의 글로벌화의 가장 큰 특징은 글로벌 차원으로 확대된 통상자유화에 있다. 앞서 살펴본 바와 같이 1970년대까지 미국과 서유럽, 일본 등을 중심으로 작동되었던 세계 시장 경제체제는 중국, 소련 및 동구권, 인도와 인도네시아 등 아시아 개도국, 멕시코와 브라질 등 중남미 국가들을 포괄하는 글로벌 통합시장체제로 확대되었다. 상품과 인력, 기술과 자본 등이 바닥을 향해 낮아져 가는 각국의 국경선을 넘고, 각 지역과 대륙의 경계선을 뛰어 넘어 자유롭게 이동하고 있는 것이다.

이와 같은 글로벌 차원의 통상자유화는 디지털 기술혁명으로 가능해진 금융거래의 자유화 때문에 가능해질 수 있었음을 알 수 있다. 국가 간, 지역 간, 대륙 간 금융거래의 자유화는 1980년대 이후, 시장 자유화를 추진하는 세계 각국들이 무역자유

5 위의 책, p. 64.

화 조치와 병행하여 금융시장에 가해져 왔던 각종의 규제를 크게 완화하거나 철폐하는 등의 금융시장 자유화 조치를 통해 이루어졌다. 각국에서의 금융시장의 자유화는 금융기관에 대한 국가 통제중지, 금리 자유화, 외환거래 자유화, 국책 은행의 민영화, 신용통제 중지 등을 의미한다. 금융거래의 자유화에는 은행, 보험, 투자 등 금융 산업 각 부문 간의 자유로운 교차진출의 폭넓은 허용을 포함하며, 증권시장이나 투자시장 등 금융시장에 대한 대외개방을 포함한다.

1980년대 유럽과 미국, 한국과 일본 등 동아시아 국가들, 호주와 뉴질랜드 등이 이러한 금융시장 자유화 조치를 단행하였고, 1990년대에는 태국 등 동남아시아와 인도, 일부 아프리카 국가들이 뒤따랐다. 이제 이윤극대화를 추구하는 글로벌 자본들이 국경선을 자유롭게 넘나들면서 최대의 수익을 창출하는 '치고 빠지는 전략'을 활발하게 구사할 수 있게 된 것이었다. 글로벌 자본들은 현지에 기업을 세우고 공장을 짓는 등의 직접투자(FDI)를 하기도 하지만, 여기저기 자본시장이나 주식시장을 옮겨 다니면서 단기적으로 고수익을 추구하는 투기자본(Hedge Fund)으로 기동력을 발휘하기도 한다.

국가 간, 대륙 간 금융거래의 자유화는 1990년대 비약적으로 전개된 디지털 기술혁명에 의해 뒷받침되었다. 1990년대 이후 눈부시게 발전하고 있는 디지털 기술은 컴퓨터와 인터넷 기반의 금융거래를 촉진시켰다. 그런가 하면 국가와 국가, 대륙과 대륙 사이는 한꺼번에 대용량의 초고속 데이터 통신을 가능하게 만들어 준 새로운 위성시스템과 광섬유 케이블로 연결되었다. 글로벌 통합시장에 편입된 전 세계 국가들은 순간적인 금융 거래 및 결제가 가능한 '실시간 금융거래망(a web of instant financial transaction)'으로 짜여 있다.

국가 간 상품거래의 자유화와 금융거래의 자유화는 동전의 양면과 같은 관계에 있다. 세계적으로 깔려 있는 '실시간 금융거래망'이 무역자유화를 뒷받침하고 있다. 상품거래의 결제대금이 당사자에 의해 직접적으로 현금 달러로 지불되는 경우는 거의 없다. 고객과 해당 금융기관, 그리고 중앙은행 사이를 오가는 온라인 대차대조표상의 수치 변화가 기록될 뿐이다. 다른 나라의 금융시장에 투자하기 위해 달러 뭉치를 여행 가방에 담아가지고 그 나라 국제공항을 빠져 나와야 하는 것은 아니다. 개인들 간의 거래 뿐 아니라, 개인과 기업, 기업과 기업, 국가와 국가 간의 활발한 거래는 이와 같은 '실시간 금융거래망' 구축을 기술적으로 가능하게 했던 디지털 기술 혁명의 산물인 것이다.

과학기술 혁명, 특히 정보통신 기술의 비약적 발전으로 사람들 사이의 시공간적 접촉이 매우 저렴한 비용으로 신속하게 이루어질 수 있게 되었다. 디지털 기술혁명이 물류비용과 통신비용의 획기적 감축을 가져옴으로써 사람과 물자, 자본의 국경선을 넘나드는 이동이 폭발적으로 증대되었다. 그런가하면 지식과 정보, 기술의 세계적 확산이 매우 빠른 속도로 이루어지고 있다. 예컨대 1930년대 런던과 뉴욕 간 국제전화는 1분당 245달러를 지불해야 가능했지만, 글로벌화 물결이 본격적으로 일기 시작했던 1990년에는 이것이 3.3달러 정도로 줄어들었다.[6] 불과 20여 년이 지난 21세기 오늘날에는 세계 거의 대부분의 지역에서 인터넷망을 통해 거의 제로 수준의 비용으로 언제든지 음성통신뿐 아니라, 막대한 양의 지식과 정보를 주고받는 데이터 통신이 가능하다.

1.2.4 글로벌화와 초국적 기업(Transnational Corporations)

경제적 측면에서의 글로벌화는 초국적 기업들의 왕성한 경제 활동에 의해 주도되고 있다. 국경선을 넘나들면서 자본과 상품, 인력, 기술 등을 옮겨 나르는 가장 주요한 세계 시장의 활동 단위는 초국적기업들이다. 초국적 기업은 생산과 공급 네트워크의 글로벌화를 추구하는 기업이다. 물품이나 서비스 생산을 위한 생산 네트워크와 부품 조달 및 제품 판매를 위한 공급 네트워크가 글로벌화되어 있는 기업이다. 특히 오늘날 대규모의 초국적 기업들은 본거지 국가의 국경선 밖에서 주된 생산 활동이 이루어지고 있음을 알 수 있다. 예컨대 대표적인 초국적 기업의 하나인 나이키는 본거지인 미국에 생산 공장을 두고 있지 않으며, 아시아를 중심으로 17여 개 국가에서 8만여 명의 근로자들이 제품을 생산하고 있는 것으로 알려져 있다.

(1) '초국적 기업'의 의미

'초국적 기업'이라는 말에는 두 가지 의미가 함축되어 있다. 하나는 기업 활동이 국가 간 경계선을 뛰어넘어 활동한다는 의미를 내포하고 있는 것이고, 다른 하나는 기업 활동이 국적 개념을 초월하고 있다는 의미이다. 전자가 기업 활동이 여러 국가들에서 동시에 이루어지고 있다는 점을 뜻하는 것이라면, 후자는 기업 활동에 대한 국

6 George A. Steiner and John F. Steiner, *Business, Government, and Society: A Managerial Perspective, Text and Cases* (McGraw-Hill, Irwin, 2006), p. 384.

가의 영향력 행사 범위가 제한되어 있음을 부각시키고 있는 개념이라고 할 수 있다. 전자는 어느 한 기업의 경제 활동이 본거지 국가 외의 여러 국가들에서도 이루어지고 있다는 의미에서 다국적 기업(multi-national corporations)이라고도 부른다. 많은 경우에 사람들은 다국적 기업과 초국적 기업을 개념적으로 구분하지 않고 혼용하기도 한다. 하지만 혹자는 다국적 기업과 초국적 기업의 개념에 함축되어 있는 의미의 차이를 강조하기도 한다. 허스트와 톰슨은 다국적 기업과 초국적 기업의 개념상의 차이를 기업 활동이 글로벌화가 본격적으로 이루어지기 이전의 시기를 배경으로 하는 것이냐, 아니면 글로벌 시대를 배경으로 하는 것이냐를 기준으로 구분하고 있다.[7]

다국적 기업과 초국적 기업의 가장 중요한 차이는 기업 활동에 있어서 '국적'의 의미이다. 즉 그 기업의 국적지가 기업 활동에 어떤 의미와 비중을 차지하고 있느냐 하는 것이다. 허스트와 톰슨은 글로벌화 이전 시대 세계경제를 세계규모의 국제경제(world-wide international economy)로 부르고, 이를 1980년대 이후의 글로벌화된 세계경제(globalized international economy)와 구분하고 있다. 글로벌화 이전의 국제경제 시대에는 기업 활동이 그 기업이 속한 국가의 뚜렷한 정책적 영향력 하에서 이루어졌다. 반면 글로벌화된 세계경제 시대에서 기업 활동은 그가 속한 국가 고유의 공공정책의 영향력 범위 밖에서 이루어지고 있다는 특징을 갖는다.

허스트와 톰슨에 의하면, 국제경제 시대에는 각국의 중앙정부가 세계 경제 질서를 결정하는 가장 주요한 활동단위가 된다. 각국 경제가 활발한 교역을 통해서 상호연계성을 확대해 나가고 있기는 하지만, 이는 어디까지나 각국 중앙 정부 간의 전략적 상호의존의 틀 내에서 이루어진다. 세계경제 질서의 기본 틀을 짜는 것은 각국 정부를 대표하는 정치인이나 실무관료들이다. 기업 활동은 그 나라 중앙 정부의 정치적 선택으로부터 자유로울 수 없다. 대내적으로 그 나라 정부규제의 제도적 틀 속에서 이루어지면, 대외적으로 국경선 밖의 시장 활동 역시 국경선 위에 기능하는 제도적 장치와 그 나라 중앙 정부가 선택적으로 수용한 국제경제 규약의 제약을 받는다. 각국의 중앙 정부는 국제경제가 국내경제에 곧바로 영향을 미치지 않도록 그 흐름을 각국의 형편에 맞추어 굴절시키는 역할을 담당한다. 국제경제의 흐름이 직접적으로 국내경제에 영향을 미치

7 Hirst, Paul and Grahame Thompson, "Globaization in Question: International Economic Relations and Forms of Public Governance." J. Roger Hollingsworth ed., *Contemporary Capitalism: The Imbedddnedd of Institutions* (Cambridge University Press, 1999), pp. 337~360.

지 않도록, 각국의 공공정책과 국내 정치과정이 완충작용을 하는 것이다.

(2) 세계 경제의 리더로서 초국적 기업

1980년대 이후 글로벌화가 본격적으로 이루어지기 이전에는 세계 경제 흐름이 각국의 국내정치 및 각국 고유의 공공정책에 의해 굴절될 수 있는 여지가 폭넓게 허용되고 있었다. 각국의 정부들이 나서서 세계 경제의 흐름을 얼마간 인위적으로 조정해 나가는 의사 결정을 해 나갈 수 있었다. 해외 무대를 누비고 다니는 기업들이라고 하더라도 자국 정부나 외국 정부의 결정과 정책에 의해 활동의 제약을 받을 수밖에 없었다. 글로벌화가 본격적으로 이루어지기 이전의 시대, 국제 경제활동의 주역은 어느 한 국가에 뚜렷한 본거지를 두고 다만 자국 이외의 다양한 국가들에서 경제 활동의 영역을 넓혀 나갔던 다국적 기업이었다. 다국적 기업은 국적 개념이 명확한 기업이다. 핵심 역량은 본국에 남겨 두고, 해외에는 현지 지사를 두거나 공장시설을 운영한다. 자국 정부로부터 가해지는 각종 정부 규제로부터 자유로울 수 없으며, 기업 경영활동은 그 나라 정부의 감독권 하에 놓이게 된다. 그 대가로 정부는 외부로부터 가해지는 예기치 않은 충격파나 위험요인들로부터 자국 기업을 보호할 수 있는 역량을 발휘하기도 한다.

이와는 달리 글로벌화된 세계경제 시대에서는 각국의 중앙 정부를 대신하여, 대규모의 개별 기업이 세계 경제의 중심적 활동 단위로 기능한다. 오늘날의 글로벌 경제는 개별 기업 간 직접적, 체계적인 교호작용 및 상호의존의 결과로 형성되어 간다. 글로벌 시대의 세계 경제는 '글로벌 시장의 힘(global market force)'에 의해 움직이는 자체의 고유한 작동 메커니즘을 가지며, 이러한 글로벌 시장의 힘이 각국 고유의 공공정책 및 국내정치 영역을 축소시켜 나가고 있다. 개별 국가의 중앙 정부는 국제경제 레짐(international economic regime)의 결정과 규칙에 부합하도록 국내의 정부 규제체제를 정비하는 활동에 치중한다. 글로벌화된 세계 경제를 이끌어 나가는 주요 활동 단위는 각국 고유의 정책적, 제도적 영향력의 범위를 벗어나고자 하는 초국적 기업들이다. 초국적 기업은 본국 정부의 차별적 규제에 맞서 규제가 없는 곳으로 자본과 설비를 옮겨 나가고자 하는 이탈옵션(exit option)을 갖는다. 심지어는 기업의 최고 경영본부와 핵심 역량까지도 규제가 없고, 기업 활동이 용이한 다른 지역으로 옮겨 나갈 수 있다.

각국 국경선의 문턱이 아주 낮아져 있기 때문에 간섭과 규제가 없으며,

세율이 낮고 노조가 까다롭게 굴지 않는 지역으로 쉽게 옮겨 다닐 수 있게 되었기 때문이다. 이러한 의미에서 초국적 기업은 국적 개념이 불분명한 '무국적 기업(stateless corporation)'이다. 초국적 기업은 국제경제 규약이나 표준화된 국제규제 기준 이외 모든 국내 규제 정책적 제약으로부터 자유로워지기를 원한다. 이를 위해 초국적 기업들은 시장이라는 시합장의 조건이 국가에 따라 다르지 않고, 모든 국가 모든 지역에서 동일한 조건 하에서 기업 활동을 해 나갈 수 있는 '시장조건 균일화(leveling the playground)'를 추구한다.

(3) 초국적 기업들의 활동 현황

2010년 현재 전 세계적으로 8만 2천여 개의 초국적 기업이 활동하고 있다. 이 수치는 초국적 기업의 본사를 기준으로 한 것이고, 이들 초국적 기업들에 의해 설립된 본국 외 해외현지 지역에서의 법인기업과 자회사, 공장시설, 연구개발 회사 등 제휴 사업체의 수를 모두 합하면 81만여 개에 이르는 것으로 나타나고 있다.[8] 이들 초국적 기업들이 세계 각 대륙, 각 지역에서 고용하고 있는 전체 인력의 규모는 7천 7백만 명에 이른다. 이 수치는 독일 노동력 규모의 두 배 정도에 해당하는 수치로서, 피고용 인력규모라는 면에서만 보면 초국적 기업의 비중은 그리 크지 않을 수도 있다. 하지만 이들 초국적 기업이 세계 경제에서의 역할과 세계시장에서 차지하는 비중은 매우 크다. 우선 세계 총 교역량 가운데 이들 초국적 기업들이 차지하는 비중은 전체 1/3에 해당한다. 초국적 기업들이 세계 곳곳의 시장에 투자한 해외직접투자의 총규모는 2007년 약 2조 달러를 정점으로 기록한 바 있다. 이는 세계 6~7위권의 경제대국인 영국이나 이탈리아의 GDP 규모와 거의 맞먹는 수치로, 초국적 기업들이 영국이나 이탈리아 시장규모와 거의 맞먹는 수준의 새로운 시장을 세계 곳곳의 지역에 확대해 가고 있음을 뜻한다. 해외 직접투자(FDI)는 증권이나 채권 등 금융상품 투자와는 달리, 초국적 기업들이 해외에서 법인기업이나 공장시설을 설립한다든지 혹은 기존의 것을 매입하는 데 투자한 재원을 일컫는다.[9] 해외 직접 투자 말고도, 초국적 기업들이 아웃소싱을 통해 세계 각 지역의 우수한

---

8 United Nations, United Nationas Conference on Trade and Development, World Investment Report 2009.

9 초국적 기업에 의한 해외직접투자는 2007년 이후 세계적인 경기위축을 배경으로 크게 줄어들다가 2010년을 전후로 다시 회복되어 가는 추세에 있다. 해외직접투자 가운데에서도 현지에서 직접 부지를 매입해서 생산 공장을 건립하는 것을 그린필드 투자(greenfield investment)라고 부르는데, 2007년 경제위기 이후, 이러한 그린필드 투자가

기업들로부터 부품을 조달하고 있다는 점을 감안한다면 세계경제에서 차지하는 비중은 훨씬 크다는 것을 짐작할 수 있다.

초국적 기업들은 과거 대부분 서유럽과 미국, 일본 등 서구 선진경제 국가들에 본거지를 두고 활동하는 기업들이 대부분이었다. 하지만 1990년대 후반 이후에는 중국이나 한국 등 아시아 국가나 브라질 등 남미 국가 등에서도 대규모의 초국적 기업들이 나타나고 있음을 알 수 있다. 초국적 기업들 가운데에서도 생산 규모나 매출 규모가 압도적으로 큰 대규모 초국적 기업이 세계 경제에서 차지하는 비중은 매우 크다. 100대 초국적 기업들은 전체 초국적 기업들이 취득한 해외 자산의 9%, 전체 매출의 16%, 전체 피고용인력 11% 수준을 차지하고 있을 만큼 그 차지하는 비중이 크다.

100대 초국적 기업들은 대부분 유럽(2009년 기준: 57개)과 미국(20개), 일본(10개) 등지에 본거지를 두고 있다. 제조업체로서는 미국의 GE(General Electric)와 영국 보다폰(Vodafone), 네델란드와 영국의 로얄 더치 셸(Royal Dutch/Shell)그룹, 영국의 브리티시 페트로리엄사(British Petroleum Company), 미국의 엑슨 모빌(Exxon Mobil), 일본의 도요타(Toyota Motor Corporation) 등이 해외에서 취득한 자산 규모 면에서 최상위 그룹을 형성하고 있다. 고용인력 규모 면에서 보면 월마트(Wall-mart: 전체 210만)와 까르푸(Carrefour: 49.5만) 등 초대형 소매회사들이 최대 규모이다. 총매출 면에서는 엑슨 모빌과 브리티시 페트로리엄 등의 정유회사들이 압도적으로 큰 규모를 유지하고 있다. 이들 두 기업의 매출규모(대략 4,600억 달러)는 GDP 규모로 세계 상위 20위권의 벨기에나 스위스의 경제규모에 준하는 수준이다. 세계 100대 초국적 기업들은 전 세계 GDP 생산의 4% 정도를 차지하고 있기도 한데, 이 수치는 2000년 이후 안정적으로 유지되고 있다. 한국 기업으로서는 LG그룹(69위)과 삼성전자(75위), 현대자동차(87위) 등이 세계 100대 초국적 기업군에 포함되어 있다.

초국적 기업들의 해외직접투자는 2000년대 초까지만 하더라도 미국과 유럽, 일본 등 선진경제국가 사이에서 집중적으로 이루어졌다. 하지만 2007년 세계적인 경제위기와 함께 유럽과 미국의 기업 간의 대규모 M&A가 크게 줄어들면서, 선진 경제국가들 사이의 FDI는 큰 폭으로 줄어든 반면, 아시아나 구 동국권 국가들, 중남미 국가들, 아프리카 일부 국가 등 신흥경제권 국가들로 유입되는 FDI가 크게 늘어나고 있는 것으로 나타났다. 그 결과 2007년 45.6%에 불과했던 글로벌 직접투자 중 신흥경제권으로

특히 감소한 바 있다.

의 투자비중은 2009년에는 84%까지 상승했음을 보여 주고 있다.

초국적 기업들이 아시아와 중남미 등지의 해외시장에 직접 투자하는 것은 값싼 노동력 이용 목적과 함께 잠재적 시장 전망 때문이다. 글로벌화의 진전은 이들 신흥경제권 국가들의 경제개발과 시장규모의 확충을 가져왔고, 초국적 기업들은 이들 지역을 구매력이 커진 판매 시장으로서 매력을 느끼고 있다. 글로벌화의 심화에 따라 아시아나 중남미, 일부 아프리카 지역에까지 초국적 기업들에 의한 경제개발과 시장개척이 이루어지고, 이로써 세계 시장경제의 영역은 그만큼 확대되어 가고 있음을 알 수 있다.

1.2.5. 글로벌화와 초국적 경제기구

오늘날 세계 시장에서 글로벌화를 확대하고, 심화시켜 나가는 첨병의 역할은 초국적 기업들이 맡고 있다. 하지만 글로벌화가 초국적 기업의 노력에 의해서만 진행되는 것은 아니다. 국경선 너머로 기업 활동이 확대되어 가는 과정에서는 초국적 기업 못지않게 WTO나 IMF, World Bank 등과 같은 초국적 경제기구들이 크게 역할을 한다. 또한 NAFTA나 OECD 등과 같은 지역경제공동체 기구의 역할도 매우 중요하다. 초국적 경제기구나 지역경제공동체 기구의 역할은 한 나라 안에서의 시장과 그 나라 밖의 시장이 어떻게 연계되어야 하는지에 관한 문제를 다룬다.

한 국가의 국내 시장이 다른 국가의 시장과 만나는 접점은 자본과 상품, 기술, 인력이 넘나드는 국경선이 된다. WTO나 IMF 등 대부분의 초국적 경제기구와 EU, NAFTA 등 지역경제 공동체 기구는 회원국들 상호 간 국경선을 넘나드는 물자와 인력 등의 거래가 어떠한 규칙 하에서 이루어질 것인가 하는 문제를 다룬다.

기업들은 국경선 너머로 옮겨 다니면서 또 다른 기업을 설립하고, 공장을 짓고 하는 등의 시장 활동을 전개한다. 또한 생산에 필요한 물자를 조달하여 상품을 만들고, 이를 생산 현지나 인접 국가들뿐 아니라 다른 대륙에 위치한 국가들에게까지 판매영역을 확대해 가며 수익극대화를 추구한다. 이러한 기업들의 국경선을 뛰어 넘는 활동 과정에서는 기업이라는 '선수'들이 시장이라는 '경기장'에서 어떻게 '플레이'하도록 할 것인가 하는 것이 관건이 된다.

오늘날 대부분의 기업 활동은 국경선 밖으로 향하고 있다. 국내 시장의 문턱이 낮아지면서 해외 시장과 국내 시장의 경계가 차츰 흐려지고 있다. 시장이 순수하게 한 국가 내에서의 경제 영역에만 머물러 있을 수는 없다. 국내 시장에서만 활동하는 기업이라고 하더라도, 해외 기업들의 움직임에 전혀 무관심할 수 없으며, 국내 시장이 해외 시장의 동향으로부터 차단된 상태에 그대로 머물러 있을 수도 없다. 초국적 기구나 지역공동체 기구는 국경선 너머에서 이루어지는 기업 활동의 룰을 만들어 집행하는 역할을 주로 맡는다. IMF나 World bank는 외환 자금을 필요로 하는 국가들에게 이를 대출해 주는 일을 수행하고 있지만, 각 기관이 추구하는 목표와 정책 프로그램을 해당국 정부에 대하여 대출조건으로 부과한다. 이들 기구가 설정해 놓고 있는 목표와 정책 프로그램을 해당국 정부가 옮겨 심어가도록 하고 있는 것이다.

초국적 경제기구로서 WTO의 다자규범은 국경선 위에 작동되는 국제 통상규칙에 초점이 맞추어져 있다. 1994년 WTO는 제2차 세계대전 직후인 23개국이 참여하여, 국제통상 문제를 해결하기 위해 만들어진 GATT 체제를 대체하는 새로운 초국적 경제기구로 출범하였다. GATT 체제는 1947년 출범한 이후 회원국의 수를 늘려가는 한편, 회원국 모두가 전원 합의할 수 있는 다자규범화의 폭을 넓혀 왔다. GATT 체제 하에서 이루어진 첫 다자규범화는 각국의 국경선 위에서 작용하는 통상규칙이었다. GATT라는 말 자체에 담겨 있듯이 '무역과 관세'에 관한 회원국 간의 '일반 합의'가 이루어진 이후, GATT 체제는 국가 간 자유로운 통상에 지장을 초래할 수 있는 일체의 '무역장벽'을 허물기 위한 노력을 지속해 왔었다. 회원국 간의 전원합의를 목표로 한 일련의 긴 협상과정을 거치는 제네바에서 도쿄까지 7차례의 라운드를 거치면서, GATT는 국경선 위에 기능하는 관세 및 비관세 장벽을 최소화하는 데 성공하였다. 1986년 시작되어 1994년 4월 모로코 마라케시 일반협정(Marrakesh Agreement)으로 공식 종결된 우르과이 라운드에서는 국제통상 규칙을 집행할 새로운 국제 경제기구로서 WTO를 출범시켰다.[10]

WTO는 한층 강화되고 명료화된 기존 GATT의 규약뿐 아니라, 우르과이 라운드를 거치면서 전원 합의된 서비스, 무역관련 투자조치(TRIMs), 무역관련 지적재산권(TRIPs) 등에 관한 다자규범, 즉 WTO 규칙들을 집행하는 역할을 맡고 있다.

---

10 Stiglitz, Joseph E., "Globalization and the Logic of International Collective Action: Reexamining the Bretton Woods Institution." / S. P. Shukla, "From the GATT to the WTO and BeyondEd. by Deepak Nayyar, *Governing Globalization: Issues and Institutions* (Oxford University Press, 2003), pp. 238~283.

1.3. 글로벌화의 정치적 측면

글로벌화는 경제적 측면에서만 진행되는 것은 아니다. 각국이 국경선의 문턱을 낮추어 가며, 지구촌이 하나의 거대한 시장으로 묶여 가는 과정에서는 거기에 수반되는 정치적 측면에서의 변화가 있게 된다. 앞서 글로벌 차원의 시장통합이 이루어지면서 각국에서의 경제적 측면에서의 주권 행사가 제약되고 있음을 지적한 바 있다. 주권은 한 국가에서의 최종적 의사결정권을 의미한다. 경제적 측면에서의 주권이란 시장과 경제에 영향을 미치는 정부의 정책이나 제도를 그 나라 국민이 원하는 대로 마음대로 결정하고 운용해 나갈 수 있는 바를 뜻한다. 만일 한 국가의 경제를 그 국가에서 살아가는 사람들의 사회적 합의나 정치적 결정을 통해서 자국 국민들이 원하는 대로 운용해 나가는 데 제약이 뒤따른다면 이는 그만큼 국가 주권이 제약당하고 있음을 의미한다.

글로벌화 비판론자들은 오늘날의 글로벌 시대를 배경으로 시장과 경제에 관한 한 개별국가의 국가주권(national sovereignty) 행사는 크게 제한되어 있다고 주장한다. 한편으로는 WTO나 IMF, World Bank 등 초국가 기구의 구속력 있는 규약 때문에, 다른 한편으로 초국적 기업의 보이지 않는 영향력 행사 때문에 개별국가의 주권적 결정 영역이 갈수록 축소되고 있다는 것이다. 초국적 기구와 초국적 기업은 기업이라는 '선수'들이 시장이라는 '경기장'에서 '대등한 조건', 즉 동일한 '규칙'의 적용을 받아가며 '시합'해 나갈 수 있도록 하자는 데 그 활동 목표를 공유하고 있다. 당장 한꺼번에 모든 국가들에서 시장 규칙이 표준화될 수 있도록 하자는 것은 아니지만, 궁극적으로는 각국의 시장 규칙이 점진적으로 조화를 이루도록 하자는 데 뜻을 같이하고 있는 것이다.

각국에서의 시장 규칙의 조화와 표준화는 곧 시장과 경제를 규율하는 각국 시장 제도가 개별국의 고유의 정체성을 잃고 한 방향으로 수렴되어 간다는 것을 의미한다. 각국에서의 시장 규칙의 조화는 시장과 경제에 영향을 미치는 각국 정부의 공공 정책의 동조화와 수렴 현상을 불러일으키게 된다. 글로벌화를 배경으로 하는 시장 규칙의 조화의 방향은 크게 두 가지 방향으로 나타나고 있다.

하나는 각국에서 시장과 경제 문제에 대하여 정부가 차츰 손을 떼는 것이다. 경제에 관한 한, 정부는 여기에 개입하고 간섭하는 역할을 축소해 나간다는 것이다. 경제 문제는 시장 법칙에 따라 해결되도록 한다는 것이며, 시장의 힘이 결정하는 대로 움직이도록 내버려 두는 것이며, 시장에서의 성패는 시장원리에 따라 시장력에 의해 좌우되도록 한다는 것이다. 이는 곧 각국 정부가 그 나라 의회 등에서 합의된 정치적 결정을 받아들여 시장력의 발현을 제어하는 인위적인 개입활동을 취해 나가는 것을 삼간다는 것을 의미한다.

다른 하나는 국가 간 차별적인 정책과 제도가 차츰 줄어간다는 의미이다. 각국에서 시장을 규율하는 정책과 제도가 조화를 이루고 있을 때 국가 간의 교역이 원활하게 이루어질 수 있다. 왜냐하면 각국의 서로 다른 제도와 정책은 당사국간의 원활한 거래에 지장을 초래하는 외부 비용으로 기능할 수 있기 때문이다. 시장론자들은 시장에 대한 정부의 개입을 줄이고, 시장을 시장력의 흐름에 내맡겨 두어야 한다고 주장한다. 시장을 시장의 힘이 결정하는 대로 내버려 두면 자연히 그 결과로써 각국의 제도와 정책이 조화를 이룰 것으로 본다. 시장에 대한 정부의 개입은 곧 시장력의 발현을 제어하는 차별적인 규제 장치를 두는 것을 의미한다고 보기 때문이다.

1.3.1. 근대 국민국가 체제의 변화?

앞서 살펴본 바와 같이 글로벌화를 배경으로 국가와 국가를 나누는 국경선의 문턱이 갈수록 낮아지고 있다. 전통적인 국경선은 사람과 물자의 자유로운 이동을 막는 물리적 경계선이었을 뿐 아니라, 각국에서의 정치적, 경제적, 사회적 제도의 차이를 드러내는 제도적 구분선이었으며, 국가별로 서로 다른 정책 결정 및 집행 방식의 차이를 보여 주는 정치적 구분선으로 기능하기도 했다. 국가 간, 지역 간 경계선과 구분선이 명확한 시대에서는 각국의 시장과 경제는 그 국가체계 안에 자리 잡고 있는 국가 단위의 '국민 경제(national economy)'를 의미하는 것이었다. 그리고 '국민경제'는 원칙적으로 국가 주권의 결정권하에 있었다.

17세기 중반 이후 베스트팔렌 조약으로 성립되었던 서유럽 중심의 국민국가 체계는 다음과 같은 몇 가지 기본원리 하에 작동되었다. 첫째, 세계는 일정의 영토 안에서 최고의 의사결정권으로서 주권을 행사하는 국가들로 구성된다. 둘째, 개별 국가는 영토 안의 시장과 경제, 그리고 시민 사회를 규율할 수 있는 법규를 만들어 집행할 수 있는 권리를 갖는다. 셋째, 국가 간의 관계를 규율하는 국제법은 개별 국가의 고유의 목표와 정체성을 훼손하지 않는 정도 내에서 국가들의 공존을 도모하기 위한 최소한의 규칙이어야 한다. 넷째, 모든 국가는 국제법상으로 동등한 권리를 가지며, 평등한 관계를 유지한다.

국가 간, 지역 간 경계선과 구분선의 의미가 갈수록 퇴색되어 가는 오늘날의 글로벌 시대에서 근대 이후의 이러한 국제정치 질서에는 어떠한 변화가 일어나고 있는가? 그리고 그러한 변화는 필요하며, 바람직한 것인가? 이 문제를 둘러싸고서도 글로벌화 지지론자들과 비판론자들 사이에 뜨거운 대립과 논쟁이 있음을 알 수 있다.

적극적인 글로벌화 지지론자들은 국민국가 단위로 조직화된 국제정치 질서는 글로벌화의 심화에 따라 변화하고 있으며, 이러한 변화가 불가피한 것으로 설명한다. 이들이 이러한 변화가 불가피하다고 말하는 것은 경제적 측면의 글로벌화는 필연적으로 정치적 측면에서의 글로벌화를 불러일으킬 수밖에 없다고 보기 때문이다. 지구촌 곳곳에까지 시장질서가 침투해 들어가고, 지구촌이 하나의 거대한 시장으로 통합되어 가는 세계에서 자국 고유의 경제·사회 정책과 차별적 규제 기준을 지키려고 하는 각국 정부의 노력은 거대한 글로벌 시장의 힘에 눌려 수포로 돌아갈 수밖에 없다는 것이다. 거대한 글로벌 시장의 힘은 자국 국민 경제에 대하여 주권적 결정을 도모해 나가는 중앙 정부의 능력을 크게 제한해 나간다. 극단적 글로벌화 지지자들은 이를테면 글로벌화가 각국 국민경제에 영향을 미치는 정치권력의 위축을 가져오는 것으로 본다.

그렇다면 이러한 정치권력을 대체해 나가는 것은 무엇인가? 적극적인 글로벌화 지지론자들은 자국 경제에 대한 중앙 정부의 개입이 축소되면서, 차츰 그 자리를 메워 가는 것이 초국적 기구나 초국적 기업 네트워크 등과 같은 글로벌 네트워크의 보이지 않는 힘인 것으로 설명한다. 각국 중앙 정부의 개입과 정치권력의 개입이 줄어드는 공간에 세계 시장을 규율하는 새로운 질서체계, 즉 글로벌 거버넌스가 들어서 있다고 본다. 이제 시장에 대해서는 각국 정부뿐 아니라, 초국적 기구, 초국적 기업과 글로벌 업계 단체, 비정부 기구와 글로벌 시민운동 단체들이 상호견제하고 경쟁하면서, 때로는 협력을 도모해 나가기도 하는 새로운 글로벌 규율 체계가 형성되고 있다는 것이다.

반면 글로벌화 회의론자들은 글로벌화되어 가는 '경제'의 힘에 밀려 각국에서 '정치'가 맥을 못 추고 있다는 주장에 대해 비판한다. 이들에 의하면 글로벌화의 위력이 각국에 영향을 미치는 정도가 획일적으로 모든 나라에서 같은 것은 아니다. 이들에 의하면 글로벌 경제의 힘은 각국에 직선적으로 영향을 미치기보다는 국경선을 넘어오면서 각국 정부의 개입에 의해 완충되고 굴절된다. 글로벌화 물결을 얼마만큼 국내 시장에 수용할 것인지의 여부는 정치적으로 결정될 수 있다. 글로벌화 물결을 얼마만큼 받아들일 것인가에 대하여 '국민국가' 내의 정치적 선택이 미치는 영향은 여전하다는 것이다. 글로벌 시장의 힘이 각국의 '국가 경제'에 어떻게 자리 잡아 가는지의 여부 역시 시장의 구조적 힘에 의해 불가항력적으로 결정되어 버리는 것이 아니며, 각국 정부의 정책재량권이 폭넓게 행사될 수 있다고 본다. 이를테면 글로벌화 회의론자들은 글로벌 네트워크의 영향력이 발휘되는 가운데에서도 개별국의 정치적 선택이나 정책재량권이 여전히 무시될 수 없을 정도로 발휘되고 있다고 설명한다.

글로벌화 심화에 따라 각국의 중앙 정부가 자국 시장과 경제에 대하여 할 수 있는 일이 크게 줄고 있다. 단순히 여기에 영향을 미칠 수 있는 권한과 능력이 크게 위축되고 있는 것만은 아니다. 통합되어 가는 세계 시장 질서 속에서 시장과 경제에 영향을 미치는 정부의 역할은 줄어든 것이 아니라, 재조정되고 있을 뿐이라는 설명도 제시된다. 각국 시장이 한 단위의 세계시장으로 통합되어 가는 글로벌화의 심화 현상이 나타나면서 국가 간의 경제적 경쟁은 더욱 치열해지고 있다. 글로벌화의 심화는 글로벌 경쟁의 심화를 의미하는 것이다. 글로벌화로 경제적 국경선이 크게 낮추어지고, 각국의 경제적 주권 행사가 제약받고 있는 가운데에서도 국가경쟁력 문제가 더욱 심각한 이슈로 대두되고 있다.

오늘날 국가경쟁력은 그 나라 기업들의 해외경쟁력을 의미한다. 오늘날 한 국가가 축적해 두고 있는 대부분의 국부는 자국 기업이 세계 시장에서 획득한 재원의 총합을 의미한다. 국경선이 외국 자본과 기업의 진입을 막아 주던 시대에서는 국내에서 1등이거나 최소한 수위를 유지할 수 있는 기업이라면 생존과 번영을 보장받을 수 있었다. 하지만 해외 자본과 외국 기업이 낮아진 문턱을 자유롭게 넘나들 수 있는 글로벌 시대에는 자국의 내수 시장을 지키는 것만으로 생존을 보장받을 수 없다. 활짝 열린 세계 시장에서 경쟁력을 가진 기업들만이 안방 시장을 지킬 수 있는 시대이다. 각국 정부는 세계시장에서 자국 기업의 경쟁력을 강화하는 한편, 해외 자본과 외국 기업의 국내 유치를 위해 경쟁적으로 노력하고 있다. 각국 정부는 자국 기업의 해외경쟁력 강화를 위한 정책을 개발하고, 제도를 정비해 나가는 일에 주력하지 않을 수 없다. 글로벌 경쟁 시대에서 거의 모든 국가의 정부는 국제 규약에 저촉되지 않는 방식으로 자국 기업의 생산 활동을 촉진하고, 해외 경쟁력 강화를 지원하기 위한 노력에 총력을 기울이고 있다.

1.4. 문화적 측면에서의 글로벌화

1.4.1. 생활 속의 글로벌화

글로벌화 현상은 우선 문화적 측면에서 쉽게 발견된다. 문화란 사람들이 살아가는 방식(way of life)을 의미한다. 한 문화권에 사는 사람들은 생각이 비슷하고 행동하는 방식도 비슷하다. 문화적 특성은 그 문화권에서 살아가는 사람들의 사고방식과 행동방식의 공통된 특성을 말한다. 한 문화권에 살아가는 사람들이 일과 상황을 인식하고 이해하는 방식에는 공통점이 많으며, 일을 처리하고 다루어 나가는 방식도 매우 유사하다. 개인마다 살아가는 방식이 다 다르지만, 크게 보았을 때 어느 한 국가나 특정 지역 내에서 함께 살아가는 사람들 사이에서는 오랫동안 공유되어 온 공통된 삶의 양식이 발견된다.

한 문화권 내에서도 각자의 개성에 따라 일을 처리하고 살아가는 방식에 개인 간 차이가 있을 수 있다. 하지만 한 문화권 내에서의 각자의 개성에 따른 개별적 차별성보다는 다른 문화권 사람들과의 집합적 차이가 더욱 두드러지게 나타나는 것을 알 수 있다. 개인 간의 차이보다는 문화권 내의 사람들 사이에서 발견되는 공통된 특징이 더욱 두드러진다는 것을 발견할 수 있다. 그것은 그 나라 사람들이 함께 공유해 온 역사와 전통의 산물이고, 각 개인들은 '사회화 과정'을 통해서 이러한 삶의 양식을 체득해 나가기 때문이다.

문화적 요소에는 밖으로 관찰 가능한 것과 내면으로 숨어들어가 있어 밖으로 나타나지 않는 것들이 있다. 행태상으로 표현되어 관찰 가능해지는 요소가 있는 반면, 특정의 행동을 작동시키는 심리적 잠복요인으로만 머무는 것이 있다. 부룩스 피터슨(Brooks Peterson)은 문화적 요소의 이러한 이원적 측면을 빙산에 비유하고 있다. 물 밖으로 나와 있어 쉽게 감지되거나 관찰될 수 있는 문화적 요소들이 있는 반면, 물 안에 잠겨 있어 좀처럼 쉽게 감지되기 어려운 문화적 요소들이 있다는 것이다.[11]

음식이나 음악, 의상, 예술, 문학, 제스처, 얼굴표정, 언어 등이 빙산의 일각(tip-of-the-iceberg)에 해당하는 것이라면, 신념이나 가치관, 일 처리방식, 사람에 대한

11 윤홍근, 「협상게임」(인간사랑, 2010), pp. 418~419.

태도나 관계의 설정방식, 소통의 방식, 시간관념이나 변화에 대한 생각들은 빙산의 밑바닥(bottom-of-the-iceberg)에 속하는 것이라 할 수 있다. 문화의 많은 요소들은 밖으로 나타나기보다는 내면에 잠복하고 있는 것이며, 잠복하고 있는 요소들이 심리적 동인이 되어 밖으로 관찰 가능한 형태로 표출되는 것이라 할 수 있다. 관찰 가능한 형태로 표출되는 문화적 요소는 일상생활 속에서 표출되는 경우가 많다. 생활 속에서 찾아지는 문화의 가장 기본적인 특성은 사람들의 의식주 생활에 반영된다. 사람들이 먹고 마시며, 보고 듣고 즐기는 방식으로 나타나며, 사람들의 차림새나 표정, 동작 등에 나타나기도 한다.

그렇다면 글로벌화는 보이는 문화와 보이지 않는 문화 각각에 대해 어떠한 영향을 미치고 있는가? 글로벌화는 사람들의 의식주 등 관찰 가능한 문화적 요소들에는 적지 않은 변화를 초래하고 있는 것처럼 보인다. 하지만 빙산의 밑바닥에 잠복해 있는 것과 같은 보이지 않는 문화적 요소까지 변화를 가져 오고 있다고는 볼 수 없다. 적어도 한두 세대 안에서 문화적 차원의 근본적 변화를 기대할 수는 없을 것이다.

1.4.2. 글로벌화와 문화의 유사성 증대?

(1) 입고 먹고 마시는 문화의 유사성

세계 곳곳을 여행하다 보면 갈수록 그 나라 고유의 의상들이 사라지고 있으며, 사람들의 차림새가 국적에 관계없이 갈수록 유사해지고 있다는 것을 발견하게 된다. 청바지에 티셔츠 차림은 뉴욕이나 런던뿐 아니라, 동경이나 베이징, 모스크바, 방콕에서도, 아프리카 요하네스버그에서도 쉽게 눈에 띄는 가장 흔한 차림새이다. 서울에서 지하철이나 버스를 타보면 사람들의 반 이상이 청바지나 헐렁한 면바지를 입고 있음을 발견할 수 있다. 중동 지역의 일부 국가들을 제외하고 사람들의 옷차림이 갈수록 비슷해지고 있음을 알 수 있다. 아마존 밀림에서 살고 있는 젊은이들 가운데에서도 나이키 신발을 신고 있는 것을 쉽게 목격할 수 있으며, 사하라 사막의 주민들 가운데에는 뉴욕 양키스 구단의 모자를 쓰고 있는 사람들도 적지 않다. 그런가 하면 팔레스타인 청소년들도 시카고 불스 로고가 새겨진 티셔츠를 즐겨 입는다. 사람들의 차림새는 이제 정치이념이나 종교, 인종 등과 무관하게 갈수록 유사성이 늘어가고 있는 추세임을 알 수 있다.

사람들이 먹고 마시는 기호식품에서도 같은 측면이 발견된다. 글로벌화와 관련해서 논란이 일고 있는 세계인의 대표적인 기호식품인 맥도날드 햄버거와 코카콜라, 스타벅스 커피 등과 같은 것들이다. 이들 모두 미국의 다국적 기업들로써, 반글로벌화 운동 단체의 공격 표적이 되고 있다. 맥도날드 햄버거는 전 세계 120여 개 국가에서 32,000여 곳의 레스토랑이 운영되고 있으며, 매년 1,000개 이상의 맥도날드 레스토랑이 새로 생겨나고 있다. 천안문 광장의 한 중심에도 세계 최대 규모의 맥도날드 햄버거 레스토랑이 들어서 있다. 재정수입의 규모 면에서 보면 맥도날도는 세계 최대의 초국적 기업인 엑슨 모빌이나 월마트에는 훨씬 미치지 못한다. 하지만 맥도날도 브랜드가 갖고 있는 파워는 참으로 대단하다.

맥도날드의 상징인 골든 아치는 십자가만큼이나 친숙한 상징이 되었고, 창업주를 본뜬 로널드 맥도날드 상은 전 세계 어린이들에게 산타클로스 다음으로 인지도가 높은 것으로 조사된 바 있다.[12] 맥도날드처럼 지구촌 곳곳에까지 확산되어 있지는 않지만, 최근에는 스타벅스 커피가 글로벌화를 대표하는 상징처럼 급부상하고 있다. 미국 워싱턴주의 시애틀에서 출발한 스타벅스 커피점은 세계 60여 개 국가에 17,000여 매장이 들어서 있다. 미국이나 캐나다, 유럽에는 물론이고, 일본이나 한국뿐 아니라 중국이나 베트남 등 아시아 국가들, 사우디나 오만 등 중동국가들, 이집트나 남아공 등 아프리카 대륙의 주요 도시 곳곳에서 스타벅스 매장을 쉽게 발견할 수 있다. 스타벅스가 글로벌화 현상과 관련하여 논의하기 시작한 것 역시 런던과 토론토 등지에서 반글로벌화론자들의 공격 대상이 되었기 때문이다.

영국의 경제주간지인 이코노미스트는 맥도날드의 지구촌 확산과 그 영향의 일단을 살펴볼 수 있는 척도로 빅맥지수(Big Mac Index)라는 것을 발표한 적이 있다. 맥도날드 햄버거의 현지 가격을 국제 비교하여 그 나라의 외환지수가 얼마나 왜곡되어 있는지를 비교해 볼 수 있다는 취지이다. 한때 토마스 프리드먼은 맥도날드 레스토랑이 진출해 있는 국가가 다른 나라와 전쟁을 치룬 사례는 없다는 관찰결과를 내어 놓기도 하였다.[13]

---

12 맥도날드와 관련된 내용은 다음을 참조하였다: Steiner, George A., John F. Steuner, *Business, Government, and Society*, 11th ed. (MaGraw-Hill Irwin, 2006), pp. 381~384.

13 토머스 프리드먼의 이러한 명제를 엄격히 해석한다면 설득력을 갖기 어렵다는 반증 사례를 찾을 수 있다. 예컨대 1989년 미국의 파나마 공격이라든지, 1999년 나토연합군의 세르비아 공격, 2006년의 레바논 전쟁 등은 그 예

전 세계적으로 어느 도시에 맥도날드 햄버거 레스토랑이 오픈한다는 것은 곧 그 도시가 그만큼 근대화된 도시이고, 글로벌화된 도시라는 것을 의미한다. 맥도날드 햄버거는 그 지역사회 주민을 위한 것이기도 하지만, 그 도시를 여행하는 방문객을 위한 것이기도 하기 때문이다. 맥도날드 레스토랑은 그 지역에 도착한 최초의 다국적 기업 체인일 가능성이 높으며, 그 지역 토착적 소비자들이 처음 접하는 생활 속의 글로벌화 현상일 가능성이 크다.

맥도날드가 글로벌화를 상징한다는 의미는 그것이 극단적인 글로벌화 비판론자들이나 반글로벌화 시위대 중의 공격 목표가 되고 나면서부터 더해졌다고 할 수 있다. 맥도날드는 지금까지 11개 국에서 폭탄테러나 방화공격의 대상이 된 적이 있다. 예컨대 2004년 부시대통령이 칠레 산티아고에서 개최하였던 아시아–패시픽 정상회담에 참석했을 때 이곳에 집결한 반글로벌화 시위 군중은 지역의 맥도날드 레스토랑을 공격하였다. 멀리 떨어진 부에노스 아이레스 외곽에 있는 맥도날드 레스토랑에서는 폭탄물이 발견되기도 하였다.

값싼 소고기 부위를 원자재로 저렴한 노동력을 이용하여 패스트푸드를 만들어 파는 맥도날드는 반글로벌화론자들뿐만 아니라, 환경보호론자들이나 동물애호단체, 채식주의자, 지역의 농민단체나 노조연맹 등으로부터 줄곧 비판의 대상이 되어 오고 있다. 또한 맥도날드 프랜차이즈는 전 세계적으로 확산되어 있는 미국 기업을 상징하는 것이기 때문에 종종 반미주의자들의 극단적인 공격 목표가 되고 있기도 하다.

(2) 보고 듣고 즐기는 문화의 유사성

먹고 마시는 것뿐 아니라 사람들이 보고 들으며 즐기는 것도 같아지고 있음을 알 수 있다. 세계 곳곳에서 벌어지는 일들이 이미 국경선이 무의미해진 전파를 타고 세계 곳곳에 방송된다. 세계 각국 곳곳에서 벌어지는 사건 · 사고가 CNN 등 주요 외신이나 인터넷 방송망을 통해서 생중계되다시피 하고 있다. 90년대 초 걸프전이 방송네트워크를 통해 전 세계에 생중계되기 시작한 이후, 지구촌 곳곳에서 벌어지고 있는 중대한 사건 · 사고에 대한 뉴스는 거의 실시간으로 전 세계에 전달된다. 서울이나 동경에서의 아침 뉴스는 간밤에 폐장된 뉴욕이나 런던의 증권 시장 동향에 대한 뉴스와 함께 전

외에 속한다고 말할 수 있을 것이다.

달된다. 세계 시장, 특히 세계 금융시장이 그만큼 긴밀하게 연동되어 있음을 보여 주는 것이다.

보고 듣는 문화적 요소가 뉴스에 국한되는 것만은 아니다. 사람들의 일상생활이나 평소의 마인드 세트(mind set)에 영향을 미치는 문화적 요소는 보도물뿐 아니라, 엔터테인먼트 산업계에서 생산된 영상물에 의해서도 큰 영향을 받는다. 미국 할리우드의 액션물은 세계 곳곳 도시의 영화관에 거의 동시에 내걸린다. 70년대 할리우드의 세계적인 빅 히트작이었던 영화 '대부'가 서울의 극장가에 상연된 것은 1년 반 이상 미국 주요 도시의 극장가에서 상영된 이후였지만 지금 할리우드 영화는 미국과 서울에서 거의 동시에 막을 올린다. CBS, NBC, ABC, FOX 등 미국 주요 공중파 네트워크를 통해 방영된 드라마가 각국의 케이블 TV를 통해 안방 깊숙이 침투해 들어가기 시작한 것도 오래 전의 일이다.

미국 영상물뿐만이 아니다. 패션의 도시 파리나 밀라노에서 열리는 패션쇼는 세계 각 지역의 네트워크를 통해 방영되며, 여기서 발표된 유명 디자이너의 의상과 장신구를 본뜬 제품은 불과 며칠 만에 홍콩이나 상하이, 서울의 시장가에 등장하기도 한다.

먹고 마시는 문화 못지않게 보고 듣고 즐기는 문화는 사람들의 생활에 큰 영향을 미친다. 보고 듣고 즐기는 문화가 사람들의 생활에 더욱 의미를 갖는 것은 그것이 사람들의 생각과 행동양식에 직접적으로 영향을 미칠 수 있기 때문이다. 사람들의 생각과 판단은 그가 어떠한 정보를 접하느냐에 따라 달라지며, 생각이나 판단은 그 사람의 선택과 행동을 결정한다. 사람들은 일상적으로 접하는 뉴스와 TV 쇼, 드라마 등은 사람들의 선호체계와 생활 패턴, 그리고 행동양식에 적지 않은 변화를 가져 오기 마련이다.

1.4.3. 글로벌화와 문화: 유사성 증대? 차이의 존속?

문화적 측면에서 글로벌화 현상에 대해서 어떠한 평가를 내릴 수 있는가? 여기에 대해서는 크게 서로 다른 세 유형의 설명이 대립하고 있다. 첫째는 경제적 측면에서의 글로벌화 흐름에도 불구하고, 문화적인 측면에서 각국의 문화적 차이가 줄어들고 있다든지 혹은 문화적 동질화가 이루어지고 있다고는 볼 수 없으며, 오히려 문화적 차이에서 오는 정치적, 이데올로기적 갈등의 심화가 이루어지고 있다는 설명이다. 둘째는 글로벌화의 심화에 따라 각국의 문화가 고유의 특징과 정체성을 잃어가면서, 차츰 동질화되어 가고 있다는 설명이다. 셋째는 글로벌화 흐름에 따라, 각국 문화의 교류와 상호 침투가 진행되면서 문화적 혼합화(hybridization)가 이루어지고 있다는 설명이다.[14]

(1) 문화적 유사성 증대와 문화 동질화 가설

앞서 보고 듣고 즐기는 문화의 유사성에 대해 예를 들어 설명한 바 있다. 극단적인 글로벌화론자들은 글로벌화 현상의 심화가 이루어지면서 사회경제 측면에서 시장통합과 함께 문화적 측면에서 전지구적 차원의 유사성 증대가 이루어지고 있다고 설명한다. 문화적 측면에서 유사성이 증대되고 있다고 보는 학자들은 크게 두 가지의 시각을 공유하고 있다. 하나는 이들이 염두에 두고 있는 문화는 주로 '보고 듣고 즐기는' 차원의 대중문화를 의미한다는 것이고, 다른 하나는 이들은 이러한 문화의 동질성 증대 현상을 비판적인 관점에서 접근하고 있다는 것이다.

비관적인 초글로벌화론자들의 문화 동질화 가설(Cultural Homonization Thesis)

초글로벌화론자들은 글로벌 시장통합과 함께 각국의 시장규칙이 고유의 특징과 정체성을 잃어버리게 되고 차츰 조화와 수렴의 방향으로 나아간다고 주장한다. 초글로벌화론자들 가운데에는 이러한 시장통합 현상을 긍정적으로 평가하는 사람들이 많다. 문화적 측면에서도 글로벌화의 심화가 이루어지면서 지구촌 곳곳에서 문화적 유사성이 증대되고 있다고 보는 사람들이 적지 않다. 다만 문화적 측면에서만은 이러한 현상을 바람직하게 보지 않는다. 문화의 글로벌화가 각국 고유의 문화적 특징과 정체성을 줄여 나가면서 각국, 각 권역의 문화적 다양성과 풍성함을 축소시켜 나가고 있다고 보기 때문이다. 이러한 비관적인 초글로벌화론자(pessimistic hyper-globalizer)들은 문화적 동질화의 동력이 뉴욕과 할리우드, 또는 부분적으로 런던과 이탈리아 등지의 서구 대중문화 산업계로부터 창출되고 있는 것으로 설명한다.

---

14 Pieterse, Jan N., *Globalization and Culture: Global Melange* (Lanham: Rowman & Littlefield Publishers, Inc, 2009).

맥도날드화(McDonaldization)와 아메리카나이제이션(Americanization)

문화적 동질성 증대 현상 가운데 서구식, 특히 미국식의 가치규범과 라이프스타일이 확산되고 있는 현상을 흔히 맥도날드화라는 개념으로 불리기도 한다. 맥도날드화는 원래 인스턴트 식품이면서 패스트푸드의 대명사인 맥도날드 햄버거 레스토랑이 세계 곳곳에 확산되면서 각국의 고유의 음식 문화가 차츰 간편화되고, 패스트푸드가 보편화되는 현상을 지칭하기 위해 만들어진 개념이다.

미국의 사회학자 조지 리처(Goerge Ritzer)는 맥도날드 레스토랑에서 이루어지는 신속하고 효율적인 음식 서비스 제공 절차를 맥도날드화(McDonarldization)라는 개념으로 제시한 바 있다. 리처가 말하는 맥도날드화는 서비스 제공을 위한 표준화된 절차의 진행 정도를 의미한다. 맥도날드 레스토랑의 출현은 미국 햄버거 식당의 등장이라는 가시적 측면보다는 서비스 제공을 위한 표준화된 일처리 절차의 글로벌 확산이라는 측면에서 더욱 의미가 있다는 것이다. 리처는 '신속성, 계측 및 예측가능성, 통제가능성'이라는 일처리 방식의 기본 원리가 맥도날드 식당의 팽창과 함께 세계 곳곳에까지 확산되어 가고 있다고 설명한다. 리처의 맥도날드화 개념은 최근에 미국식 대중 문화를 지칭하는 새로운 개념으로도 불리고 있다.[15]

청바지와 나이키 신발, 그리고 코카콜라와 맥도날드, 스타벅스, 그리고 할리우드와 뉴욕의 연예오락물 등 미국 대중문화 산업이 각국 문화의 차이를 줄여 나가면서 문화의 글로벌화를 주도해 나가고 있다는 측면에서 이를 또한 세계 문화의 아메리카화라고 부르기도 한다. 미국의 대중문화가 세계 각국, 각 지역 곳곳에 확산되면서 각국 고유의 문화적 특성과 정체성이 차츰 소멸되어 가는 현상에 대해서 미국 문화가 주도하는 '문화적 제국주의(cultural imperialism)'라는 개념으로 설명되기도 한다.

1.4.4. 문화적 이질성 지속과 '문명충돌론'

새뮤얼 헌팅턴(Samuel Huntington)은 냉전 시대의 종언과 함께 동서 간 이데올로기 대립 구도가 붕괴된 후 문명 간의 대립이 심화되고 있고, 머지않아 문명 간의 충돌 현상이 나타날 것이라고 예측하는 논문을 발표하여 문화의 이질성을 둘러싼 논란을

---

15 Ritzer, George, *The McDonaldization of Society* (London: Sage, 1993)ed., *McDonaldization: The Reader* (Thousand Oaks, CA: Pine Forge Press, 2002).

다시 한번 불러일으킨 바가 있다. 헌팅턴이 말하고 있는 '문명충돌'은 서구문화권과 이슬람 문화권의 정치적 분열과 갈등을 염두에 둔 것이었다. 헌팅턴에 의하면 글로벌화의 흐름 속에서도 수세기 이상 지속되어 온 서구와 이슬람 세계의 군사적 충돌이 사라지지는 않을 것으로 예단하고 있다. '문명충돌론'은 지구촌 시장 경제가 한 단위로 통합되어 가는 듯한 글로벌화가 진행되고 있지만, 그렇다고 해서 각국 또는 각 권역의 문화까지 유사성이 증대되거나 동질화가 이루어지지는 않는다는 전제를 깔고 있다. 글로벌화 속에서도 각국의 또는 각 권역 고유의 문화적 특징과 정체성이 사라지지는 않을 것이며, 오히려 이질적인 문화권 사이의 충돌이 국제정치영역에서 주요 행위자 간의 직접적 충돌이 야기되는 갈등의 최단층면이 되고 있다는 것이다.[16]

헌팅턴의 문명충돌론은 서구 지식인 사회에서는 이슬람 문명권의 호전적 특성에 대한 경각심을 일깨워 주고 있는 통찰로 칭찬을 받고 있다. 하지만 비서구 사회, 특히 이슬람 문화권에서는 서구인들의 자민족 중심주의(ethnocentrism)적 인종 편견이 깔려 있는 억지 주장이고, 서구 사회에 만연되어 있는 문화적 우월주의의 산물이라는 비판에 직면해 있다. '문명충돌론'은 눈에 보이는 가시적 문화요소보다는 각 문화권에 깊이 내재되어 있는 비가시적인 문화 요소의 이질성을 염두에 둔 것이다. 문화적 이질성은 아무리 글로벌화의 심화가 이루어진다고 하더라도 그 간격이 좁혀지지는 않는다는 설명이다. 문화적 정체성의 근저에 자리 잡고 있는 근본적 요소는 지역과 언어, 인종 등이라 할 수 있는데, 이러한 근본적 차이가 시장통합으로 메워지지는 않을 것이라는 것이다. 문화적 차이의 지속을 강조하는 사람들은 각 문화권의 지정학적 분포, 사람들의 생각과 소통을 매개하는 언어의 차이, 피부색이나 혈통을 나누는 인종적 차이가 얼마간의 문화적 교류로 극복되기 어렵다는 점을 강조한다. 각 문화권의 사람들이 생각하고 행동하는 방식, 그리고 인간의 삶과 세상을 읽고 해석하는 기본 철학이 다르기 때문에 문화권의 충돌이 불가피하다는 설명인 것이다.

1.4.5. 문화적 교류확대와 문화적 혼합화

문화적 혼합화론은 문화 충돌론도 문화적 동질화론도 부분적이고 지엽적

16 Huntington, Samuel, "The Clash of Civilization." *Foreign Affairs* 72, No. 3(1993), 22~49; *The Clash of Civilization and the Remaking of World Order* (New York: Simon and Schuster).

인 현상을 확대하고 있을 뿐, 기본적으로는 잘못된 관점이라고 배격한다. 문화적 측면에서 글로벌화 흐름은 각국 또는 각 권역의 문화적 차이를 축소해 가고 있지도 않으며, 문화의 차이를 격화시켜 오히려 충돌 현상을 낳고 있지도 않다는 것이다. 문화 혼합화론은 글로벌화 흐름 속에서 서로 다른 문화권의 접촉과 교류가 활발해지면서, 문화의 '뒤섞임(mixing, mingling)'과 변용 현상이 가장 큰 특징으로 나타나고 있다는 점을 부각시킨다.

(1) 문화적 혼합화(Cultural Hybridization)

문화적 측면에서 글로벌화는 국가 또는 권역 간 활발한 문화적 교류를 전제로 한다. 국경선 넘어 사람들 사이의 왕래가 활발해지고, 이주민들의 숫자가 증대되면서 서로 다른 문화적 배경을 가진 사람들이 접촉하고, 일정한 지역에서 함께 공존한다. 다른 지역, 다른 문화권을 소개하는 뉴스와 정보, 영상물 등이 미디어에 넘쳐 나면서 우리와는 살아가는 방식이 다른 사람들의 이야기를 쉽게 접하며 호기심을 느끼기도 하고, 매료되기도 한다. 사회학자 로버트슨(Roland Robertson)은 글로벌화에 따라 지구촌에서 이루어지는 활발한 문화교류가 서구 대중문화의 일방적 확산으로 나타나는 것이 아니며, 서로 영향을 주고받고 섞이면서 각국의 국가문화와 지역문화가 풍성해지고 있다고 주장한다.[17]

로버트슨은 문화 동질화 가설을 단호히 배격한다. 글로벌화로 각국 각 지역의 문화가 서구 문화로 대체되어 버리는 현상은 결코 찾아볼 수 없다는 것이다. 서구 사회의 소비문화, 특히 미국의 대중문화가 지구촌 전체로 확산되면서 각국, 각 지역의 문화가 다양성을 잃고 획일화되기보다는 여전히 차별적 특성이 잔존하면서도 수입되고 이식된 문화적 요소의 영향으로 문화적 변용이 이루어진다. 로버트슨은 지역의 토착문화와 외래문화가 서로 영향을 주고받으며 뒤섞이는 현상을 문화적 글로벌화의 가장 두드러진 흐름으로 내세운다. 로버트슨에 의하면 문화의 글로벌화는 지역 차원에서 이루어진다. 문화의 글로칼리제이션(glocalization)이 이루어진다는 것이다. 글로벌화로 단순히 문화적 동질화가 이루어지느냐 아니면 차이가 지속되느냐 하는 차원의 문제가 아니라, 문화의 혼합과 변용이 문제라고 설명한다. 로버트슨이 문화적 요소의 혼합에 의한 변용을 강조하고 있는 것은 문화권마다의 고유의 정체성을 특징으로 한다는 점을 전제하고 있

17 Robertson, Roland, *Globalization: Social Theory and Global Culture* (London: Sage,1992).

다. 그가 문화적 혼합화 현상을 설명하기 위해 굳이 교배나 잡종화를 뜻하는 '하이브리다이제이션(hybridization)' 개념을 사용하고 있는 것도 이 때문인 것으로 보인다. 문화의 하이브리다이제이션은 교류와 혼합에 의한 새로운 문화적 변용을 강조한 개념이다. 로버트슨 등 문화의 혼합화를 강조하는 학자들이 주로 염두에 두고 있는 것은 패션, 음악, 춤, 영화, 음식 등의 문화적 요소들이다.

1.4.6. 가시적 문화의 유사성 속에 내재된 문화적 차별성

문화 동질화 가설이나 문화적 혼합화 가설은 주로 눈에 보이는 대중 문화를 염두에 둔 것임을 알 수 있다. 이상에서 살펴본 바와 같이 일부의 사람들은 글로벌화의 영향으로 각국의 문화가 그 고유의 특성과 정체성을 잃어가고 있다고 주장한다. 그런가 하면, 글로벌화의 힘이 각국 고유의 문화에까지 영향을 미쳐 큰 변화를 가져오고 있다고 믿을 만한 증거는 아직 발견되지 않는다고 주장하는 사람들도 있다. 글로벌화의 문화적 영향을 주장하는 논지들 가운데에는 '미국 대중문화의 글로벌화'까지 주장하는 논지들이 있기도 하다. 하지만 글로벌화를 배경으로 각국의 문화가 고유의 정체성을 상실해 나가고 있다는 주장보다는 각국 고유의 문화적 특징이 글로벌화의 물결 속에서 그렇게 쉽게 변화한다고 볼 수 없을 것이라는 주장이 더욱 설득력 있게 받아들여지고 있다.

청바지를 입고 맥도날드 햄버거를 즐기며 스타벅스 커피를 즐긴다고 해서, 할리우드 영화나 '미드' 그리고 비틀즈나 마이클 잭슨의 음악에 빠져들었던 젊은이들이 생각과 행동방식까지 서양 사람들처럼 바뀌어 가고 있다고 단정 지을 수는 없다. 패션이나 음식, 음악, 영화 등은 빙산의 윗면에 드러나 있는 가시적인 문화의 일면일 뿐, 정말 중요한 것은 빙산의 물 안에 감추어져 있는 불가시적인 문화적 요소들이다.

수면 위로 드러나 있는 문화적 현상들은 한때 쉽게 모방하고 학습할 수 있는 것이지만, 그것은 또다시 변화하기 마련이다. 쉽게 모방한 것은 쉽게 잊히기도 하며, 오랜 세월 속에서 부지불식간에 몸으로 체득한 것들에 다시 자리를 내주기도 한다. 물속에 감추어져 있는 문화적 요소들은 모방이나 어떤 외부 물결의 힘에 의해 쉽게 변화하지 않는 것이고, 이것이 각국의 진정한 문화적 정체성을 보여 주는 것이다. 글로벌화 흐름 속에서 각국의 이러한 문화적 정체성이 사라져 가고 있는 것으로 보이지는 않는다. 다만 매우 서서히, 아마 세대를 달리해 가며 조금씩 변화해 가고 있는지는 모른다.

제 2 장

신자유주의 정치경제의 대두와 변화

2.1. 고전적 자유주의와 신자유주의

서구 선진국들의 경제는 제2차 세계대전 이후, 1950년~1960년대 빠른 성장 속에서 물질적 풍요가 이루어지고, 이를 배경으로 각국에서 정부가 책임지는 복지의 확대가 이루어졌다. 그러나 이러한 성장과 풍요는 얼마 가지 않았고, 1970년대 이후 극심한 장기불황과 침체의 위기를 겪게 되었다. 70년대 중후반 이후 미국과 영국 등지의 일단의 지식인들과 정책 분석가들은 경제적 위기상황의 심화가 각국에서의 단순한 경제정책의 실패에서 기인한 것이 아니라고 보았다. 이들은 보다 근본적으로 경제운용의 기본 접근법이 잘못된 것이라는 분석과 함께 시장경제 운용을 위한 기본 철학과 원칙이 근본적으로 달라져야 한다는 점을 강조했다. 이들의 주장을 요약하면 경제 문제는 정부가 나설 것이 아니라, 시장에서 시장 법칙에 따라 결정되도록 해야 한다는 것이었다. 시장이 결정하도록 내버려 두었을 때, 즉 정부가 시장에 대해 개입하고 간섭하지 않을 때 사회 전체적으로 가장 바람직한 결과가 나타난다는 것이었다.

경제문제를 시장에 맡기고, 국가가 손을 떼는 것(hand-off)이 최선이라는 생각은 이미 오래 전부터 존재해 왔다. 16~17세기 로크(John Locke)나 리카도(David Ricardo) 등으로부터 시작되어 애덤 스미스(Adam Smith)에 의해 최초로 집대성되었던 시장중심의 경제철학이 바로 그것이었다. 개인의 자유와 자유 시장(free market), 그리고 자유방임(laissez-faire)을 주된 내용으로 하는 이러한 사상체계를 흔히 고전적 자유주의(classical liberalism)라 부른다. 신자유주의는 이러한 고전적 자유주의의 새로운 부활을 지칭하는 개념이다.

2.1.1. 고전적 자유주의

고전적 자유주의는 17~18세기 영국에서 개화했던 계몽주의(enlightenment) 철학에 기반을 두고 있다. 당시 계몽주의 철학자들은 기독교 보편주의로부터 벗어나 인간 중심의 관점에서 사물과 세상을 새롭게 해석하고자 하였다. 특히 이들은 인간의 이성을 강조하였다. 사람에게는 스스로 무엇이 옳고 그른지를 판단할 수 있는 이성적 능력이 있다는 것이며, 각자에게 이러한 이성적 판단 능력에 따라 행동하도록 내버려 두어도 사회 전체적으로 질서를 유지해 나가는 데 아무런 문제가 생기지 않을 것이라고 주장하였다.

이 시대를 대표하는 철학자 존 로크(1632~1704)는 '자연 상태(state of nature)'에서 인간은 자유롭고 평등한 존재라는 점을 강조하였다. 사람에게는 자유롭고 평등한 존재로 살아갈 수 있는 권리가 주어져 있는데, 이러한 권리는 어떠한 정부의 법이나 권위체로부터 부여받은 것이 아닌 천부적인 권리라는 점을 강조하였다. 또한 이러한 권리는 무엇을 대가로 누구에게 양도할 수 있는 것이 아니라는 당시로써는 아주 획기적인 주장을 내어 놓았다.

로크는 사람이 갖는 자유 가운데에서도 특히, 경제적 자유를 역설한 철학가로도 알려져 있다. 로크는 근대적 개념의 '노동가치설'을 처음으로 제창하기도 하였는데, 그에 의하면 사람이 '자신의 손과 신체를 활용해서 일구어 낸 산물'은 당연히 그에게 소유권이 있다.[1] 로크는 사람은 '생명과 자유, 재산권'에 대한 자연적 권리를 갖는다고 역설하며, 어떠한 외부의 권위도 이러한 자연적 권리보다 상위일 수 없다고 주장한다. 그렇다고 해서 로크가 일체의 정치적 권위체를 부인하고 있는 무정부주의자인 것은 아니었다.

---

1 로크의 이러한 생각은 자연이 무궁무진하다는 전제 하에, 자연에 대하여 노동력을 가한 산물에 대하여 그 사람의 정당한 소유로 인정되어야 한다는 점을 말하고 있는 것이다.

로크는 '제한 정부(limited government)'론을 주장한다. 로크에게 정부는 '필요악(necessary evil)'과 같은 존재이다. 필요하기 하지만, 그것은 기본적으로는 '나쁜 악(惡)'이라는 것이었다. 개개인의 자유로운 선택과 행동에 제한을 가하고 구속할 가능성이 크며, 역사적으로 보았을 때 인간의 자유를 구속하고 억압해 온 가장 큰 위협이 바로 정치권력이라는 인식 때문이었다. 일단 수립된 권력은 사람들끼리 알아서 잘 해 나가도록 내버려 두면 되는 일도 중간에 끼어들어 곧잘 간섭하려 드는 속성을 갖는다. 필요하긴 한데 그 본질이 바람직한 것이 아니라면, 그것은 필요성을 충족시키는 범위 내에서 최소한의 기능만을 수행하는 것이 최선일 것이다. 로크에게 정부의 존재 의의는 사람들이 갖는 위의 권리들 —생명과 자유, 재산권— 등을 지켜주는 역할을 맡는 데 있다. 따라서 이러한 생명과 자유, 소유권 보호에 필요한 최소한의 제한된 역할만을 수행하는 것이 바람직하다는 것이었다.

16~17세기 계몽주의 철학은 경제적 인간관(Homo Economicus)을 내세우기도 하였다. 인간이 이성적 능력을 갖는다는 것은 도덕적인 문제에 대하여 옳고 그름을 가려낼 수 있다는 것을 의미할 뿐 아니라, 무엇이 자기이익에 도움이 되는지를 스스로 잘 알 수 있다는 의미에서이다. '경제적 인간'은 사람의 행동이 자기이익이라는 물질적 동기의 지배를 받는다는 것을 뜻한다. 누구든지 자신의 필요와 능력에 따라 스스로에게 이익이 되는 대안을 선택하도록 하며, 이러한 자기이익에 충실한 사람들로 하여금 서로 자유롭게 호혜적으로 교류하도록 내버려 두면 된다는 것이었다. '자기이익(self-interest)'의 동기에 따라 움직이는 사람들 사이의 계약과 거래관계에 대하여 국가가 개입하고 간섭해서는 안 된다는 것이 이들의 신조였다. 이 시대 계몽주의자들은 사람들의 먹고 사는 문제, 즉 경제 문제는 각자의 판단과 선택에 맡겨 두면 된다는 입장이었다. 이들은 '경제' 문제는 '정치'나 '권력'의 문제와는 별개의 것으로 서로 독립된 영역에 속하는 것으로 보았으며, 경제 문제가 정치나 권력의 문제보다는 앞서는 것으로 생각하고 있었다.

개개인 차원에서의 이러한 자유 선택과 교환의 활동을 국가 간의 차원으로 확대 적용하고자 했던 것이 바로 리카도였다. 리카도는 특정 산업에서 다른 국가에 비해 '비교우위(comparative advantage)'를 가진 국가들이 서로의 산업 활동의 산물을 자유롭게 거래하도록 하면 거래 당사국 모두가 윈-윈할 수 있다는 이론을 주장하였다. 와인을 잘 만드는 이탈리아 와인업자와 옷을 잘 만드는 영국의 직물업자가 서로 자유롭게 교역하도록 하면 이탈리아와 영국 모두 잘살 수 있다는 경제 원리였던 것이다. 리카도의 이러한 비교우위론은 이후 국가 간 자유무역의 이론적 기초가 되었다.

2.1.2. 고전주의 경제학 : 애덤 스미스

자기이익의 동기에 따라 움직이는 사람들이 서로 자유롭게 거래하도록 내버려 두는 것이 최선이라는 생각을 좀 더 체계적인 경제이론으로 발전시킨 것이 바로 애덤 스미스(1723~1790)이었다.

애덤 스미스에 의하면 사람은 기본적으로 경제적 동기에 따라 움직이는 이기적 존재이다. 자기 이익을 인간의 자연적인 성향, 즉 본능적 동기라고 본다. 애덤 스미스보다 앞선 시대를 살았던 토마스 홉스 역시 인간의 자기이익 및 자기보호의 본능에 대해 역설한 바 있었다. 하지만 토마스 홉스는 이러한 자기이익에 충실한 사람들이 모여 살게 되는 세상에 대해 비관적 전망을 내어 놓은 바 있었다. 자기이익의 본능에 충실한 사람들을 그대로 내버려 두면, 즉 '자연 상태'에서는 '만인의 만인에 대한 투쟁'이 벌어짐으로써 누구나 '죽음에 대한 공포'에서 벗어날 수 없게 된다고 보았다. 따라서 홉스는 사람들이 자신의 생명과 재산을 편안하고 안전하게 지켜 갈 수 있도록 하기 위해서는 '리바이어던(Leviathan)'이 필요하다고 주장하였다. 리바이어던은 절대적인 권력을 가진 국가를 상징하고 있는 개념이었다.

인간의 자기이익의 본성과 도덕 감정론

토마스 홉스와는 달리 애덤 스미스는 자기이익의 본성에 충실한 사람들끼리 서로 자유롭게 교류하도록 내버려 두어도 아무런 문제가 생겨나지 않으며, 오히려 사회 전체가 더 좋아질 수 있는 것으로 보았다. 애덤 스미스는 1759년 「도덕 감정론」(Theory of Moral Sentiments)이란 책을 발표한 적이 있다. 이 책에서 애덤 스미스는 자기이익의 본능에 충실한 사람이 왜 홉스가 생각한 것처럼 내 것만을 생각한 나머지 사악해 지지 않는지를 설명하고 있다. 애덤 스미스에 의하면 사람에게 있는 또 하나의 본성에는 '동정심(sympathy)'라는 것이 있다. 동정심(同情心)이란 말은 한자어의 뜻 그대로 '다른 사람과 같은 마음'을 뜻한다. 다른 사람의 딱한 처지를 보며, 그 사람과 같은 마음을 느낄 수 있는 것은 인간만이 가지고 있는 본능적 차원의 능력이다. 사람은 다른 사람들을 관찰하는 행동을 통해 스스로를 돌아보기도 하고, 다른 사람을 위해 주고 배려해 주기도 한다.

애덤 스미스에게 사람이 도덕적일 수 있는 것은 이성 때문이 아니라, 감정 때문이다. 애덤 스미스는 자기이익의 본능에 충실한 사람들로 구성된 사회가 왜 아무런 문제가 생기지 않는지를 도덕 감정으로서 '동정심' 개념을 중심으로 설명하고 있다. 스미스에게 사람이 도덕적이 될 수 있는 것은 옳고 그른 것을 판단할 수 있는 도덕적 분별능력을 가지고 있어서가 아니고, 다른 사람들을 동정할 수 있는 능력이 있기 때문이다. 애덤 스미스가 말하는 자기이익에 충실한 본성과 도덕 감정으로서 동정심은 서로 상충하는 것으로 보일 수 있다. 실제로 후세의 많은 해석가들이 애덤 스미스 사상의 이러한 상충성을 지적하기도 한다. 하지만 사람은 이러한 서로 모순된 것처럼 보이는 두 유형의 본성을 모두 가지고 있는 것으로 볼 수 있다.

보이지 않는 손(Invisible Hand)

애덤 스미스는 자기이익에 충실한 사람들이 서로 자유롭게 거래하도록 내버려 두면 사회전체가 조화를 이루고 번영을 이룩해 나갈 수 있다는 것을 설명하기 위해 '보이지 않는 손' 이라는 개념을 이용하고 있다. 애덤 스미스에 의하면 자기 이익에 충실한 사람들끼리 서로 섞여 자유롭고 활발하게 거래하도록 하기만 해도 사회 전체의 이익이 증진될 수 있다. 자기 이익에 밝은 사람들의 개별적 행동의 집합적 결과가 '공공선(public good)'의 구현으로 나타난다. 여기에는 중요한 의미가 함축되어 있음을 알 수 있다. 즉 사람들이 굳이 타인의 이익이나 사회 전체의 복리증진을 위해 애쓰지 않고, 각자 자기이익의 증대만을 위해 애쓴다고 하더라도 사회전체의 이익으로써 공익이 실현될 수 있다는 의미인 것이다. 이는 공익실현을 위해 사람들이 꼭 공익동기를 가져야 하는 것은 아님을 의미하는 것이기도 하다. 공익은 사익에 충실한 사람들 간 자유로운 거래의 의도하지 않은 결과물로 생겨날 수 있다. 애덤 스미스는 오히려 사람들이 공익을 의도하고 행동하는 경우보다, 각자 자기 이익의 동기만을 가지고 행동했을 때 공익실현이 보다 효과적으로 이루어질 수 있는 것으로까지 말하고 있다. 애덤 스미스의 이러한 생각을 잘 보여 주는 것은 다음과 같은 글귀이다.

"우리가 식탁에 둘러 앉아 맛있는 고기와 빵을 먹을 수 있는 것은 농부와 푸줏간 주인의 자비로운 마음 때문이 아니다. 농부와 푸줏간 주인은 각자 자신의 이익을 위해 노력할 뿐이다. 우리는 그들의 착한 본성이 아니라 그들의 자기애(self-love)에 대해 주목하면 되고, 그들에게 우리의 필요에 대해서 말하기보다는 그들의 이득에 대해 말하면 된다."

애덤 스미스는 사익을 사회 전체의 이익으로 전환시키는 '보이지 않는 손'의 작용을 설명한다. 스미스가 말하는 '보이지 않는 손'은 곧 시장메커니즘을 말하는 것이다. 근대경제학의 아버지로서 애덤 스미스의 시장원리에 관한 설명은 그의 '「국부론」(The Wealth of Nation, 1767)'에 잘 집약되어 있다. 「국부론」에서 애덤 스미스는 합리적으로 사익을 추구하는 사람들 사이의 자유로운 거래와 경쟁이 어떻게 한 사회의 경제적 번영을 이끌어 내는지에 대해 설명하고 있다. 시장 자유와 교환, 거래, 경쟁 등 근대 경제학의 주요 개념들은 애덤 스미스에 의해 체계적으로 잘 설명되고 있다. 애덤 스미스가 물론 오늘날의 시장경제나 자본주의라는 개념을 직접적으로 쓰고 있는 것은 아니다. 그는 시장경제를 '자유의 자연적 체계(natural system of liberty)'라 칭하고 있다. 사람은 누구나 자신에게 알맞은 소질과 능력을 가지고 태어났으며, 이러한 능력을 발휘할 수 있는 기회가 누구에게나 주어져야 하고, 그것을 어느 누구도 막아서는 안 된다.

사람은 자신의 능력과 소질로 생산한 산물을 다른 사람들에게 팔아 소득을 올릴 수 있다. 「국부론」이 나온 지 100년이 되던 해 카를 마르크스는 시장경제에 대한 그의 이론을 체계화한 '자본론'을 발표했다. 당시 카를 마르크스는 런던 박물관의 작은 도서관에서 애덤 스미스와 리카도 등의 책을 읽어 가며, 이 책을 쓴 것으로 알려져 있다. 자본론에서 마르크스는 상품의 가치는 노동자들의 흘린 피와 땀의 결정체라는 의미에서 노동가치설을 펴 나갔다. 카를 마르크스의 시장경제에 대한 비판적 분석에 도움을 주었을 애덤 스미스 역시 노동의 가치에 주목하고 있다. 하지만 애덤 스미스가 생각하는 상품의 가치는 그 상품의 생산자가 흘린 '피와 땀'의 양에 의해 결정되는 것이 아니다. 그가 만든 상품을 다른 사람들이 얼마나 필요로 하고, 이를 위해 기꺼이 지불하고자 하는 가치의 크기에 달렸다. 상품의 가치는 그것을 얻기 위하여 사람들이 기꺼이 포기하고자 하는 대가에 비례한다. 이른바 교환가치가 상품의 가치를 결정한다는 것이었다. 교환가치론은 현대 경제학의 이른바 수요와 공급의 법칙으로 발전하였다. 애덤 스미스는 상품의 가치 곧 그 가격은 그것을 필요로 하는 사람이 얼마나 많으며, 이를 공급하는 생산자가 얼마나 많은가에 의해 결정된다.

분업과 국부

애덤 스미스가 살아서 활동하는 시대에는 유럽 각국이 경쟁적으로 중상주의 정책이 기승을 부리는 시대였다. 중상주의는 국가가 앞장서서 해외 식민지를 건설하거나, 활발한 대외 통상정책을 펴나가면서 국부를 쌓아갈 수 있다는 것이었다. 중상주의에서는 국가가 국부 축적의 주체이자 원천이 된다. 애덤 스미스의 경제학은 이러한 중상주의 정책을 단호히 배격하는 데에서부터 시작된다. 애덤 스미스에 의하면 진정한 국부는 국고에 보관되어 있는 금이나 은의 총량이 아니고, 그 나라 국민들의 노동력으로부터 나온다. 국민 한 사람 한 사람의 노동력이 국가가 축적할 수 있는 부의 원천이며, 이러한 노동력의 생산성 증대가 곧 국부 증진의 길이 된다.

애덤 스미스는 노동생산성 증대를 위한 방법으로 분업(division of labor)의 원리를 제시한다. 분업이란 사람들이 각자의 능력과 소질에 맞추어 하나의 일에 전문적으로 매달리는 것을 의미한다. 여러 사람이 하나의 일에 투입되는 것이 아니고, 또한 한 사람이 여러 가지 일을 하는 것이 아니라, 한 사람이 하나씩의 전문화된 역할을 맡도록 해야 생산성이 증대된다는 것이다. 애덤 스미스에 의하면 경쟁상황 하에서 분업은 생산성의 효율화를 가져 옴으로써 가격을 떨어뜨릴 수 있게 된다. 또한 가격이 떨어지면 소득 수준이 낮은 사람들도 이를 살 수 있게 되기 때문에 그만큼 시장이 확대될 수 있다. 시장이 확대되면, 다시 생산력 증대를 위한 새로운 생산체제 재조직화에 나서게 되고, 이로써 가격이 더 떨어지게 된다. 요컨대 애덤 스미스에 의하면 경쟁과 분업, 생산성 증대, 가격인하의 선순환이 이어지면서 시장은 확대되고, 국부는 쌓이며 사람들의 소득은 늘어간다.

상품의 가치에 대한 설명으로부터 시작해서, 수요와 공급법칙, 분업와 경쟁, 생산성 증대와 시장확대, 생산의 재조직화 개념 등 애덤 스미스의 이러한 설명들은 1870년대 이후 1910년 정도까지의 시기에 꽃을 피었던 이른바 신고전파 경제학자들에 의해 현대적 의미의 시장경제학으로 계승 발전되고, 현대 경제학의 초석이 된다.

자유방임의 시장 불관여 정책

애덤 스미스는 시장이나 경제에 대해서 정부는 될 수 있는 한, 역할을 자제하는 것이 최선이라고 생각하였다. 시장 문제는 시장 내에서 시장 행위자들 사이의 자유로운 거래와 공정한 경쟁 원칙에 따라 이루어지도록 하면 됐지 정부가 끼어들어 자꾸 간섭하면 안 된다는 것이었다. 정부가 시장에 대하여 할 수 있는 최선의 정책은 사람들 사이에서 이루어지는 자유로운 계약을 보호하고, 시장 활동의 산물을 그 사람의 정당한 자기 소유로 평화롭고 안전하게 지켜갈 수 있도록 재산권을 보호해 주는 것이다. 또한 도로나 항만 시설, 교육, 국방 등과 같은 공공재 등 시장에서 제대로 생산되지 못하는 공익성이 매우 큰 재화와 서비스를 정부가 대신 생산해 줌으로써 사람들의 시장 활동을 촉진시켜 주는 것 정도면 된다는 것이었다.

스미스가 시장행위자들에게 내맡겨 두었을 때, 가장 우려한 것은 업계인사들 사이의 '공중의 이익에 반하는 음모(conspiracy against the public)'였다. 애덤 스미스는 자유방임이 최선이기는 하지만, 자유방임 상태에서는 업계 인사들이 권력과 짜고, 그들의 이익극대화를 위해 소비자나 공중의 이익을 해칠 우려가 있다고 경고하고 있다. 현대적 의미에서의 기업들에 의한 공동행위(collusion)나 불공정거래 등에 대한 우려를 표명하며, 이미 이를 경고하고 있음을 알 수 있다.

2.2. 신자유주의 등장 배경

2.2.1. 케인스 경제학의 실패

애덤 스미스 이후 고전파 경제학자들이 설명하고 있는 시장경제의 작동원리는 산업혁명 이후 서구 사회의 경제를 설명하는 데 문제가 없어 보였다. 자기이익의 동기가 확실한 신흥 상공업인들은 국가권력으로부터 자유로운 상태에서 자기이익 극대화를 위한 생산 활동에 경쟁적으로 뛰어들었다. 생산 현장에서 노동의 분화가 체계적으로 이루어져 나갔고, 과학기술의 비약적 발전과 여기에 기인하는 '산업 혁명'으로 생산력의 빠른 증대가 이루어질 수 있었다. 전기와 스팀 엔진과 같은 새로운 에너지원의 발견, 그리고 대규모 기계장치 발명으로 기계화된 대규모 생산 체제가 확립되어 갔다. 생산력 증대와 시장 확대로 상품의 가격은 하락 일로에 있었고, 사람들의 일자리와 소득 수준도 향상될 수 있었다. 그 결과로 사회 전체의 총량적 부의 크기는 확실하게 늘어갔다. 특히 19세기 후반 이후 이러한 흐름은 시장 경제의 미래를 낙관하기에 충분하였고, 경제는 고전파 경제학자들의 설명대로 척척 돌아가는 듯 보였다. 적어도 1910년대 전반까지 그러했다.

대공황과 케인스 경제학(Keynesian Economics)의 대두

20세기는 대공황과 세계대전의 어두운 그림자와 함께 시작하였다. 특히 1920년대 후반 일어났던 세계 대공황은 자본주의 시장경제에 대한 지금까지의 낙관적 믿음을 송두리째 앗아 가기에 충분했다. 카를 마르크스가 예언한 자본주의의 필연적 붕괴론과 빈민대중 혁명론이 눈앞에 닥친 듯 보였다. 시장 불황으로 각 공장은 생산량을 크게 줄이거나, 아예 문을 닿았다. 길거리에는 일자리를 잃은 사람들이 쏟아져 나와 먹을 것과 일자리를 구하러 다니기 시작하였다. 생산과 소비와 같은 실물경제가 돌아가지 않았기 때문에 주식시장 역시 가동을 멈추었고, 주식은 휴지 조각에 불과하게 되었다. 세계 시장경제를 이끌어 가던 영국과 미국의 화폐는 불쏘시개로나 써야 할 만큼 금융시장은 마비되었다.

미국의 정책당국자들이나 경제학자들이 1929년 대공황 현상에 대해 이렇다 할 설명과 처방을 찾지 못하고 허둥거리고 있을 때 영국의 경제학자 케인스는 '유효수요(effective demand)' 부족을 그 원인으로 설명하고, 정부가 나서서 인위적인 경기부양을 통해 유효수요를 창출해 나가야 한다는 정책적 처방전을 내어 놓았다. 서구 주요 국가들의 경제가 대공황의 몸살을 극심하게 겪고 있었던 1936년 케인스는 「고용과 이윤, 화폐에 관한 일반이론」(The General Theory of Employment, Interest and Money)을 발표하였다. 이 책이 주목을 받았던 것은 그때까지 널리 받아들여져 오던 고전파 경제학의 설명체계에 성공적으로 도전하는 것으로 비쳐졌기 때문이다.

케인스는 시장을 그냥 내버려 두어서는 안 되며, 정부가 나서서 문제가 생기지 않도록 관리해 나가야 한다는 것을 강조하였다. 특히 국가 경제가 장기적인 침체 상태가 계속된다든지, 혹은 위기적 상황에 처하게 된다든지 하게 되면 정부가 여러 형태의 재정정책 수단을 강구해 나감으로써 경제 성장을 촉진하고, 이로써 사람들이 일자리를 지켜 갈 수 있도록 정부가 시장에 개입해야 한다고 역설하였다. 경제 성장과 완전고용을 목표로 하는 거시경제 정책 수단을 통해서 정부가 시장에 개입하고, 국가경제를 관리해 나갈 수 있어야 한다는 것이었다.

케인스가 시장 수요 관리의 중요성을 강조하기 전까지, 경제학자들은 대체로 공급이 수요를 낳는다는 설명에 기울어져 있었다. 시장에서 영리극대화를 도모하는 상인들은 소비자들의 수요를 보아 가며, 생산과 공급의 크기를 결정할 것이라는 생각이었다. 하지만 대공황은 대량생산 체제 가동으로 시장에 잔뜩 쏟아져 나온 상품을 사람들이 다 사서 쓸 수 없었기 때문에 발생한 현상이었다. 유효수요, 즉 '구매력을 갖춘 수요'가 지속적인 생산을 뒷받침해 주지 못했다. 시장에 안 팔린 채 재고가 가득 쌓여 있는 상태에서 공장이 제대로 가동될 수 없었기 때문에 근로자들에게 임금이 제때 주어질 수 없었고, 급기야 사람들은 일자리를 잃어 길거리를 헤매는 실업자 대열에 끼어들 수밖에 없었다.

대공황 이전까지 고전파 경제학자들은 시장이 자기 규율 능력을 가지고 있고, 또한 자기 치유능력이 있다고 믿었다. 시장 스스로가 작동 실패를 바로잡아 나갈 수 있다고 생각하였던 것이었다. 하지만 케인스는 모든 부문의 시장이 멈추어 서 있는 파국적 상황 하에서 시장 스스로가 고장을 치유하여 다시 정상 가동될 수 없다고 보았다. 따라서 반드시 외부로부터의 개입에 의한 치유가 이루어져야 한다고 주장하였다. 여기서 외부로부터의 개입은 바로 정부의 시장 개입을 의미한다. 케인스는 정부가 나서서 시장의 문제점을 바로잡아 나가야 하며, 더 나아가 문제가 생기지 않도록 예방하는 역할을 담당해야 한다고 주장하였다.

실제 미국이 대공황의 경제적 위기 상황에서 벗어날 수 있었던 것은 미국 연방정부가 여러 가지 공공정책 수단을 통해서 시장에 성공적으로 개입할 수 있었기 때문이었다. 미국 연방 정부는 TVA 유역 개발과 각급 정부의 대규모 청사 건설, 공립교육체계 확충 등 대규모 국책사업과 토목공사를 일으켜, 실직한 사람들에게 소득을 올릴 수 있는 일자리를 주고 기업들에게는 돈을 벌 수 있는 일감을 주었다. 소득이 생긴 사람들은 시장에 나와 있는 물건을 사서 쓰기 시작하였고, 이로써 공장은 다시 돌아갈 수 있었다. 구매력이 있는 유효수요가 정부 공공정책 수단을 개입시킴으로써 생겨날 수 있었던 것이었다. 케인스에 의하면 이렇듯 각국 정부는 시장에 대해 오불관언하는 야경꾼(night-watchman) 역할에 머물러서는 안 되며, 시장과 국가 경제에 대한 적극적인 '문제해결사'로 나서야 한다는 것이다.

케인스의 이러한 해법은 제2차 세계대전 후, 1970년대 중반까지 잘 작동되는 듯 보였다. 각국의 중앙 정부가 국내외의 통화량을 조정해 가며, 거시경제를 잘 관리해 나가는 것처럼 보였다. 50년대와 60년대 미국과 유럽의 선진 경제 국가들은 활발한 경제성장을 지속할 수 있었다. 기업들은 생산력을 증대해 가며, 근로자들에게는 좋은 조건의 일자리가 제공될 수 있었다. 열심히 일하는 사람들은 널찍한 집을 소유할 수 있었고, 자가용을 굴리는 중산층 대열에 편입되었다. 성공한 기업과 부자들로부터 많은 세금을 거두어들여 정부는 못 사는 계층의 사람들에게 직접 물질적 혜택을 제공하고, 실직자나 노년의 일하지 않는 사람들이 먹고살 수 있도록 사회적 안전망을 늘려 갈 수 있었다.

하지만 1970년대에 들어오면서 상황이 달라지기 시작하였다. 1970년대 초·중반 이후 불어 닥친 세계적인 경기 침체 상황은 케인스 경제학의 암울한 전망을 보여주는 것이었다. 그동안 케인스 경제학에 기초한 경제정책 운용으로 성장세를 이어 왔던 선진국들은 70년대 초 오일쇼크 이후 극심한 경기침체에 빠져들게 되었다. 이들 각국마다 경기침체가 지속되어 가는데도 인플레이션은 기승을 부리고, 실업자는 늘어갔다. 케인스 경제학으로 해명되기 어려운 난제들이 터져 나왔던 것이다. 정부가 고용 확충과 성장지속을 명분으로 시장에 대한 개입을 늘려 왔지만, 실업자는 늘어갔고, 경제는 만성적인 침체 상태를 벗어날 기미를 보이지 않았다.

2.2.2. 복지국가 이념과 문제해결사로서의 '큰 정부'의 한계

제3부에서 현대 복지국가의 등장 배경에 대해 설명한 바 있다. 여기서는 신자유주의 이념이 어떻게 복지국가 이념에 도전하면서 대두하게 되었는지 하는 문제를 다룬다.

케인스의 기본 생각은 유효수요 관리를 위한 중앙 정부의 시장 개입이 상시적으로 이루어져야 한다는 것이었다. 실제 미국과 영국 등 주요 선진 국가들에서는 대공황의 위기에서 벗어나기 위한 정부의 시장 개입이 대공황 이후에도 계속되었다. 정부의 재정지출은 줄어들지 않았고, 시장에 대한 개입은 여러 형태로 계속 유지되어 갔다. 세계대전으로 인한 전시 비상경제 체제 운용이 그 주요한 배경이 되기도 하였지만, 제2차 세계대전 이후에도 시장과 경제에 대한 정부 개입이 줄어들지는 않았다.

제2차 세계대전 이후 서구 선진 경제 국가들은 얼마간 활황을 이어 나갈 수 있었다. 선진국의 대규모 기업들은 세계 시장을 향해 힘차게 뻗어 나가면서, 엄청난 규모의 부를 축적할 수 있었다. 커져 가는 기업들 덕분에 근로자들은 안정적으로 일자리를 지키며 소득을 늘려나갔다. 정부는 정부대로 성공한 기업과 고소득자들로부터 재정수입을 크게 확충해 나갈 수 있었다. 이 과정에서 대부분의 서구 선진 경제 국가들에서는 사람의 잘살고 못사는 문제를 단지 그 개인의 능력에만 맡겨 두어서는 안 된다는 생각에 대한 광범위한 사회적 합의가 이루어지게 되었다.

시장의 기본 작동원리는 경쟁이다. 시장 경쟁체제 아래에서는 패자가 있기 마련이고, 경쟁이 거듭되고 반복될수록 스스로의 능력으로 먹고사는 문제를 해결하지 못하는 패자들이 늘어갈 수밖에 없다. 시장에서의 패자는 개인의 무능이나 게으름 때문이기보다는 시장법칙의 당연한 결과이고, 따라서 먹고사는 문제를 전적으로 개개인들이 알아서 하도록 그냥 방치해 두어서는 안 된다는 것이 50~60년대 경제성장을 배경으로 새로운 사조로 확고하게 자리를 잡아 갔다. 자력으로 먹고 사는 문제를 해결하지 못하는 사람들의 생활을 정부가 책임지고 돌보아 주어야 한다는 새로운 이념은 다수제적 정치 제도와 결합되면서 차츰 정치적 영향력을 확대해 나갔다. 다수의 유권자들이 이러한 이념과 정강정책을 내거는 정당에 표를 주었기 때문에, 이러한 복지국가 이념에 대한 광범위한 정치적 합의가 쉽게 이루어질 수 있었던 것이다.

서구 유럽에서는 사회민주주의 정치를 표방하고 있는 좌파 정당뿐 아니라, 보수주의 정당까지 집권을 위해서는 이러한 복지국가 이념을 무시할 수 없었다. 시장 경쟁에서 패퇴한 주변부 사회계층에 대해 인간으로서 최소한의 존엄성을 지킬 수 있는 경제적 혜택과 주택, 의료, 공교육 등의 사회보장 제도를 유지해 나가는 것이 생명과 재산을 지켜 주는 일 못지않게 중요한 정부의 기본적 사명이 되었다. 복지프로그램을 유지하는 데 필요한 정부재원은 시장에서 성공한 기업과 고소득자들로부터 거두어지는 세금이었기 때문에 복지국가 체제 하에서 정부는 부자로부터 가난한 사람들에게 소득을 이전하는 매개체로 기능하는 것이기도 했다.

미국은 서구유럽 국가들에 비해 비교적 순수한 형태의 시장경제 질서를 유지해 온 국가였다. 연방 정부가 시장에 대해 거리감을 두고, 개입을 자제해야 한다는 데에 대하여 공화당과 민주당 두 정파 간 노선의 차이가 상대적으로 그렇게 심하지 않다. 하지만 미국에서도 실업자나 소수 민족, 가난한 사람들 등 주변부 사회 계층을 지원하는 정부의 복지프로그램은 60년대 존슨 대통령의 '위대한 사회(Great Society)' 선언 이후 80년대 이전까지 지속적으로 증대되어 갔음을 알 수 있다.

2.2.3. '정부실패'에 대한 비판

경제학에서 정부의 시장개입은 '시장실패'라는 개념으로 정당화되어 왔다.

앞서 제3부, 제1장에서 살펴본 바와 같이 정부는 외부효과 문제나 공공재 생산의 실패, 불완전한 시장정보, 그리고 불완전 경쟁상황 등과 같은 시장실패 현상을 예방하거나 사후 교정하기 위하여 시장에 개입한다. 그리고 위에서 살펴본 바와 같이 시장 작동의 결과로 생기기 마련인 소득불평등 분배 관계를 사후에 얼마간 조정하기 위한 목적에서 소득이전을 위한 개입을 해 나가게 된다.

서구 국가들에서는 제2차 세계대전 이후, 1970년대까지 중앙 정부의 사회경제적 역할이 크게 확충되어 왔다. 국방이나 경찰 등과 같은 정부의 고전적 역할 외, 사회보장제도 유지, 복지정책프로그램 집행, 시장에 대한 감시활동과 규제정책, 거시경제 관리, 경제 성장지속을 위한 정책, 자국 기업의 해외경쟁력 강화를 위한 지원활동 등 정부의 경제적 역할이 다양해졌다. 정부의 경제적 역할의 배합은 국가마다 다르다. 미국처럼 정부가 시장 감시자나 규제자로서의 역할에 역점을 둘 수도 있고, 한국이나 일본처럼 성장촉진자나 기업 활동 지원자로서의 역할에 더 큰 역점을 둘 수도 있다. 그런가 하면 북유럽 국가들의 경우처럼 사회보장제도의 유지에 치중하는 경우도 있다. 시장이나 경제에 대한 정부 역할의 역점이 어디에 두어지고 있느냐 하는 것은 국가마다 다르지만, 제2차 세계대전 이후 대부분 국가들은 위에서 말하고 있는 경제적 역할들을 수행하면서 시장에 대한 개입활동을 확대해 왔다.

그러나 문제는 이러한 사회경제적 역할의 다양화와 함께 시장에 대한 정부 개입의 폭과 정도가 늘어나면서 여기에 따르는 많은 문제점과 부작용 또한 늘어 왔다는 것이다. 경제성장을 촉진하는 데 역점을 두었든지, 복지정책 추진에 역점을 두었든지 간에 정부의 시장 개입은 그것이 원래 목표로 했던 성과보다는 그것을 추진해 나가는 과정에서 발생했던 부작용이나 문제점이 더욱 크게 부각되기 시작하였다. 기업 활동의 감시자나 규제자로서의 역할에 중점을 두었던 미국에서도 마찬가지였다.

정부조직의 비대화와 비효율성에 대한 비판

정부의 시장 개입의 확충과정에서 생기는 가장 큰 문제점으로 지적된 것은 정부조직의 비대화였다. 정부의 사회 경제적 역할이 늘어나면서 정부 기구는 날로 팽창하고, 정부 예산은 갈수록 증대되는 관료 기구의 비대화가 초래되었다. 몸집이 커진 정부 기구들은 급속하게 변화해 나가는 환경에 재빠르게 대응해 나가는 데 한계를 보였다. 갈수록 많은 인력과 더 큰 예산이 투입되었지만 정부가 내어 놓은 산출물은 납세자와 유권자를 만족시킬 수 없었다. 비대한 정부기구들에서 관료주의 폐단들이 갈수록 심화되었다. 목표와 사명을 가진 정부 기관들은 일을 추진하기 위해 만든 수단으로써 법규와 형식, 절차 등에 얽매여 매우 느리고 비효율적으로 움직인다. 민간 기업조직과는 달리, 정부 기관에서 일하는 공직자들은 사람들의 요구와 기대, 변화 등에 대해 별로 관심을 가지지 않는다. 변화가 필요하고 조치를 취해야 할 때 움직이지 않고, 곧잘 현상에 안주하려드는 복지부동의 자세를 취하려 든다. 정부 활동에 쓰이는 재원에 대해 내 호주머니에서 나오는 돈이 아니기 때문에 효율적으로 아껴 쓰고자 하는 동기를 갖지 않는다. 따라서 정부 관료조직의 무능력과 비효율성에 대한 불만과 비판이 끊임없이 제기되었다. 투입되는 막대한 예산과 인력 규모에 비하여, 정부가 이룩해 내는 성과는 보잘 것 없다는 비판에 직면하지 않을 수밖에 없었다.

복지혜택 과잉에 대한 비판

정부가 경제적 역할을 확충해 가기 위해서는 많은 재원을 필요로 한다. 특히 사회보장제도를 유지해 나가기 위한 정부 예산은 국가별로 차이가 있지만 적게는 국가 전체 예산의 10% 수준으로부터 많게는 30% 이상에 이르기까지 큰 비중을 차지한다. 이러한 막대한 재원은 시장으로부터 인출된다. 시장 경기가 활황이어서 기업이 잘 돌아가고, 사람들의 소득 수준이 높을 때에는 시장으로부터 이러한 복지 재원을 확보하는 것이 쉽다. 하지만 장기간의 경기 침체가 계속되는 상황 하에서는 시장으로부터 이러한 재원을 조달하는 것이 용이하지 않다. 1970년대 불어닥친 세계적인 경기불황은 서구 대부분의 국가들의 국가재정 운용에 어려움을 가중시켰다.

만성적인 경기침체 상황이 계속되면서 시장으로부터 복지재원을 끌어 오는 것이 용이하지 않자 복지국가체제를 유지하고 있는 대부분의 정부는 적자재정을 꾸려가지 않을 수 없게 되었다. 복지프로그램을 국가의 경제적 형편에 따라 그때그때 탄력적으로 줄이고, 늘려가는 것이 가능하지 않기 때문이었다. 선거경쟁을 의식하지 않을 수 없는 집권 정부로써는 실업자나 가난한 사람들에게 제공하는 복지혜택을 경기상황에 맞추어 탄력적으로 줄여나갈 수 없었다.

복지정책은 또한 일하지 않고 먹고사는 사람들의 숫자를 늘려 가는 것이었기 때문에 또 따른 많은 문제점을 일으켰다. 정부의 혜택에 기대어 일하지 않고서도 먹고살 수 있다는 기대감이 만연되어 사람들의 근로의욕이 저하되었다. 기업들과 부자들은 갈수록 올라가는 고율의 세금 납부에 대해 불만을 갖지 않을 수 없었다. 불황으로 경기가 좋지 않은 시기에도 소득의 상당 부분을 세금으로 떼어 가, 일하지 않고 먹고사는 사람들에게 혜택이 돌아가는 것에 대해서 많은 사람들이 비판적으로 돌아서기 시작하였다.

정치논리에 의한 시장왜곡에 대한 비판

정부의 시장 개입은 시장에서 시장법칙에 따라 해결되어야 할 많은 일들이 정치적 결정을 통해 이루어지는 것을 의미하는 것이기 때문에 이에 따른 많은 문제점들이 생기기도 하였다. 1986년 노벨 경제학상을 받은 제임스 뷰캐넌 등이 제창한 공공선택 이론(public choice theory)은 이러한 문제점들을 잘 지적하고 있다. 공공선택 이론에 의하면 정부의 정치적 결정 과정에 참여하고 있는 정치인과 관료, 유권자와 기업인들 역시 모두 시장 행위자들처럼 자기이익 극대화의 동기를 가지고 움직인다. 정치인은 투표, 즉 정치적 지지를, 관료는 예산과 권한을, 유권자와 기업인은 정치적 편익을 극대화하려 한다.

정치인들은 정치적 지지의 극대화를 도모하기 때문에 유권자들에게 인기 있는 정책 프로그램을 확충해 나가고자 한다. 관료들은 정부의 정책프로그램이 늘어날수록 자신들이 통제할 수 있는 예산과 권한이 커지기 때문에 갈수록 정부프로그램을 늘려 나가려고 하며, 이 점에 있어서는 정치인들과 한통속이 된다. 일반 유권자들은 국가 살림 전체의 관점에서보다는 나의 이익, 내 고장에 돌아오는 혜택에 더 큰 관심을 갖는다. 기업인들은 시장에서의 승자가 시장 경쟁뿐 아니라, 정부의 정치적 결정을 통해 골라진다는 생각에 유리한 결정을 이끌어 내고자 공공정책 과정에 영향력을 침투시키기 위해 경쟁적으로 노력한다. 생산 활동에 유용하게 쓰일 수 있는 재원이 정부에 대한 영향력 행사과정에 소진되어 버리는 것이다. 공공선택 이론가들은 정치인과 관료, 기업인들과 유권자 등 정치적결정과정에 참여하고 있는 모든 행위자들이 각자 정치적 자기이익을 쫓기 때문에 나라 살림이 경제적 합리성보다는 정치논리—힘의 논리, 수의 논리, 게임의 논리 등—에 의해 비효율적으로 왜곡된다는 점을 강조한다.

이상에서 알 수 있듯이 1970년대 중반 이후 케인스 경제학과 복지국가 이념에 기초한 국가 경제운용이 뚜렷한 한계를 드러내면서 문제해결사로 등장한 정부가 이제는 새로운 문제의 근원이라는 인식이 확대되어 갔다. 시장실패를 바로잡기 위한 명분의 정부 개입이 이제는 다시 정부실패 현상을 낳고 있다는 비판이 봇물처럼 터져 나왔다. 문제해결을 위해서는 더 이상 정부가 나서게 해서는 안 되며, 시장이 다시 나서도록 해야 한다는 목소리가 높아 갔다.

신자유주의 이념은 시장주의의 부활을 의미한다. 시장을 전면에 내세우는 해법만이 정부실패를 바로잡고, 위기에 빠진 시장을 다시 회복시킬 수 있다는 믿음이 갈수록 설득력을 얻게 되었다. 1979년과 1980년 만성적인 경기침체로 몸살을 앓던 영국과 미국의 선거경쟁에서는 이를 쟁점화하는 데 성공적이었던 대처 수상과 레이건 대통령이 집권에 성공하였다. 신자유주의 이념이 현실 정치의 전면에 대두되었고, 서구 주요 국가들뿐 아니라 아시아나 남미 국가들에까지 확산됨으로써 신자유주의는 한 시대를 휩쓰는 듯한 세계적 흐름으로 자리 잡아 갔다. 물론 서구 국가들에 있어서와 이들 비서구 국가들에서의 신자유주의 이념은 그 역할이 같은 차원의 것은 아니다. 서구에서 신자유주의 이념이 복지국가체제의 변화를 주도하는 역할을 했다면, 아시아나 남미 등지의 신자유주의는 1980년대 이후 민주화 혁명에 이어 정치개혁과 경제개혁을 주도하는 이념이 되었다.

2.3. 신자유주의 정치경제의 기본원리

2.3.1. 시장중심주의

신자유주의의 핵심은 '시장이 결정하도록 하자(Let the market decide)'는 것이다. 경제문제는 시장에서 시장원리에 따라서 해결되도록 해야 한다는 것이다. 사람들의 먹고사는 문제로부터 시작해서, 기업의 성장이나 시장의 성숙, 그리고 국가 경제발전의 문제에 이르기까지 경제에 관한 한, 정부가 나서기보다는 시장이 해결하도록 해야 한다는 것이다. 시장 지상주의자들은 시장의 문제는 시장에서 시장 원리에 따라 해법이 모색되도록 해야지, 정부부문으로 가져가 정치적 결정을 통해 해결하려 들어서는 안 된다는 점을 분명히 한다.

신자유주의자들은 대부분 시장지상주의자들이다. 이들이 시장중심의 해법에 집착하는 것은 '시장은 효율적이다'라는 명제를 철저히 신봉하기 때문이다. 시장에서 시장법칙에 따라 문제가 풀리도록 하면 개인의 자유가 보장되는 것은 물론이고, 사회 전체적으로 가장 효율적인 결과가 성취될 수 있다는 논리이다. 신자유주의자들은 복지국가 이념에서 강조되어 온 평등이나 정의의 가치보다는 자유와 자율, 효율성의 가치에 압도적인 비중을 둔다. 철저한 시장주의자들은 평등이나 사회정의 가치의 구현을 목표로 추진하는 정부의 정책들은 개인의 자유를 훼손하고, 사회 전체적으로는 생산성의 저하를 가져온다고 단정한다.

시장중심주의자들은 시장체제는 불평등을 낳지만 이러한 불평등은 자발적인 거래와 경쟁의 어쩔 수 없는 산물이고, 생산 과정에서 어떻게 얼마나 공헌했느냐에 따라 보상의 차이가 생기는 것은 시장질서의 자연스러운 원리라고 주장한다. 신자유주의 이념의 경제학적 토대를 마련해 주고 있는 오스트리아 경제학파의 태두 하이에크(F. Hayek)는 시장법칙 작동의 결과로 생기는 분배적 불평등은 특정 개인에 의해 의도된 것이 아니고, 무수히 많은 사람들 사이의 자발적인 선택과 거래의 결과물로써 나타나는 것이다.[2] 앞서 제3부 제1장에서 살펴본 바와 같이 하이에크는 시장은 어느 누구에 의해서 의도적으로 계획되거나 강제되지 않은 채, 사람들이 자발적으로 선택하고 상호 거래하는 사회적 공간이다. 이러한 시장질서에 대한 정부의 개입은 개인의 경제적 자유에 대한 침범이며, 시장 질서를 교란하고 비효율적으로 왜곡시키는 것이다. 누구에게나 자신의 능력을 발휘할 수 있는 공정한 기회가 주어져 있는 한, 이러한 각자의 능력과 장점, 그리고 성과에 따른 보상의 차이가 생기는 것은 시장질서의 자연스러운 현상이다. 하이에크에 의하면 성과와 공헌도에 따른 불평등한 보상이 더 정의로운 일이며, 또한 이러한 불평등 분배체계가 시장에서의 혁신과 경쟁을 자극함으로써 결과적으로 사회 전체의 복리수준이 향상될 수 있다.

시장주의자들에게 시장의 최고의 장점이자 최대의 미덕은 효율성 극대화에 있다. 시장 효율성은 어디에서 유래하는가? 이 질문에 대하여 경제학자들은 조금 다른 관점에서 답하고 있다. 예컨대 고전파 경제학자들은 시장효율성 개념을 자원배분의 효율성이라는 관점에서 정의하고 있다. 고전파 경제학자들은 시장이 완전경쟁 상태에 이

---

2 하이에크가 이끌었던 오스트리아 경제학파는 1980년대 이후 신자유주의 경제정책의 기초를 마련해 주었던 것으로 평가된다. 특히 하이에크는 1976년 노벨 경제학상을 수상하였던 미국의 밀턴 프리드먼(Milton Friedman)에게 큰 영향을 끼친 것으로 알려져 있는데, 밀턴 프리드먼은 미국 신자유주의의 물결을 이끌었던 레이건 행정부의 경제정책 입안 과정에 크게 기여하였다.

르렀을 때 자원배분의 효율성이 극대화될 수 있다. 시장이 완전경쟁 상태에 있을 때 가격메커니즘 작동에 의한 시장청산(market clearing)이 이루어짐으로써 부족함이나 남음이 없이 각자의 능력과 여건에 따라 최적의 몫이 주어질 수 있다. 이 상태에서 다른 사람에게 손해를 끼치지 않고서는 어느 누구도 이득을 추가할 수 없는 파레토 최적(Pareto Optimality)이 이루어지며, 그 결과로 사회적 자원의 효율적 이용이 극대화될 수 있다.

하이에크의 오스트리아 경제학파는 완전경쟁의 이상적인 조건 하에서가 아니라, 불완전성과 불확실성의 특징으로 하는 현실 시장에서도 시장의 효율성 증진이 이루어질 수 있다고 주장한다. 시장 제도는 사회 곳곳에 산발적으로 흩어져 있는 지식과 정보를 극대로 활용할 수 있게 만들어 주는 제도이다. 시장 행위자 어느 누구도 시장상황과 자신의 선택에 대하여 완전하고 충분한 정보를 가질 수 없다. 국가도 마찬가지이다. 국가가 시장에 관한 모든 정보를 모아 완전한 정보를 가지고 행동할 수 없다. 하이에크는 구 공산국가들의 계획경제라는 것이 이러한 측면에서 불가능했던 것이고, 결과적으로 비효율적인 자원배분의 왜곡이 생길 수밖에 없었음을 지적한다. 시장 정보는 불완전하고, 국지적(local)인 성격을 가지지만 시장 행위자들은 이러한 불완전하고 부분적인 정보를 활용하여 이윤추구의 기회를 찾고자 노력한다.

시장의 효율성은 경쟁 원리로부터 나온다. 시장 법칙은 경쟁의 승자가 과실을 더 많이 차지해 가는 것이다. 경쟁이 있기 때문에 사람들은 이기기 위해 분발한다. 사람들은 경쟁에서 뒤지지 않기 위해, 혹은 경쟁에서 1등의 지위를 차지하기 위해 나태해지지 않고, 자신이 가진 최대한의 역량을 발휘하고자 한다. 기업들은 다른 경쟁 기업에 앞서서 새로운 기술을 개발하려고 하고, 새로운 제품을 시장에 내어 놓기 위해 노력한다. 경쟁에서 이기고자 비용을 절감하기 위한 경영 혁신의 노력을 지속해 간다. 기업 등 시장 행위자들이 새로운 이윤추구의 원천과 영리 극대화를 위한 '새로운 해법'을 모색하기 위해 서로 경쟁적으로 노력하는 가운데 시장에는 성능이 향상되어 가는 제품이 갈수록 저렴한 가격으로 시장에 공급될 수 있게 된다.

시장주의자들은 곧잘 시장중심의 해법을 시장이나 경제문제에만 국한하기보다는 사회 곳곳에까지 확산시킬 수 있다고 역설한다. 자유와 자율, 경쟁을 근간으로 하는 시장주의 해법은 시장 행위자들 사이에만 적용될 수 있는 것이 아니라, 민간부문이나 공공부문 등 모든 영역에 활동하는 조직이나 집단의 기본 작동 원리로 응용할 수 있다는 것이다. 예컨대 정부조직과 같은 공공부문에도 시장원리가 도입되면 적은 비용으로도 큰 성과를 만들어 낼 수 있는 효율적 운영이 가능하다는 것이다. 실제로 자유와 자율, 경쟁의 시장원리 도입을 통해 공공부문의 성과향상을 위한 개혁조치들이 1980년대 이후 미국과 영국, 뉴질랜드 등을 중심으로 단행되었고, 많은 국가들에까지 확대되었음을 알 수 있다. '신공공관리(new public management)'라 불리는 이 실험은 이를 도입한 국가들에서 기존의 관료조직 체계를 뒤흔들어 놓는 결과를 초래하였다.

2.3.2. 작은 정부론

신자유주의자들은 시장을 전면에 내세우는 반면, 정부의 역할은 축소되고 정부의 권력은 제한되는 것이 바람직하다는 입장을 고수한다. 신자유주의는 국가와 시민, 정부와 납세자, 집권자과 유권자 간의 관계도 달리 설정하여야 한다고 주장한다. 정부나 국가의 사명은 통치하거나 군림하는 것이 아니고, 국민들에게 공공 서비스를 제공하고 봉사하는 것이다. 이들은 곧잘 시민을 시장의 개념인 '고객(customers, clients)'이라 칭하며, 정부에서 일하는 공직자들로 하여금 '기업가 정신(entrepreneurial spirit)'을 지녀야 한다고 역설한다. 시장에서 활동하는 기업가들은 항상 부를 창출할 수 있는 새로운 해법을 찾아 나선다. 사람들의 필요가 무엇이고, 선호가 어떻게 달라지고 있는가를 끊임없이 탐색한다. 고객이나 소비자의 기대에 부응할 수 있는 새로운 제품을 시장에 내어 놓기 위해 고심하며, 고객집단의 만족과 감동을 위해 경쟁적으로 노력한다. 신자유주의자들은 정부에서 일하는 관료들도 마찬가지로 정책과 행정서비스의 품질을 개선하기 위한 혁신적 노력을 해 나가야 하며, 기업인들처럼 비용을 절감하기 위해 내부 프로세스의 혁신을 단행해 나갈 것을 주문한다. 그래야만 정부조직의 고객이라 할 수 있는 시민집단을 만족시킬 수 있다는 것이다.

스마트한 정부

신자유주의자들은 무엇보다도 정부의 축소된 역할을 강조한다. 정부가 문제해결사로서 여기저기 문제가 생기는 곳이면 뛰어들어 구슬땀 흘리는 모습을 보이는 것은 결코 감동적인 것만은 아니라는 것이다. 신자유주의자들은 구슬땀 흘리는 정부보다는 할 일만 꼭 가려서 하는 '스마트한 정부(smart government)'의 상을 제시한다. 대표적인 '신공공관리' 주창자인 오스본과 개블러(David Osborne & Ted Gaebler)가 정부는 '노 젓는 일(rowing)'보다는 '방향 잡는 일(steering)'에 초점을 맞추어야 한다고 주장한 것도 이와 같은 맥락에서였다.[3] '노를 젓는 일'은 이를테면 이마에 구슬땀 흘리는 것을 의미하고, '방향 잡는 일'은 꼭 할 일을 가려내어 여기에 집중하는 것을 의미한다. 아무리 노를 힘차게 젓는다고 하더라도 방향을 잘못 잡으면 배는 엉뚱한 방향으로 나가게 되며, 한참 지난 다음에는 망망대해에서 표류할 수밖에 없는 더 큰 문제가 발생할 수 있다.

오스본 등에 의하면 복지국가 체제 하의 큰 정부는 이를테면 '노 젓는 일'에 충실한 정부였다. 힘차게 노를 젓기 위해서는 우선 많은 인력을 필요로 한다. 정부가 국가 경제의 관리 책임을 떠맡고, 시장에 대해 이것저것 간섭하는 등의 역할 확충을 위해서는 방대한 정부조직을 꾸려 나가야 하기 때문에 막대한 재원이 뒷받침되어야 한다. 신자유주의자들은 정부가 해야만 하고, 가장 잘할 수 있는 일만을 맡는 역할 축소가 이루어지면 인력과 재원도 자연히 줄어들게 된다고 역설한다. 신자유주의자들은 정부가 재정적자 상태를 면하고, 균형예산체제를 회복함으로써 국민경제에 부담을 덜어 주기 위해서는 무엇보다도 정부의 역할 축소가 이루어져야 한다는 것이었다.

탈규제, 민영화, 자유화

신자유주의자들의 작은 정부론은 시장에 대해 정부가 '손을 떼는 정책(hand-off policy)'을 강조한다. 신자유주의론에서 내세우는 정부의 시장개입 자제와 역할 축소 주장은 탈규제와 자유화, 민영화를 의미하는, 이른바 'D-L-P 포뮬러(Deregulation, Liberalization, Privatization)'로 집약된다. 탈규제는 시장 활동에 대한 정부의 규제를 크게 완화하든지 아니면 아예 폐지하여 기업의 시장 활동이 정부의 명령통제식 하향 규제가 아니라, 기업 스스로의 '자율 규제' 원칙에 따라 이루어지도록 해야 한다는 것이다.

자유화는 기업 등 시장행위자들의 시장 활동의 자유를 폭넓게 인정하는 것을 의미한다. 특히 시장에 대한 진입장벽을 해체하여 원하는 사업자라면 누구든지 시장에 자유롭게 진입하거나 퇴출할 수 있도록 해야 한다는 것이다. 과거에는 전기, 전화, 통신, 교통, 상하수도, 가스 등 사회기간망 산업에 대해서는 독점적 사업자의 지위를 보장해 주는 것이 오히려 공익에 더 기여할 수 있다는 경제학적 설명을 받아들였다. 따라서 정부가 진입장벽을 쌓고, 그 안에 있는 기득권을 가진 사업자를 보호해 주었다.[4] 하

3 Osborne, D. and Ted Gaebler, *Reinventing Government* (1992).

4 흔히 이러한 산업을 자연독점 산업이라고도 부른다. 경제학에서는 자연독점 산업은 시장이 독점상태에 이를 수 있을 때까지 생산자의 '규모의 경제(economy of scale)' 효과가 계속 커지기 때문에 진입 장벽을 쌓아 정부가 기득

지만 디지털 기술혁명 등 과학기술의 대대적인 발전과 함께 시장여건이 변화하고, 또한 신자유주의 이념이 정부 운영의 기조가 되면서 각국에서는 기득권을 가진 사업자의 독점적 지위를 해체하는 자유화 조치를 단행하였다. 예컨대 디지털 기술 혁명은 통신 산업부문에서 과거 구리선을 통해 전송되는 음성통신 위주의 유선통신사업자들의 독점적 지위 보장의 타당성을 잃게 했다. 통신시장에서 유선 사업자와 무선통신 사업자, 인터넷 통신 사업자, 위성통신 사업자들이 서로의 사업 영역에 교차 진입하면서 활발한 경쟁이 이루어질 수 있었기 때문이다.

민영화는 영국 등 유럽 국가들이나 한국, 일본 등에서 그 전형이 발견되듯이 과거 독점적 사업권을 인정받던 국영기업이나 공기업들을 민간 사업자들에게 매각하는 것을 의미한다. 공기업이나 국영기업은 정부예산으로 운영되고, 종업원들은 공무원이나 준공무원 신분으로 안정적 신분이 보장되어 왔다. 막대한 정부예산으로 운영되는 독점적 지위의 공기업이 어떻게 운영될 것이라는 것은 쉽게 짐작할 수 있다. 독점 사업자의 지위가 법적으로 보장되어 있는 만큼 고객의 눈치를 보아야 할 필요가 없었으며, 상품과 서비스의 품질을 향상시켜 나가고자 하는 적극적인 동기를 갖기 어려웠다. 정부예산으로 운영되는 만큼 투입을 산출물로 전환하는 비즈니스 프로세스의 비용을 절감하기 위한 혁신을 단행하고, 경제적 효율성을 도모하려는 적극적 유인이 생기지 않았다. 갈수록 인력과 예산은 늘어갔지만, 상품과 서비스의 품질은 제자리걸음이었기 때문에 소비자와 시민들의 불만은 갈수록 커져 나갔다. 정부의 역할과 규모 축소를 주장하는 신자유주의자들에게 국영기업과 공기업은 시장의 경쟁체제로 내몰아야 할 일차적인 대상이 되는 것은 당연한 일처럼 받아들여져 왔다.

정부사업의 아웃소싱과 경쟁원리의 도입

신자유주의자들은 정부의 역할은 공익성이 크기 때문에 시장에 맡길 수 없고 정부만이 할 수 있는 일, 시장보다도 정부가 더 잘할 수 있는 일에 한정하는 것이 최선이라고 주장한다. 공공재 생산 실패나 외부효과 문제 등 '시장실패'가 생기더라도 정부가 무조건 뛰어들기보다는 정부가 과연 더 잘할 수 있는 것인지, 민간부문과 협력해

사업자의 독점적 지위를 보장해 줄 필요가 있다고 설명해 왔다. 그 독점적 사업자는 유럽 국가들처럼 국가나 정부가 될 수도 있고, 미국의 경우처럼 민간사업자인 경우가 있다. 하지만 미국형이든 유럽형이든 1980년대 이후에는 누구나 일정한 요건을 갖추면 시장에 진입할 수 있도록 허용하는 자유화 조치가 행해지게 되었다. 또한 과거 독점적 지위를 누리고 있던 국영 기업이나 공기업에 대해서는 이를 민간 부문에 매각하는 민영화 조치가 단행되었다.

가며 문제를 풀어갈 수는 없는 것인지를 따져 보아야 한다는 것이었다. 대표적인 공공재 유형으로써 도로나 교량, 항만설비나 공항시설 등의 사회간접자본을 구축하는 것이 과거에는 정부의 당연한 임무였지만, 오늘날에는 민간부문의 참여가 이루어지는 것도 이러한 신자유주의 이념이 그 배경에 있다. 민자 유치를 통해서 새로운 고속도로나 터널을 건설한다든지, 철도시설이나 공항 관리에 대한 운영과 유지 관리를 민간 부문에 위탁하는 것도 한 예이다.

신자유주의자들은 정부뿐 아니라 민간부문도 같이 할 수 있는 일이라면, 정부기관과 민간 기업이 서로 경쟁하도록 해서 누가 더 잘하는지 역할을 분배하고 협력하는 것이 바람직하다고 주장한다. 예컨대 1980년대 이후 미국을 중심으로 활발해졌던 민간교도소 사업, 길거리 청소, 국립공원 관리, 공공 주차시설 관리 등이 그 예가 될 수 있을 것이다.

감세와 복지축소

앞서 말한 바와 같이 대부분의 국가에서 정부 운영의 재원은 시장으로부터 인출된다. 대부분의 복지재원도 시장에서 이전되어 온 국민의 세금이 원천이다. 세금은 시장에서 크게 성공을 거둔 개인 고소득자나 기업들이 주로 낸다. 성공적인 시장행위자들로부터 사회 주변부 계층에 소득 이전을 중개하는 복지정책은 사회적 합의에 기초한 정치적 선택의 산물로 이루어진다. 복지제도는 경제논리보다는 정치논리에 기초한 사회적 장치인 것이다. 신자유주의자들에 의하면, 복지정책은 노동조합의 정치투쟁에 의해 노동가격이 왜곡되는 것과 함께 사회적 형평성이나 정의 등의 정치적 가치 구현을 목표로 시장 원리의 작동을 거스르는 대표적인 문제영역이다. 따라서 신자유주의자들은 정치투쟁을 일삼으며 임금인상을 주도하는 노조에 대해 강력하게 맞설 것을 주문하며, 근로의욕 없이 정부에 기대어 먹고사는 사람들에게 주어지는 복지 혜택을 과감하게 줄여 나갈 것을 주장한다.

신자유주의자들은 복지국가 체제가 경제에 끼치는 해악을 부각시킨다. 과도한 복지혜택은 기업과 고소득자들에 대한 조세 부담을 늘리고, 사람들의 근로 의욕을 저하시킨다. 기업들에 강요되는 과중한 세금부담은 생산에 재투자될 수 있는 재원의 일부가 빠져 나가는 것이므로 생산 활동의 위축을 가져올 수 있다. 근로의욕 감퇴로 일하는 사람이 줄면 사회 전체적으로 노동력의 감소를 가져오게 되고, 갈수록 적은 사람들이 일해서 많은 사람들을 먹여 살려야 하는 문제가 생기게 된다. 따라서 신자유주의자들은 복지혜택을 제공하더라도, 정부 혜택으로 살아가는 사람들이 결코 근로인력의 최저 생활수준을 넘지 않도록 '선택적 복지' 제공이 이루어져야 한다고 주장한다. 사람들이 정부의 복지프로그램에 기대어 그냥 살아가기보다는 일하도록 하는 동기를 부여하고, 일할 수 있는 능력과 기회를 가질 수 있도록 해야 한다는 것이다. 무차별하게 주어지는 일반 복지(welfare)보다는 근로복지(work-fare)를 내세운다. 신자유주의자들은 복지프로그램을 축소하고, 기업들에게 감세 혜택을 줌으로써 기업의 투자동기와 근로자들의 근로동기가 되살아날 수 있다는 점을 강조한다.

통화주의(Tonetarism) 정책

케인스 경제학에 의하면 정부의 시장 개입은 금융시장에 대한 적절한 개입을 통해 효과적으로 이루어질 수 있다. 정부는 시장에 공급되는 화폐의 총량을 조절해 가며, 시장경기를 인위적으로 조정해 나갈 수 있어야 한다는 것이었다. 예컨대 시장경기가 안 좋아 실업자가 늘고 사람들의 실질소득이 줄면 일시적으로 화폐발행을 늘려서라도 경기를 인위적으로 부양해 나갈 수 있어야 한다는 논리이다. 하지만 신자유주의 이념에 충실한 경제학자들은 금융시장에 대한 정부의 인위적 개입을 억제해야 한다고 주장한다. 통화주의 정책이라고 불리는 이러한 금융정책 접근법은 통화량의 공급도 시장원리에 따라 이루어져야 한다는 것이다.

통화주의자들에 의하면 화폐의 공급은 실물경제의 수요를 반영하는 것이어야 하고, 실물경제를 초과하는 화폐공급을 최대한 억제해야 한다. 통화주의자들은 무엇보다도 정치논리에 따라 경기를 인위적으로 조절하고, 이에 맞추어 통화량을 조정해 나가는 일이 장기적으로는 국가 경제에 큰 해악을 끼친다고 경고한다. 화폐공급이 시장원리에 따라 공급되도록 하기 위해서는 우선 중앙은행의 독립성 보장이 이루어져야 한다. 중앙은행이 정치적 고려 없이, 순수하게 시장의 형편만을 감안하여 통화량을 조절해 나갈 수 있어야 한다는 것이다. 신자유주의자들은 통화주의자들의 이러한 이론을 그대로 받아들인다.

2.4. 신자유주의적 공공정책들

2.4.1. 80년대 레이거노믹스와 대처리즘

신자유주의 이념이 세계사의 전면에 드러나게 된 것은 1979~1980년 영국과 미국의 대처와 레이건이 선거 경쟁과정에서 신자유주의의 기치를 내걸고 집권에 성공하면서이다. 학계나 일부 논객 사이에서 주창된 특정의 정치적 가치와 이념은 이를 선거 쟁점화하고, 공공정책의 어젠더에 올려놓는 데 성공하는 정치인들을 매개로 현실 정치무대의 전면에 등장한다. 두 지도자는 선거경쟁 이전부터 기존의 보수주의 노선을 신자유주의 철학으로 보강해 나가는 두뇌집단(think tank)을 거느리고, 이를 적극 활용하였다.[5] 대처와 레이건은 정부 인수 후 신자유주의 이념과 정책 노선에 충실한 학자와 전문가들을 입각시켜, 신자유주의의 정치적 가치들을 정부의 구체적인 정책프로그램으로 전환하는 데 탁월한 리더십을 발휘했다.

신자유주의하면 사람들이 대처 수상과 레이건 대통령을 머리에 떠올리는 것은 두 사람이 그만큼 강력하고 집요하게 자유주의 철학과 이에 기초한 공공정책을 주창하였기 때문이다. 두 사람은 자신의 신념을 고집함으로써 지지자들이 등을 돌리는 정치적인 위기 상황 하에서도 끝까지 신자유주의 정책노선을 지켜나가고자 하였다. 감세정책을 고집한 레이건은 재선 도전이 불리해지는 상황하에서도, 단호한 인플레이션 억제를 위해 통화주의 정책을 고집한 대처도 같은 보수당 내의 거센 반발에도 불구하고 일관되게 같은 정책 노선을 밀고 나갔다. 대처와 레이건은 동일한 신자유주의 이념에 충실하였지만, 역점을 두어 추진한 공공 정책은 각국의 여건에 따라 조금씩 차이가 있다.[6]

5 레이건에게는 The American Enterprise Institute, The Cato Institute, The Heritage Foundation 등의 연구단체가 있었고, Washington Post나 Wall Street Journal 등의 보수주의적인 언론이 뒷받침해 주었다면, 대처에게는 The Center for Policy Studies, The Institute of Economic Affairs, The Adam Smith Institute 등이 있었고, Financial Times, The Times 등과 같은 언론이 지원해 주었다.

6 Steger, Manfred. *Neoliberalism*(London: Oxford University Press, 2010), pp. 21~49.

리더십	핵심적인 신조	차순위 신조	중점 정책이슈	차순위 정책
레이건 (공급 중시 정책)	정부는 비효율적이다. 정부개입은 경제적 성과를 떨어뜨린다.	경제성장을 위해서 안정기조의 금융정책 및 재정정책이 강구되어야 한다.	감세정책을 중심으로 정부의 시장개입의 폭을 축소해 나가야 한다.	정부의 적자재정을 축소하고, 정부지출을 줄여서 경제안정을 도모해야 한다.
대처 (통화주의 정책)	정부는 비효율적이다. 경제성장을 위해서 안정기조의 금융정책 및 재정정책이 필요하다.	정부개입은 경제적 성과를 떨어뜨린다.	적자축소와 재정지출 억제를 통해서 경제안정을 도모해야 한다.	세금을 줄여 정부개입의 정도를 축소해 나가야 한다.

레이거노믹스(Reaganomics)

레이건 대통령과 그의 경제정책 측근들은 미국 기업인들의 기업가 정신 발휘와 투자의욕 고취가 장기 침체에 빠진 미국 경제가 회생할 수 있는 길이라고 믿었다. 시장에서 생산자이고 공급자의 위치에 있는 기업들이 활발하게 돌아갈 수 있는 여건을 만들어 주는 것이 관건이라고 생각했다. 기업이 잘 돌아가야 근로자들이 일자리를 지킬 수 있고, 소득 수준을 향상시킬 수 있다는 것이 이들의 확고한 경제정책 신념이었다. 이런 의미에서 레이건 행정부의 경제정책 노선을 흔히 공급중시(supply-side)의 레이거노믹스(Reaganomics)라 명명한다.

레이건 행정부의 신자유주의 정책은 기업들에게 투자 재원을 용이하게 조달할 수 있도록 해주고, 기업들로부터 기업 활동에 장애물이 되고 있다는 비판을 들어왔던 정부 규제들을 개혁하는 데 초점을 맞추었다. 집권기간 내내 레이건 행정부의 경제정책은 기업들과 부자들의 세금 부담을 줄이는 데 역점을 두었다. 기업들이 연구개발에 투자하고, 신규 설비를 도입하도록 인센티브를 부여하기 위해서는 감세조치가 가장 직접적인 효과를 발휘할 수 있는 방안이라는 입장이었다.

집권 초기 레이건 행정부에 있어서는 정부의 재정지출 감축이나 재정적자 문제는 어떤 의미에서 후순위의 정책 이슈였다. 눈덩이처럼 불어나 있는 연방 정부의 재정적자 감축을 위해 재정지출을 줄여나갈 것이라는 것이 공식 입장이었지만, 아직 냉전

상태가 지속되고 있었기 때문에 국방예산까지 줄여나갈 수 없었다. 더욱 레이건 대통령은 미국의 세계 경찰국가로써의 역할을 강조하고, 미국인들의 애국심 고취를 정치적 상징에 매달렸기 때문에 오히려 국방예산 증액을 과감하게 밀고 나갔다. 대처 정부가 인플레이션 억제와 재정적자 감축을 통해 성장을 촉진할 수 있다는 경제정책 신조에 충실하고자 했다면, 레이건 행정부의 경제팀은 감세를 통해 성장을 촉진할 수 있다는 것이었다. 집권 초 레이건은 대대적인 감세조치 등으로 기업들의 왕성한 시장 활동이 재개되면, 연방 정부의 재정수입이 다시 늘어날 수 있을 것이라는 낙관적 믿음을 견지하였다.

하지만 국방예산의 증액을 추진하는 가운데 이루어진 대대적인 감세조치는 연방재정 적자만을 심화시키는 결과를 낳았다. 감세조치로 기대만큼 미국 기업의 시장성과가 향상한 것도 아니었다. 따라서 집권 후반기에 들어오면서 레이건 행정부는 어쩔 수 없이 현상 유지를 공언했던 복지 혜택을 축소하는 조치를 단행하지 않을 수 없었다. 실직자나 주변부 계층에 주어지던 복지프로그램이 축소되었고, 사회 복지혜택 전달방식도 바우처(Voucher)제 도입이나 민간 위탁 등 '경쟁과 효율성'의 시장원리를 도입하는 등의 변화가 이루어졌다.

엄청난 재정적자에 시달리던 레이건 행정부는 집권 후반기에 들어오면서, 감세보다는 규제 개혁을 통해서 미국 기업의 경쟁력을 갖도록 한다는 전략으로 돌아섰다. 실제로 1980년대 중빈 이후, 미국에서는 미국 기업들의 불만이 커왔던 규제조치들을 완화하거나 폐지하는 일에 주력하였다. 환경보호나 소비지 보호를 위해 도입되었던 사회적 규제를 크게 완화하는 조치를 통해서 미국 기업들의 생산 비용부담을 경감시켜 주고자 했다.

그런가 하면 금융 시장에 가해지던 규제를 대폭적으로 완화하는 개혁 조치를 단행하여, 여수신업(Saving & Loan)에 한정되었던 소규모 은행들도 투자 기관화할 수 있도록 허용하고, 금융기관들이 서로의 영역에 교차 진입할 수 있도록 하였다. 또한 AT&T의 장거리 통신 시장 독점권 등 통신 시장에 가해지던 진입규제가 풀리고, 통신시장을 자유화하는 조치가 단행되기도 하였다.

대처리즘(Thatcherism)

영국의 대처 수상과 경제측근들은 영국 경제위기의 핵심을 정부의 과다한 재정지출과 이와 연계된 통화량 과잉에 있는 것으로 진단하였다. 대처 수상 스스로 밀턴 프리드먼(M. Friedman)이 주창한 통화주의 정책의 신봉자였다. 케인스 경제학에 기초하고 있는 정부의 인위적인 통화관리 정책 그리고, 재정지출 확대를 통한 경기부양 조치가 그동안 만연하였던 인플레이션의 주범이라는 생각을 가지고 있었다. 따라서 집권 후 대처는 우선 인플레이션을 잡는 데 역점을 두었다. 집권 초 경제정책의 최대 이슈는 통화발행량을 정부의 재정적자 크기에 연동시켜 통화발행을 억제하는 통화주의(monetarism) 정책이었다. 통화주의적 접근법은 당연히 정부가 과중하게 비용 부담을 떠안고 있는 정책프로그램을 축소해 나가는 조치들의 단행으로 이어졌다. 시장에 대해서는 실물경제에 비례하여 통화량을 조정하는 정책적 개입을 수행하고, 나머지는 시장의 자율과 경쟁에 맡겨 경기회복과 성장을 도모해 나가자는 것이었다.

하지만 대처 정부가 시장에서 완전히 손을 떼고자 한 것은 아니었다. 대처 정부는 정치논리에 의해 그동안 왜곡되어 왔던 시장작동 체계를 바로잡는 조치를 취해 나갔다. 대처가 생각하는 정치논리에 의한 시장원리 왜곡의 대표적인 사례는 노조의 정치투쟁과 방만한 복지프로그램이었다. 대처는 집권 초 개혁조치들에 반발하여 총파업에 돌입한 노조의 정치 투쟁에 즉각 공권력을 투입하는 등 초강수로 대응하였다. '철혈 여상(Iron Lady)'이라는 별명이 붙은 것도 이 때문이었다. 노조의 투쟁은 대처 정부의 산업구조조정정책의 대상이 되었던 광산업 등의 사양산업, 이미 시장 경쟁력을 상실한 일부 국영기업들을 중심으로 극성스럽게 전개되었지만 대처는 단호하게 맞서 나갔다. 반면 대처 정부는 경쟁력이 있다고 판단한 금융 산업에 대한 지원을 적극 추진하였다. 또한 영국 기업이 해외경쟁력을 갖기 위해서는 '노동시장의 유연성' 확보와 숙련기술 인력의 육성이 시급하다고 보고 이 분야에서도 강력한 리더십을 발휘하였다.

대처 정부가 역점을 두고 추진한 대표적인 또 하나의 신자유주의 정책은 국영기업 민영화였다. 영국은 그동안 전기, 통신, 철도, 상하수도 등의 전통적인 자연독점산업뿐 아니라, 항공 산업과 제철, 자동차, 정유 산업까지 국영기업 형태로 운영되어 왔었다. 대처는 이들 국영기업의 민영화를 추진하고, 업계 내 경쟁을 유도하는 자유화 정책을 과감하게 밀고 나갔다. 이들 비효율적인 국영기업들이 민간 부문에 매각되어 대대적인 혁신이 이루어지면 글로벌 경쟁력을 가질 수 있고, 그러면 새로운 일자리들도 더 생길 것이라는 기대감에서였다. 국영기업의 매각대금은 정부 재정적자를 메워 나갈 수 있는 새로운 재원으로 활용할 수도 있었기 때문이었다.

신자유주의 노선을 밀고 나가는 대처의 강력한 리더십은 또한 복지프로그램을 축소하는 데 발휘되기도 하였다. 대처는 특히 경제적 형편 여부를 따지지 않고, 무차별하게 주어지는 복지혜택을 축소하기 위한 노력을 기울였다. 예컨대 직업을 가진 모든 근로여성의 아이들한테 주어지는 혜택이 그 대표적인 유형이었다. 하지만 복지프로그램을 축소하는 일은 많은 반발과 저항을 불러일으켰다. 대처 정부는 집권 후반에 들면서 사회안전망이 이미 영국 사회 깊숙이 자리 잡고 있는 사회정치적 장치여서 이를 축소하는 등의 개혁이 정치적으로 가용한 대안이 아니라는 점을 깨달아 가는 듯 보였다.

2.4.2. 90년대 이후 신자유주의의 새로운 물결

1980년대 미국과 영국의 집권당은 전통적으로 보수주의 노선을 지켜 왔던 공화당과 보수당이었다. 신자유주의 이념은 보수주의 정치노선과 결합하는 데에는 아무런 문제가 있을 수 없었다. 하지만 1990년대에 접어들면서 영국과 미국에서는 진보주의 정당인 노동당과 민주당의 토니 블레어(Tony Blair)와 클린턴이 집권에 성공하였다. 이제 보수주의 정당이 내걸었던 신자유주의 이념의 기치가 진보주의적 집권당에 의해 어떻게 계승되고, 변화되어 갈 것인가 하는 점에 대해 많은 사람들이 주목하고 있었다. 새로운 두 집권당 모두 신자유주의 노선의 폐기를 추구하지는 않았다. 1989년부터 1992년까지 진행된 구 소련 및 공산권 경제의 붕괴가 시장주의의 일방적 승리로 받아들여지는 상황 하에서 신자유주의 정책 노선의 폐기를 주장할 수 없었다. 대신 이들은 전래의 진보주의 정치 노선과 전임 집권자로부터 물려받은 신자유주의의 정책 유산의 조화를 도모하는 이른바 '제3의 길(Third Way)'을 추구하였다. 특히 영국의 토니 블레어는 제3의 길을 공식적인 정책 노선으로 표방하였다.

제3의 길

영국의 토니 블레어는 '새로운 노동당'의 깃발 아래, 개혁 정당을 표방함으로써 정치적 지지 기반을 늘려가고자 하였다. 신자유주의 노선을 지지했던 사회 계층까지 끌어들일 수 있다는 계산이었다. 블레어는 '개인의 성취를 통한 사회의 진보'를 역설하였다. '개인의 성취'는 신자유주의 이념의 중심원리로써 민간부문이 주도하는 경제 성장을 상징하는 개념이었으며, '사회의 진보'는 노동당이 추구해 온 정부가 책임지는 복지체제를 의미하는 것이었다. 토니 블레어는 시장주의의 신자유주의 이념을 폐기하지 않은 상태에서 사회적 안전망 강화를 실현해 나가겠다는 취지에서 '중도좌익(centre-left)' 노선의 기치를 내걸었다.

토니 블레어는 중도좌익 노선은 노동당의 전통적 지지기반인 노동계층뿐 아니라, 업계의 이익과 시장주의의 성과를 기대하고 있는 중산층까지를 지지층에 포괄하고자 하는 것이었다. 중산층에 어필하기 위해서 블레어는 노동당 전래의 '계급복지(class welfare)' 이념의 포기를 선언하고, 노동당의 사회주의적 유산과의 과감한 단절을 선언하였다. 재분배 정책이 아니라 정부조직의 팽창과 정부지출의 통제를 통해서 시장의 활력을 유지해 나감으로써 경제적 번영과 고용촉진을 실현해 나간다는 전임 정부의 신자유주의 정책 노선을 계승하였던 것이다. 토니 블레어 정부는 사적 소유권 보장과 기업가 정신의 중요성을 강조함으로써 기업인들로부터의 신뢰와 지지 확보를 위한 노력을 도모해 나갔다. 시장주의 정책 노선의 계승으로 초래되는 사회 불평등 문제는 국가가 전면에 나서기보다는 민간부문 내에서 이루어지는 '사회적 파트너십'을 통해 해소해 나가고자 하였다. 이러한 '제3의 길'은 후임 고든 브라운(Gordon Brown) 정부까지 그대로 이어진다.

시장 글로벌리즘(Market Globalism)

미국의 클린턴 대통령의 집권은 디지털 기술 혁명을 기반으로 지구촌 국가들 간 상호연계성과 상호의존성이 급속히 확대되어 가는 글로벌 시대를 배경으로 이루어졌다. 클린턴 행정부는 미국 경제를 첨단 과학기술에 기초한 '신경제'로 재편하는 한편, 대외교역의 확대를 적극적으로 추진해 나갔다. 클린턴은 전임 레이건 행정부로부터 물려받은 신자유주의 정책유산을 글로벌화의 물결과 결합해 나가고자 하였다.

클린턴 행정부가 밀고 나갔던 시장 글로벌리즘은 다음과 같은 다섯 가지의 신조에 기초한 것이었다.[7]

첫째, 시장자유화를 글로벌 차원으로 확대하여, 글로벌 시장 통합을 이룩하는 글로벌화를 추진한다. 둘째, 글로벌화 물결은 불가피한 것이고, 그 흐름을 되돌릴 수 없다. 셋째, 글로벌화 과정은 누군가가 통제해 나갈 수 있는 것이 아니다(시장법칙이 그 흐름을 지배한다). 넷째, 글로벌화는 적어도 장기적으로 모두에게, 그리고 지구촌 곳곳에 경제적 혜택을 가져다줄 것이다. 다섯째, 글로벌화는 세계 곳곳에 자유와 민주주의

7 Steger, M. & Ravi Roy, 위의 책, p. 54.

가치의 확산을 가져다줄 것이다.

이상의 신조에 잘 드러나 있는 바와 같이, 클린턴 행정부는 신자유주의의 이념을 글로벌 차원으로 확대하고자 하였다. 클린턴 경제팀은 미국 경제의 활력이 글로벌 경제의 활력에 좌우된다는 생각을 가지고 있었기 때문이었다. 냉전체제 하의 레이건 행정부가 세계에서의 미국의 위용을 군사력 등의 '하드 파워(Hard Power)'를 통해서 보여주고자 했던 것과는 달리 클린턴 행정부는 이데올로기나 문화 등과 같은 '소프트 파워(Soft Power)'를 통해 세계질서에 영향을 미치고자 하였다. 시장 글로벌리즘의 신자유주의 접근법은 클린턴 대통령의 이러한 소프트 파워 행사를 뒷받침하는 이데올로기였다고 할 수 있다.

국내적으로 클린턴 행정부는 전임 정부가 해결하지 못했던 엄청난 재정적자 문제를 해소하는 데 역점을 두었다. 클린턴 경제팀은 과도한 공공부채와 높은 이자율이 민간 투자의 위축을 가져오고 있다는 진단 아래 연방재정 지출을 억제하고, 이자율을 낮추기 위한 조치들을 취해 나갔다. 이를 위한 상징적인 조치 가운데 하나가 통화주의자인 그린스펀(Alan Greenspan)이 이끄는 연방지불준비이사회(Federal Reserve Board : 미국 중앙은행이라 할 수 있음)의 정치적 독립을 공식적으로 인정한 것이었다. 1990년 중반에 들어오면서 클린턴 행정부의 이러한 신자유주의적 통화정책 및 재정정책은 성과를 내기 시작하였다. 연방정부의 재정적자 폭은 줄고 이자율이 떨어지면서 민간 투자가 늘기 시작했다. 그러자 미국 경제를 낙관적으로 보기 시작했던 외국의 투자자들이—주로 일본 등의 아시아 국가들의 민간자본— 미국 시장에 대대적으로 투자하기 시작했다. 미국 경제는 1970년대 이후 처음으로 활황국면에 들어섰다는 평가가 나오기도 하였다.

한편, 이러한 성과를 내기 시작한 연방 재정적자 해소는 재정지출 억제의 필요성을 의미하는 것이기도 했기 때문에 클린턴 경제팀은 연방정부의 정책 프로그램을 축소 조정하지 않을 수 없었다. 그 대표적인 예가 복지프로그램의 축소였다. 클린턴 대통령은 알칸소스 주지사 시절부터 실업자들에게 무조건 혜택을 주기보다는 근로동기를 유인할 수 있는 복지정책을 강조해 왔다. 클린턴은 이러한 '근로유인 복지(welfare-to-work)' 프로그램을 연방 정부 차원으로 확대 적용하고자 하였다. 온정주의적인 무차별한 복지혜택의 제공보다는 개인의 책임성을 강조하는 신자유주의적 정책노선을 지켜가고자 했던 것이다.

클린턴 행정부의 신자유주의적 정책노선이 가장 극명하게 나타났던 것은 시장에 대한 대대적인 탈규제 조치였다. 특히 통신시장과 금융시장에 대한 규제개혁은 단연 돋보이는 조치였다. 1996년 통과된 새로운 통신법은 통신시장에 남아 있던 진입장벽을 완전히 허무는 것이었다. 통신 시장의 자유화 조치로 같은 통신시장 내 사업자들 간의 치열한 경쟁뿐 아니라, 플랫폼을 달리하는 통신 사업자들 간의 무한 경쟁 체제가 형성되었다. 이러한 무한 경쟁 체제는 통신과 방송, 연예오락 등 사업 영역을 달리하는 사업자들 사이에 인수합병 붐을 낳았고, 그 결과로 미국의 통신시장이 재편되는 결과를 가져왔다.

사업자들 간의 무한 경쟁을 불러일으키는 자유화 조치는 금융시장에서도 마찬가지로 진행되었다. 상업은행과 투자은행 간의 법적 구분을 없애고, 금융기관들이 서로의 영역에 뛰어들어 서로 경쟁하도록 하는 대대적인 탈규제 조치가 단행되었다. 금융기관들에 대한 이러한 탈규제 조치는 케인스 경제정책 노선의 마지막 흔적을 걷어 내는 것이었다. 금융시장에 대한 이러한 자유화 조치가 2008~2009년의 경제위기의 원천이 될 것이라는 점은 당시로써는 예상하기 어려웠는지 모른다.

2.5. 신자유주의는 퇴조하고 있는가?

신자유주의 이념과 정책노선을 둘러싼 서로 다른 평가와 논쟁은 1980년대 이후 계속되어 왔다. 1997~1998년 아시아 경제 위기 상황, 그리고 2008~2009년 이후 세계적인 경제위기 상황 하에서 신자유주의에 대한 논란이 거세게 전개되었다. 특히 2008~2009년의 경제위기 이후에는 신자유주의의 '위기'와 '퇴조'가 논의의 중심을 이루어 가고 있는 것으로 보이기도 한다.

글로벌화에 대해서 그러한 것처럼 신자유주의 이념에 대해서는 극단적인 상반된 평가와 찬반양론이 대립되어 왔다. 지지론자들은 시장주의적 해법을 강조하는 신자유주의 정책노선이 적어도 장기적으로는 시장이 갖는 장점과 미덕을 극대화할 것이라고 주장한다. 신자유주의기치가 '정부실패'에서 기인하는 경제적 위기 상황의 타개를 위한 대안으로 등장한 만큼, 일시적 위기 상황이 초래되었다고 해서 이를 폐기하고 다시 정부 의존의 해결책으로 되돌아간다는 것은 있을 수 없다는 입장이다. 신자유주의 정책이 가져왔다고 주장되는 일부의 문제점을 보완해 나간다면, 궁극적으로는 사회전체의 효율성 증진 혜택이 사회 곳곳에까지 확산되어 갈 것이라는 낙관적 믿음을 여전히 고수해 왔다.

반면 신자유주의 비판론자들은 자유와 경쟁의 시장원리에 집착하는 신자유주의 정책들이 일부 경제 성장의 성과를 이루어낸다고 하더라도 부의 불평등 분배만을 가속화시킬 것이라 비판한다. 실제로 신자유주의적 경제정책이 추진된 대부분의 국가들에서 소수의 부자들이 차지해 가는 사회 전체 부의 크기는 갈수록 늘어가고 있다는 통계 자료가 제시되기도 하였다. 효율성과 경쟁, 공헌에 따른 보상 등을 강조하는 신자유주의는 노동 계층과 가난한 사람들의 삶의 질을 더 열악하게 만들어 가고 있다는 비판이 이어져 왔다. 사회 전체적으로 효율성이 증대되고, 경제성장이 이루어지면 그 혜택이 사회 곳곳에까지 확산될 것이라는 낙관적 믿음이 현실화되기에는 요원한 것처럼 보였다.

시장 자유화와 탈규제, 경쟁 가속화의 신자유주의 경제정책은 자유화된 시장에서 인수합병의 바람을 불러일으켰고, 그 결과로 시장이 거대한 독과점적 사업자를 출현시키는 결과를 낳고 있다는 비판도 제기되었다. 실제로 시장자유화와 탈규제 조치가 대대적으로 이루어졌던 금융시장과 통신 시장에서는 이러한 방향으로 시장이 재편되는 결과를 낳기도 했다.

신자유주의에 대해서 가해지던 이러한 비판은 2008~2009년 세계적인 경제위기 이후 설득력을 더해 가기 시작하였다. 세계적인 경제위기 이후, 신자유주의를 지지했던 각국의 정치 지도자들은 위기의 주된 원인이 시장자유화와 탈규제의 정도가 지나쳐서 시장을 사실상 방임사태로 방치해 둔 것에 있다는 데 의견을 같이 하였다. 특히 금융시장에 대한 자유화와 탈규제로 금융시장이 정부의 규제를 전혀 받지 않게 됨으로써 위기가 촉발하였다는 점에서 금융시장에 대한 재규제 필요성의 목소리가 고조되었다. 이전 신자유주의 이념의 적극적인 신봉자들이었던 사람들이 신자유주의의 실패를 공언하기도 하였다. 예컨대 신자유주의 이념에 충실하게 미국 통화정책을 이끌었던 그린스펀은 미 의회 청문회에 나와 신자유주의 이념이 더 이상 작동되기 어렵다는 의견을 내놓았다. 1980년대 이후 신자유주의 경제정책을 앞장서서 지지했던 신문과 방송의 논객들도 시장에 대한 정부규제의 필요성을 다시 주장하는 방향으로 나아갔다.

2008~2009년 이후의 세계적인 경제위기 상황은 세계적인 대공황이 재연되는 것이 아닌가 하는 우려까지 낳았다. 미국 등 각국에서는 중앙 정부가 자력 회생이

불가능한 주요 금융기관과 주요 산업에 공적 자금을 투입하는 등의 적극적인 시장 개입 조치를 단행하였다. 금융기관들에 대한 감독과 규제가 강화되었으며, 특정 업계 내의 기업 활동에 대한 규제도 다시 강화되는 방향으로 나아갔다. 대공황의 우려는 각국 중앙 정부의 시장 개입에 대하여 정치인들과 유권자, 그리고 기업들 사이에서도 관대한 용인을 불러일으켰다. 시장을 자율에 맡겨두기보다는 얼마간의 정부의 간섭과 규제가 필요하다는 점에 대한 사회적 합의가 다시 조심스럽게 모색되고 있다.

제 3 장

정보사회로서의 현대사회

3.1. 정보사회의 기본 성격

현대를 특징짓는 용어로 흔히 접하는 것이 '정보사회'이다. 요즈음은 누구나 컴퓨터, 인터넷, 휴대전화 등으로 다양한 정보를 접할 수 있다는 점에서 정보사회라는 말이 실감난다. 수많은 학자들도 현대 사회의 기본 특징을 정보사회로 보는 데에 동의한다.

그런데 사회과학의 입장에서 중요한 질문은 과연 정보화로 인해 사회의 기본적 작동원리가 과거와 달라졌는가 하는 점이다. 그렇다고 보는 사람들도 있고, 아니라고 보는 사람들도 있다. 그렇다고 보는 사람들을 '단절론자'라고 하고, 아니라고 보는 사람들을 '연속론자'라고 한다.

단절론에서는 정보사회를 산업사회 이후의 역사적 단계로 설정하고, 산업사회와 정보사회는 근본적으로 다른 사회라고 본다. 단절론에 입각한 정보사회론을 제일 먼저 이론화했다고 평가되는 다니엘 벨(Daniel Bell)은 사회발전 단계를 전(前)산업사회 – 산업사회 – 탈산업사회로 나누었는데, 그가 말한 탈산업사회가 정보사회이다. 그는 후에 쓴 글에서 탈산업사회를 명시적으로 '정보사회'라고 불렀다. 앨빈 토플러(Alvin Toffler)가 말한 제1의 물결 – 제2의 물결 – 제3의 물결도 유사한 내용이다. 이런 관점은 역사발전 단계를 고대 노예제 – 중세 봉건제 – 근대 자본주의로 설정한 마르크스주의 역사관과 대비되는 것이기도 하다.

그렇다면 단절론의 입장에 서는 사람들은 산업사회와 정보사회의 기본적 작동원리가 어떻게 다르다고 보는가? 이에 대해선 학자마다 다양한 견해가 있으나, 가장 중요하게 들 수 있는 것은 정보사회가 되면 정보와 지식이 무엇보다 중요해진다는 것이다. 사실 정보나 지식은 언제나 중요했다. 그러나 정보사회에서는 이것들의 사회경제적 중요성이 급상승한다. 벨은 산업사회에서는 자본과 동력이 핵심적인 전략적 자원이었던 것에 비해 탈산업사회(정보사회)에서는 지식과 정보가 전략적으로 가장 중요해진다고 말했다. 토플러도 제1의 물결에서는 총(무력)이, 제2의 물결에서는 돈(자본)이 가장 중요한 권력의 원천이었던 것에 비해 제3의 물결에서는 지식과 정보가 가장 중요한 권력의 원천이 된다고 말했다.

단절론의 입장에 서는 사람들은 정보사회가 산업사회와 구분되는 보다 구체적 특징들도 제시한다. 벨은 탈산업사회의 특징으로 다음과 같은 다섯 가지를 들었다.[1] 첫째, 경제부문을 보면 상품 생산에서 서비스 생산으로 이행한다. 특히 전산업사회에서의 가사서비스나 산업사회에서의 제조업 보조적 서비스업과 달리, 탈산업사회에서는 의료·교육·연구처럼 고학력 인력이 종사하는 서비스업이 발전한다. 둘째, 직업구조를 보면 전문직과 기술직이 두드러지게 된다. 전반적으로 블루칼라보다 화이트칼라 근로자의 수가 많아지지만 그중에서도 전문기술직이 가장 빠르게 발전한다. 셋째, 사회의 기축원리(axial principle)가 변화하여 이론적 지식이 혁신과 정책의 중심적 원천이 된다. 넷째, 기술발전을 계획하고 통제하는 것이 중요해진다. 사회가 기술혁신에 크게 의존하게 되지만 기술의 부정적 영향도 커지기 때문이다. 다섯째, 의사결정 영역에 적용되는 지적 기술이 발전한다. 조직운영이나 사회적 의사결정에 작용되는 시스템 분석이나 시뮬레이션 같은 것이 그 예이다.

토플러는 제3의 물결이 도래함에 따라 사회의 거의 모든 영역에서 혁명적 변화가 나타난다고 보았다. 기업조직, 학교교육, 가정생활, 매스커뮤니케이션 등 사회의 전 영역이 달라진다는 것이다.[2] 예를 들어 그는 제2의 물결 시대에는 공장에서의 단순반복적 노동에 적응할 수 있는 노동력이 필요했고, 이 때문에 학교교육의 주요 목표

---

1 Bell, Daniel, *The Coming of the Post–Industrial Society*, 2nd edition (Basic Books, 1976).

2 앨빈 토플러, 김태선·김귀남 역, 「제3의 물결」(기린원, 1991).

가 '숨겨진 커리큘럼'을 통해 학생들이 시간 엄수, 복종, 반복노동에의 적응 등의 덕목을 익히게 하는 것이었다고 말했다. 이에 비해 정보사회에서는 근로자의 창의성이 중요하므로 교육의 목표도 창의성을 키우는 데 초점이 맞추어진다는 것이다. 또 그는 제2의 물결 시대에는 6가지 기본 원리가 있다고 말했는데 그것이 규격화(standardization), 분업화(specialization), 동시화(synchronization), 집중화(concentration), 극대화(maximization) 그리고 중앙집권화(centralization)이다. 그런데 제3의 물결 시대엔 이런 원리가 모두 지양되고 대신 탈규격화, 탈분업화, 탈동시성, 분산·분권화, 소규모화가 추구된다고 주장했다.

연속론의 입장에 서는 사람들은 정보사회의 기본적 작동원리가 과거와 근본적으로 다르지 않다고 본다. 예를 들어 로작(Roszak)은 한 사회나 문명은 '핵심적 사고(master ideas)'를 중심으로 작동하는데, 현대 사회의 핵심적 사고들은 정보에 기초한 것이 아님을 지적한다. 예를 들어 '모든 사람은 평등하게 창조되었다'라거나 '옳든 그르든 나의 조국'과 같은 원칙들은 모두 정보화 이전에 생겨난 것이라는 주장이다.[3]

연속론자 중에는 자본주의사회로서의 연속성을 강조하는 사람들이 많다. 다시 말해 산업사회와 정보사회는 모두 자본주의사회라는 점에서 같다는 주장이다. 예를 들어 마르크스주의적 입장에 서는 허버트 실러(Herbert Schiller)는 현대 사회의 기본 특징은 기업 자본주의이며, 정보의 생산과 유통은 궁극적으로 시장원리, 특히 이윤극대화에 의해 추동된다고 말한다. 정보기술혁명에 의해 생겨나는 다양한 가능성들은 대부분 사기업의 이윤추구를 위해 이용된다. 그 핵심적 주체인 초국적 기업들은 전세계적 차원에서 정보기술을 사적으로 통제하면서 세계적 지배력을 유지해 간다.[4] 게다가 정보화는 기업의 이윤추구가 더 철저하게 이루어질 수 있는 수단이 된다. 예를 들어 정보화에 따라 과거 상업성과는 거리가 멀었던 가정 내의 오락과 교육에까지도 시장원리가 침투한다. 정보는 점점 더 상품화되며, 지적재산권은 이를 뒷받침하는 제도이다. 정보사회는 일반 시민들의 정보를 자유롭게 이용하고 유통할 수 있는 사회가 아니라, 대자본의 경제적 · 문화적 지배가 일층 강화되는 사회인 것이다.[5]

연속론과 단절론의 중간적 입장도 있을 수 있다. 정보사회도 자본주의 사회이되 산업사회 시기의 자본주의와는 질적으로 달라진 자본주의라고 보는 것이다. 여

3 프랭크 웹스터, 조동기 역, 「정보사회이론」,(개정판)(나남출판, 2007) 재인용.
4 허버트 쉴러, 강현두 역, 「현대 자본주의와 정보지배논리」(나남, 1990).
5 댄 쉴러, 추광영 역, 「디지털 자본주의」(나무와숲, 2001).

기에 가까운 입장을 가진 사람으로 「정보시대」 3부작을 통해 정보사회론 발전에 크게 기여한 마누엘 카스텔(Manuel Castells)을 들 수 있다. 카스텔은 '정보사회'라는 용어보다 '정보자본주의'라는 용어를 사용한다. 정보자본주의는 자본주의이므로 그 기본 원리인 시장원리, 이윤추구, 사적소유 등이 관철되지만, 지식에 대한 지식의 작용 자체가 생산성의 주요 원천이 된다는 점에서 과거 자본주의와 근본적으로 다른 사회이다.

정보사회의 기본 성격에 대한 또 하나의 쟁점은 낙관론과 비관론이다. 낙관론에서는 정보기술의 발전에 따라 일반 시민의 지식수준이 높아지고, 민주주의가 발전하면, 노동소외가 완화되고, 새로운 문화가 발전되는 등 삶이 윤택해질 것으로 본다. 반면 비관론에서는 정보기술의 발전이 기존의 문제를 해결하지 못하고 오히려 새로운 문제를 낳을 것이라고 본다. 민주주의가 아니라 전자감시를 통한 통제가 강화되고, 불평등이 커지며, 개개인의 인간성도 왜곡될 수 있다는 것이다.

단절론과 연속론, 그리고 낙관론과 비관론은 모두 일면적인 시각이라고 해야 할 것이다. 정보사회에는 분명 양 측면이 있다. 다시 말해 정보기술 발전이 사회에 미치는 영향은 한쪽 방향으로만 나타나지 않으며 복합적이라는 것이다. 이를 균형 있게 파악하는 것이 필요하다. 또 한 가지 중요한 것은 단절론과 연속론, 낙관론과 비관론 중 어느 시나리오가 현실화된 것인지는 사전에 결정된 것이 아니라 인간의 선택에 의해 결정된다는 것이다.

이런 점에서 기술결정론에 빠지지 않는 것이 중요하다. 기술결정론이란 기술이 사회변화를 결정한다는 시각이다. 정보사회의 도래를 주장하는 사람들 중에는 기술결정론적 경향을 띠고 있는 사람들이 많다. 벨도 그렇고 토플러는 더더욱 그렇다. 기술변화가 사회에 커다란 영향을 준다는 것은 분명하다. 예를 들어 피임약의 개발은 여성의 지위에 엄청난 변화를 가져왔다. 그러나 기술이 사회의 모든 것을 결정하는 것은 아니다. 가족구조나 교육제도는 기술보다는 여타 사회적, 경제적 요인에 의해 변화한다. 게다가 기술 자체가 사회에 의해 규정된다. 기술의 이용방법이 사회에 의해 규정되며, 어떤 기술이 채택되는가도 사회에 의해 영향받는다. 정보화가 사회에 미치는 영향도 사전에 결정되어 있는 것이 아니라 인간의 주체적 대응에 의해 변화되는 것이다.

3.2. 네트워크사회로서의 정보사회

정보사회의 핵심적 특징의 하나가 네트워크사회라는 것이다. 카스텔은 「네트워크사회의 도래」(The Rise of the Network Society)라는 책에서 정보사회에서는 쌍방향 컴퓨터가 기하급수적으로 증가하면서 커뮤니케이션의 질과 양이 엄청나게 변화되고 이에 따라 사회도 크게 변화하고 있다고 말하였다.[6] 특히 그는 자본주의적 생산 활동이 공간적 제약을 넘어 전세계적 차원에서 이루어지는 현상에 주목했다.

인간 사회에서 네트워크는 언제나 중요한 역할을 했다. 어느 사회에나 존재하는 집단이나 인맥이 곧 네트워크라고 할 수 있다. 사람은 혼자 살 수 없고 언제나 네트워크 속에서 산다. 능동적으로 자신의 네트워크를 확대하려고 노력하기도 한다. 그러나 정보사회가 되면 네트워크의 성격이 크게 달라진다.

무엇보다 네트워크의 범위가 엄청나게 확대된다. 과거 네트워크는 대개 아는 사람으로 국한되었다. 특히 의견이나 생각을 공유하는 것은 만나서 대화를 할 수 있는 사이에서나 가능했다. 그러나 정보화에 따라 쌍방향 커뮤니케이션의 통로가 폭넓게 열림에 따라 개개인은 훨씬 더 많은 사람과 네트워크를 맺을 수 있게 되었다. 이메일, 휴대폰 메시지, 트위터, 페이스북 등을 통해 수많은 사람에게 자신의 생각을 보낼 수 있고, 다른 사람들의 생각을 들을 수 있다. 이런 네트워크로 연결되는 사람 중에는 평소에 모르고 지내던 사람들도 많다. 또 과거보다 훨씬 다양한 종류의 사람들과도 교류할 수 있다.

정보사회에서의 네트워크는 시공간의 제약을 뛰어넘는다. 같은 시간에 모이거나 만나지 않아도 의견을 주고받을 수 있다. 아무리 멀리 있는 사람과도 커뮤니케이션이 가능하다. 개인적 네트워크가 국경을 넘어 세계로 확대되는 일도 흔하다.

네트워크의 발전은 개인 사이에 국한되지 않는다. 기업과 기업 간, 조직과 조직 간 네트워크도 크게 발전한다. 현대의 기업들은 타 기업들과 긴밀한 네트워크를 맺고 있다. 그 핵심고리가 아웃소싱이다. 이에 대해서는 뒤에 다시 살펴보겠으나, 현대 제조의 중요한 특징이 '모듈생산 네트워크(modular production network)'이다. 이 네트워크에서 지배적 대기업은 제품을 기획하고 브랜드를 관리하고 판매하는 역할만을 한다. 생산기능은 이 지배기업과 네트워크를 맺고 있는 수많은 제조전문 기업이 담당한다. 이 네트워

6 마뉴엘 카스텔, 김묵한 외 역, 「네트워크 사회의 도래」(한울, 2003).

크는 세계적 차원에서 작동하므로 '글로벌 생산 네트워크'라고 불리기도 한다.

네트워크의 발전에 따라 개인과 사회의 관계도 달라진다. 과거엔 개인이 속한 집단이 대체로 영속적이었고 따라서 개인이 맺는 사회적 관계도 비교적 지속성이 강했다. 그러나 정보사회에서의 네트워크 관계는 쉽게 맺어질 수도 있지만 동시에 쉽게 없어질 수도 있다. 그만큼 개인과 사회의 관계가 유동적이 된다. 한 번 관계를 맺으면 영원한 관계라는 식의 사회관계는 점점 약해지는 것이다. 다소 과장해서 말하면 이제 개인은 집단의 일원이기보다는 네트워크상의 한 노드(node)로서 존재한다. 전통사회에서의 중심적 사회관계가 가족이나 촌락공동체에서 나타나는 1차적 관계였고, 산업사회에서는 회사와 같은 결사체, 또는 이익집단에서의 2차적 관계가 중심이었다면 정보사회에서의 중심적 사회관계는 네트워크로 이루어지는 3차적 관계라는 분석도 제시되어 있다.[7] 이런 구분을 그림으로 나타내면 다음과 같다.[8]

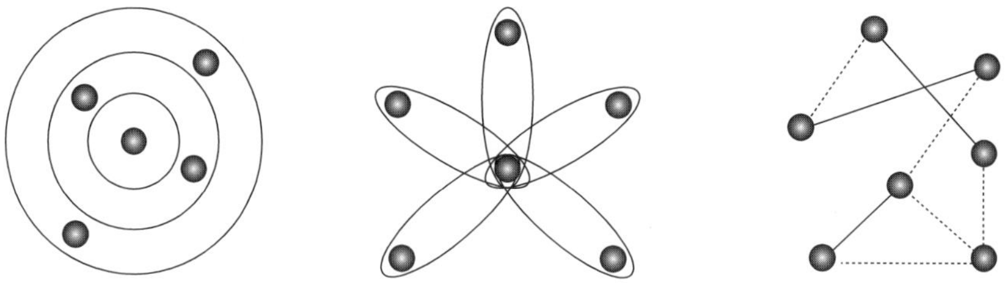

사회관계가 네트워크형이 되면 개인이 사회와 맺는 관계는 그만큼 다양화되는 반면, 특정 네트워크와 개인의 관계는 일시적이고 부분적인 것이 된다. 이에 따라 개인의 주체적 선택이 중요해진다. 사람들은 늘 주체적으로 새로운 관계를 맺고 기존의 관계를 정리하며 살아가게 된다. 이런 현상을 '네트워크형 개인주의'라고 표현하기도 한다.

---

7 마뉴엘 카스텔, 박행웅 역, 「인터넷 갤럭시」(한울), p. 177.

8 팔란티리, 「우리는 마이크로 소사이어티로 간다」(웅진윙스, 2008), p. 82.

3.3. 정보사회에서의 '권력이동'과 민주주의

3.3.1. 정보사회에서의 권력이동

정보사회에서는 기존에 권력을 가지고 있던 정부나 자본, 전문가 집단에 비해 일반 시민의 힘이 커지는 경향이 있다. 이런 현상을 토플러는 '권력이동'이라고 불렀다. 권력이 일반 시민으로 이동하는 이유로 두 가지를 들 수 있다. 첫째, 과거에 비해 일반 시민이 더 많은 지식과 정보를 가지게 되었다. 지식과 정보는 주된 권력의 원천이므로, 일반 시민이 더 많은 권력을 가지게 되는 것이다. 과거엔 권력을 가진 집단이 정보를 독점하고 이를 조작하거나 통제하여 권력을 유지하는 일이 흔했다. 그러나 정보사회에서는 정보의 독점이 어려워진다. 정보와 지식의 유통이 과거보다 훨씬 자유롭고 대규모로 이루어지기 때문이다. 이제 일반 시민은 기존 권력의 정당성을 쉽게 의심하고 비판할 수 있게 되었다. 예를 들어 과거 의사가 환자에게 절대적 권위를 행사했던 중요한 이유는 의사가 의학지식을 독점했기 때문이다. 그런데 이제 환자들도 고급 의학 정보를 접하게 되면서 의사는 환자에게 절대적 권력을 행사할 수 없다. 이제 환자에게 모든 것을 설명하고 치료방법에 대해 이해를 구하여 정당성을 얻어야 한다. 상품의 전국 최저 판매가를 잘 아는 소비자에게 판매자가 쩔쩔맬 수밖에 없는 것도 같은 맥락이다.

권위의 성격도 바뀐다. 과거엔 전문가가 한 번 권위를 인정받으면 그 권위가 지속되는 경향이 있었다. 지식이 빨리 변하지 않는데다가 지식을 전문가들이 독점하고 있었기 때문이다. 그러나 이제 지식의 변화 속도가 빠르고 지식이 대중화되면서 권위는 끊임없이 새롭게 인정받지 않으면 유지되기 어렵게 되었다.

둘째, 시민 간의 의사소통과 네트워킹이 활발해져 집단적 영향력이 커졌다. 간단히 말하면 이제 시민은 고립된 개인이 아니라 거대한 네트워크의 일부가 됨으로써 사회적 영향력이 비약적으로 커지게 된 것이다. 대중매체가 지배적인 대중사회에서 시민 개인은 고립된 익명의 대중으로 존재했다. 대중매체가 전달하는 지식과 정보를 수동적으로 수용할 뿐이었고, 정치권력에 맞설 힘도 부족했다. 그러나 이제 개인들은 능동적으로 네트워크를 만들어 내고 네트워크에 참여함으로써 권력에 맞설 수 있게 되었다. 예를 들어 기업과 일반 시민(소비자)의 관계에서도 이런 현상을 볼 수 있다. 과거엔 대기업 제품에 대해 개별 소비자가 불만이 있어도 개인적 불만으로 끝나는 일이 많았다. 그러나 지금은 인터넷을 통해 불만을 널리 알림으로써 이를 사회적으로 이슈화하고, 안티사이트도 만들어 동조자를 모을 수 있다. 실제로 안티사이트를 통해 대기업에 압력을 넣어 잘못된 행태를 고치게 한 사례를 많이 찾아볼 수 있다.

정보사회에서의 권력이동의 근저에 깔린 흐름이 지식의 변화이다. 단지 지식이 더 많이 유통되기만 하는 것이 아니라 지식의 성격 자체가 변화하는 것이다. 이미 정보사회에서는 노하우(know how)보다 노웨어(know where)가 더 중요하다는 진단도 있다. 이와 아울러 중요한 현상이 '집단지성'의 부상이다. 소수 전문가가 만들어내는 지식보다 대중 다수가 참여하여 만드는 지식이 더 우월할 수 있다는 것이다. 집단지성의 대표적 사례가 위키피디아(wikipaedia)이다. 일반 대중 누구나 참여하여 내용을 고치고 보완할 수 있는 위키피디아는 세계적 전문가들이 모여 만든 전통적 백과사전인 브리태니커(britannica)에 필적하는 백과사전으로 인정받고 있다.

집단지성이란 개념은 미국의 곤충학자 윌리엄 모턴 휠러(William Morton Wheeler)가 「개미」라는 책에서 처음 사용하였다. 그는 개미가 개체로는 미미하지만, 집단을 이루어 협업할 때에는 높은 지능체계를 형성한다고 말했다. 그 후 제임스 서로위키(James Surowiecki)는 실험을 통해 "특정 조건에서 집단은 집단 내부의 가장 우수한 개체보다 지능적"이라고도 주장했다. 또한 서로위키에 의하면 전문가 혹은 똑똑한 사람들로만 구성된 집단보다 똑똑한 사람과 그렇지 않은 사람들로 구성된 집단이 문제 해결 능력에 더 뛰어나다. 동질적인 집단이 자신의 전문성을 발휘하는 데는 뛰어나지만 대안을 탐색하는 능력은 떨어지기 때문이다.

집단지성이 우월할 수 있는 배경은 다양성이나 탈중심성에서 찾을 수 있다. 집단 구성원이 다양하면 소수가 미처 생각하지 못한 다양한 시각이 생기고, 소수가 의사결정을 독점할 때 생기는 파괴적 결과도 예방할 수 있게 된다. 이때 집단 내 구성원이 다양성을 표출하기 위해서는 독립성을 가질 수 있어야 한다. 탈중심성도 집단지성의 중요한 조건이 된다. 권력이 한곳에 집중된 집단이 아니라 서로 독립적인 여러 사람이 분산된 방식으로 문제를 풀 때 유용한 집단적 해답이 나올 수 있다. 물론 분산된 개개인이 네트워크를 통해 효과적으로 연결되어 있어야 할 것이다.

집단지성의 기술적 배경이 된 것이 웹2.0이다. 웹2.0이란 데이터의 소유자나 독점자 없이 누구나 손쉽게 데이터를 생산하고 공유할 수 있도록 한 사용자 참여 중심의 인터넷 환경을 말한다. 웹1.0의 사용자는 인터넷에 올려진 정보를 볼 수 있을 뿐이었다. 이에 비해 웹2.0에서 사용자는 스스로 정보를 올리고, 올라와 있는 정보를 수정하고 보완할 수도 있다. 블로그가 웹2.0의 좋은 예이다.

집단지성에 대해서는 비판도 있다. 아마추어가 아무리 많이 모여도 한계가 있으며, 참여자 중 일부가 허위 정보를 올려도 제대로 걸러지지 않을 가능성이 있다는 것이다. 어떤 사람이 위키피디아에 전혀 사실이 아닌 가공의 내용을 올렸으나 여러 달 동안 누구도 그것이 허위 내용인지를 알아차리지 못했다. 그러나 집단지성을 옹호하는 견해도 많다. 위키피디아의 오류는 시간이 걸리더라도 발견되고 수정되는 것에 비해 오히려 브리태니커에 있는 오류는 그대로 남아 있었다는 보고도 있다. 집단지성의 개방성으로 인해 지식이 계속 확대될 수 있고, 많은 사람에 의한 검증을 통해 오류도 시정될 수 있다는 것이다. 2005년에 네이처(Nature) 뉴스팀이 브리태니커와 위키피디아 기사의 정확도 조사를 한 바로는 두 사전의 정확도가 거의 유사했다.[9]

3.3.2. 정보사회에서의 민주주의의 가능성

권력과 권위가 정부, 대기업, 전문가로부터 일반 시민에게로 옮겨간다는 것은 민주주의가 한층 고도화된다는 것을 의미한다. 이런 경향은 당연히 정치에서도 나타난다. 고대 그리스에서나 볼 수 있었던 직접민주주의가 정보사회에서 다시 실현될 수 있을 것이라는 기대 섞인 전망도 제시되었다. 주지하다시피 대의제 민주주의는 간접민주주의이다. 이 책의 3부 3장에서 소개된 슘페터의 '엘리트 민주주의론'도 이런 맥락에서 제시된 이론이다. 간접민주주의가 불가피했던 것은 수많은 국민이 한자리에 모여 토론하고 결의하는 것이 불가능했기 때문이다. 그러나 일부 논자들은 정보통신기술의 발전으로 커뮤니케이션의 시공간적 한계가 사라졌으므로 직접민주주의가 가능해졌다고 말한다. 또한 본래적 의미의 직접민주주의는 아니어도 대의제의 한계를 넘어서는 '전자민주주의'가 실현될 것이라는 전망이 많다.

사실 정보기술이 발전한다고 해서 민주주의가 발전한다고 보는 것은 성급한 전망이다. 커뮤니케이션의 시공간적 제약이 없어졌다고 해서 자동으로 민주주의가 성숙해지는 것은 아니기 때문이다. 그렇지만 정보사회가 도래함에 따라 국민의 정치참

9 이항우, 2009, "네트워크 사회의 집단지성과 권위." 「경제와 사회」 제84호.

여가 확대되고 민주주의의 실질화가 진전될 수 있는 것은 분명하다. 실질적 민주주의가 진전되기 위해선 두 가지 조건이 필요한데, 하나는 교양 있는 시민의 존재이고 다른 하나는 시민이 정치에 참여할 수 있는 통로가 열리는 것이다. 정보화는 이 두 가지 모두에 이바지한다. 먼저 정보사회에서는 정부가 하는 일을 국민이 쉽게 알 수 있다. 과거엔 정부나 국회의원이 구체적으로 무슨 일을 하고 있는지 국민이 잘 몰랐다. 그러나 이젠 정부 부처나 국회의원들이 운영하는 홈페이지를 통해 정부나 의회가 무슨 일을 하는지 잘 알 수 있다. 이들의 소소한 비리나 잘못도 인터넷을 통해 금방 널리 알려진다. 다음으로, 정보사회에서는 국민이 정치에 참여할 수 있는 통로가 열린다. 예전에는 정부나 국회가 잘못하는 일이 있다고 해도 일반 국민이 고위공무원이나 국회의원을 만나서 따지기 어려웠다. 기껏 할 수 있는 일이란 다음 선거까지 기다리는 것이었다. 그러나 이제는 누구라도 국회의원의 홈페이지에 들어가 하고 싶은 말을 할 수 있다.

그런데 반대 경향이 존재한다는 것도 무시할 수 없다. 정보사회에서는 개개인의 일상생활이 모두 정보로 저장된다. 내 얼굴이 매일 수많은 CCTV에 찍히고, 내가 교통카드를 사용하여 돌아다닌 내역, 신용카드로 구매한 내역, 핸드폰으로 전화한 내용이 모두 정보로 저장된다. 권력자는 마음만 먹으면 그것을 다 볼 수 있다. 결국 우리는 정보망의 손바닥 안에서 놀고 있는 것이다. 이것이 '전자감시'이며 정보화 사회의 주요한 문제점으로 주목받고 있다. 벤담(Bentham)과 푸코(Foucault)가 말한 판옵티콘(panopticon), 즉 원형감옥의 사회가 도래할 수도 있는 것이다.

3.4. 사이버스페이스(Cyber Space)와 사회변화

정보기술에 의한 네트워크의 형성은 가상공간, 즉 사이버스페이스의 등장으로 이어진다. 요즈음 컴퓨터를 가진 사람들은 누구나 인터넷을 통해 사이버스페이스를 경험한다. 인터넷에 들어가면 각종 동호회나 모임들이 있고, 누구나 한번쯤은 회원으로 가입한 경험이 있을 것이다. 이 사이버스페이스는 기존 사회에 어떤 새로운 영향을 주고 있는가?

3.4.1. 사이버스페이스와 새로운 공동체

사이버스페이스의 사회적 기능으로서 가장 중요한 것은 새로운 공동체로서의 기능이다. 근현대사회의 특징으로 흔히 지적되는 것이 공동체의 약화이다. 자본주의의 발전 그리고 산업화와 도시화에 따라 과거의 촌락공동체는 무너졌고, 대신 인간관계는 계산적이고 표피적인 관계로 변했다. 이를 잘 표현하고 있는 것이 퇴니스(Tönnies)의 '공동사회와 이익사회' 개념이다. 우리나라는 급격한 사회변화에 따라 공동체의 와해가 더 현격하다. 식민지 지배와 전쟁, 급격한 산업화와 도시화를 거치면서 공동체는 크게 약화되었다. 대도시엔 수많은 사람이 밀집되어 살지만, 이웃끼리 공동체를 이루고 사는 일은 흔하지 않다.

이런 상황에서 사이버스페이스는 새로운 공동체의 모태가 될 수 있다. 취미나 이념을 공유하는 사람들이 인터넷상의 모임을 통해 정보와 친밀감을 나눌 수 있다. 현실 사회에서는 취미를 공유한다고 해도 시공간적 제약 때문에 모일 수 없는 사람들이 사이버스페이스를 이용하여 쉽게 모일 수 있다. 실제로 우리 주위엔 이런 모임이 엄청나게 많다. 이런 모임에서 사람들은 자본주의 사회에서 직면하게 되는 경쟁과 소외를 벗어나 동질감, 따뜻함 등의 감정을 경험하게 된다. 우리나라의 온라인 모임에 대한 연구들을 보면 도구적 목적을 위해 만들어졌는데도 회원 간에 정서적 친밀도가 높은 경우가 많다. 온라인 모임이 오프라인 모임과 결합하여 회원 간의 친밀감이 높아지고 강한 유대가 형성되기도 한다.

그러나 새로운 공동체로서의 가능성에 대해선 회의적 시각도 있다. 사이버공동체를 묶는 끈은 일시적 취향의 공통성이다. 그런데 이런 끈은 현실의 공동체에서처럼 강한 유대가 되지 못한다.[10] 공동체는 구성원 개개인의 상당한 책임을 전제로 한다. 사이버공동체에 참여하는 개인들에게서는 이런 책임의식이 약하다. 그래서 사이버공동체는 매우 불안정하다. 또 사이버스페이스에서는 왜곡된 사회관계도 쉽게 나타난다. 사이버스페이스는 익명성을 특징으로 하므로 사람들은 흔히 자기 신분을 속이고 무책임한 말을 쉽게 한다. 사이버스페이스가 허위의 공간으로 전락하는 것이다. 이런 문제들 때문에 사이버스페이스에서의 공동체는 의사(擬似)공동체에 불과하다는 평가도 있다. 사이버스페이스가 현실에서의 정상적 인간관계를 침해할 수도 있다. 예를 들어 온라인

10 이종구·조형제·정준영외, 「정보사회의 이해」(미래 M&B, 2005), p. 34.

게임에 중독된 사람은 정상적인 대인관계를 잘하지 못한다.

3.4.2. 공론의 장으로서의 사이버스페이스

사이버스페이스는 사람들이 사회적 현안에 대해 의견을 나누는 공론의 장이 됨으로써 시민사회를 활성화하는 주요 통로가 될 수 있다.

사회과학자들은 현대사회를 구성하는 원리로 보통 시장, 국가, 그리고 시민사회라는 세 가지를 든다. 시장원리는 자본주의 사회의 기본원리로, 교환과 이윤추구를 기본으로 한다. 시장원리는 사람들에게 물질적 풍요를 가져다주지만, 인간관계가 이윤추구를 위한 도구처럼 되며 불평등이 확대된다. 국가는 사회의 유지를 위해 필수적이며 시장의 폐해를 교정할 수도 있지만, 사회를 전체주의적으로 지배할 수 있다. 국가 관료기구는 시민을 위한다는 명분으로 실제로는 그 자체의 이익을 위해 시민을 억압하고 지배하는 경향이 있다. 시민사회는 시민 스스로 만들어가는 자발적 연대모임들을 말하는데, 시장 및 국가의 폐해에 맞서 시민의 자율성과 권리를 보호하는 역할을 할 수 있다.

현대 사회는 이 세 가지 원리가 적절히 발전되어 조화를 이룰 때 가장 바람직한 상태가 된다. 그러나 많은 나라에서 국가나 시장에 비해 시민사회의 발전은 지체되어 있다. 우리나라는 전통적으로 권위주의적 국가가 과잉발전되어 왔고, 시민사회의 발전은 미약했다. 1970, 80년대에는 권위주의 정부 하에서 경제성장과 반공만이 중요한 국가 목표로 추구되면서 시민사회의 발전은 억압되었다. 1990년대 이후 다양한 시민운동이 등장하였고 성장했지만, 여전히 주로 활동가 중심으로 운영되어 '시민 없는 시민운동'이라는 평가도 받고 있다.

사이버스페이스는 이런 상황을 변화시키고 있다. 인터넷상에 수많은 모임이 만들어져 사회적 이슈에 대한 의견이 교환되고 표출되고 있다. 사이버스페이스가 공론의 장이 될 수 있는 중요한 이유는 기존의 매스미디어와 달리 단일한 관리인이 없다는 것이다.[11] 따라서 인터넷에서는 아무도 독점적 권력을 행사할 수 없다. 신문사도 대통령도 평범한 시민도 모두 하나의 URL(Unified Resource Location)으로 존재한다. 누구나 평등하게 자신의 입장을 표명하며 그것들이 모여 담론이 형성된다.

한국에서 사이버스페이스의 이런 역할이 주목되는 또 다른 이유는, 그간

11 권태환·조형제·한상진 편, 「정보사회의 이해」(미래 M&B, 2000), p. 42.

시민사회 내에 자발적 결사체보다는 연고지향 모임이 더 발전되어 있었다는 점이다. 우리나라 국민의 모임의 내용을 보면 친척모임, 동창회, 향우회 같은 연고에 의한 모임이 많은 비중을 차지하고 있다. 이런 모임은 사회적 문제에 대한 공론의 장으로서의 역할은 약하다. 오히려 연고주의와 지역감정을 더 강화하는 부정적 기능을 하는 경향이 있다. 사이버스페이스의 모임 중에도 이런 연고적 모임이 많지만, 이와 달리 공론의 장으로서의 역할을 하는 모임이 더 많다. 이런 기능은 반드시 정치적 지향을 가지는 온라인 단체에 국한되지 않는다. 2008년 촛불집회 때에는 82쿡, 베스트드레서와 같은 취미나 생활 관련 온라인 단체들이 내부 토론을 통해 미국산 쇠고기 수입문제에 대해 자신들의 입장을 정리하고 집회에 참여하기도 했다.

3.4.3. 사이버스페이스 관련 논쟁

사이버스페이스가 점점 더 많은 사람에 의해 이용되면서 이 사이버스페이스를 어떤 성격의 사회로 만들 것인가가 논란의 대상이 되고 있다. 가장 큰 쟁점은 자유와 통제, 그리고 시장/공공성의 문제이다.

전자의 문제는 사이버스페이스에서의 표현의 자유를 최대한 보장해야 하는가 아니면 무질서를 막기 위해 일정한 통제를 해야 하는가, 그리고 일정한 규율이 필요하다면 사이버스페이스 내의 자율적 규제에 맡겨야 하는가 또는 법적 강제가 필요한가 등의 문제이다. 초기에 사이버스페이스를 주도했던 사람들은 외적 통제에 강하게 반대했고 최대한의 자유를 주장했다. 그러나 사이버스페이스에서의 자유는 방종으로 이어져 여러 가지 부정적 현상들을 낳을 수 있다. 사이버스페이스가 익명성을 특징으로 하기 때문에 개개인의 무책임한 행동을 막기 어렵고 이 때문에 부당한 피해를 보는 사람들이 생긴다. 우리나라에 인터넷 실명제가 도입된 이유도 그것이다. 그러나 실명제와 같은 통제는 사이버스페이스의 장점인 자유로운 표현을 억압할 수 있다. 사이버스페이스의 익명성이야말로 사람들이 자기 생각을 자유롭고 과감하게 표현할 수 있는 조건이기 때문이다. 인터넷 실명제가 여전히 논쟁의 대상인 이유도 여기 있다.

후자의 문제는 사이버스페이스에서도 현실 자본주의의 시장원리가 그대로 적용되어 모든 것은 돈을 주고 사야 할 것인가 아니면 최대한 자유롭게 공유할 수 있도록 할 것인가의 문제이다. 사이버스페이스의 정보 공유를 주장하는 사람들은 사이버스페이스는 현실 자본주의 사회와 달리 모두가 정보를 자유롭게 나누고 공유하는 공간이 되기를 원한다. 이런 입장을 대표하는 것이 카피레프트(copyleft) 운동이다. 그러나 사이버스페이스의 규모가 커지고 현실사회에서 이루어지던 거래의 많은 부분이 사이버스페이스에서 이루어지면서, 극단적인 정보공유 움직임은 여러 문제를 낳았다. 카피라이트(copyright), 즉 지적재산권을 옹호하는 사람들은 정보나 지식, 그리고 문화상품을 만들어 내는 사람들에게 정당한 권리를 부여해야 창작이 활성화되고 지식과 문화가 발전할 것이라고 말한다. 그렇지만 지적재산권이 남용되면 정보의 자유로운 유통이 차단되고 정보 소유자에게 막대한 독점이윤이 제공될 수 있다는 문제도 있다. 사실 새로운 정보나 지식은 무에서 만들어지는 것이 아니라 기존의 정보나 지식을 가공함으로써 만들어지는 경우가 대부분이다. 이런 지식이나 정보를 만들어낸 사람에게 배타적 소유권을 주게 되면 사회적 자산을 소수가 독점하는 결과가 초래된다.

3.5. 기업조직과 비즈니스 모델의 변화

3.5.1. 기업조직의 형태 변화

정보사회에서는 기업조직과 기업운영 방식도 변화한다. 그 핵심 경향은 거대한 관료적 조직으로부터 유연한 네트워크형 조직으로의 변화이다.

산업시대를 특징짓는 조직이 관료조직이다. 이 책의 2부 4장에서 본 것처럼 막스 베버(Max Weber)는 근대사회의 특징을 관료조직에 의한 합리적 지배에서 찾았다. 관료제는 어떤 조직형태보다 효율적으로 일을 처리했으므로 근대 사회가 등장하면서 생겨난 복잡한 문제들을 빠르고 안정적으로 처리했다. 관료조직은 처음 행정조직에서 발전했으나 곧 민간기업들도 관료제 모델을 채용했다.

산업사회에서는 기업조직의 규모가 커지는 경향도 나타났다. 20세기 초에 들어서 선진국을 중심으로 거대 독과점기업들이 등장했다. 기업조직의 거대화를 이끈 원리가 수직적 통합이다. 수직적 통합이란 기업 운영에 필요한 다양한 활동들을 하나의 관료적이고 위계적인 지배구조 하에 통합하는 것이다. 예를 들어 원료구매에서 생산, 판매까지의 전체 과정을 기업 내부에서 수행하고 이를 통합적 조직에 의해 관리하는 것이다. 이런 통합적 조직의 대표적 구조가 'M형 조직'이라 불리는 다사업부 형태(multidivisional form)였다. 상당한 독립성을 지니는 다양한 사업부서를 하나의 기업 울타리 내에 두고 최고경영자는 총괄적 기획과 조정 기능만을 담당하는 형태이다. 산업사회에서는 특정 제품 생산과 전후방으로 연관된 사업까지 통합하는 경향도 있었다. 예를 들어 자동차 회사가 차체에 들어가는 강판을 만들기 위해 철강 회사를 세우고 또 철강 생산에 필요한 광산을 인수하기도 했다.

정보화 시대가 되면 이런 거대 조직, 관료적 조직이 더는 적합하지 않게 된다는 지적이 많다. 관료적 조직은 더는 효율성의 원천이 되지 못하며 오히려 비효율의 원인이 된다는 것이다. 그 이유는 기술과 환경이 빠르게 변화하는 상황에서는 크고 관료적인 조직이 이에 기민하게 대응하지 못하기 때문이다. 어떤 사람들을 거대 관료조직이 공룡과 비슷하다는 예를 들기도 한다. 공룡의 몸집은 거대했지만 환경변화에 잘 대응하지 못하여 멸종했고, 몸은 작았으나 기민하게 대응한 포유류가 살아남았다는 것이다. 앨빈 토플러는 이렇게 말했다.[12]

"오늘날의 고속 변화는 고속 의사결정을 요구한다. 그러나 권력투쟁 때문에 관료체제는 완만하기만 하다. 경쟁은 지속적인 혁신을 요구한다. 그러나 관료적 권력은 창의성을 깨뜨리고 있다. 새로운 기업 환경은 직관력과 세심한 분석을 요구한다. 그러나 관료체제는 직관력을 제거하여 이를 기계적이고 사람을 바보로 만드는 규칙들로 대체시키려 한다."

정보사회에서의 조직 변화의 방향은 크게 두 가지이다. 첫째, 조직의 내적 구조가 분권적이고 유연하게 바뀐다. 조직의 분권화를 가져오는 중요한 변화가 평판형(flat) 조직형태의 도입이다. 관료적 조직이 여러 단계의 직급과 결재사다리를 가지고 있는 것과는 달리, 평판형 조직에서는 직급 위계가 대폭 축소된다. 우리 주위에서도 흔히 볼 수 있는 팀(team)제도도 이런 조직형태를 실현하기 위한 것이다. 과거 평사원–대리–계장–과장이라는 여러 직급단계가 있던 것을 팀장과 팀원으로 단순화하는 것이다. 이런 평판형 조직에서는 결제단계가 축소되므로 의사결정이 빠르게 이루어질 수 있다. 또한, 평판형 조직에서는 과거 관리자가 가지던 권한이 대폭 하위로 이양되므로 조직구조가 분권화된다. 그러면 일선 업무 담당자의 창의성이 발휘될 여지가 커진다. 그 외에 다양

12 앨빈 토플러, 이규행 역, 「권력이동」(한국경제신문사, 1990), p. 225.

한 형태의 유연한 조직도 도입된다. 프로젝트 조직이나 매트릭스 조직 같은 예를 들 수 있다. 토플러는 뷰러크러시가 애드호크러시(adhocracy)로 대체될 것이라고도 말했다.

이런 조직 변화는 빠른 기술변화와 사회변화에 적응하기 위한 것이지만, 정보기술의 발전에 의해 가능해지는 측면도 있다. 과거 중간관리자의 역할이 중요했던 한 가지 이유는, 물리적 거리 때문에 경영진과 일선 근로자 사이의 빠른 의사소통이 불가능했기 때문이었다. 그러나 정보기술의 발전으로 누구나 자기 일을 하면서도 빠르고 정확한 의사소통을 할 수 있게 되면서 중간 관리자의 중요성이 감소한 것이다.

둘째, 기업조직 규모가 작아진다. 조직 규모가 작아야 정보사회에 맞는 유연성과 민첩성을 가질 수 있기 때문이다. 정보산업의 벤처기업들이 조직규모를 어느 이상 키우려 하지 않는 것도 이 때문이다.

3.5.2. 비즈니스 모델의 변화

기업조직이 작아진다는 것은 비즈니스 모델의 변화를 의미한다. 즉 기업이 더는 수직적 통합이라는 전략을 택하지 않는 것이다. 오히려 기업은 핵심 역량만을 내부에 보유하고 나머지 부분은 외주화(outsourcing)한다. 그리고 외부 기업과의 네트워크를 통해 기업을 운영하는 것이다.

기업이 수직적 통합이라는 전략 대신 외주화라는 전략을 택하게 되는 배경도 정보기술의 발전이다. 정보기술의 발전에 따라 거래비용(transaction cost)이 감소하여 외주화의 이점이 커지는 것이다. 처음 거래비용이라는 개념을 통해 기업 구조를 설명한 사람은 로널드 코스(Ronald Coase)이다. 그는 기업이 특정 업무를 기업 내부에서 처리할 것인가 외부에 맡길 것인가는 거래비용에 달렸다고 말했다. 외부에 맡기면 업자 간 경쟁을 유도하여 공급가격을 낮춤으로써 비용을 절감할 수 있다는 이점이 있다. 그렇지만 외부에 맡기면 별도의 비용이 든다. 첫째 적절한 공급업자를 찾고 이들이 제공하는 제품이나 서비스가 적합한 것인지 알아보는 조사 비용이 있고, 둘째 외부 업자와 가격과 조건을 협상하는 계약 비용이 있고, 셋째 외부에서 조달한 다양한 제품이나 서비스들이 잘 맞물려 돌아가게 하는 조정 비용이 있다. 이런 것들이 모두 거래비용이다. 이런 거래비용이 있기 때문에 기업은 많은 업무를 기업 내부에서 처리하려 하고 이를 위해 근로자를 직접 고용하고 임금을 주는 것이다.

정보기술의 발전은 거래비용을 크게 낮춘다. 인터넷을 통해 나에게 맞는 공급업체를 쉽게 찾을 수 있을 뿐만 아니라 그들의 평판도도 알 수 있고, 납품받을 제품의 세세한 사양도 인터넷을 통해 알려줄 수 있다. 요즘에는 컴퓨터 시스템을 통해 모기업과 하청기업이 실시간으로 제품 설계를 공유하기도 한다. 납품업체는 국경을 넘어 외국에서도 찾을 수 있다. 국내에 마땅한 납품업체가 없으면 전 세계에서 찾을 수 있다. 그러므로 이제 기업들은 모든 업무를 스스로 처리하려 하기보다는, 부가가치가 많이 나는 핵심 업무만을 남기고 나머지는 외주화한다.

외주화가 발전되면 기업운영 방식에서 외부와의 네트워크 형성, 그리고 협력이 매우 중요해진다. 폐쇄적 비즈니스 모델에서 개방적 비즈니스 모델로 이행하는 것이다. 이런 경향을 표현하는 용어의 한 예로 '위키노믹스'가 있다. 위키노믹스(wikinomics)란 위키피디아와 이코노믹스(econimics)의 합성어인데, 위키피디아처럼 네트워크를 기반으로 한 집단지성 모델이 기업운영에 널리 적용되는 현상을 묘사한 개념이다. 「위키노믹스」의 저자인 돈 탭스코트(Don Tapscott)와 앤서니 윌리엄스(Anthony Williams)에 의하면 위키노믹스의 원리는 개방성, 동등계층 생산(peering), 공유, 세계적인 행동 등 4가지이다.[13] 개방성이란 기업이 자기 정보를 외부에 공개하는 것을 말한다. 그럼으로써 폭넓은 네트워크를 형성할 수 있다. 동등계층 생산이란 수평적 조직구조를 말한다. 이를 통해 더욱 많은 사람이 생산과정에 참여할 수 있고 창의적인 아이디어들이 나온다. 소비자도 생산과정에 참여하는 프로슈머(prosumer)가 된다. 공유란 기업의 노하우를 외부와 공유하는 것이다. 이를 통해 협업 체제를 구축할 수 있다. 물론 모든 노하우를 공개하는 것은 아니다. 세계적 행동이란 협업이 세계적 차원에서 이루어지는 것을 말한다.

그런데 정보사회에서 기업조직이나 기업운영 전략이 근본적으로 바뀔 것이라는 전망에 대해서는 회의적 시각도 있다. 먼저 탈관료제화에 대해 보자. 조직을 연구하는 사람 중에는 관료제의 기본 원리가 정보사회에서도 여전히 유효하다고 보는 사람들이 있다. 분업화, 탈인격적 규칙의 준수, 적절한 위계구조 등은 현대사회에도 꼭 필요한 조직원리라는 것이다. 그 때문에 정보사회론자들이 말한 탈관료제화는 실제로는 일어나지 않았다는 진단도 있다. 조직사회학자인 제프리 페퍼는 다음과 같이 말했다.[14]

"50여 년 동안 다양한 종류의 사람들이 컴퓨터의 등장으로 직장이 어떻

13 돈 탭스코트, 앤서니 윌리엄스 지음, 윤미나 옮김, 「위키노믹스」(21세기북스, 2007).

14 돈 탭스코트, 앤서니 윌리엄스 지음, 앞의 책에서 인용(pp. 383~384).

게 변화할지에 대해서 추측해 왔습니다. 그들은 정보의 확산으로 인해 조직과 경영진의 계층구조 및 중앙집권 체계가 사라지리라고 예측했습니다. 그러나 비교적 소수의 조직을 제외하고는 그런 일은 일어나지 않았습니다. 전통적인 계급제도는 여전히 존재합니다. 명령 및 통제구조는 아직 건재합니다."

정보사회에서는 조직규모가 작아지는 효과와 함께 비즈니스 규모가 커지는 경향도 존재한다. 경제학적 시각에서 볼 때 생산규모의 확대를 막는 중요한 메커니즘은 수확체감의 법칙이다. 수확체감의 법칙이란 특정 생산 요소를 한 단위 투입할 때의 한계 생산량이 감소하는 것을 말한다. 생산량이 늘어나기 시작하면 한동안은 수확체증의 법칙이 작용하나, 총생산량이 어느 이상으로 증가하면 수확체감의 법칙이 작용한다. 그러나 정보사회에서는 수확체감의 법칙이 잘 적용되지 않는 경우가 많다. 예를 들어 반도체는 초기 개발비용이 막대하게 들지만 실제로 제품을 만들어내는 데에는 별로 생산비가 들지 않는다. 생산량을 엄청나게 늘리지 않는 한 수확체감의 법칙이 적용되지 않는 것이다. 온라인으로 판매되는 음악의 경우는 판매량이 아무리 늘어나도 비용이 더 들지 않는다. 이런 조건은 생산규모와 조직규모를 키우는 경향으로 작용한다.

또한, 정보산업에서는 특정 상품이 많이 팔려 일단 시장표준이 되면 더 많이 팔리는 경향이 강하다. 정보상품은 주로 정보의 전달과 유통에 사용되는데 이를 위해서는 남들과 같은 제품을 써야 하기 때문이다. 이것이 잠금 효과(lock-in effect)이다. 잠금 효과 때문에 정보산업에서는 수확체감이 아니라 수확체증의 법칙이 작용한다. 이 역시 개별 기업의 생산 규모를 키우는 요인으로 작용한다.

3.6. 정보사회에서의 일과 불평등

3.6.1. 정보사회에서의 일의 변화

정보사회에서는 사람들이 하는 일(노동)의 내용이 변화한다. 근로자들이 과거보다 더 자율적이 되고, 더 숙련화되고, 더 책임이 커지는 경향이 나타나는 것이다.

산업사회에서의 노동은 관리자-근로자라는 2원 구조를 기본으로 하고 있었다. 결정권과 지식은 관리자가 가지고, 근로자는 관리자가 시키는 일을 타율적으로 하는 사람이었다. 이런 원리를 철저히 구현한 것이 테일러주의와 포드주의이다. 이 시기의 노동자는 높은 소외감에 시달렸다. 찰리 채플린의 영화 '모던 타임스'가 이런 상황을 잘 그려내고 있다.

그러나 정보사회가 되면 이런 상황은 변화한다. 단순노동은 이제 자동화되어 기계가 대신하고, 근로자들은 스스로 판단해서 중요한 결정을 하는 이른바 '지식근로자'가 된다. 예를 들어 24시간 편의점에서 일하는 근로자가 예전처럼 단지 돈을 받고 거스름돈만 내주는 것이 아니라, 컴퓨터를 통해 올라오는 정보를 보고 재고를 적정하게 유지하고 소비자 정보를 본사에 보내는 역할까지 하게 되는 것이다. 당연히 노동자의 자율성과 숙련이 높아지고 노동 소외는 낮아진다.

이런 추세를 이론적으로 설명한 것이 기술과 노동 소외의 역 U자 관계 이론이다. 이 이론에 의하면 산업화가 진행되고 기계화가 진행되면 노동 소외가 높아진다. 왜냐하면 수공업적 노동과 비교하면 기계화된 공장에서의 노동은 단순반복적 노동이기 때문이다. 그러나 기술발전이 더 이루어지면 다시 노동 소외가 감소한다. 자동화가 되면 단순작업은 기계가 맡고 인간은 기계 감시, 고장수리 등 보다 숙련이 높고 작업의 자율성이 높은 노동을 하게 되기 때문이다.

노동에서의 자율성은 시·공간적으로도 발현된다. 정보기술이 발전하면 직장인들이 반드시 한 장소에 같은 시간에 출근해서 일할 필요가 없다. 컴퓨터나 스마트폰을 통한 의사소통과 협의가 가능하기 때문이다. 따라서 재택근무와 유연 노동시간 근무제가 확산된다. 이 역시 노동 소외를 줄이고 직업만족도를 높인다.

그런데 정보사회의 노동 영역에서 이런 긍정적 경향만 나타나고 있는 것은 아니다. 부정적 효과도 만만치 않다. 우선 '지식근로자화'가 모든 근로자에게 해당하는 것은 아니다. 정보사회에도 상급자의 지시에 따라 단순반복적 일만을 하는 타율적 근로자도 얼마든지 많다. 예를 들어 미국에서는 단순노동인 '맥잡(Mac job)'이 여전히 커다란 비중을 차지하고 있다. 이렇게 되면 노동에서의 양극화가 나타난다. 한편으로는 기술과 숙련수준이 높은 지식근로자가 증가하면서 다른 한편으로 단순노동자도 여전히 많이 존재하며, 이들 사이의 지식, 임금, 노동조건의 격차가 확대되는 것이다.

정보화, 자동화에 따라 실업이 증가할 것이라는 전망도 있다. 제레미 리프킨(Jeremy Rifkin)이 「노동의 종말」에서 주장한 내용이다.[15] 그는 정보화로 말미암아 노동

15 제레미 리프킨, 이영호 역, 「노동의 종말」(민음사, 1996).

자들이 대부분 숙련된 전문기술자가 될 것이라는 전망과 달리, 대부분의 노동자는 실업자나 단순노동자로 전락하고 있다고 말했다.

정보기술의 발전은 노동강도를 높이는 결과를 가져오기도 한다. 과거 직장인들은 퇴근하면 상사의 통제권을 벗어나 쉴 수 있었다. 그러나 인터넷이 발전하여 집에서도 회사 통신망에 접속하여 일할 수 있게 되면, 퇴근 후에도 갑자기 상사의 지시로 일을 해야 하는 경우가 생긴다. 근래에는 스마트폰의 등장으로 언제 어디서나 이메일을 확인하고 회사의 시스템에 접속할 수 있게 되면서 심지어 휴가를 가서도 회사의 호출을 받고 업무처리를 하게 되는 경우도 나타나고 있다. 외근사원들도 GPS를 통해 위치가 모두 추적되므로 '농땡이'를 부릴 여지가 없어진다.

정보화는 고용불안의 원인이 되기도 한다. 산업사회에서는 근로자가 일단 기업에 입사한 후 기업 내에서의 경험과 교육을 통해 습득하는 숙련이 중요했다. 그러므로 근로자로서도 한 기업에 오래 머무는 것이 유리하고, 기업으로서도 근로자의 고용을 보장하여 장기근속을 유도하는 것이 필요했다. 그런데 정보기술이 확산되면 경험적 숙련보다 지적 숙련이 더 중요해진다. 기업 내에서 장기 근속한 선임 노동자보다는 대학에서 교육을 잘 받은 젊은 후임 노동자가 업무처리를 훨씬 잘하는 일이 벌어지는 것이다. 게다가 기술혁신이 빨라지면 기존의 숙련은 금방 쓸모없게 된다. 이런 상황에서 기업들은 근로자를 장기 고용하면서 기업 내에서 숙련을 양성하기보다는 외부시장에서 그때그때 필요한 인력을 조달하는 방식을 선호한다. '인력양성'보다 '인력조달'이 주된 고용방식이 되는 것이다. 자연히 고용안정성은 약화되고 고용불안이 일상화된다. 정보사회에서 서비스산업이 발전하는 것도 고용불안과 관련이 있다. 서비스산업에는 바쁠 때와 한가할 때가 뚜렷이 구별되어 노동력 수요가 단기간에 변화하는 업종이 많다. 이런 곳에서는 임시로 고용하는 인력을 많이 고용한다.

3.6.2. 정보사회의 불평등 확대

정보사회는 불평등도 키우는 현상이 있다. 크게 세 가지가 배경이 되고 있다.

첫째, 부가가치의 원천이 생산노동으로부터 지식과 정보로 이동해 가고 있다. 정보산업에서 지식노동이 차지하는 비중이 크다는 것은 자동차산업 같은 전통산업과 비교해 보면 알 수 있다. 자동차를 잘 만들려면 설계도 중요하고 디자인도 중요하지만 조립을 잘하는 것도 중요하다. 즉 여러 직종의 노동자가 부가가치 창출에 모두 상당한 정도로 이바지하는 것이다. 그러나 소프트웨어 같은 정보산업에서는 아이디어나 설계가 부가가치의 압도적 부분을 차지하는 반면, 실제 상품생산 과정은 부가가치 창출에 크게 이바지하지 못한다. 전문기술 노동과 단순 육체노동의 부가가치 차이가 벌어지는 것이다.

단순노동자의 중요성이 감소하면서 이들의 상대적 임금은 하락한다. 미국의 임금통계를 보면 1980년대 이후 전문기술직 노동자와 생산직 노동자의 임금격차가 지속적으로 증가해 왔다. 이런 경향을 설명하는 이론의 하나가 통합이론(Unified Theory)이다. 이 이론은 1980년대 이후 미국에서는 임금불평등이 커지고 유럽에서는 실업률이 높아지는 것을 같은 원리로 설명한다. 통합이론에 의하면 이런 두 양상은 모두 기술발전으로 저숙련노동자에 대한 수요가 감소함으로써 나타난다. 저숙련노동자에 대한 수요가 감소함에 따라 미국에서는 이들의 임금이 하락하는 반면, 유럽에서는 최저임금제도나 단체교섭 때문에 임금이 하락하지 않으므로 대신 저숙련노동자의 고용이 감소하고 실업률이 높아진다는 것이다.[16]

둘째, 정보기술은 슈퍼스타(super star) 효과를 키워 소수에게 부가 독점되는 현상을 만들어 내는 경향이 있다. 슈퍼스타 효과란 소수의 슈퍼스타에게 부가 몰리는 현상을 말하며, 시장경제에는 흔히 볼 수 있지만 정보사회에선 이런 경향이 더 커진다. 예를 들어 우리나라 학원가에 '메가스터디'라는 온라인 기업이 커다란 시장 지배력을 가지고 있다. 그리고 그 학원의 스타 강사들은 전국의 수십만, 수백만 명을 대상으로 강의하며 강사료도 엄청나다. 자연히 학원강사 내부의 소득 불평등이 커진다.

셋째, 정보사회에서 기업규모가 작아져 기업 내부노동시장이 약화되고 고용 불안정이 증가하는 추세 역시 불평등을 확대하는 요인으로 작용한다. 기업내부노동시장에 속한 노동자들은 적나라한 시장경쟁으로부터 보호되어 개개인의 시장가치와 독립적으로 안정적인 고용과 소득을 보장받았다. 또한, 기업은 조직 내 화합을 위해 기업 내 임금격차를 줄였고 노동조합 역시 기업 내 평등을 추진했으므로, 기업 내에서의 개인별 임금격차는 어느 이상 확대되지 않았다. 그러나 이런 보호막이 약화되면 지식수준이

16 저숙련 노동자에 대한 수요가 감소하는 것이 오직 기술발전 때문은 아니며, 글로벌화도 중요한 요인으로 작용한다.

낮은 노동자의 지위는 더 악화된다.

여기에 정보불평등이 가세하면 불평등의 문제는 더 심각해진다. '디지털 디바이드(digital divide)'라고 불리는 정보불평등은 정보를 이용하는 데 있어서의 불평등을 말한다. 예를 들어 중산층 이상은 모두 컴퓨터와 인터넷 등 정보기기를 자유롭게 사용할 수 있어서 정보사회에서 생존하기에 필요한 정보를 쉽게 접하지만, 하층민들은 컴퓨터나 인터넷에 접근하기 어려워 정보사회에서 더 소외되는 것이다. 정보불평등은 세대 간, 남녀 간에도 나타날 수 있다.

정보사회에서의 불평등 확대는 어느 정도는 전 세계적 현상이다. 그러나 불평등이 확대되는 것이 필연적인 것은 아니다. 선진국에서 20세기 후반 이후 불평등이 확대된 것도 정보기술의 발전보다는 신자유주의적 사회·경제 정책 때문이라고 할 수 있다. 적절한 복지정책과 재분배정책이 시행되면 불평등 확대는 제어될 수 있다. 정보불평등은 '보편적 서비스' 정책을 통해 소득수준에 관계없이 누구나 컴퓨터와 인터넷을 쉽게 이용할 수 있게 하면 해결될 수 있다.

제 4 장

현대의 문화와 일상

현대사회의 기본 특징은 앞에서 본 신자유주의, 글로벌화, 정보화라는 측면에서도 볼 수 있지만 문화나 일상에서도 찾아볼 수 있다. 문화나 일상의 특징이야말로 매우 다양하겠지만 여기서는 대중사회론, 위험사회론, 소비사회론, 노마디즘, 그리고 맥도널드화를 다루어 보겠다.

4.1. 대중사회와 대중문화

4.1.1. 대중사회론의 현대사회 해석

대중사회란 말 그대로 대중이 중심이 되는 사회이다. 과거 신분제 사회에서는 소수 엘리트가 국가의 의사결정을 독점했던 것에 비해 근대 이후 일반 대중이 정치·경제·문화의 주역으로 떠오른 것을 대중사회의 기본적 특징이라고 할 수 있다. 대중사회의 도래에는 산업화, 보통선거제도, 대중교육, 도시화, 교통·통신의 발전 등이 주된 요인으로 작용했다.

그런데 현대사회를 민주사회나 시민사회, 또는 다원주의 사회가 아닌 '대중사회'라고 파악하는 시각에는 독특한 관점이 내재하여 있는데 그것은 대중사회를 비판적·부정적으로 보는 관점이다. 대중사회 비판론은 다시 귀족주의적 관점에서의 비판과 민주주의적 관점에서의 비판으로 나눌 수 있다.

먼저 대중사회에 대한 귀족주의적 비판론을 살펴보자. 19세기 민주주의 사상가였던 토크빌(Tocqueville)은 근대 시민사회의 기본원리를 개인주의와 물질주의, 그리고 평등주의로 규정한 바 있다. 이중 평등주의는 사회의 불안정을 가져온다고 보았는데, 산업혁명 이후 대중의 대두와 함께 활성화되어 가고 있던 당대의 민주정치를 그는 근본적인 평등관의 확산에 따른 결과로 보았다. 토크빌에 의하면 민주주의는 대중이 주도하는 사회적·정치적·문화적 하향평준화를 가져올 우려가 있다.

대중사회에 대한 보다 노골적인 비판을 했던 사람들로 구스타브 르봉(Gustave Le Bon)과 오르테가 이 가세트(Ortega y Gasset)가 있다. 르봉은 19세기 후반 이후 전통적인 귀족세력이나 재산과 교양을 갖춘 부르주아 시민계급을 대신하여 하층 노동계층의 발언권이 강화되는 현상을 '군중의 시대'로 묘사하고 있는데, 그가 보는 군중은 전혀 비이성적인 존재로서 편견과 변덕의 지배를 받는 문명몰락의 매개자에 불과했다.[1] 르봉에 의하면 인간은 홀로 있을 때 교양인이었다가도 일단 군중의 일원이 되기만 하면 야만인으로서 본능에 의해서만 행동한다. 그는 사회의 구성원을 문명을 창조하고 지도하는 소수의 지적인 귀족과 '단지 문명의 파괴에만 강력한 힘을 발휘할 뿐인' 군중으로 나누고 있다. 르봉에 의하면 대중의 시대는 통치권이 군중의 손에 놓이는데 그 결과로서 야만의 물결이 넘친다.

같은 시각에서 가세트는 현대의 특징을 대중과 범속성의 압도적 지배현상으로 규정하면서, 이러한 현상을 '대중의 반란'이나 '무자격자의 군림'이라고 기술하고 있다.[2] 가세트 역시 사회가 우수한 소수집단과 저속하고 야만적인 대중으로 구성되어 있다고 보는데, 이러한 저속한 대중이 "사회생활의 전면에 대두하여 여러 가지 수단으로 소수 창조적 엘리트의 독점적 위치를 빼앗은 결과로 대중의 정치적 지배가 이루어졌다"고 주장하고 있다. 그는 민주주의를 급속하게 팽창된 과학적·기술적 지식의 산물로 보고 있는데, 민주주의 하에서는 비문명적이고 교양 없는 대중들이 단지 그 수적인 거대함

---

1 G. Le Bon, *The Crowd* (London : Ernest Bonn, Ltd., 1947).

2 J. Ortegay Gasset, *The Revolt of the Massei* (New York : W. W. Norton, 1932).

때문에 정치적 지배권을 가질 수 있게 된다고 본다.

대중사회에 대한 귀족주의적 관점의 비판은 다음과 같은 몇 가지 주요한 논점으로 구성되어 있다.

첫째, 사람은 본질적으로 불평등하며, 사회는 정신적으로 뛰어난 자질이 있는 소수와 그렇지 못한 대다수의 사람으로 구성되어 있다. 전통사회에서는 소수의 지혜와 덕성을 갖춘 엘리트들에 의해서 지배가 이루어졌기 때문에 도덕과 규범이 지배하는 자연스러운 위계적 질서를 갖춘 사회가 가능할 수 있었다.

둘째, 산업화와 민주화는 대중의 사회적 대두와 정치적 지배를 가져왔고 대중의 군림은 가치의 세속화와 평등의식의 고양을 가져왔다. 그 결과 국가의 정책은 취향과 선호가 저속하고 변덕스러운 대중에 의해 좌우되었으며, 사회는 어떠한 도덕적 중심이나 권위도 인정되지 않는 무규범상태에 빠져들게 되었다.

셋째, 이러한 변화는 근본적으로 엘리트에 대한 대중의 접근용이성(accessibility)에 의해서 이루어졌다. 엘리트에 대한 대중의 접근용이성은 선거나 투표, 여론 등 민주정치의 절차가 확산하면서 일반대중들이 가지게 된 참여욕구와 기대상승으로부터 유래한 것이다. 대중사회의 민주주의는 다수의 우중(愚衆)이 소수의 지혜를 지나치게 제압하는 무제한적 민주주의 혹은 과잉민주주의(hyperdemocracy)이다.

넷째, 무자격자인 대중의 정치적 지배는 권위의 공동화(空洞化)와 자유의 파괴를 가져온다. 뿐만 아니라 대중이 지배하는 사회에서는 도덕적 타락과 문화의 저속화가 초래될 수밖에 없다.

이번에는 대중사회에 대한 민주주의적 비판을 살펴보자. 민주주의의 관점에서 볼 때 대중사회의 위협은 엘리트들이 대중의 편견이나 변덕에 직접적으로 노출되어 있다는 것이 아니라, 거꾸로 대중들이 소수 사악한 엘리트들의 독단과 음모에 크게 취약하다는 데에 있다. 이런 관점에서는 산업화와 도시화가 전통적 공동체 사회를 붕괴시킴에 따라서 인간사회의 공동체적 유대가 차츰 해체되어 갔다는 사실에 주목한다. 대중사회 속에서 사회의 구성원들은 서로 대등한 존재로 자유와 평등을 누리는 것처럼 보이지만 상호 인격적 유대관계를 결여하고 있는 원자화된 존재들이다. 원자화된 사회 속에서 사람들은 고립감과 소외로부터 오는 심리적 불안감과 긴장을 경험하게 되고 이에서 벗어나려고 안간힘을 쓰는 가운데 극단적인 행동에 빠지게 된다. 대중사회에서 사회적 소외를 경험하는 대중은 이들의 불안과 불만을 적절히 활용하여 이를 정치적 자원으로 삼으려는 전체주의적인 선동정치가에게 쉽사리 동원된다.

이러한 관점에서 대중사회의 본질을 규명하고 양차대전 사이에 출현했던 전체주의 체제의 속성을 밝히고자 했던 대표적인 사람이 아렌트였다.[3] 아렌트는 1차대전 후 유럽에서 높은 교양을 가진 사람들도 나치즘이나 파시즘 등 전체주의적 대중운동에 매료되었다는 사실을 예로 들면서, 대중이 갖는 주요한 특징을 야만성이나 저속성이 아니라 고립과 무정형적인 사회관계로 규정하고 있다. 아렌트는 전체주의적 대중운동의 심리적 기반을 '그럴듯한 정치적 상징과 지도자의 선동에 기꺼이 동참함으로써 사회적 고립감을 극복하고자 하는' 대중들의 과잉애착심리(hyperattachments)에서 찾는다.

사회심리학자인 프롬(Fromm)도 이런 심리를 잘 분석한 바 있다. 프롬에 의하면 사회적 유대가 약하고 소속감의 욕구가 충족되지 못한 대중은 안정적이지 못하며, 그가 누리는 자유 때문에 오히려 불안해한다. 사회적 유대를 가지려는 절박한 심리상태는 왜곡되어 의사공동체(pseudo-community)나 대체공동체(Ersatzgemeinschaft)에 의존하게 된다. 전통적 공동체에서처럼 심리적 만족과 안정을 가져다주지 못하는 이러한 의사공동체 속에서 개인은 긴장에 휩싸여 외부로부터 제시된 정치적 상징이나 지도자에 전적으로 의존하려 하며, 의도적으로 자아를 망각함으로써 불안으로부터 회피하고자 한다. 프롬은 이러한 대중의 심리적 과정이 전체주의에 대한 복종, 가상의 적에 대한 공격, 폭력에 대한 불감증, 그리고 허무주의 등을 일으킨다고 설명했다.[4] 그 외에 프랑크푸르트학파 역시 비판적 관점에서 대중사회를 분석했는데 그 내용은 아래 대중문화를 논의하는 부분에서 다루기로 한다.

대중사회에 대한 민주주의적 비판의 요지는 다음과 같이 정리할 수 있다. 첫째, 대중사회에서는 ―소규모 공동체적 집단이나 결사체의 중간적 매개 없이― 개개인이 국가권력이나 고도로 정치화된 전국규모의 조직체들과 직접 연계된다. 둘째, 중간 매개집단이나 기구가 제대로 작동되지 않기 때문에 대중들은 아무런 유대감을 갖지 못한 채 사회적으로 상호 격리되고 고립되어 있다. 셋째, 고립된 대중과 국가와의 관계는 커뮤니케이션이나 의사결정 과정에서 고도로 중앙집권적인 형태를 띠게 된다. 대중의 정치참여는 자발적인 민주적 참여가 아니라 위로부터의 동원이라는 형태를 취한다. 대중들은 지배권력의 선전과 이데올로기의 상징조작을 통해서 정치적으로 통제된다.

---

3 H. Arendt, *The Origin of Totalitarianisg* (New York : Harcourt, Brace, 1951).

4 E. Fromm, *Escape from Freedom* (New York : Farrar & Rheinhart, 1941).

지금까지 살펴본 대중사회에 대한 비판적 관점과 달리 일반대중이 정치적 주체가 될 가능성을 높이 평가하는 시각들도 있다. 3장에서 본 바와 같이 정보사회에서는 개인들이 더는 고립적 대중이 아니라 네트워크로 맺어져 강력한 정치적 주체가 될 수 있는 것으로 평가되고 있다. '집단지성'론 역시 대중의 지적 능력을 높이 평가하고 있다.

마르크스주의적 입장에서 대중의 정치적 잠재력을 높이 평가하는 시각도 있는데, 네그리(Negri)와 하트(Hart)의 「다중」이 그것이다.[5] 네그리와 하트가 말하는 다중(multitude)은 마르크스가 상정했던 노동자계급을 대신하여 오늘날의 세계적 불평등과 착취에 맞서 민주주의를 지킬 새로운 주체이다. 네그리와 하트가 대중과 다중을 같은 것으로 보고 있는 것은 아니다. 이들에 의하면 대중은 무구별적인 동형의 집합체인 것에 비해 다중은 특이성들의 집합이다. 다중은 대중과 달리 통일되어 있지 않으며 복수 적이고 다양한 상태로 남아 있다. 이런 점에서 다중은 민중과도 구별된다. 민중은 다양성을 사상한 통일적 관념이기 때문이다. 그렇긴 하지만 다중이 노동자계급과 달리 조직화하여 있지 않고 분산적이라는 점에서는 대중과 유사하다고 할 수 있다. 네그리와 하트는 다음과 같이 말했다. "다양한 문화들, 인종들, 민족들, 성별들, 성적 지향성들, 다양한 노동형식들, 다양한 삶의 방식들, 다양한 세계관들, 그리고 다양한 욕구들. 다중은 이 모든 특이한 차이들의 다양체이다."

다양하고 분산된 다중이 하나의 정체성을 구성할 수 있는 핵심적 기반은 자본의 지배 하에서 일한다는 점이다. 그렇다고 다중이 전통적 의미에서의 노동계급을 지칭하는 것은 아니다. 현대 사회에서는 전통적 산업노동보다는 비물질적 노동이 더 지배적 형태가 되었다. 그런데 비물질 노동은 소통이나 협력과 같은 공통적인 관계와 사회적 형식들을 창출한다는 점에 특징이 있다. 공장노동은 말이 없는 것에 비해 비물질노동은 언어적·소통적·정서적 수행(performance)을 포함한다. 이런 수행은 개인 차원의 활동이 아니라 공동체적 활동이며, 혁신을 이룰 수 있는 능력에 의존한다. 다중은 이런 노동/수행을 하고 있다는 공통적 조건에 있으며 이것은 더욱 바람직한 사회를 추구할 조건이 된다.

이런 조건에 있는 다중이 정치적 주체가 될 실제적 가능성을 네그리와 하트는 두 가지 점에서 찾는다. 하나는 다중이 착취되고 억압되고 있다는 것이다. 다른 하나는 네트워크형 조직형식이다. 이것은 전 지구적 저항운동에서도 발견된다. 자본주의

5 안토니오 네그리·마이클 하트, 조정환 외 역, 「다중」(세종서적, 2008).

적 글로벌화에 대한 다중의 저항은 지역적 투쟁이라는 형식을 띠는데, 여기서 각각의 지역적 투쟁은 하나의 마디로 기능하면서 지성의 중추나 중심이 없이도 다른 모든 마디와 소통한다. 이것은 전 지구적 투쟁순환을 형성하여 다중을 조직하고 기동시킨다.

4.1.2. 대중문화와 다양한 해석

대중문화는 일부 상류층이나 전문가가 아닌 일반 대중이 널리 즐기는 문화라고 할 수 있다. 과거 오랫동안 문화란 주로 상류계층만이 누릴 수 있었던 것에 비해 현대에는 일반 대중도 다양한 문화를 즐기게 되었다. 나아가 현대에는 대중문화가 고급문화를 누르고 주류 문화로 부상했다고 말해도 전혀 지나치지 않다. 예를 들어 현대 음악 시장에서 클래식 음악이 차지하는 비율은 10%도 안 된다고 한다. 대중문화의 예술적 수준도 매우 높아졌다. 게다가 대중문화와 고급문화의 다양한 융합형태도 등장하면서 대중문화와 고급문화의 경계가 희미해지고 있다. 그럼에도 대중문화는 대중문화로서의 고유한 특징을 가지고 있다. 이 때문에 대중문화의 기본 성격을 어떻게 볼 것인가가 사회과학의 관심거리가 되는데, 이에 대해 다양한 시각이 존재한다.

먼저 비판적 관점에 대해 보자. 대중문화에 대한 비판적 관점에서 보는 대중문화의 기본적 특징은 저속한 문화라는 것이다. 따라서 대중문화는 문화의 질을 떨어뜨리는 것으로 비판된다. 대중문화가 저속한 것은 그것이 일반대중에 의해 생산되고 향유되는 것이기 때문이 아니라, 대량소비를 위한 상품으로 생산되는 것이기 때문이다. 이런 점에서 대중문화는 민중문화나 민속문화와 다르다. 민중문화나 민속문화가 일반대중이나 민중의 감성이 아래로부터 표출되는 문화라면, 대중문화는 기업이 이윤추구라는 목적 하에 생산하고 일반 대중에게 유포하는 문화이다. 생산주체와 소비주체의 분리가 대중문화의 기본적 특징이다. 그리고 대중문화는 적절한 이윤을 내지 못하면 존립하지 못한다. 이처럼 대중매체를 통해서 대량으로 생산되고 대규모의 익명의 소비자들에게 보급되는 형식을 취하기 때문에 대중문화는 대중의 평균적 취향에 철저히 영합하려 한다. 가능하면 많은 소비자에게 어필하기 위해 대중에게 일시적 쾌락을 주는 데 철저해지는 것이다. 또한, 대중문화는 수용자의 문화적 능력을 거의 요구하지 않게끔 내용을 꾸미기 때문에 성인들을 유아화시킨다고 비판된다. 대중문화는 일반대중에게 어필하기 위해 구조적으로 센티멘탈리즘을 포함하고 있으며, 그 구체적 내용은 도식성(뻔하고 편안한 것을 추구함), 통속성(도덕적 성찰성을 거부함), 관능성(감각적 쾌감을 추구함)이라는 분석도 있다.[6]

대중문화에 대한 또 하나의 비판은 정치적 맥락에서의 비판인데, 대중문화가 대중의 판단력을 마비시키고 지배이데올로기로서 기능한다는 비판이다. 이런 비판을 정교하게 제시한 사람들로 프랑크푸르트 학파가 있다. 아도르노(Adorno)나 호르크하이머(Horkheimer), 마르쿠제(Marcuse) 등 대표적인 프랑크푸르트 학파의 논객에 의하면 대중사회에서는 문화산업과 이에 연관된 이데올로기적 공세에 의해 이성적 공중도 차츰 대량생산체제의 소비자인 대중이 되어 간다. 대중은 텔레비전이나 영화, 만화, 저속한 소설이나 잡지, 라디오 등의 대중매체에 탐닉하여 점차 정치에 무관심해지며, 다른 사람과의 사회적 유대도 잃어버린 채 원자화되어 간다. 가족이나 교회 등과 같은 전통적인 사회화 기구가 제구실을 못하고 이를 문화산업이 대행하게 된다. 이들에 의하면 문화산업은 찰나적 쾌락과 천박한 세계관, 동조, 강제된 순응, 현실로부터의 도피 등의 조달자이다. 문화산업이 제공하는 쾌락과 세계관 그리고 대중매체에 의한 여론조작에 젖어든 피동적 대중은 나치즘이나 파시즘과 같은 비이성적 정치운동의 희생물이 되어 간다는 것이다.

대중문화를 긍정적으로 해석하는 시각도 있다.[7] 이런 시각에서는 대중문화의 발전에 따라 문화의 다원주의가 진전된다고 평가한다. 한 예로 쉴즈(Shils)는 문화를 우수한 또는 세련된 문화, 범속한 문화, 그리고 저속한 문화의 셋으로 나누고, 대중사회에서 범속한 문화와 저속한 문화의 소비가 많이 늘어났다고 보았다. 그러나 그는 이런 현상이 반드시 문화의 타락으로 이어지지 않으며, 오히려 대중들이 우수한 문화부터 저속한 문화까지 다양한 문화를 접촉할 수 있게 됨으로써 문화의 민주주의가 이루어진다고 주장했다. 또한, 그는 범속한 문화나 저속한 문화가 확산한다고 해서 고급문화가 타락하거나 파괴되지도 않는다고 말했다.

화이트(White)는 대중문화에 대한 비판은 고대부터 있었던 것으로 새삼스러운 것이 아니라고 말했다. 그는 대중문화가 전체주의 등장의 원인이라는 주장도 타당하지 않다고 비판했다. 미국처럼 대중문화가 발전한 곳에서 전체주의가 출현하지 않았

6 김혜련, 「아름다운 가짜, 대중문화와 센티멘털리즘」(책세상, 2005).

7 대중문화 긍정론 소개는 김창남, 「대중문화의 이해」(한울, 전면개정판, 2003), 그리고 강명구, "대중문화의 위상", 고영복편, 「현대사회론」(사회문화연구소, 1991)에 의함.

고 오히려 독일처럼 비교적 후진적인 나라에서 전체주의가 출현했다는 것이다. 오히려 그는 대중문화로 말미암아 일반시민이 문화적 풍요를 누릴 수 있게 되었으며 문화적 민주주의가 실현되었다고 평가했다. 갠스(Gans)는 현대 사회에는 다양한 취향의 문화가 존재하며 이 모두 나름대로 가치를 가지고 있다고 말했다. 고급문화의 미적 기준만이 유일하고 절대적인 것은 아니라는 것이다.

대중문화를 더 긍정적으로 파악하는 시각은 포스트모더니즘에서 발견할 수 있다. 대중문화의 등장을 긍정적으로 보는 쉴즈나 화이트만 해도 문화의 수준에 차이가 있으며 고급문화가 더 우월하다는 것을 인정한다. 그러나 포스트모더니즘에서는 고급문화의 우월성 자체를 인정하지 않는다. 미학적 상대주의를 더 철저히 추구하는 것이다. 예를 들어 포스트모더니즘 미학자들은 모차르트의 음악이 대중가수의 음악보다 예술적으로 뛰어나다는 식의 평가를 거부한다. 그것은 어디까지나 평론가들의 얘기일 뿐이며, 음악은 각자 들어서 좋으면 그뿐이라는 것이다. 포스트모더니즘에서는 옳고 그름, 좋고 나쁨의 절대적 기준이 없다고 본다. 단지 '차이'가 있을 뿐이다. 고급문화와 대중문화도 단지 서로 다를 뿐, 어느 것이 우월하거나 열등하다고 할 수 없다. 그래서 포스트모더니즘 예술가들은 장르와 스타일을 중시하는 태도를 거부하고 오히려 기성의 스타일을 조소하면서 대중문화와 고급문화를 섞는 혼성모방과 같은 방식을 즐겨 사용한다.

좀 다른 관점에서 보면 포스트모더니즘에서는 '진정성' 개념을 거부한다.[8] 어떤 것이 더 '참되다'거나 '진정하다'는 관념을 거부하는 것이다. 그래서 진정하지 못한 것, 피상적인 것, 순간적인 것, 사소한 것, 그리고 매우 가공된 것을 즐겁게 받아들인다. 당연히 대중문화가 고급문화보다 '저속'하다거나 '표피적'이라는 등의 비판이 성립하지 않는다. 즐길 수 있으면 모두 의미 있는 문화인 것이다. 그러므로 아이돌(idol) 그룹에 매료되면서 동시에 「태백산맥」을 읽는 것이 전혀 문제가 안 된다.

4.2. 위험사회와 성찰적 근대성

현대사회는 '위험사회'로 특징지어지기도 한다. 위험사회론을 제기한 사람

8 프랭크 웹스터, 조동기역, 「정보사회론」, 개정판(나남, 2007), p. 422.

은 독일의 사회학자인 울리히 벡(Ulich Beck)이다.[9] 그에 의하면 근대의 산업사회는 현대에 와서 위험사회로 바뀌었다.[10] 그가 현대를 위험사회로 파악하는 이유는 현대가 체계적이고 구조적인 위험에 노출된 시기이기 때문이다. 그는 산업사회 이전에도 인간이 늘 위험에 노출되었음을 인정한다. 그러나 현대의 위험은 여러 가지 점에서 과거의 위험과 다르다. 현대 위험의 특징 중 몇 가지를 들면 다음과 같다. 첫째, 현대의 위험은 전(全)지구적인 차원에서 전개된다. 위험은 더는 시간적, 공간적으로 제한되지 않는다. 방사능이나 지구온난화는 지구 상의 모든 사람에게 위협이 된다. 질병도 전 지구적 차원에서 발생하고 이동한다. 현대의 세계 사회는 '세계 위험사회'인 것이다. 둘째, 현대의 위험은 잘 인지되지 않는다. 핵 위협도 그렇고 식료품에 포함된 유독물질도 그렇다. 대부분 식품에 농약을 비롯하여 숱한 인공물질이 가미되어 있으나 그 위험성은 잘 알 수 없다. 셋째, 현대의 위험은 사회계급·계층에 관계없이 모든 사람에게 영향을 미친다. 부자라고 공해를 피해갈 수 없다. 벡의 표현에 의하면 "빈곤은 위계적이지만 스모그는 민주적이다."

현대 위험의 기본 성격은 인간의 활동으로 창조된 것이라는 점이다. 과거의 위해(hazard)가 주로 의학이나 기술이 발전하지 못해 생겨난 것이라면, 현대의 위험은 과학기술의 발전과 산업적 과잉생산에 기반을 두고 있다. 현대의 위험은 문명이 낳은 위험이다. 그리고 현대의 위험은 문명이 자기파괴적 잠재력이 있음을 잘 보여 준다.

위험사회의 도래는 근대 과학기술에 의한 사회발전이 한계에 이르렀음을 보여준다. 과학기술의 맹목적인 사용이 인간의 삶 자체를 위협하는 단계에 이르게 된 것이다. 인간의 합리적 이성을 기반으로 발전한 과학기술은 모든 것을 예측 가능하게 할 것처럼 보였다. 막스 베버의 '합리성' 개념도 계산가능성을 중요한 요소로 포함하고 있다. 그런데 후기 근대사회가 되면 과학기술의 계산가능성의 한계가 분명해진다. 기술이 발전하고 기술적 선택 능력이 향상됨에 따라 계산 불가능성도 커진다. 벡은 핵발전소의 예를 든다. 과학자들에 의한 핵발전소 위험평가는 발생 가능한 사고에 기초하여 수량화할 수 있는 위험들의 평가로 제한된다. 그러나 핵은 사고의 발생가능성이 아무리 작아도 한 번의 사고로 무수히 많은 사람이 절멸될 수 있다.

위험사회가 도래했다는 것은 인간이 자신의 미래를 통제할 수 없게 된 것을 의미한다고 해석할 수 있다. 이제 세상은 불가해하고 불확실한 것이 되는 것이다. 이

---

9 이하의 위험사회 설명은 주로 울리히 벡, 홍성태 역, 「위험사회」(한울, 1997)에 의존함.

10 이 장에서 '근대'는 modern의 의미이고, '현대'는 contemporary의 의미로 사용한다.

것은 과학기술뿐만 아니라. 근대사회의 핵심적 제도들인 기업, 핵가족, 복지국가도 마찬가지이다. 기업조직, 핵가족, 그리고 복지국가 같은 제도들은 인간의 삶에 안정을 가져다 주었다. 그런데 이제는 그런 역할을 하지 못하게 된 것이다.

이런 점은 울리히 벡도 강조하고 있다. 벡은 현대의 위험이 환경파괴나 핵위협 같은 영역에서뿐만 아니라 사회적, 생애 사적, 문화적 측면에서도 나타난다고 본다. 산업사회에서의 사회계급, 가족형태, 성 지위, 직업구조는 사람들에게 틀지어진 삶의 양식을 제공했다. 그러나 이런 제도들은 해체됐고 개인은 '산업사회에서의 사회형태에서 해방되었다'. 사람들은 전통적인 지원 망을 잃고 자기 스스로 삶을 개척하게 되었다. 이것도 위험사회의 중요한 한 측면이 된다.

산업사회의 사회제도의 해체과정은 사회계급에서도 볼 수 있다. 벡은 독일의 예를 볼 때 더는 사회계급이 개인의 삶을 규정하지 않는다고 본다. 생활수준이 변함에 따라 하위문화적 계급 정체성이 사라졌으며, 지위에 기반을 둔 계급구분이 전통적 지지력을 상실했고, 이제 생활양식이 다양화되는 개인주의화 과정이 작동한다. 그렇다고 사회계급이 의미가 없어졌다는 것은 아니다. 소득불평등이나 분업구조는 산업사회와 기본적으로 다르지 않다. 그러나 사람들이 개인주의적인 생활방식을 발전시킴에 따라 사회계급은 사람들의 행동에 훨씬 작은 영향을 미친다. 계급사회는 개인주의화된 피고용사회로 바뀌고 있다. 그런데 계급사회가 약화된다고 해서 불평등이 사라지지 않으며 대신 사회적 위험의 개인주의화가 초래된다. 이제 사회문제는 심리학적 문제로, 즉 개인적 부적응, 죄책감, 불안, 노이로제 등의 문제로 인식된다.

직업노동의 양상도 변화한다. 산업시대의 노동체계는 단일한 산업입지에서의 풀타임 상용고용이라는 단일 체계였다. 노동계약, 작업장소, 노동시간이라는 모든 측면에서 표준화의 정도가 높았다. 현대에는 표준화된 노동체제가 붕괴하고 있다. 이젠 유연하고 다원화되고 탈집중화된 저고용의 위험한 체계로 이행한다. 고용체제는 지리적·시간적으로 탈집중화되며 고용불안이 심화되고 실업률도 높아진다. 노동과 비노동 사이의 경계가 유동적으로 되어 가는 것이다. 가족도 약화된다. 여성들이 전통적인 주부라는 굴레에서 자유로워지면서 가족에도 개인주의화의 바람이 분다. 개인에 대한 가족의 구속은 느슨해지며, 협상으로 맺어진 임시적 가족유형이 나타난다.

위험사회는 후기 근대사회라고도 명명한다. 후기 근대사회는 근대 산업사회의 핵심 제도들이 근본적으로 동요하는 사회이다. 그런데 벡은 근대 산업사회의 해체가 마르크스가 말한 것과 같은 자본주의 위기가 아니라 자본주의 승리에 비롯된다고 말한다.[11] 다르게 말하면 근대화가 심화한 결과 근대 산업사회의 윤곽이 소멸하고 있다는 것이다. 또한, 이런 과정은 점진적으로 진행된다. 예를 들어 산업사회의 모든 정당은 최소한 말로는 여성의 사회참여를 환영하였는데 이것은 느린 속도이긴 하지만 결과적으로 사회적 격변을 가져온다.

위험사회의 등장에 따라 산업사회의 바탕이 된 근대성 자체에 근본적 의문이 제기된다. 이런 관점에서 벡은 현대사회를 성찰적 근대성(reflexive modernity)의 사회로 파악했다.[12] 근대사회는 보통선거, 대중교육, 복지국가 등을 통해 인간해방이라는 이상을 추구해 왔다. 그러나 한편으로 글로벌화가 진전되고 다른 한편 개인주의화가 진전됨에 따라 근대의 국가, 가족, 종교, 문화는 그 기능을 점차 잃어가고 있다. 산업사회에서 사람들은 단순한 근대성만으로도 자연과 사회의 위험을 잘 관리해 갈 수 있을 것으로 생각했다. 그러나 점차 그것이 불가능하다는 것이 드러났다. 이제 사람들은 기존의 지배적 가치관이나 행동방식을 되돌아보고 다시 생각하게 된다. 그래서 성찰적 근대화가 필요한 것이다.

성찰적 근대성의 시기에는 개개인의 선택과 성찰성이 중요해진다. 앞에서 본 것처럼 산업사회를 지탱했던 제도들이 약화하면서 개개인은 위험에 직면하였다. 사회적으로 규정되는 생애의 비중은 줄어들고 각자가 개인적으로 결정해야 하는 생애의 비중은 늘어났다. 과거엔 가족, 마을공동체, 또는 사회계급이나 집단에 의지함으로써 극복할 수 있었던 생애 상의 기회, 위기, 동요를 이젠 개인이 인지하고 해석하고 처리해야 했다. 교육, 직업, 직무, 거주지, 배우자, 자녀의 수 등 생애의 모든 과정을 각자가 결정해야 한다. 표준적인 생애에서 선택한 생애로 이행한 것이라고 해석할 수 있다. 심지어 자신의 사회적 정체성도 선택해야 할 정도로 자아를 스스로 관리해야 한다. 이런 상황에서 개개인의 상황은 스스로 내린 결정의 결과로 만들어지는 경향이 강해진다. 시험의 낙방이나 실업도 모두 자신의 책임이 되는 것이다. 이것은 곧 위험의 증대이다. 개인주의화된 사회에서는 위험이 양적으로 늘어나는 데 그치지 않고 질적으로도 새로운 유형

11 앤소니 기든스·울리히 벡·스콧 래쉬, 임현진·정일준 역, 「성찰적 근대화」(한울, 1998), p. 23.

12 성찰적 근대성에서 '성찰'이란 세상에 자신을 비추어 보면서 자신을 돌이켜본다는 정도의 의미이다. 우리나라에서 reflexive modernity는 반성적 근대성, 반사적 근대성, 재귀적 근대성 등의 용어로도 번역되고 있다. '성찰'이란 말에는 세상에 자신을 비추어 본다는 의미가 약하긴 하지만 다른 용어도 그리 적절하지 않아서 성찰적 근대성으로 표기한다.

의 개성적 위험이 발생한다. 한편 개인주의가 진전되면서 사회체계의 수준에서는 분리된 것으로 보이는 가족과 임노동, 교육과 고용, 행정과 수송체계, 소비 등 모든 것이 개인적 생애의 통합적 요소가 된다. 여러 사회체계가 개인의 생애에 통합되면서 개인 내부의 마찰과 불화와 모순이 지속적으로 재생산된다. 이제 자아 중심적 세계관을 세우고 스스로 자기의 길을 찾아야 한다. 점차 개개인은 '위험한 기회들'에 통달할 것으로 기대된다.[13]

개인의 성찰성이 중요해지는 것은 과학기술에 대해서도 마찬가지이다. 과학기술은 필연적으로 위험을 증가시킨다. 동시에 과학은 위험을 발견하고 분석하는 주된 수단이다. 이런 과학의 이중적 역할을 균형 있게 파악하는 것이 개인화된 행위자들의 과제가 된다.

래시(Lash) 역시 현대를 성찰적 근대성의 시기로 보면서, 그 핵심 동력을 개인화에서 찾는다.[14] 그는 사회발전의 단계를 첫째 단계인 전통사회, 둘째 단계인 단순한 근대성(simple modernity)의 시기, 그리고 현 시기인 성찰적 근대성의 단계로 나눈다. 전통사회는 확대가족, 교회, 촌락공동체 등을 중심으로 공동체의 구조가 강했던 시기를 말한다. 퇴니스(Tönnies)의 구분을 따른다면 전통사회는 공동사회에 조응한다.

단순 근대성의 시기는 개개인이 전통사회의 공동체로부터 해방된 단계이다. 그러나 래시에 의하면 단순 근대성 단계의 개인화는 충분히 진전되지 못했다. 과거의 공동체 대신 국가, 정부관료제, 기업조직, 노동조합 등의 구조가 개인의 삶을 크게 규정했기 때문이다.

단순 근대성 단계의 집단들은 이익사회적 집합체라는 점에서도 전통사회와 차이가 있었다. 이 시기의 집단들은 공동체적 연계가 파괴된 이후 원자화된 개인들이 형성한 집단이다. 이제 '우리'는 추상적이고 원자화된 개인들의 집합이 된 것이다. 전통사회의 공동체가 공유된 의미가 있었던 것에 비해 단순 근대성 시기의 집합체는 공유된 이해관계에 기초하고 있었다. 이것은 계급이나 국민, 그리고 민족주의에 모두 적용되는 것이었다. 근대의 '사회' 개념은 공동사회의 구체적이고 특정한 관계에 의해 규정되는 것이 아니라, 비 인격성, 업적, 보편주의와 같은 추상적 관계들에 의해 규정되는 것이었다.

성찰적 근대화는 개인화가 한층 철저히 이루어짐으로써 나타난다. 이 시기에는 개인이 계급, 국가, 핵가족과 같은 구조에서 해방되며, 과학의 타당성과 같은 믿

13 앤소니 기든스 외, 앞의 책, p. 30.
14 같은 책.

음에서도 해방된다. 성찰적 근대화 시기에는 핵가족이 약화되고 개개인이 삶을 스스로 조직해야 되며, 사회계급이 투표, 소비, 노조가입 등의 개인 행위에 미치는 영향이 약화되고, 기업조직 규칙이 약화되는 대신 유연화가 진전되고, 제도화된 과학에 대한 비판과 불신이 강화된다.

한편, 래시는 성찰성이 불균등하게 진전되고 있는 점에 대해서도 주의를 환기한다. 예를 들어 생산조직 영역을 보면 다수의 지식 노동자들과 함께 단순노동자도 증가하고 있다. 다시 말해 '성찰성의 승자'와 '성찰성의 패자'가 존재하는 것이다. 이런 점에서 그는 성찰성의 구조적 조건에 주의를 기울일 필요가 있다고 말한다. 그리고 이 구조적 조건이란 전 지구적, 지역적으로 결합하여 있는 정보와 의사소통 구조의 연줄망이다. 과거엔 생산과정 또는 생산구조에 어떻게 위치되는가가 삶의 기회를 결정했다면 이젠 새로운 정보와 의사소통 구조에서의 위치와 그것에의 접근 가능성이 중요해지는 것이다.

4.3. 소비사회와 소비문화

현대사회는 소비사회로 파악되기도 한다. 현대를 소비사회로 규정하는 이유는 일반 시민의 상품소비량이 비약적으로 증가했고 이와 아울러 사람들의 일상에서 소비가 매우 중요한 비중을 차지하게 되었기 때문이다. 현대 사회처럼 대부분의 재화와 서비스가 상품으로 팔리는 상황에서 소비가 개개인의 삶에서 중요한 의미를 차지한다는 것은 당연하다고 할 수 있다. 인간의 기본적 욕구가 소비를 통해 충족되기 때문이다. 그런데 소비가 사람들의 삶에서 중요한 의미를 차지하게 된 또 다른 주된 이유는, 타인에게 자신을 표현하는 수단이 되기 때문이다. 그래서 소비문화라는 표현이 등장하는 것이다.

소비문화에서는 상품의 가치와 의미도 달라진다. 본래 상품의 가치는 그 내적 유용성에 있다. 음식은 맛과 영양이 내적 유용성이며 옷은 몸을 보호하는 것이 내적 유용성이다. 그런데 소비문화에서 상품의 가치는 타인에게 자신을 표현하는 데 있다. 그 예로 옷이나 가방을 들 수 있다. 사람들이 유행하는 옷을 입고 '브랜드'가 있는 가방을 드는 것은 그것이 좋거나 편해서라기보다는 자신이 센스 있다는 것을 표현하기 위해서이다. 먹고 마시는 것도 그렇다. 스타벅스 커피를 마신다는 것은 단지 커피를 마신다는 것 이상으로 특정한—즉 고급스럽고 우아한—문화나 취향의 상징으로 여겨진다. 이제 소비되는 상품은 하나의 상징이 되는 것이다.

「소비의 사회」의 저자인 보드리야르(Baudrillard)에 의하면 소비는 일종의 언어활동이다.[15] 오늘날 사물(상품)과 소비자의 관계는 과거와 달라졌다. 오늘날 소비자에게는 개별 상품의 유용성이 아니라 일련의 상품의 세트가 가지는 의미가 문제가 된다. 상품의 세트로서 세탁기, 냉장고, 식기세척기 등은 각각이 가지는 도구로서의 의미와는 전혀 다른 의미가 있다. 상품들은 브랜드를 중심으로 일련의 기표(signifiant)가 된다. 사람들은 소비를 통해 이런 기표들을 주고받는다. 그러므로 소비는 코드에 기초한 의미작용이고 커뮤니케이션 과정이다.

또한, 소비는 의미를 교환하는 활동이라는 점에서 향유가 아니라 생산의 기능을 한다.[16] 다시 말해 사람들은 소비를 통해 상품의 사용가치를 향유하는 것이 아니라 차이표시 기능을 통한 사회적 코드를 생산하는 것이다. 그리고 이런 점에서 소비는 개인적 행위가 아니라 집단적이고 사회적인 행위이다. 소비가 개인적 향유 행위라는 인식은 소비에 대한 이데올로기적 논의에 의해 교묘히 유지되어 온 소비자의 환상이다. 사람들은 소비를 통해 코드화된 가치들의 생산과 교환의 일반적 체계에 들어가게 되는 것이다.

기호로 작용하는 소비는 사람들이 자신을 타인과 구별하는 주된 수단이 된다. 이런 구별은 개개인의 차원에서도 이른바 '개성의 추구'라는 방식으로 이루어지지만, 집단적으로도 이루어진다. 이것이 프랑스 사회학자 부르디외(Bourdieu)가 말하는 '구별 짓기'(distinction)이다. 부르디외에 의하면 사회는 계급·계층적으로 질서화되어 있는데, 사회계급은 개개인이 가진 다양한 자본에 의해 결정된다. 그가 말한 다양한 자본이란 경제자본과 교육자본, 그리고 상징자본인데 후자의 둘을 문화자본이라고 한다. 사회계급이 형성되는 과정을 보면 다양한 자본을 가진 행위자들의 상징적 권력투쟁을 통해 이루어지는데 이 권력투쟁이란 곧 구별하는 행위로 나타난다. 각 사회계급은 자신을 타 사회계급과 구분하는 생활양식 또는 취향의 체계를 가지게 된다.[17] 예를 들어 자유직 종사자와 경영자는 민중계급이 좋아하는 양이 많고, 기름지고, 짜고 자극적인 음식보다는

---

15 장 보드리야르, 이상률 역, 「소비의 사회」(문예출판사, 1991), p. 138.

16 같은 책, pp. 111~113.

17 현택수, "피에르 부르디외," 김호기 엮음, 「현대 비판사회이론의 흐름」(한울, 2001).

가볍고, 자연의 맛과 산뜻한 음식을 선호하는 경향이 높다. 또한 민중계급은 신체의 아름다움은 자연미에 있다고 생각하며 값싸고 질긴 옷을 선호하는 반면 지배계층의 사람들은 아름다움은 세련된 옷차림에 있다고 생각하여 세련되고 비싼 옷을 입는다. 이처럼 부르디외는 취향, 그리고 그것을 표현하는 소비가 계층 간 구별 짓기의 수단임을 보여주었다.

소비를 통한 구별 짓기를 처음 체계적으로 설명한 사람은 베블렌(Veblen)이었다. 그는 전통사회의 지배계급이 자신들의 우월성을 과시하기 위해 과시적 유한(有閑)과 과시적 소비를 이용한다고 갈파했었다.[18] 과시적 유한이란 지배계급이 자신들의 우월성을 생산노동에서 면제되어 유한할 수 있다는 점에서 찾고, 이를 과시하려 한 것을 말한다. 베블렌에 의하면 까다로운 예절이나 옷차림도 모두 스스로 유한하다는 점을 과시하기 위한 수단이었다. 과시적 소비란 지배층이 돈이 많다는 것을 과시하기 위해 사치스러운 소비를 하는 것을 말한다. 근대 이후에는 신분의 차별이 철폐되고 노예제도도 사라지고 노동윤리가 확산되면서 과시적 유한보다는 과시적 소비가 더 중요한 자기과시 수단이 된다. 한편, 신분차별이 철폐되면 중류계층도 상류층의 과시적 소비를 따라가게 된다. 베블렌에 의하면 각 계층 사람들은 자기 바로 위 계층의 생활양식을 따라감으로써 사회적 체면을 유지하려 한다. 도시화도 과시적 소비를 촉진한다. 농촌사회에서 사람들은 각 가정의 생활형편을 서로 잘 알았으므로 과시적 소비를 통해 자신을 선전할 여지가 적었다. 그러나 도시에서는 서로 모르는 사람들이 모여 살므로 과시적 소비를 통해 자신을 포장할 여지가 많다. 그 결과 전사회적으로 과시적 소비가 확산된다.

보드리야르 역시 사회적 분류 및 차별화 과정이 —앞에 말한 의미·커뮤니케이션 작용과 더불어— 소비의 본질적 측면이라고 보았다.[19] 기호로서의 사물(상품)은 사회적 서열에서의 지위를 표현한다. 사람들은 결코 사물을 그 사용가치에서 소비하지 않으며, 자기가 속한 집단에의 소속을 표현하기 위해서이든 또는 더욱 높은 지위집단을 준거로 삼아 자기가 속한 집단과 자신을 구분하기 위해서이든 자신과 타인을 구분하기 위해 사물을 소비한다. 이런 점에서 소비는 일종의 지위획득 경쟁이라고 할 수 있는데, 시장경쟁이나 투쟁과 같은 폭력적 경쟁이 아니라 유희적이고 추상적 경쟁이다. 한편, 소비의 이런 성격은 소비가 포화상태에 달하지 않고 지속적으로 증가하는 현상을 설명한

18 톨스타인 베블렌, 정수용 역, 「유한계급론」(동녘, 1983).
19 장 보드리야르, 앞의 책, p. 80.

다. 소비가 사용가치를 충족하기 위한 것이 아니라 사회적 차별화와 지위획득경쟁을 위한 것이므로 '한계가 없다'는 성격을 가지게 되는 것이다.

소비를 타인에 대한 자기표현이 아니라 자기만족의 원천으로 보는 해석들도 있다. 이 경우 소비에 의한 자기만족을 부정적으로 볼 수도 있고 긍정적으로 볼 수도 있다. 부정적으로 보는 견해에서는 소비에 의한 자기만족이란 환상에 불과하다고 본다. 예를 들어 캠벨(Campbell)은 사람들이 소비를 통해 찾는 만족은 상품 자체로부터 얻는 만족이 아니라 상품과 결부된 의미로부터 자신들이 구성해 낸 자기환상적 경험으로부터 쾌락과 만족을 추구하는 것이라고 보았다.[20] 사람들은 소비를 통해 자신의 환상을 충족할 수 있다는 믿음을 가진다. 그러나 소비를 통해 얻는 실제 쾌락은 사람들이 열망하는 바를 채워 주지 못한다. 사람들은 현실에 만족하지 못하고 다시 소비가 제공하는 쾌락을 맛보려 한다. 그렇게 함으로써 항구적 동경심을 간직한다. 소비사회는 사람들로 하여금 계속 좌절된 상태에 있게 한다. 보드리야르 역시 유사한 분석을 제시한다. 현대인은 소비를 통해 행복의 모조품과 그것에 따르는 기호의 장치를 만들어 놓고 진정한 행복이 이루어지기를 열망하지만 이것은 일종의 주술적 사고에 불과하다.[21] 모든 것이 소비의 논리에 지배되는 현대사회는 근원적 소외의 시대이다.

소비문화를 좀 더 긍정적으로 보는 시각에서는 그것을 현대 개인주의의 산물로 해석된다. 소비는 계층 간 구별 짓기 행위이기보다는 개개인이 삶의 즐거움과 정체성을 찾는 수단이다.[22] 사람들은 이제 소비를 통해 타인에게 인정받으려 하기보다는 자기를 위한 즐거움을 찾는다. 소비를 통해 자기의 개성적 취향을 확인하고 여기서 자신의 정체성을 찾기도 한다. 개인들이 소비를 통해 정체성을 확인하는 이유는, 현대 사회에서는 더는 전통이나 제도, 정치, 종교 같은 것이 개개인의 삶의 구심점이 되지 못하기 때문이다. 사람들에게 세상은 늘 유동적이고, 불가해한 것으로 비치며, 삶의 의미를 투여할 대상이 되지 못한다. 이제 사람들의 관심은 사회가 아닌 자기 자신이 된다. 이렇게 개인화된 인간이 삶의 의미를 두게 되는 영역의 하나가 소비이다.

소비문화를 비판적으로 보는 사람들은 소비를 향한 욕망이 인간의 본성이기보다 기업이 주도하는 광고에 의해 촉발된다는 점을 부각시킨다. 우리는 끊임없이

---

20 스티븐 마일스, 박형신·정헌주 역, 「현실세계와 사회이론」(일신사, 2003).

21 장 보드리야르, 앞의 책, p. 25.

22 질 리포베츠키, 정미애 역, 「행복의 역설」(알마, 2009).

광고에 노출됨으로써 소비를 하게끔 강요당한다. 게다가 광고는 상품에 대중 스타들의 상징적 이미지까지 덧붙임으로써 소비욕구를 더 증대시킨다. 스타가 광고하는 상품은 단지 하나의 상품이 아니라 스타의 이미지가 결합한 기호가 되어 대중의 소비를 유발한다.

4.4. 유연한 자본주의와 노마디즘

4.4.1. 유연한 자본주의와 일상

리처드 세넷(Richard Sennett)은 현대의 특징을 '유연한 자본주의(flexible capitalism)'에서 찾는다. 그 이전의 자본주의는 1860년대부터 1970년대까지의 시기로, 세넷은 이를 '사회자본주의'라고 불렀다. 이 시기의 자본주의는 기업들이 군대의 조직모델을 적용함으로써 발전되었는데, 관료적 조직을 통해 기업경영과 근로자의 삶 모두 예측가능성을 높일 수 있었다. 사회자본주의가 유연한 자본주의에 자리를 내주게 된 데는 세 가지 요인이 있었다.[23] 첫째는 대기업의 권력이 경영진에서 주주에게로 옮겨진 것이고, 둘째는 투자자들이 단기적 성과를 추구하게 된 것이고, 셋째는 기술혁신이다. 이런 변화에 따라 기업은 계속적인 변화의 압력에 놓이게 된다.

유연한 자본주의에서 기업조직은 유연성의 원리에 따라 재조직된다. 사실 관료적 기업조직이 현대사회에서 유연한 조직으로 변화한다는 것은 이미 여러 사람이 말한 바 있다. 그런데 세넷이 보기에 이 유연한 조직은 민주적 조직이 아니라 오히려 새로운 방식의 통제가 이루어지는 조직이다. 유연한 자본주의에서 기업은 중심과 주변으로 양극화된다. 기업 경영진은 생산목표와 이윤목표를 정한 후 이것을 일단의 유연한 작업팀에 넘긴다. 작업팀들은 누가 먼저 목표를 달성하는가를 놓고 치열한 경쟁을 한다. 관료제 조직에서와 달리 권력을 행사하는 사람이 잘 보이지 않지만 이들은 배후에서 여전히 강력한 권력과 통제력을 행사한다.

세넷은 유연한 자본주의의 구조가 무엇인가보다는 그것이 인간의 삶에 미

23 리처드 세넷, 유병선 역, 「뉴캐피탈리즘」(위즈덤하우스, 2009).

치는 영향에 더 관심이 많다. 유연한 자본주의는 노동 세계에 근본적 변화를 가져온다. 우선 유연한 자본주의로의 이행에 따라 근로자들도 유연한 커리어를 따라가게 된다. 본래 커리어의 어원은 '마차가 다니는 길'이라는 의미이며, 산업시대의 커리어는 개인이 평생 따라갈 수 있는 통로라는 뜻을 가졌다. 그러나 유연한 자본주의 시대에 직선적인 커리어 통로는 막혔고 사람들은 의도하지 않게 커리어를 바꾸어야 하는 일을 자주 겪게 된다.

유연화는 일터에서의 인간관계에도 영향을 준다. 과거엔 하나의 팀에 소속된 팀원들이 서로 신뢰하고 서로를 책임지는 관계를 맺었다. 그러나 이젠 팀 동료들이 앞으로도 계속 함께 일할 것이라는 보장이 없다. 따라서 사람들은 팀 종료를 사귀거나 우정을 쌓고 신뢰를 형성해 가는 데에 노력을 기울이지 않는다.

이런 상황에서 개인에게 요구되는 자질은 다음과 같은 세 가지이다.[24] 첫째는 시간의 문제로, 모든 관계가 단기적이고 일시적이 된 상황 속에서 자신을 관리하는 능력이다. 둘째는 재능에 관한 것으로, 기술이나 숙련의 유효기간이 짧아지면서 이젠 장인정신 대신 능력주의가 필요하다. 셋째는 포기의 문제로, 자신이 가지고 있던 경험이나 능력, 지위를 쉽게 포기할 수 있어야 한다.

그런데 세넷은 이런 자질이 인간의 본성과 거리가 멀다고 본다. 유연한 자본주의가 인간에게 요구하는 것은 결국 사람들의 인격을 파괴한다.[25] 과거 직업 노동은 인간의 인격을 형성하는 중요한 기반이었다. 일을 통해 사람들은 안정감과 자아존중감을 얻을 수 있었다. 직장에서의 친밀한 인간관계도 인격형성의 기반이었다. 그러나 새로운 노동환경에서 사람들은 늘 불안정과 불확실에 노출되면서 삶의 의미를 찾기가 점점 어려워진다. 자신의 삶은 더는 자신의 통제 하에 있지 않으며, 예측할 수 없고 파편적인 사건들의 연속으로 받아들여지는 것이다. 예전에도 전쟁이나 천재지변으로 말미암아 사람들의 삶이 갑자기 단절될 수 있었다. 그러나 현대의 특징은 일상의 삶 자체가 불안정해진다는 데 있다. 또한, 유동적이고 불안정한 삶은 벤처기업가나 모험가 같은 일부 사람에게 국한되는 것이 아니라 일반 대중의 것이 된다.

---

24 리처드 세넷, 유병선 역, 『뉴캐피탈리즘』(위즈덤하우스, 2009).

25 Sennett, Richard, *The Corrosion of Character* (Norton, 1998).

4.4.2. 노마디즘으로의 복귀

현대자본주의 사회에서의 삶의 불안정은 노마디즘(유목주의)의 관점에서 설명되기도 한다. 인간의 역사를 유목이라는 관점에서 본 사람이 자크 아탈리(Jacques Attali)이다.[26] 그는 인간의 역사에서 정주성(定住性)은 아주 일시적으로만 지배적인 삶의 형태였으며, 인간은 노마디즘으로 역사를 이루어왔고 다시 노마디즘으로 돌아가고 있다고 말한다. 우리 시대에 노마디즘이 다시 강화되는 주된 요인은 상업적 글로벌화이다. 글로벌화에 따라 경쟁이 세계적 차원에서 이루어지게 되고 그 결과 모든 산업이 유동적이고 불안정해진다. 브랜드의 생명은 점점 더 짧아지며, 회사 경영자나 주주들도 자기 회사의 장기적 미래보다는 단기적 이익에 관심을 가진다. 또한, 글로벌화에 따라 기업들은 생산지를 끊임없이 옮기게 되고 그때마다 직원들을 해고하면서 노마드적으로 운영되어야 한다. 직원들 또한 타사로부터 유리한 제안을 받으면 곧 이직하게 된다. 요컨대 상업적 글로벌화가 진전됨에 따라 인간, 상품, 서비스, 관계에 대한 판단 기준은 점점 더 일시적이고 단기적이 되는 것이다.

현대 노마디즘의 사회에서 인류는 세 부류로 나뉜다. 첫째 부류는 '비자발적 노마드' 또는 '인프라노마드'로 어쩔 수 없이 노마드가 된 사람들이다. 이주노동자, 정치 망명객, 그리고 외판원과 같은 이동 근로자가 그들이다. 둘째 부류는 정착민으로서 농민, 공무원, 엔지니어, 의사, 교사, 한곳에 소속된 노동자와 같은 사람들이다. 셋째 부류는 자발적 노마드, 즉 스스로 노마드가 된 사람들인데, 다시 '하이퍼노마드(창의적인 직업을 가진 사람들, 고위 간부, 연구원, 음악가, 배우 등)'와 '유희적 노마드(관광객, 운동선수 등)'로 나뉜다. 그런데 상업적 글로벌화의 시대에는 한편으로 인프라 노마드와 정착민 사이에, 다른 한편으로 인프라노마드와 하이퍼노마드 사이에 불평등이 확대된다.

아탈리는 정착민들의 삶 역시 불안정해지고 있다는 것을 지적한다. 이들은 대부분 더 이상 고정적 사무실을 가지고 있지 않으며, 노동시간도 유동화되어 이동시간이나 휴가를 침범한다. 정착민의 생활리듬도 노마드의 생활리듬을 본떠 더 파편화되고 잘게 쪼개진다. 식사시간도 짧아져 식탁에서 느긋하게 하던 식사는 사라진다. 여가활동도 영화, TV, 잡지같이 단시간 내에 가능한 것으로 변해가며, 남녀관계의 수명도 짧아지고 있다.

---

26 자크 아탈리, 이효숙 역, 「호모 노마드」(웅진닷컴, 2005).

4.5. 과잉합리화 : 맥도널드화

현대의 특징을 과잉합리화에서 찾는 시각이 있는데 그 대표적인 사람이 조지 리처(George Ritcher)이다. 그는 현대사회의 특징을 맥도널드화라고 본다.[27] 이것은 맥도널드를 위시한 패스트푸드점이 전 세계적으로 확산되었다는 점을 말하는 것이기도 하지만, 그보다는 패스트푸드점의 원리가 현대인 생활의 전 영역에서 관철되고 있는 현상을 가리킨다.

리처는 맥도널드 모델의 특징을 효율성, 계산가능성, 예측가능성 그리고 자동화를 통한 통제에서 찾는다. 이런 점에서 뛰어났기 때문에 지배적 모델이 되었다는 것이다.

맥도널드 모델은 이른 시간에 배고픔을 해결할 수 있다는 점에서 효율적이다. 미국의 패스트푸드점에서는 차에서 내리지 않고도 한 끼를 사서 먹을 수 있다. 현대 사회에서처럼 맞벌이 부부나 편부 · 편모가 많은 사회에서 이 효율성은 사람들에게 매력적이다. 맥도널드 시스템에서는 종업원들도 정해진 작업단계에 따라 일을 하기 때문에 작업 효율이 높아진다. 맥도널드 모델은 패스트푸드점뿐만 아니라 체중감량, 자동차 주유, 안경맞춤 등에도 적용된다.

맥도널드 모델의 두 번째 특징인 계산가능성은 판매되는 제품의 양이 수량화되는 것을 말한다. 수량화를 통해 고객은 자기가 지급하는 돈에 비해 많은 양의 음식을 받는다고 생각한다. 맥도널드 모델에서는 사람들이 차를 타고 가서 식사하고 오는 시간도 계산하게 된다. 배달시간의 정확성을 강조하는 업체도 있다. 도미노 피자는 30분 내 배달을 약속하며 약속을 지키지 못하면 피자 값을 받지 않기도 했다.

세 번째 특징인 예측가능성은 맥도널드의 제품과 서비스가 언제 어디서나 같을 것이라는 믿음을 말한다. 점포가 있는 도시가 달라도 같은 제품의 맛은 똑같으며, 앞으로도 그 맛이 동일할 것이라는 믿음이다. 맥도널드에서 일하는 사람들도 예측 가능하게 행동한다. 맥도널드 모델을 택한 기업에서는 대개 종업원이 특정 상황에서 따라야 할 각본을 가지고 있다. 이런 각본이 있기 때문에 종업원과 고객은 예측 가능한 상호작용을 한다.

마지막 특징인 자동화를 통한 통제란 고객이 관리자가 원하는 대로 행동

27 조지 리처, 김종덕 역, 「맥도날드, 그리고 맥도날드화」(시유시, 2003).

하게 한다는 것이다. 줄 서서 기다리기, 제한된 메뉴, 불편한 의자 등이 고객들로 하여금 관리자들이 원하는 방식대로 움직이도록, 즉 빨리 먹고 나가게 한다. 종업원들도 고도의 통제를 받는다. 그들은 마치 로봇처럼 정확히 명령받은 방식대로 행동하도록 훈련받는다. 더욱이 맥도널드와 같은 패스트푸드점은 지속적인 기계화를 통해 노동자를 통제하기도 하고 대체하기도 한다.

리처는 맥도널드화가 산업사회 이후 진행된 합리화의 연장선상에 있다고 본다. 합리화는 막스 베버가 말한 관료제, 테일러주의, 그리고 포드주의와 같은 방식으로 진행됐는데 이것들은 모두 맥도널드화의 토대가 되었다. 맥도널드화는 합리화를 통한 효율성 추구가 한층 더 발전되는 단계라고 말할 수 있다. 맥도널드 모델을 추구하는 세력들은 자연의 법칙을 전적으로 합리적인 체계로 대체하여 세계를 더 효율적이고, 계산 가능하고, 예측 가능하게 만들어 통제를 강화하려 한다.

리처에 의하면 맥도널드 모델은 이제 패스트푸드점뿐만 아니라 사회전반적 원리가 되어가고 있다. 교외에 건설된 조립식 주택단지, 쇼핑몰에도 맥도널드 모델이 적용되며, 고등교육, 의료산업, 오락도 이 모델에 따라 조직화한다. 심지어 출생과 죽음까지 맥도널드 모델에 지배된다. 기술발전을 통해 맞춤형 임신이 널리 확산되며, 출산과정도 표준화·합리화된다. 장례식 역시 맥도널드화된다.

그러나 맥도널드 모델의 과잉합리화는 불합리성을 낳는다. 다시 말해 맥도널드 모델이 비효율성, 예측불가능성, 통제불가능성의 원인이 되기도 한다는 것이다. 예를 들어 패스트푸드점의 계산대 앞에 길게 선 줄 때문에 효율성이 저해된다. 또 맥도널드 모델은 건강을 위협하며, 환경파괴의 원인도 된다. 이런 점에서 맥도널드 모델은 비인간적 모델이며, 이것에 대항하거나 벗어나기 위한 노력이 필요하다.

V

사회과학의 방법과 철학

제 1 장

과학의 의미

1.1. 과학이란 무엇인가?

사람들은 대체로 '과학적'인 것은 '참'인 것이라는 상식을 가지고 있다. 이것은 그동안 과학이 미신이나 잘못된 상식을 타파하면서 세계의 비밀을 밝혀 주었고, 나아가 인류에게 놀라운 진보를 가져다주었기 때문이다. 인간은 과학적 지식과 그것에 바탕을 둔 노동을 통해 비로소 '만물의 영장'다운 생활을 영위할 수 있게 되었다. 오늘날 과학은 모든 사람에게 엄청난 권위를 가지고 있다. 이런 상황에서 사람들은 남을 설득할 때 과학의 권위를 빌고자 한다. 기업이 자기 회사 제품의 광고를 할 때에도 "우리 회사 제품의 효능은 과학적으로 입증되었다"는 식의 표현을 흔히 쓴다.

그런데 우리는 상반되는 내용을 가진 이론이나 설명들이 각기 과학적이라고 주장되는 예를 흔히 본다. 또한, 한때 과학적이라고 주장되던 이론이 얼마 안 가서 사람들에 의해 배척되는 예도 종종 있다. 이것은 사회과학의 경우 더 그러하다. 과거 우리나라에서는 제3세계 후진국은 선진국에 종속되어 있기 때문에 경제 발전을 할 수 없고 정치적으로도 민주화될 수 없다는 요지의 이론이 많은 사람에 의해 과학적인 것으로 받아들여졌었다. 지금은 이러한 이론이 맞지 않는다는 것이 거의 명백해졌지만, 당시에는 한국의 현실을 아주 잘 설명하는 이론으로 보이기도 했다.

과학적인 것은 명백히 옳은 것이라는 상식에 비추어 한때 과학적이라고 주장되던 이론이 얼마 안 가 폐기된다거나, 상반되는 사회과학적인 이론들이 있다는 것은 일단 혼란스러운 사실이라고 하지 않을 수 없다. '지금 제시된 사회과학 이론이나 설명은 과연 과학적일까?'라는 의문도 생긴다. 이것은 곧 과학적인 것은 무엇이고 도대체 과학이란 무엇인가라는 의문으로 이어진다.

1.1.1. 다른 지식과의 대비

과학이란 무엇일까? 우선 과학은 인간이 가지는 지식 중 한 가지이다. 그런데 인간이 가지는 지식이 모두 과학인 것은 아니다. 그러므로 과학이 아닌 지식이 어떤 것들인가를 통해 과학이 무엇인가를 생각해 볼 수 있다.[1]

사람이 가진 지식이나 견해 중에는 다른 사람들이 생각하는 것과는 관계없는 그저 개인적인 생각이 있을 수 있다. 예를 들면 어떤 사람은 나름대로 여러 가지 이유에서 2099년 12월 31일에 인류가 멸망할 것이라는 주장을 할지도 모른다. 그는 잠을 자다가 꿈속에서 신의 계시를 받아서 그렇게 생각할 수도 있고, 어떤 종교 경전의 한 구절을 나름대로 해석하여 그렇게 생각할 수도 있고, 그저 자신의 직관으로 그렇게 생각할 수도 있다. 실제로 얼마 전 우리나라에서 종말론이 약간의 사회적인 소란을 일으킨 바 있다. 그런데 우리는 이러한 견해가 과학적이라고 말하지 않는다. 그것은 그저 그 사람(들)의 개인적인 믿음에 불과할 뿐이다.

한두 사람이 아니라 많은 사람이 당연시하는 지식이라고 해서 반드시 과학인 것도 아니다. 그 대표적인 것으로 상식을 들 수 있다. 요즈음은 취직시험 때문에 '상식'이라는 말이 자기 전공 외의 분야에 대한 일반적인 지식을 가리키는 것으로 사용되고 있으나, 여기서 상식이란 사회에서 관습적으로 형성되어 일반적으로 받아들여지는 지식을 가리킨다. 간단히 말하자면 상식은 대개의 사람이 으레 그러려니 하고 받아들이는 지식이다. 상식 중에는 과학적인 것도 많다. 특히 현대에는 과학이 크게 발전하여 인간이 가지는 거의 모든 지식이 과학적 탐구의 대상이 되었고, 그 결과가 학교에서 또는

1 다소 다른 관점에서 보면 과학과 과학이 아닌 것이 명백히 구별될 수 있는 것이 아니라, 인간이 가지는 지식 중에 더 과학적인 지식이 있고 덜 과학적인 지식이 있다고 할 수 있다. 미신에도 과학적인 구석이 전혀 없는 것은 아니며, 첨단 과학이론이라고 주장되는 것도 세상을 100% 정확히 설명하는 것은 절대 아니다. 그러나 우리가 공부하는 자연과학이나 사회과학은 과학적인 지식이기 위한 기준에 충실하려고 한다는 점에서 과학이라고 부른다.

대중매체를 통해 일반 대중에게 전파되므로 일반인의 상식이 매우 과학적이 되었다.

그러나 여전히 과학적이지 못한 상식도 많으며, 과거에는 더 그랬다. 우리나라에서는 얼마 전까지만 해도 A, B, O, AB로 구분되는 혈액형에 따라 사람의 성격이 다르다는 것이 상식으로 통했다. 그러나 그것은 과학적인 지식이 아니다. 중세에는 태양이 지구의 주위를 돈다고 보는 천동설이 상식이었다. 사람들이 하늘을 보면 해와 달과 별 모두 지구를 중심으로 하루에 한 바퀴씩 도는 것으로 보이므로, 천동설이 상식이 된 것은 매우 자연스러운 것이었다. 그러나 그 후 과학자들의 노력으로 지구가 태양의 주위를 돈다는 사실이 밝혀졌고, 이제는 그것이 상식이 되었다.

이러한 예는 자연과학의 예이지만 사회현상에도 마찬가지로 적용된다. 우리는 종교를 가진 사람들이 그렇지 않은 사람에 비해 가난한 사람에 대해 더 동정심을 가질 것이라는 상식을 가질 수 있다. 그런데 과거 미국에서 실제로 조사해 본 바로는, 교회에도 자주 가고 구원이 높은 가치임을 믿는다고 한 사람들이 가난하거나 어렵고 비참한 사람들에게 갖는 동정심의 정도는, 보통 사람들이 갖는 동정심의 정도보다 낮은 것으로 나타났다.[2] 이것은 미국이라는 특정 사회에서 특정한 시기에 행한 특정한 조사의 결과이므로, 조사대상이나 조사방법에 따라서는 교회에 다니는 사람의 동정심이 더 높다는 결과가 나올 수도 있다. 그렇지만 이 조사결과를 통해 교회에 다니는 사람이 동정심이 많을 것이라는 상식이 반드시 옳은 것이 아니라는 점은 알 수 있다.

사람들이 가진 상식적 지식은 계속 변하며 그중엔 옳은 것도 있고 틀린 것도 있으나, 상식 그 자체는 일단 그것이 옳건 그르건 간에 과학과 구분된다. 상식은 무엇보다도 관습적으로 받아들여지는 지식이다. 그것은 '과연 그것이 옳은가'를 이성적이고 체계적으로 따져 보지 않은 지식이라는 점에서 과학과 다르다.

사람들이 가진 상식은 대체로 단편적이어서 체계적인 지식이 아니다. 어느 정도 체계적인 상식도 있으나 거기엔 한계가 있다. 그런데 체계적인 지식이라고 모두 과학인 것도 아니다.

과학과 구분되면서 나름대로 정교한 체계를 갖춘 지식으로는 종교와 철학을 들 수 있다. 철학과 종교는 체계를 갖춘 지식일 뿐 아니라, 인간이 살아가면서 부딪히는 중요한 문제들에 대한 해답을 주고자 하는 지식이다. 종교는 과연 인간은 어떤 존재이며, 현재의 생을 마감한 인간이 죽은 다음에 어떻게 되는가 등에 대해 나름대로 설

2 김경동, 「현대의 사회학」(박영사, 1978), pp. 51~52.

명을 한다. 이러한 설명은 종교를 믿는 사람들에게 마음의 평안을 가져다주며, 일상생활을 해 나가는 길잡이가 된다. 철학 역시 과학이 해결할 수 없는 문제에 대해 나름대로 해답을 제공하고자 한다. 그러나 철학이나 종교가 과학 그 자체인 것은 아니다.

사람들이 종교의 가르침을 받아들이는 이유는 절대자나 초자연적인 실체에 대한 믿음 때문이다. 즉 인간의 이성을 뛰어넘는다고 생각되는 초자연적인 실체가 가지는 권위가 종교적 지식의 토대이다.[3]

기독교나 천주교를 믿는 사람들은 과연 인간이 다른 인간의 갈비뼈에서 만들어질 수 있는지, 죽은 인간이 다시 부활할 수 있는지를 따지지 않는다. 그러나 과학은 믿음에서 출발하지 않는다. 오히려 과학은 의심에서 출발한다. 사람들이 권위에 의존하여 사실로 믿는 것들을 회의하고, 인간의 이성으로 하나씩 분석해 보려고 하는 것이 과학의 특징이다.

철학은 체계적이면서 인간의 이성으로 따지는 지식이라는 점에서 과학과 같다. 그러나 철학과 과학은 구분된다. 철학과 과학의 차이는 무엇보다도 과학은 인간이 경험적—으로 알 수 있는—세계에 대한 지식인 데 비해, 철학은 이러한 세계를 인식하는 인간의 사유에 대한 지식이라는 점이다. 다음과 같은 예를 들 수 있을 것이다. 나무의 성질에 대해 연구하는 A와 B라는 두 과학자가 있다고 하자. A가 나무에 불을 붙여 보니 불이 붙었고, B가 역시 그러한 실험을 여러 번 해 보아서 같은 결과가 나타난 경우, 이들은 '나무는 불에 탄다'라는 명제가 과학적으로 입증된 것으로 받아들인다. 즉 과학자들은 인간이 나무라는 대상을 객관적으로 관찰하고 그 성질을 알 수 있다는 것을 당연한 것으로 전제한다. 그 후 이 과학자들의 관심은 나무는 몇 도까지 가열하면 타는가, 타고나면 재가 남는 데 재의 성분은 무엇인가, 나무를 어떻게 가공하면 불에 잘 붙지 않는가 등의 문제일 것이다. 이에 비해 철학자들은 "과연 A나 B가 나무에 불이 붙는다고 생각한 것은 실제로 나무에 불이 붙는 것일까? 인간은 눈이나 촉감으로 '나무'라는 실재를 알 수 있을까? A나 B가 나무에 불을 붙였다고 해서, 나아가 1,000명이 실험을 하여 똑같

3 사람들은 모든 것을 직접 경험을 통해 알 수 없으므로 간접 경험을 통해 지식을 얻는다. 그런데 사람이 스스로 경험하지 않은 지식을 받아들이게 되는 중요한 근거는 전통(또는 관습)과 권위이다. 전통이나 관습에 의해 지식을 받아들이는 것은 다른 사람들이 '다 그렇게 생각하기 때문에' 나도 그렇게 생각하는 태도이다. 앞에 말한 상식이 이런 지식에 해당한다. 권위에 의존하여 지식을 받아들인다는 것은 어떤 지식을 전파하는 사람이나 집단을 높이 평가하거나 그에 의존하기 때문에 그 지식을 받아들이는 것이다. 예를 들어 감기에 비타민이 좋다는 얘기를 친구가 할 때보다 의사가 할 때 더 믿게 된다. 이때 권위는 여러 가지 원천에서 나올 수 있다. 종교적 믿음도 그 하나이다. 전통이나 권위는 올바른 지식을 가지는 데에 도움이 되는 때도 있지만 방해가 되는 때도 있다. Babbie, E.(1989), *The Practice of Social Research*(5th edition), Wadsworth Publishing Company, Belmont; pp. 7~8.

은 결과가 나타났다고 해서 반드시 나무에 불이 붙는다고 말할 수 있을까?" 등을 따진다. 즉 인간이 나무라는 대상을 지각하는 행위 그 자체에 대해 따지는 것이다.

철학이 인간의 인식이나 사유가 아닌 외적인 대상을 다루지 않는 것은 아니다. 예컨대 사회철학은 사회에 대한 철학이며, 사회과학과 명확히 구분하기 어려운 면도 많다. 그러나 이 경우에도 사회철학은 사회현상에서 규칙성을 발견하거나 사회현상의 상태를 기술하는 것을 추구하는 것이 아니라, 인간이 사회현상을 '어떻게' 볼 것인가에 관심을 둔다. 예를 들어 계층 간 사회적 불평등 현상은 사회과학이나 사회철학이 주요하게 연구하는 대상이다. 그런데 이 문제를 다룰 때 사회과학은 중간층과 노동자층의 소득의 차이가 실제로 얼마인지, 이러한 불평등에 대해 당사자들은 어떻게 생각하는지 등의 '사실'을 밝히는 데에 힘을 기울인다. 반면 철학자들은 과연 이 불평등은 정당한 것인지 아닌지, 정당한 것이라면 어떠한 근거에 의해 정당하다고 말할 수 있는지 등을 밝히고자 한다.[4]

이상의 논의에서 우리는 과학에는 과학이기 위한 독특한 기준이 있다는 것을 알게 되었다. 그러한 기준을 충족시켰다고 생각되는 지식만이 과학적인 지식으로 대접을 받게 되는 것이다.

위의 논의에서 또 한 가지 알 수 있는 것은 과학은 인간에게 필요한 지식의 일부에 불과하다는 것이다. 과학적인 절차를 통해 알 수 없으면서도 인간에게 필요한 지식은 많다. 종교나 특히 철학은 그러한 지식을 많이 제공한다. 경우에 따라서는 미신도 사회에 중요한 기능을 하기도 한다. 이때 미신은 인간의 한계 때문에 과학적으로 알 수 없는 대상에 대해 일정한 설명을 하고, 이를 기초로 인간은 일관된 행동을 할 수 있게 된다. 과학의 위력과 함께 과학 한계를 인식하는 것이 필요하다.

1.1.2. 과학적 지식의 기본 특징

우리는 위에서 과학이 아닌 것들에 대해 말하면서 과학적인 것의 기준에 대해 이미 상당히 살펴본 셈이다. 이제 그것을 좀 더 상세히 보기로 한다. 일반적으로 과학은 다음과 같은 특징을 지니는 것으로 생각한다.

4 그러나 철학과 과학의 경계는 흔히 생각하는 것처럼 그리 뚜렷한 것은 아니다. 또한 철학과 과학의 관계에 대해서는 많은 견해가 있다. 이 문제는 이 책에서 다루지 않는다.

(1) 경험적 사실과의 부합

어떤 주장이 과학적인 것으로 대접받기 위해서는 그것이 옳다는 것을 다른 사람에게 실제로 증명해 보여야 한다. 그 가장 기본적인 방법이 경험적 사실과 맞는다는 증거를 보이는 것이다. 이런 맥락에서 어떤 사람들은 과학과 과학이 아닌 것의 구분 기준을 경험을 통한 검증가능성 여부에서 찾기도 한다.

경험적 사실을 통한 검증은 자연과학에서 가장 전형적으로 나타나는데, 이를 위한 절차가 실험이나 관찰이다. 두 가지 예를 들어 보자.

갈릴레이 이전에 사람들은 서로 무게가 다른 두 개의 물체를 높은 곳에서 떨어뜨리는 경우 무거운 것이 빨리 떨어질 것으로 생각했다. 이러한 견해는 고대 그리스의 아리스토텔레스에 의해 정식화된 것으로, 갈릴레이 시기까지 사람들에게 상식으로 받아들여져 왔다. 갈릴레이는 그것이 틀렸다는 것을 알아내기 위해, 서로 무게가 다른 매끄러운 금속 공을 길이가 표시된 경사진 면에서 굴리는 실험을 했다. 이러한 실험을 통해 갈릴레이는 모든 물체는 그 무게에 관계없이 같은 시간에 같은 거리를 낙하한다는 것, 그리고 낙하한 거리는 낙하한 시간의 제곱에 비례한다는 것을 알아냈다.[5] 후대 사람들은 진공 상태에서의 낙하 실험을 통해 갈릴레이의 명제를 다시 확인했다.

자연과학뿐 아니라 사회과학도 과학이므로 이러한 절차가 중요하다. 사회과학자들도 여러 가지 방법을 통해 자신의 주장이 경험적인 사실과 부합한다는 것을 보이고자 한다. 그런데 사회과학에서는 실험한다는 것이 어려우므로 조사를 통한 관찰의 방법이 주로 사용된다.

여기서 유의할 것은 경험적 사실과 부합하는가의 여부가 과학의 절대적인 기준은 아니라는 점이다. 과학적인 지식 중에는 경험적 사실과 부합하는가 여부를 알 수 없는 것들도 있다. 최근의 자연과학에서는 경험할 수 없는 것을 수학적으로 증명해 내는 일도 있다. 뒤에서도 살펴보겠지만 경험적 사실과의 합치 여부를 과학의 절대적 기준으로 삼고자 했던 입장은 유지될 수 없는 것으로 평가되었다. 그렇지만 경험적 사실은 과학의 가장 중요한 기반이며, 경험적 사실과 맞지 않는다는 것이 분명하게 판명된 지식은 그 순간부터 과학적 지식이 아니라고 할 수 있다는 것은 틀림없다.

---

5 Mason, S., *A History of the Sciences* (Collier Books, N.Y. 1962), 박성래 역, 「과학의 역사」(까치, 1987), p. 166.

(2) 객관성

과학은 또한 객관적이어야 한다. 개인의 주관이나 편견은 당연히 과학이 될 수 없다. 어떤 견해가 경험적 사실과 일치한다는 것은 일단 객관적일 수 있는 좋은 조건이다. 왜냐하면 그것은 근거가 있는 견해이기 때문이다. 그런데 이 경우에도 그 경험적 사실이 얼마나 보편적으로 타당한 것인가가 문제된다. 즉 그 경험이 객관적인 경험이어야 한다는 것이다.

예를 들어 어떤 사람이 자기 아내는 세상에서 제일 예쁘게 생긴 여자라고 했다고 하자. 이 사람은 정말로 자기의 경험적 판단 결과 자기 아내가 그렇게 예쁘다고 생각했을 수도 있다. 그러나 이러한 경험적 사실은 그 사람만이 가지는 경험이지 다른 사람도 인정하는 경험적 사실은 아니다. 그 사람의 경험은 객관성이 없다.[6]

위의 예와는 다른 성격의 것으로, 특수한 경험이 객관적인 것인 양 제시되는 예도 있다. 어떤 사람이 다음과 같이 말한다고 하자. "ㅁㅁ도(道) 사람들은 거짓말을 잘한다. 내가 지금까지 사회생활을 하면서 ㅁㅁ도 사람들을 많이 만났는데 하나같이 거짓말을 잘하더라." 이 사람이 만난 ㅁㅁ도 사람들이 거짓말을 잘했던 것은 사실일 수도 있다. 그러나 이 사람의 경험은 특수한 것이다. 다른 사람은 ㅁㅁ도 사람들이 정직하고 대신 △△도 사람들이 부정직했다는 개인적인 경험을 가질 수도 있다. 그러므로 이 사람이 자신의 경험만을 바탕으로 ㅁㅁ도 사람들이 거짓말을 잘한다고 말하는 것은 객관적인 견해가 아닌 개인적인 편견이 되는 것이다.

한편, 과학적인 지식 중에는 경험적 사실과 일치하는가를 분명히 알기 어려운 것도 있다. 이럴 때가 과학자의 논리력이 현상을 탐구하는 중요한 도구가 되는데, 그럴수록 객관적이어야 한다는 기준이 더 중요해진다. 경험적 사실의 세계에서 떨어져 논리에만 의존하는 연구에서는 과학자의 주관적 편견이 영향을 미칠 가능성이 더 크기 때문이다. 그러므로 과학자는 자신의 주관이나 편견에서 최대한 벗어나 엄밀한 이성의 힘으로 대상을 연구하려고 해야 한다.

객관성이라는 기준과 관련하여 사람이 완전히 객관적일 수 없다는 주장이 강하게 제시되어 있다. 연구자들은 누구나 특정한 가치의 지배를 받는다는 것이다. 설령 연구자가 개인적인 편견을 최대한 배제한다고 해도 자기가 속한 시대나 사회의 가

6 엄밀히 말하자면 '예쁘다'는 판단은 '둥글다' 또는 '네모나다'는 판단과 달리 심미적 판단이다. 심미적 판단은 객관적이기 어렵다. 그래서 과학적인 탐구가 아니라 미학의 대상이 된다.

치의 영향을 받는다. 좀 더 철학적으로 말하면, 인간이 자신의 정신 개입 없이 외적 대상을 완전히 "있는 그대로" 인식하는 것은 불가능하다는 것이다. 이것은 사회과학에서 두드러지게 나타나지만, 자연과학도 마찬가지이다.

이런 입장에서는 객관성이란 곧 상호주관성(intersubjectivity)이라고 본다. 모든 연구자가 자기 나름의 관점에서 연구대상을 인식하더라도 그 인식 내용이 다른 연구자들에 의해서도 공유되는 것이라면 이 인식은 객관적인 것으로 본다는 것이다.

과학이 객관적이 되게 하는 중요한 요건은 과학적 절차이다. 어떤 주장을 제기하는 이유와 근거가 분명히 제기되어 남들이 옳은가 틀린가를 따질 수 있어야 한다. 자연과학은 실험이 많이 사용되는데 그 실험의 절차가 공개되어 타인도 해 볼 수 있어야 한다. 사회과학은 사용한 자료가 얼마나 보편적으로 인정될 수 있는 것인가가 분명히 밝혀져야 한다. 우리가 신문방송에서 전해 듣는 사실 중에는 이런 객관성을 갖추지 못한 것들이 많다. 예를 들어 신문 방송에서 '요즘 젊은이들은 이기적이다'는 보도를 한 적이 있다. 그럴지도 모른다. 그러나 이런 주장이 과학적이려면 우리나라 전체 국민을 잘 대표하는 표본에 대한 조사를 통해 확인되어야 하며, 조사 과정에 조사자의 주관이나 편견이 개입되지 않고 응답자의 생각을 정확히 드러낼 수 있어야 한다. 또한 '이기적'인가 여부를 조사하는 방법에 따라 결과가 다르게 나올 수 있으므로 남들이 충분히 인정할 수 있는 방법이 사용되어야 한다.

(3) 일반화와 법칙성의 추구

과학의 또 한 가지 특징은 대상을 일반적으로 이해하려 하고 나아가 법칙성을 추구한다는 것이다. 예를 들어 한국인의 신체적인 특징에 대해 연구한다고 할 때, "김○○ 씨는 키가 178cm이고, 이○○ 씨는 179cm이고, 박○○ 씨는 168cm이고…"라는 식으로 한 사람 한 사람에 대해 기술할 수 있다. 이것은 경험적 사실과 일치하는 것이고, 누구나 객관적으로 동의할 수 있는 사실일 수 있다. 그러나 과학은 이처럼 개개의 사항에 대한 지식을 탐구하려 하지 않고 보다 일반적인 사실을 탐구하고자 한다. 한국인의 신체적 특징에 대해 과학자가 관심을 가지는 것은 한국인은 일본인보다 평균적으로 키가 큰지 아닌지, 한국인의 몸무게가 10년 전보다 평균적으로 늘었는지 아닌지 같은 전체적이고 일반적인 사항들이다.

과학자가 개개의 사안에 대해서가 아니라 일반성에 관심을 두는 것은 복잡한 세계를 어떤 규칙이나 질서에 의해 단순화하여 이해하기 위해서이다. 우리는 복잡한 대상에서 어떤 규칙성과 일반성을 찾음으로써 대상에 있는 기본질서를 알 수 있고, 그럼으로써 세계를 잘 이해할 수 있게 된다.

나아가 과학은 보편타당하게 적용되는 법칙성을 탐구하고자 한다. 앞에 든 낙하의 법칙은 바로 그런 예이다. 물체의 낙하 속도가 무게에 관계없이 같다는 것은 갈릴레이 시대나 지금이나, 한국에서나 미국에서나 마찬가지로 적용되는 법칙이다. 우리가 외부 세계에 작용하고 있는 법칙성을 찾아내면 그만큼 세계를 잘 알 수 있게 되며, 나아가 예측까지 가능하게 된다. 예를 들어 금속은 열에 따라 일정하게 팽창한다는 법칙을 보자. 수은도 금속이기 때문에 이 법칙이 적용되며, 이를 기초로 사람들은 앞으로도 수은을 가열하면 언제나 부피가 일정하게 늘어나리라는 것을 예측할 수 있다. 이런 예측이 가능하기 때문에 사람들은 수은을 넣어 온도계를 만들 수 있다. 만일 수은이 열에 의해 일정하게 늘어난다는 법칙을 알지 못했다면 온도계를 만들지 못했을 것이고, 의학 발전이 크게 저해되었을 것이다.

1.2. 과학에서의 이론과 경험적 사실

위에서 대략 살펴본 과학은 인간이 객관적인 세계를 '있는 그대로 반영하여' 일반화한 지식이라는 인상을 받게 한다. 이렇게 보는 경우 과학은 점점 더 발전한 것으로 여겨진다. 즉 인간은 점차 자기 자신을 포함한 세계를 객관적으로 올바르게 인식할 능력을 키워 왔으며, 이것은 여러 가지 과학상의 '발견'으로 나타났다는 것이다. 그리고 이러한 발견들이 종합되고 체계화되어 과학적 이론들이 점진적으로 발전된다. 말하자면 과학이 '미신'이나 그릇된 상식을 하나씩 극복하고 세계의 비밀을 벗겨 점차 완전한 진리로 접근해 간다는 식의 발상이다.

그런데 모든 사람이 이러한 과학관에 동의하는 것은 아니다. 위와 같은 과학의 이미지는 대체로 실증주의 과학관을 가지는 사람들의 견해라고 할 수 있다. 그러나 그 후 인간의 과학적 지식이나 과학 활동은 그처럼 단순한 것이 아니라는 것이 밝혀졌다. 무엇보다도 중요한 것은 과학 이론이 단지 외적 사실을 '있는 그대로' 반영하는 것이 아니며, 이론은 이론 내적인 논리를 가진다는 사실이다. 이러한 인식은 여러 갈래에서 발전되어 왔는데, 실증주의 전통 내에서도 이러한 인식이 확대됐다. 여기서는 포퍼와 쿤의 과학관을 통해 과학에서의 이론과 사실과의 관계를 좀 더 자세히 살펴보기로 한다.

1.2.1. 포퍼와 반증주의

과학적 지식이나 이론은 결국 외적으로 경험되는 사실을 있는 그대로 반영하는 것이고, 어떤 과학 이론이 타당한가는 경험적 사실과 일치하는지 아닌지에 따라 판단되어야 한다는 점을 가장 강력하게 주장한 것이 논리실증주의(logical positivism)이다. 이들은 과학은 검증할 수 있는 명제에 기초해야 한다고 말했다. 즉 외부 세계의 실재를 통해 직접적으로 검증할 수 있는 명제들만이 과학의 기초가 되어야 한다는 것이다.[7] 그러므로 검증할 수 있는가는 과학적인 것과 비과학적인 것을 나누는 가장 중요한 기준이 된다. 나아가 이들은 검증할 수 있는 명제만이 '의미 있는' 것이라고 보았다. 이들에 의하면 사람들이 하는 말에는 의미 있는 말과 의미 없는 말이 있다. 의미 있는 말이란 경험적으로 검증할 수 있는 말이며, 검증할 수 없는 것은 의미 없다.[8] 예를 들어 "한국 성인 남성의 평균 신장은 170cm이다"라는 말은 검증할 수 있다. 이와 달리 "한국인의 의식의 밑바닥에는 한(恨)이 자리 잡고 있다"는 식의 말은 의미 없는 말이다. 왜냐하면 도대체 '한'이 무엇인가가 분명하지 않고, 이것을 경험적으로 측정할 수도 없기 때문이다. 논리실증주의에서 보면 이런 식의 명제는 과학적인 것이 아닌 형이상학적인 것이 된다.

논리실증주의자들이 과학이 오로지 직접적으로 관찰 가능한 명제들로만 이루어져야 한다고 말한 것은 아니다. 그러나 관찰 명제—이를 protocol sentence라고 한다—는 과학에서 특권적인 지위를 가진다. 그리고 이런 관찰 명제들이 수학이나 논리학적 추론에 의해 서로 연결됨으로써 체계적인 지식이 된다. 한편, 직접적으로 관찰될 수 없는 명제라 하더라도 그것이 의미 있으려면 관찰 가능한 명제로 전환되거나 환원될 수

7 Hughes, J., *The Philosophy of Social Research* (Longman, London, 1980), pp. 36~37.

8 좀 더 정확히 말하자면 논리실증주의에서는 의미 있는 명제로 분석적 명제와 종합적 명제의 두 가지를 든다. 전자는 수학이나 논리학에서 볼 수 있는 명제로, 논리추론에 의해 그 명제의 참인가 여부를 판단할 수 있다. 후자의 참인가 여부를 결정하는 것은 경험적 관찰에 의한 검증이다. 이와는 달리 종교적이거나 도덕적이거나 미학적인 명제들은 의미가 없으며, 기껏해야 개인적인 기호(嗜好)를 나타내는 의미만을 가진다.

있어야 한다.

논리실증주의는 곧 여러 가지 비판과 수정에 직면하게 된다. 이 중에서 중요한 것으로 포퍼(Popper)의 비판 및 수정을 들 수 있다. 포퍼는 무엇보다도 사실에 대한 관찰에 의거하여 귀납적 논리에 의해 일반화된 명제에 이를 수 있다는 생각을 비판한다. 포퍼에 의하면 아무리 많은 흰 백조를 관찰했다고 하더라도 "모든 백조는 희다"라는 일반화에 이를 수 없다.[9] 이 얘기는 다음과 같이 설명할 수 있다. '모든 백조는 희다'라는 일반적 명제가 있다고 하자. 이러한 명제는 경험적 관찰을 통해 검증 가능한 것 같다. 왜냐하면, 백조들을 실제로 관찰해서 그것들이 모두 흰색이라는 것을 보면 이 명제는 검증되는 것이다. 그러나 과연 어떻게 이 세상의 '모든' 백조를 관찰하겠는가? 이것은 불가능하다. 세상에 있는 백조 십만 마리를 관찰하여 모두 희다는 것을 알았다고 하자. 그러나 십만 일번째 백조가 흰색이 아닐 수도 있다.[10] 즉 어떤 관찰 명제의 경험적 대상은 무한하므로 경험과의 대비를 통해 관찰 명제의 확실성을 입증한다는 것은 불가능하다는 것이다.

포퍼가 대신 제시한 기준은 반증(反證) 가능성이다.[11] 즉 과학성 또는 의미있음의 기준은 특정한 이론이 반증 가능한가 여부이다. '백조는 희다'는 명제는 검증될 수는 없지만 반증될 가능성은 있다. 즉 검은 또는 파란 백조가 나타난다면 '백조는 희다'라는 명제는 잘못된 명제로 반증되는 것이다. 그리고 반증 가능한 명제는 반증될 때까지 잠정적으로 옳은 것으로 받아들여진다. 그러나 그것이 검증된 것은 아니므로 완벽한 진리는 아니다. 포퍼에 의하면 바로 이것이 과학의 특성이다. 즉 과학은 완벽한 진리를 발견할 수 없으며, 반증 절차를 통해 점차 진보해 갈 뿐이다. 다시 갈릴레이의 낙하법칙을 예로 든다면, 이것은 실험이나 관찰을 통해 반증될 수 있는 것이므로 과학이다. 그리고 아직 반증되지 않았으므로 진리로 받아들여진다. 그러나 그것이 만고불변의 진리인가는 알 수 없다.

포퍼가 볼 때 과학적 지식은 확실히 검증된 관찰명제들이 차곡차곡 쌓여서 만들어지는 것이 아니며, 과학적 이론들이 단지 경험의 반영으로 구성되는 것도 아니다. 거기에는 경험과 독립적인 이론, 사유의 영역이 있다. 관찰이란 이론과 관계없이 이

9 Popper, K., *The Logic of Scientific Discovery*, 2nd edition (Harper and Row, N.Y., 1968), p. 27.

10 이때 '백조(swan)'는 흰 새를 뜻하는 것이 아니라 특정한 종의 새를 가리킨다.

11 같은 책, pp. 40~41.

루어지는 것이 아니며, 모든 관찰은 이론함축적이다.[12] 이런 포퍼의 시각은 논리실증주의의 편협한 과학관을 극복하는 데에 커다란 이바지를 했다. 그렇지만 포퍼는 경험이 과학적 지식 여부를 판단하는 기준이 되어야 한다는 입장은 견지했고,[13] 이를 통해 과학과 비과학을 구분하려고 했다는 점에서 실증주의 진영에 포함된다. 그는 마르크스의 이론이나 프로이트의 정신분석학 이론은 경험에 의해 반증 가능한 것이 아니므로 과학적 이론이라고 볼 수 없다고 말했다.

1.2.2. 쿤과 패러다임

과학적 이론이 단지 경험적 사실을 있는 그대로 반영하는 것이 아니라는 점을 더 잘 드러낸 사람은 쿤(Kuhn)이다.

쿤은 「과학혁명의 구조」라는 책에서 과학이 점진적으로 발전하는 것이 아니라 과학혁명을 통해 단절적으로 발전한다고 주장했다. 그는 과학이 대부분의 사람이 받아들이는 기본 틀을 가지고 있을 때 이를 정상과학(normal science)의 시기라고 불렀다. 그리고 정상과학의 시기에 과학자들이 받아들이는 인식의 기본 틀을 패러다임(paradigm)이라고 불렀다. 예를 들어 천동설에 기초한 프톨레마이오스의 우주관, 뉴턴의 이론체계, 아인슈타인의 상대성 이론 같은 것이 패러다임이다. 정상과학의 시기에는 특정한 패러다임이 받아들여지므로 과학자들은 기존의 패러다임을 더 명확히 정비하는 데에 힘을 기울인다.[14]

이런 연구 과정에서 기존 패러다임으로는 설명되지 않는 사실이 조금씩 발견된다. 그렇지만 대개의 과학자는 기존 패러다임을 의심하지 않고, 새로운 사실을 가능한 한 기존 패러다임으로 설명하고자 애쓴다.[15] 과학자들이 하나의 패러다임을 받아들이고 있는 상황에서는 그 패러다임과 일치하지 않는 경험적 사실들이 나타난다고 해서 그것을 버리는 것은 아니다. 실제로 패러다임이 세계를 완벽히 설명하는 일은 있을 수 없으며, 항상 예외나 변칙성이 있게 마련이다. 그러므로 과학자들이 이 변칙성을 기존

12 Giddens, A., *Studies in Social and Political Theory* (Hutchinson, London, 1977), pp. 58~60.

13 Popper, K., 앞의 책 p. 41.

14 Kuhn, T., *The Structure of Scientific Revolution*, 2nd edition (Univ. of Chicago Press, 1970); 조형 역, 「과학혁명의 구조」 (이화여대 출판부, 1980), pp. 42~55.

15 같은 책, pp. 94~95.

패러다임 내에서 해결해 보려고 하는 것은 자연스럽다.

기존 패러다임으로 설명되지 않는 사실들이 점점 많이 발견될 때 정상과학의 위기가 초래된다. 더욱 많은 사람들이 기존 패러다임에 대해 의문을 제기한다. 여기서 기존의 패러다임을 대체하려는 새로운 후보 패러다임이 등장하고, 이것이 새로운 패러다임으로 대치될 수 있다. 이것이 과학혁명이다. 쿤은 새로운 패러다임은 낡은 패러다임을 조금씩 고침으로써 등장하는 것이 아니라, 낡은 패러다임의 전면적인 재구성이라는 점을 강조한다. 예컨대 코페르니쿠스의 지동설은 천동설의 기본 전제를 무너뜨린다. 이런 면에서 과학혁명은 정치혁명과 유사하다. 패러다임의 변화는 과학자들이 세계를 보는 기본 시각 자체를 변화시킨다. 왜냐하면 패러다임은 과학자들에게 세계를 보는 일종의 지도 역할을 하며, 사람들은 패러다임을 통해 이론, 방법, 도구 등을 모두 배우기 때문이다. 그러므로 경쟁적 패러다임 간의 선택은 서로 다른 생활양식 간의 선택이라고도 할 수 있고, 과학혁명 이후 과학자들은 과거와 다른 세계를 대면한다고 말할 수 있다.[16]

이러한 쿤의 논의는 관찰은 매우 이론의존적인 활동이라는 지적으로 이어진다. 즉 과학자들은 '아무 선입견 없이' 객관적 사실을 탐구하는 것이 아니라, 특정한 패러다임 내에서 연구한다는 것이다. 관찰이나 측정도 순수한 경험에서 유도되는 것이 아니라 패러다임에 의해 결정된다. 서로 다른 패러다임을 가지는 과학자들은 서로 다른 실험에 몰두한다. 요컨대 과학자의 '경험'이라는 것은 외적 대상을 '있는 그대로' 반영하는 것이 아니다. 오히려 경험은 패러다임에 의해 결정되는 것이다.[17]

지금까지 본 바와 같이 과학은 단지 '있는 그대로의' 사실을 그대로 드러내주는 활동만은 아니다. 과학적 탐구는 이론과 현실 세계 간의 대화라는 성격이 강하다. 이때 과학자는 일정한 이론을 가지고 세계를 해석하는 활동을 한다. 그러므로 이론틀이 변화하면 같은 사실도 매우 다르게 해석되는 일이 흔하다. 물론 과학자들이 세계를 제멋대로 해석하는 것은 아니다. 적어도 자연과학에 관한 한 지금까지 과학적 지식은 계속 발전하여 세계를 점점 더 정확하게 해석해 왔다고 할 수 있다. 그러나 어떤 과학 연구에서든 이론세계관 등은 매우 중요한 역할을 한다. '객관성'이란 용어 대신 상호주관성이란 용어를 사용하는 것도 이 때문이다. 그리고 패러다임의 중요성은 자연과학에서보다 사회과학에서 더 크다.

16 같은 책, pp. 114~143.

17 같은 책, pp. 159~163.

1.2.3. 실증주의, 실재론, 협약주의

이론과 사실과의 관계가 단순하지 않다는 것이 드러나면서, 과학적 이론의 지위 또는 성격에 대한 논쟁이 치열하게 진행됐다. 이 중 중요한 것으로 실증주의, 협약 주의, 실재론 논쟁이 있다.

실증주의(positivism)는 위에서 본 바와 같이 과학은 경험될 수 있는 사실만을 탐구해야 한다고 보는 견해이다. 관찰할 수 없는 현상을 추구하는 것은 과학이 할 일이 아니다. 그것은 형이상학이나 신학의 몫이다. 극단적인 입장에서는 객관적으로 검증할 수 없는 이론이나 명제는 무의미한 것으로 규정하기도 한다. 그리고 이처럼 경험적 사실에 대한 과학은 바로 그 경험적 사실에 의해 어떤 이론이나 명제의 진위가 판명된다. 사회과학도 모든 이론이나 명제는 경험적으로 검증 또는 반증할 수 있어야 한다.

실재론(realism)은 과학적 이론이 외부 세계를 인과적으로 설명하려는 목적을 가진다고 보는 점에서, 그리고 이론을 구성하는 재료로 경험을 가장 중시한다는 점에서 실증주의와 같다. 그러나 실재론은 과학이 단지 현상적으로 경험되는 규칙성뿐 아니라 그 현상적 규칙성의 근저 또는 배후에 있는 구조를 밝혀야 한다고 본다. 나아가 그래야만 현상적으로 나타나는 규칙성을 인과적으로 설명할 수 있다고 말한다. 실재론 입장에 서는 사람들은 실증주의가 단지 겉으로 나타나는 규칙성만을 밝힐 수 있다는 점을 한계로 지적한다. 그래서 이 규칙성이 어떤 내적인 인과를 가지고 나타나는가를 탐구하지 못한다고 본다.[18]

사회과학에서는 구조주의나 프로이트 이론, 마르크스 이론 등을 실재론의 예로 들 수 있다. 프로이트나 구조주의 이론가들은 인간의 심리에 겉으로 나타나는 현상과는 구분되는 어떤 심층구조가 있다고 주장했다. 프로이드가 제시하는 이드, 에고, 슈퍼에고로 구성되는 인간의 심리구조도 그 한 예이다. 프로이드는 인간 심리에 이드, 에고, 슈퍼에고가 있다는 것을 경험적으로 입증할 수는 없었다. 그러나 그는 임상실험에서 발견하는 경험적 사실들을 통해 그러한 현상의 배후에 있는 구조를 탐구하고자 했다. 그리고 여러 가지 신경질환을 이러한 기저 구조의 작용을 통해 인과적으로 설명했다. 이처럼 실재론의 입장에 서는 사람들은 겉으로 나타나지는 않지만, 현상의 밑바닥 또는 배후에 있는 어떤 구조를 인정한다. 즉 '존재론적 깊이(ontological depth)'를 인정하는

18 Keat, R. and Urry, J., *Social Theory as Science*, 2nd edition (R.K.P., London, 1981), 이기홍 역, 「과학으로서의 사회이론」(한울, 1993), pp. 49~51.

것이다.

실재론은 그 나름대로 중요한 약점을 가지는데 그것은 과연 현상의 배후에 기저 구조가 있다는 것을 어떻게 보여 주는가 하는 점이다. 즉 과학의 기본 요건이 증거를 보이는 것인데, 현상의 배후에 있는 구조란 설령 그것이 존재한다 해도 관찰되지 않는 것이므로 보여 줄 수 없다. 그러므로 실증주의자들로부터는 형이상학적이라는 비판을 받는다.

협약주의(conventionalism)는 이론이란 경험적 사실에 더하여 만들어진다고 보지 않는다. 오히려 이론이란 과학자들 내의 합의에 따라 만들어진다고 본다. 그러므로 이론의 진위나 우월성 여부는 경험적 사실에 의해 판단되지 않는다. 경험적 사실이라는 것이 이론에 의해 규정되기 때문이다. 여러 이론 중 어느 하나가 선택되는 데에는 도덕적, 미적, 혹은 도구적 가치가 오히려 결정적인 역할을 한다. 협약주의의 주장에는 다음과 같은 세 가지 요소가 있다고 요약될 수 있다.[19] 첫째, 많은 과학적 진술은 어떤 외부적이고 독립적인 '실재'에 대한 진위의 서술이 아니라, 과학자의 창조물이라고 생각한다. 과학자의 세계라는 것이 어떤 의미에서는 이론에 의해 창조 또는 구성된다. 둘째, 어떤 과학적 이론을 채택 또는 기각하는 기준은 과학자의 이해관심이나 미학적 또는 도덕적 가치이며, 따라서 어느 정도 '주관적'이라는 것이다. 그러므로 과학을 평가하는 보편타당한 기준이란 있을 수 없다. 셋째, 경험에 의해 이론의 진위를 평가할 수 없다는 것. 그러므로 경험적 사실을 기초로 이론들 사이에서 선택할 수 없다. 이런 세 가지 요소들은 바로 실증주의의 기본 가정과 상반되는 것이다.

협약주의의 가장 큰 약점은 상대주의에 빠진다는 것이다. 모든 과학의 이론이 결국 과학자 간의 협약이라면 어떤 보편타당한 이론도 있을 수 있다. 그리고 다양한 이론들 가운데 진리가 무엇인지 알 수 없다. 그동안 과학이 세계를 좀 더 잘 설명하는 방향으로 '진보'해 왔다는 생각도 부정된다. 쿤의 입장이 협약주의에 상당히 가깝다고 할 수 있다. 그러나 쿤 자신은 스스로 상대주의에 빠지지 않으려 노력했으며, 과학의 진보라는 것을 인정했다.

19 같은 책, pp. 89~95.

제 2 장

자연과학과 사회과학

2.1. 자연과학과 사회과학

앞에서 말한 '과학'의 특성들은 과학에 대한 표준적인 모델의 특성들이라고 할 수 있다. 이런 특성들은 주로 자연과학에 적용된다. 그러면 사회과학은 어떠한가? 사회과학도 과학이기 때문에 이러한 특징들이 그대로 적용되거나 되어야 한다고 보는 사람들이 많다. 반면 사회과학과 자연과학의 특징은 다르다는 주장도 만만치 않게 제기되어 있다.

많은 사회과학자들이 표준 과학의 모델을 사회과학에도 도입해야 한다고 주장한 이유는 그것이 바람직한 과학의 상으로 비쳐졌기 때문이다. 여기엔 자연과학의 놀라운 발전이라는 배경이 있다. 근대 이후 자연과학은 비약적인 발전을 하였고, 그러한 과학의 발전이 실제 인간생활의 개선으로 이어져 인간의 삶이 매우 풍요롭게 되었다. 인간은 자연과학의 발전을 통해 기아에서 거의 해방되고 수많은 질병을 극복했으며, 요즈음 우리의 생활에 없어서는 안 되는 자동차, 텔레비전, 컴퓨터 등이 모두 최근 자연과학 발전의 산물이다. 그러므로 사회에 대해서도 자연과학과 같은 과학이 발전하여, 사회의 여러 가지 갈등을 비롯한 사회문제들이 잘 해결되기를 바라는 것은 당연한 생각이라고 할 수 있다.

또한 자연과학적 지식과 이론은 그 자체로서 여러 가지 장점을 가지고 있다. 먼저 자연과학의 이론들은 간결하며 그 주장이 비교적 명확하다. 낙하하는 거리는 낙하한 시간의 제곱에 반비례한다거나, 아인슈타인의 $E=mc^2$ 같은 것이 좋은 예라고 할 수 있다. 또한 자연과학의 법칙이나 이론은 그 옳고 그름이 비교적 분명하게 검증 또는 반증된다는 특징도 가진다. 경쟁적인 여러 이론이나 가설들이 있다가도 그중 어느 것이 타당한가가 명백히 밝혀진 예가 많다. 설령 한 이론의 타당성이 완전히 검증 또는 반증되는 것이 아니라고 해도, 최소한 어느 이론이 세계를 설명하는 데에 더 유용한가는 드러난다. 이에 따라 한 이론이 지배적 패러다임이 되는 일이 많다.

사회과학에서는 사정이 다르다. 사회과학의 이론에는 여러 가지 복잡한 조건과 맥락에 대한 설명이 붙어 있는 경우가 대부분이고, 그 적용범위도 좁은 경우가 많다. 이론의 검증이나 반증도 쉽지 않아 서로 대립되는 이론이 경쟁적으로 존재한다. 경쟁적인 이론들이 모두 부분적으로 타당하고 부분적으로 타당하지 않은 것이 일반적이다. 또한 이론에 가치가 개입되어 있어서 서로 논쟁을 하는 두 사람이 "그래, 결국 당신과 나의 이론의 차이는 철학적 가치관의 차이 때문이야"라는 결론을 내리게 되는 경우가 자주 있다. 그러므로 사회과학은 명쾌한 과학의 이미지와는 거리가 멀다.

이런 배경에서 많은 사회과학자들은 사회과학에도 자연과학의 방법을 도입해야 한다는 주장을 하게 되었다. 이들은 사회과학과 자연과학의 논리가 구분되는 것이 아니고 하나의 '과학'의 논리가 있을 뿐이라고 말한다. 즉 사회과학과 자연과학은 연구대상을 달리 할 뿐, 방법은 같다는 것이다.

사회과학과 자연과학의 방법론적 통일을 주장하는 사람들은 실제로 사회과학에 자연과학의 방법을 도입하려는 시도를 많이 했으며, 이것은 사회과학이 과학으로서의 성격을 가지게 하는 데에 상당한 기여를 했다. 또 현대 사회과학 중에는 자연과학과 유사한 방법론을 폭넓게 받아들인 분과학문도 있다. 그 예로 경제학을 들 수 있다. 경제학은 비교적 엄밀한 수학적 방법을 동원하면서 경험적 일반화를 추구하고, 나아가 '법칙'들을 발견하고자 한다. 경제학에는 한계효용체감의 법칙이나 수요와 공급의 법칙처럼 일반적 원리라고 할 수 있는 것들이 많이 있으며, 이를 기초로 경제현상에 대한 계량적인 진단과 예측을 한다. 특히 주류이론이라고 할 수 있는 신고전파 이론에서 중요한 원리를 나타내는 개념으로 사용되고 있는 균형, 한계, 탄력성 등은 물리학과 수학에서 채용한 개념이다. 이러한 개념을 사용함으로써 자연과학의 정밀한 분석방법을 경제현상

에 대한 분석에도 도입할 수 있었다.[1]

그럼에도 불구하고 사회과학에는 과학의 표준적인 모델이 적용되기 어렵다는 주장도 강하게 제시되고 있다. 그것은 무엇보다도 자연과학적인 방법으로 사회현상을 설명하는 데에 여러 가지 한계가 노정되었기 때문이다. 이 문제는 상당히 오랜 논쟁의 역사를 가지고 있으므로, 그것을 살펴보기로 한다.

2.2. 사회과학 특수성 논쟁의 역사

2.2.1. 실증주의와 신칸트학파

(1) 콩트의 실증주의

사회과학이 자연과학의 방법을 적극 도입해야 한다는 것을 가장 먼저 분명하게 주장한 사람은 실증주의의 창시자이자 사회학의 창시자로 평가되는 콩트(Comte)이다. 콩트는 사회과학을 철학과 구분되는 하나의 독자적인 학문으로 정립하기 위해 노력했고, 이렇게 되기 위해서는 사회과학이 실증적인 학문이 되어야 한다고 주장했다.

먼저 콩트는 이제 실증적 정신이 지배하는 시대가 되었다고 주장했다. 콩트에 의하면 인간정신은 세 단계를 거쳐 발전해 왔다. 첫째는 신학적 단계로, 이때 인간은 어떤 초자연적 실체에 의해 현상을 설명한다. 둘째는 형이상학적 단계로, 이 시기에 인간은 추상적 원리에 의해 현상을 설명한다. 셋째는 단계가 실증적 단계인데, 이제 인간은 현상을 관찰하여 그 현상들 사이에 존재하는 규칙을 찾아내려 한다. 인간은 현상의 이면에 있는 어떤 최종적 원리를 찾으려 하지 않고, 사실에서 발견되는 법칙을 찾아내는 데에만 관심을 쏟는다.[2]

콩트에 의하면 실증적 시대가 되면 모든 학문이 실증적 학문으로 된다. 사

1 조순·정운찬, 「경제학원론 (제4전정판)」(법문사, 1990), p. 14.

2 Aron, R., *Main Currents in Sociological Thought*, 이종수 역, 「사회사상의 흐름」(홍성사, 1980), pp. 74~75.

회(과)학도 실증적인 과학이 되어야 하는데, 그러려면 사회에 대한 연구에 자연과학과 같은 방법이 도입되어야 한다. 그는 심지어 사회학을 '사회물리학'이라고 불렀다. 즉 사회(과)학이란 결국 자연과학을 사회에 대한 연구에 연장하는 것인 셈이다. 그가 사회과학의 방법이 자연과학의 그것과 완전히 같다고 본 것은 아니다. 그는 사회과학은 관찰, 실험, 비교 등 자연과학에서 사용되는 방법 외에 역사적 방법도 원용한다고 말했다. 그러나 기본적으로 그는 사회과학이 자연과학의 방법에 의해 사회를 연구하는 과학이라고 주장했다.

(2) 신칸트학파의 인문과학관

콩트에 의해 주창된 실증주의는 여러 사람에 의해 계승되지만, 이에 대한 비판도 만만치 않게 제기되었다. 그 대표적인 것은 독일의 신칸트학파에 의해 제기된 비판이다. 이들의 주장을 한마디로 요약하면 자연과학과 인문과학 사이에는 근본적인 차이가 있다는 것이다.[3] 이들은 자연과학에 적용되는 과학의 논리와 방법론이 인문과학에는 그대로 적용될 수 없다고 보았다. 인문과학에는 인문과학에 독특한 방법이 적용되어야 하는 것이다. 그러므로 이들에 의하면 하나의 과학이 있는 것이 아니라 서로 다른 두 개의 과학이 있는 셈이다.

신칸트학파는 자연과학과 인문과학이 구분된다고 보는 점에서는 모두 같았지만, 이 두 과학이 '어떻게' 다른가에 대해서는 내부적으로 의견의 차이가 있었다. 문제는 자연과학과 인문과학의 차이가 그 연구대상의 차이인가 아니면 연구방법의 차이인가 하는 점이었다.

자연과학과 인문과학의 차이를 연구대상에서 찾고자 했던 사람으로는 초기의 딜타이(Dilthey)가 있다. 딜타이는 자연과학과 정신과학(spiritual science)을 구분하면서, 정신과학의 연구대상은 자연적인 현상과는 달리 인간이 느끼는 생활의 경험이나 삶의 의미라고 보았다. 그러면 사람들이 각각 주관적으로 느끼는 삶의 의미를 어떻게 과학적으로 탐구할 수 있는가? 딜타이는 인간은 모두 삶의 경험을 공유하므로, 겉으로 나타나는 행위를 보고 내적인 정신상태를 추론할 수 있다고 했다. 그리고 정신과학이 인간의 내적인 의미를 탐구하는 방법은 실험이나 관찰이 아니라 '이해(理解)'이다.

3 Benton, T., *Philosophical Foundations of the Three Sociologies* (RKP, London, 1977), pp. 104~111.

빈델반트(Windelband)와 리케르트(Rickert) 역시 신칸트학파로서 실증주의에 반대했으나, 딜타이와는 달리 자연과학과 인문과학의 주제 자체에 차이가 있다고 보지 않았다. 그들은 두 과학의 차이는 대상에 대한 접근 방법의 차이라고 보았다. 빈델반트는 방법론에 의해 자연과학과 인문과학이 나뉠 수 있다고 보았는데 이때 과학은 자연과학과 역사과학으로 나뉜다. 자연과학은 현상에 대한 일반화를 추구하고 일반법칙을 찾으려 하는 법칙정립적(法則定立的)인 성격을 가지는 데 비해, 역사과학은 개개의 특수한 현상을 기술하는 개성기술적(個性記述的)인 성격을 가진다. 그런데 역사과학이 과거에 일어난 일을 남김없이 연구대상으로 삼는 것은 아니다. 역사과학은 진, 선, 미, 성 등 인간이 추구하는 가치의 관점에서 의의가 있는 일회적이고 개성적인 사실들을 선택한 후, 그것의 맥락을 재현하고 재구성하는 것을 추구한다. 리케르트 역시 자연과학의 기본 방법은 일반화하는 방법이고 문화과학은 개별화하는 방법을 사용한다고 하여 양자를 구별했다.[4]

(3) 막스 베버의 사회과학관

막스 베버는 신칸트학파의 딜타이와 리케르트의 입장을 나름대로 종합하면서 사회과학에 대한 독자적인 입장을 개진하였다. 베버의 사회과학관에는 여러 가지 미흡한 면도 있으나, 그 기본적인 입장은 후세에까지 많은 사람들에 의해 받아들여지고 있다. 베버의 주장을 요약한다면, 한편으로 실증주의자들과 달리 문화나 사회현상은 자연현상과 구분되므로 독자적인 방법에 의해 연구되어야 한다고 본 반면, 다른 한편 신칸트주의자들과 달리 사회과학도 일반화를 추구해야 한다고 보았다.

먼저 베버는 실증주의자들과는 달리 사회과학은 행위의 '의미'를 파악해야 한다고 말했다. 왜냐하면 사회과학은 정신적이거나 이념적인 현상을 다루는데, 이것은 자연과학이 다루는 자연현상과는 구별되는 것이기 때문이다. 이 정신적인 현상에 대해서는 '이해'가 필요하며 이것은 자연과학의 방법으로는 가능하지 않다.[5] 그러면서 그는 문화과학이 일반화가 아닌 개별화를 추구해야 한다는 빈델반트 등의 주장과는 달리 일반화와 인과적 이해를 중시했다. 이것은 그가 "사회학은 사회적 행위를 해석적으로 이해

---

4 Benton, T., 앞의 책, p. 108.

5 Weber, M., *Gesammelte Aufsätze zur Wissenschaftlehre* (제5판)(1982), 이상률 역, "사회과학적 및 사회정책적 인식의 객관성," 임영일 외 편역, 「막스 베버 선집」(까치, 1991), pp. 59~60.

하고, 그 행위의 경과와 결과를 인과적으로 설명하고자 하는 하나의 과학이다"라고 말한 데에서도 잘 나타난다.[6]

베버가 문화과학이나 사회과학이 일반화를 추구할 수 있다고 본 것은 '이해'가 객관적으로 이루어질 수 있다고 본 그의 견해와 관련이 있다. 인간 행위의 의미는 주관적이다. 따라서 어떤 사람이 주관적으로 어떠한 생각을 하고 어떠한 동기를 가지는가는 정확히는 그 자신밖에 알 수 없다. 그러나 타인의 행위를 보고 그의 동기나 의미를 전혀 이해할 수 없는 것은 아니다. 먼저 우리는 감정이입을 통해 타인의 의미를 이해해 볼 수 있다. 즉 타인의 경험을 다시 재구성하면서 그의 입장이 되어 보는 것이다. 또 우리는 합리적인 판단에 기초해서도 다른 사람의 동기를 이해할 수 있다. 예를 들어 어떤 사람이 애인으로부터 절교 선언을 받은 후 운다면 그가 우는 행위의 이유나 의미를 이해할 수 있다. 물론 그가 우는 것은 애인과 절교하여 슬퍼서 우는 것이 아니라 그 순간 눈에 티끌이 들어가서일 수도 있다. 그러나 우리는 그간의 일상생활의 많은 경험을 통해 절교통지와 우는 행위 사이에 인과적인 관련이 있을 것이라는 추론을 할 수 있고, 이러한 추론은 합리적이다.

그런데 베버는 이해나 설명이 적절하고 객관적이기 위해서는 동기적인 설명이 경험적으로 시험되어야 한다고 말한다. 왜냐하면 행위와 동기의 관계는 복잡하기 때문이다. 어떤 사람의 행위는 자신도 잘 의식하지 못하는 심층적 동기의 발로이고 그가 의식하는 동기란 그것의 합리화에 불과할 수도 있다. 또한 한 행위의 동기는 여러 가지가 복합된 것일 수도 있다. 나아가 행위자의 동기를 사회과학자가 잘못 이해했을 수도 있다. 그러나 베버는 이러한 시험을 완전하게 하기는 불가능하다고 말한다. 사회과학자가 많이 사용하는 방법은 비교방법과 상상 속의 실험이다.

이상과 같은 베버의 방법은 「프로테스탄트 윤리와 자본주의 정신」이라는 저작에서 그대로 적용되고 있다고 말할 수 있다.[7] 그는 이 책에서 캘빈교 윤리와 근대 자본주의 정신과의 관계를 설명하였다. 사실 캘빈교의 예정설과 세속에서의 금욕적 노동과의 관련이 합리적인 것은 아니다. 그러나 베버는 당시 프로테스탄트들이 가졌던 의미의 맥락을 재구성함으로써, 즉 이들이 예정설의 결과 느끼는 고립감을 어떻게 현세에서

6 Giddens, A., *Capitalism and Modern Social Theory*, *Cambridge*(1971), 임영일·박노영 역, 「자본주의와 현대사회이론」(한길사, 1981), p. 224.

7 Keat, R. and Urry, J., *Social Theory as Science*, 2nd edition (R.K.P., London, 1981), 이기홍 역, 「과학으로서의 사회이론」(한울, 1993), pp. 213~215.

의 합리적이고 금욕적 노동을 통해 해결하고자 했는가를 재구성함으로써 이들의 행위를 '이해'했다. 그리고 이것은 서구에서 어떻게 근대자본주의 정신이 등장할 수 있었는가에 대한 하나의 인과적인 설명이 된다. 다음으로 그가 해야 할 작업은 자본주의 정신의 등장에 대한 그의 인과적 설명이 타당하다는 것을 보이는 것이다. 이 작업이 「프로테스탄트 윤리와 자본주의 정신」에서 행해지지는 않았다. 그렇지만 그는 그 후의 연구에서 서양의 윤리를 동양의 그것과 비교하고 이를 통해 왜 동양에서는 자본주의 정신이 등장하지 않았는가를 설명함으로써 자신의 설명이 인과적으로 타당함을 보이려 하였다.

2.2.2. 실증주의의 지배와 해석학의 도전

(1) 신실증주의의 발전

막스 베버는 신칸트학파와는 입장을 달리 했지만, 실증주의에 대해서는 분명한 반대 입장에 섰다고 할 수 있다. 그런데 20세기에 들어서면서 미국을 중심으로 많은 사회과학자들이 사회 연구에 자연과학의 방법을 엄격히 도입해야 한다는 주장을 다시 강력하게 하고 나섰다. 이런 움직임은 '신실증주의'라고 한다.

사회과학에서의 신실증주의는 철학에서의 논리실증주의의 발전과 관련이 있다. 논리실증주의자들이 과학을 엄격한 경험과학으로 만들고자 했다는 것은 앞서 말한 바와 같다. 이들은 사회과학도 자연과학과 같은 논리와 방법에 의해 이루어져야 한다고 주장했는데, 그 대표적인 사람으로 헴펠(C. Hempel)을 들 수 있다. 헴펠은 과학적 설명의 기본 형태로 법칙연역적(Deductive nomological) 설명 형태를 제시했다. 이것은 간단히 말하자면 어떤 현상을 일반법칙에 의해 설명하는 것이다. 즉 ①어떤 일반법칙과 ②그 법칙이 적용되는 조건으로부터 ③주어진 현상이 설명되는 것이다.[8] 다음과 같은 설명이 그 예이다. ①물은 계속 가열하여 100도를 넘으면 끓는다. ②이 방에서는 물을 넣은 빨간 주전자가 가스렌지에서 가열되고 있다. ③그러므로 이 빨간 주전자 속의 물은 끓을 것이다.

헴펠은 이러한 설명형태가 사회과학 및 역사학까지 포함하는 모든 경험과학에 적용된다고 보았다. 다만 사회과학이나 역사학에서는 아직 잘 적용되지 않는다. 그

8 Hempel, C., *Philosophy of Natural Science, Prentice-Hall* (1966), 곽강제 역, 「자연과학철학」(양영각, 1981), pp. 103~111.

이유는 사회과학이나 역사학에서는 아직 법칙에 의해 현상을 설명할 수 있을 정도로 많은 사실이 알려져 있지 않기 때문이다. 그러나 사회과학도 점차 발전하면 법칙 연역적 형태의 설명이 보다 명확하게 이루어질 수 있을 것이다.

헴펠은 베버 등이 제시한 '이해'의 문제에 대해서도 언급한다. 그는 이해의 방법이 필요하다고 보기는 했지만 이것은 가설을 제시하는 정도의 역할을 할 뿐이다. 이것은 사회과학에서 반드시 필요한 절차도 아니며, 이렇게 제시된 가설은 관찰 가능한 자료를 통해 경험적으로 검증되어야 한다.[9]

논리실증주의 철학자는 아니지만 헴펠과 유사한 입장에 서는 아벨(Abel)은 '이해'라는 절차가 과학적 연구에서 어떤 역할을 하는가 하는 문제를 다루는 논문에서, 과학적 방법으로서의 '이해'의 한계를 지적한다. 그는 '이해'란 개인의 경험을 근거로 얻어지는 지식이라고 말한다. 왜냐하면 결국 '이해'란 타인의 행위를 보고 자신의 경험에 비추어 그 사람의 동기나 목적을 추론하는 것이기 때문이다. 그렇기 때문에 '이해'는 연구자의 개인적 경험 및 자신의 경험을 일반화하는 능력에 따라 달라진다. 그리고 타인의 감정적 경험을 그대로 알 수는 없는 것이므로, 이해는 단지 연구자가 자신의 의견을 피력하는 정도에 머문다.

과학적 방법으로서의 '이해'의 두 번째 한계는 그것이 검증절차가 아니라는 것이다. 우리가 '이해'를 통해 추론하는 동기나 목적은 있을 수 있는 동기나 목적의 하나일 뿐이다. 실제로 그것이 그러한가 여부는 객관적으로 관찰하는 방법, 즉 실험이나 비교나 통계적 연구 등에 의해 입증되어야 한다. 그러므로 '이해'는 과학적인 분석방법이 될 수 없다. 물론 '이해'가 연구과정에서 전혀 긍정적인 역할을 하지 않는 것은 아니다. 이해는 연구대상을 예비적으로 탐색하는 데에 도움이 된다. 이를 통해 연구자는 가설을 세울 수 있다. 그러나 이것은 객관적인 검증절차에 의해 확인되어야 하는 것이다.[10]

헴펠과 같은 주장을 하는 사람들은 막스 베버도 후기로 가면 자신들과 유사한 입장이 되었다고 말한다. 즉 베버도 '이해'보다는 인과적 설명을 강조했고, 나아가 인과 귀속의 타당성을 확인하기 위한 시험이나 검증을 강조했다는 것이다.[11]

사회과학계에서는 제2차 세계대전 이후 신실증주의가 강한 영향력을 행

9 Giddens, 앞의 책(1977), pp. 50~51.

10 Abel, T., The Operation Called Verstehen, Dallymar, F. and McCarthy, T. ed., *Understanding and Social Inquiry* (Univ. of Notre Dame Press, Notre Dame, 1977), pp. 88~91.

11 Dallymar, F. and McCarthy, T., 앞의 책, p. 21.

사했다. 특히 미국을 중심으로 실증주의 방법론이 강세를 보였는데, 그 대표적인 이론가인 런드버그(Lundberg)는 관찰 가능한 외적현상만을 연구의 대상으로 삼고자 했다. 런드버그는 행동주의(behaviorism)와 양화주의(quantitavism) 그리고 조작주의(operationalism)를 슬로건으로 내세웠다. 행동주의란 겉으로 드러난 인간의 행동만이 객관적으로 관찰될 수 있으므로, 사회과학은 인간의 내면적인 정신이 아닌 외적 행동을 연구의 대상으로 삼아야 한다는 주장이다. 양화주의란 사회과학이 연구 대상을 수량화하고 이를 통해 연구 대상을 엄밀히 측정해야 한다는 것이다. 그리고 조작주의란 추상적인 개념을 그대로 쓸 것이 아니라 측정 가능한 지표로 나타내야 한다는 것이다. 그는 이런 방법을 통해 비로소 사회학 및 사회과학이 사회현상을 객관적이고 정확히 설명하고 예측할 수 있는 과학이 될 것이라고 보았다.[12]

정치학에서도 제2차 세계대전 이후 행태주의(behavioralism)가 유행하였다. 먼저 이들은 정치학의 연구 대상은 외적으로 나타나는 행동이 되어야 한다고 말했다. 즉 인간의 내면적인 태도나 가치는 행동을 통해 나타나므로 그것을 연구하는 것이 객관적이 될 수 있다는 것이다. 그리고 행태주의자들은 일반화된 이론을 세우고 여기서 가설을 끌어내고 이를 경험적으로 검증하는 것을 가장 중요한 방법론으로 제시했다. 이런 방법을 사용하므로 당연히 계량적인 방법이 중요하게 사용되었다.

(2) 해석학적 전통의 도전

신실증주의는 사회과학이 엄밀한 과학으로서 발전하는 데에 중요한 기여를 하였다. 그러나 신실증주의는 사회현상을 이해하는 데에 여러 가지 한계도 드러내었다. 이에 따라 딜타이 이래의 해석학적 전통을 새롭게 발전시키려는 입장이 다시 발전하게 되었다.

해석학적 전통에 서는 사람들은 모두 사회현상에 대한 해석학적 이해가 사회과학의 기본적인 논리가 되어야 한다고 주장한다. 사실 신칸트학파나 베버가 자연과학과 구분되는 사회과학의 독자적인 방법으로 이해 등을 제시했음에도 불구하고 신실증주의가 강세를 보인 한 가지 이유는, 베버 등의 이해의 개념이 협소한 것이었기 때문이다. 베버는 이해를 주로 행위자의 동기나 감정의 재구성이라는 관점에서 설명했다.

12 Timasheff, N., *Sociologocal Theory: It's Nature and Growth*, 4th edition (N.Y.: Random House, 1976), pp. 195~217.

이 때문에 실증주의자들로부터 이해는 단지 연구 가설을 만드는 단계에서나 유용하다는 비판을 받았던 것이다. 이에 비해 해석학의 전통을 새로이 부활시키려는 사람들은 해석적 이해가 단지 과학자가 제3자의 행위의 내적 의미를 파악하는 방법론적 절차가 아니라, 바로 사회적 행위의 기반이라는 점을 주장한다. 해석학적 이해를 강조하는 주요 입장에는 현상학과 일상언어학파가 있다.

현상학은 후설(Husserl)에 의해 시작된 철학 유파이다. 후설은 절대적으로 확실한 인식을 하기 위해 판단중지(epoché)를 제안한다. 후설에 의하면 대상에 대한 우리들의 인식은 우리의 생활세계에 의해 매개된다. 사람들은 누구나 그들의 의식에 스며 있는 하나의 당연시되는 세계의 안에서 움직이는 것이다. 그러므로 대상을 제대로 인식하려면 사람은 자기들의 생활세계 또는 자연적 태도를 유보하여 판단중지를 하고, 순수정신으로 돌아가야 한다. 그런데 이러한 후설의 입장은 과학 연구의 기반으로써는 난관에 부닥치게 되었는데, 그것은 과연 판단중지를 한 초월적 자아가 세계를 인식하는 데에 어떻게 객관성 또는 상호주관성을 확보할 수 있는가 하는 문제이다.

후설의 현상학적 전통을 이어받아 '생활세계'의 개념을 크게 발전시킨 것이 슈츠(Schutz)이다. 슈츠는 사람들이 스스로 당연시하는 자연적 태도를 가지고 있다는 후설의 논의를 받아들였다. 그런데 그는 후설이 자연적 태도를 넘어서서 순수정신에 이를 것을 주장한 것과는 달리, 바로 사람들의 자연적 태도, 즉 생활세계 그 자체를 경험적으로 분석할 것을 제안하였다.[13]

슈츠는 사회과학이 해명하고자 하는 사회는 자연현상과는 달리 상호주관적이고, 의미로 구성되는 것이라고 말한다. 사회에서 사람들이 서로 상호작용하는 것은 서로 의미를 공유하기 때문이다. 예를 들어 내가 가위를 볼 때 그것은 단지 쇠붙이가 아니라 가위라는 특정한 도구로서의 의미를 가진다. 그리고 내가 친구를 볼 때 그는 단지 생물 유기체가 아니라 친구라는 의미를 가진다. 이런 의미는 나만이 가지는 것이 아니라 다른 사람도 공유하는 것이다. 그리고 우리는 일상생활에서 사람들의 행위와 사람들의 생산물의 의미를 안다는 것을 당연시하고 행동한다. 우리는 누구나 머리를 숙이는 것은 인사의 의미를 가지는 것이라고 생각하고, 콜라병을 보고 콜라병이라고 생각하기 때문에 서로서로 문제없이 상호작용을 한다. 그런데 아프리카의 부시맨이 콜라병을 망원경이

13 Turner, J., *The Structure of Sociological Theory*, revised edition (The Dorsey Press, 1978); 김진균 외 역, 「사회학 이론의 구조(개정판)」(한길사, 1989), p. 440.

라고 생각하고 머리를 숙이는 것이 욕의 의미를 가지는 것이라고 생각한다면 큰 소동이 일어날 것이다. 이처럼 서로서로 행위의 의미를 공동으로 이해하는 것은 사회생활의 기초가 된다. 슈츠에 의하면 '이해'란 바로 일상인들의 행위의 기반이다.[14]

슈츠는 사람들이 외부 세계에 대해 가지는 관념이나 정보 등의 총체를 '재고적 지식(stock knowledge)'이라고 불렀다. 이 재고적 지식이 사람들이 세계를 해석하고 행위를 하는 준거틀이 된다. 사람들이 사회에 무엇무엇이 실재한다고 생각하게 되는 것도 재고적 지식을 통해서이다. 그런데 사람들은 그들이 가지는 재고적 지식을 의식적으로 따져 보는 것이 아니라 당연시하며, 이를 기반으로 상호작용을 한다.

슈츠에게는 사회적 실재라는 것이 행위자의 '이해'와 '의미'로 구성되므로 당연히 자연과학적인 방법만으로는 사회를 파악할 수 없다. 사회과학이 사회적 실재를 이해하려면 자연과학과는 다른 방법을 사용해야 하며, 이것이 바로 지금까지 경제학, 사회학, 법학, 문화인류학 등의 사회과학이 해 온 것이다. 자연과학자들이 연구하는 자연적 실재와는 달리 사회적 실재란 사람들에 의해 선택되고 해석된 것이다. 따라서 사회과학자는 일상인들이 가지는 의미와 해석적 이해를 그 자체로서 파악해야 한다. 물론 과학자가 하는 일이 일상인의 의미를 있는 그대로 드러내는 것만은 아니다. 과학자는 행위자의 견해와 의미를 기초로—이를 슈츠는 1차적 구성(first level construct)이라고 부른다—2차적 구성(second level construct)을 만드는 역할을 한다. 이것은 과학적인 절차에 의해 이루어지며, 이를 통해 행위자의 행위를 인과적으로 이해하고자 한다.[15]

슈츠와 다른 맥락에서 인간 행위에 대한 해석적인 이해를 주장한 사람으로는 윈치(Winch)를 들 수 있다. 그는 후기 비트겐슈타인(Wittgenstein)이 일상언어를 통해 삶의 형태를 분석하고자 한 것을 발전시켜 독특한 사회과학 연구방법을 제시하였다.

윈치에 의하면 사회과학자가 연구하는 대상은 자연현상과는 달리 '의미 있는' 것이다. 이때 의미 있는 것이라는 것은 인간 행위가 특정한 규칙(rule)에 의해 지배된다는 것을 뜻한다. 예를 들어 어떤 사람이 투표를 한다고 하자. 그의 행위는 그 자체만으로 보면 종이쪽지 위에 표시를 하고 이것을 네모난 상자 속에 집어넣는 행위이다. 그런데 우리가 그의 행위를 그렇게 말하지 않고 '투표를 한다'라고 말할 수 있는 것은, 다시 말해 그의 행위가 투표를 한다는 '의미'를 가질 수 있는 것은 그가 투표와 관련된

14 Schutz, A., Concept and Theory Formation in the Social Sciences, Dallymar, F. and McCarthy, T. ed. (1977), 앞의 책, pp. 231~232.

15 Schutz, A., 앞의 책, pp. 232~235.

규칙을 따르고 있기 때문이다.[16]

윈치에 의하면 바로 이 점이 자연과학과 사회과학이 구분되는 부분이다. 그는 사람들의 행위를 이해하려면 바로 이 규칙을 이해하지 않으면 안 된다고 말한다. 자연과학자는 과학자들의 규칙에 따라 대상을 연구하면 되지만, 사회과학자들은 연구 대상인 행위자들이 따르는 규칙을 이해해야 한다. 예를 들어 기독교인이 교회에 나가 헌금을 하는 것과 불교를 믿는 사람이 절에 있는 불상 앞에 돈이나 쌀을 내놓은 것은 같은 의미를 가지는 것인가? 이것을 알려면 단지 사회과학자의 기준으로 보아서는 안 되며, 그 행위자가 어떤 종교적 논리 또는 규칙에 의해 행동하는가를 알아야 한다.

그렇다고 사회과학자들이 일상인들이 쓰는 개념만을 사용해야 한다는 것은 아니다. 과학자들은 그들 나름의 학술적인 개념을 사용할 수 있다. 그러나 이 개념은 행위자의 개념과 논리적으로 연결되어 있어야 한다. 이것은 사회과학 중 자연과학의 방법이 상당히 도입된 경제학도 마찬가지이다. 경제학의 중요한 개념으로 유동성 선호설이 있다. 실제 경제행위를 하는 사업가나 상인은 사실 이런 개념을 사용하지 않고, 이 개념을 사용하는 것은 경제 현상을 설명하려 하는 학자들이다. 그러나 경제학자의 이 개념은 실제 경제행위를 하는 사람들이 가진 행위와 논리적으로 연결되어 있다. 왜냐하면 경제학자들이 그 개념을 사용하는 것은 사업을 하는 것이 무엇인가에 대한 이해를 전제로 하며, 이는 또다시 돈, 이익, 단가, 위험 등 사업상의 개념에 대한 이해를 포함하기 때문이다.[17]

해석학적 입장에 서는 사람들은 말하자면 사회가 사람들의 '공모'에 의해 이루어진다고 보므로,[18] 당연히 사회현상을 이해하려면 행위자의 수준에서 그들이 어떻게 사회질서에 대한 관념을 만들고 유지해 가는가를 이해하는 것이 기본적 과제가 되어야 한다.

---

16 Winch, P., The Idea of a Social Science and its Relation to Philosophy, *RKP*, London(1958), 김기현 역, 「사회과학과 철학」(서광사, 1985), pp. 57~61.

17 같은 책, p. 98.

18 Craib, I., *Modern Social Theory*, Wheatsheaf (Books, Brighton, 1984), pp. 83~95.

2.3. 사회과학 연구방법의 특성

이제 사회과학에 자연과학의 방법이 그대로 적용될 수 없다는 주장의 논점들을 정리해 보자. 사회과학이 자연과학과 다른 논리에 의해 수행되어야 한다는 주장은 크게 보아 사회현실은 자연적 현실과 근본적으로 상이하다는 것과 이처럼 자연현실과 다른 사회현실은 자연과학과는 독립적인 논리와 방법에 의해 연구되어야 한다는 것으로 나눌 수 있다.

2.3.1. 연구대상의 특성

(1) 인간의 자유의지와 사회현실의 불확정성

먼저 자연현상과 달리 사회는 인간에 의해 이루어지는데, 이 인간은 복잡하고 자유로운 존재이므로 사회에는 자연현상에서와 같은 규칙성이 있을 수 없다는 주장이 있다.

이러한 입장에서의 하나의 주장은 인간은 자유로운 존재이며 인간의 행동은 불확정적이라는 것이다. 즉 인간은 자유의지를 가지고 있으므로 어떤 법칙의 지배를 받지 않고 자기의 자유의사에 따라 행동한다는 것이다. 그러므로 인간의 행동은 미리 정해진 경로에 따라 일어나지 않고, 예측할 수 없다. 우리가 갈릴레이의 낙하의 법칙을 하나의 보편적인 법칙으로 받아들이는 이유는 낙하하는 물체는 항상 주어진 궤도에 따라 낙하하기 때문이다. 그러나 인간은 항상 정해진 대로 행동하지 않는다. 내가 휴일에 외출을 할지, 아니면 집에서 TV를 보거나 낮잠을 잘지는 나의 자유의사이다. 심지어 많은 경우 나 자신도 내가 이번 휴일에 무엇을 할지를 결정하지 못하고 있다. 인간이 아닌 다른 동물도 무생물과는 달리 스스로 행동하므로 그 행동 방향은 상당히 불확정적이다. 그러나 대체로 동물의 움직임은 본능에 의해 지배된다. 그러나 인간은 본능의 요구를 억제할 수 있다.

인간의 행위는 복잡하고 가변적이어서 규칙성을 찾기 힘들다는 주장도 있다. 인간은 자유의지를 가지지만 인간의 행동이 어떤 동기나 이유없이 일어나는 것은 아니다. 따라서 인간 행동은 욕구나 동기 등에 의해 설명될 수 있다. 그런데 인간 행위의 동기는 복잡하므로 자연현상과 달리 행위의 특정한 방향을 예측하기 어렵다. 인간은 자신의 이익을 추구하지만 이타적인 행위를 하기도 한다. 인간은 나름대로 이성적 판단에 따라 합리적으로 행동하기도 하지만 감정에 따라 정서적으로 행동하기도 한다. 그러므로 인간의 행위로 구성되는 사회에서는 자연현상에서 보이는 바와 같은 법칙성을 찾아보기 어렵다.

이처럼 가변적이고 복잡한 인간 행위가 특정한 방향으로 나타나는 데에는 그 당시의 상황이 매우 중요한 변수가 된다. 즉 상황에 따라 행동 패턴이 바뀌는 것이다. 그런데 사회현실에서 똑같은 상황은 별로 존재하지 않는다. 이런 사정도 사회과학을 자연과학처럼 일반화하기 어렵게 한다.

보다 근본적인 문제제기는 사회는 인간에 의해 끊임없이 구성되고 변화된다는 것이다. 즉 사회란 어떤 고정된 실체가 아니라 그 구성원인 사람들의 상호작용에 의해 매일 구성되고 재생산되는 것이다.

이와 관련되는 것으로, 연구자의 연구결과가 사회에 영향을 미치기도 한다. 그것이 자기충족적 예언(self-fulfilling prophecy)과 자살적 예측(suicidal prediction)이다. 자기충족적 예언이란 연구자의 연구결과가 사람들에게 영향을 미쳐 그대로 되는 현상이다. 예를 들어 앞으로 우리나라에서 부동산 경기가 침체하고 집값이 떨어질 것이라는 연구결과가 나왔다고 하자. 이런 연구결과가 발표되면 집을 사려는 사람들이 앞으로 집값이 더 떨어질 것으로 예상하고 집을 사지 않을 수 있다. 그러면 주택에 대한 수요가 감소하여 실제로 집값이 떨어지고 부동산 경기가 침체한다. 자살적 예측이란 반대의 경우로, 과학자의 예측과 반대되는 방향으로 사태가 진전되는 것을 말한다. 예를 들어 경제학자들이 앞으로 경기가 침체할 것이라고 예측했다고 하자. 그러자 정부는 경기부양 정책을 펴고, 기업은 경기부양책이 강화될 것으로 예상하면서 많은 투자를 하였다고 하자. 그러면 경기침체는 나타나지 않는다. 경기가 침체할 것이라는 예측이 없었으면 실제로 경기침체가 나타났을지도 모르는데, 이 예측 때문에 오히려 경기침체가 나타나지 않은 것이다. 이런 현상들도 사회현상이 가변적이고 유동적이라는 점을 보여 준다.

이상에서 본 주장들은 사회현실이 자연현상과 달리 매우 유동적이고 불확정적이라는 사실을 제시한 점에서는 타당하다. 그러나 반드시 사회현상에 대한 일반화가 불가능한 것은 아니다. 왜냐하면 인간은 복잡하고 자유의지를 가진 존재이지만 또한 상당히 유사한 동기나 목적에 의해 행동하기도 하기 때문이다. 예를 들어 우리는 고교 졸업자와 대학졸업자 간의 임금격차가 클 경우 사람들은 가능한 한 대학에 가려고 할 것이라는 예측을 할 수 있고, 경험적으로도 그렇다는 사실을 알고 있다. 또한 대부분의 사람들은 돈 많이 벌어서 잘 먹고 잘 살겠다는 목표를 가지고 매일을 산다. 그 외에도 우리 주위에는 여러 가지 규칙적인 사회현상이 많다.

바로 이렇기 때문에 사회과학은 사회현실을 '설명'하려는 시도를 할 수 있는 것이다. 사회과학은 인간 행위에 대한 결정론적 모델에 기초하고 있으며, 그것은 지금까지 인간에게 사회에 대한 지식을 제공하는 데에 상당히 유용했다.[19] 사회현상과 자연현상의 규칙성 여부는 정도의 문제라고 할 수 있다. 하이젠베르크(Heisenberg)는 불확정성의 원리를 통해 자연현상도 완전히 고정된 것은 아님을 보여 주었다. 그러나 지금까지 사회과학에서 법칙이라고 할 만한 것이 많지 않았다는 사실에서 알 수 있듯이, 사회현상의 특성 때문에 사회과학에서는 일반화의 가능성이 낮다. 그러므로 과연 연구방법론으로서 일반적인 법칙을 추구하는 것이 유용한가라는 문제가 제기된다.

(2) 사회는 규범적이며 의미에 의해 구성

사회현상과 자연현상과의 차이에 대한 또 하나의 중요한 주장은 사회현상은 인간들이 가지는 의미로 구성된다는 것이다. 이런 면에서 물리적이거나 생물학적 동작만이 중요한 자연현상과는 다르다.

예를 들어 종이가 바람에 날려 날아가는 것과 사람이 뛰어가는 것을 비교해 보자. 이것은 둘 다 하나의 물체가 이동하는 것이다. 그런데 사람이 뛰어가는 것은 단지 위치를 바꾸는 것이 아니다. 그는 강도를 만나 도망치는 것일 수도 있으며, 이성에게 사랑이 받아들여져 기쁜 나머지 뛰는 것일 수도 있고, 건강을 위해 달리기를 하는 것일 수도 있다. 이 각각의 경우 뛰어가는 사람의 동기나 의미는 모두 다르며, 그가 달린다는 사실보다 그 의미나 동기가 더 중요하다.

무엇보다 중요한 것은 인간행위에는 사회규범이나 가치관이 큰 영향을 미친다는 것이다. 사람들은 설사 경제적으로는 손해가 되더라도 사회규범이 장려하는 행

19 Babbie, E., *Observing Ourselves: Essays in Social Research* (Wadsworth Publishing Co., California, 1986), 최명 역, 「사회연구의 철학」(법문사, 1987), p. 70.

동을 많이 한다. 예를 들어 일본은 기업이 어려워도 최소한 정규 노동자는 해고하지 않는 것을 당연한 규범으로 받아들이고 있다. 정리해고는 정말 최후의 수단이며, 그런 정리해고를 하게 되면 사장도 책임을 지고 옷을 벗는다. 이것은 기업이 조금만 어려우면 대규모 정리해고를 하는 미국과 매우 다른 모습이다. 그런데 사회규범은 고정된 것이 아니라 늘 변한다. 사회규범은 법률 같은 것으로 강제되는 것이 아니라 사람들의 마음속에 형성되는 것이므로 사람들의 생각이 바뀌면 규범도 바뀐다. 예를 들어 우리나라에는 오랫동안 여자는 혼전순결을 지켜야 한다는 사회규범이 있었지만 이젠 크게 바뀌었다. 이렇게 규범은 늘 변화하므로 그것이 인간 행위에 어떤 영향을 미칠지 미리 알 수 없다.

2.3.2. 연구방법의 특성

(1) 개별 사회 이해의 중요성

사회과학에는 일반적 법칙이라는 것이 많지 않고, 일반적으로 타당한 명제라고 할 수 있는 것에는 상식적인 것이 많다. 따라서 실증주의자들이 주장하듯 연구자가 일반적 법칙을 찾아내는 데에만 열심이라거나, 주어진 현상도 일반 법칙에 의해서만 설명하려고 하는 경우, 실제로 사람들에게 중요한 현상을 탐구하는 작업은 오히려 잘 이루어지지 않을 수 있다.

예컨대 우리가 미국과 한국의 계층 간 불평등에 대해 연구한다고 하자. 이와 관련해서는 '계층 간 격차가 크고 계층이동의 가능성이 작으면 계층 간 갈등이 커진다'라는 명제가 있을 수 있다. 이것도 자연과학의 법칙처럼 항상 보편타당한 명제는 아니지만 상당히 여러 사회에 일반화할 수 있는 명제이다. 그런데 우리가 한국과 미국사회의 불평등 구조를 연구할 때 중요하게 알고자 하는 것은 과연 이러한 일반법칙이 적용되는가의 여부가 아니다. 어떻게 보면 이 명제는 상식적으로 생각해도 알 수 있는 것이다. 물론 그렇지 않을 수도 있고, 왜 그렇지 않은가가 연구 대상이 될 수도 있다. 그렇지만 한국의 불평등 현상을 잘 이해하고 이를 통해 부정적인 불평등을 줄이기 위해서는, 과연 한국과 미국의 불평등의 정도가 어느 정도인지, 불평등은 어떤 요인들에 의해 나타나고 있는지, 이에 대해 양국에서 사람들은 어떻게 생각하고 있는지 등을 아는 것이 중요하다. 즉 한국과 미국이라는 개별적 두 사회의 불평등 현상을 잘 이해하는 것이 중요한 것이다. 그리고 이를 위해서는 각 사회에서의 불평등 현상이 각각 어떤 역사적이고 정치 사회적인 맥락에서 형성되고 있는가를 잘 아는 것이 필요하다. 일반화만을 추구하는 연구에서는 오히려 이런 맥락은 다 무시될 수 있다.

자연과학은 이와 다르다. 예를 들어 일단 에이즈라는 병이 바이러스에 의해 감염된다는 일반적 사실이 발견되면 그것은 세계 어느 나라에서나 모든 인간에게 보편적으로 적용되는 사실이다. 한국이 동방예의지국이라고 해서 에이즈 바이러스가 한국인에게 침투하지 않는 것은 아니다. 그러므로 일반 법칙의 발견이 현상을 이해하는 데에 극히 중요하다. 물론 에이즈라는 병에 대한 대책은 나라에 따라 다르다. 그러나 그런 문제는 자연과학의 대상이 아니라 사회과학의 대상이 된다.

사회과학의 과제는 결국 사회현상을 잘 이해하는 것이다. 그런데 사회현상은 그 자체에 대한 개별적 탐구를 통해 이해할 수 있는 면이 많으므로, 개별화가 중요한 방법이 된다. 물론 사회과학에서도 일반화는 필요하고 중요하다.[20] 그러나 일반화는 일정한 조건 하에서, 그리고 대체로 좁은 범위에 한정되어 추구된다. 또한 일반화는 그 자체가 목적이 아니라 개별 사안을 잘 이해하기 위한 목적에서 추구되어야 한다는 점을 잊어서는 안 된다.

(2) 이해의 방법

사회현실이 규범적인 것이고 의미로 구성된다는 점은 여러 차례 언급되었다. 이것을 파악하기 위해 이해의 방법이 사용되어야 한다는 것은 너무나 당연하다. 이 점이 자연과학과 사회과학이 구분되는 주요 측면이다. 사람들이 가지는 생각의 해석적 이해를 어떻게 객관적으로 할 수 있을까 하는 문제가 있기는 하지만, 그것이 불가능한 것은 아니며 여러 가지 질적 연구방법도 개발되어 있다.

그러나 이해만이 사회과학의 절대적인 방법인 것도 아니다. 이해는 사회과학이 사용하는 여러 방법 중의 하나에 불과하다. 사회현상 중 중요한 것들은 외적으로 나타나는 인간 행동에 의해 구성된다. 예를 들어 경제적 행위나 선거 행위, 범죄 같은 것들이다. 이것들도 심층적으로 파악하려면 그 행위를 하는 사람이 가진 규범이나

20 Kaplan, A., 앞의 책, pp. 118~125.

가치를 알아야 하겠지만, 설령 그 가치를 알지 못하더라도 이런 현상에 대해 알 수 있다. 범죄문제에 대해 알아보는 경우, 설령 범죄자의 내면 상태를 이해하지 못하더라도 범죄가 일어나는 건수를 통해 우리나라 범죄 문제의 상당부분을 알 수 있는 것이다. 또한 행위자의 가치는 대체로 행위로 표현되므로, 행동에 대한 연구를 통해서도 가치를 추론할 수 있다. 이 경우에는 실증적 방법이나 통계적 방법이 유용하다.

(3) 방법론적 제한

사회과학에서는 자연과학에서처럼 객관적인 일반화가 어려운 방법론적 이유들이 있다. 그중 가장 중요한 것은 사회과학에서는 실험이 어렵다는 것이다. 예를 들어 '남녀 간의 성차는 선천적인 것이 아니라 모두 후천적으로 형성되는 것이다'라는 주장을 보자. 이 주장을 명확히 입증하려면 통제된 실험이 필요하다. 즉 한 그룹은 태어나서부터 기존 사회·문화와 완전히 단절된 채 자라나게 하고, 다른 그룹은 보통의 상태에서 자라나게 한 후 양 그룹에서의 성차를 비교하는 것이다. 그 결과 전자의 그룹에서는 성별에 따른 성격 차이가 전혀 나타나지 않는다면, 성차는 후천적인 것이라는 주장은 입증된다. 이처럼 성별이라는 독립변수와 후천적 성격이라는 종속변수를 설명하는 데에 여타의 변수들이 모두 통제되어야 하는 것이다. 그렇지만 이런 실험은 있을 수 없다. 실험 대상이 되는 사람들의 삶을 파괴하는 것이기 때문이다.

사회과학에서도 실험을 하기는 한다. 대표적인 학문이 심리학이다. 그렇지만 심리학에서도 실험이 가능한 영역은 매우 제한적이다. 그리고 한 곳에서의 실험 결과가 다른 경우에도 그대로 적용되는 것은 아니다. 이 때문에 많은 경우 실험에서 나타난 결과가 일반적인 법칙으로 받아들여지지는 않는다.

사회과학에서 실험이 불가능하다는 것은, 서로 얽혀서 하나의 총체를 이루고 있는 사회에서 특정한 변수들만을 떼어 내어 그것 간의 관계를 알아내는 것이 불가능하다는 것을 뜻한다. 그러므로 사회 내의 특정 요소가 다른 부분, 또는 사회 전체에 어떤 영향을 미치는가를 정확히 알기는 불가능하다. 그러므로 설령 한 사회에서 어떤 일반화가 발견되었다고 해도 그것이 다른 사회에 그대로 적용되기는 어렵다.

이상에서 본 바와 같이 자연과학의 방법이 그대로 사회과학에 적용되지는 않는다. 그러나 사회과학도 과학인 한 경험적 사실에 충실해야 한다. 그리고 행위자의 의미를 파악하고 개별 사실을 잘 아는 데에 힘을 기울이면서도, 보편적인 지식을 얻는 데에 노력해야 한다. 결국 사회과학은 우리가 사는 사회를 잘 이해하고, 그것에 따라 얻어진 지식을 좀 더 체계적으로 조직하는 활동이다. 그러므로 한 가지 입장이나 방법을 고집하지 말고 실용주의적이고 다원적인 자세를 가지는 것이 필요할 것이다.[21]

21 김경동, 「사회학의 이론과 방법론」(박영사, 1989), pp. 111~113.

제 3 장

사회과학 연구방법의 논리와 절차

3.1. 과학적 연구의 기본 논리

과학적 연구란 경험적 현상을 일반화하고 체계화하여 설명하는 것이라고 할 수 있다. 이러한 연구의 방식은 다양할 수 있다. 그러나 대체로 일정한 논리를 따르며, 절차를 거친다.

과학적 연구는 우선 논리적이어야 한다. 논리적이어야 한다는 것은 간단히 말해서 주장이 이치에 닿으며 일관된다는 것을 뜻한다. 예를 들어 '한국인인 김 씨는 키가 크다. 그러므로 한국인은 키가 크다'라는 식의 주장은 논리적이 아니다. 김 씨는 한국인의 한 사람일 뿐이므로 김 씨가 키가 크다고 해서 한국인 모두가 키가 크다고 말하는 것은 비논리적이기 때문이다.

과학에서 사용되는 기본적인 논리는 연역적 논리와 귀납적 논리로 나눌 수 있다. 연역적 논리란 일반적인 원리나 법칙에서 특수한 경우에 적용되는 원리나 법칙을 끌어내는 과정이라고 할 수 있다. 연역적 논리의 대표적인 것이 잘 알려진 3단 논법이다. 즉 '사람은 누구나 죽는다', '김 씨는 사람이다', '그러므로 김 씨는 죽는다'라는 식의 전개는 논리적인 것이다. 여기서는 먼저 일반 법칙(사람은 누구나 죽는다)이 제시되고, 그 법칙이 적용되는 조건(김씨는 사람이다)이 주어지면, 이 조건에 일반 법칙이 관철된다는 결론(그러므로 김 씨는 죽는다)이 도출된다.

귀납적 논리란 사실들로부터 일반화를 끌어내는 것이다. 예를 들어 어느 사람이 쇠막대기를 가열해 보았더니 쇠막대기가 팽창했다고 하자. 다음 날도, 그 다음 날도 똑같은 사실을 관찰했다면, 그는 '쇠는 가열하면 팽창한다'라는 일반화를 할 수 있게 된다. 물론 이러한 귀납적 일반화가 언제나 가능한 것은 아니며 어떤 전제가 있어야 한다.

귀납적 일반화가 타당하기 위한 조건으로는 다음과 같은 것이 있다.[1] 첫째, 일반화의 기초가 되는 관찰의 수가 많아야 한다. 몇몇 프랑스 사람들을 만나 보았더니 모두가 술꾼이었다고 해서 '프랑스 사람은 모두 술꾼이다'라고 일반화하는 것은 타당하지 않다. '금속은 열을 받으면 팽창한다'라는 일반화를 하려면 금속에 열을 가하는 실험을 상당히 여러 번 해 보아야 할 것이다. 둘째, 관찰은 다양한 조건 아래서도 반복될 수 있어야 한다. 위의 예에서라면 열에 의해 금속이 팽창하는 것이 다양한 조건 하에서 나타나야 한다. 금속은 집 안에서나 집 밖에서, 여름이나 겨울에 모두 열에 의해 팽창해야 하며, 금, 철, 구리 등 모든 금속 종류가 열에 팽창해야 한다. 셋째, 어떤 관찰도 도출된 보편 법칙과 모순되어서는 안 된다. 만일 은이라는 금속은 열을 받아도 팽창하지 않는다면 '금속은 열을 받으면 팽창한다'라는 귀납적 일반화는 타당하지 않게 된다.

귀납적 일반화가 완벽하게 타당하려면 모든 사례가 관찰되어야 한다. 예를 들어 '한국인은 머리가 검다'라는 일반화가 보편타당한 것이려면 한국인 전체의 머리를 조사해 보아야 한다. 그러나 이것은 불가능하다. 그러므로 귀납적 일반화는 작은 범위에 적용되는 일반적 사실로부터 보다 큰 범위에 적용되는 일반화를 끌어내는 방법으로 이용된다. 예를 들어 내가 살면서 본 한국 사람이 모두 머리가 검다는 사실을 바탕으로 '한국인은 머리가 검다'라고 일반적인 명제를 끌어내는 것이다. 이러한 방법은 우리 주위에서 흔히 볼 수 있다. 예를 들어 여론조사 기관들은 수백 또는 1,000여 명의 국민을 대상으로 조사를 한 후 '우리 국민의 85%는 정치개혁에 대해 지지하고 있다'라고 말한다. 사실 조사 대상의 85%가 지지하는 것이지만 이를 전체 국민에 대해 일반화하는 것이다. 그런데 이 방법은 잘못된 일반화에 이를 수 있는 위험성을 내포하고 있다. 즉 사례의 수가 적은데 이를 기초로 일반화한다거나, 특수한 조건에서만 적용되는 일반화를

1 Chalmers, A., *What is this thing called Science?* 2nd edition (Univ. of Queensland Press, 1982), 신일철·신중섭 역, 「현대의 과학철학」(서광사, 1985), pp. 31~32.

더 큰 범위에 적용하는 등의 오류가 발생하기 쉽다.

실제 연구도 연역적 논리를 중심으로 하는 연구방법과 귀납적 논리를 중심으로 하는 연구방법을 나누어 볼 수 있다. 귀납적 논리를 중심으로 하는 연구는 현상기술적(descriptive) 연구이다. 이것은 단순화하여 말하자면 관심의 대상이 되고 있는 현상이 어떻게 되어 있는가를 알아보는 연구라고 할 수 있다. 예를 들어 한국의 이른바 신세대라고 할 수 있는 사람들 500명을 대상으로 의식조사를 해 보았더니 매우 현세지향적인 것으로 나타났다고 하자. 여기서 과학자는 '한국 신세대의 의식은 현세지향적이다'라는 일반화를 하게 된다. 그런데 이 일반화는 한 번의 연구에 의한 일반화이므로 아직 잠정적 일반화에 머문다.

연역적 논리를 중심으로 하는 연구는 가설검증적인 연구이다. 이 연구는 기존의 이론이나 일반화를 기초로 특정한 상황에 적용되는 가설을 세운 후 이를 경험적으로 검증하는 연구방법이다. 예를 들어 서구의 경험을 바탕으로 '여성의 사회적 지위가 높아지면 이혼이 증가한다'라는 일반적 명제가 있다고 하자. 한국에서도 그간 여성의 사회적 지위가 높아져 왔으므로 '이혼이 증가해 왔을 것이다'라는 가설을 세운 후 이 가설이 과연 맞는가를 검증해 볼 수 있는 것이다.

두 방법을 그림으로 요약해 보면 다음의 〈그림 3-1〉과 같이 된다. 이 그림은 공부하는 시간과 시험의 관계에 대한 연구의 예이다. 연역적 방법에서는 먼저 공부하는 시간이 많을수록 시험 성적이 올라갈 것이라는 가설을 세운 후(a), 이를 실제로 관찰해 보고(b), 관찰 결과를 토대로 가설의 수용 또는 기각 여부를 결정한다(c). 귀납적 방법에서는 공부하는 시간과 시험성적 사이의 관계를 조사해 보고(a), 여기서 어떤 패턴을 찾아낸 후(b), 이를 기초로 잠정적 결론을 끌어낸다.

〈그림 3-1〉 연역적 연구방법과 귀납적 연구방법

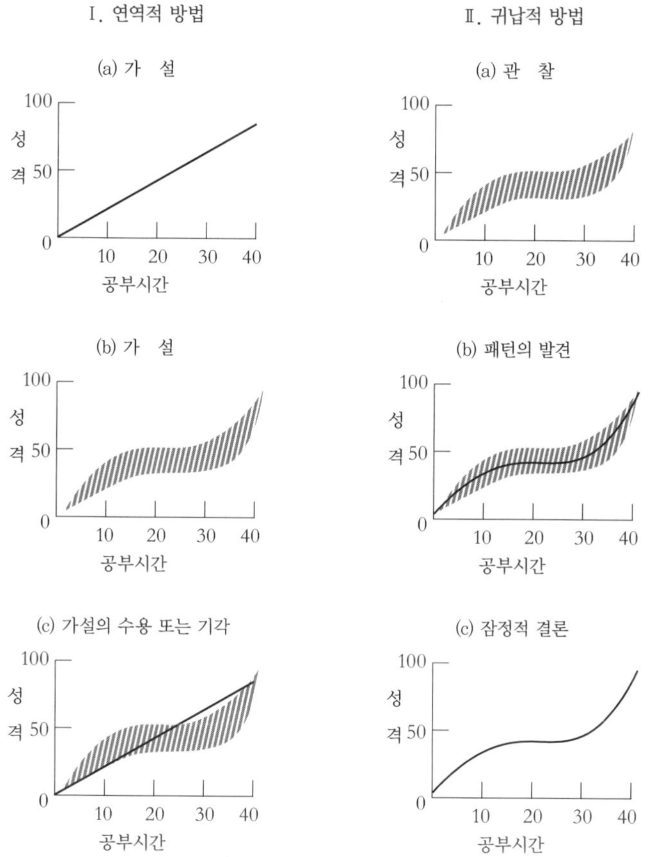

출처 : E. Babbie, *The Practice of social Research*, 5th edition (Belmont : Wadsworth Publishing Company, 1989), p. 43.

앞에서 보았듯이 과학적 설명은 이론(또는 일반화)-가설-관찰에 의한 가설 검증-이론(또는 일반화)의 재평가라는 연역적 방식을 채택할 수도 있고, 반대로 관찰-경험적 일반화-이론화(또는 기존 이론 평가)라는 귀납적 방식을 택할 수도 있다. 그런데 실제 과학 연구에서는 연역적 논리와 귀납적 논리 두 가지 모두가 적용된다. 주어진 이론이나 법칙에서 연역을 하여 가설이나 다른 법칙을 끌어내며, 경험에 대한 조사연구를 통해 귀납적으로 가설을 검증하기도 하고 새로운 일반화를 끌어내기도 한다. 또한 이 두 방식의 연구 과정은 순환적으로 계속된다.

3.2. 과학적 설명의 제 요소

과학적 설명은 간단히 말하자면 이론이나 법칙에 의해 현상을 체계적으로 이해하려는 것이다. 여기에 가설, 관찰 등의 절차도 필요하다. 과학적 설명의 각 요소에 대해 보다 구체적으로 살펴보자.

3.2.1. 일반화와 법칙

과학은 개별 사안을 잘 이해하는 데에도 관심을 가지지만 그보다는 여러 현상에 공통적인 특징을 찾으려 한다. 즉 일반화를 추구하는 것이다. 예를 들어 어느 학자가 한국 사람들 500명을 조사해 본 결과 학력이 높을수록 자기 직업에서 임금보다는 일의 의미를 더 높이 평가한다고 해 보자. 이런 결과를 본 과학자는 —필요하면 다른 연구를 보완하여— 이것을 한국인 전체에 일반화하고자 할 것이다. 즉 '한국인은 학력이 높을수록 직업에서 임금보다는 일의 의미를 추구한다'는 일반화를 끌어내고자 하는 것이다. 나아가 이를 모든 나라에 일반화하고자 할 수도 있다. 즉 '사람은 학력이 높을수록 직업에서 임금보다 일의 의미를 추구한다'라는 가설을 세우고 이를 입증해 보고자 할 수 있다.

일반화를 할 수 있다는 것은 세계에 대한 우리의 지식이 발전했음을 뜻하는 것이다. 왜냐하면 일반화란 넓은 범위에 적용되는 지식을 얻는 것이기 때문이다. 특히 우리는 일반적 명제를 통해 아직 관찰되지 않은 것에 대해서도 어떤 사실을 알게 된다.[2] 만일 어떤 사람이 연구 결과 '어느 사회에나 사회적 불평등이 존재한다'라는 일반적 명제를 제시했고, 그것이 타당한 명제라고 하자. 그러면 우리는 구태여 직접 확인해 보지 않더라도, 미국이건 러시아이건 중국이건 모든 사회에 불평등이 있으리라는 점을 알 수 있다. 그만큼 우리가 세상에 대해 많이 알게 되는 셈이다.

일반화가 특정한 때나 장소에만 적용되는 것이 아니라 언제 어디서나 보편적으로 타당한 경우 '법칙'이 된다. '사람은 죽는다'는 하나의 법칙이라고 할 수 있다. 사람이 영원히 살 수 없다는 것은 과거나 지금이나, 한국에서나 미국에서나 보편타당한 사실이며 모든 사람에게 적용되는 사실이다. 반면 '한국 사람은 중국 사람에 비해 성질

---

2 차재호, "과학적 접근의 이론과 요소," 김경동 외, 「사회과학방법론」(한국방통대 출판부, 1982), p. 53.

이 급한 편이다' 같은 것은 설령 그것이 타당한 명제라고 해도, 법칙이 아니라 경험적 일반화에 불과하다. 왜냐하면 중국 사람 중에도 성질이 급한 사람이 있을 것이고, 한국 사람의 성질이 중국 사람에 비해 급한 편이라는 것이 오랜 옛날부터 그랬다거나 앞으로도 그럴 것이라고 할 수는 없기 때문이다.

일반화에는 물론 법칙에도 예외가 있을 수 있다. 완전히 보편타당한 법칙에는 예외가 있을 수 없겠지만, 예외가 있으면서도 법칙으로 사용되는 경우도 많다.[3] 더욱이 우리가 알고 있는 과학적 일반화나 법칙은 확률적인 것인 것이 대부분이다. 즉 '…이면 반드시 …이다'가 아니라 '…이면 …가 될 확률이 높아진다'라는 식이다.

사회과학에는 법칙이라고 할 만한 것들이 많지 않으며, 일반화만을 추구하는 것이 반드시 생산적인 것은 아니라는 점은 앞서 말한 바 있다. 그러나 사회과학에서도 일반화는 가능하며 필요하다. 일반화는 개별 사안도 더 잘 이해할 수 있게 해 준다.

3.2.2. 이론과 모형

이론은 현실을 체계화하여 설명해 주는 것이다. 이론의 기능은 무엇보다도 현실의 복잡한 제 측면을 체계적이고 정리된 형태로 설명함으로써, 사람들이 현실을 잘 이해할 수 있도록 하는 데에 있다고 할 수 있다.

사회학에서 많이 거론되는 갈등이론의 예를 들어 보자. 인간 사회에는 개인, 집단 또는 계층 간의 갈등이 많으며, 사실 우리가 조금만 주의를 기울이면 주위에서 여러 가지 사회적 갈등의 현상이 거의 매일 나타나고 있다는 것을 알게 된다. 그러나 서로 직접적인 관계를 맺고 있는 집단들이 항상 서로 갈등상태에만 있는 것은 아니다. 어제까지 첨예하게 대립하던 사용자와 노동조합이 매우 협조적인 관계로 바뀌는 예도 많다. 또한 기업에 따라 노사관계의 대립성의 정도는 천차만별이다. 이러한 다양하고 복합적인 현실을 체계적으로 이해해 보려는 것이 과학자가 이론을 통해 달성하고자 하는 목적이며, 갈등이론도 그 하나이다. 갈등이론가들은 사회 내의 중요한 갈등은 왜 나타나는가, 어떤 조건에서 갈등이 더 격렬하게 표출되는가, 갈등이 나름대로 사회의 통합에 기여하는 바는 없는가 등을 체계적으로 설명하고자 한다.

또한 이론은 특수한 여러 현상들을 일상 경험과는 다른 차원에서 해석할

3 Kaplan, A., *The Conduct of Inquiry* (Chandler Publishing Co., San Francisco, 1964), pp. 96~97.

수 있게 한다. 내가 다니는 회사의 노사관계는 협조적일 수 있다. 그러나 갈등이론에 의하면 이것은 갈등이 잠재되어 있는 것일 수 있고, 아니면 갈등이 일어날 수 있는 조건이 제거되었기 때문일 수도 있다. 따라서 이런 조건이 없어지거나 약화되면 다시 갈등이 심화될 것으로 예측할 수도 있다. 갈등이론이 사회갈등의 모든 것을 설명해 주는 것은 물론 아니며, 반드시 잘 설명하는 것도 아니다. 그러나 이 이론을 통해 우리는 사회적 갈등이라는 현상을 체계적으로 이해하게 된다.

이론은 여러 개의 일반화나 법칙이 한무리로 연결되어 있는 형태를 띤다. 즉 여러 개의 법칙이나 일반화들을 서로 연관시켜 체계화함으로써 대상을 설명하고자 하는 것이다. 이때 물론 이론을 구성하는 여러 일반화나 법칙들이 서로 모순되어서는 안 된다. 예를 들어 다윈의 진화론은 다음과 같은 일반화된 명제들로 이루어져 있다고 할 수 있다. ① 모든 생물의 종(種)의 개체들 간에는 변이가 존재한다. 개든 고양이든 소든 같은 어미에서 난 새끼라고 하더라도 다 다르다. ② 자연계에는 생존경쟁이라는 자연선택 메커니즘이 있어, 생존에 유리한 변이를 가진 생물은 생존하여 자손을 남기지만, 불리한 변이를 가진 것은 멸망한다. ③ 이런 자연선택이 오래 지속되면 새로운 종이 생긴다. 이것이 진화이다.

한편 사회과학에서 중요한 것으로 중범위이론(middle range theory)이라는 것이 있다. 이것은 머튼(Merton)이라는 사회학자에 의해 제기된 것인데, 그는 모든 것을 포괄하려는 거대이론(grand theory)이 실제로 사회현상을 설명하는 데에는 별 쓸모가 없다고 본다. 그가 보기에 아직 사회과학은 거대이론을 발전시킬 만한 이론적, 경험적 토대를 가지고 있지 못하다. 그러므로 비교적 추상수준이 낮고 포괄범위가 제한된 이론을 정교하게 발전시키는 것이 필요하다는 것이다. 머튼이 말하는 거대이론은 일차적으로는 사회학자 파슨스(Parsons)의 사회체계이론을 지칭하는 것이었지만, 마르크스의 이론이라든가 더 근래의 세계체제론 같은 것도 거대이론의 대표적인 예로 들 수 있다.

이론과 유사한 것으로 모형(model)이 있다. 모형은 이론의 하나라고 할 수 있지만, 이론과는 구분된다. 이론은 그 내용의 옳고 그름이 문제가 되지만, 모형은 형태적 유사성을 통해 유추를 함으로써 어떤 현상을 보다 더 잘 이해하고자 하는 것이다. 예를 들어 사람을 하나의 기계와 같은 것으로 본다거나, 원자들을 당구공으로 보는 것 같은 것이다.[4] 원자는 당구공과는 전혀 다른 것이지만, 당구공의 움직임에서 원자의 움직

4 같은 책, p. 64.

임을 유추할 수 있고 이를 통해 원자의 움직임을 잘 이해할 수 있다. 이처럼 직간접적인 인과관계가 없어도 A라는 체계를 통해 B라고 하는 체계를 이해하는 데 도움이 되었다면 A를 B의 모형이라고 하는 것이다.[5] 모형이 형태적 유사성에 기초하므로 모델이 사용되려면 두 가지 서로 다른 현상에 동형성(isomorphism)이 있어야 한다.

모형을 사용하는 것의 이점은 하나의 완성된 이론을 다른 분야에 빌어다 쓴다는 점에 있다. 그리고 모형은 구성 요소나 변수 간의 관계가 이론보다 더 단순하고 명료하기 때문에, 연구에 여러 이점을 준다. 연구자는 모형을 통해 자기의 생각을 분명히 제시할 수 있고, 경험적 자료를 조직할 수 있으며, 복잡한 사회현상을 단순 명료하게 정리하여 파악할 수 있게 된다.

3.2.3. 가설

가설이란 아직 증명되지 않았지만 증명을 기다리는 명제이다. 가설은 증명되어야 하는 명제이므로 대체로 '만약 …라면, …이다'라는 형태를 띤다. 가설은 이론에서 도출되는 것이 보통이다. 예를 들어 머튼의 아노미 이론을 원용하여 '미국은 한국보다 금전적 가치가 높게 평가되는 반면 불평등하므로 일탈이 심할 것이다'라는 가설이 도출될 수 있다.[6] 조사 결과 이 가설이 입증되면 머튼의 이론이 한국에도 적용된다는 결론을 내릴 수 있다. 이것은 머튼이론의 적용범위가 넓어져, 그 이론의 보편성이 증가했음을 의미한다. 반대로 이 가설이 기각되면 이 이론은 수정되거나, 그 적용범위가 제한되어야 한다.

가설은 몇 가지 조건을 가져야 한다.[7] 첫째, 가설은 명료해야 한다. 다시 말하자면 가설 속에 포함되는 모든 변수들이 조작적으로 명확히 정의되거나, 정의될 수 있어야 한다. 그래야만 차후의 연구에서 이를 반복하고 검토하거나 검정할 수 있을 것이다. 예를 들어 '경제성장은 사회적 갈등을 심화시킬 것이다'라는 가설이 있다고 하자. 여기서 '경제성장'이라는 개념은 비교적 명확히 규정될 수 있지만, 사회적 갈등이라는 개념은 모호하다. 따라서 이 개념을 어떤 의미로 사용하는가가 분명히 규정되어야 한다.[8] 둘

5 Kaplan, 앞의 책, p. 263. 김광웅, 「사회과학연구방법론」(박영사, 1976), p. 117.
6 아노미론에 대해서는 4부 4장(범죄문제)을 참조할 것.
7 홍두승, 「사회조사분석」(다산출판사, 1987), pp. 27~28.
8 같은 책, p. 27.

째, 가설은 가치중립적이어야 한다. 그래야 연구자의 편견이 개입되지 않은 조건에서 경험적인 연구가 이루어질 수 있다. 셋째, 가설은 특정화되어 있어야 한다. 이것은 단지 변수 간의 관계의 유무뿐만 아니라 그 방향까지도 명시되어야 한다는 것을 의미한다. 예를 들어 '나이와 정치적 보수성은 서로 관계를 가진다'라는 식이 아니라 '나이가 많을수록 정치적으로 보수적일 것이다'라는 식이 되어야 한다. 넷째, 가설은 경험적으로 검증될 수 있어야 한다. 가설이 검증을 기다리는 명제라는 점을 고려하면 이것은 매우 당연한 요건이라고 할 수 있다.

3.2.4. 관찰

사회과학은 경험과학이므로 관찰을 통해 경험적 사실을 파악하는 것이 극히 기본적인 절차가 된다. 연역적 논리를 중심으로 하는 가설검증적 연구의 경우 관찰은 일단 이론에서 도출된 가설을 검증하는 역할을 한다. 그러려면 가설이 근거하고 있는 이론에 있는 추상적인 명제나 개념이 가설에서는 관찰 가능한 지표로 정해져야 한다. 이것을 조작적 정의라고 한다. 예를 들어 '도시화가 진전될수록 일탈이 증가한다'라는 명제에서 도시화는 전체 인구 중 도시에 사는 사람의 비율로, 일탈은 범죄율이라는 지표로 조작적으로 정의될 수 있다.

귀납적 연구에서는 관찰이 일반화를 거쳐 이론으로 연결된다. 그런데 사실 이론과 완전히 독립적인 관찰이 모여 일반적 명제로 발전되고, 이것들이 체계화되어 이론으로 발전되는 일은 흔하지 않다. 관찰은 이론의존적이기 때문이다.

그렇다고 과학 연구에서 관찰이 단지 가설을 확인하는 수동적인 역할만을 하는 것은 아니다. 관찰은 이론에 대해 여러 가지 능동적 역할을 한다. 관찰은 이론 형성을 주도하고(initiate), 재구성하며(reformulate), 변형시키고(deflect), 명료화한다(clarify).[9] 대개의 과학 연구에 있어 이론과 관찰은 계속적인 상호작용의 관계에 있다고 할 수 있다.

관찰이 이론 형성에 능동적 역할을 할 수 있는 것은 관찰이 이론으로부터 어느 정도 독립적이기도 하기 때문이다. 과학자는 자신이 보려고 하지 않았거나 예상하지 못한 것을 보게 되는 경우도 많다.[10] 이 경우 과학자는 관찰을 통해 새로운 이론적

9 Merton, R., *Social Theory and Social Structure* (1968) (The Free Press, N.Y., 1957), p. 103.

10 Wallace, W., *The Logic of Science in Sociology* (Aldine, Atherton Inc., Chicago, 1971), 김영정·남재봉 역, 「사회학방법론」

전망을 가지게 되는 것이다.

3.2.5. 설명의 의미

설명이란 위에 든 여러 가지 요소들을 통해, 주어진 현상을 다른 것과의 연관 하에서 이해하는 것을 말한다. 설명은 단순한 기술(記述, description)과 다르다. 예를 들어 한국에서 대학생의 취업이 어렵다는 현상이 있다고 하자. 이런 사실을 그저 드러내는 것은 기술이다. 그렇지만 '왜 대학생의 취업이 어려운가'에 대해 어떤 해답을 제시한다면 그것이 설명이 된다. 우리는 '대학 정원이 대학졸업자에 대한 수요보다 많기 때문이다'라고 말할 수 있다. 이것은 대학생의 취업난이라는 현상을 대학졸업자에 대한 수요와 공급 조건에 의해 설명한 것이 된다. 마찬가지로 '김 씨가 죽었다'라는 현상 기술에 대해 '사람은 누구나 늙으면 죽는데, 김 씨도 늙었으므로 죽었다'라고 한다면 하나의 설명이 된다.

설명에는 인과적 형태, 구성적 형태, 분류적 형태가 있을 수 있다. 인과적 형태의 설명은 어떤 현상을 그것과 관련된 인과관계에 의해 이해하는 것을 말한다. 앞에서 예로 든 대학생 취업난에 대한 설명의 예가 바로 그것이다. 인과적 설명의 대표적인 것이 어떤 현상을 그것의 원인과 관련하여 이해하는 것이지만, 특정 현상을 그것의 결과와 관련하여 이해하는 것도 인과적 설명으로 보기도 한다.[11] 다시 대학생 취업난의 예를 든다면, 대학생 취업난 때문에 대학진학률이 낮아진다거나, 실업계 고교에 진학하려는 학생들이 증가한다거나, 대졸자들의 하향 취업 현상이 나타나고 학력 간 임금격차가 감소한다는 것 등을 드는 것이다.

구성적 형태의 설명이란 어떤 현상을 그것의 구성 부분과 관련하여 이해하거나, 또는 어떤 현상을 그것이 구성부분이 되는 다른 전체와의 관련 속에서 이해하는 것을 말한다. 예를 들어 관료제를 설명하는 경우, 그것이 문서화된 규칙, 위계서열, 자격에 따른 채용, 책임과 권한의 엄격한 분화 등의 요소적 특징을 가진다고 설명할 수 있다. 또한, 관료제란 군대, 정부조직, 기업조직 등이 공통적으로 가지는 요소적 속성이며, 가산제나 공동체적인 집단 구성 원리와는 다른 속성의 조직원리라고 말할 수 있다.

(한울, 1984), p. 42.

11 같은 책, pp. 109~110.

구성적 형태의 설명은 '왜?'에 대한 해답을 주지 않는다. 그러나 인간이 모든 현상의 원인을 알 수 있는 것은 아니고, 우리가 반드시 어떤 현상의 원인을 알려고 하는 것도 아니다. 구성적 설명은 인과적 설명과 마찬가지로 특정한 현상을 다른 현상과의 관련하에서 이해할 수 있게 해 주며, 이것이 바로 설명의 중요 기능이다.

분류적 형태의 설명이란 주어진 현상을 어떤 분류틀 속에 위치지움으로써 이해하려는 것이다. 예를 들어 하늘의 별을 밝기에 따라 여러 등급으로 분류하고, 어떤 별의 등급을 매기는 것이다. 또는 생물을 분류한 후 '고양이는 포유동물'이라는 식으로 이해하는 것이다. 분류적 설명도 주어진 현상에 대해 무엇인가 정보를 제공해 주기는 한다. 즉 고양이를 포유류로 이해한다면, 고양이는 비둘기나 개구리보다는 개나 소와 더 가깝다는 것을 알 수 있다. 그렇지만 분류적 형태의 설명은 가장 초보적인 설명이다. 단지 분류만 할 뿐 그것의 내적 구조 또는 왜 그러한가를 알려 주지 않기 때문이다.

이 세 유형의 설명은 다음과 같이 요약할 수 있다.[12]

인과적 설명 1 : Y는 그러그러한 선행 사건의 결과이다.

인과적 설명 2 : Y는 그러그러한 결과의 원인이다.

구성적 설명 1 : Y는 그러그러한 속성, 실체 혹은 과정으로 구성되어 있다.

구성적 설명 2 : Y는 그러그러한 속성, 실체 혹은 과정의 구성요소이다.

분류적 설명 : Y는 그러그러한 분류의 특정 부류에 위치할 수 있다.

설명은 예측과 비슷한 구조를 가진다. 한국에서 대졸자의 공급이 수요를 초과하여 '대졸 실업자가 많이 생겼다'라는 설명이 성립하면, '미국에서 대졸자의 공급이 수요를 초과하면 대졸 실업자가 증가할 것이다'라는 예측도 성립한다. 그런데 모든 설명이 예측과 병립할 수 있는 것은 아니다. 그것은 보편타당한 일반화에 의거한 인과적 설명에 국한된다. 우선 구성적 설명이나 분류적 설명에서는 설명은 가능하지만 예측은 불가능하다. 인과적 설명의 경우에도 예측이 불가능한 경우가 있다. 예를 들어 A라는 어린이가 뇌염에 걸린 것은 뇌염모기에 물렸기 때문이라는 설명이 가능하다. 그렇지만 B라는 어린이가 뇌염모기에 물렸다고 해서 뇌염에 걸릴 것이라는 예측을 할 수 있는 것은 아니다. 뇌염모기에 물렸더라도 뇌염에 걸리지 않을 수 있기 때문이다. 이처럼 인과적 설명에서 설명은 가능하지만 예측은 불가능한 것은 그 설명이 부분적인 설명이기 때문이다. 뇌염모기에 물리는 것은 뇌염에 걸리는 현상을 부분적으로 설명할 뿐이며, 이런 점에서 뇌

12 같은 책, p. 112.

염모기에 물리는 것은 뇌염의 필요조건이지 충분조건은 아니다.

사실 과학 연구에 있어 설명이란 현상을 완벽하게 설명하는 것이 아니다. 설명은 부분적이다. 어떤 현상을 결정하는 요인들 중 일부만이 고려의 대상이 된다. 또한 설명은 조건적이다. 즉 설명은 어떤 범위에서만 타당하며, 시공을 초월하여 모든 사안에 적용되는 경우는 드물다. 또한 설명은 근사적이고 불확정적이다. 설명의 많은 것이 통계적인 것이어서 '어느 정도 그러하다'라는 것이지 '항상 그러하다'는 것이 아니다.[13]

3.3. 사회과학의 주요 연구방법

3.3.1. 양적 방법과 질적 방법

사회과학에서의 양적 방법론이란 주로 통계적 분석과 수학적 추론을 통해 현상을 분석하는 방법을 말하며, 질적 방법이란 조사자가 사회현상에서 직접적인 지식을 얻어내는 수단으로서 참여관찰, 심층면접, 기록의 검토 등의 기법을 사용하는 것을 말한다.[14]

예를 들어 사회적 불평등이라는 현상에 접근한다고 하자. 양적 방법을 사용한다면 소득불평등이 어느 정도인가를 수량적으로 조사한다거나, 서로 다른 계층에 속하는 사람들의 학력을 조사하여 교육정도와 불평등과의 관계를 통계적으로 분석한다거나 하는 작업을 하게 될 것이다. 반면 질적 방법을 사용하는 경우에는 연구자가 하층민들이 사는 곳에 가서 그들의 생활실태나 행동을 관찰하거나, 하층민들과의 심층면접을 통해 그들이 불평등에 대해 가지고 있는 생각을 알아보거나 하는 작업을 한다. 그리고 교육과 불평등의 관계를 조사하는 경우에도, 면접을 통해 그들이 왜 상급학교를 다니지 못했는가, 학교를 나온 후 어떤 경로를 통해 지금의 상태에 이르게 되었는가 등을 조사할 것이다.

양적 방법은 주로 실증주의적 입장에 서는 학자들이 많이 사용하는 것이

13 Kaplan, A., 앞의 책, pp. 351~353.

14 최협, "계량적 접근과 질적 접근," 김동일 외, 「사회과학 방법론 비판」(청람, 1980), p. 70.

다. 실증주의에서 양적 방법을 주요하게 사용하는 이유는 객관적이고 경험적 검증을 하기 위해서이다. 어떤 연구자가 사람들의 정치적 성향에 대해 알아본다고 하자. 이때 실증주의에서는 관찰되는 사실에 의해 검증되는 측면에 관심을 가진다. 예를 들어 나이가 많을수록 정치적으로 보수적인가 여부를 알아보는 연구를 들 수 있다. 나이가 많은 사람들이 보수적인가를 알아보려면 젊은 사람들과 비교해야 하며, 젊은 사람보다 보수적인가 여부를 검증하려면 정치의식의 정도를 수치로 나타내야 한다. 이를 위해 질문지 조사를 하여 나이든 사람의 70%가 보수적인 데 비해 젊은 사람은 30%가 보수적이라는 것을 보이든가, 혹은 투표 행위를 분석하여 나이 든 사람이 더 많은 비율로 보수정당에 투표했다는 사실을 밝히거나 한다.

양적 방법은 비교적 엄밀하며, 특히 넓은 대상에 일반화할 수 있다는 장점이 있다. 특히 근래에는 통계적 방법이 발달하여, 인구 중 일부에 대한 조사연구를 통해 전체 인구의 특성을 추론하는 것이 비교적 쉬워졌다. 예를 들어 약 1,000명에 대한 조사를 통해 우리나라 전체 사람들의 성향을 추론하는 것이다. 그렇지만 양적 방법은 일반화와 수량화에 관심이 있기 때문에 대상에 대한 깊이 있는 접근은 어렵다. 그리고 행위자의 의식을 알기 어렵다는 중요한 한계가 있다. 양적 방법론에서 사람의 의식에 접근하는 대표적인 방법이 질문지 조사인데, 이 방법으로 사람들의 생각을 깊이 있게 파악하는 데에는 근본적인 한계가 있다.

질적 방법은 주로 해석학적 전통에 서는 사람들이 많이 사용한다. 이들은 사회현상에서 겉으로 나타나는 사람들의 말이나 행동뿐 아니라 내면의 생활세계를 이해하는 것이 중요하다고 본다. 즉 겉으로 나타난 행위의 이면에 감추어진 관념, 느낌, 동기, 신념 등을 보다 심층적으로 이해하고자 한다. 또한 질적 방법에서는 행위자가 어떤 행위를 하는 사회적 맥락을 중시한다. 왜냐하면 해석학적 전통에 서는 사람들은 사회적 사실이 자연적 사실처럼 주어진 것이 아니라, 행위자들에 의해 구성되며 항상 역동적으로 변화한다고 생각하기 때문이다. 그러므로 연구대상과 관련하여 여러 가지를 깊이 조사하고 연구하며, 이를 통해 대상을 총체적으로 이해하고자 한다. 특히 인류학처럼 연구자에게 낯선 문화를 이해하는 것이 주된 과제인 학문에서 질적 방법, 특히 현지조사가 많이 사용된다.

질적 방법에서는 몇몇 사례를 집중적으로 연구하는 것이 보통이다. 많은 사례를 깊이 있게 연구한다는 것은 불가능하고, 반드시 필요한 것도 아니기 때문이다.

특히 우리가 잘 알지 못하는 대상을 연구하는 경우에는, 대표적이라고 생각되는 한 사례를 심층적으로 이해함으로써 그 사례가 대표하는 대상들의 핵심적 특징을 잘 이해할 수 있다. 그러나 질적 방법은 두 가지 한계를 가진다. 하나는 연구자가 '이해'한 바를 어떻게 다른 사람에게 입증해 보일 것인가이고, 다른 하나는 몇몇 대상에 대한 연구를 어떻게 다른 대상에까지 일반화할 것인가이다.

질적 방법과 양적 방법은 서로 배타적인 것이 아니다. 양자를 병행할 수 있다면 좋은 연구가 될 수 있고, 실제로 그런 연구결과도 많다.

3.3.2. 조사연구방법

사회과학은 경험과학이므로 관찰을 통해 경험적 사실을 모으는 작업, 즉 조사연구가 매우 중요하다. 조사연구방법 중 중요한 것으로는 실험, 참여관찰, 문헌연구, 면접 및 질문지조사가 있다. 이중 참여관찰과 문헌연구는 질적 연구방법, 실험과 질문지 조사는 양적 연구방법에 주로 해당되며 면접은 양쪽에 모두 사용될 수 있다. 실험은 자연과학에서도 많이 사용되는 것이므로 제외하고, 나머지 방법들에 대해 간략히 살펴보기로 한다.

참여관찰은 조사 대상에 직접 참여해서 현상을 관찰하고 기술하는 방법이다. 예를 들어, 도시 빈민의 살아가는 모습이나 생각하는 바를 알아보기 위해 직접 그들이 사는 판자촌 지역에 가서 함께 살면서 관찰하는 것이다. 문헌연구는 이미 존재하는 문헌의 내용을 분석하는 방법이다. 역사학처럼 지난 과거를 기록을 통해 재구성하는 학문은 당연히 문헌이 기본 자료가 되지만, 사회과학에서도 중요한 방법으로 사용된다. 예를 들어 근로자들의 수기의 내용을 분석하여 근로자들의 의식을 파악하는 것을 들 수 있다. 면접은 상대와의 대화를 통해 자료를 수집하는 방법이다. 이때 미리 질문 내용을 정해 놓고 이에 따라 질문을 하기도 하고, 이런 형식 없이 자유롭게 질문을 하기도 한다. 전자의 경우는 주로 통계적으로 이용할 표준화된 응답을 얻을 때에, 그리고 후자의 방법은 연구 대상자의 의견을 깊이 있고 폭넓게 수집하고자 할 때에 이용된다. 질문지 조사는 사회과학에서 가장 많이 사용되는 조사연구방법이다. 즉 질문지를 만들고 이를 조사대상에게 우송하거나 찾아가서, 조사 대상자가 스스로 답을 하도록 하는 방법이다. 이 방법은 많은 사람을 대상으로 짧은 기간에 비용을 적게 들이고 조사할 수 있다는 장점이 있다. 그러나 질문지를 통해 복잡한 내용을 물어볼 수 없어서 대개 피상적인 접근에 그친다는 단점이 있다. 또한 우편에 의한 질문지 조사는 회수율이 낮다는 것도 문제이다.

3.3.3. 비교방법

비교방법은 말 그대로 두 개 이상의 사례를 비교하는 연구방법이다. 비교방법은 통계적 일반화를 추구하는 연구와 사례연구의 중간적인 성격을 가진다고 할 수 있다. 즉 연구하고자 하는 대상을 비교적 자세히 연구하면서도, 그 대상의 특징을 그저 기술하는 데 그치지 않고 다른 대상(들)과의 비교를 통해 일반적인 맥락에서 이해하려고 한다. 예를 들어 한국의 기술정책이 다른 나라와 어떻게 차이가 나는지를 연구한다고 하자. 이것을 통계적인 방법으로 연구할 수 있다. 즉 세계 각국을 대상으로 한 통계를 통해 연구개발 예산 규모, 과학자의 수, 정부 주도 연구소의 수 등을 통계적으로 파악해 볼 수 있다. 그렇지만 이렇게 해서 알 수 있는 사실은 극히 부분적인 것에 불과하다. 오히려 우리나라의 기술 정책을 여러 측면에서 자세히 살펴본 다음, 그것을 다른 한두 나라와 상세히 비교해 보는 것이 더 풍부하고 유용한 연구가 된다.

비교방법은 대체로 국가 간 비교를 하는 데에 많이 사용된다. 국가를 단위로 연구할 때에는 통계적 방법을 사용할 수 있는 만큼의 사례들을 확보하기 어렵기 때문이다.[15] 일단 전 세계 국가의 수가 160여 개에 불과하며, 이중에서도 특정한 관점에서 연구대상을 가려내면 그 수는 훨씬 줄어든다. 더욱이 아주 기본적인 통계수치를 제외하면 표준화된 자료가 확보되어 있지 않은 것이 보통이다. 그러므로 비교방법이 매우 유용하다. 물론 비교방법이 국가간 비교에만 사용되는 것은 아니다. 한 나라 안에서도 서로 다른 조직이나 기업 간에, 그리고 서로 다른 시대 간에도 비교방법이 유용하게 사용될 수 있다.

비교방법의 기본 논리는 이미 밀(J. S. Mill)에 의해 제시된 바 있다. 그것이 일치법이나 차이법이다.[16] 이것은 다음과 같은 그림으로 나타낼 수 있다.

---

15 Ragin, C.(1981), Comparative Sociology and the Comparative Method, in International Journal of Comparative Sociology, 22(1~2); 서재진 역(1990), 비교사회학과 비교방법, 한국비교사회연구회 편저, 「비교사회학: 방법과 실제 1」(열음사), pp. 271~274.

16 Mill, J. S.(1888), *A System of Logic*, Harper and Row; 차종천 역(1990), 비교의 두 방법, 한국비교사회연구회 편저,

〈그림 3-2〉 일치법과 차이법의 논리

① 일치법

X라는 상황의 요소

A	B	C	가	Z	를 발생시킨다.

Y라는 상황의 요소

C	D	E	가	Z	를 발생시킨다.

그러므로 C 는 Z 를 발생시킨다.

② 차이법

X라는 상황의 요소

A	B	C	가	Z	를 발생시킨다.

Y라는 상황의 요소

A	B	$\bar{C}$	가	$\bar{Z}$	를 발생시킨다.

그러므로 C 는 Z 를 발생시킨다.

엄밀히 따지면 이 방법은 실험적 방법에나 정확히 사용될 수 있다. 위의 차이법의 설명에서라면, 두 대상에서 Z를 발생시키거나 시키지 않는 요인 중 A, B는 똑같고, C만이 차이가 있어야 하며, 그 외의 다른 요인의 차이가 영향을 미쳐서는 안 된다. 이를 위해서는 여타 변수들을 통제하는 실험이 행해져야 한다. 그러나 사회에서는 이런 실험이 불가능하다. 사회 현상은 수많은 요인들이 얽혀 있어서 특정 변수의 영향만을 따로 떼어 볼 수 없다. 통계적 방법을 사용한 비교에서는 부분적으로 다른 변수의 통제가 가능하지만, 통계 방법으로 연구할 수 있는 영역은 좁다. 그렇지만 사회과학자들은 최대한 변수를 통제하는 노력을 통해 일치법이나 차이법을 적용해 보고자 한다.

한편 사회구조나 변동을 거시적으로 비교·연구하는 방법으로서 스카치폴

「비교사회학: 방법과 실제 1」, (열음사), pp. 217~221.

(Skocpol)이 제시한 방법도 많이 사용된다. 그녀가 제시한 것은 이론의 유사증명, 맥락의 대조, 그리고 거시 인과분석이다.[17] 이론의 유사증명이란 특정한 가설이나 이론이 여러 사회에 적용된다는 것을 보여 주기 위한 연구이다. 여기서는 사례 그 자체보다는 사례를 설명하는 이론의 타당성을 확인하는 것이 더 중요하다. 이런 방법의 예로 '절대 권력은 필연적으로 부패한다'라는 명제가 널리 타당함을 보여 주기 위해 여러 절대 권력의 부패 과정을 비교해 볼 수 있다. 맥락의 대조란 사례의 특수성을 이해하는 것이 목적인 연구이다. 즉 서로 차이가 나는 사례를 연구함으로써 각 사례의 특수성을 이해하고, 이를 통해 각 사례의 특징을 더 잘 알 수 있게 되는 것이다. 거시 인과분석이란 단지 공통점이나 차이점을 아는 것을 넘어서서 인과적 일반화를 추구하는 것이다. 즉 비교를 통해 어떤 현상이 왜 일어났는가를 알아보는 것이다. 이때 밀의 일치법과 차이법이 이용된다.

예를 들어 한국과 대만은 모두 1987년 이전까지 권위주의적 정권하에서 노동운동이 억압되다가 1987년을 계기로 정치적 민주화가 진행되었다. 그런데 1987년 이후 한국의 노동운동이 더 강력한 모습을 보였다. 이것을 어찌 설명할 것인가? 두 나라를 비교해 보니 정부의 정책, 노동자의 내적구성, 노동조건 등이 모두 유사한데, 한국에는 1987년 이전부터 학생운동이나 재야운동의 전통이 강했던 반면 대만에는 그런 전통에 약했다고 가정하자. 그러면 차이법의 논리에 의해 재야운동의 전통이 1987년 이후 노동운동의 강력함에 대한 원인이 된다고 말할 수 있게 된다.

17 Skocpol, T. and Somers, M.(1980), The Uses of Comparative History in Macrosocial Inquiry, in Comparative Studies in Society and History, 22; 임현진 역, 거시사회 연구에 있어서 비교사의 유용성, 한국비교사회연구회 편저, 「비교사회학: 방법과 실제 1」, (열음사), pp. 175~189.

색 인

[ㅇ]

[ㅎ]

저자 약력

김승현

서울대학교 정치학과를 졸업하고 Purdue대학에서 정치학 박사학위를 받았다. 현재 서울과학기술대학교 행정학과 교수이며, 주요 저서로는 「비영리부분의 비교연구」, 「열정과 이해관계」(번역) 등이 있다.

윤홍근

서울대학교 정치학과를 졸업하고, 동 대학원에서 정치학 박사학위를 받았다. 현재 서울과학기술대학교 IT정책전문대학원 교수로 있으며, 주요 저서로는 「협상게임」(공저), 「공유의 비극을 넘어」(공역), 「유비쿼터스 시대 기업의 로비전략」 등이 있다.

정이환

서울대학교 사회학과에서 박사학위를 받았고 현재 서울과학기술대학교 기초교육학부 교수로 있다. 주요 저서로는 「현대 노동시장의 정치사회학」, 「노동시장 유연화와 노동복지」(공저) 등이 있다.

개정판
사회과학: 형성·발전·현대이론

1994년 3월 30일 초판발행
2011년 3월 15일 개정판발행
2016년 2월 10일 중판발행

공저자 김승현 · 윤홍근 · 정이환
발행인 안 종 만
발행처 (주) 박영사
서울특별시 종로구 새문안로3길 36, 1601
전화 (733)6771 FAX (736)4818
등록 1959. 3. 11. 제300-1959-1호(倫)

저자와 협의하여 인지첩부를 생략함

www.pybook.co.kr e-mail: pys@pybook.co.kr

파본은 바꿔드립니다. 본서의 무단복제행위를 금합니다.

정 가 25,000원 ISBN 978-89-6454-144-9